नई राष्ट्रीय शिक्षा-नीति के अन्तर्गत राज्यों के जवाहर नवोदय विद्यालयों में प्रवेशार्थ प्रतियोगिता परीक्षा हेतु

उपकार

जवाहर नवोदय विद्यालय

मानसिक योग्यता परीक्षा

(कक्षा VI में प्रवेश के लिए)

सैनिक स्कूल, एन. सी. ई. आर. टी. आदि की पुस्तकों एवं पिछले वर्षों के प्रश्न-पत्रों पर आधारित

लेखकद्वय

डॉ. लाल एवं शर्मा

उपकार प्रकाशन, आगरा

उपकार प्रकाशन

"Your Feedback, Our Guidance"

SCAN ME!

Scan and Share Your Experience With Us

प्रकाशक

उपकार प्रकाशन

हैड ऑफिस : 1, स्टेट बैंक कॉलोनी, निकट खन्दारी, आगरा-मथुरा बाईपास रोड, **आगरा**–282 005

रजि. ऑफिस : 2/11 ए, स्वदेशी बीमा नगर (शाह सिनेमा के सामने), **आगरा**–282 002

फोन : 2530966, 2531101

E-mail : care@upkar.in, **Website :** www.upkar.in

ब्रांच ऑफिस :

8-310/1, ए. के. हाउस,

हीरानगर, **हल्द्वानी,**

जिला–नैनीताल–263 139 (उत्तराखण्ड)

मोबा. : 7060421008

ISBN : 978-81-6319-904-0

Code No. 190

मुद्रक : उपकार प्रकाशन (उपकार स्टेशनरी प्रा लि) बाईपास रोड, आगरा

विषय-सूची

नवोदय विद्यालय योजना

परिचय

राष्ट्रीय शिक्षा नीति 1986 के अनुसार भारत सरकार ने जवाहर नवोदय विद्यालय प्रारम्भ किए थे. वर्तमान में 27 राज्यों और 8 केंद्रशासित प्रदेशों में फैले हुए हैं. ये सह-शिक्षा वाले आवासीय विद्यालय हैं. जिन्हें एक स्वायत्त संगठन नवोदय विद्यालय समिति के जरिए भारत सरकार द्वारा सम्पूर्ण वित्तीय सहायता प्राप्त है. नवोदय विद्यालयों में चयन परीक्षा के माध्यम से कक्षा 6 तक प्रवेश दिया जाता है. इन विद्यालयों में कक्षा 8 तक शिक्षा का माध्यम मातृभाषा अथवा क्षेत्रीय भाषा है और इसके बाद कक्षा 9 से गणित और विज्ञान के लिए अंग्रेजी माध्यम तथा सामाजिक विज्ञान के लिए हिन्दी माध्यम है. जेएनवी के छात्र केंद्रीय माध्यमिक शिक्षा बोर्ड की बोर्ड परीक्षाओं में शामिल होते हैं. नवोदय विद्यालयों में छात्रों को निःशुल्क आवास, शिक्षा, भोजन, यूनीफार्म एवं पाठय पुस्तकें प्रदान की जाती हैं, परन्तु कक्षा 9 से 12 तक के छात्रों से मात्र ₹ 600 प्रतिमाह विद्यालय विकास निधि के लिए लिया जाता है. अनुसूचित जाति, अनुसूचित जनजाति, दिव्यांग छात्र, बालिकाओं एवं उन छात्रों, जिनके अभिभावक गरीबी रेखा से नीचे जीवनयापन करते हैं, को इस शुल्क से छूट प्रदान की गई है. छूट प्राप्त वर्ग (कक्षा–6 से 8 के विद्यार्थी, अनुसूचित जाति / अनुसूचित जनजाति और बालिकाएं तथा गरीबी रेखा के नीचे (BPL) परिवारों के बच्चों) के अतिरिक्त सरकारी कर्मचारियों के बच्चों से ₹ 1500/- प्रतिमाह की दर से विकास निधि के लिए अथवा माता-पिता द्वारा प्राप्त वास्तविक बाल्य शैक्षणिक भत्ता, जो भी कम हो, देय होगा, परन्तु विद्यालय विकास निधि ₹ 600/- प्रतिमाह प्रति छात्र से कम नहीं होगी.

योजना के उद्देश्य

(i) विशेष रूप से ग्रामीण क्षेत्रों के प्रतिभावान बच्चों को, श्रेष्ठ गुणवत्तायुक्त आधुनिक शिक्षा के साथ सशक्त सांस्कृतिक घटक एवं मूल्यपरक शिक्षा, पर्यावरण के प्रति चेतना, साहसिक क्रियाओं एवं शारीरिक शिक्षा प्रदान करना है.

(ii) यह सुनिश्चित करना कि छात्र तीनों भाषाओं में उचित स्तर की दक्षता प्राप्त कर सकें.

(iii) विद्यार्थियों की प्रवास नीति (हिन्दी से अहिन्दी भाषी तथा अहिन्दी से हिन्दी भाषी राज्यों में) के माध्यम से राष्ट्रीय एकता को बढ़ावा देना.

(iv) अनुभवों और सुविधाओं की सहभागिता के द्वारा विद्यालयीय शिक्षा की गुणवत्ता में सुधार हेतु प्रत्येक जनपद में केन्द्र बिन्दु के रूप में सामान्य सेवाएँ प्रदान करना.

आवेदन की विधि

जवाहर नवोदय विद्यालय प्रवेश परीक्षा के लिए ऑनलाइन पंजीयन प्रक्रिया–

(क) जेएनवी प्रवेश परीक्षा के लिए आवेदन जमा करने की प्रक्रिया को सरलीकृत कर दिया गया है. नवोदय विद्यालय समिति की वेबसाइट www.navodaya.gov.in के प्रवेश पोर्टल पर जाकर निःशुल्क पंजीयन किया जा सकता है.

(ख) अभ्यर्थी और अभिभावक अधिसूचना-सह-विवरणिका को ध्यानपूर्वक पढ़ें और पात्रता शर्तों की पूर्ति सुनिश्चित करें.

(ग) पंजीकरण के लिए निम्न दस्तावेजों की सॉफ्ट कॉपी तैयार रखें (JPG प्रारूप, आकार 10 से 100KB)

- फोटो, अभिभावक के हस्ताक्षर, अभ्यर्थी के हस्ताक्षर
- आधार विवरण/सक्षम प्राधिकारी द्वारा जारी निवास प्रमाण-पत्र.
- आवेदन पोर्टल में राज्य, जिला, विकासखंड, आधार संख्या, APAAR ID, PEN संख्या आदि मूल विवरण भरने होंगे.
- पात्र अभ्यर्थी ऑनलाइन फॉर्म भरकर अपना फोटो तथा अभ्यर्थी और अभिभावक–दोनों के हस्ताक्षर अपलोड करें. प्रमाण-पत्र केवल 10-100 KB के JPG प्रारूप में अपलोड किया जाए.
- NIOS के अभ्यर्थियों के पास 'B' प्रमाण-पत्र होना चाहिए और वे उसी जिले के वास्तविक निवासी हों जहाँ प्रवेश चाहते हैं.
- ऑनलाइन प्लेटफॉर्म खुला और निःशुल्क है. आवेदन डेस्कटॉप, लैपऑप, मोबाइल, टैबलेट आदि किसी भी माध्यम से भरा जा सकता है.
- सभी JNVs में आवेदन निःशुल्क अपलोड कराने हेतु सहायता-कक्ष उपलब्ध रहेगा. अभिभावक अभ्यर्थी के साथ फोटो, अभ्यर्थी एवं अभिभावक के हस्ताक्षर तथा सक्रिय मोबाइल नम्बर वाला फोन लेकर सहायता-कक्ष जा सकते हैं, ताकि OTP, पंजीकरण संख्या और पासवर्ड SMS से प्राप्त हो सके.
- अभ्यर्थी का चयन जिला-विशिष्ट है और यह केवल उसी जिले के लिए आवेदन कर सकता/सकती है जहाँ कक्षा V पढ़ाई के समय वह निवास करता/करती है. कपटपूर्ण सूचना देना अथवा निवास और अध्ययन सम्बन्धी विवरण सही ढंग से न बताना किसी भी चरण पर बिना पूर्व सूचना अभ्यर्थिता तुरन्त रद्द करने का आधार होगा.
- सभी आवेदक आँकड़े इलेक्ट्रॉनिक रूप से दर्ज और संसाधिक होते हैं. अतः जमा किया गया डेटा अन्तिम और बाध्यकारी माना जाएगा. अन्तिम सबमिशन से पहले ऑनलाइन आवेदन में दर्ज प्रत्येक सूचना की पूर्ण शुद्धता, सम्पूर्णता और सत्यता सुनिश्चित करने की कानूनी जिम्मेदारी आवेदक की होगी. सावधानी के रूप में सीमित सुधार-विंडो भी उपलब्ध कराई जाती है.
- इलेक्ट्रॉनिक आवेदन के अन्तिम सबमिशन के बाद दर्ज डेटा लॉक और बाध्यकारी आधिकारिक अभिलेख बन जाएगा. बाद में जनसांख्यिकीय अथवा शैक्षणिक विवरण बदलने हेतु कोई प्रशासनिक प्रावधान नहीं है, ऐसे आवेदन, कानूनी नोटिस अथवा अनुरोध संक्षेप में अस्वीकार किए जाएंगे.

प्रवेश-पत्र जारी करना

आवेदन पोर्टल पर निर्धारित तिथि से प्रवेश-पत्र उपलब्ध होंगे, जिसे अभ्यर्थी / माता-पिता द्वारा निःशुल्क डाउनलोड किया जा सकेगा.

पात्रता

नवोदय विद्यालयों में प्रवेश के लिए पात्रता के मानदण्ड निम्नलिखित हैं–

सभी अभ्यर्थियों के लिए

- जेएनवी में कक्षा-VI में उम्मीदवार का प्रवेश जिला विशिष्ट है. अभ्यर्थी उसी जनपद के जेएनवी के लिए आवेदन कर सकता है, जिस जिले के सरकारी / सरकारी मान्यता प्राप्त विद्यालय में वर्तमान शैक्षिक सत्र के दौरान कक्षा-5 में पढ़ रहा हो.
- प्रवेश चाहने वाले अभ्यर्थी का जन्म निर्धारित तिथि से पहले या बाद का नहीं होना चाहिए. यह अनुसूचित जाति एवं अनुसूचित जनजाति समेत सभी अभ्यर्थियों पर समान रूप से लागू होगी. अभ्यर्थी के प्रमाण-पत्र में दर्ज आयु एवं अधिक उम्र के सन्देह होने पर उसको प्रवेश दिए जाने के समय मेडिकल बोर्ड से आयु की प्रमाणिकता हेतु जाँच कराई जाएगी और मेडिकल बोर्ड का निर्णय अन्तिम होगा.
- निर्धारित चयन परीक्षा के बैठने वाले अभ्यर्थी को उसी जिले, जहाँ वह प्रवेश लेना चाहता / चाहती है, के किसी सरकारी / सरकारी सहायता प्राप्त / अन्य मान्यता प्राप्त अथवा राष्ट्रीय मुक्त विद्यालय संस्थान से योग्यता 'प्रमाण-पत्र–बी' सहित पूर्ण शैक्षिक सत्र के दौरान कक्षा 5 में अध्ययनरत् होना चाहिए. सरकार अथवा सरकार की ओर से अधिकृत किसी एजेन्सी के द्वारा मान्यता प्राप्त घोषित विद्यालय को ही मान्यता प्राप्त माना जाएगा. वे विद्यालय, जिनके छात्र एन.आई. ओ.एस. (राष्ट्रीय मुक्त विद्यालयीय संस्थान) से योग्यता प्रमाण-पत्र 'बी' प्राप्त किए हों, उन्हें एन.आई. ओ.एस. (राष्ट्रीय मुक्त विद्यालयीय संस्थान) द्वारा मान्यता प्राप्त होना चाहिए. छात्र का वर्तमान सत्र में सफलतापूर्वक कक्षा 5 पूर्ण किया होना चाहिए. इसी स्थिति में वह कक्षा 6 में अगले सत्र में वास्तविक प्रवेश उल्लिखित शर्तों के अधीन होगा.
- कक्षा-VI में प्रवेश चाहने वाले अभ्यर्थी को ग्रामीण क्षेत्र में स्थित किसी सरकारी / सरकारी सहायता प्राप्त / मान्यता प्राप्त विद्यालय से, हर साल एक पूरा शैक्षणिक सत्र बिताते हुए कक्षा-III, IV और V का अध्ययन और उत्तीर्ण किया होना चाहिए.
- अभ्यर्थी, जिन्होंने राष्ट्रीय मुक्त विद्यालयीय संस्थान से 'बी' प्रमाण-पत्र दक्षता सहित निर्धारित तिथि या उससे पूर्व उत्तीर्ण की है, वे भी इस परीक्षा में बैठने के पात्र हैं, अगर वे निर्धारित आयु सीमा में हों. राष्ट्रीय मुक्त विद्यालयीय संस्थान' के प्राधिकृत केन्द्रों / संस्थाओं के छात्रों की ग्रामीण स्थिति का निर्धारण उस जिले के तहसीलदार अथवा जिला मजिस्ट्रेट द्वारा जारी प्रमाण-पत्र के आधार पर किया जाएगा जिसमें यह लिखा गया हो कि छात्र पिछले तीन वर्षों से ग्रामीण क्षेत्र में निवास कर रहा है. नगरीय एवं अधिसूचित क्षेत्रों से पढ़ने वाले छात्र जो उपर्युक्त योजनाओं में अध्ययन कर रहे हों, वे ग्रामीण कोटे के अन्तर्गत प्रवेश के पात्र नहीं होंगे.
- उन जिलों के लिए जहाँ कि जवाहर नवोदय विद्यालय प्रारम्भ होने के बाद जिले का विभाजन हुआ है एवं यदि विभाजन से निर्मित जिले में नवीन जवाहर नवोदय विद्यालय नहीं खोला गया हो तो जवाहर नवोदय विद्यालय चयन परीक्षा में प्रवेश हेतु जिले की पुरानी सीमा के अनुरूप अभ्यर्थियों की पात्रता रहेगी.
- ऐसे अभ्यर्थी, जो प्रोन्नत नहीं किए गए हैं और पाँचवीं कक्षा में निर्धारित तिथि से पहले प्रवेश नहीं लिए हैं, वे आवेदन के लिए पात्र नहीं होंगे.
- **अभ्यर्थी किसी भी परिस्थिति में चयन परीक्षा में दूसरी बार बैठने के लिए अर्ह नहीं है.**

ग्रामीण क्षेत्र के अभ्यर्थियों के लिए

(क) प्रत्येक जिले में कम-से-कम 75% सीटें उस जिले के ग्रामीण क्षेत्रों से चयनित अभ्यर्थियों द्वारा शेष सीटें उस जिले के शहरी और ग्रामीण दोनों क्षेत्रों से चुने गए अभ्यर्थियों द्वारा योग्यता के आधार पर भरी जाएंगी.

(ख) ग्रामीण क्षेत्रों के कोटे के अन्तर्गत प्रवेश के इच्छुक अभ्यर्थी को ग्रामीण क्षेत्रों में स्थित किसी सरकारी / सरकारी सहायता प्राप्त / सरकार द्वारा स्थित किसी मान्यता प्राप्त विद्यालय से बिना किसी कक्षा को पुनरावर्तित किए, अन्तराल व अवरोध के पूरे सत्र तक कक्षाओं 3, 4 व 5 में पढ़ा हुआ होना चाहिए. **अभ्यर्थी ने कक्षा-5 में पूर्ण शैक्षणिक सत्र में उसी जिले में अध्ययन किया हो, जहाँ वह प्रवेश चाहता है.**

(ग) 'राष्ट्रीय मुक्त विद्यालयीय संस्थान' की योजना के तहत् पढ़ने वाले अभ्यर्थी को जिला अधिकारी / तहसीलदार / खण्ड विकास अधिकारी (बी.डी.ओ.) द्वारा निर्गत इस आशय का प्रमाण-पत्र प्रस्तुत करना होगा कि अभ्यर्थी पिछले तीन वर्षों से ग्रामीण क्षेत्रों में रह रहा है और अध्ययन कर रहा है.

शहरी क्षेत्र के अभ्यर्थियों के लिए

ऐसा अभ्यर्थी जो शहरी क्षेत्र में स्थित किसी विद्यालय में कक्षा 3, 4 व 5 में किसी सत्र में एक दिन भी पढ़ लिया है, शहरी अभ्यर्थी समझा जाएगा. शहरी क्षेत्र वे हैं, जिन्हें जेएनवीएसटी पंजीकरण के लिए आवेदन जमा करने के अन्तिम तिथि पर किसी भी सरकारी अधिसूचना द्वारा परिभाषित किया गया हो. शेष सभी क्षेत्र ग्रामीण क्षेत्र कहलाए जाएंगे.

ट्रांसजेन्डर श्रेणी के अभ्यर्थियों के लिए

जेएनवीएसटी में ट्रांसजेन्डर श्रेणी के अभ्यर्थियों के लिए अलग से कोई आरक्षण प्रदान नहीं किया गया है और उन्हें आरक्षण हेतु बालकों की श्रेणी में विभिन्न उप श्रेणियों जैसे–शहरी, ग्रामीण, अनुसूचित जाति, अनुसूचित जनजाति, अन्य पिछड़ा वर्ग और दिव्यांग में सम्मिलित किया जाएगा.

नोट : विस्तृत जानकारी के लिए जवाहर नवोदय विद्यालय के पोर्टल पर दी गई जानकारी को ध्यानपूर्वक पढ़ लें.

स्थानों का आरक्षण

(क) प्रत्येक जिले की कम-से-कम 75 प्रतिशत सीटें ग्रामीण क्षेत्र से चयनित अभ्यर्थियों द्वारा तथा शेष बची सीट जिले के शहरी और ग्रामीण अभ्यर्थियों से मेरिट के आधार पर भरी जाएंगी.

(ख) अनुसूचित जाति और अनुसूचित जनजाति के बच्चों के लिए सीटों का आरक्षण सम्बन्धित जिले की जनसंख्या के अनुपात में किया जाएगा, किन्तु किसी भी परिस्थिति में एवं किसी भी जनपद में राष्ट्रीय औसत (15 प्रतिशत अनुसूचित जाति और 7·5 प्रतिशत अनुसूचित जनजाति) से कम तथा 50 प्रतिशत (अनुसूचित जाति और जनजाति को जोड़कर) से अधिक नहीं होना चाहिए. यह आरक्षण अन्तर परिवर्तनीय है, जब खुली वरीयता सूची के अन्तर्गत चयनित अभ्यर्थियों के अतिरिक्त अधिक योग्य अभ्यर्थी उपलब्ध न हों.

(ग) 27% आरक्षण अन्य पिछड़ी जातियों के विद्यार्थियों को अनुसूचित जातियों और अनुसूचित जनजातियों के आरक्षण के अलावा प्रदान किया जाएगा. अन्य पिछड़ी जातियों को आरक्षण का क्रियान्वयन समय-समय पर लागू केन्द्रीय सूची के आधार पर किया जाएगा. अन्य पिछड़ी जातियों के जो अभ्यर्थी केन्द्रीय सूची में शामिल नहीं हैं, उन्हें सामान्य वर्ग के अभ्यर्थी के रूप में ही आवेदन करना चाहिए.

(घ) कुल स्थानों का एक-तिहाई स्थान बालिकाओं द्वारा भरे जाएंगे. यह चयन एनवीएस मानदण्डों के अनुसार, जहाँ भी आवश्यक हो, किया जाएगा.

(ङ) दिव्यांग बच्चों (अस्थि रोग दिव्यांग, श्रव्य दिव्यांग एवं दृष्टि दिव्यांग) के लिए भारत सरकार के नियमानुसार आरक्षण का प्रावधान है.

परीक्षा के बारे में जानकारी

चयन परीक्षा सुबह 11:30 बजे से दोपहर 1:30 बजे तक दो घण्टे की अवधि की होगी. सभी प्रश्न वस्तुनिष्ठ प्रकार के तीन खण्डों में उपलब्ध होंगे, जिनमें कुल 80 प्रश्न और पूर्णांक 100 हैं.

परीक्षा की संरचना

चयन परीक्षा तीन खण्डों में विभाजित है जिसमें तीन विभिन्न अनुद्देश्यों सहित तीन विभिन्न परीक्षण सम्मिलित हैं. परीक्षा की कुल अवधि दो घण्टे है. दिव्यांग अभ्यर्थी को 40 मिनट का अतिरिक्त समय दिया जाएगा.

प्रश्न-पत्र	परीक्षा	प्रश्नों की संख्या	अंक	समयावधि (मिनट में)
I	मानसिक योग्यता परीक्षण एवं पर्यावरण अध्ययन (EVS)	20 + 20	25 + 25	60
II	अंकगणित परीक्षण	20	25	30
III	भाषा परीक्षण	20	25	30
योग		80	100	2 घण्टे

उत्तर अंकित करने की विधि

(क) अभ्यर्थी को परीक्षा पुस्तिका के साथ एक उत्तर-पत्रक (ओ.एम.आर.) दिया जाएगा. अभ्यर्थी को केवल उसी उत्तर पत्रक में उचित स्थान पर अपने उत्तर अंकित करने होंगे. एनवीएस की वेबसाइट पर उत्तर-पत्रक की नमूना प्रति अपलोड कर दी जाएगी.

(ख) उत्तर अंकित करने के लिए केवल नीले / काले बॉल पाइन्ट पेन का ही प्रयोग करें. अभ्यर्थी अपना बॉल पेन अपने साथ लायें. पेन्सिल का प्रयोग वर्जित है.

(ग) प्रत्येक प्रश्न के लिए चार वैकल्पिक उत्तर होंगे जिसमें केवल एक ही उत्तर सही है. अभ्यर्थी को सही उत्तर का चयन करना है और सही उत्तर को (A, B, C, D) अंक्षरों की सहायता से उत्तर शीट पर अंकित गोले को काला करना होगा. उदाहरण के तौर पर प्रश्न सं. 37 के लिए यदि सही उत्तर C है तो उस गोले को उत्तर-पत्रक पर इस प्रकार भरें.

37. (A) (B) (C) (D)

(घ) चिन्हांकन इतना स्पष्ट हो कि मशीन उत्तर को पढ़ सके. ओ.एम.आर. शीट पर उपरिलेखन (over writing), उत्तर को काटना या मिटाना वर्जित है. ऐसे उत्तरों का मूल्यांकन नहीं किया जाएगा.

(ङ) प्रत्येक सही उत्तर के लिए 1·25 अंक प्रदान किए जाएंगे.

(च) ऋणात्मक मूल्यांकन नहीं होगा.

परीक्षण का स्वरूप

खण्ड-1 : मानसिक योग्यता परीक्षण (MAT) एवं पर्यावरणीय अध्ययन (EVS)

प्रश्न 1-20 : मानसिक योग्यता परीक्षण

यह पूर्णतः अशाब्दिक परीक्षण है. इसका अर्थ यह है कि इस प्रश्न-पत्र के सभी प्रश्न केवल आकृतियों और रेखाचित्रों पर आधारित होंगे. इस परीक्षण का मुख्य प्रयोजन प्रश्नों के माध्यम से विद्यार्थियों की अन्तर्निहित सामान्य मानसिक योग्यता को मापना है.

मानसिक योग्यता खण्ड के 5 भाग हैं. प्रत्येक भाग में 4-4 प्रश्न होंगे और बाकी के 20 प्रश्न पर्यावरणीय अध्ययन (EVS) से सम्बन्धित होंगे. ये प्रश्न अभ्यर्थियों की विभिन्न योग्यताओं की परख करेंगे.

इस खण्ड में 5 अनुभागों के अन्तर्गत 4-4 प्रश्न पूछे जाएंगे :

1. प्रतिरूप पूर्ण करना (वर्णमाला एवं संख्या प्रतिरूप सहित)
2. आकृति-शृंखला पूर्ण करना
3. ज्यामितीय आकृति पूर्ण करना (त्रिभुज, वर्ग, वृत्त)
4. दर्पण एवं जल प्रतिबिम्ब
5. अंतर्निहित आकृति

प्रश्न 21-40 : पर्यावरण अध्ययन (EVS)

इस भाग में 20 होंगे : 15 बहुविकल्पीय प्रश्न तथा एक अनुच्छेद पर आधारित 05 प्रश्न. EVS का पाठ्यक्रम निम्न है. EVS में विज्ञान, सामाजिक विज्ञान और पर्यावरण शिक्षा की मूल अवधारणाओं का अंतर्विषयी समावेश है. इसका उद्देश्य अभ्यर्थी की अपने परिवेश के प्रति बुनियादी जागरूकता का आकलन करना है.

- **प्राकृतिक संसार :** परिवहन, नदियाँ, पर्वत, स्थल एवं जल के पौधे और जीव, प्राकृतिक आपदाएँ, घर/आश्रय के प्रकार, जल-चक्र आदि.
- **मानव शरीर :** भोजन और पोषक तत्व, स्वच्छता, विशेष इंद्रिय-क्षमताएँ, पाचन, परिसंचरण और श्वसन जैसी आन्तरिक प्रणालियों का आधारभूत ज्ञान.
- **दैनिक जीवन में विज्ञान :** खाद्य संरक्षण, जल एवं वायु प्रदूषण, जल और मृदा संरक्षण आदि.

- **सामाजिक परिवेश :** भारत के महत्वपूर्ण तथ्य, राज्य/राजधानियाँ, राष्ट्रीय प्रतीक, विविध भू-दृश्य, त्योहार, ऋतुएँ, वन, फसलें, वस्त्र एवं रेशे आदि.

खण्ड-2 : अंकगणित परीक्षण

इस परीक्षा का मुख्य उद्देश्य अभ्यर्थियों की अंकगणित में मौलिक दक्षता को मापना है. इस परीक्षा के सभी 20 प्रश्न अग्रलिखित बिन्दुओं पर आधारित होंगे–

1. संख्या एवं संख्या पद्धति : आरोही/अवरोही क्रम, निकटतम 10/100/1000, संख्या नाम और स्थान मूल्य, 2. पूर्ण संख्याओं पर चार मौलिक संक्रियाएँ, 3. गुणनखण्ड और गुणज तथा उनके गुण, 4. भिन्न एवं मूल संक्रियाएँ : समान हर वाले भिन्नों का जोड़ और घटाव, तथा गुणा, असमान हर वाले भिन्नात्मक संख्याओं का भाग शामिल नहीं है, 5. लम्बाई, द्रव्यमान, धारिता, समय, मुद्रा एवं इकाई रूपांतरण आदि का मापन, 6. संख्यात्मक व्यंजकों का सरलीकरण, 7. परिमाप और क्षेत्रफल---बहुभुज का परिमाप, वर्ग, आयत और आयत के रूप में त्रिभुज का क्षेत्रफल, 8. कोणों के प्रकार और उनके सरल अनुप्रयोग (दिशा एवं मानचित्रण सहित), 9. बार आरेख, तालिका और चित्रलेख से डेटा विश्लेषण.

टिप्पणी–अवधारणाओं और कौशल की समझ तथा उनके अनुप्रयोग की जाँच पर अधिक बल होगा. अपेक्षित प्रश्नों के उदाहरणों को समझने के लिए नवोदय विद्यालय की विवरणिका पुस्तिका का अध्ययन करें.

खण्ड-3 : भाषा परीक्षण

इस परीक्षा का मुख्य उद्देश्य अभ्यर्थी की पठन-बोधन क्षमता का आकलन करना है. इसमें चार अनुच्छेद होंगे. प्रत्येक अनुच्छेद में 5 प्रश्न होंगे. अभ्यर्थी अनुच्छेद को ध्यान से पढ़कर उन प्रश्नों के उत्तर देगा.

अनुदेशों को पढ़ना और नमूने के प्रश्नों का अध्ययन

(क) अभ्यर्थियों को प्रश्नों को हल करने में प्रश्न-पुस्तिका के मुख्य पृष्ठ और प्रत्येक प्रश्न-पत्र पर दिए गए अनुदेशों को ध्यान से पढ़ना चाहिए. अभ्यर्थियों को सलाह दी जाती है कि वे इस बात को सुनिश्चित कर लें कि उत्तर पुस्तिका की भाषा वही है जो उसने चाही है. यदि परीक्षा पुस्तिका अभ्यर्थी द्वारा चाही गई भाषा में न हो तो उसे परीक्षा प्रारम्भ होने से पहले ही अभ्यर्थी बदल लें. यह अभ्यर्थी की जिम्मेदारी होगी कि वह आवेदन-पत्र में दिए गए भाषा विकल्प के अनुसार परीक्षा पुस्तिका प्राप्त करे. परीक्षा समाप्त होने के बाद इस सम्बन्ध में कोई भी अभ्यावेदन पर विचार नहीं किया जाएगा.

(ख) बिना किसी अन्तराल के पूरा समय दो घण्टे होगा. दिव्यांग विद्यार्थियों (भिन्न योग्य) को 40 मिनट का अतिरिक्त समय दिया जाएगा.

(ग) चूँकि तीनों प्रश्न-पत्रों में न्यूनतम अर्हक अंक प्राप्त करना आवश्यक है : मानसिक योग्यता एवं पर्यावरण अध्ययन में 14 अंक, अंकगणित में 7 और भाषा में 7 अंक. इसलिए अभ्यर्थियों को सलाह दी जाती है कि वह किसी एक प्रश्न-पत्र पर निर्धारित समय से अधिक समय न लगाएं, यद्यपि वह पूरे समय को अपनी इच्छानुसार समायोजित करने में स्वतंत्र हैं.

(घ) हर 30 मिनट बाद एक घण्टी बजेगी.

(i) वैध प्रवेश-पत्र के बिना अभ्यर्थी को परीक्षा में नहीं बैठने दिया जाएगा.

(ii) अभ्यर्थी बैठक व्यवस्था के अनुसार निर्धारित कक्ष में 11.00 बजे पूर्वाह्न तक बैठ जाए. देर से आने वाले किसी भी अभ्यर्थी को परीक्षा में बैठने नहीं दिया जाएगा.

(iii) परीक्षा शुरू होने के बाद निर्धारित समय से पहले किसी अभ्यर्थी को परीक्षा भवन से जाने की अनुमति नहीं मिलेगी.

चयन और प्रवेश हेतु शर्तें

(क) यह एक प्रतियोगी परीक्षा है. इसमें अभ्यर्थी को केवल तीनों परीक्षणों में अलग-अलग उत्तीर्ण ही नहीं होना है, बल्कि वरीयता सूची में स्थान प्राप्त करने के लिए उच्च अंक प्राप्त करने की भी आवश्यकता है.

(ख) चयन परीक्षा में उत्तीर्ण हो जाने पर कोई अभ्यर्थी विद्यालय में प्रवेश का हकदार नहीं हो पाएगा. वास्तविक प्रवेश के समय, प्रत्येक चुने हुए अभ्यर्थी को नवोदय विद्यालय समिति द्वारा निर्धारित मूल प्रमाण-पत्र प्रस्तुत करने होंगे.

(ग) विवाद की स्थिति में नवोदय विद्यालय समिति का निर्णय अन्तिम तथा मान्य होगा. परीक्षा का परिणाम निम्नलिखित कार्यालयों में प्रदर्शित कर दिया जाएगा–

(i) सम्बन्धित जवाहर नवोदय विद्यालय में,

(ii) जिला शिक्षा अधिकारी के कार्यालय में,

(iii) जिलाधिकारी के कार्यालय में, और

(iv) क्षेत्र की नवोदय विद्यालय समिति के उप-आयुक्त के कार्यालय में.

(v) समिति की वेबसाइट www.navodaya.gov.in पर भी परिणाम प्राप्त कर सकते हैं.

अभ्यर्थी प्रवेश पोर्टल पर भी परीक्षा परिणाम देख सकते हैं. अनतिम रूव से चयनित अभ्यर्थियों को सम्बन्धित जवाहर नवोदय विद्यालय के प्राचार्य द्वारा स्पीड पोस्ट से सूचना दी जाएगी. NVS कोई प्रतीक्षा सूची जारी नहीं करेगा. अनिच्छा अथवा आवश्यक मूल प्रमाण-पत्र जमा न करने के कारण रिक्ति होने पर सम्बन्धित श्रेणी/कोटा का अगला अभ्यर्थी ऑनलाइन प्रवेश पोर्टल से स्वतः प्रदर्शित होगा.

(घ) उत्तर पुस्तिकाओं के पुनर्मूल्यांकन की कोई व्यवस्था नहीं है, क्योंकि परिणाम कम्प्यूटर द्वारा तैयार किया जाता है. इसलिए अंकों का दोबारा जोड़ नहीं लगाया जाएगा, क्योंकि परिणाम तैयार करते समय सभी स्तरों पर पूरी-पूरी सावधानी बरती जाती है.

मानसिक योग्यता परीक्षा

प्रकार I : आकृति पूर्ण करना (बिना दिशा बदले) (Completion of Incomplete Pattern)

अनुदेश

1 से 3 तक के उदाहरणों में समस्या आकृति है; उसका एक भाग गायब है. नीचे की ओर A, B, C, D से अंकित उत्तर आकृतियों को देखिए. ऐसी उत्तर आकृति को ढूँढ़िए जो बिना दिशा बदले समस्या आकृति में इस प्रकार सही बैठे कि समस्या आकृति का पैटर्न उचित रूप से पूरा हो जाए. जिस उत्तर आकृति को आप सही समझते हैं उसकी आकृति अक्षर का पता कीजिए.

उदाहरण 1.

समस्या आकृति

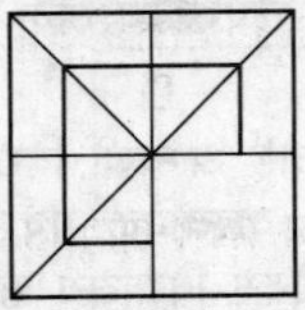

उत्तर आकृतियाँ

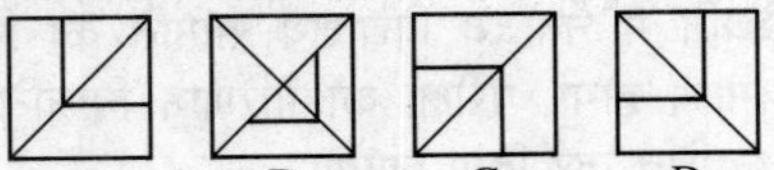

A B C D

यहाँ उत्तर आकृति D समस्या आकृति की खाली जगह में उसका पैटर्न पूरा करती है. इसलिए आकृति D सही उत्तर है.

उदाहरण 2.

समस्या आकृति

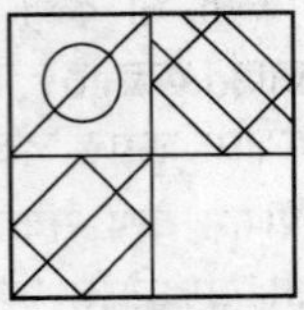

उत्तर आकृतियाँ

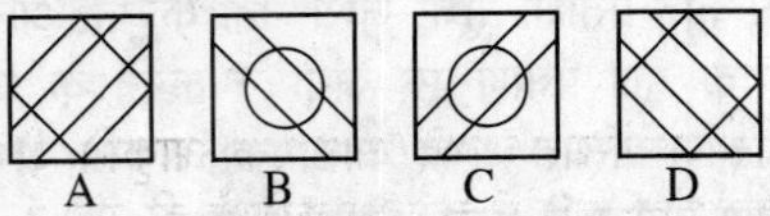

A B C D

यहाँ उत्तर आकृति B समस्या आकृति की खाली जगह में उसका पैटर्न पूरा करती है. इसलिए आकृति B सही उत्तर है.

उदाहरण 3.

समस्या आकृति

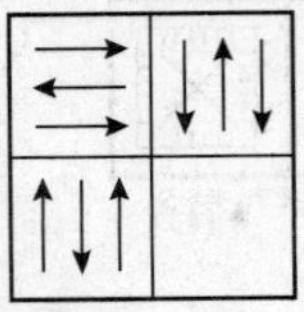

उत्तर आकृतियाँ

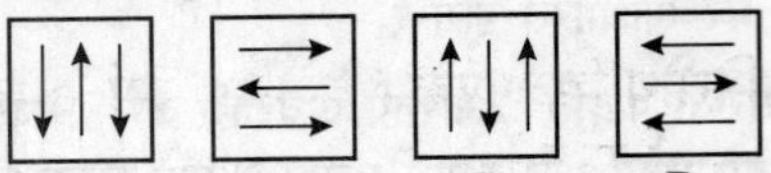

A B C D

यहाँ उत्तर आकृति D समस्या आकृति की खाली जगह में उसका पैटर्न पूरा करती है. इसलिए आकृति D सही उत्तर है.

प्रकार II : आकृति शृंखला पूर्ण करना (Figure Series Completion)

अनुदेश

उदाहरण 4 से 6 में तीन समस्या आकृतियाँ दी गई हैं और चौथी के लिए खाली जगह है. समस्या आकृतियाँ एक क्रम में हैं. ज्ञात करो कि उत्तर आकृतियों में से कौनसी आकृति उस क्रम को पूरा करती है.

उदाहरण 4.

समस्या आकृतियाँ

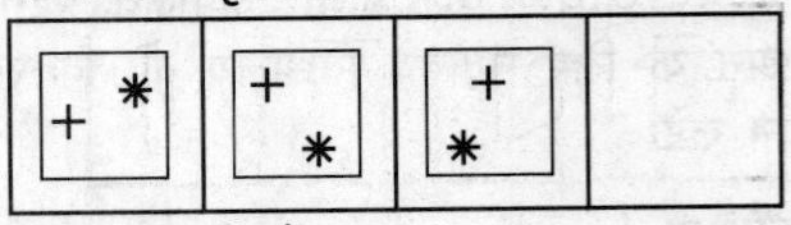

उत्तर आकृतियाँ

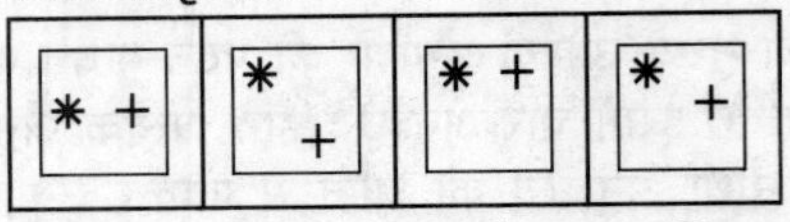

A B C D

इस उदाहरण में + और * चिन्ह एक वर्ग से दूसरे वर्ग तक वर्ग की रेखाओं के साथ विभिन्न रूप में घूम रहे हैं. + एक बार में आधी भुजा का फासला तय करता है, जबकि * पूरी भुजा का फासला तय करता है. इस नियम का पालन करते हुए आकृति C सही उत्तर है.

उदाहरण 5.

समस्या आकृतियाँ

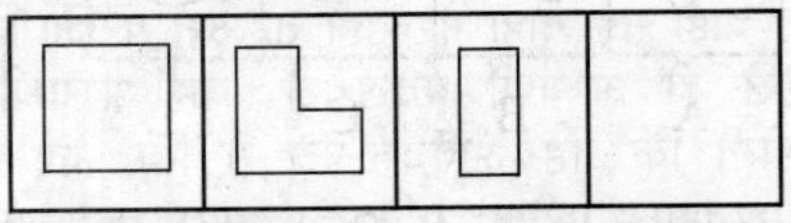

उत्तर आकृतियाँ

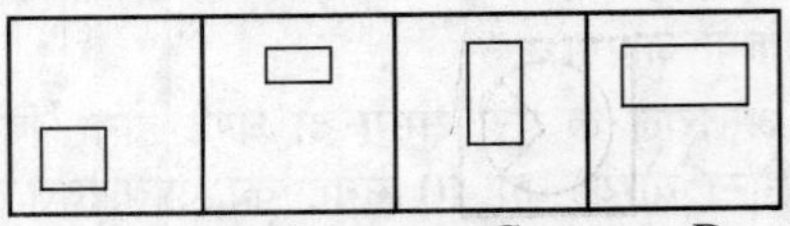

A B C D

इस उदाहरण में अक्षरांक A वाली उत्तर आकृति क्रम पूरा करती है. इसलिए आकृति A सही उत्तर है.

उदाहरण 6.

समस्या आकृतियाँ

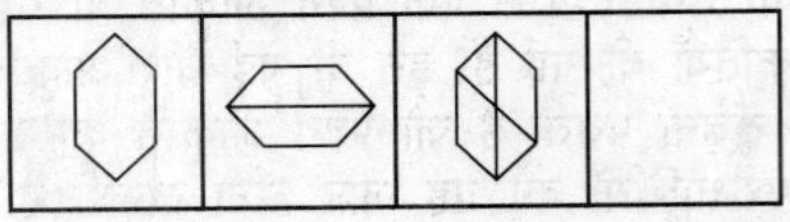

उत्तर आकृतियाँ

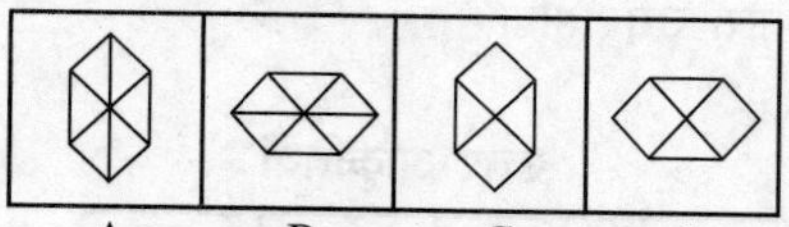

A B C D

इस उदाहरण में आकृति B क्रम को पूरा करती है. इसलिए आकृति B सही उत्तर है.

प्रकार III : ज्यामितीय चित्रपूरक (त्रिकोण, वर्ग, वृत्त) Geometrical Figure Completion (Triangle, Square, Circle)

अनुदेश

7 से 8 तक उदाहरणों में रेखा के बाईं ओर एक ज्यामितीय आकृति (त्रिभुज, वर्ग, वृत्त, चतुर्भुज आदि) का एक भाग बाईं तरफ प्रश्न आकृति के रूप में है तथा दाईं तरफ दी गई चार आकृतियों (A), (B), (C) तथा (D) में से कोई एक उसका दूसरा भाग है. दाईं तरफ दी गई आकृतियों में से वह आकृति ढूँढिए जो ज्यामितीय आकृति को पूर्ण बनाती हो.

उदाहरण 7.

प्रश्न आकृति **उत्तर आकृतियाँ**

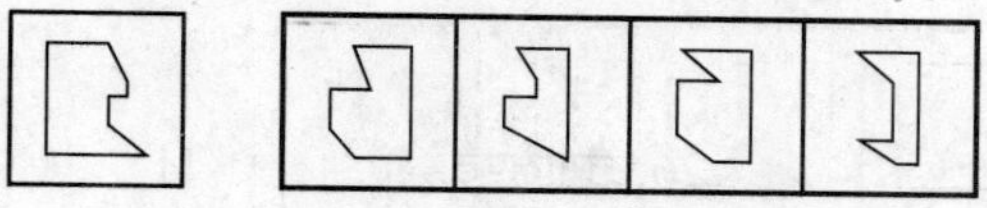

A B C D

उत्तर—(B)

व्याख्या—प्रश्न-आकृति में उत्तर-आकृति (B) जोड़ने पर पूर्ण वर्ग प्राप्त होता है.

पूर्ण आकृति— 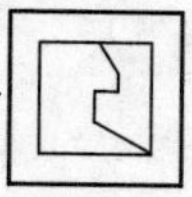

उदाहरण 8.

प्रश्न आकृति **उत्तर आकृतियाँ**

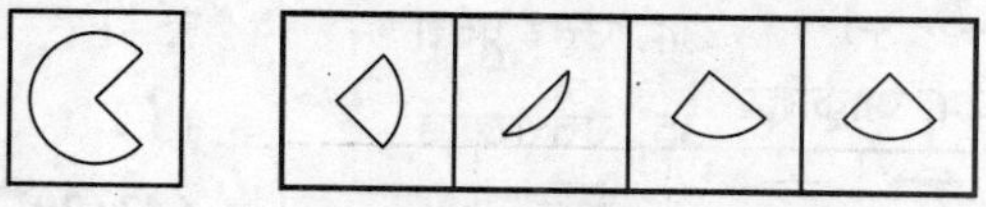

A B C D

उत्तर—(A)

व्याख्या—प्रश्न-आकृति में उत्तर-आकृति (A) जोड़ने पर पूर्ण वृत्त प्राप्त होता है.

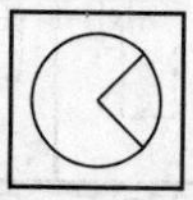

प्रकार IV : जल एवं दर्पण प्रतिबिम्ब (Water and Mirror Image)

अनुदेश

9 से 11 तक के उदाहरणों में एक प्रश्न आकृति दी गई है तथा चार उत्तर आकृतियाँ दी गई हैं. इन दी गई चार आकृतियों में उस आकृति को ढूँढना पड़ता है जो प्रश्न आकृति का दर्पण प्रतिबिम्ब होता है. परीक्षार्थियों को यह जान लेना जरूरी है कि दर्पण प्रतिबिम्ब में बाएं की वस्तु दाएं तथा दाएं की वस्तु बाएं नजर आती है.

उदाहरण 9.

प्रश्न आकृति **उत्तर आकृतियाँ**

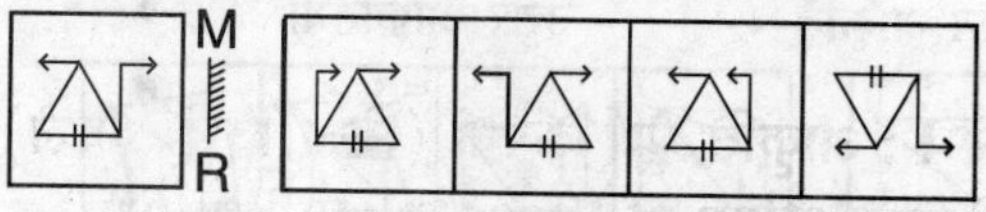

A B C D

उत्तर—(B)

व्याख्या—यह प्रश्न-आकृति तीन खण्डों में बँटी है. तीनों का सम्मिलित रूप में दर्पण-प्रतिबिम्ब विकल्प आकृति (B) होगा.

← का दर्पण प्रतिबिम्ब →,  का दर्पण प्रतिबिम्ब  तथा ⌈ दर्पण प्रतिबिम्ब ⌉ होगा.

उदाहरण 10.

प्रश्न आकृति **उत्तर आकृतियाँ**

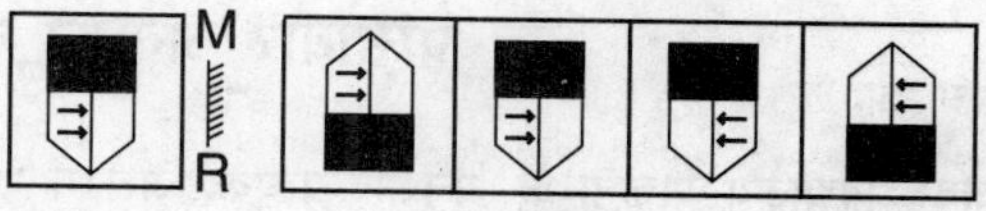

A B C D

उत्तर—(C)

व्याख्या—दो आकृतियों से मिलकर बना प्रश्न-आकृति का दर्पण-प्रतिबिम्ब उत्तर विकल्प (C) होगा.

 का दर्पण-प्रतिबिम्ब  तथा ⇉| का दर्पण प्रतिबिम्ब |⇇ होगा.

उदाहरण 11.

प्रश्न आकृति **उत्तर आकृतियाँ**

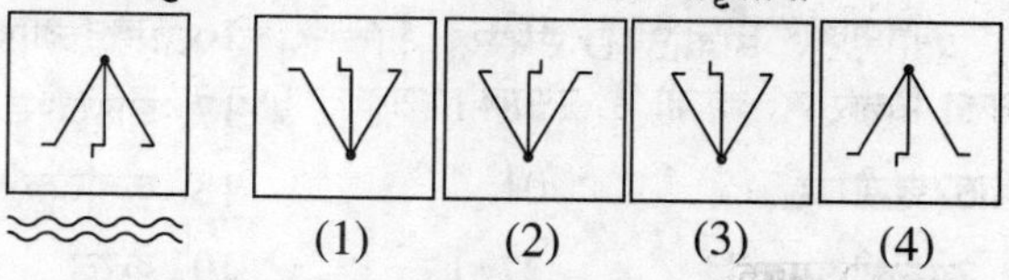

(1) (2) (3) (4)

व्याख्या—जल प्रतिबिम्ब के नियमानुसार किसी भी वस्तु का जल प्रतिबिम्ब (परावर्तन द्वारा) पानी में दिखाई देता है. जल प्रतिबिम्ब में ऊपर का भाग नीचे और नीचे का भाग ऊपर दिखाई देता है. इस प्रकार प्रश्नाकृति का उत्तर (1) होगा

प्रकार V : छिपी हुई आकृति ज्ञात करना (Spotting out the Embeded Figure)

अनुदेश

उदाहरण 12 से 14 में रेखा के बाईं ओर एक आकृति दी गई है तथा दाईं ओर विकल्प के रूप में चार आकृतियाँ दी गई हैं. दी गई दाईं ओर की आकृतियों में से उस आकृति को पहिचानिए जो किसी भी तरह से छिपी रहती है.

उदाहरण 12.

प्रश्न आकृति **उत्तर आकृतियाँ**

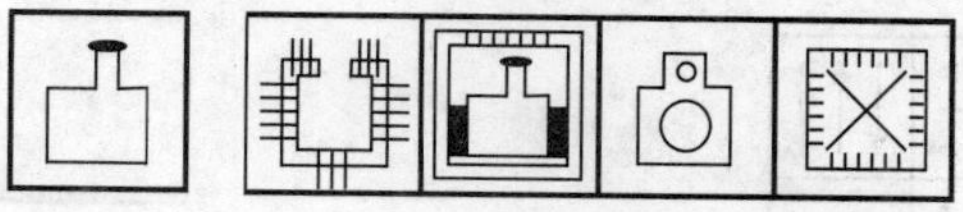

(A) (B) (C) (D)

उत्तर—(B)

व्याख्या–उत्तर आकृति के चारों विकल्पों को देखने से यह पता चलता है कि उत्तर विकल्प (B) में प्रश्न आकृति छिपी हुई है. अतः अक्षरांक (B) उत्तर होगा.

उदाहरण 13.

प्रश्न आकृति **उत्तर आकृतियाँ**

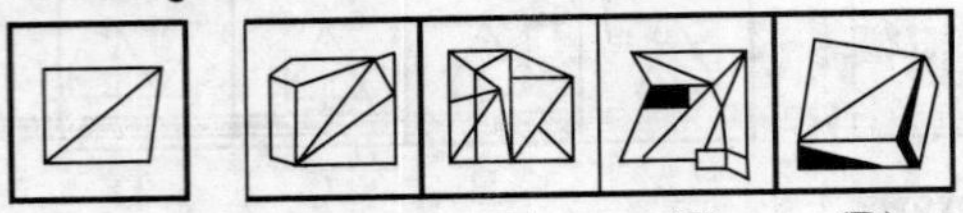

(A) (B) (C) (D)

उत्तर—(D)

व्याख्या–यहाँ दो प्रकार की आकृतियाँ दी गई हैं. एक प्रश्न आकृति है तथा दूसरी उत्तर आकृति. यहाँ प्रश्न आकृति जिसे मूल आकृति कहते हैं, को उत्तर आकृतियों के विकल्पों से खोजना है कि किसमें यह आकृति छिपी हुई है. यहाँ प्रश्न-आकृति में दो त्रिभुज एक साथ जुड़े हैं और इस तरह की आकृति विकल्प (D) में निहित है. जो हमारा उत्तर होगा.

उदाहरण 14.

प्रश्न आकृति **उत्तर आकृतियाँ**

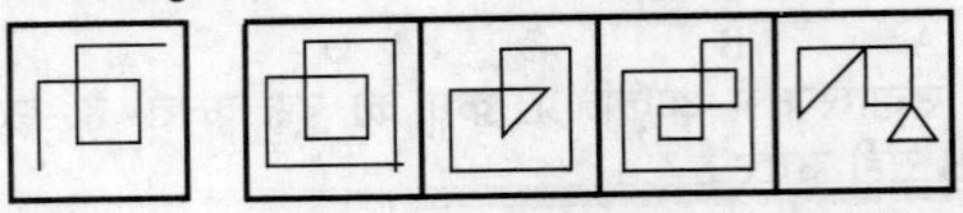

(A) (B) (C) (D)

उत्तर—(A)

व्याख्या–यहाँ प्रश्न आकृति या मूल आकृति उत्तर विकल्प (A) में छिपी हुई है, क्योंकि

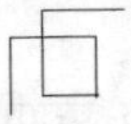 तथा  मिलकर उत्तर विकल्प (A) 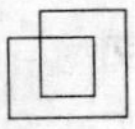 बना

I II

है, जिसमें I मूल आकृति है.

प्रान्तवार जवाहर नवोदय विद्यालयों की संख्या

नवोदय विद्यालय योजना के अनुसार प्रत्येक जिले में एक विद्यालय, चरणबद्ध ढंग से खोला जाएगा. भारत में 27 राज्यों और 8 संघ शासित प्रदेशों में कुल 654 = (631 + 20** + 3*) नवोदय विद्यालय स्वीकृत हैं. राज्यवार जवाहर नवोदय विद्यालयों की संख्या इस प्रकार है–

1. आंध्र प्रदेश	13+2**	12. गुजरात	33+1**	26. नगालैण्ड	11
2. असम	29+1**	13. हरियाणा	21	27. ओडिशा	30+1**
3. अरुणाचल प्रदेश	18	14. हिमाचल प्रदेश	12	28. पंजाब	22+1**
4. अंडमान और निकोबार द्वीप समूह	03	15. लद्दाख	02	29. पुदुचेरी	04
5. बिहार	38+1**	16. जम्मू और कश्मीर	19+1**	30. राजस्थान	33+2**
6. चंडीगढ़	01	17. झारखण्ड	24+2**	31. सिक्किम	04
7. छत्तीसगढ़	27+1**	18. कर्नाटक	30+1**	32. त्रिपुरा	08
8. दिल्ली	2+3 = 5	19. केरल	14	33. तेलंगाना	15
9. दादरा और नागर हवेली एवं दमन और दीव	03	20. लक्षद्वीप	01	34. उत्तर प्रदेश	75+1**
10. पश्चिम बंगाल	17+1**	21. मध्य प्रदेश	51+2**+1*	35. उत्तराखण्ड	13
11. गोआ	02	22. महाराष्ट्र	33+1**	**कुल**	**642+20**+3* = 665**
		23. मणिपुर	12+2**		
		24. मेघालय	11+1**		
		25. मिजोरम	08		

** अनुसूचित जाति/अनुसूचित जनजाति की अधिक जनसंख्या संकेन्द्रण वाले जिलों हेतु स्वीकृत अतिरिक्त ज.न.वि.

* अतिरिक्त विशिष्ट जवाहर नवोदय विद्यालय

योग्य अभ्यर्थियों की उपलब्धतानुसार, प्रत्येक विद्यालय में अधिक-से-अधिक 80 विद्यार्थियों को छठी कक्षा में प्रवेश दिया जाता है. समिति को यह अधिकार होगा कि पर्याप्त भवन उपलब्ध न होने की स्थिति में सम्बन्धित जिले में प्रवेश हेतु छात्र संख्या में कमी करके 40 कर दे अथवा चयन परीक्षा प्रवेश अथवा उसका परिणाम रोक दे.

जवाहर नवोदय विद्यालय प्रवेश परीक्षा (कक्षा-6), 2026 का हल प्रश्न-पत्र

(13 दिसम्बर, 2025 को आयोजित)

मानसिक योग्यता परीक्षण

भाग-1

निर्देश–(प्रश्न 1 से 4 तक) प्रत्येक प्रश्न में चार चित्र (A), (B), (C) और (D) दर्शाए गए हैं. इन चार चित्रों में से तीन चित्र किसी विधि से एकसमान हैं, जबकि एक चित्र अन्य से भिन्न है. अन्य से भिन्न चित्र का चयन करें. अपने उत्तर को दर्शाने के लिए ओ.एम.आर. उत्तर पत्रिका में प्रश्न की संगत संख्या के सामने वाले वृत्त को काला करें.

1. 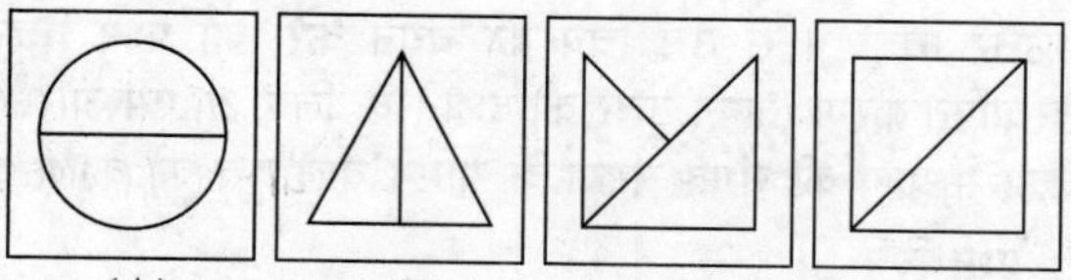

(A) (B) (C) (D)

2. 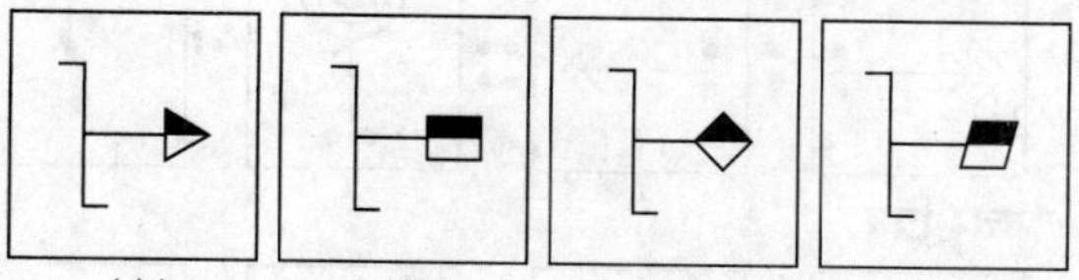

(A) (B) (C) (D)

3. 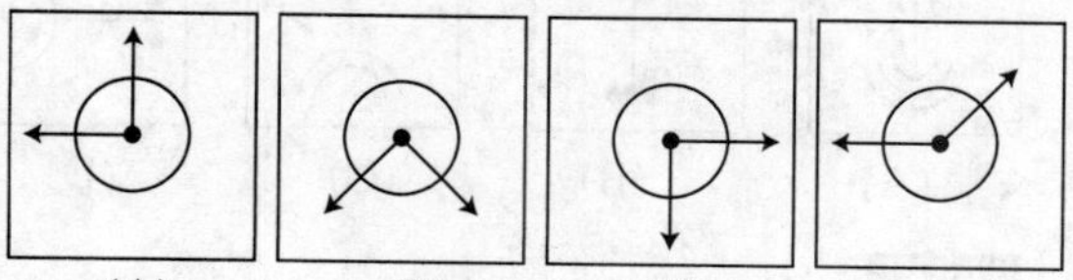

(A) (B) (C) (D)

4. 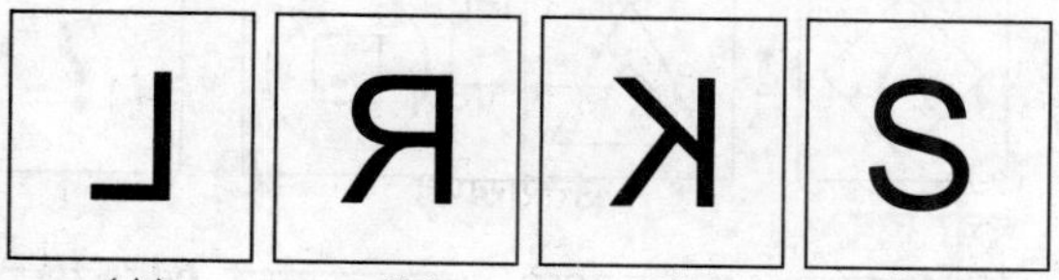

(A) (B) (C) (D)

भाग-2

निर्देश–(प्रश्न 5 से 8 तक) प्रत्येक प्रश्न में बाईं ओर एक प्रश्न चित्र दिया गया है तथा दाईं ओर (A), (B), (C) और (D) से चिह्नित चार उत्तर चित्र दिए गए हैं. उत्तर चित्रों में से प्रश्न चित्र के समरूप चित्र को चुनें तथा अपने उत्तर को दर्शाने के लिए ओ.एम.आर. उत्तर पत्रिका में प्रश्न की संगत संख्या के सामने वाले वृत्त को काला करें.

5. **प्रश्न चित्र** **उत्तर चित्र**

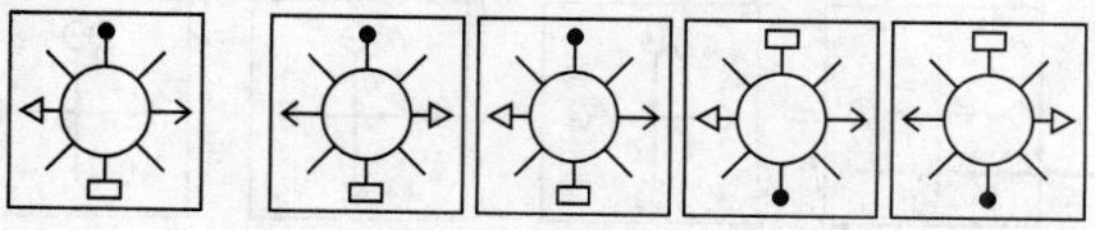

(A) (B) (C) (D)

6. **प्रश्न चित्र** **उत्तर चित्र**

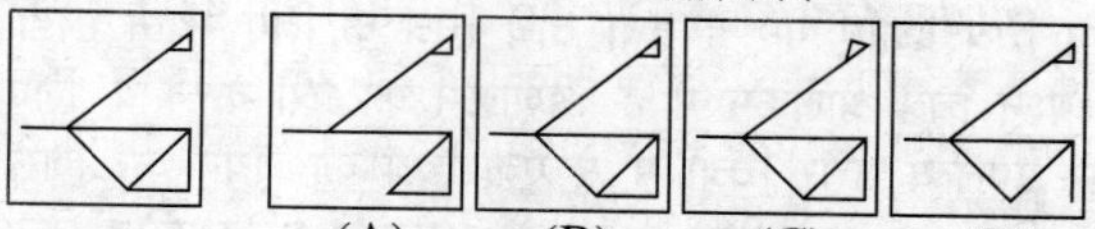

(A) (B) (C) (D)

7. **प्रश्न चित्र** **उत्तर चित्र**

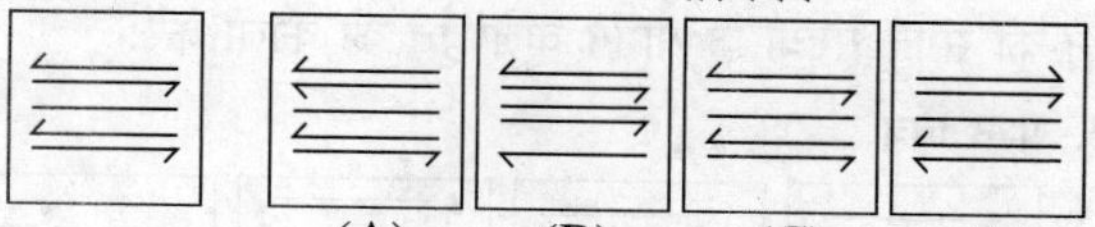

(A) (B) (C) (D)

8. **प्रश्न चित्र** **उत्तर चित्र**

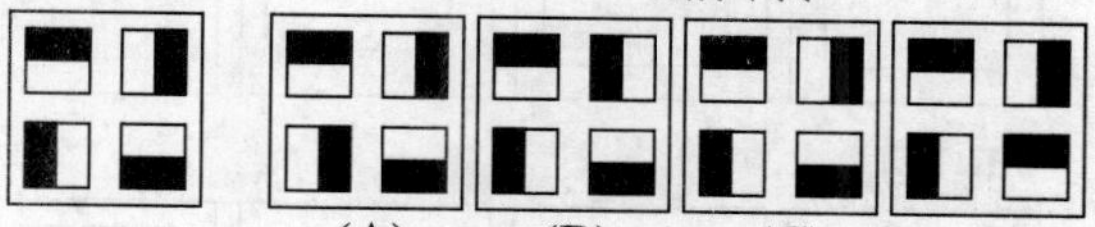

(A) (B) (C) (D)

भाग-3

निर्देश–(प्रश्न 9 से 12 तक) प्रत्येक प्रश्न में बाईं ओर एक प्रश्न चित्र दिया गया है, जिसका एक भाग लुप्त दर्शाया गया है. दाईं ओर दिए गए उत्तर चित्र (A), (B), (C) और (D) पर गौर करें तथा उत्तर चित्र का पता लगाएँ जिसको बिना दिशा परिवर्तन के प्रश्न चित्र के पैटर्न को पूरा करने के लिए प्रश्न चित्र के लुप्त भाग में बिठाया जा सके. अपने उत्तर को दर्शाने के लिए ओ.एम.आर. उत्तर पत्रिका में प्रश्न की संगत संख्या के सामने वाले वृत्त को काला करें.

9. **प्रश्न चित्र** **उत्तर चित्र**

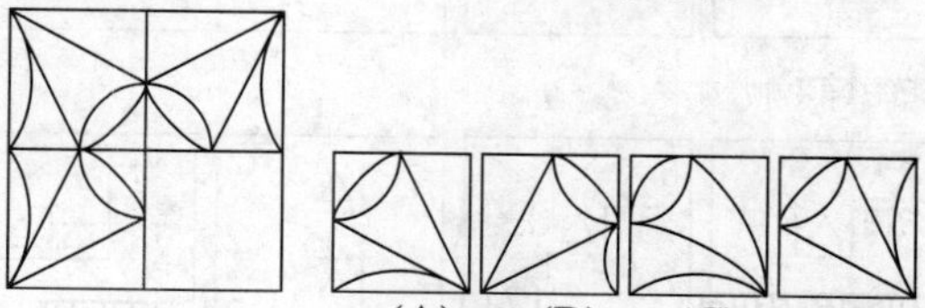

(A) (B) (C) (D)

10. **प्रश्न चित्र** **उत्तर चित्र**

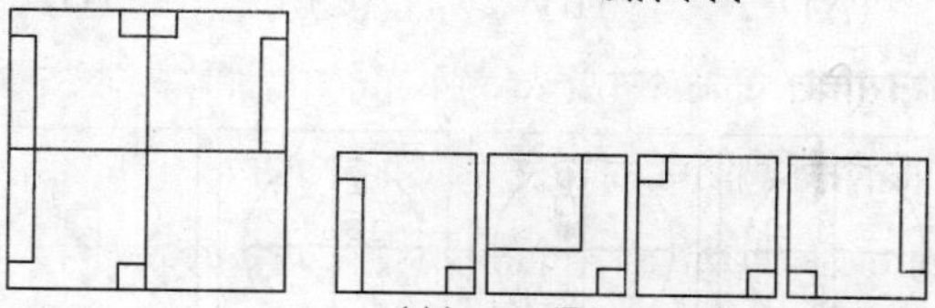

(A) (B) (C) (D)

11. **प्रश्न चित्र** **उत्तर चित्र**

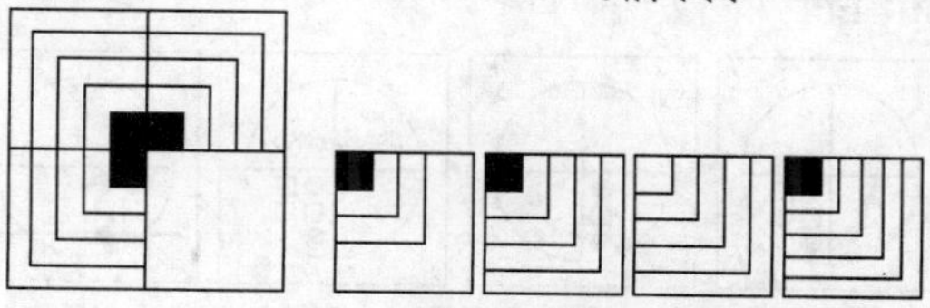

(A) (B) (C) (D)

12. **प्रश्न चित्र** **उत्तर चित्र**

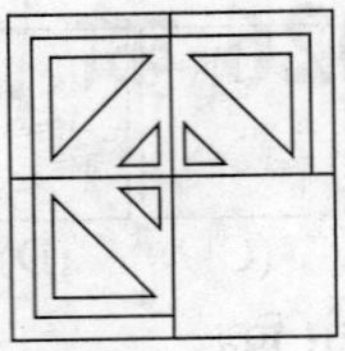

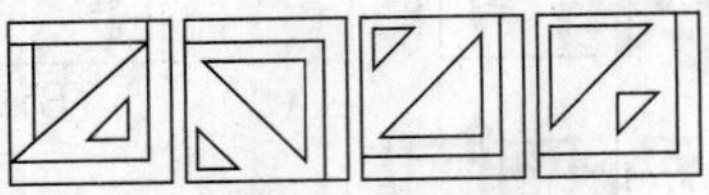

(A) (B) (C) (D)

भाग-4

निर्देश–(प्रश्न 13 से 16 तक) प्रत्येक प्रश्न में बाईं ओर तीन प्रश्न चित्र दर्शाए गए हैं तथा चौथे चित्र के लिए स्थान छोड़ा गया है. प्रश्न चित्र श्रेणीक्रम में हैं. श्रेणीक्रम को पूरा करने के लिए दाईं ओर उपलब्ध उत्तर चित्रों में से एक चित्र का चयन करें जिसे बाईं ओर दिए गए प्रश्न चित्र के खाली स्थान में प्रतिस्थापित किया जा सके. अपने उत्तर को दर्शाने के लिए ओ.एम.आर. उत्तर पत्रिका में प्रश्न की संगत संख्या के सामने वाले वृत्त को काला करें.

13. **प्रश्न चित्र**

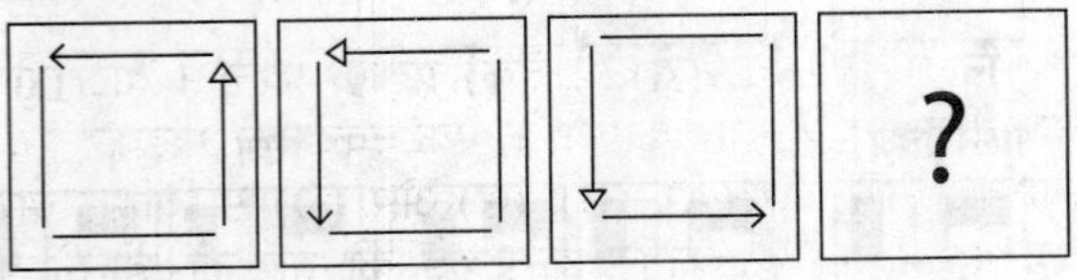

उत्तर चित्र

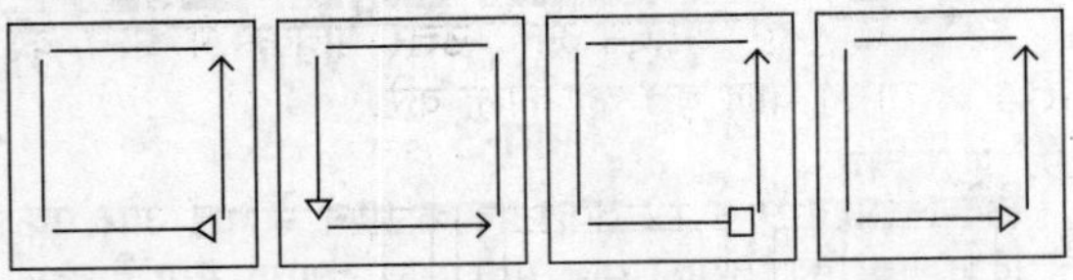

(A) (B) (C) (D)

14. **प्रश्न चित्र**

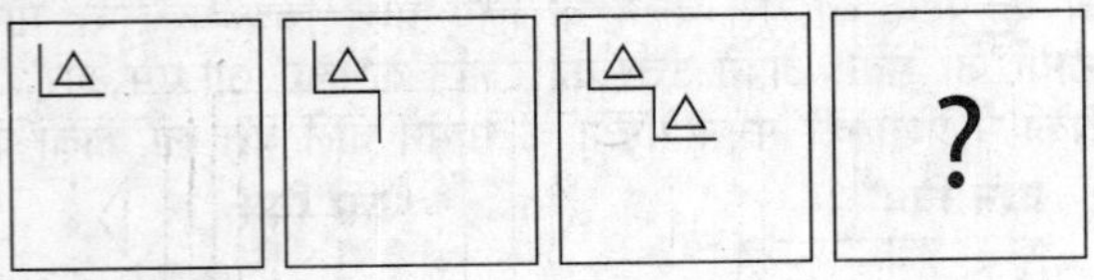

उत्तर चित्र

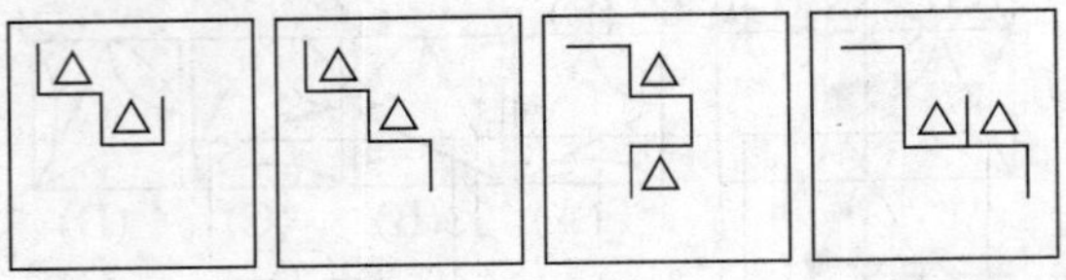

(A) (B) (C) (D)

15. **प्रश्न चित्र**

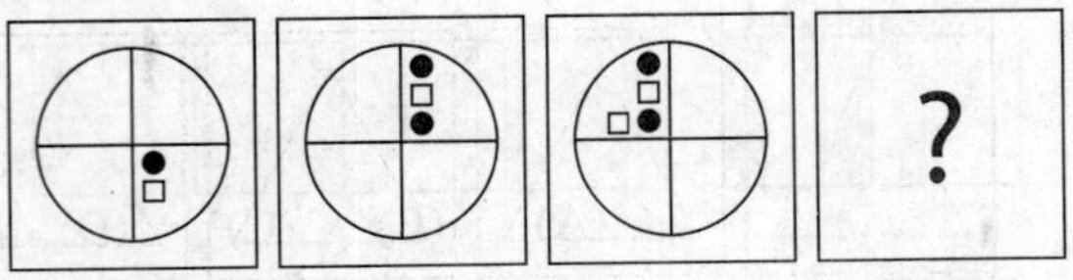

उत्तर चित्र

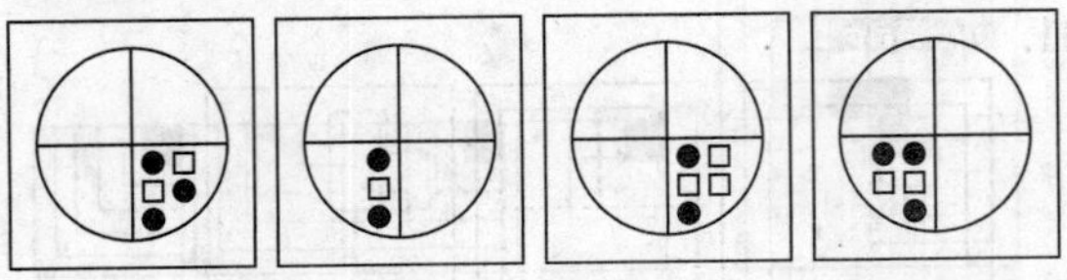

(A) (B) (C) (D)

16. **प्रश्न चित्र**

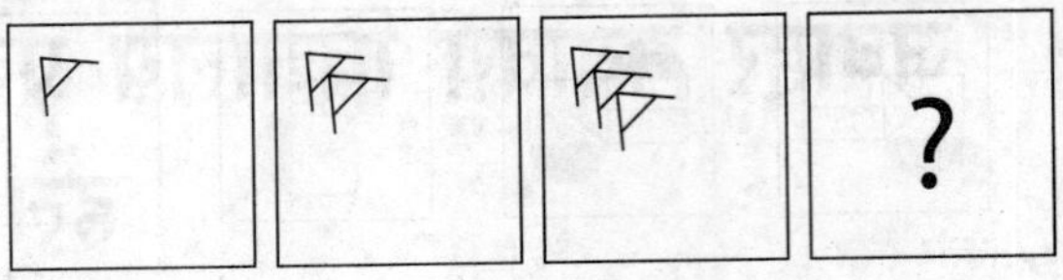

उत्तर चित्र

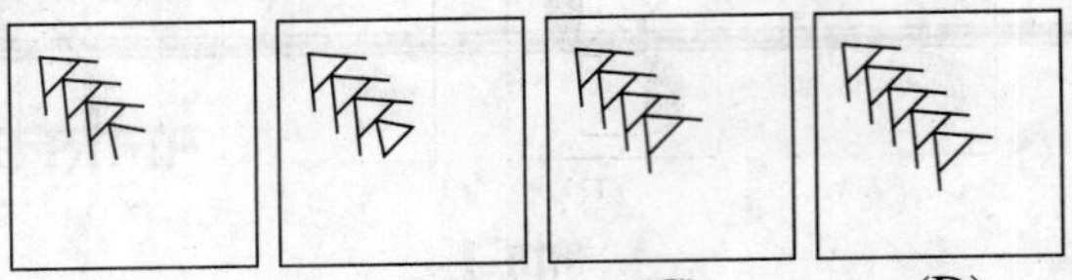

(A) (B) (C) (D)

भाग-5

निर्देश–(प्रश्न 17 से 20 तक) प्रत्येक प्रश्न में दो प्रश्न चित्रों के दो सेट दिए गए हैं. दूसरे सेट में एक प्रश्नचिह्न (?) है. प्रथम सेट के दो प्रश्न चित्रों में एक निश्चित सम्बन्ध है. इसी तरह का सम्बन्ध दूसरे सेट के तीसरे तथा चौथे प्रश्न चित्र में भी होना आवश्यक है. उत्तर चित्रों में से उस चित्र का चयन करें, जो प्रश्न चिह्न को प्रतिस्थापित करेगा. अपने उत्तर को दर्शाने के लिए ओ.एम.आर. उत्तर पत्रिका में प्रश्न की संगत संख्या के सामने वाले वृत्त को काला करें.

17. **प्रश्न चित्र**

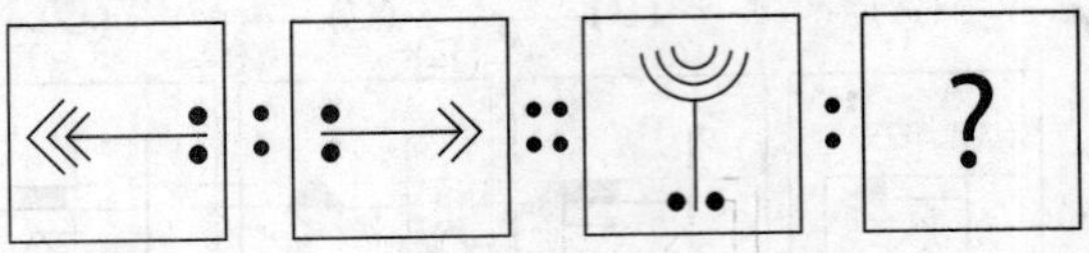

उत्तर चित्र

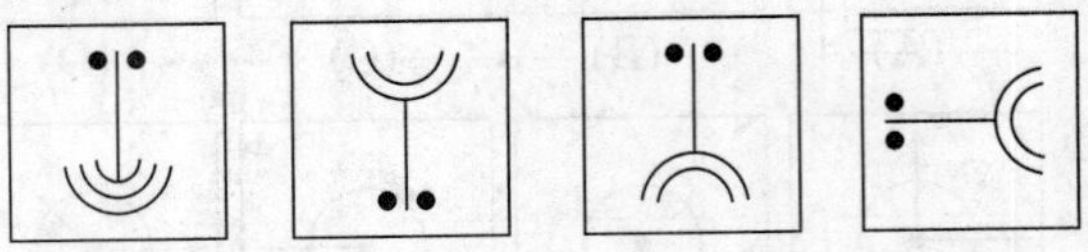

(A) (B) (C) (D)

18. **प्रश्न चित्र**

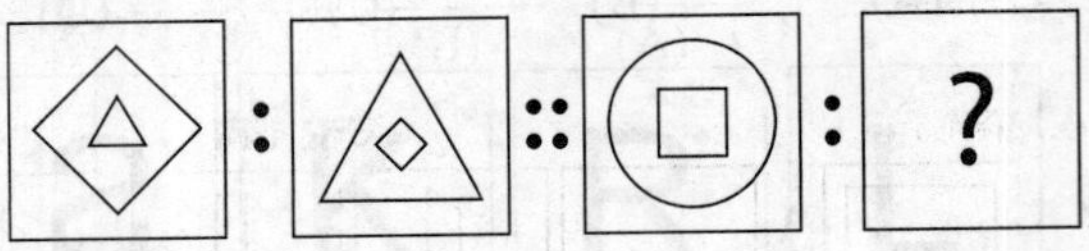

उत्तर चित्र

(A) (B) (C) (D)

19. **प्रश्न चित्र**

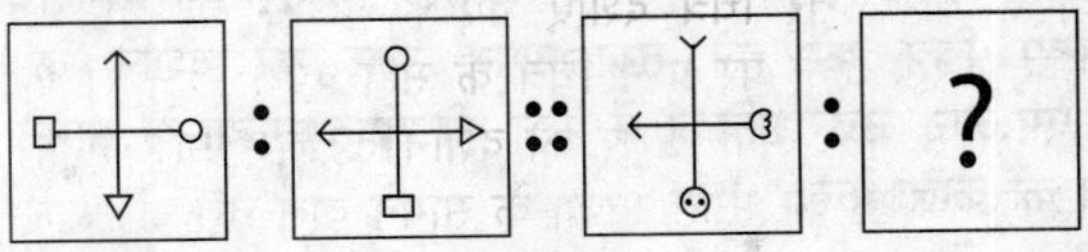

उत्तर चित्र

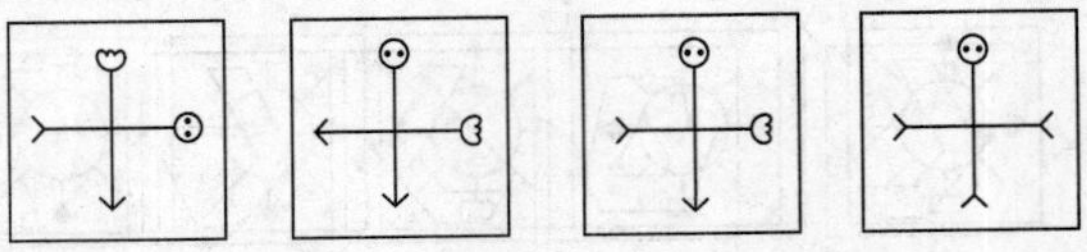

(A) (B) (C) (D)

20. **प्रश्न चित्र**

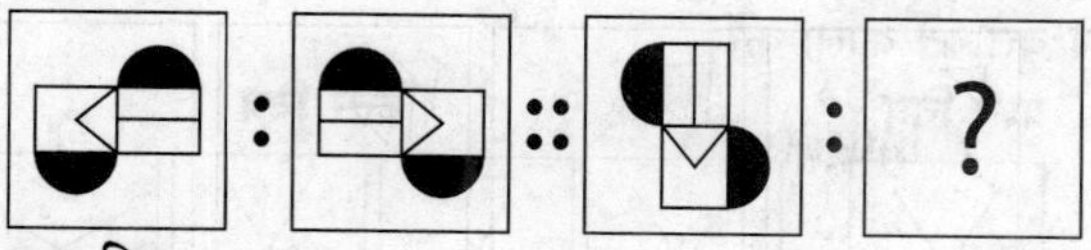

उत्तर चित्र

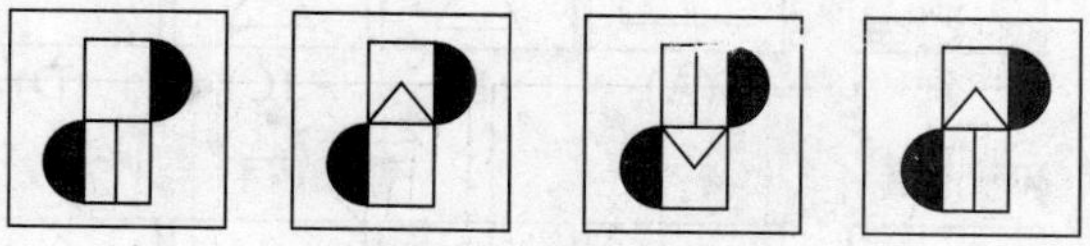

(A) (B) (C) (D)

भाग-6

निर्देश–(प्रश्न 21 से 24 तक) प्रत्येक प्रश्न में प्रश्न चित्र के रूप में ज्यामितीय चित्र (त्रिभुज, वर्ग, वृत्त) के एक भाग को बाईं ओर दर्शाया गया है तथा दाईं ओर दूसरे भाग को चार उत्तर चित्रों के रूप में (A), (B), (C) और (D) से दर्शाया गया है. दाईं ओर के चित्रों में से ज्यामितीय चित्र को पूर्ण करने वाले चित्र को ज्ञात करें. अपने उत्तर को दर्शाने के लिए ओ.एम.आर. उत्तर पत्रिका में प्रश्न की संगत संख्या के सामने वाले वृत्त को काला करें.

21. **प्रश्न चित्र** **उत्तर चित्र**

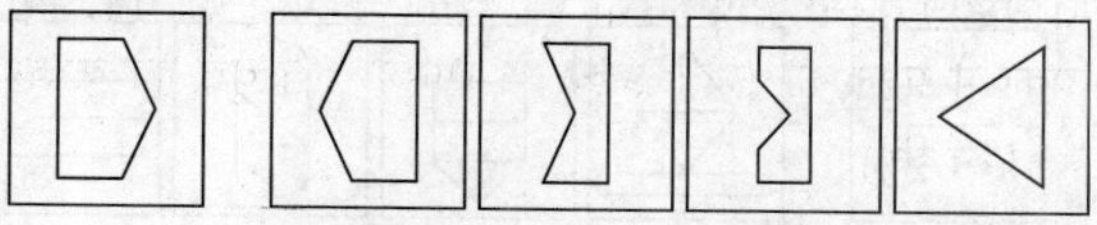

(A) (B) (C) (D)

22. **प्रश्न चित्र** **उत्तर चित्र**

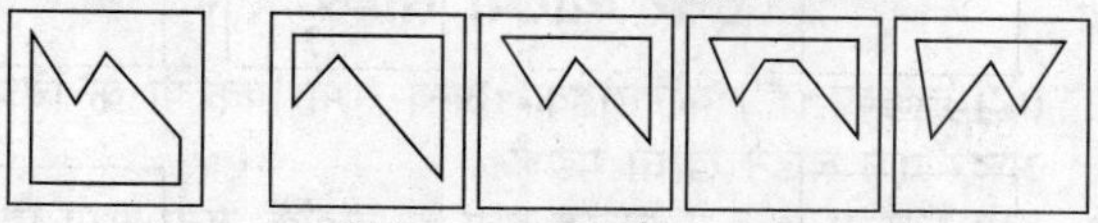

(A) (B) (C) (D)

23. **प्रश्न चित्र** **उत्तर चित्र**

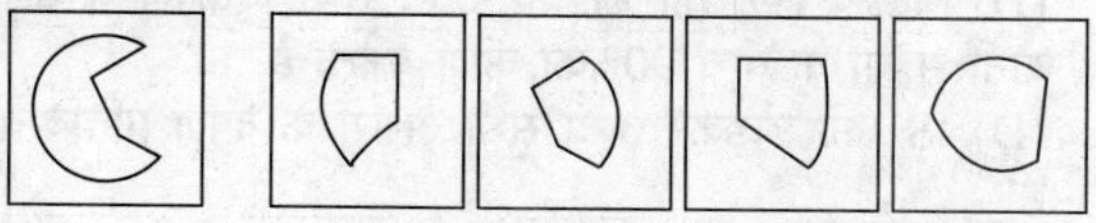

(A) (B) (C) (D)

24. **प्रश्न चित्र** **उत्तर चित्र**

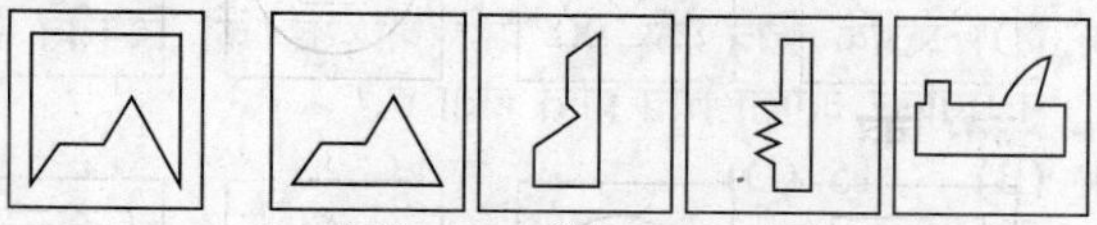

(A) (B) (C) (D)

भाग-7

निर्देश–(प्रश्न 25 से 28 तक) प्रत्येक प्रश्न में बाईं ओर प्रश्न चित्र दर्शाया गया है तथा दाईं ओर (A), (B), (C) और (D) से चिह्नित चार उत्तर चित्र दर्शाए गए हैं. किसी दर्पण को XY के अनुदिश रखे जाने पर प्रश्न चित्र के सही दर्पण प्रतिबिम्ब को उत्तर चित्रों में से चुनें. अपने उत्तर को दर्शाने के लिए ओ.एम.आर. उत्तर पत्रिका में प्रश्न की संगत संख्या के सामने वाले वृत्त को काला करें.

25. **प्रश्न चित्र** **उत्तर चित्र**

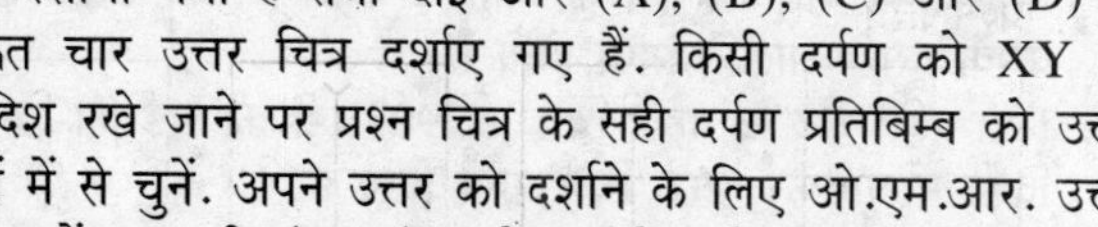

(A) (B) (C) (D)

26. **प्रश्न चित्र** **उत्तर चित्र**

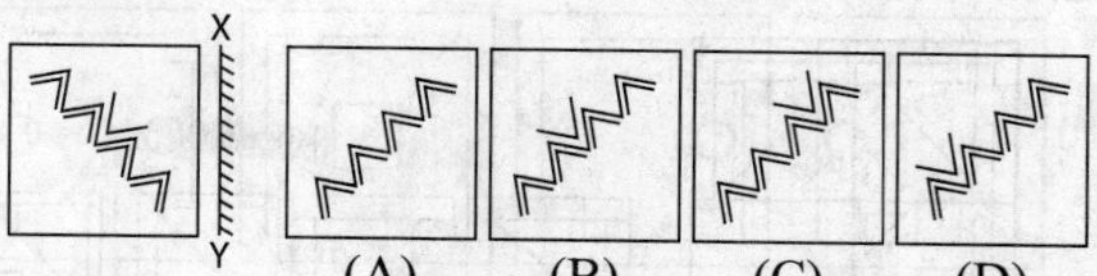

(A) (B) (C) (D)

27. **प्रश्न चित्र** **उत्तर चित्र**

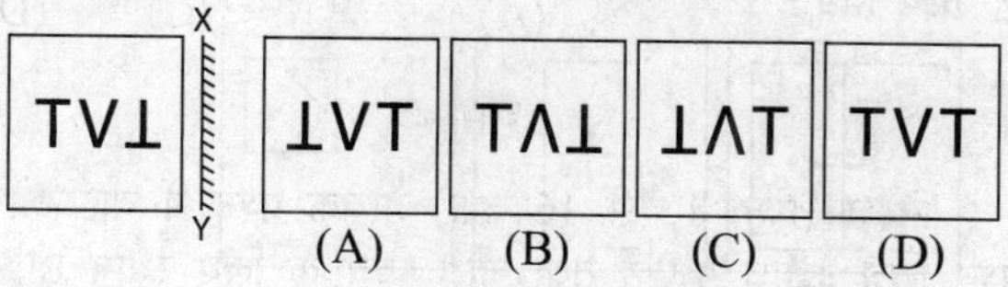

(A) (B) (C) (D)

28. **प्रश्न चित्र** **उत्तर चित्र**

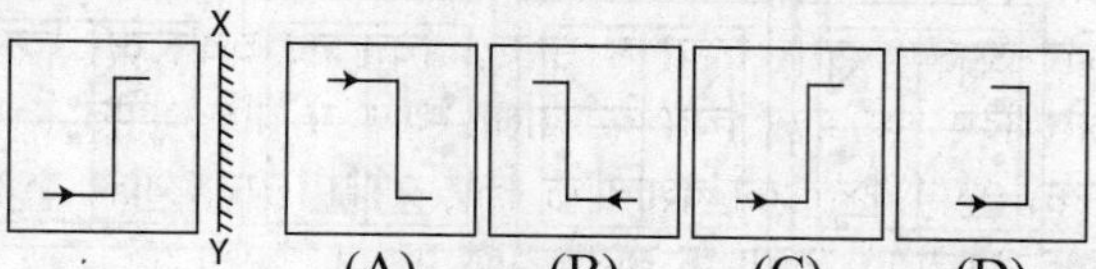

(A) (B) (C) (D)

भाग-8

निर्देश–(प्रश्न 29 से 32 तक) प्रत्येक प्रश्न में बाईं ओर प्रश्न चित्र में दर्शाए अनुसार कागज के एक टुकड़े को मोड़कर पंच किया गया तथा दाईं ओर (A), (B), (C) और (D) से चिह्नित चार उत्तर चित्र दर्शाए गए हैं. कागज के टुकड़े की तह को खोलने पर वह जिस प्रकार दिखेगा वैसा ही चित्र उत्तर चित्रों में से चुनें. अपने उत्तर को दर्शाने के लिए ओ.एम.आर. उत्तर पत्रिका में प्रश्न की संगत संख्या के सामने वाले वृत्त को काला करें.

29. **प्रश्न चित्र**

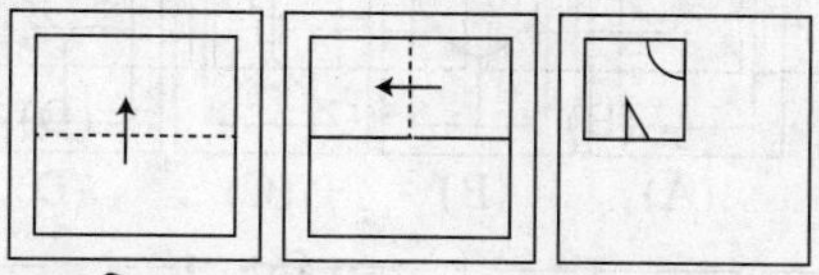

उत्तर चित्र

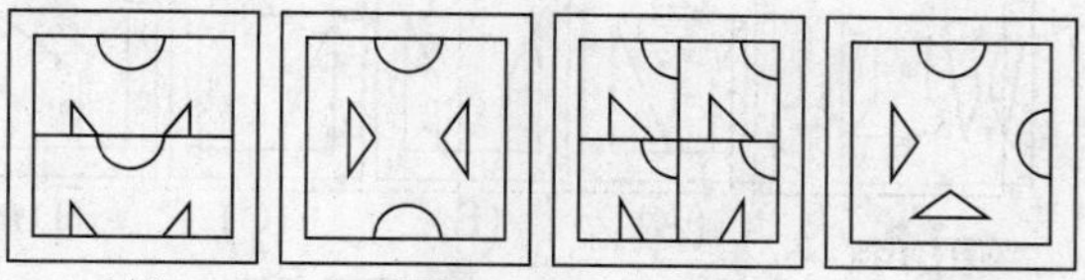

(A) (B) (C) (D)

30. **प्रश्न चित्र**

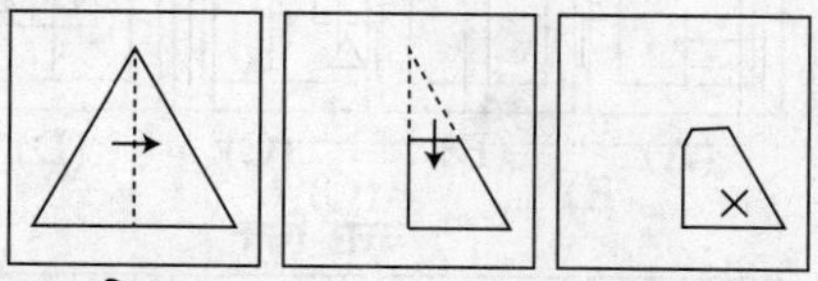

उत्तर चित्र

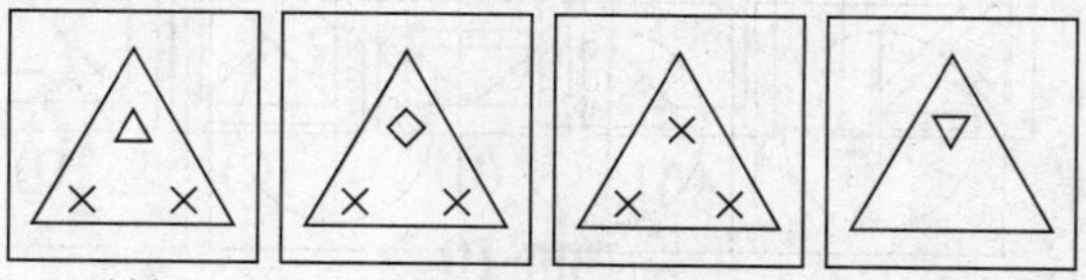

(A) (B) (C) (D)

31. **प्रश्न चित्र**

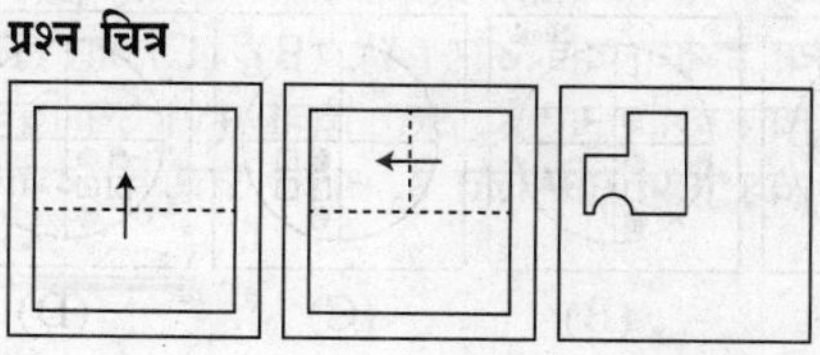

उत्तर चित्र

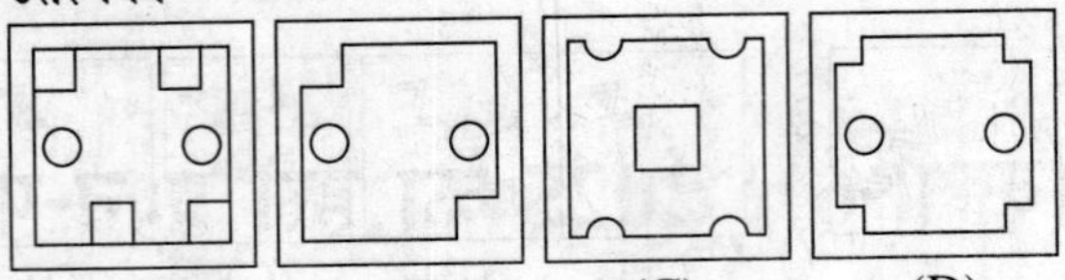

(A) (B) (C) (D)

32. प्रश्न चित्र

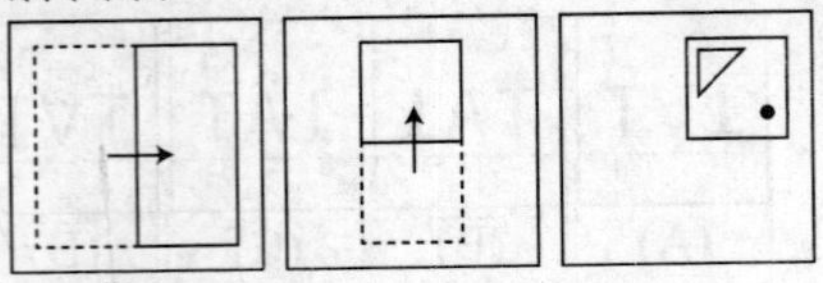

उत्तर चित्र

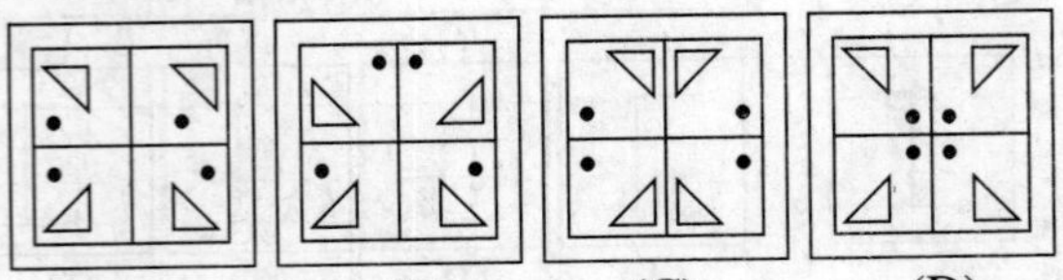

(A) (B) (C) (D)

भाग-9

निर्देश–(प्रश्न 33 से 36 तक) प्रत्येक प्रश्न में बाईं ओर एक प्रश्न चित्र दिया गया है तथा दाईं ओर (A), (B), (C) और (D) से चिह्नित चार उत्तर दर्शाए गए हैं. उत्तर चित्रों में से उस चित्र का चयन करें जिसे प्रश्न चित्र में उपलब्ध कट-आउट टुकड़ों से बनाया जा सकता हो. अपने उत्तर को दर्शाने के लिए ओ.एम.आर. उत्तर पत्रिका में प्रश्न की संगत संख्या के सामने वाले वृत्त को काला करें.

33. प्रश्न चित्र उत्तर चित्र

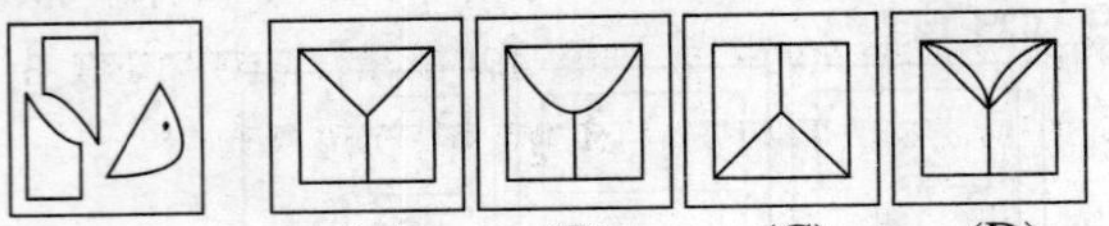

(A) (B) (C) (D)

34. प्रश्न चित्र उत्तर चित्र

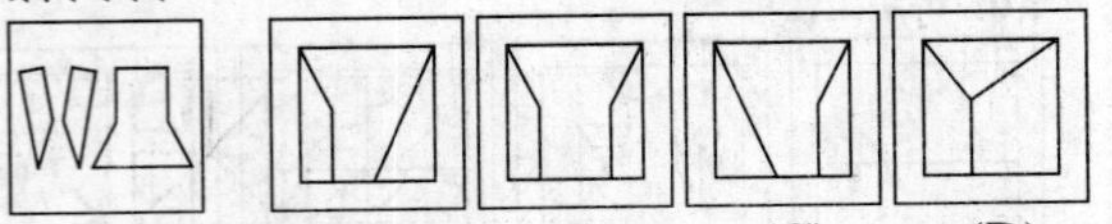

(A) (B) (C) (D)

35. प्रश्न चित्र उत्तर चित्र

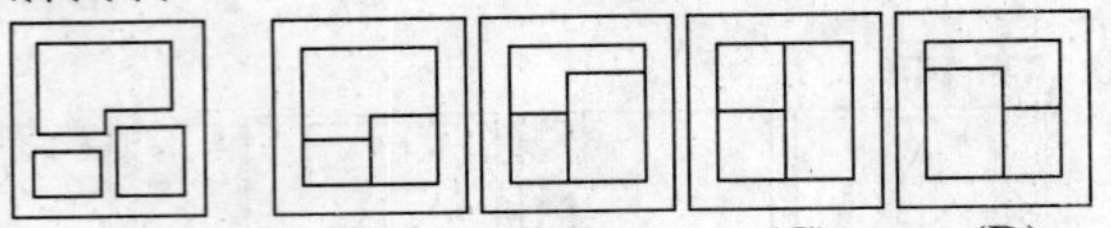

(A) (B) (C) (D)

36. प्रश्न चित्र उत्तर चित्र

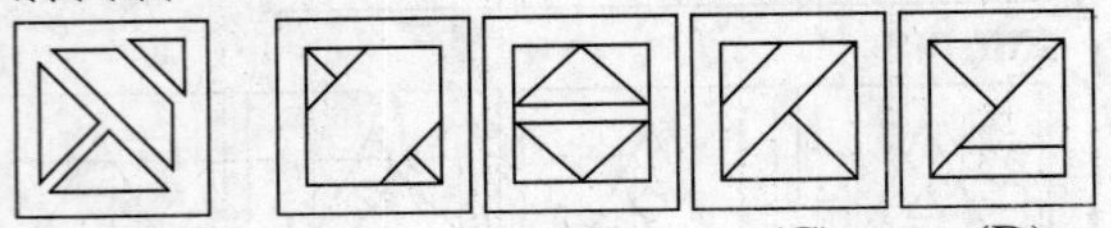

(A) (B) (C) (D)

भाग-10

निर्देश–(प्रश्न 37 से 40 तक) प्रत्येक प्रश्न में बाईं ओर एक प्रश्न चित्र दिया गया है तथा दाईं ओर (A), (B), (C) और (D) से चिह्नित चार उत्तर चित्र दर्शाए गए हैं. उत्तर चित्रों में से उस चित्र को चुनें, जिसमें प्रश्न चित्र छिपा/सम्मिलित है. अपने उत्तर को दर्शाने के लिए ओ.एम.आर. उत्तर पत्रिका में प्रश्न की संगत संख्या के सामने वाले वृत्त को काला करें.

37. प्रश्न चित्र उत्तर चित्र

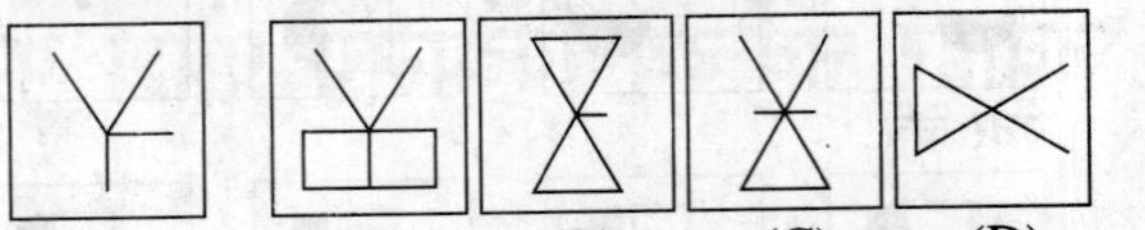

(A) (B) (C) (D)

38. प्रश्न चित्र उत्तर चित्र

(A) (B) (C) (D)

39. प्रश्न चित्र उत्तर चित्र

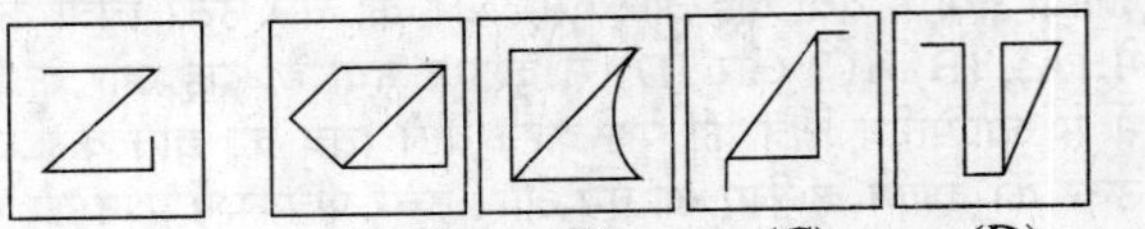

(A) (B) (C) (D)

40. प्रश्न चित्र उत्तर चित्र

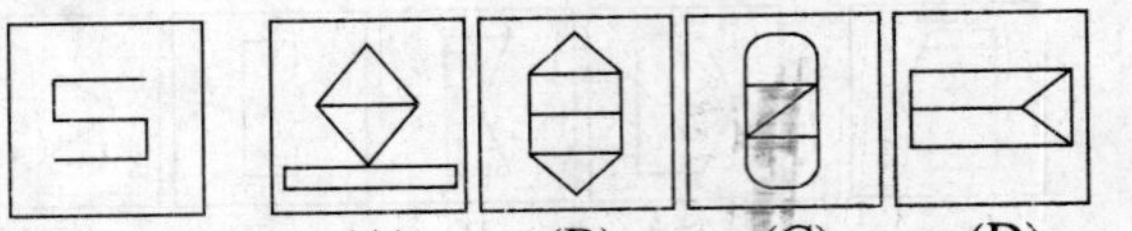

(A) (B) (C) (D)

उत्तर व्याख्या सहित

1. (C) विकल्प (C) को छोड़कर अन्य सभी विकल्पों के चित्रों के अन्दर एक लाइन खींची गई है.
2. (A) विकल्प (A) में त्रिभुज बना है, जबकि अन्य सभी विकल्प में चतुर्भुज बना है.
3. (D) विकल्प (D) को छोड़कर अन्य सभी विकल्पों में घड़ी की दोनों सुइयों के बीच 90° का कोण बनता है.
4. (D) 'S' को छोड़कर अन्य सभी अक्षरों के दर्पण प्रतिबिम्ब बने हैं.

5. (B) 6. (B) 7. (C) 8. (C) 9. (D)
10. (D) 11. (B) 12. (C)

13. (D) प्रत्येक चित्र को 90° घड़ी की सुई को विपरीत दिशा में घुमाकर अगला चित्र प्राप्त होता है.

14. (B) 15. (D)

16. (C) प्रश्न के पहले चित्र में दी गई आकृति में पुनः वही आकृति को जोड़कर अगला चित्र प्राप्त होता है.
17. (C)
18. (A) पहले सेट के पहले चित्र में दी गई आकृति को आपस में बदलकर अर्थात् चतुर्भुज को बाहर एवं त्रिभुज को उसके अन्दर करके दूसरी आकृति प्राप्त होती है.
19. (A) पहले सेट के पहले चित्र को 90° घड़ी की सुई की विपरीत दिशा में घुमाकर दूसरा चित्र प्राप्त होता है.

20. (C) 21. (B) 22. (B) 23. (B) 24. (A)
25. (B) 26. (B) 27. (A) 28. (B) 29. (B)
30. (B) 31. (D) 32. (C) 33. (B) 34. (B)
35. (A) 36. (C) 37. (A) 38. (B) 39. (A)
40. (B)

जवाहर नवोदय विद्यालय प्रवेश परीक्षा (कक्षा-6), 2025 का हल प्रश्न-पत्र

(18 जनवरी, 2025 को आयोजित)

मानसिक योग्यता परीक्षण

भाग–1

निर्देश–(प्रश्न 1 से 4 तक) प्रत्येक प्रश्न में चार चित्र (A), (B), (C) और (D) दर्शाए गए हैं. इन चार चित्रों में से तीन चित्र किसी विधि से एकसमान हैं, जबकि एक चित्र अन्य से भिन्न है. अन्य से भिन्न चित्र का चयन करें. अपने उत्तर को दर्शाने के लिए ओ.एम.आर. उत्तर-पत्रिका में प्रश्न की संगत संख्या के सामने वाले वृत्त को काला करें.

1.

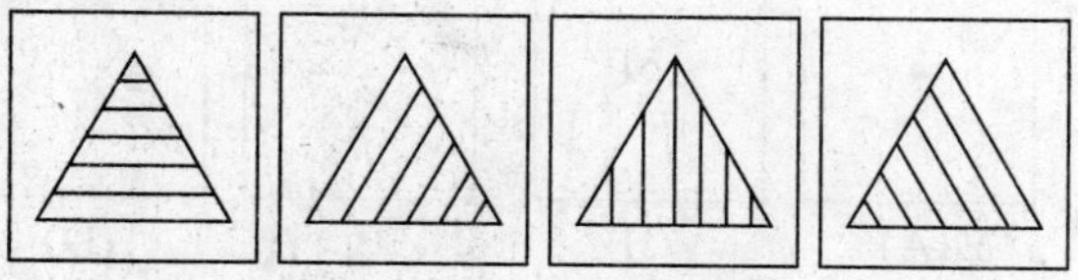

(A) (B) (C) (D)

2.

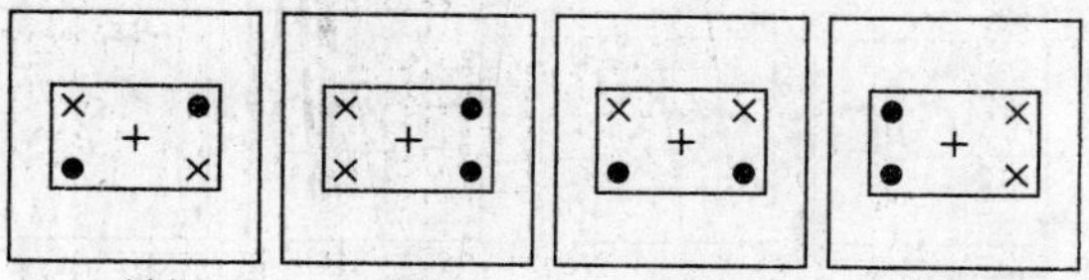

(A) (B) (C) (D)

3.

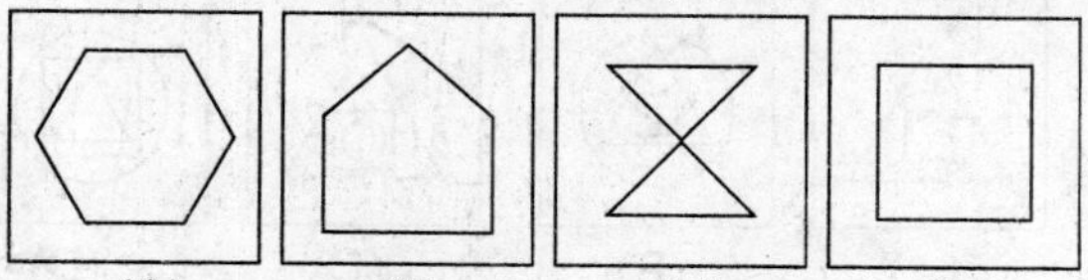

(A) (B) (C) (D)

4.

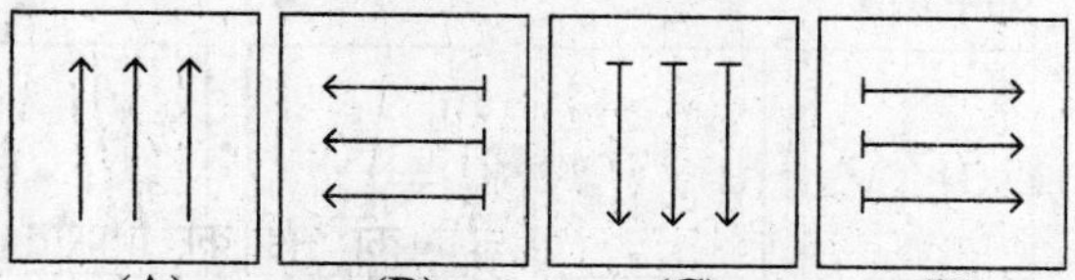

(A) (B) (C) (D)

भाग–2

निर्देश–(प्रश्न 5 से 8 तक) बाईं ओर एक प्रश्न चित्र दिया गया है तथा दाईं ओर (A), (B), (C) और (D) से चिह्नित चार उत्तर चित्र दिए गए हैं. उत्तर चित्र के समरूप चित्र को चुनें तथा अपने उत्तर को दर्शाने के लिए ओ.एम.आर. उत्तर-पत्रिका में प्रश्न की संगत संख्या के सामने वाले वृत्त को काला करें.

प्रश्न चित्र **उत्तर चित्र**

5.

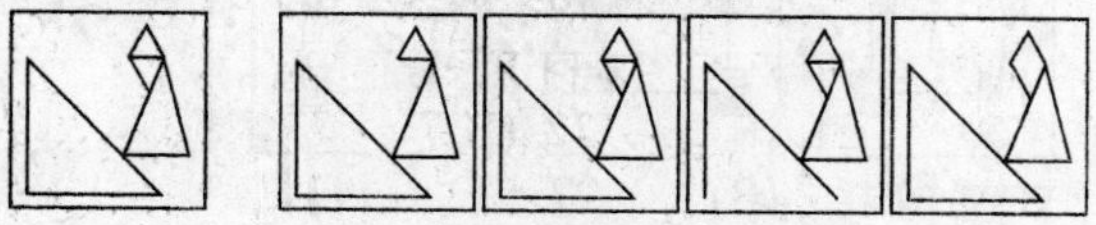

(A) (B) (C) (D)

6.

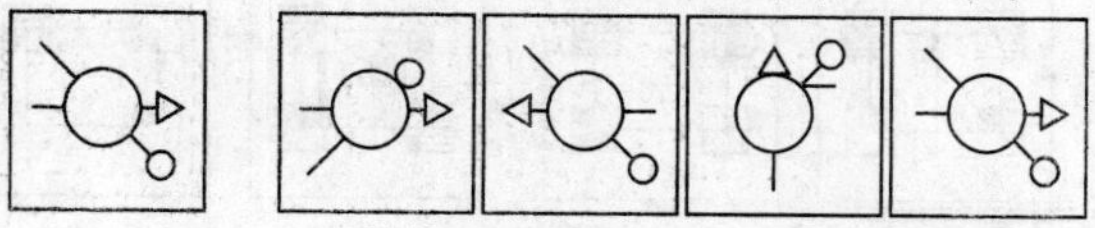

(A) (B) (C) (D)

7.

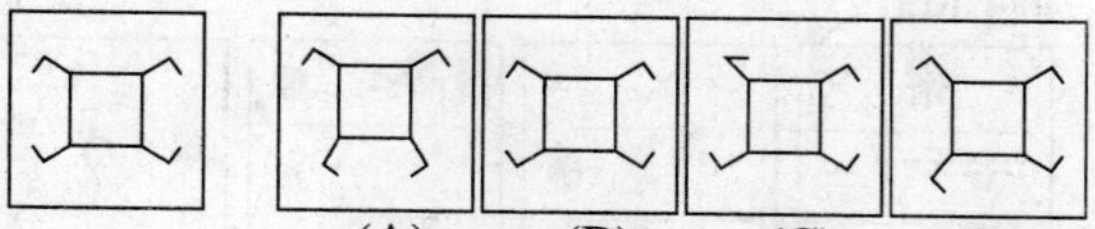

(A) (B) (C) (D)

8.

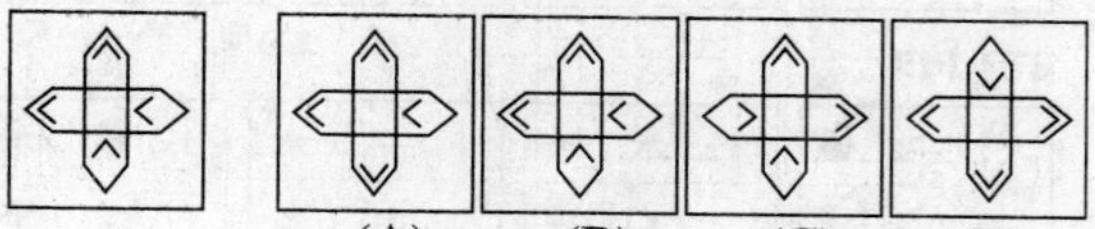

(A) (B) (C) (D)

भाग–3

निर्देश–(प्रश्न 9 से 12 तक) बाईं ओर एक प्रश्न चित्र दिया गया है, जिसका एक भाग लुप्त दर्शाया गया है. दाईं ओर दिए गए उत्तर चित्र (A), (B), (C) और (D) पर गौर करें तथा उस उत्तर चित्र का पता लगाएँ जिसको **बिना दिशा परिवर्तन** के प्रश्न चित्र के पैटर्न को पूरा करने के लिए प्रश्न चित्र के लुप्त भाग में बिठाया जा सके. अपने उत्तर को दर्शाने के लिए ओ.एम.आर. उत्तर-पत्रिका में प्रश्न की संगत संख्या के सामने वाले वृत्त को काला करें.

प्रश्न चित्र **उत्तर चित्र**

9.

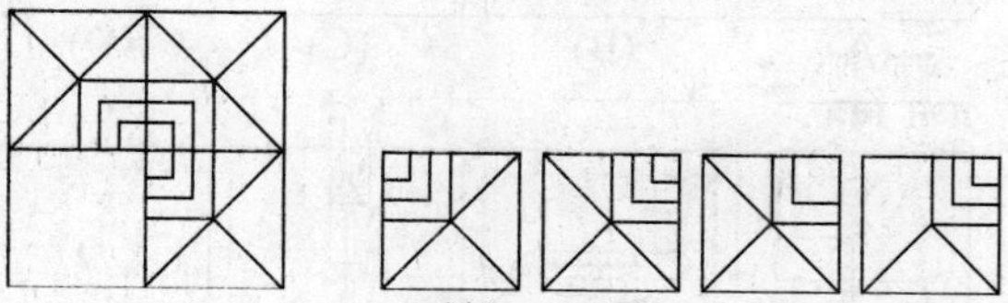

(A) (B) (C) (D)

10.

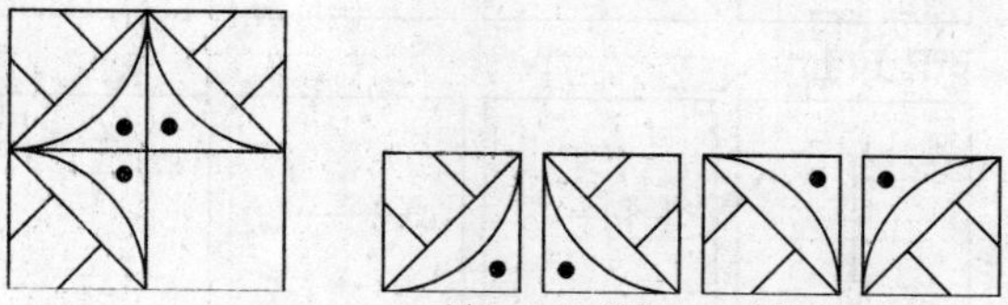

(A) (B) (C) (D)

11.

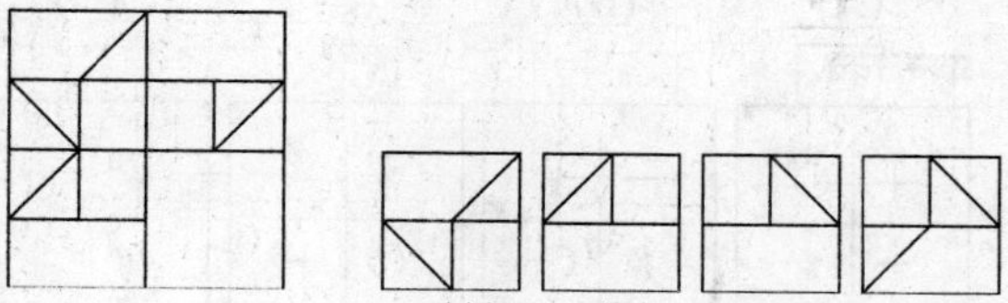

(A) (B) (C) (D)

12.

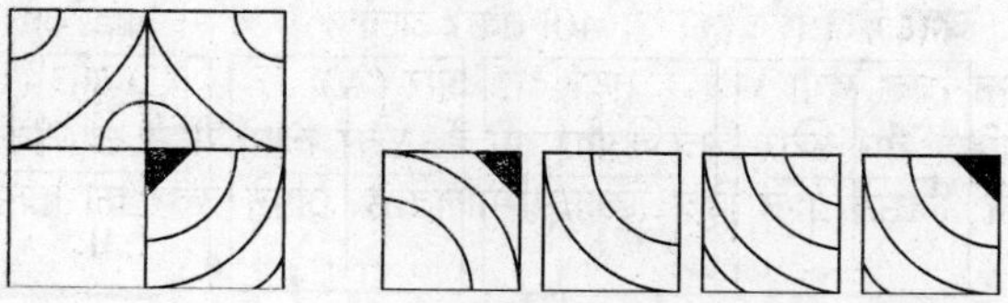

(A) (B) (C) (D)

भाग–4

निर्देश–(प्रश्न 13 से 16 तक) बाईं ओर तीन प्रश्न चित्र दर्शाए गए हैं तथा चौथे चित्र के लिए स्थान छोड़ा गया है. प्रश्न चित्र श्रेणीक्रम में हैं. श्रेणीक्रम को पूरा करने के लिए दाईं ओर उपलब्ध उत्तर चित्रों में से एक चित्र का चयन करें जिसे बाईं ओर दिए गए प्रश्न चित्र के खाली स्थान में प्रतिस्थापित किया जा सके. अपने उत्तर को दर्शाने के लिए ओ.एम.आर. उत्तर-पत्रिका में प्रश्न की संगत संख्या के सामने वाले वृत्त को काला करें.

13. **प्रश्न चित्र**

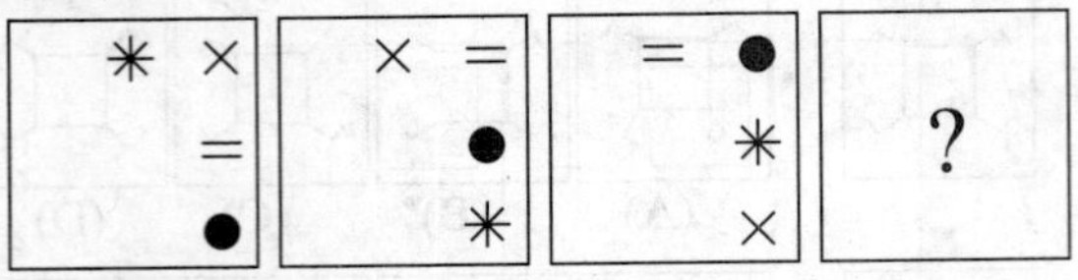

उत्तर चित्र

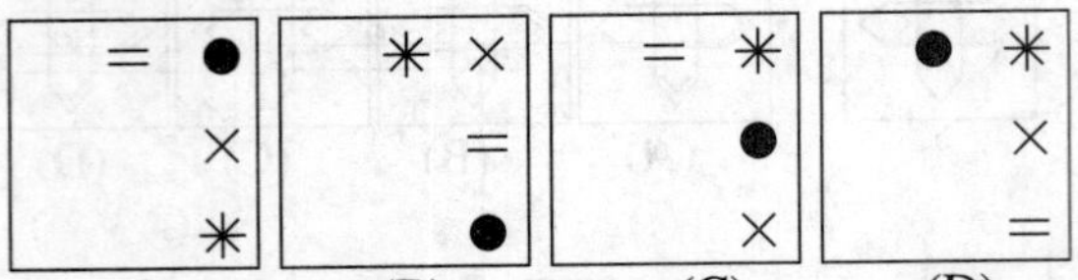

(A) (B) (C) (D)

14. **प्रश्न चित्र**

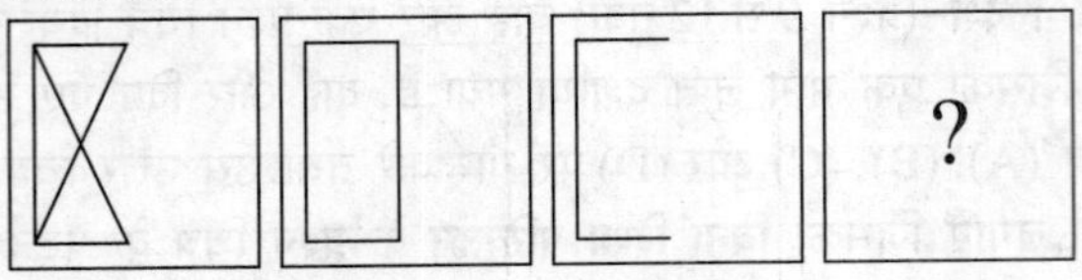

उत्तर चित्र

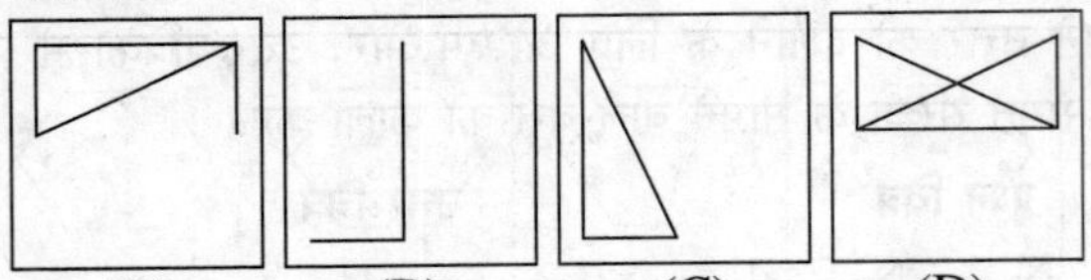

(A) (B) (C) (D)

15. **प्रश्न चित्र**

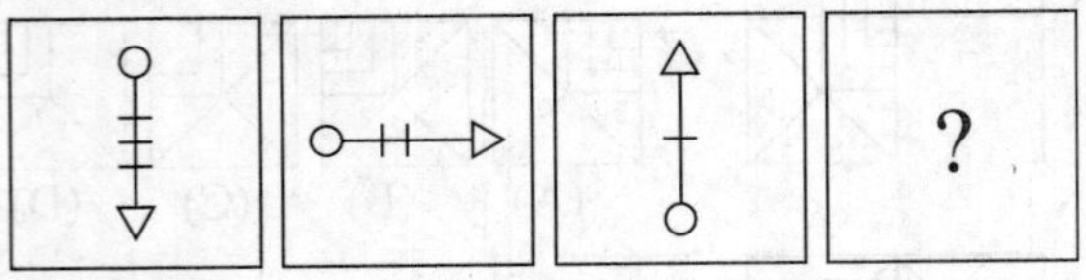

उत्तर चित्र

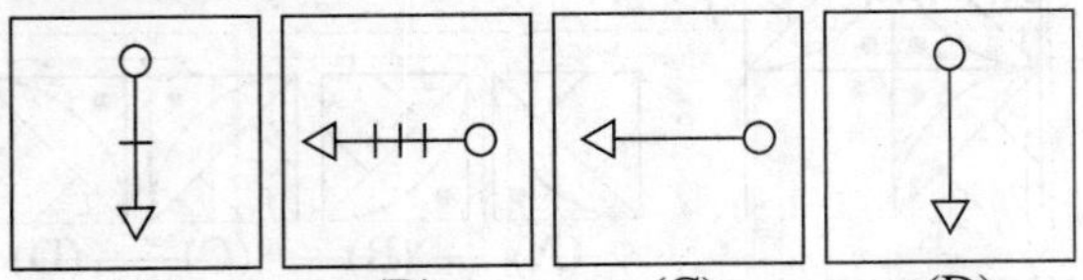

(A) (B) (C) (D)

16. **प्रश्न चित्र**

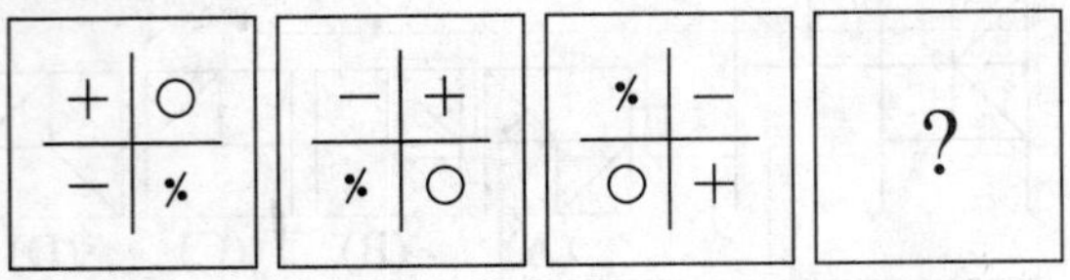

उत्तर चित्र

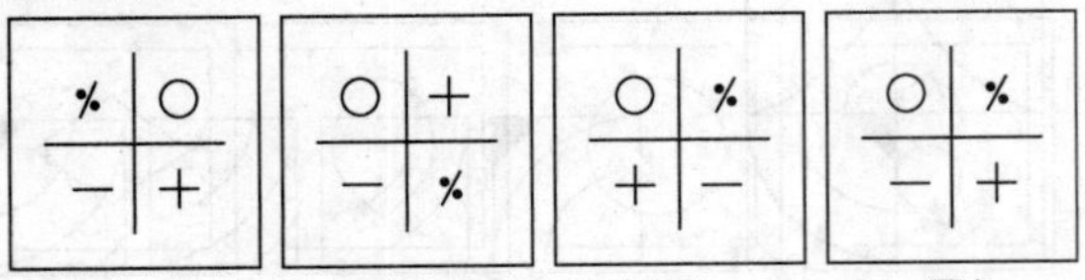

(A) (B) (C) (D)

भाग–5

निर्देश–(प्रश्न 17 से 20 तक) प्रत्येक प्रश्न में दो प्रश्न चित्रों के दो सेट दिए गए हैं. दूसरे सेट में एक प्रश्न चिह्न (?) है. प्रथम सेट के दो प्रश्न चित्रों में एक निश्चित सम्बन्ध है. इसी तरह का सम्बन्ध दूसरे सेट के तीसरे तथा चौथे प्रश्न चित्र में भी होना आवश्यक है. उत्तर चित्रों में से उस चित्र का चयन करें जो प्रश्न चिह्न को प्रतिस्थापित करेगा. अपने उत्तर को दर्शाने के लिए ओ.एम.आर. उत्तर-पत्रिका में प्रश्न की संगत संख्या के सामने वाले वृत्त को काला करें.

17. **प्रश्न चित्र**

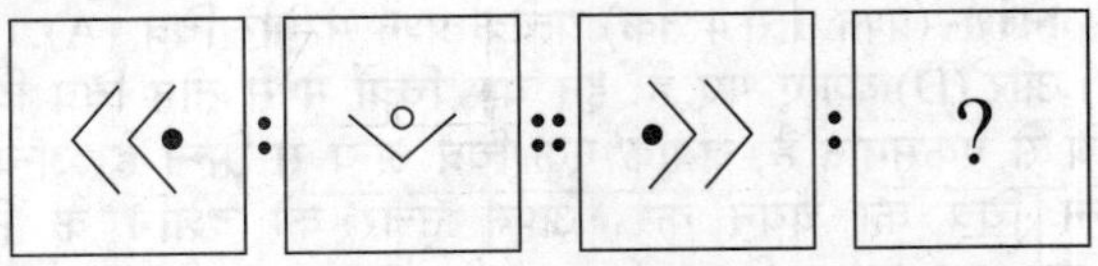

उत्तर चित्र

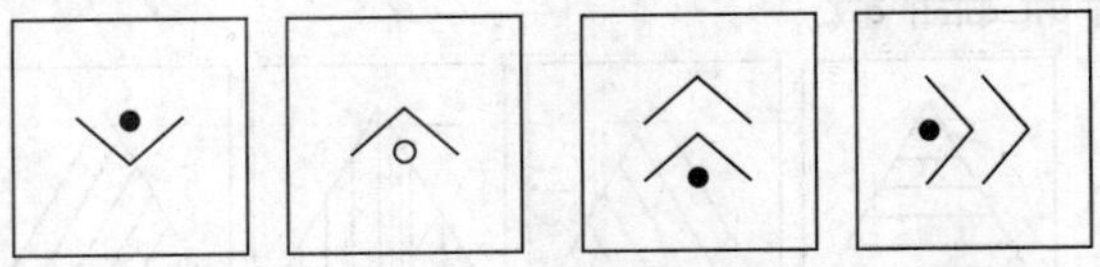

(A) (B) (C) (D)

18. **प्रश्न चित्र**

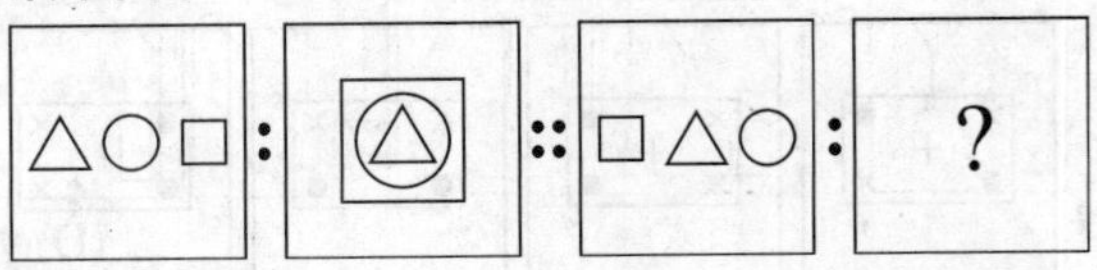

उत्तर चित्र

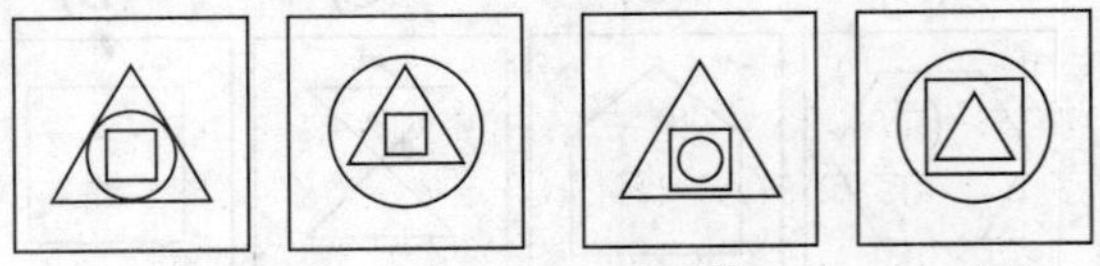

(A) (B) (C) (D)

19. **प्रश्न चित्र**

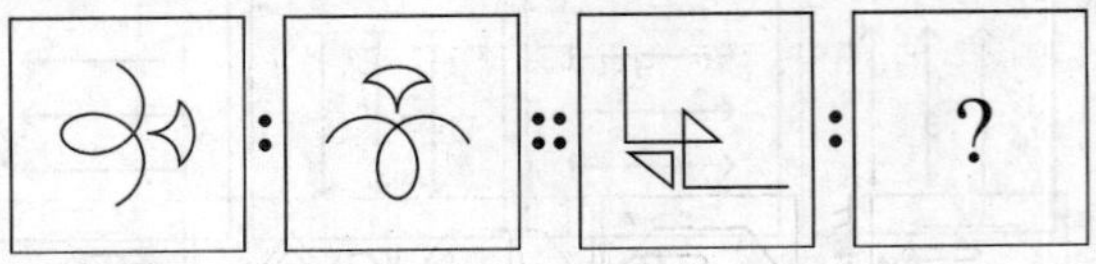

उत्तर चित्र

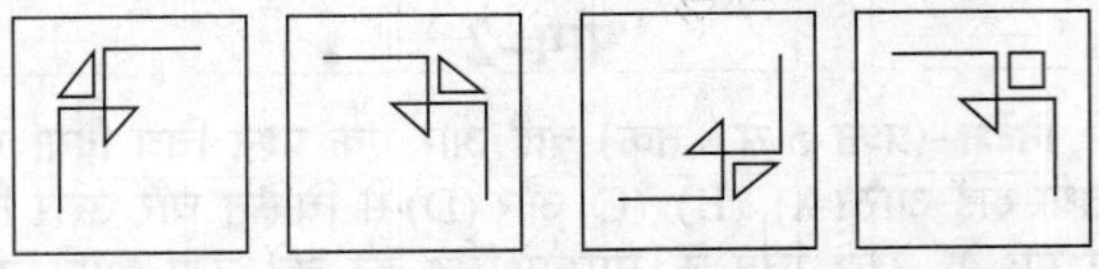

(A) (B) (C) (D)

20. **प्रश्न चित्र**

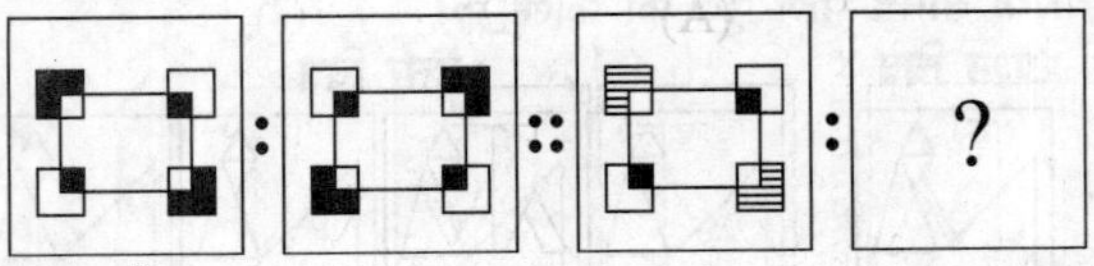

उत्तर चित्र

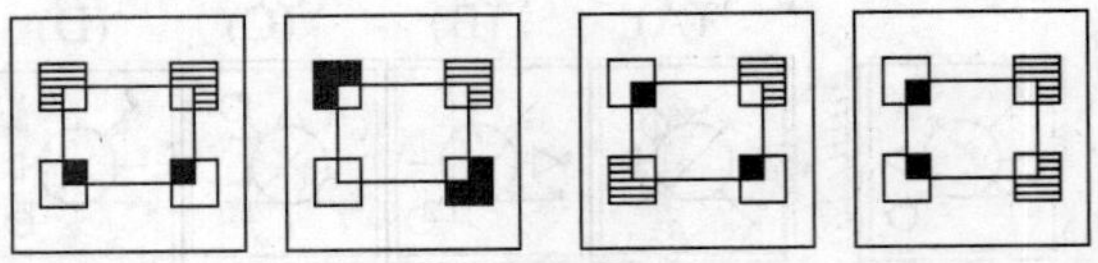

(A) (B) (C) (D)

भाग–6

निर्देश–(प्रश्न 21 से 24 तक) प्रश्न चित्र के रूप में ज्यामितीय चित्र (त्रिभुज, वर्ग, वृत्त) के एक भाग को बाईं ओर दर्शाया गया है तथा दाईं ओर दूसरे भाग को चार उत्तर चित्रों के रूप में (A), (B), (C) और (D) से दर्शाया गया है. दाईं ओर के चित्रों में से ज्यामितीय चित्र को पूर्ण करने वाले चित्र को ज्ञात करें. अपने उत्तर को दर्शाने के लिए ओ.एम.आर. उत्तर-पत्रिका में प्रश्न की संगत संख्या के सामने वाले वृत्त को काला करें.

प्रश्न चित्र **उत्तर चित्र**

21. 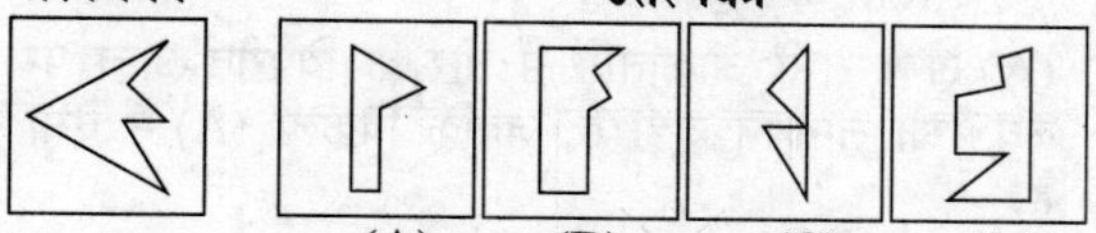
(A) (B) (C) (D)

22. 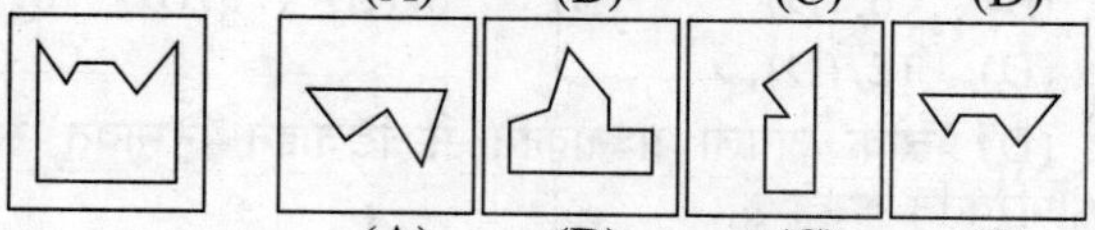
(A) (B) (C) (D)

23. 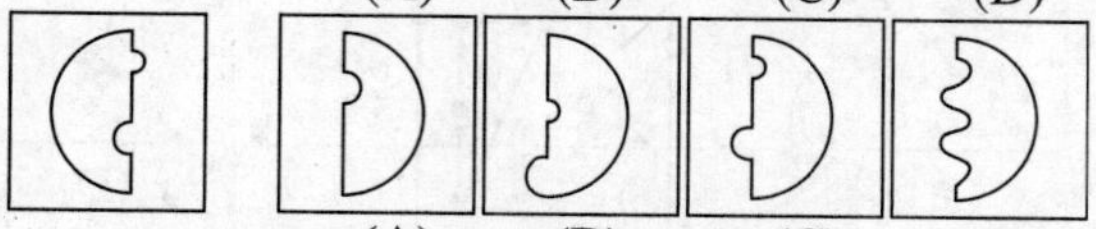
(A) (B) (C) (D)

24. 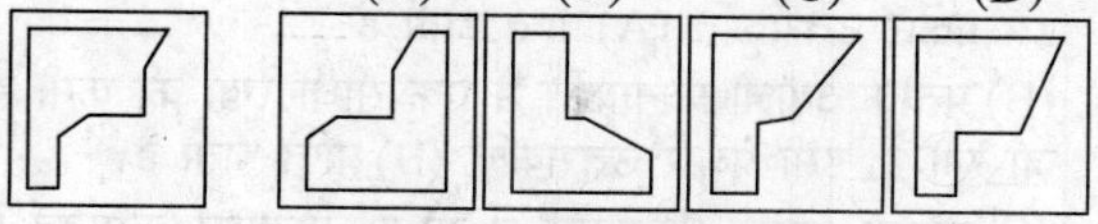
(A) (B) (C) (D)

भाग–7

निर्देश–(प्रश्न 25 से 28 तक) बाईं ओर एक प्रश्न चित्र दिया गया है तथा दाईं ओर (A), (B), (C) और (D) से चिह्नित चार उत्तर चित्र दर्शाए गए हैं. किसी दर्पण को XY के अनुदिश रखे जाने पर प्रश्न चित्र के सही दर्पण प्रतिबिम्ब को उत्तर चित्रों में से चुनें. अपने उत्तर को दर्शाने के लिए ओ.एम.आर. उत्तर-पत्रिका में प्रश्न की संगत संख्या के सामने वाले वृत्त को काला करें.

प्रश्न चित्र **उत्तर चित्र**

25. 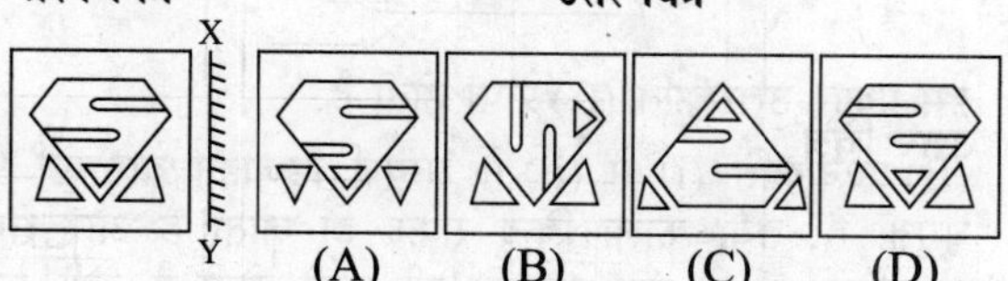

(A) (B) (C) (D)

26. 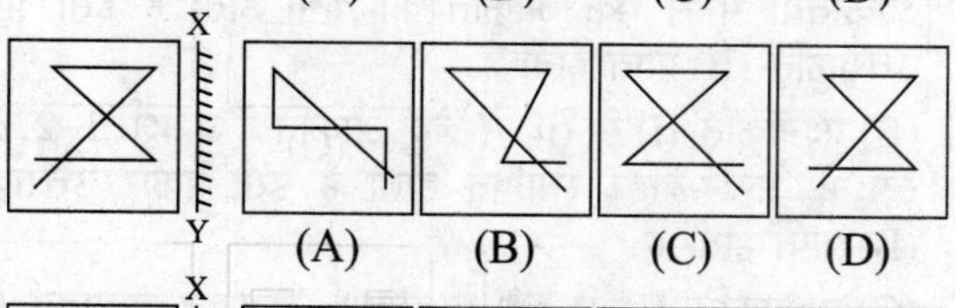

(A) (B) (C) (D)

27. 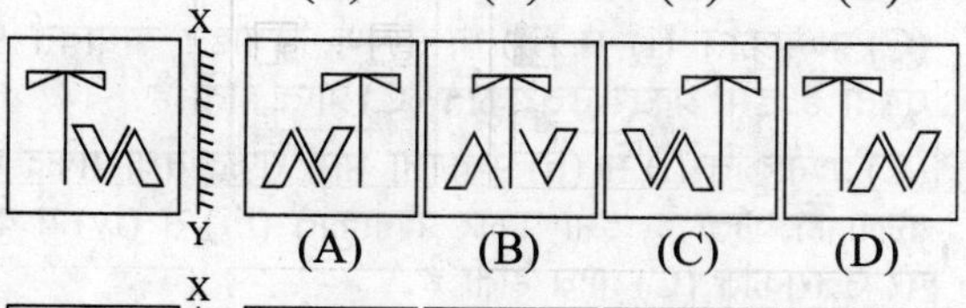

(A) (B) (C) (D)

28. 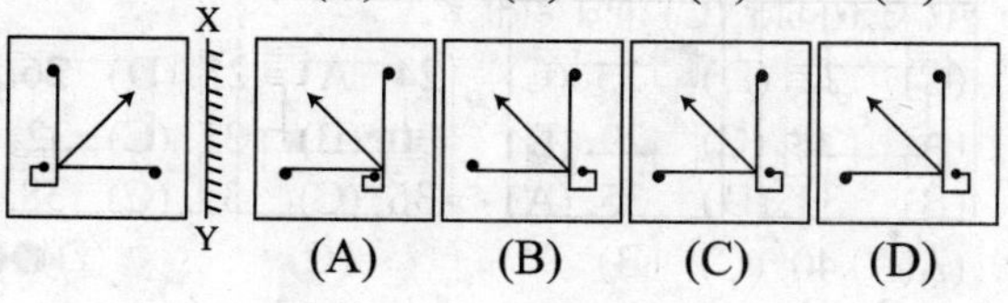

(A) (B) (C) (D)

भाग–8

निर्देश–(प्रश्न 29 से 32 तक) बाईं ओर प्रश्न चित्र में दर्शाए अनुसार कागज़ के एक टुकड़े को मोड़कर पंच किया गया तथा दाईं ओर (A), (B), (C) और (D) से चिह्नित चार उत्तर चित्र दर्शाए गए हैं. कागज़ के टुकड़े की तह को खोलने पर वह जिस प्रकार दिखेगा वैसा ही चित्र उत्तर चित्रों में से चुनें. अपने उत्तर को दर्शाने के लिए ओ.एम.आर. उत्तर-पत्रिका में प्रश्न की संगत संख्या के सामने वाले वृत्त को काला करें.

29. **प्रश्न चित्र**

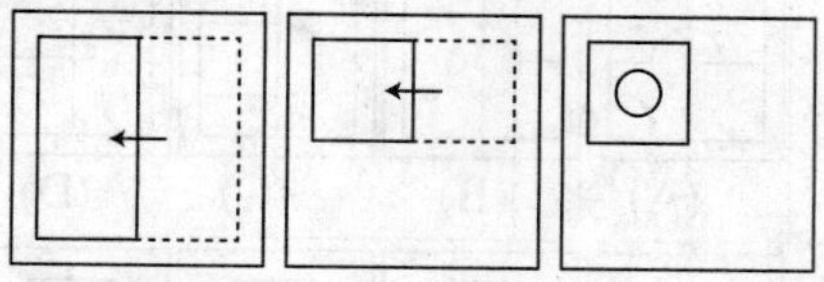

उत्तर चित्र

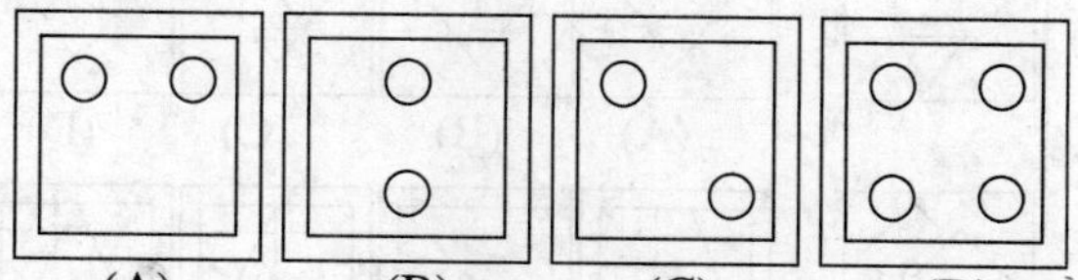
(A) (B) (C) (D)

30. **प्रश्न चित्र**

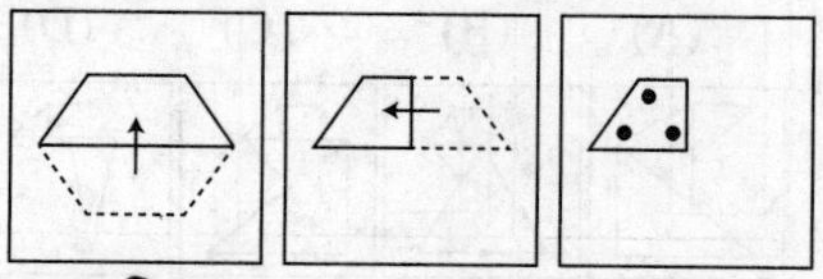

उत्तर चित्र

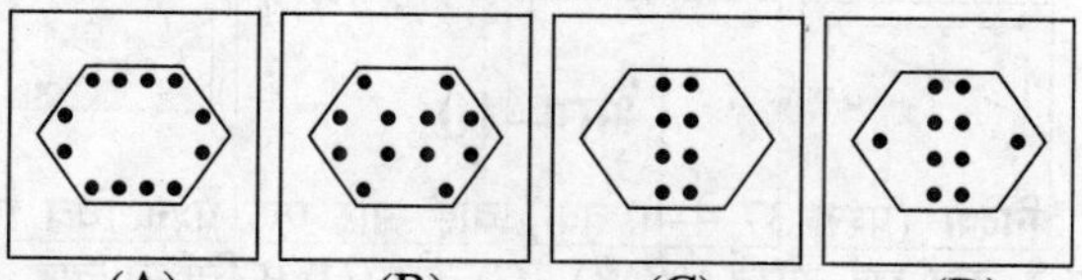
(A) (B) (C) (D)

31. **प्रश्न चित्र**

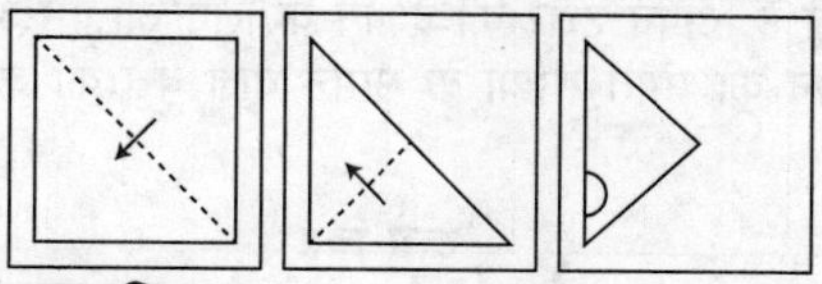

उत्तर चित्र

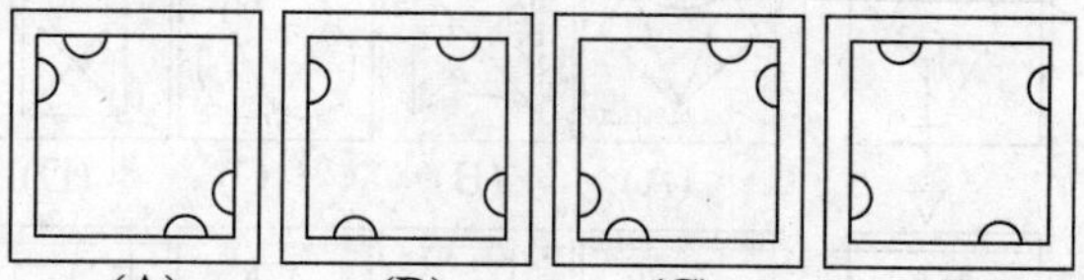
(A) (B) (C) (D)

32. **प्रश्न चित्र**

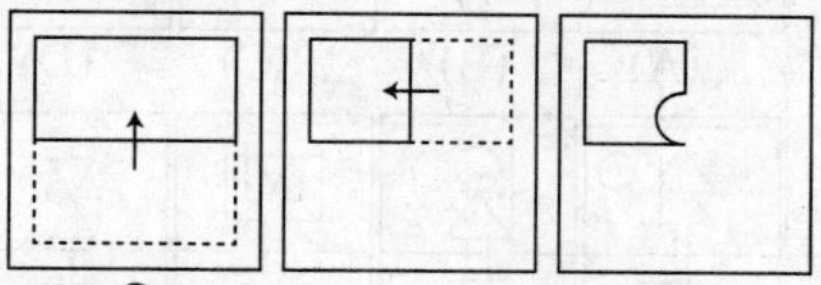

उत्तर चित्र

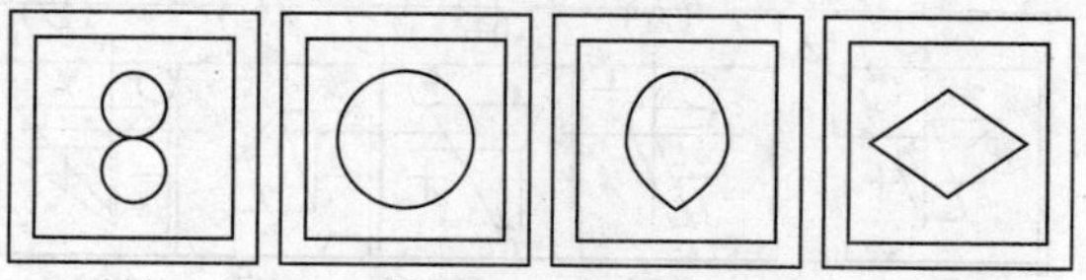
(A) (B) (C) (D)

भाग–9

निर्देश–(प्रश्न 33 से 36 तक) बाईं ओर एक प्रश्न चित्र दिया गया है तथा दाईं ओर (A), (B), (C) और (D) से चिह्नित चार उत्तर चित्र दर्शाए गए हैं. उत्तर चित्रों से उस चित्र का चयन करें जिसे प्रश्न चित्र में उपलब्ध कट-आउट टुकड़ों से बनाया जा सकता हो. अपने उत्तर को दर्शाने के लिए ओ.एम.आर. उत्तर-पत्रिका में प्रश्न की संगत संख्या के सामने वाले वृत्त को काला करें.

प्रश्न चित्र **उत्तर चित्र**

33. 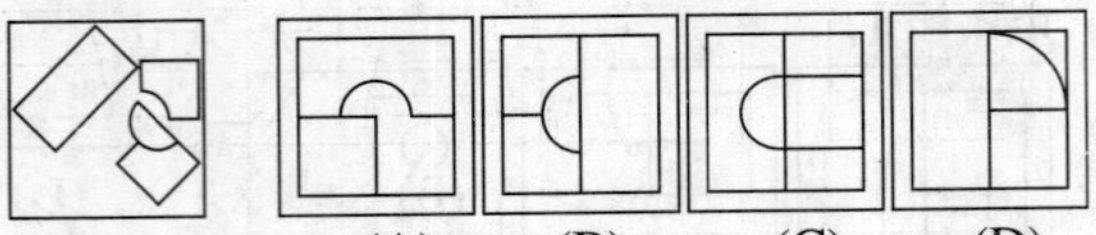

(A) (B) (C) (D)

34. 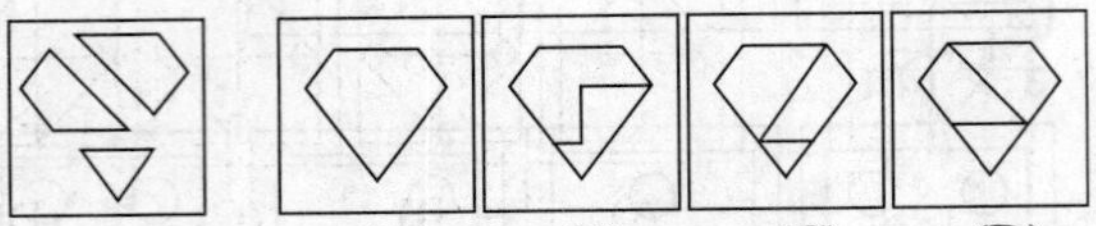

(A) (B) (C) (D)

35. 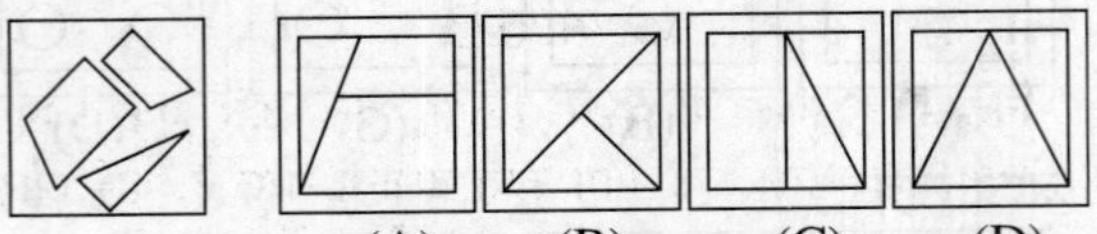

(A) (B) (C) (D)

36. 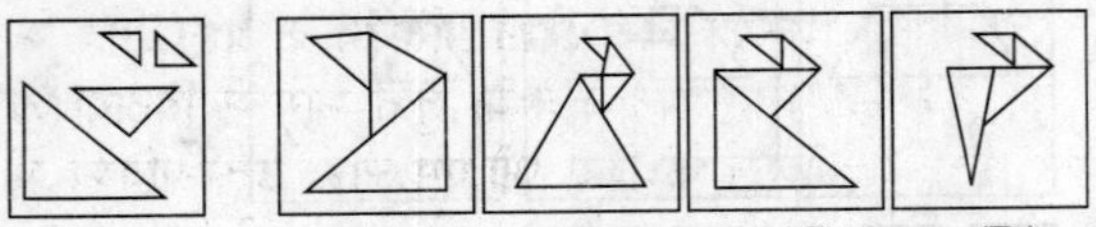

(A) (B) (C) (D)

भाग–10

निर्देश–(प्रश्न 37 से 40 तक) बाईं ओर एक प्रश्न चित्र दिया गया है तथा दाईं ओर (A), (B), (C) और (D) से चिह्नित चार उत्तर चित्र दर्शाए गए हैं. उत्तर चित्रों में से उस चित्र को चुनें जिसमें प्रश्न चित्र छिपा/सम्मिलित है. अपने उत्तर को दर्शाने के लिए ओ.एम.आर. उत्तर-पत्रिका में प्रश्न की संगत संख्या के सामने वाले वृत्त को काला करें.

प्रश्न चित्र **उत्तर चित्र**

37. 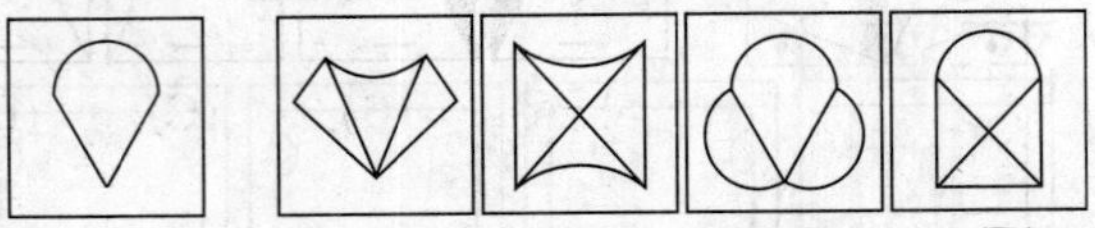

(A) (B) (C) (D)

38. 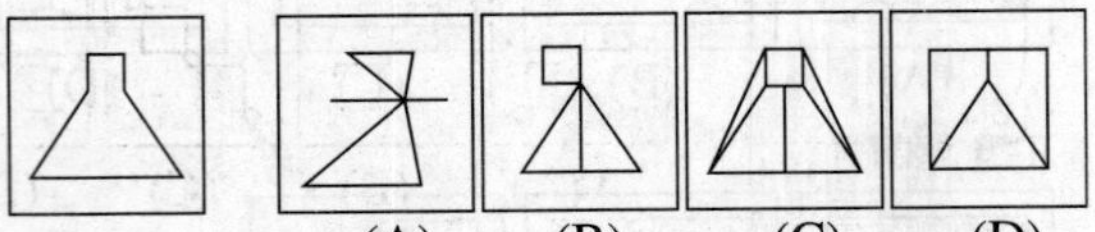

(A) (B) (C) (D)

39. 

(A) (B) (C) (D)

40. 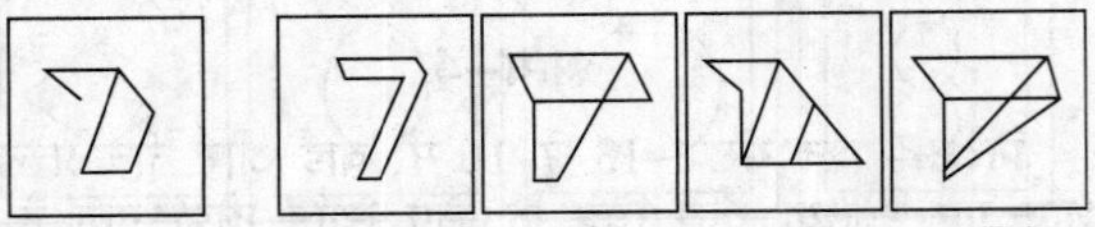

(A) (B) (C) (D)

उत्तर व्याख्या सहित

1. (C) अन्य सभी में अन्दर की रेखाएं त्रिभुज की किसी एक रेखा के समान्तर हैं, जबकि विकल्प (C) में ऐसा नहीं है.
2. (A) अन्य सभी आकृतियों में '×', '×' तथा '●', '●' एक ही रेखा पर स्थित हैं, जबकि विकल्प (A) में विकर्णवत हैं अतः विकल्प (A) अन्य सभी से भिन्न है.
3. (C) अन्य सभी आकृतियों में चार, पाँच या छः रेखाओं से घिरा क्षेत्र है, जबकि विकल्प (C) में तीन रेखाओं से घिरे दो क्षेत्र एक-दूसरे से जुड़े हुए हैं.
4. (A) अन्य सभी आकृतियों में तीर के विपरीत अन्त पर एक लघु रेखा लम्बवत् जुड़ी है, जबकि विकल्प (A) में ऐसा नहीं है.
5. (B) 6. (D) 7. (B) 8. (B) 9. (B) 10. (D)
11. (D) 12. (D)
13. (D) प्रत्येक अगली प्रश्नाकृति में डिजाइन निम्नवत् स्थान परिवर्तन करती हैं.

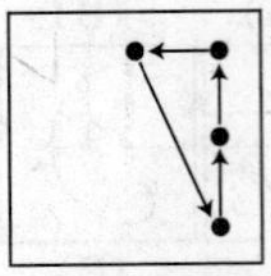

इस प्रकार उत्तराकृति (A) प्राप्त होती है.

14. (B) प्रत्येक अगली प्रश्नाकृति में एक सीधी रेखा की कमी होती जा रही है. इसी प्रकार उत्तराकृति (B) प्राप्त होती है.
15. (C) प्रत्येक अगली प्रश्नाकृति में सम्पूर्ण डिजाइन वामावर्त 90° अर्थात् घड़ी की सुईयों की चलने की विपरीत दिशा में घूमती है साथ ही मध्य से एक लघु रेखा कम होती जाती है. इस प्रकार उत्तराकृति (C) प्राप्त होती है.
16. (C) प्रत्येक अगली प्रश्नाकृति में लघु-आकृतियाँ निम्नवत् स्थान परिवर्तन करती हैं–

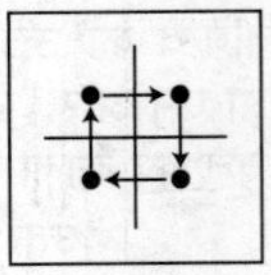

इस प्रकार उत्तराकृति (C) प्राप्त होती है.

17. (B) प्रश्नाकृति (i) से (ii) में सम्पूर्ण डिजाइन वामावर्त 90° घूमती है, तथा काला बिन्दु सफेद हो जाता है और समान आकृतियों में से एक आकृति की कमी होती है. इसी प्रकार उत्तराकृति (B) प्राप्त होती है.
18. (B) प्रश्नाकृति (i) से (ii) में लघु आकृतियाँ क्रमशः 1, 2, 3 के रूप में अन्दर-बाहर स्थापित होती हैं. इसी प्रकार उत्तराकृति (B) प्राप्त होती है.
19. (C) प्रश्नाकृति (i) से (ii) में सम्पूर्ण डिजाइन वामावर्त 90° घूमती है. इसी प्रकार उत्तराकृति (C) प्राप्त होती है.
20. (C) प्रश्नाकृति (i) से (ii) में काला भाग सफेद तथा सफेद भाग काला हो जाता है, इसी प्रकार प्रश्नाकृति (iii) से (iv) में करने पर उत्तराकृति (C) प्राप्त होती है.
21. (C) 22. (D) 23. (C) 24. (A) 25. (D) 26. (C)
27. (A) 28. (C) 29. (D) 30. (B) 31. (C) 32. (A)
33. (B) 34. (D) 35. (A) 36. (C) 37. (C) 38. (C)
39. (A) 40. (C)

●●●

जवाहर नवोदय विद्यालय प्रवेश परीक्षा, 2024 का हल प्रश्न-पत्र

(20 जनवरी, 2024 को आयोजित)

मानसिक योग्यता परीक्षण

भाग–1

निर्देश—प्रश्न संख्या 1 से 4 में, प्रत्येक प्रश्न में चार चित्र (A), (B), (C) और (D) दर्शाए गए हैं. इन चार चित्रों में से तीन चित्र किसी विधि से एकसमान हैं, जबकि एक चित्र अन्य से भिन्न है. अन्य से भिन्न चित्र का चयन करें. अपने उत्तर को दर्शाने के लिए ओ.एम.आर. उत्तर-पत्रिका में प्रश्न की संगत संख्या के सामने वाले वृत्त को काला करें.

1. 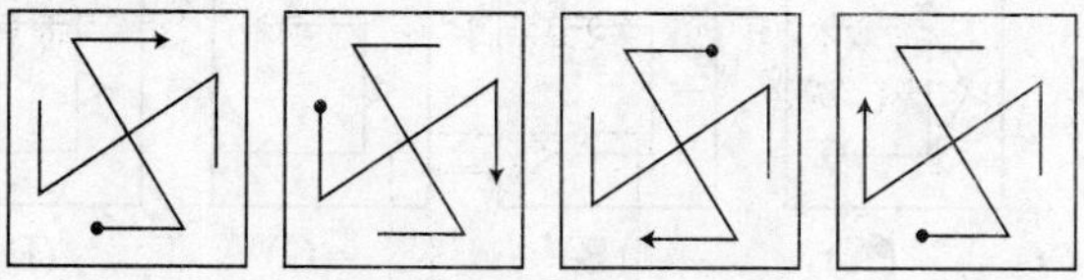

(A) (B) (C) (D)

2. 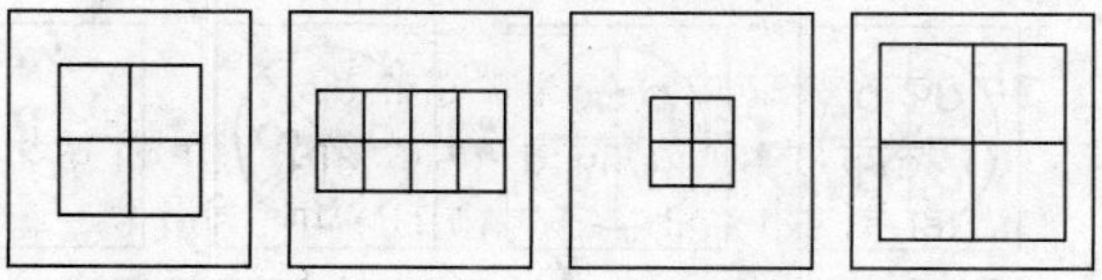

(A) (B) (C) (D)

3. 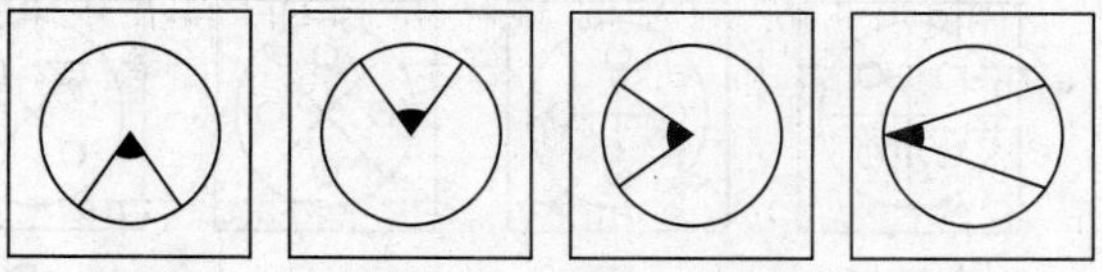

(A) (B) (C) (D)

4. 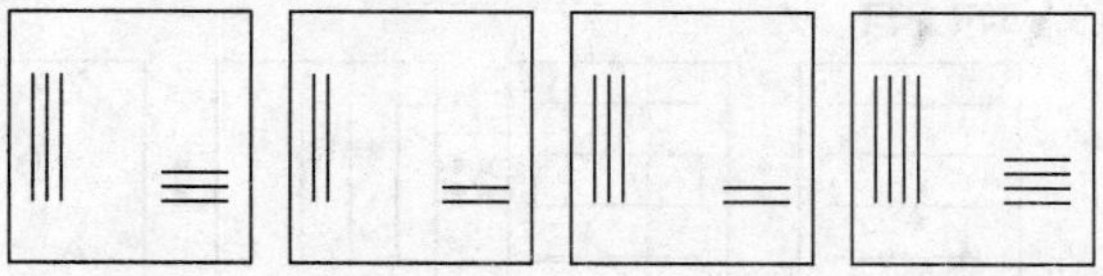

(A) (B) (C) (D)

भाग–2

निर्देश—प्रश्न संख्या 5 से 8 में, बाईं ओर एक प्रश्न चित्र दिया गया है तथा दाईं ओर (A), (B) (C) और (D) से चिह्नित चार उत्तर चित्र दिए गए हैं. उत्तर चित्रों से प्रश्न चित्र के समरूप चित्र को चुनें तथा अपने उत्तर को दर्शाने के लिए ओ.एम.आर. उत्तर-पत्रिका में प्रश्न की संगत संख्या के सामने वाले वृत्त को काला करें.

प्रश्न चित्र **उत्तर चित्र**

5. 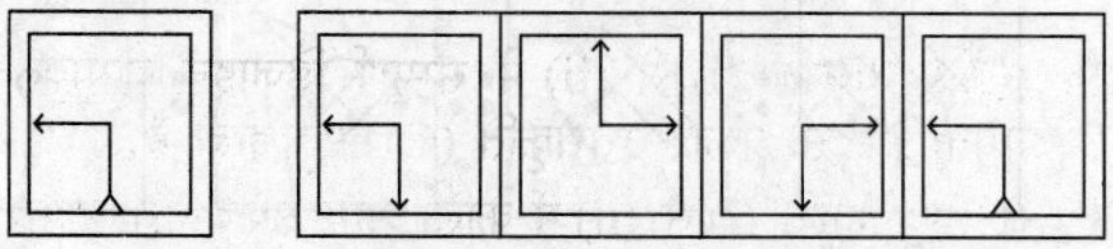

(A) (B) (C) (D)

6. 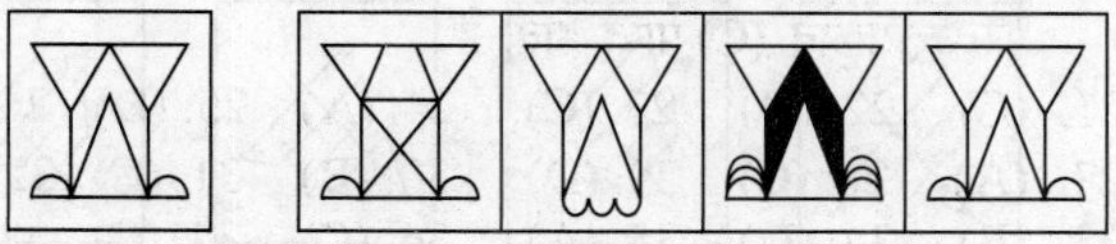

(A) (B) (C) (D)

7. 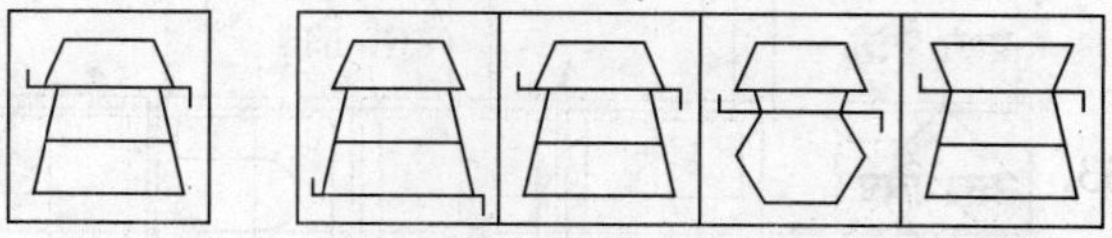

(A) (B) (C) (D)

8. 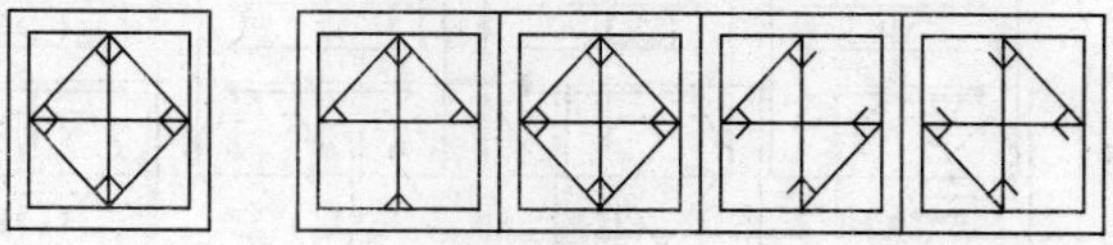

(A) (B) (C) (D)

भाग–3

निर्देश—प्रश्न संख्या 9 से 12 में, बाईं ओर एक प्रश्न चित्र दिया गया है जिसका एक भाग लुप्त दर्शाया गया है. दाईं ओर दिए गए चित्र (A), (B), (C) और (D) पर गौर करें तथा उस उत्तर चित्र का पता लगाएँ जिसको **बिना दिशा परिवर्तन** के प्रश्न चित्र के पैटर्न को पूरा करने के लिए प्रश्न चित्र के लुप्त भाग में बिठाया जा सके. अपने उत्तर को दर्शाने के लिए ओ.एम.आर. उत्तर-पत्रिका में प्रश्न की संगत संख्या के सामने वाले वृत्त को काला करें.

प्रश्न चित्र **उत्तर चित्र**

9. 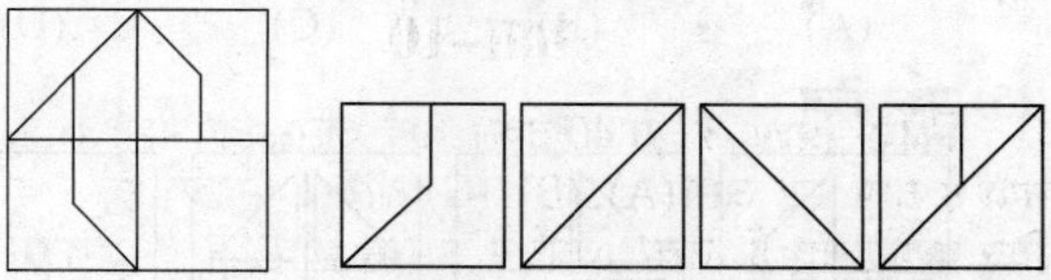

(A) (B) (C) (D)

10. 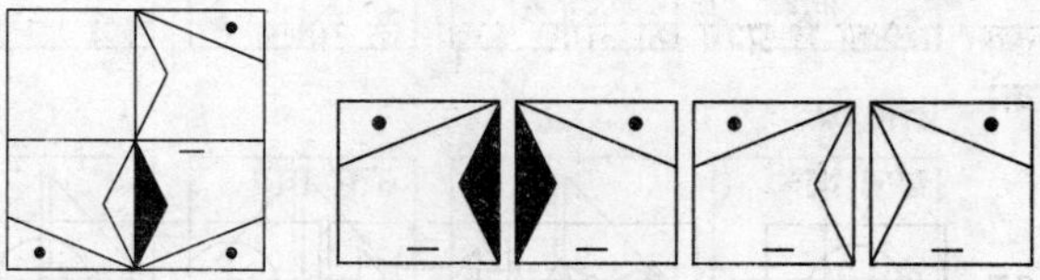

(A) (B) (C) (D)

11. 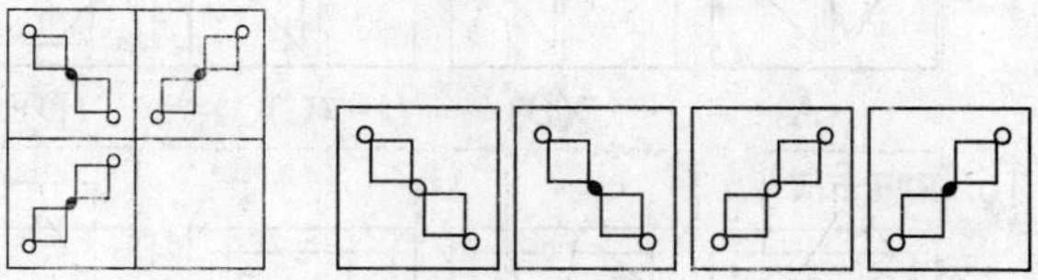

(A) (B) (C) (D)

12. 

(A) (B) (C) (D)

भाग–4

निर्देश—प्रश्न संख्या 13 से 16 में, बाईं ओर तीन प्रश्न चित्र दर्शाए गए हैं तथा चौथे चित्र के लिए स्थान छोड़ा गया है. प्रश्न

चित्र श्रेणीक्रम में हैं. श्रेणीक्रम को पूरा करने के लिए दाईं ओर उपलब्ध उत्तर चित्रों में से एक चित्र का चयन करें, जिसे बाईं ओर दिए गए प्रश्न चित्र के खाली स्थान में प्रतिस्थापित किया जा सके. अपने उत्तर को दर्शाने के लिए ओ.एम.आर. उत्तर-पत्रिका में प्रश्न की संगत संख्या के सामने वाले वृत्त को काला करें.

13. **प्रश्न चित्र**

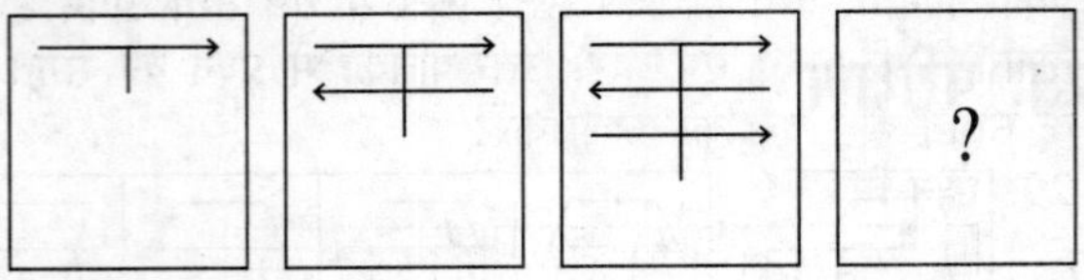

उत्तर चित्र

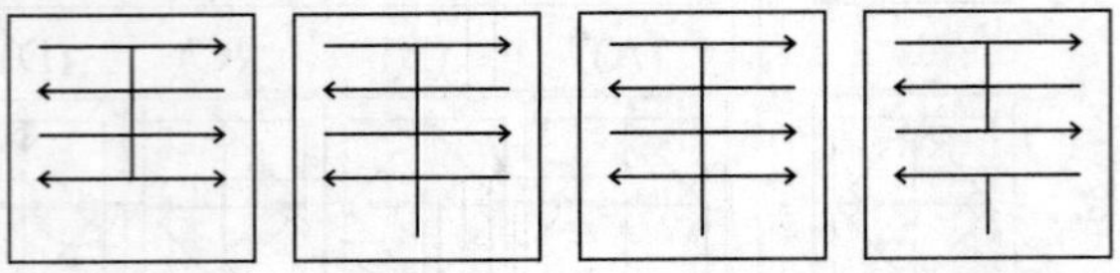

(A) (B) (C) (D)

14. **प्रश्न चित्र**

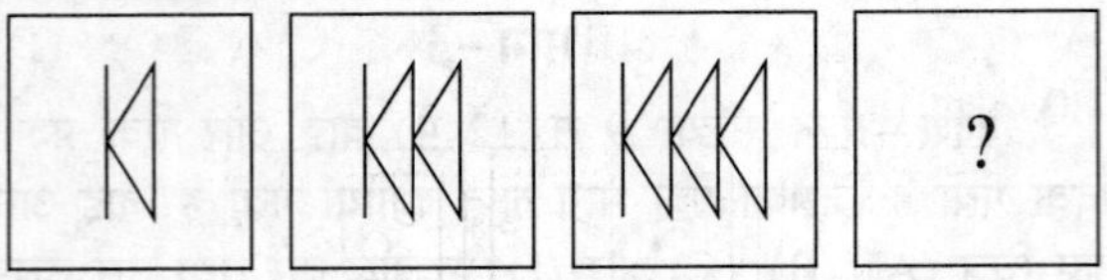

उत्तर चित्र

(A) (B) (C) (D)

15. **प्रश्न चित्र**

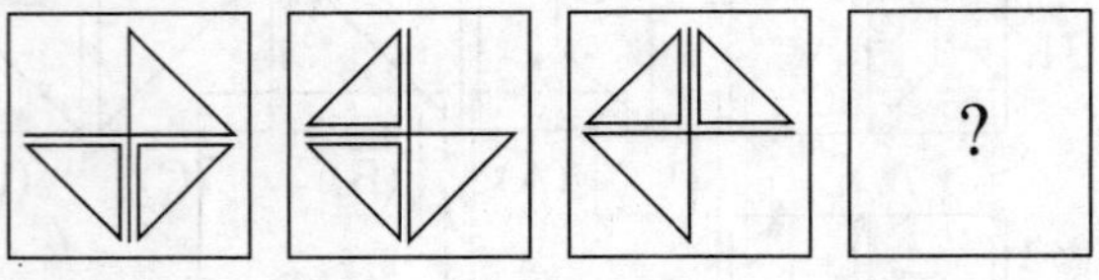

उत्तर चित्र

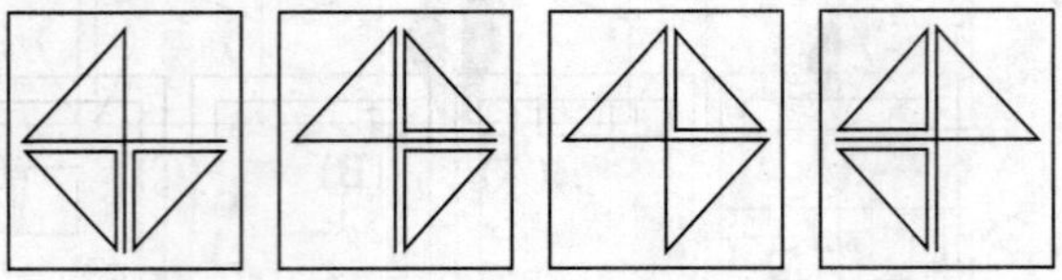

(A) (B) (C) (D)

16. **प्रश्न चित्र**

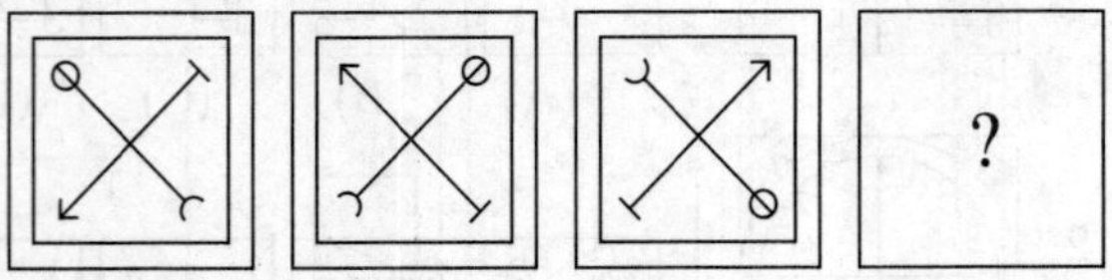

उत्तर चित्र

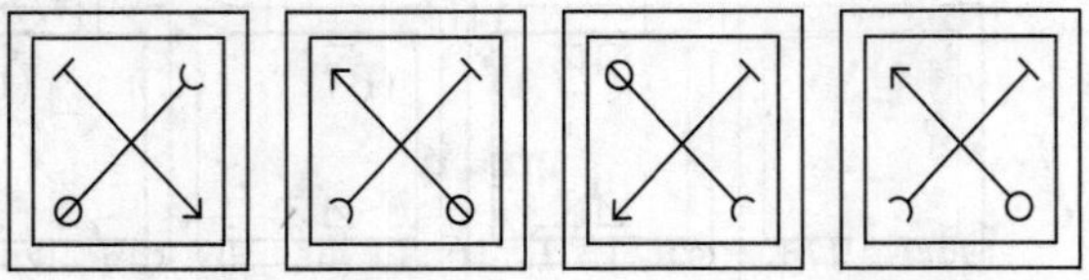

(A) (B) (C) (D)

भाग–5

निर्देश—प्रश्न संख्या 17 से 20 में, प्रत्येक प्रश्न में दो प्रश्न चित्रों के दो सेट दिए गए हैं. दूसरे सेट में एक प्रश्न चिह्न (?) है. प्रथम सेट के दो प्रश्न चित्रों में एक निश्चित सम्बन्ध है. इसी तरह का सम्बन्ध दूसरे सेट के तीसरे तथा चौथे प्रश्न चित्र में भी होना आवश्यक है. उत्तर चित्रों से उस चित्र का चयन करें, जो प्रश्न चिह्न को प्रतिस्थापित करेगा. अपने उत्तर को दर्शाने के लिए ओ.एम.आर. उत्तर-पत्रिका में प्रश्न की संगत संख्या के सामने वाले वृत्त को काला करें.

17. **प्रश्न चित्र**

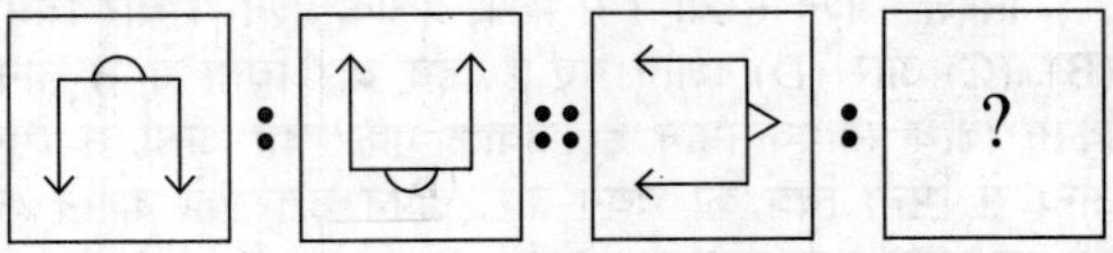

उत्तर चित्र

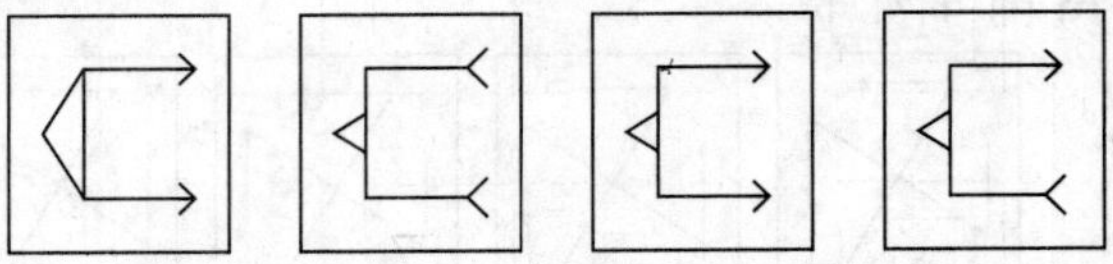

(A) (B) (C) (D)

18. **प्रश्न चित्र**

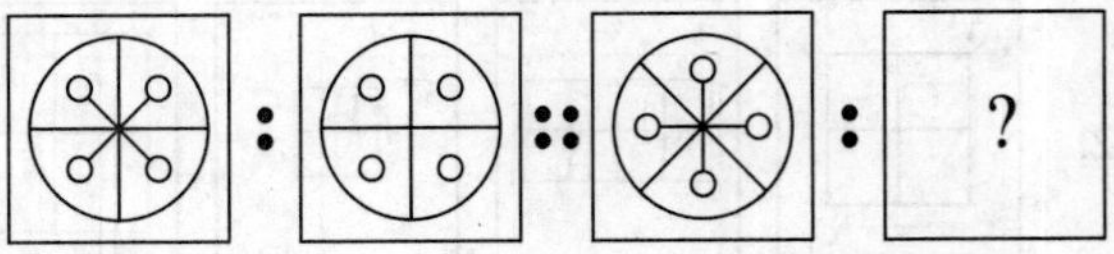

उत्तर चित्र

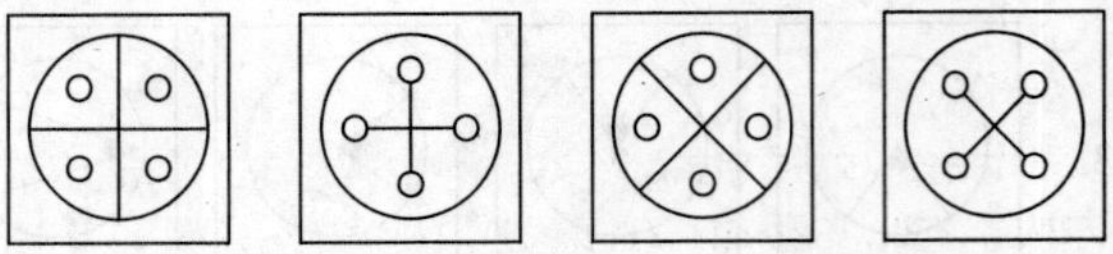

(A) (B) (C) (D)

19. **प्रश्न चित्र**

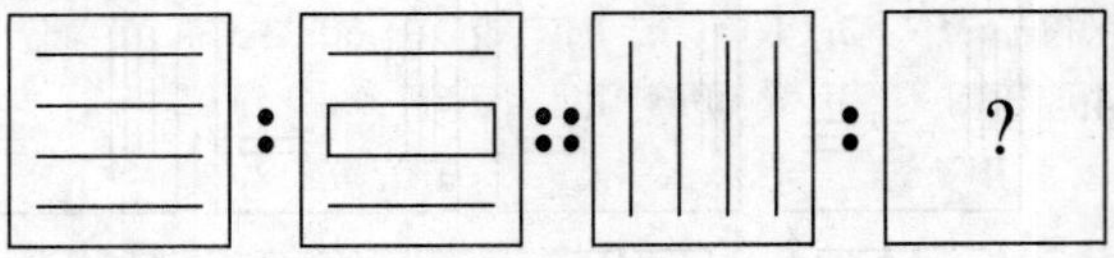

उत्तर चित्र

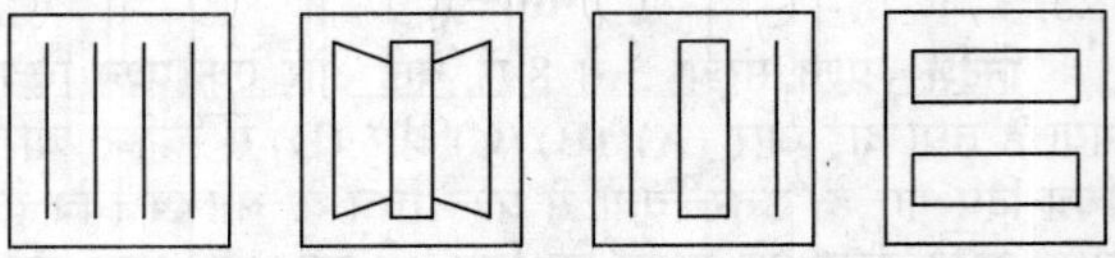

(A) (B) (C) (D)

20. **प्रश्न चित्र**

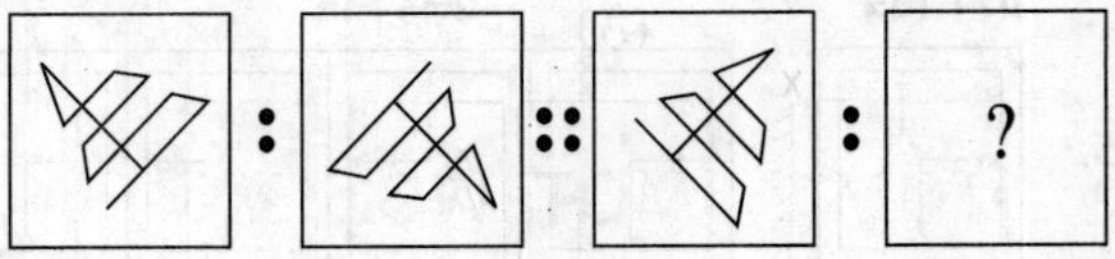

उत्तर चित्र

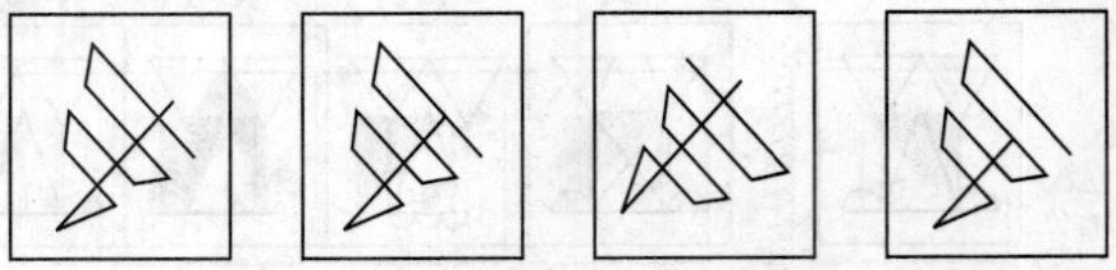

(A) (B) (C) (D)

भाग–6

निर्देश—प्रश्न संख्या 21 से 24 में, प्रश्न चित्र के रूप में ज्यामितीय चित्र (त्रिभुज, वर्ग, वृत्त) के एक भाग को बाईं ओर दर्शाया गया है तथा दाईं ओर दूसरे भाग को चार उत्तर चित्रों के रूप में (A), (B), (C) और (D) से दर्शाया गया है. दाईं ओर के चित्र से ज्यामितीय चित्र को पूर्ण करने वाले चित्र को ज्ञात करें तथा अपने उत्तर को दर्शाने के लिए ओ.एम.आर. उत्तर-पत्रिका में प्रश्न की संगत संख्या के सामने वाले वृत्त को काला करें.

प्रश्न चित्र उत्तर चित्र

21.
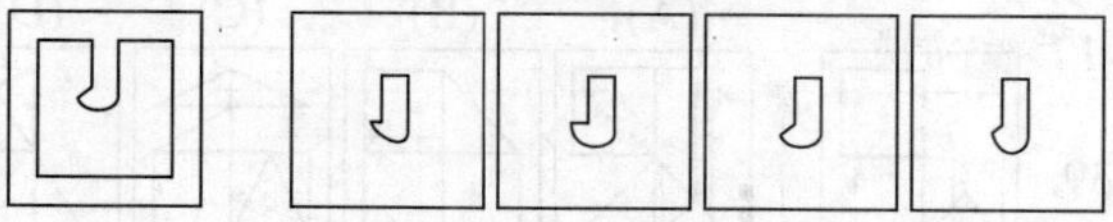
(A) (B) (C) (D)

22.
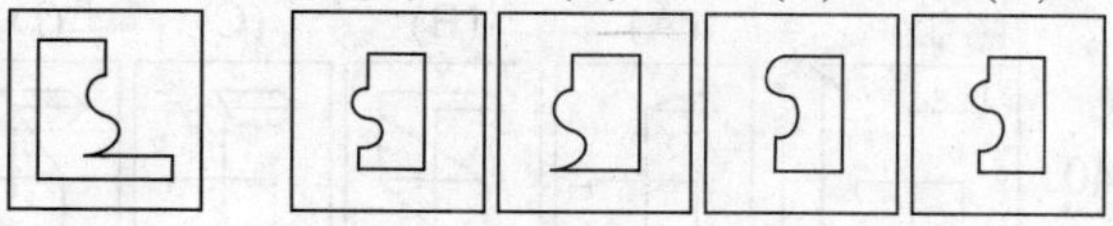
(A) (B) (C) (D)

23.
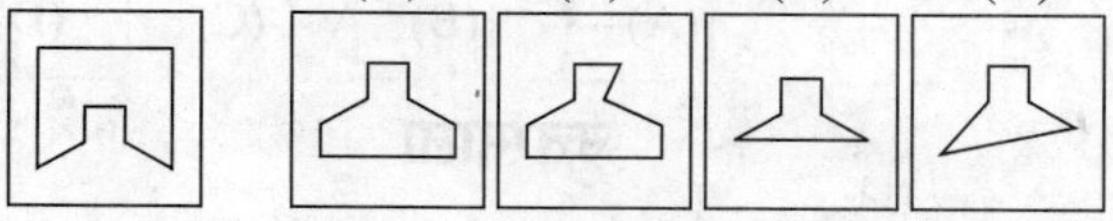
(A) (B) (C) (D)

24.
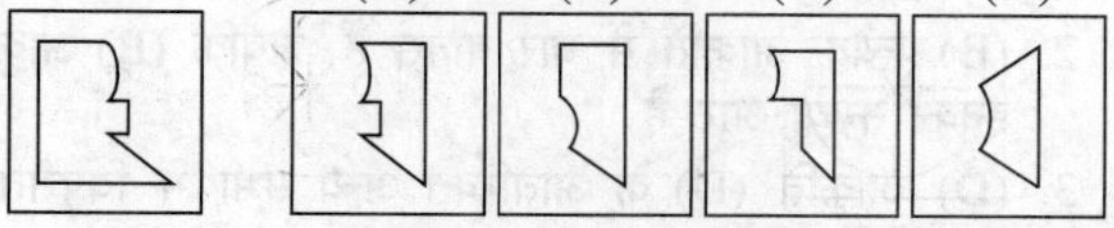
(A) (B) (C) (D)

भाग–7

निर्देश—प्रश्न संख्या 25 से 28 में, बाईं ओर प्रश्न चित्र दर्शाया गया है तथा दाईं ओर (A), (B), (C) और (D) से चिह्नित चार उत्तर चित्र दर्शाए गए हैं. किसी दर्पण को XY के अनुदिश रखे जाने पर प्रश्न चित्र के सही दर्पण प्रतिबिम्ब को उत्तर चित्र से चुनें तथा अपने उत्तर को दर्शाने के लिए ओ.एम.आर. उत्तर-पत्रिका में प्रश्न की संगत संख्या के सामने वाले वृत्त को काला करें.

प्रश्न चित्र उत्तर चित्र

25.
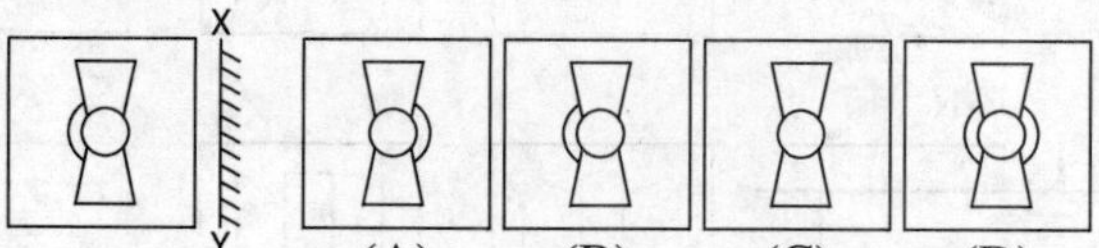

(A) (B) (C) (D)

26.
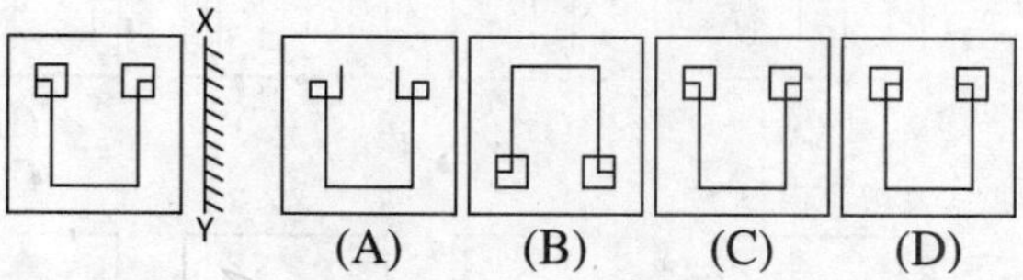

(A) (B) (C) (D)

27.
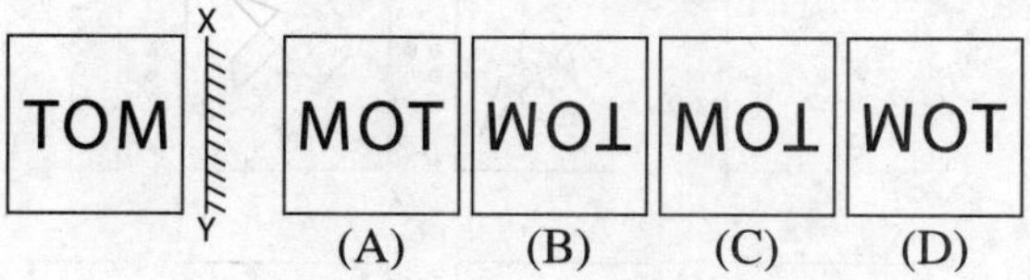

(A) (B) (C) (D)

28.
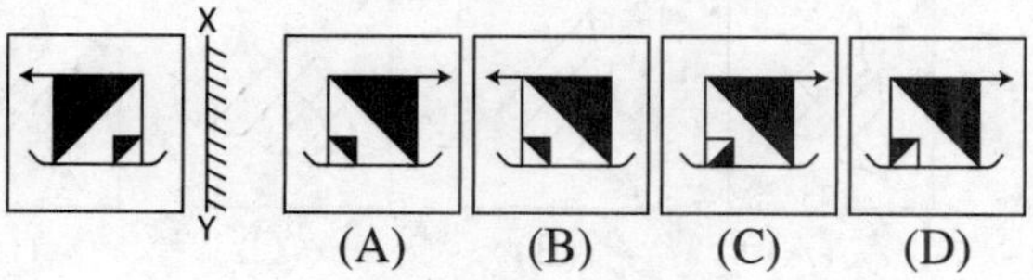

(A) (B) (C) (D)

भाग–8

निर्देश—प्रश्न संख्या 29 से 32 में, बाईं ओर प्रश्न चित्र में दर्शाए अनुसार कागज के एक टुकड़े को मोड़कर पंच किया गया तथा दाईं ओर (A), (B), (C) और (D) से चिह्नित चार उत्तर चित्र दर्शाए गए हैं. कागज के टुकड़े के तह को खोलने पर वह जिस प्रकार दिखेगा वैसा ही चित्र उत्तर चित्र से चुनें तथा अपने उत्तर को दर्शाने के लिए ओ.एम.आर. उत्तर-पत्रिका में प्रश्न की संगत संख्या के सामने वाले वृत्त को काला करें.

29. प्रश्न चित्र

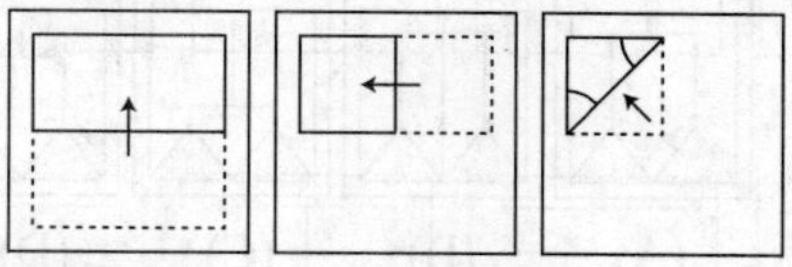

उत्तर चित्र

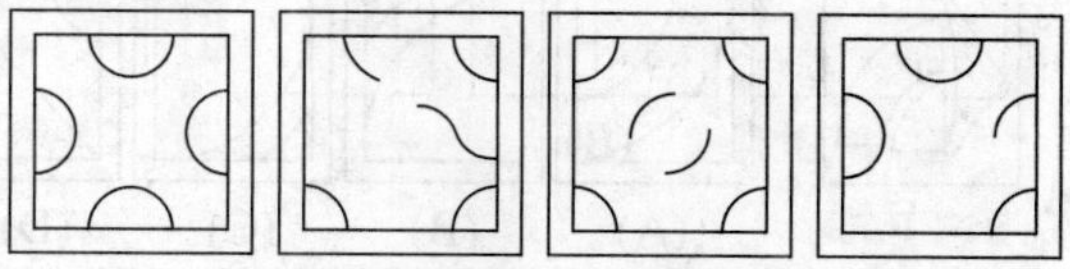
(A) (B) (C) (D)

30. प्रश्न चित्र

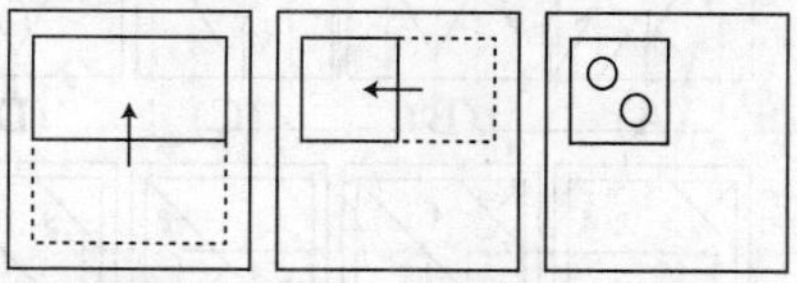

उत्तर चित्र

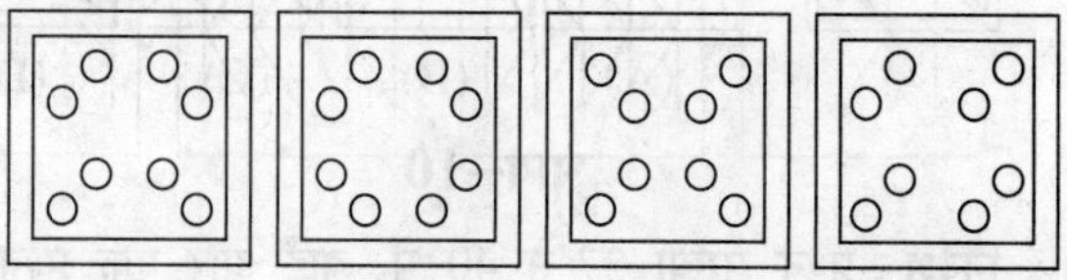
(A) (B) (C) (D)

31. प्रश्न चित्र

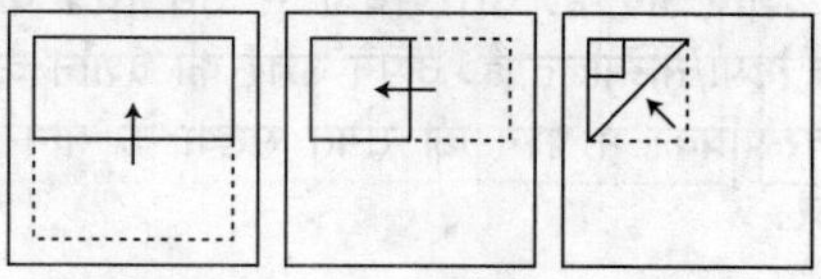

उत्तर चित्र

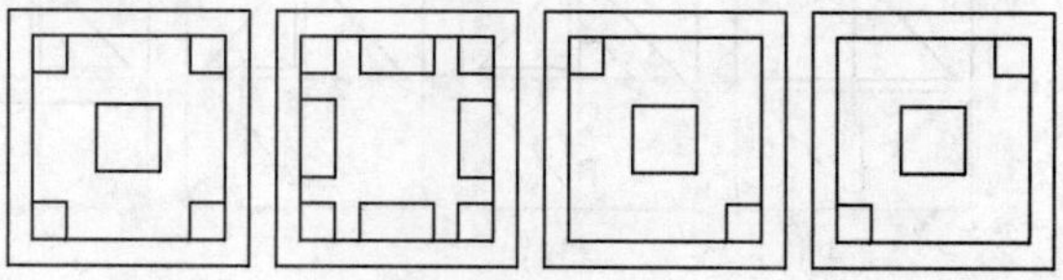
(A) (B) (C) (D)

32. प्रश्न चित्र

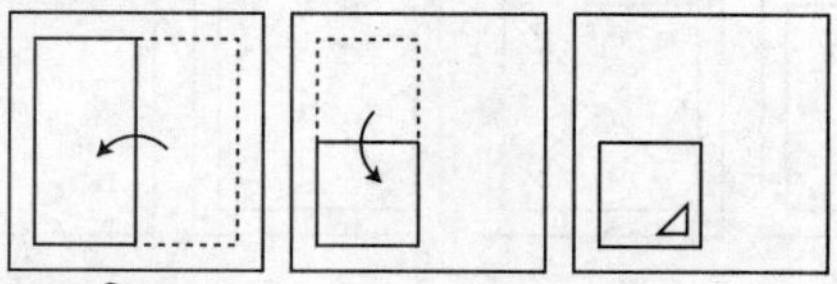

उत्तर चित्र

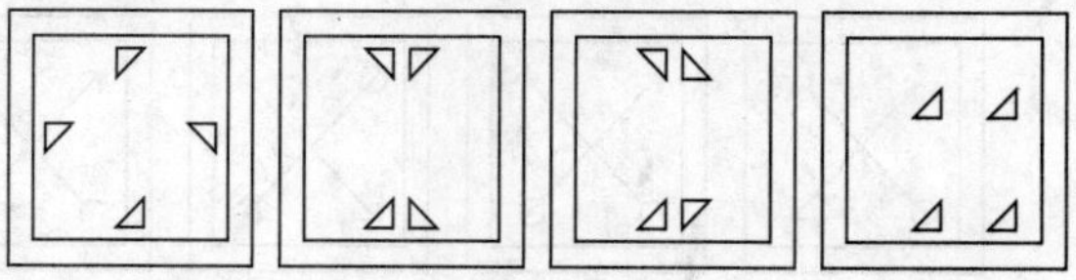
(A) (B) (C) (D)

भाग–9

निर्देश—प्रश्न संख्या 33 से 36 में बाईं ओर एक प्रश्न चित्र दिया गया है तथा दाईं ओर (A), (B), (C) और (D) से चिह्नित चार उत्तर चित्र दर्शाए गए हैं. उत्तर चित्र से उस चित्र का चयन करें जिसे प्रश्न चित्र में उपलब्ध कट-आउट टुकड़ों से बनाया जा सकता हो. अपने उत्तर को दर्शाने के लिए ओ.एम.आर. उत्तर-पत्रिका में प्रश्न की संगत संख्या के सामने वाले वृत्त को काला करें.

प्रश्न चित्र **उत्तर चित्र**

33. 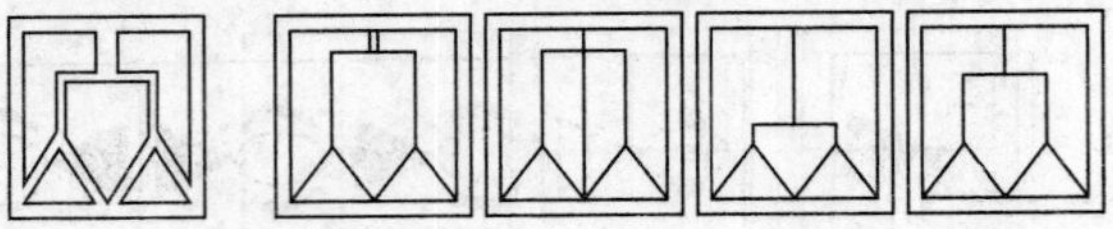

(A) (B) (C) (D)

34. 

(A) (B) (C) (D)

35. 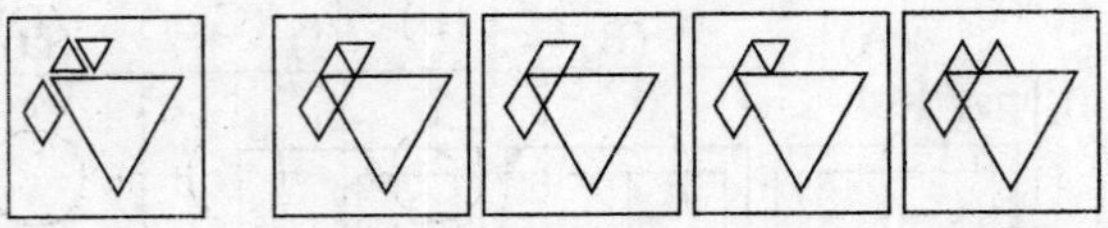

(A) (B) (C) (D)

36. 

(A) (B) (C) (D)

भाग–10

निर्देश—प्रश्न संख्या 37 से 40 में, बाईं ओर एक प्रश्न चित्र दिया गया है तथा दाईं ओर (A), (B), (C) और (D) से चिह्नित चार उत्तर चित्र दर्शाए गए हैं. उत्तर चित्रों से उस चित्र को चुनें जिसमें प्रश्न चित्र छिपा/सम्मिलित है. अपने उत्तर को दर्शाने के लिए ओ.एम.आर. उत्तर-पत्रिका में प्रश्न की संगत संख्या के सामने वाले वृत्त को काला करें.

प्रश्न चित्र **उत्तर चित्र**

37. 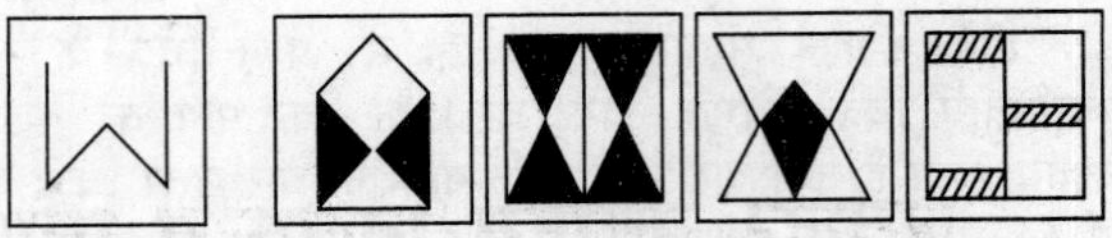

(A) (B) (C) (D)

38. 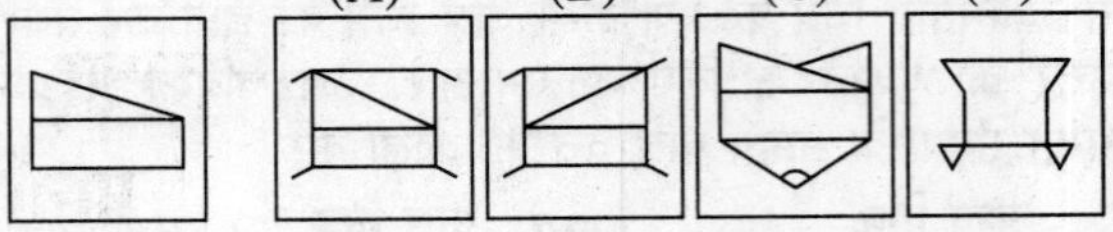

(A) (B) (C) (D)

39. 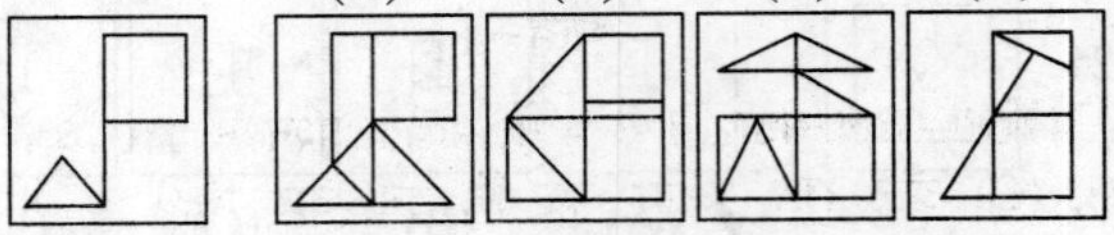

(A) (B) (C) (D)

40. 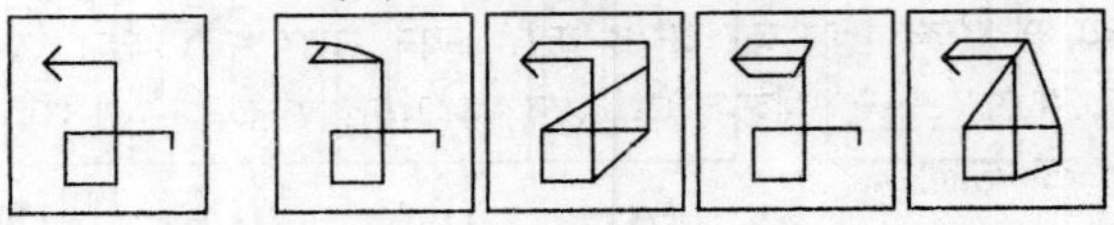

(A) (B) (C) (D)

उत्तरमाला

1. (D) अन्य सभी में चिह्न (•) और (→) विपरीत दिशा में हैं.
2. (B) प्रत्येक आकृति में चार बॉक्स हैं, जबकि (B) आकृति में इनकी संख्या आठ है.
3. (D) आकृति (D) के अतिरिक्त अन्य सभी में विपरीत ओर स्पर्श नहीं करता.
4. (C) आकृति (C) के अतिरिक्त सभी विकल्प में ऊर्ध्वाधर व क्षैतिज रेखाओं की संख्या समान है.

5. (D)	6. (D)	7. (B)	8. (B)	9. (D)	10. (A)
11. (B)	12. (C)	13. (B)	14. (B)	15. (B)	16. (A)
17. (C)	18. (C)	19. (C)	20. (B)	21. (C)	22. (B)
23. (A)	24. (A)	25. (A)	26. (C)	27. (A)	28. (A)
29. (A)	30. (C)	31. (A)	32. (B)	33. (D)	34. (A)
35. (C)	36. (B)	37. (A)	38. (C)	39. (A)	40. (C)

जवाहर नवोदय विद्यालय प्रवेश परीक्षा, 2024 का हल प्रश्न-पत्र

(4 नवम्बर, 2023 को आयोजित)

मानसिक परीक्षण

भाग–1

निर्देश—प्रश्न संख्या 1 से 4 में, प्रत्येक प्रश्न में चार चित्र (A), (B), (C) और (D) दर्शाए गए हैं. इन चार चित्रों में से तीन चित्र किसी विधि से एकसमान हैं, जबकि एक चित्र अन्य से भिन्न है. अन्य से भिन्न चित्र का चयन करें. अपने उत्तर को दर्शाने के लिए ओ.एम.आर. उत्तर-पत्रिका में प्रश्न के संगत संख्या के सामने वाले वृत्त को काला करें.

1. 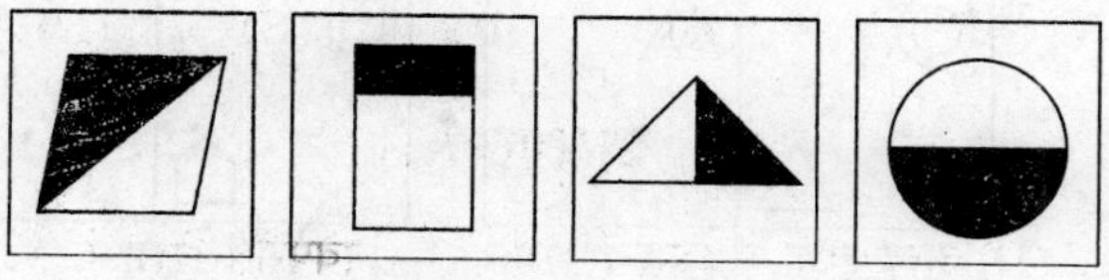

(A) (B) (C) (D)

2. 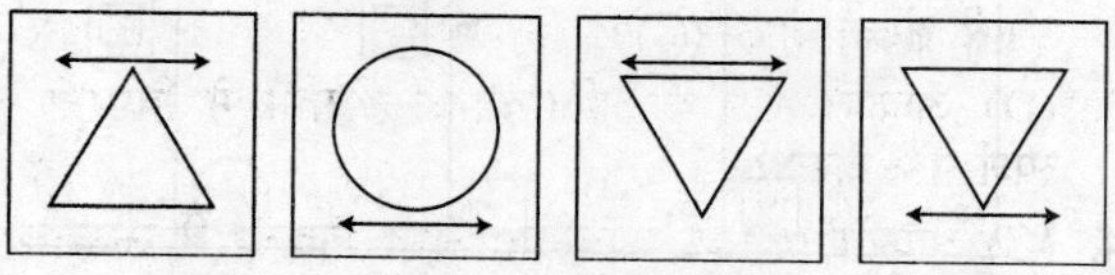

(A) (B) (C) (D)

3. 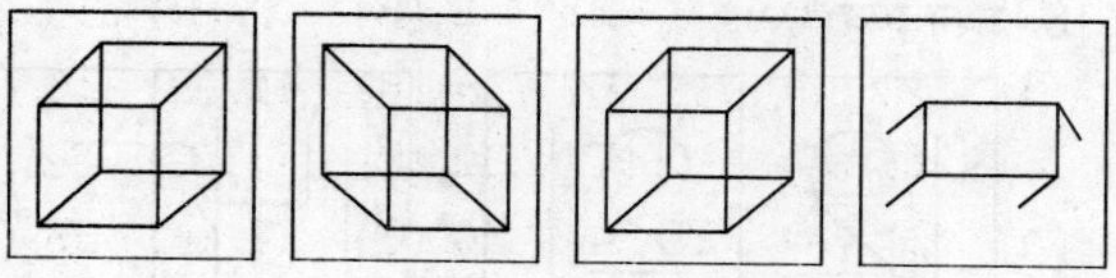

(A) (B) (C) (D)

4. 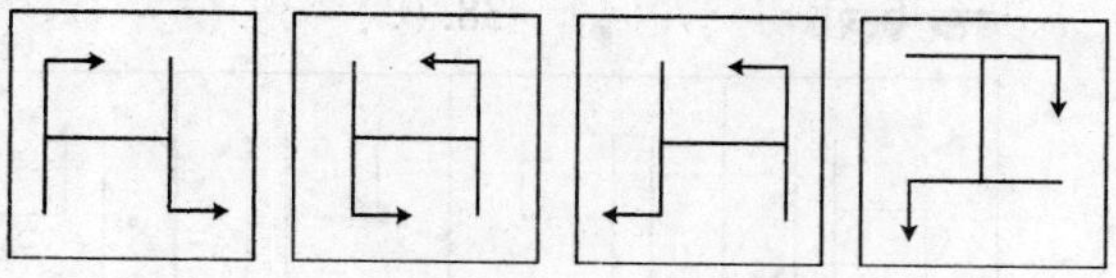

(A) (B) (C) (D)

भाग–2

निर्देश—प्रश्न संख्या 5 से 8 में, बाईं ओर एक प्रश्न चित्र दिया गया है तथा दाईं ओर (A), (B) (C) और (D) से चिह्नित चार उत्तर चित्र दिए गए हैं. उत्तर चित्रों से प्रश्न चित्र के समरूप चित्र को चुनें तथा अपने उत्तर को दर्शाने के लिए ओ.एम.आर. उत्तर-पत्रिका में प्रश्न के संगत संख्या के सामने वाले वृत्त को काला करें.

प्रश्न चित्र **उत्तर चित्र**

5. 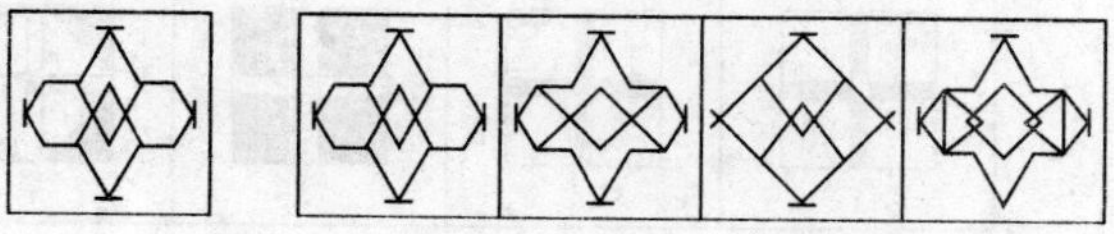

(A) (B) (C) (D)

6. 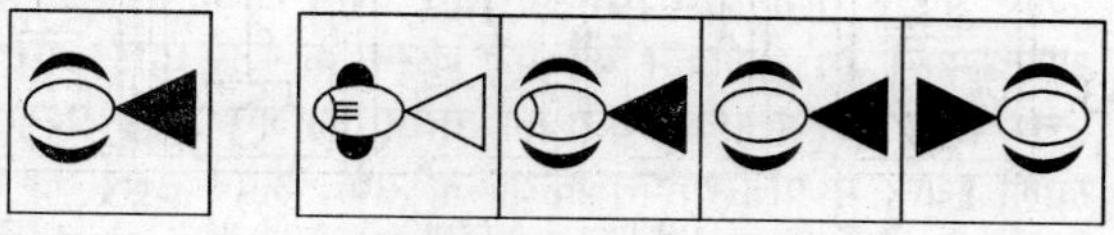

(A) (B) (C) (D)

7. 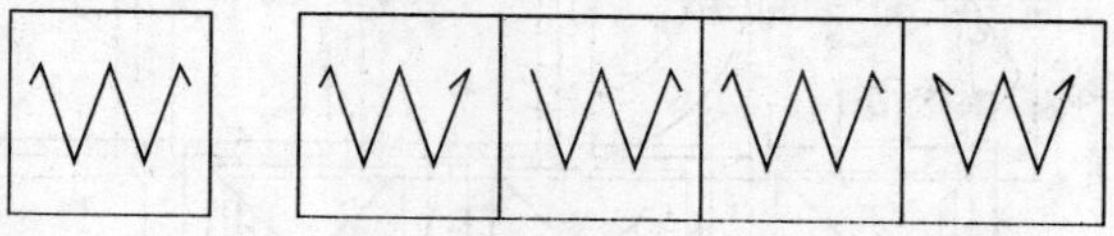

(A) (B) (C) (D)

8. 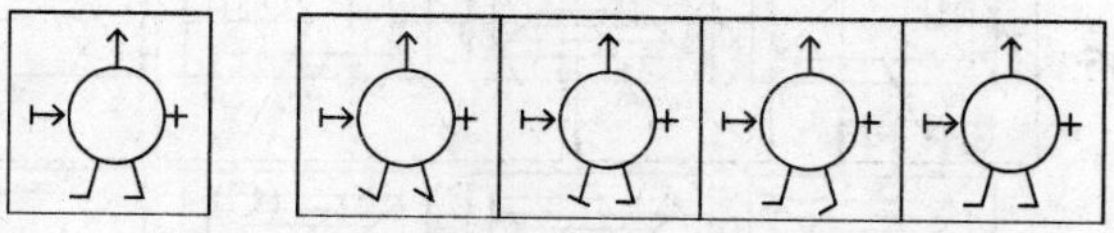

(A) (B) (C) (D)

भाग–3

निर्देश—प्रश्न संख्या 9 से 12 में, बाईं ओर एक प्रश्न चित्र दिया गया है जिसका एक भाग लुप्त दर्शाया गया है. दाईं ओर दिए गए चित्र (A), (B), (C) और (D) पर गौर करें तथा उस उत्तर चित्र का पता लगाएँ जिसको बिना दिशा परिवर्तन के प्रश्न चित्र के पैटर्न को पूरा करने के लिए प्रश्न चित्र के लुप्त भाग में बिठाया जा सके. अपने उत्तर को दर्शाने के लिए ओ.एम.आर. उत्तर-पत्रिका में प्रश्न के संगत संख्या के सामने वाले वृत्त को काला करें.

प्रश्न चित्र **उत्तर चित्र**

9. 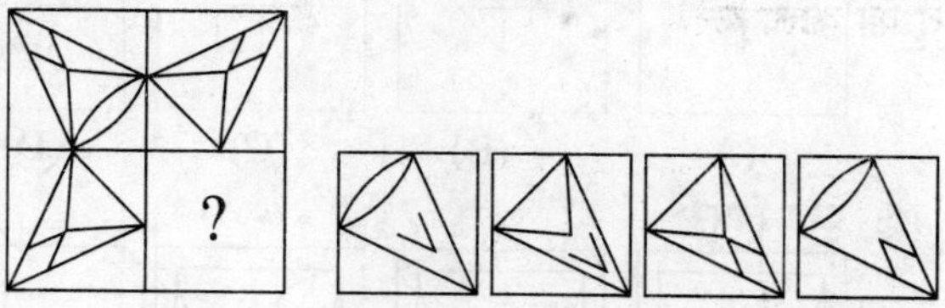

(A) (B) (C) (D)

10. 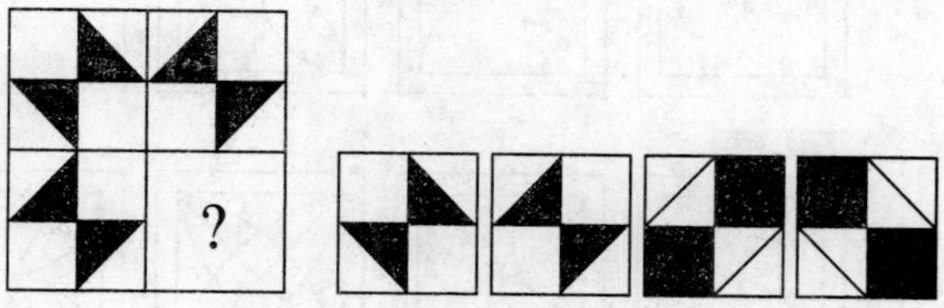

(A) (B) (C) (D)

11. 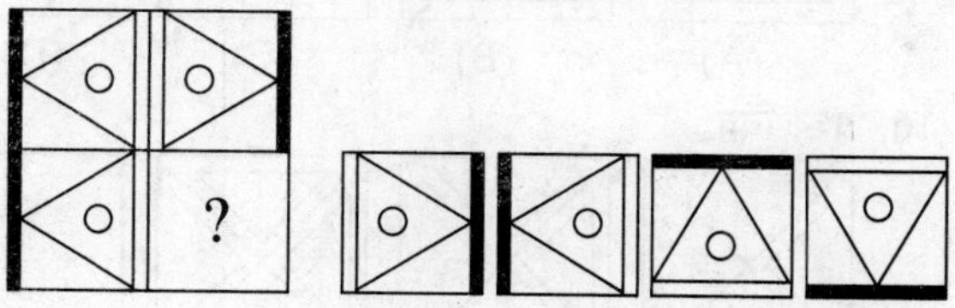

(A) (B) (C) (D)

12. 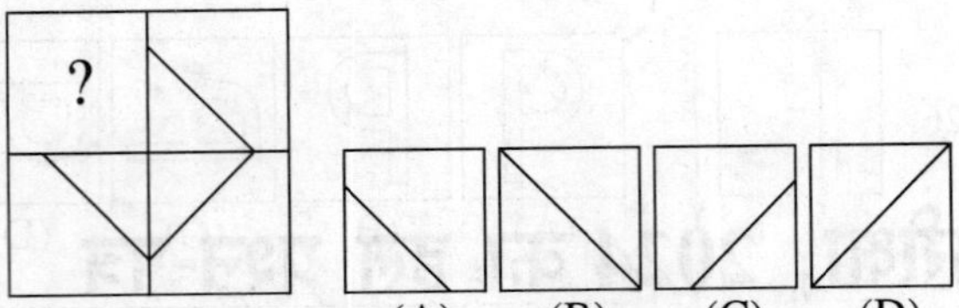

(A) (B) (C) (D)

भाग–4

निर्देश—प्रश्न संख्या 13 से 16 में, बाईं ओर तीन प्रश्न चित्र दर्शाए गए हैं तथा चौथे चित्र के लिए स्थान छोड़ा गया है. प्रश्न चित्र श्रेणीक्रम में हैं. श्रेणीक्रम को पूरा करने के लिए दाईं ओर उपलब्ध उत्तर चित्रों में से एक चित्र का चयन कीजिए जिसे प्रश्न चित्र के खाली स्थान में प्रतिस्थापित किया जा सके. अपने उत्तर को दर्शाने के लिए ओ.एम.आर. उत्तर-पत्रिका में प्रश्न के संगत संख्या के सामने वाले वृत्त को काला करें.

13. **प्रश्न चित्र**

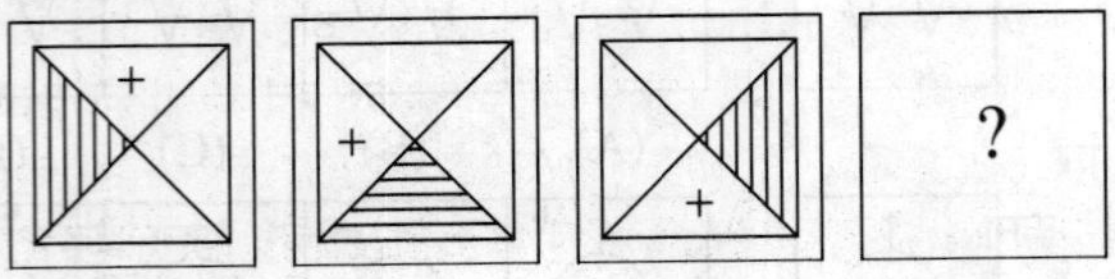

उत्तर चित्र

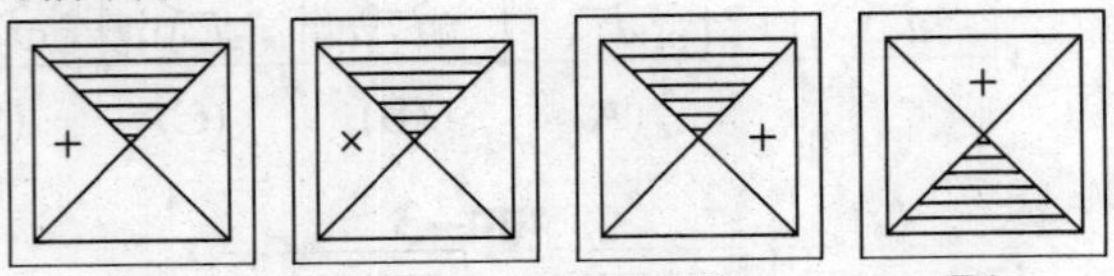

(A) (B) (C) (D)

14. **प्रश्न चित्र**

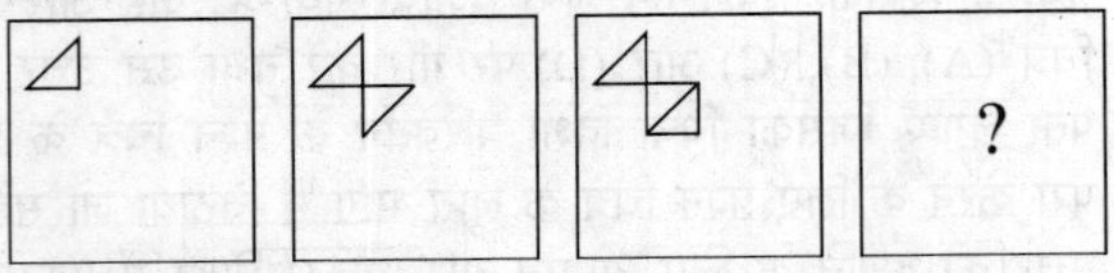

उत्तर चित्र

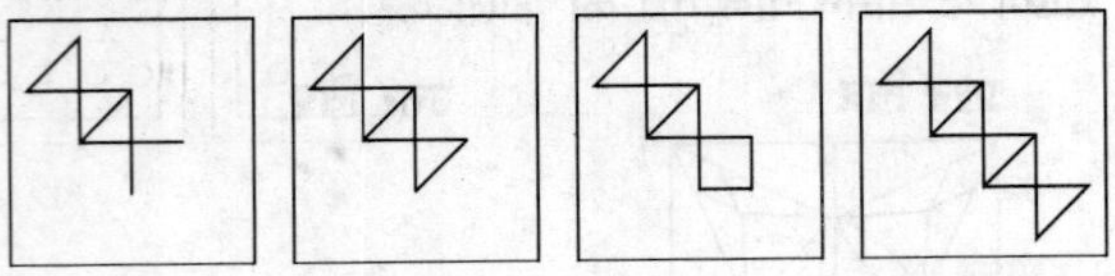

(A) (B) (C) (D)

15. **प्रश्न चित्र**

उत्तर चित्र

(A) (B) (C) (D)

16. **प्रश्न चित्र**

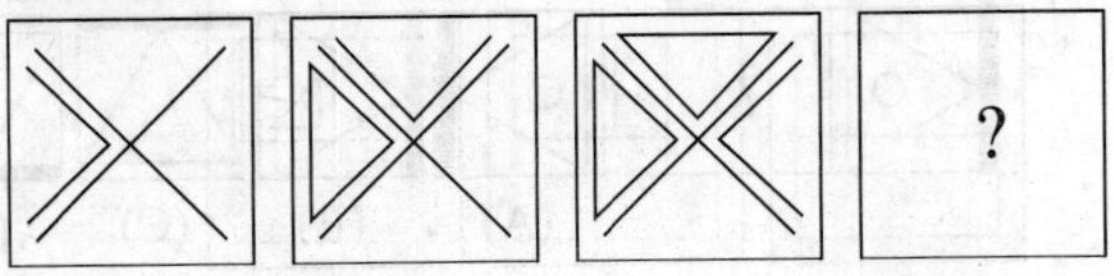

उत्तर चित्र

(A) (B) (C) (D)

भाग–5

निर्देश—प्रश्न संख्या 17 से 20 में, प्रत्येक प्रश्न में दो प्रश्न चित्रों के दो सेट दिए गए हैं. दूसरे सेट में एक प्रश्न चिह्न (?) है. प्रथम सेट के दो प्रश्न चित्रों में एक निश्चित सम्बन्ध है. इसी तरह का सम्बन्ध दूसरे सेट के तीसरे तथा चौथे प्रश्न चित्र में भी होना आवश्यक है. उत्तर चित्र से उस चित्र का चयन करें, जो प्रश्न चित्त को प्रतिस्थापित करेगा. अपने उत्तर को दर्शाने के लिए ओ.एम.आर. उत्तर-पत्रिका में प्रश्न के संगत संख्या के सामने वाले वृत्त को काला करें.

17. **प्रश्न चित्र**

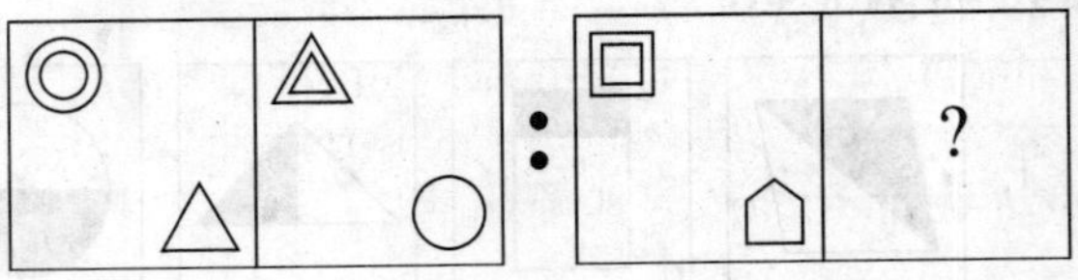

उत्तर चित्र

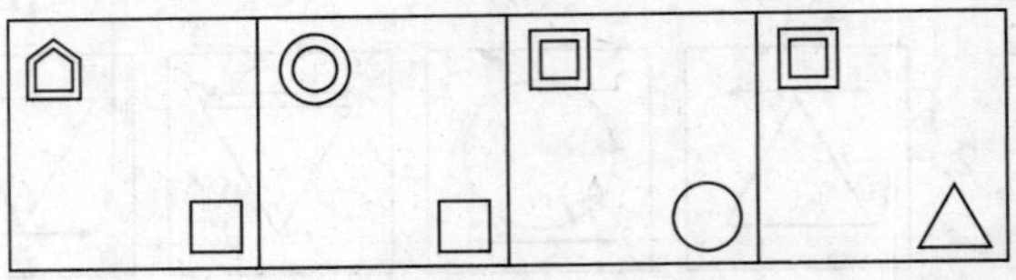

(A) (B) (C) (D)

18. **प्रश्न चित्र**

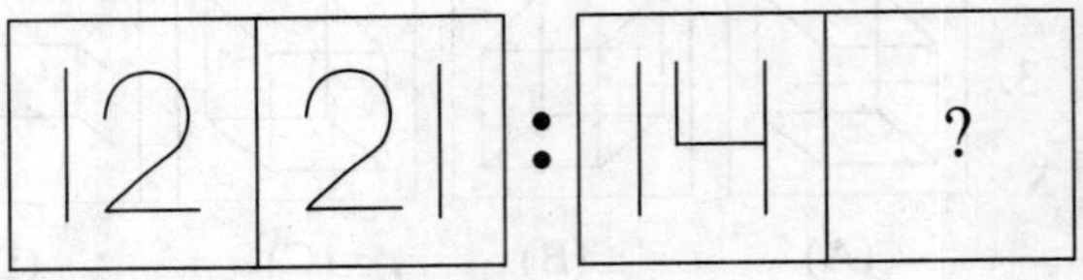

उत्तर चित्र

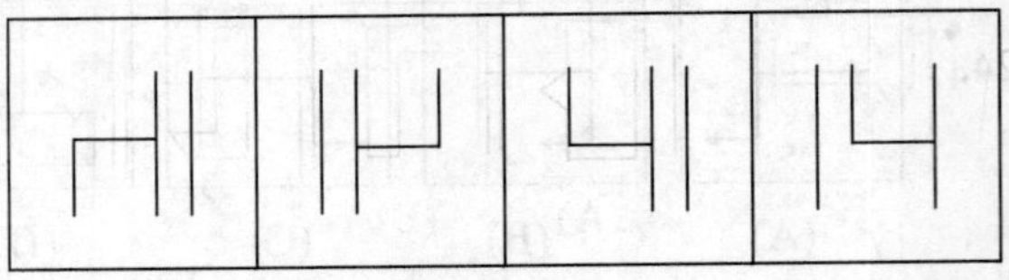

(A) (B) (C) (D)

19. **प्रश्न चित्र**

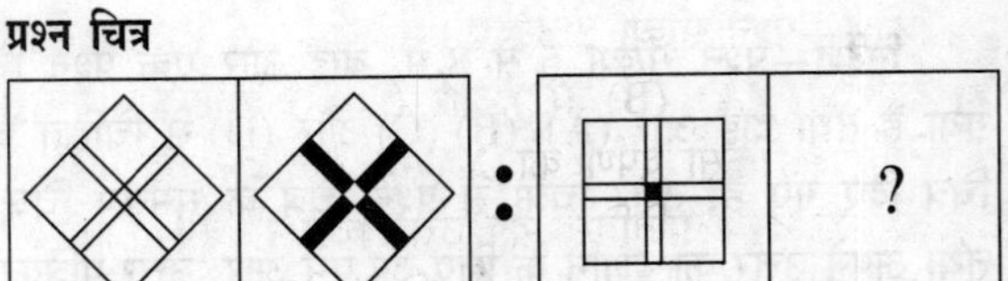

उत्तर चित्र

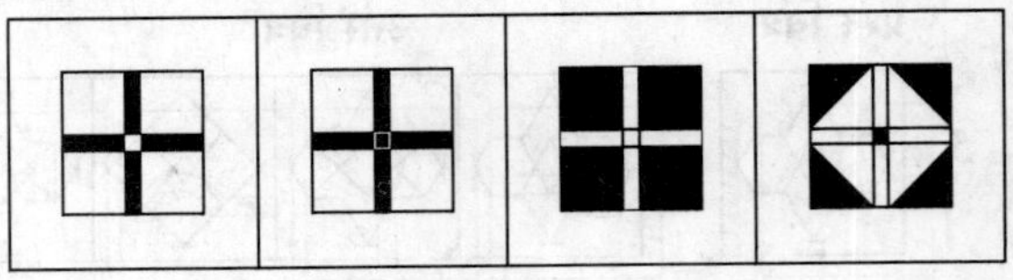

(A) (B) (C) (D)

20. **प्रश्न चित्र**

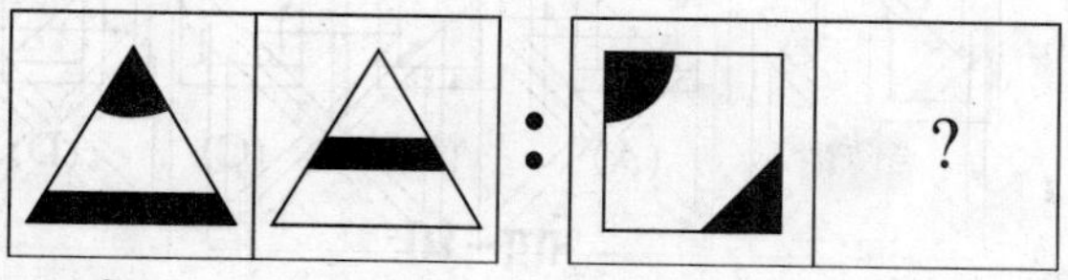

उत्तर चित्र

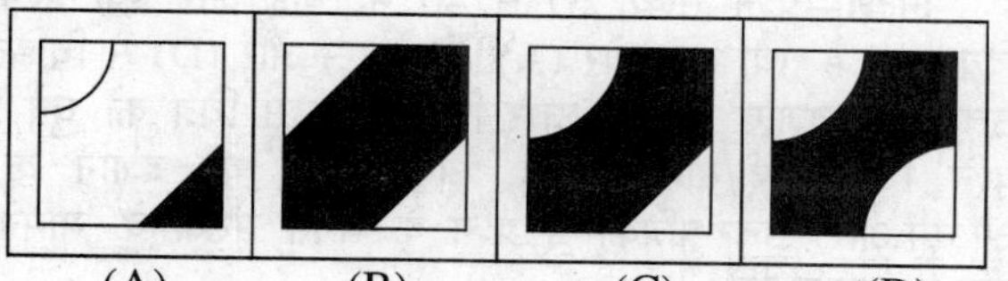

(A) (B) (C) (D)

भाग–6

निर्देश—प्रश्न संख्या 21 से 24 में, प्रश्न चित्र के रूप में ज्यामितीय चित्र (त्रिभुज, वर्ग, वृत्त) के एक भाग को बाईं ओर दर्शाया गया है तथा दाईं ओर दूसरे भाग को चार उत्तर चित्रों के रूप में (A), (B), (C) और (D) से दर्शाया गया है. दाईं ओर के चित्र से ज्यामितीय चित्र को पूर्ण करने वाले चित्र को ज्ञात करें तथा अपने उत्तर को दर्शाने के लिए ओ.एम.आर. उत्तर-पत्रिका में प्रश्न के संगत संख्या के सामने वाले वृत्त को काला करें.

प्रश्न चित्र **उत्तर चित्र**

21. 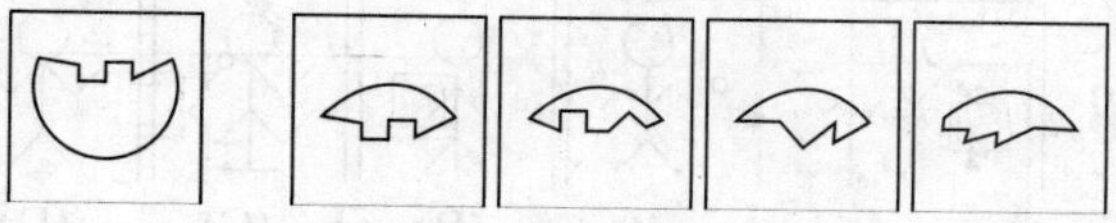

(A) (B) (C) (D)

22. 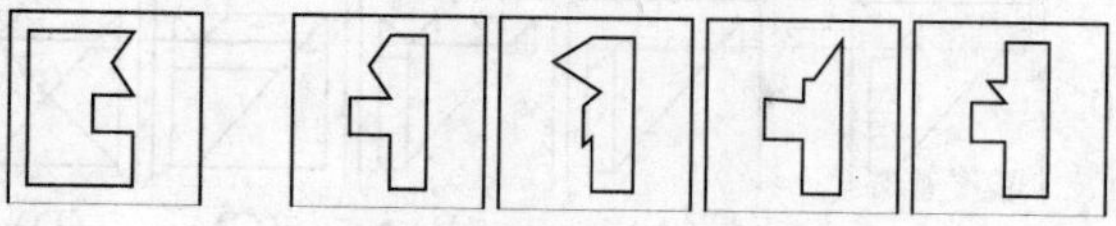

(A) (B) (C) (D)

23. 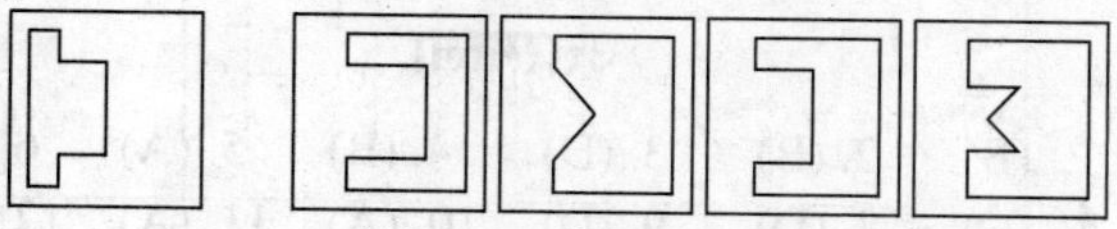

(A) (B) (C) (D)

24. 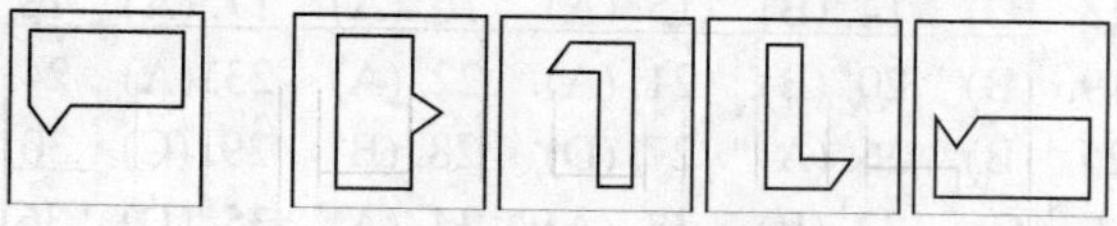

(A) (B) (C) (D)

भाग–7

निर्देश—प्रश्न संख्या 25 से 28 में, बाईं ओर चित्र दर्शाया गया है तथा दाईं ओर (A), (B), (C) और (D) से चिह्नित चार उत्तर चित्र दर्शाए गए हैं. किसी दर्पण को XY के अनुदिश रखे जाने पर प्रश्न चित्र के सही दर्पण प्रतिबिम्ब को उत्तर चित्र से चुनें. अपने उत्तर को दर्शाने के लिए ओ.एम.आर. उत्तर-पत्रिका में प्रश्न के संगत संख्या के सामने वाले वृत्त को काला करें.

प्रश्न चित्र **उत्तर चित्र**

25. 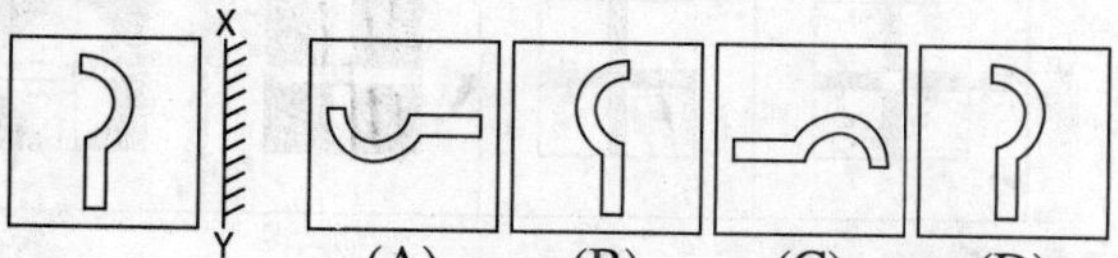

(A) (B) (C) (D)

26. 

(A) (B) (C) (D)

27. 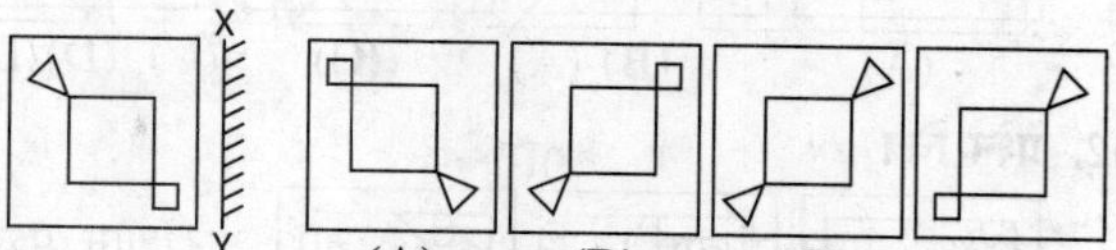

(A) (B) (C) (D)

28. 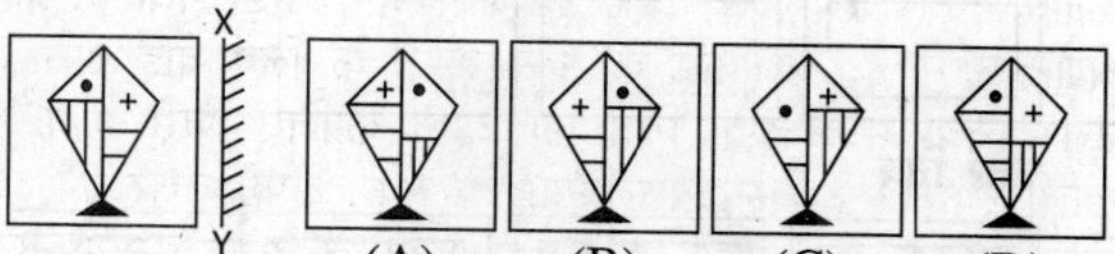

(A) (B) (C) (D)

भाग–8

निर्देश—प्रश्न संख्या 29 से 32 में, बाईं ओर चित्र में दर्शाए अनुसार कागज के एक टुकड़े को तह देकर पंच किया गया तथा दाईं ओर (A), (B), (C) और (D) से चिह्नित चार उत्तर चित्र दर्शाए गए हैं. कागज के टुकड़े के तह को खोलने पर वह जिस प्रकार दिखेगा वैसा ही चित्र उत्तर चित्रों से चुनें. अपने उत्तर को दर्शाने के लिए ओ.एम.आर. उत्तर-पत्रिका में प्रश्न के संगत संख्या के सामने वाले वृत्त को काला करें.

29. **प्रश्न चित्र**

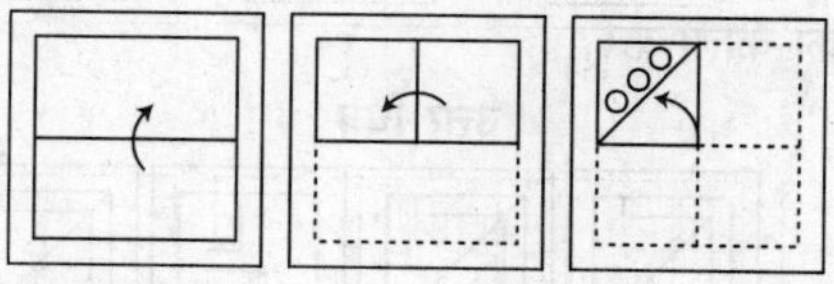

उत्तर चित्र

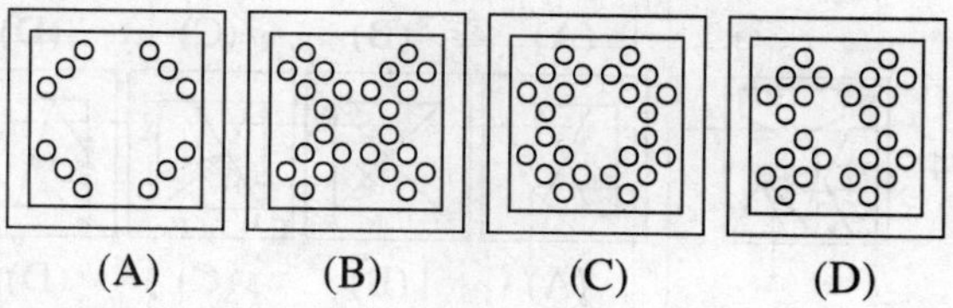

(A) (B) (C) (D)

30. **प्रश्न चित्र**

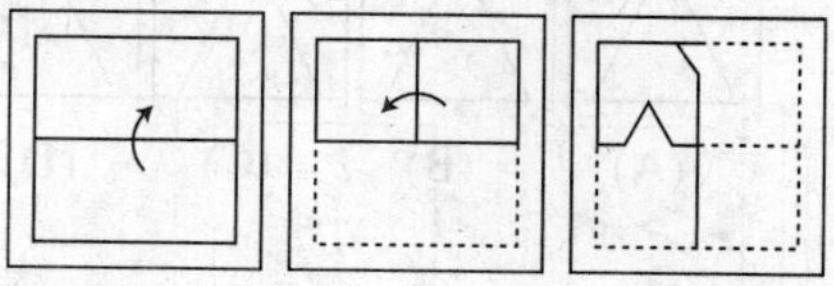

उत्तर चित्र

(A) (B) (C) (D)

31. **प्रश्न चित्र**

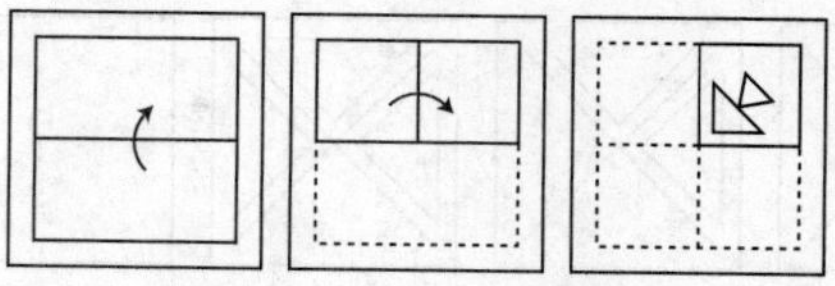

उत्तर चित्र

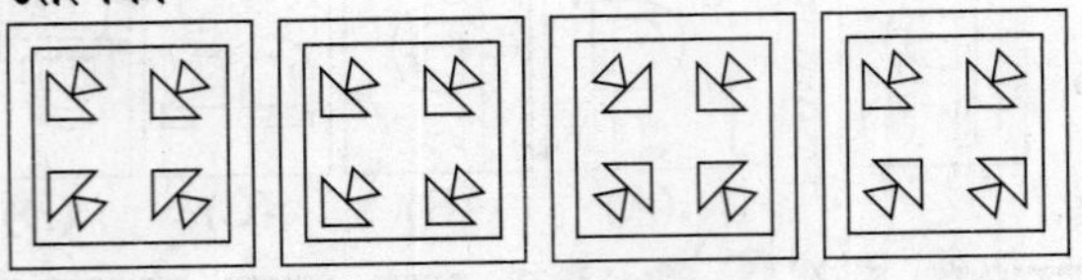

(A) (B) (C) (D)

32. **प्रश्न चित्र**

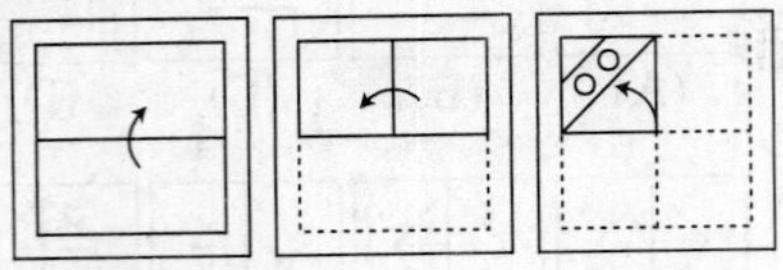

उत्तर चित्र

(A) (B) (C) (D)

भाग–9

निर्देश—प्रश्न संख्या 33 से 36 में बाईं ओर एक प्रश्न चित्र दिया गया है तथा दाईं ओर (A), (B), (C) और (D) से चिह्नित चार उत्तर चित्र दर्शाए गए हैं. उत्तर चित्रों से उस चित्र का चयन करें जिसे प्रश्न चित्र में उपलब्ध कट-आउट से बनाया जा सकता हो. अपने उत्तर को दर्शाने के लिए ओ.एम.आर. उत्तर-पत्रिका में प्रश्न के संगत संख्या के सामने वाले वृत्त को काला करें.

प्रश्न चित्र **उत्तर चित्र**

33.  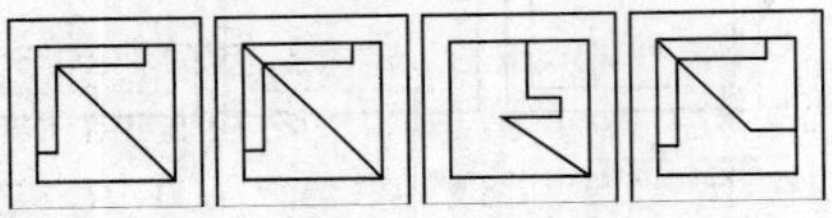

(A) (B) (C) (D)

34.  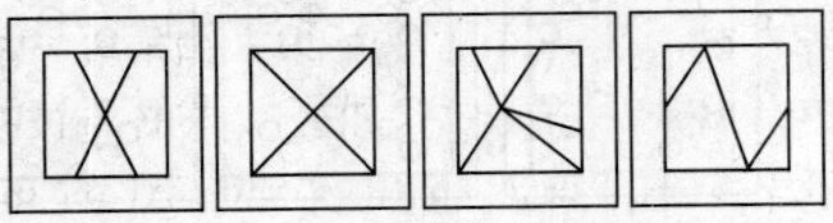

(A) (B) (C) (D)

35.  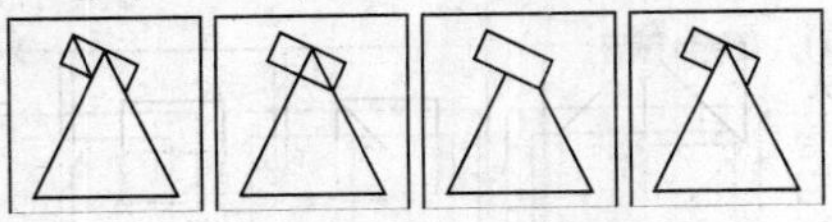

(A) (B) (C) (D)

36. 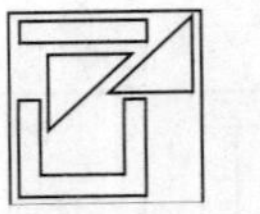 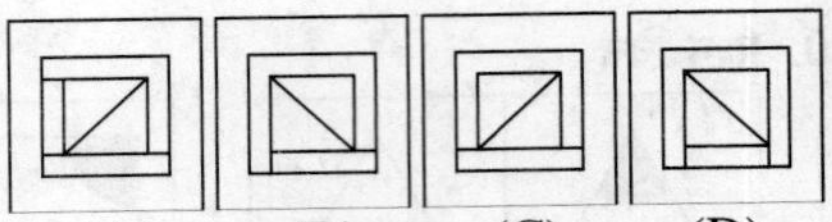

(A) (B) (C) (D)

भाग–10

निर्देश—प्रश्न संख्या 37 से 40 में, बाईं ओर एक प्रश्न चित्र दिया गया है तथा दाईं ओर (A), (B), (C) और (D) से चिह्नित चार उत्तर चित्र दर्शाए गए हैं. उत्तर चित्रों से, उस चित्र को चुनें जिसमें प्रश्न चित्र छिपी/सम्मिलित है. अपने उत्तर को दर्शाने के लिए ओ.एम.आर. उत्तर-पत्रिका में प्रश्न के संगत संख्या के सामने वाले वृत्त को काला करें.

प्रश्न चित्र **उत्तर चित्र**

37.  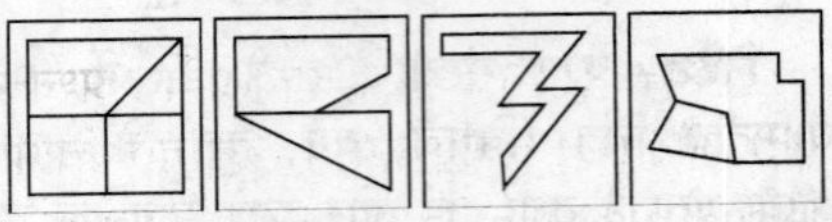

(A) (B) (C) (D)

38. 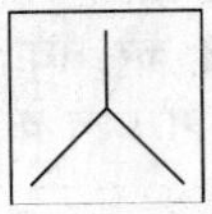 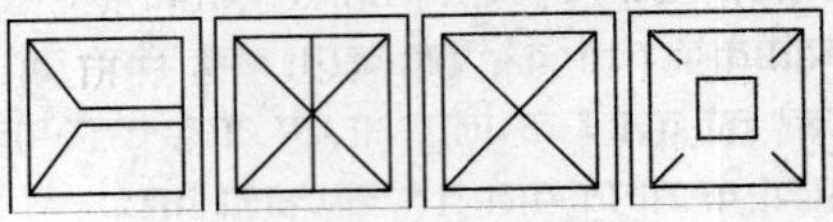

(A) (B) (C) (D)

39.  

(A) (B) (C) (D)

40. 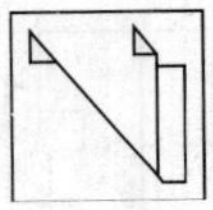 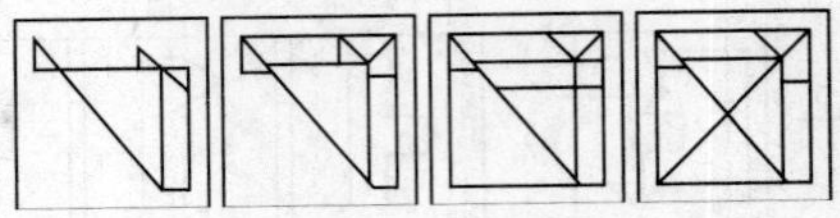

(A) (B) (C) (D)

उत्तरमाला

1. (B)	2. (B)	3. (D)	4. (B)	5. (A)	6. (C)
7. (C)	8. (D)	9. (D)	10. (A)	11. (A)	12. (C)
13. (C)	14. (B)	15. (A)	16. (A)	17. (A)	18. (C)
19. (B)	20. (B)	21. (A)	22. (A)	23. (A)	24. (D)
25. (B)	26. (A)	27. (D)	28. (B)	29. (C)	30. (D)
31. (C)	32. (B)	33. (A)	34. (A)	35. (D)	36. (C)
37. (A)	38. (B)	39. (D)	40. (B)		

जवाहर नवोदय विद्यालय प्रवेश परीक्षा (कक्षा-VI), 2023 का हल प्रश्न-पत्र

(29 अप्रैल, 2023 को आयोजित)

मानसिक योग्यता परीक्षा

भाग-I

निर्देश–(प्रश्न 1 से 4 तक) प्रत्येक प्रश्न में चार चित्र (A), (B), (C) और (D) दर्शाए गए हैं. इन चार चित्रों में से तीन चित्र किसी विधि से एकसमान हैं, जबकि एक चित्र अन्य से भिन्न है. अन्य से भिन्न चित्र का चयन कीजिए. अपने उत्तर को दर्शाने के लिए ओएमआर उत्तर-पत्रिका में प्रश्न के संगत अक्षर के सामने वाले वृत्त को काला करें.

1. 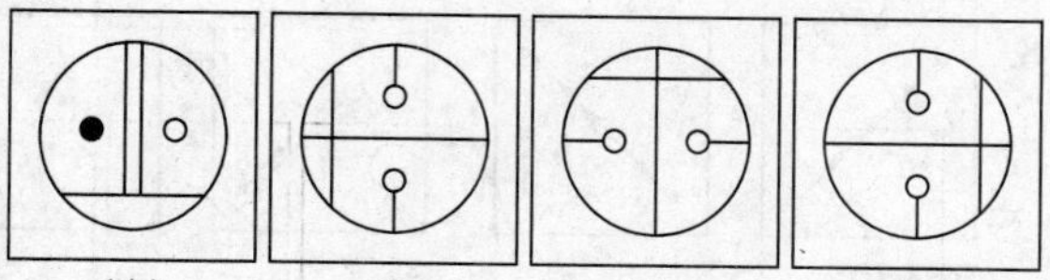

(A) (B) (C) (D)

2. 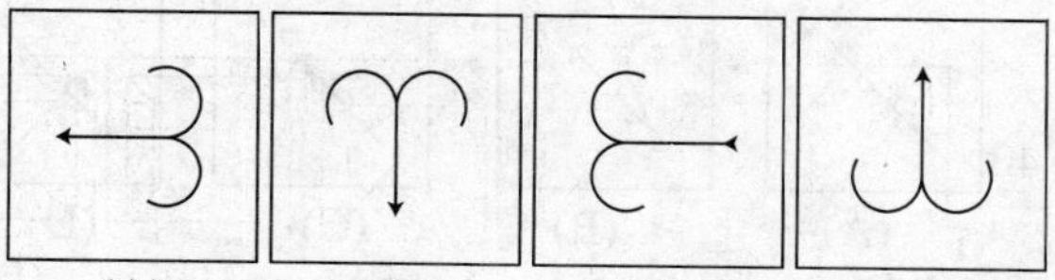

(A) (B) (C) (D)

3. 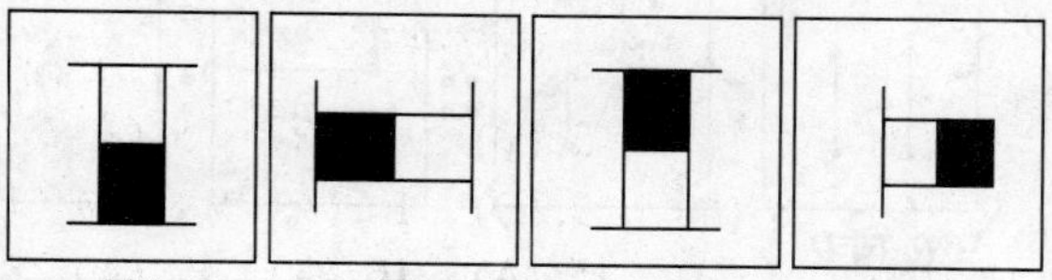

(A) (B) (C) (D)

4. 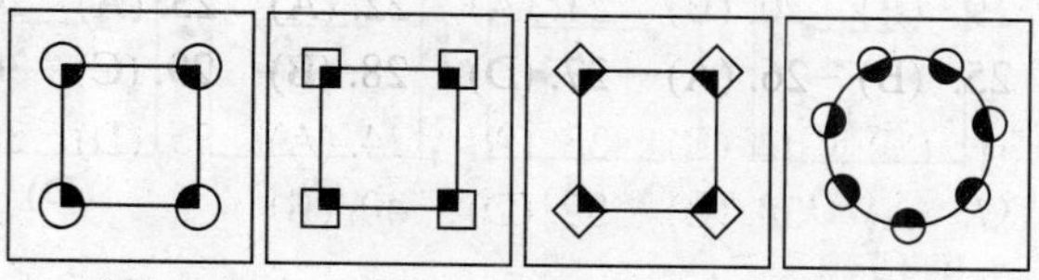

(A) (B) (C) (D)

भाग-II

निर्देश–(प्रश्न 5 से 8 तक) प्रत्येक प्रश्न में एक प्रश्न चित्र दिया गया है तथा (A), (B), (C) और (D) से चिह्नित चार उत्तर चित्र दिए गए हैं. उत्तर चित्रों से प्रश्न चित्र के समरूप चित्र को चुनें तथा अपने उत्तर को दर्शाने के लिए ओएमआर उत्तर-पत्रिका में प्रश्न के संगत अक्षर के सामने वाले वृत्त को काला करें.

प्रश्न चित्र **उत्तर चित्र**

5. 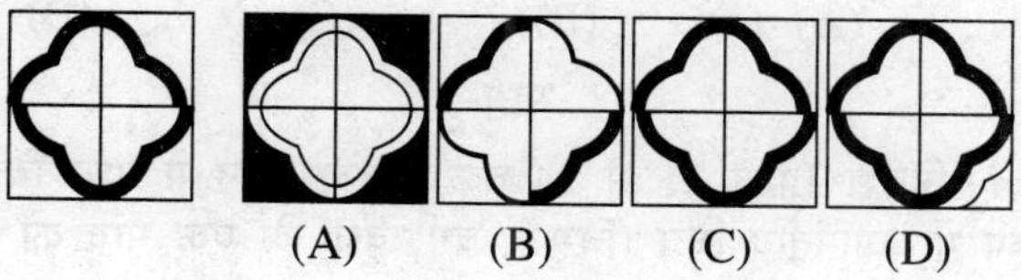

(A) (B) (C) (D)

6. 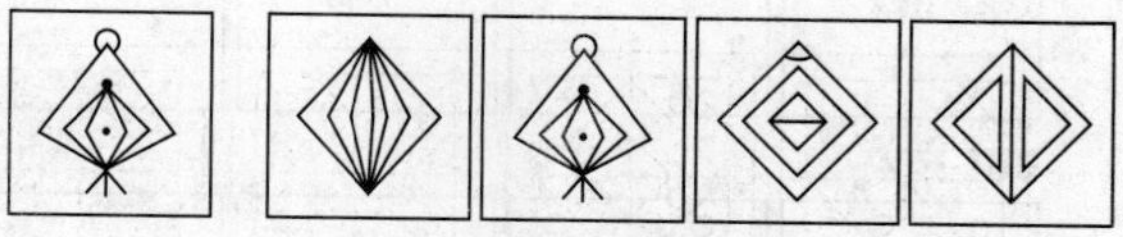

(A) (B) (C) (D)

7. 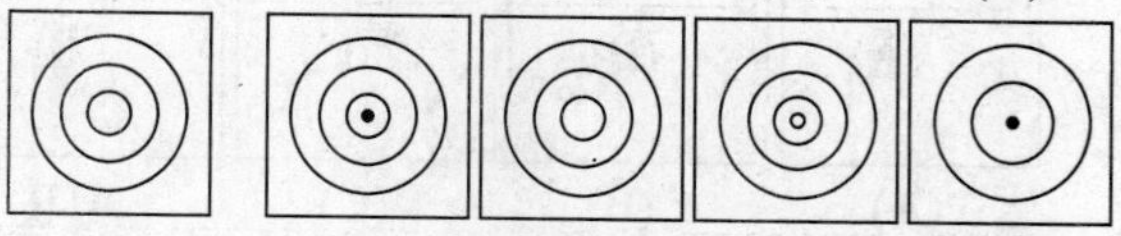

(A) (B) (C) (D)

8. 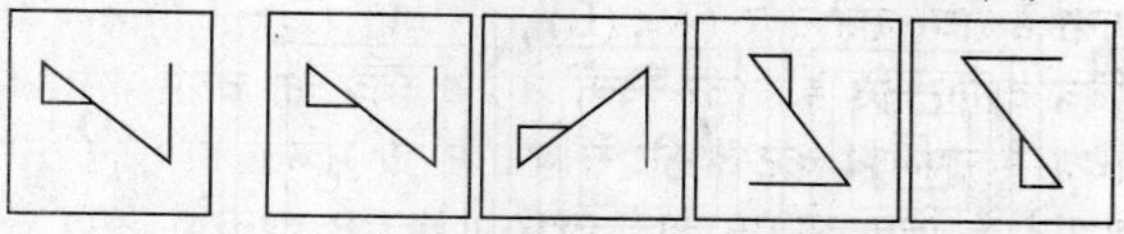

(A) (B) (C) (D)

भाग-III

निर्देश–(प्रश्न 9 से 12 तक) प्रत्येक प्रश्न में एक प्रश्न चित्र दिया गया है, जिसका एक भाग लुप्त दर्शाया गया है. दिए गए उत्तर चित्र (A), (B), (C) और (D) पर गौर करें तथा उस उत्तर चित्र का पता लगाएं, जिसको बिना दिशा परिवर्तन के प्रश्न चित्र के पैटर्न को पूरा करने के लिए प्रश्न चित्र के लुप्त भाग में बिठाया जा सके. अपने उत्तर को दर्शाने के लिए ओएमआर उत्तर-पत्रिका में प्रश्न के संगत अक्षर के सामने वाले वृत्त को काला करें.

प्रश्न चित्र **उत्तर चित्र**

9. 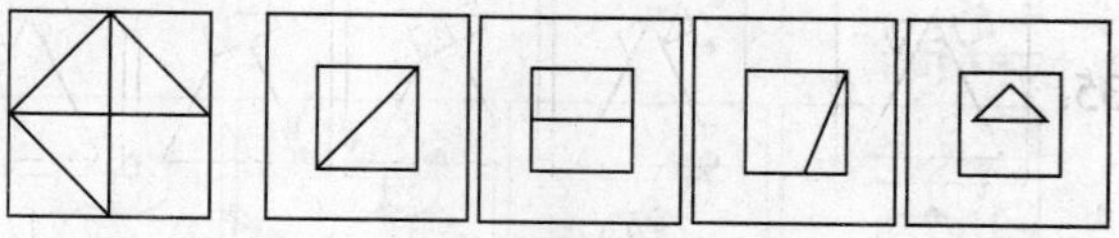

(A) (B) (C) (D)

10. 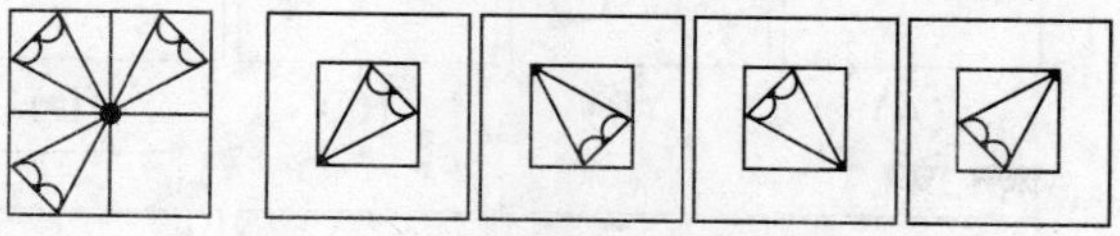

(A) (B) (C) (D)

11. 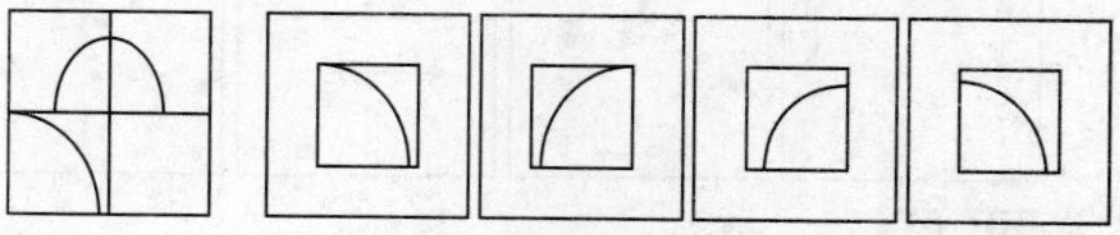

(A) (B) (C) (D)

12. 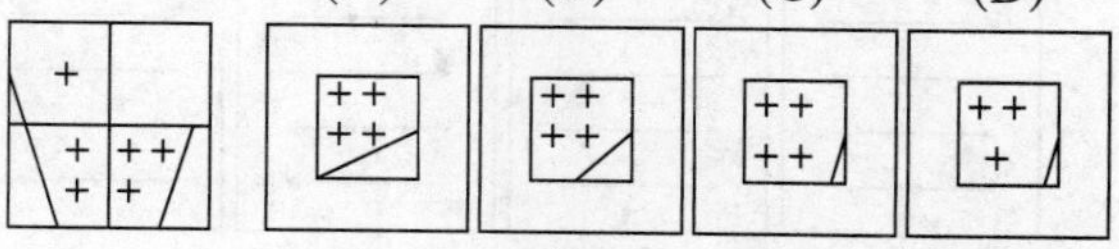

(A) (B) (C) (D)

भाग-IV

निर्देश–(प्रश्न 13 से 16 तक) प्रत्येक प्रश्न में तीन प्रश्न चित्र दर्शाए गए हैं तथा चौथे चित्र के लिए स्थान छोड़ा गया है. प्रश्न चित्र श्रेणीक्रम में है. श्रेणीक्रम को पूरा करने के लिए उपलब्ध उत्तर चित्रों में से एक चित्र का चयन करें, जिसे प्रश्न चित्र के खाली स्थान में प्रतिस्थापित किया जा सके. अपने उत्तर को दर्शाने के लिए ओएमआर उत्तर-पत्रिका में प्रश्न के संगत अक्षर के सामने वाले वृत्त को काला करें.

प्रश्न चित्र

13. 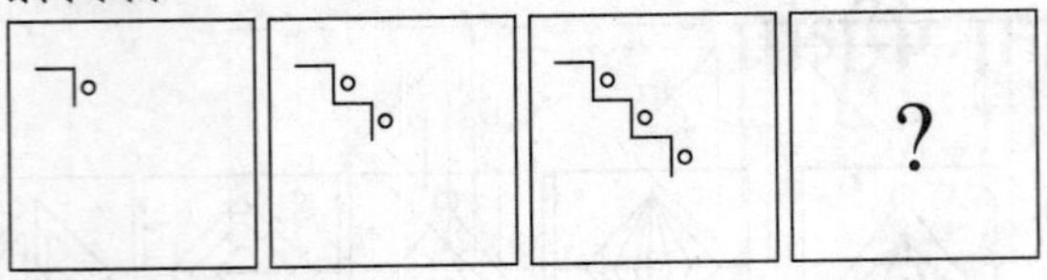

उत्तर चित्र

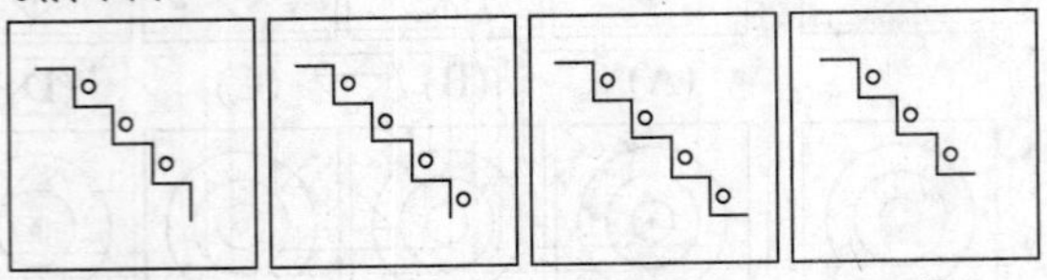

(A) (B) (C) (D)

प्रश्न चित्र

14. 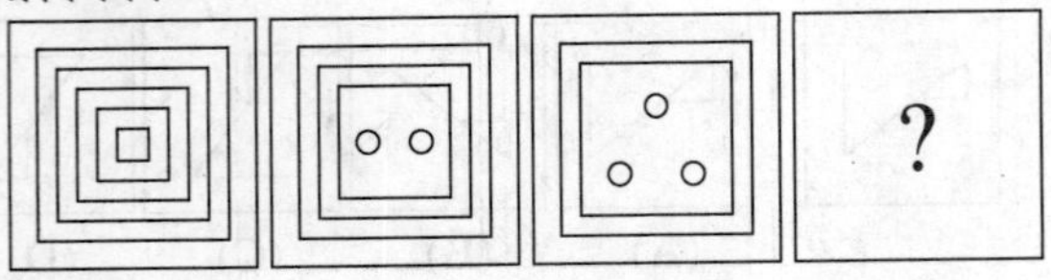

उत्तर चित्र

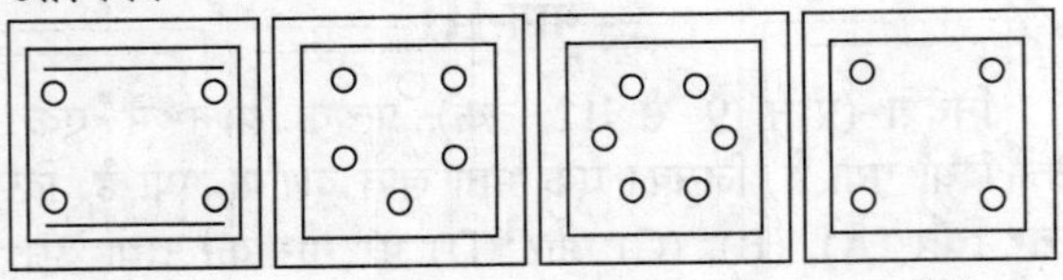

(A) (B) (C) (D)

प्रश्न चित्र

15. 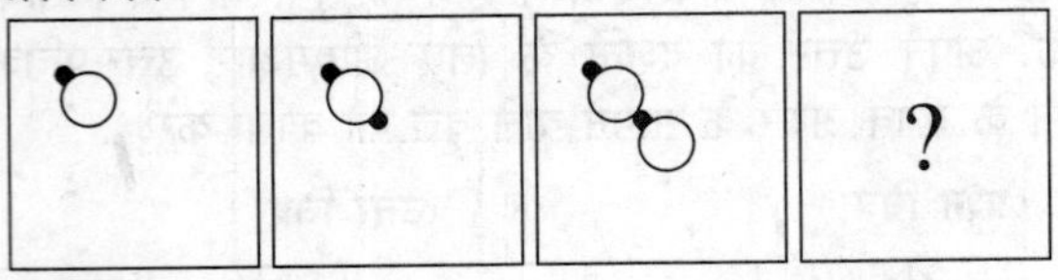

उत्तर चित्र

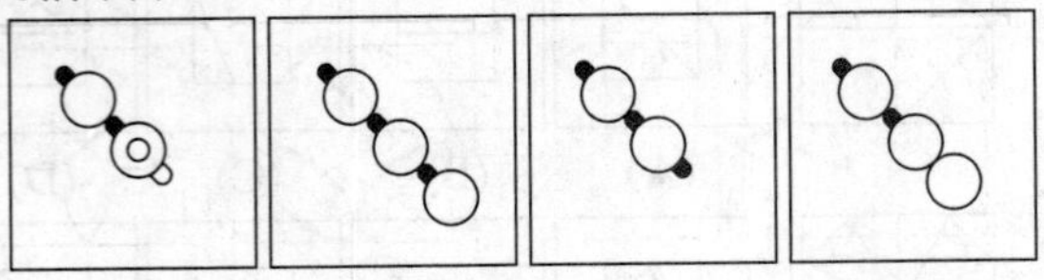

(A) (B) (C) (D)

प्रश्न चित्र

16. 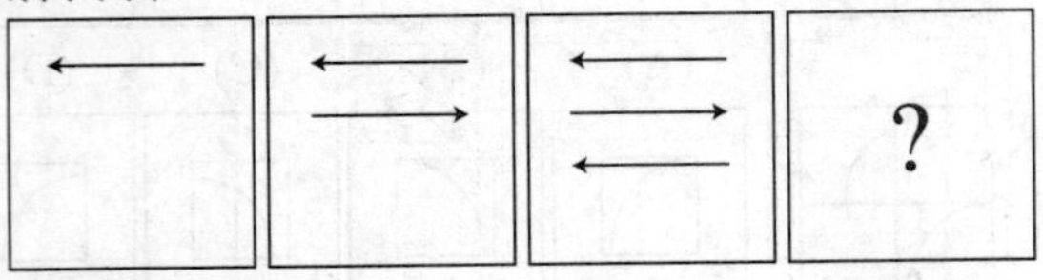

उत्तर चित्र

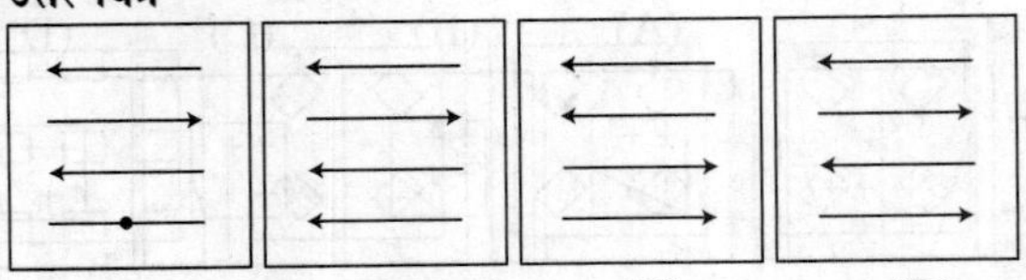

(A) (B) (C) (D)

भाग-V

निर्देश–(प्रश्न 17 से 20 तक) प्रत्येक प्रश्न में दो प्रश्न चित्रों के दो सेट दिए गए हैं. दूसरे सेट में एक प्रश्नचिह्न (?) है. प्रथम सेट के दो प्रश्न चित्रों में एक निश्चित सम्बन्ध है. इसी तरह का सम्बन्ध दूसरे सेट के तीसरे तथा चौथे प्रश्न चित्र में भी होना आवश्यक है. उत्तर चित्रों में से उस चित्र का चयन करें, जो प्रश्नचिह्न को प्रतिस्थापित करेगा. अपने उत्तर को दर्शाने के लिए ओएमआर उत्तर-पत्रिका में प्रश्न के संगत अक्षर के सामने वाले वृत्त को काला करें.

प्रश्न चित्र

17. 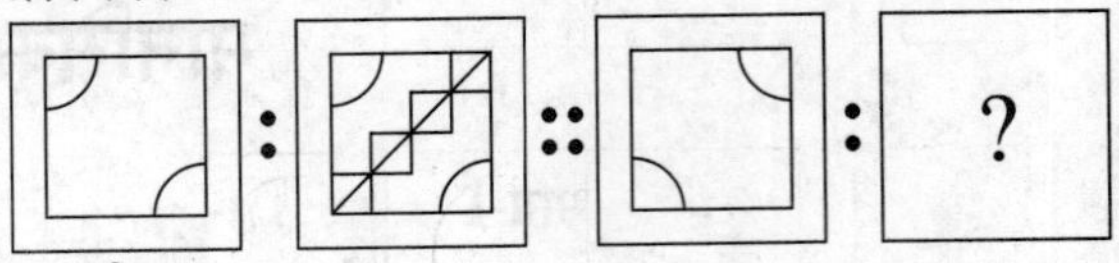

उत्तर चित्र

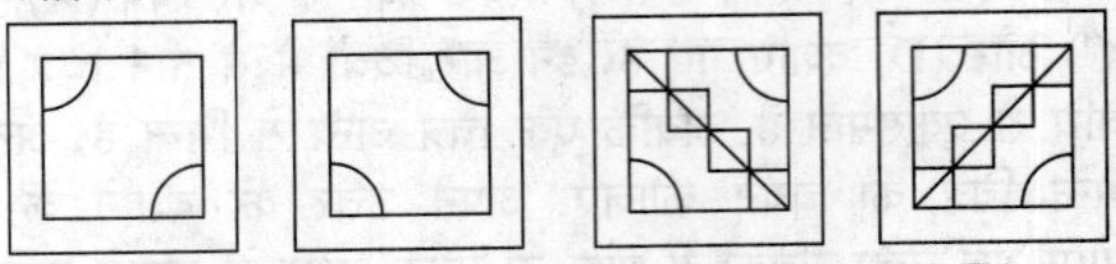

(A) (B) (C) (D)

प्रश्न चित्र

18. 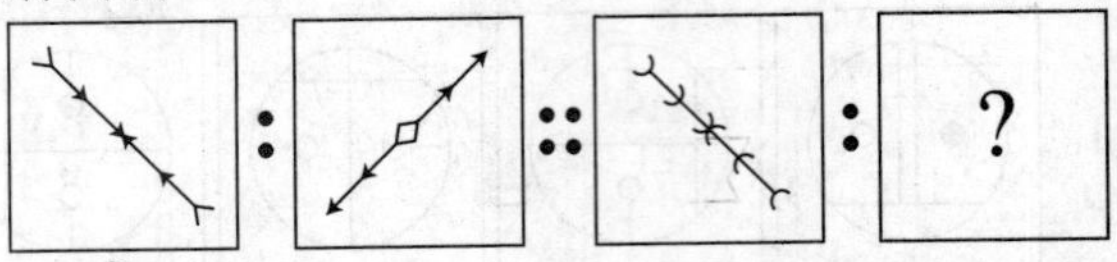

उत्तर चित्र

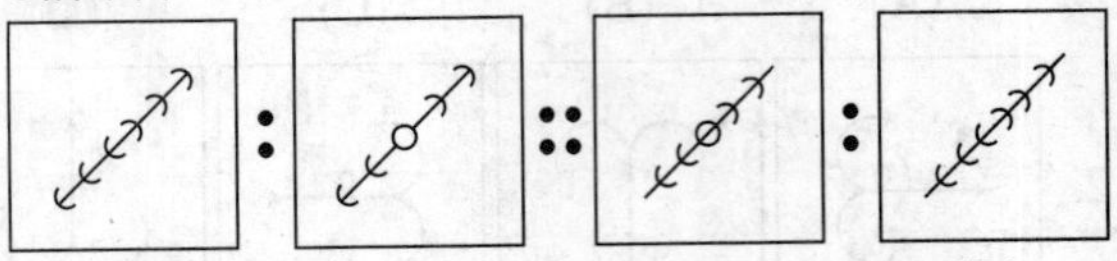

(A) (B) (C) (D)

प्रश्न चित्र

19. 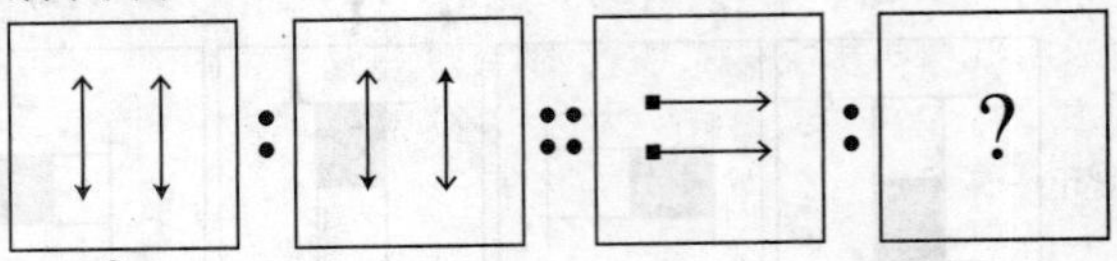

उत्तर चित्र

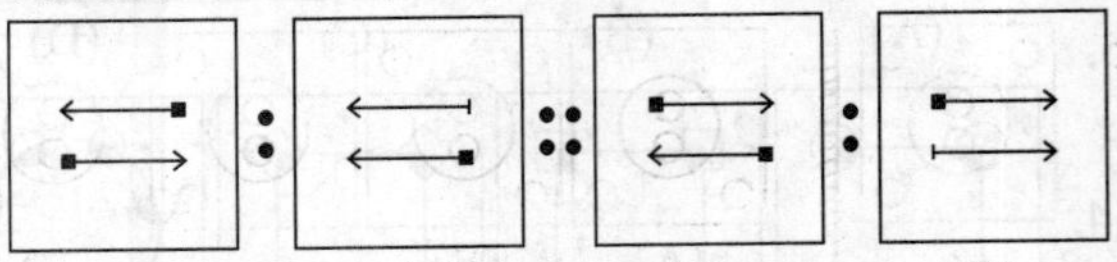

(A) (B) (C) (D)

प्रश्न चित्र

20. 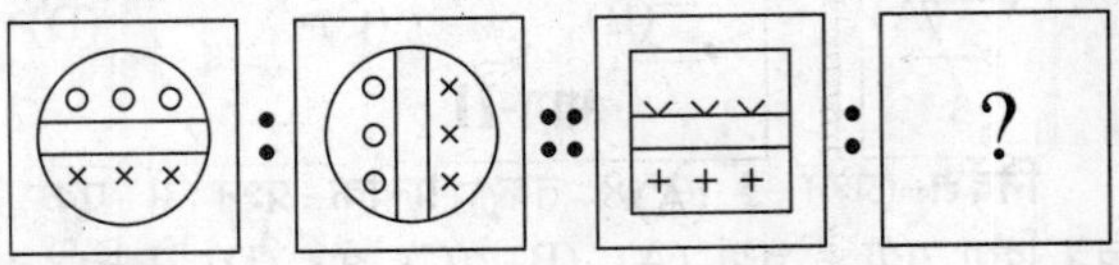

उत्तर चित्र

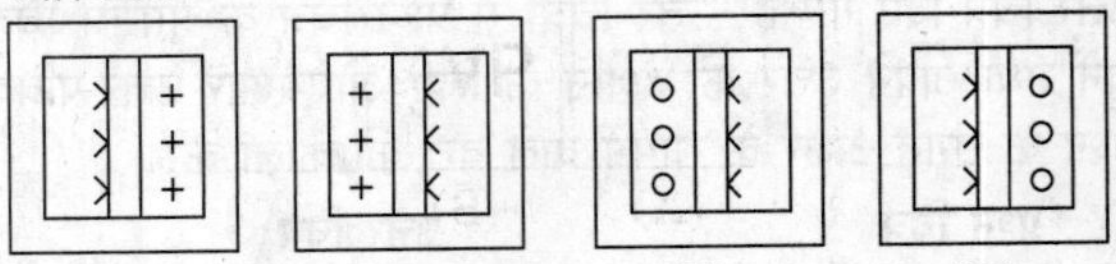

(A) (B) (C) (D)

भाग-VI

निर्देश–(प्रश्न 21 से 24 तक) प्रत्येक प्रश्न में प्रश्न चित्र के रूप में ज्यामितीय चित्र (त्रिभुज, वर्ग, वृत्त) के एक भाग को बायीं

ओर दर्शाया गया है तथा दायीं ओर दूसरे भाग को चार उत्तर चित्रों के रूप में (A), (B), (C) और (D) से दर्शाया गया है. दायीं ओर के चित्र से ज्यामितीय चित्र को पूर्ण करने वाले चित्र को ज्ञात कीजिए तथा अपने उत्तर को दर्शाने के लिए ओएमआर उत्तर-पत्रिका में प्रश्न के संगत अक्षर के सामने वाले वृत्त को काला करें.

प्रश्न चित्र **उत्तर चित्र**

21. 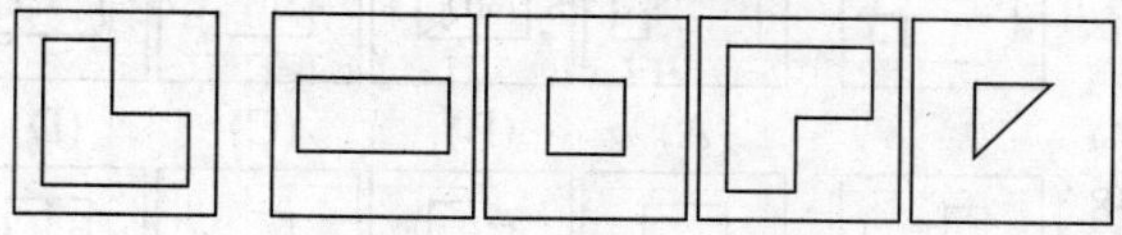

(A) (B) (C) (D)

22. 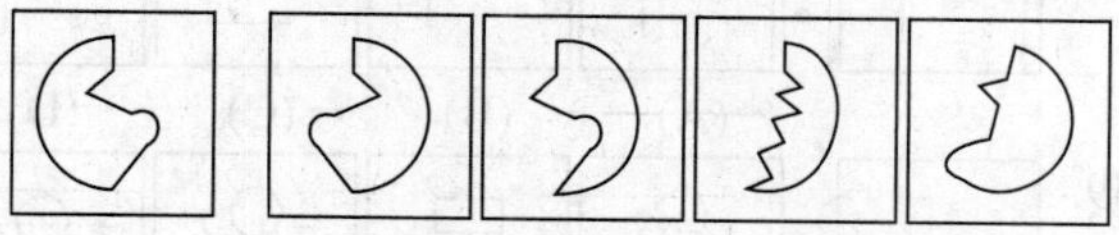

(A) (B) (C) (D)

23. 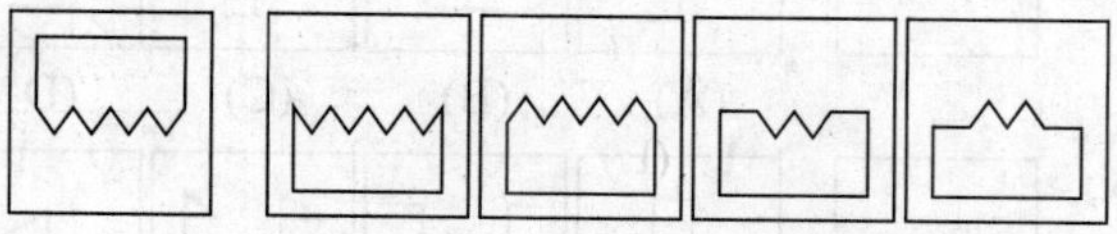

(A) (B) (C) (D)

24. 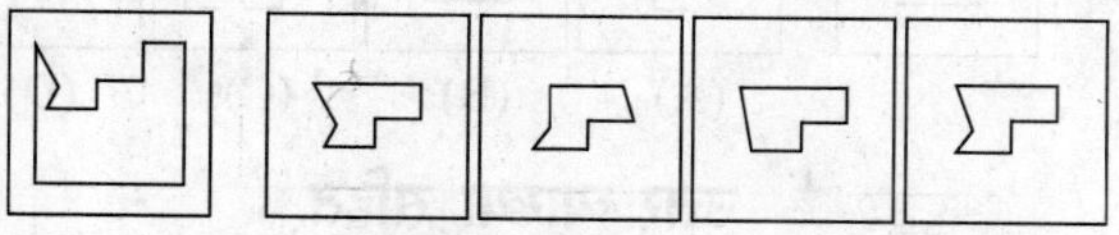

(A) (B) (C) (D)

भाग-VII

निर्देश–(प्रश्न 25 से 28 तक) प्रत्येक प्रश्न में बायीं ओर प्रश्न चित्र दर्शाया गया है तथा दायीं ओर (A), (B), (C) और (D) से चिह्नित चार उत्तर चित्र दर्शाए गए हैं. किसी दर्पण को XY के अनुदिश रखे जाने पर प्रश्न चित्र के सही दर्पण प्रतिबिम्ब को उत्तर चित्र से चुनिए तथा अपने उत्तर को दर्शाने के लिए ओएमआर उत्तर पत्रिका में प्रश्न के संगत अक्षर के सामने वाले वृत्त को काला कीजिए–

प्रश्न चित्र **उत्तर चित्र**

25. 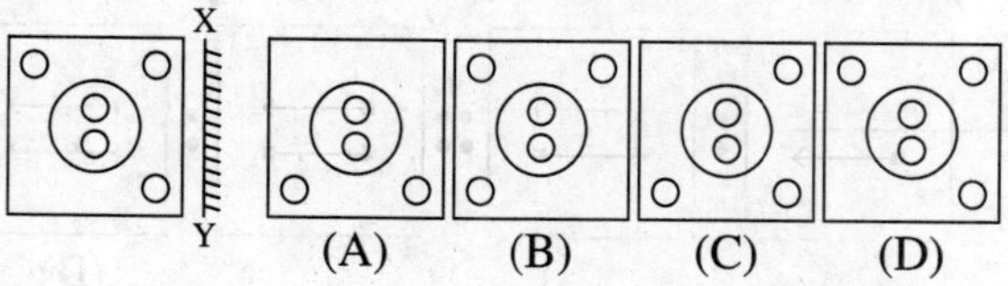

(A) (B) (C) (D)

26. 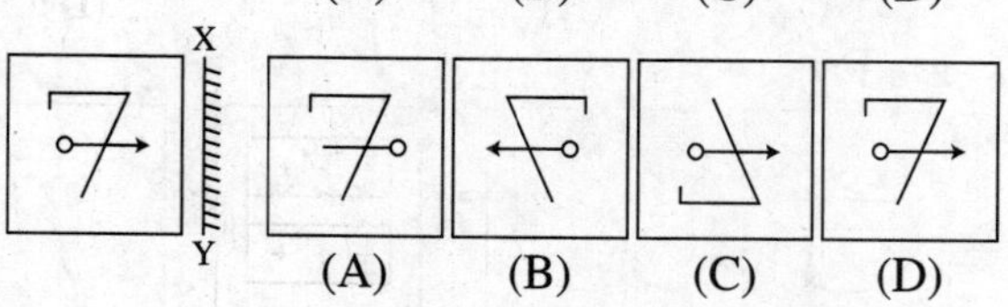

(A) (B) (C) (D)

27. 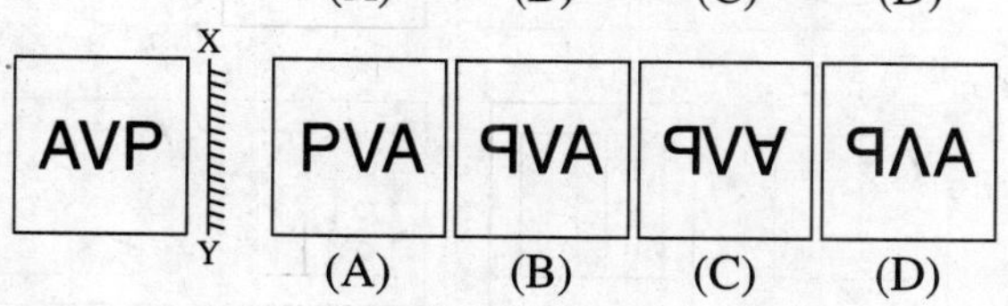

(A) (B) (C) (D)

28. 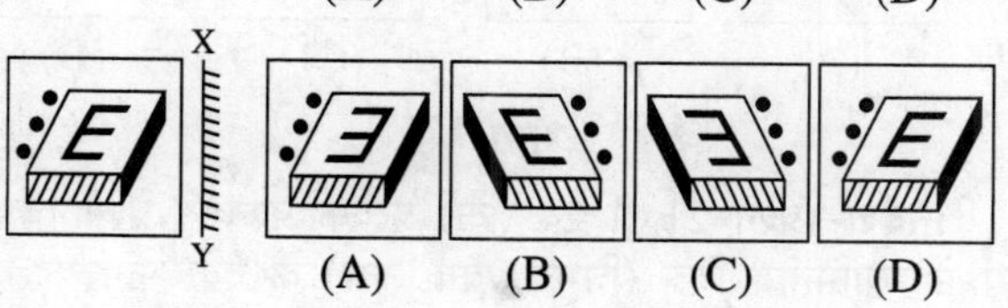

(A) (B) (C) (D)

भाग-VIII

निर्देश–(प्रश्न 29 से 32 तक) प्रत्येक प्रश्न में प्रश्न चित्र में दर्शाए अनुसार कागज के एक टुकड़े को मोड़कर पंच किया गया है तथा (A), (B), (C) और (D) से चिह्नित चार उत्तर चित्र दर्शाए गए हैं. कागज के टुकड़े की तह को खोलने पर वह जिस प्रकार दिखेगा वैसा ही चित्र उत्तर चित्र में से चुनिए तथा अपने उत्तर को दर्शाने के लिए ओएमआर उत्तर-पत्रिका में प्रश्न के संगत अक्षर के सामने वाले वृत्त को काला कीजिए.

प्रश्न चित्र

29. 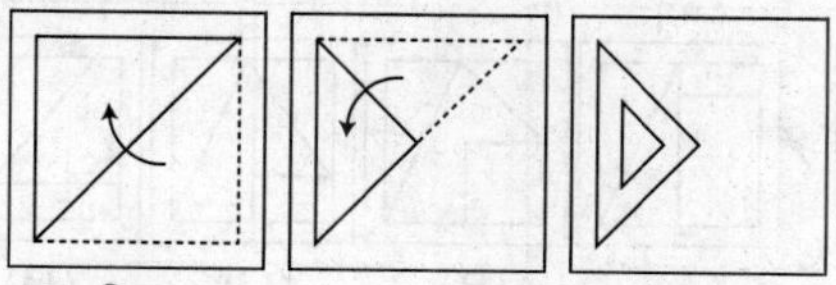

उत्तर चित्र

(A) (B) (C) (D)

प्रश्न चित्र

30. 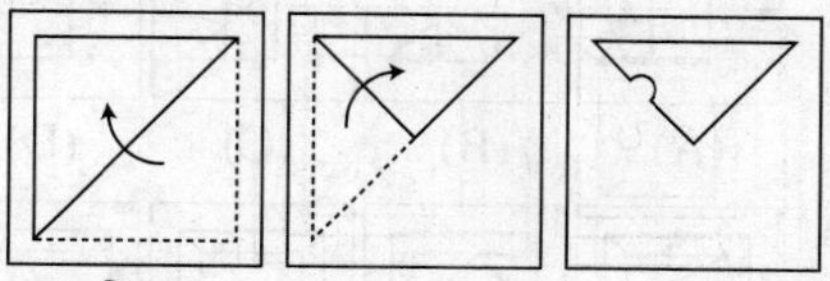

उत्तर चित्र

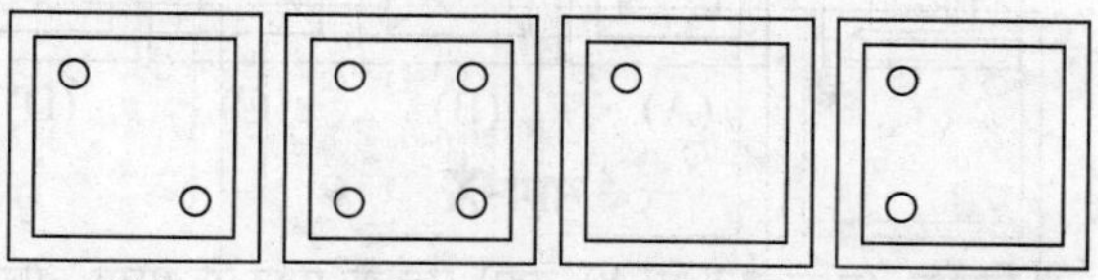

(A) (B) (C) (D)

प्रश्न चित्र

31. 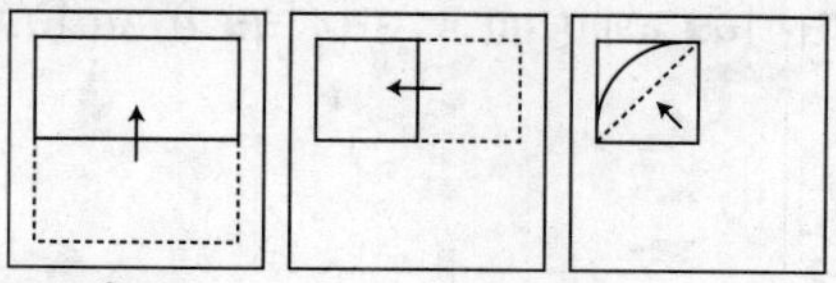

उत्तर चित्र

(A) (B) (C) (D)

प्रश्न चित्र

32. 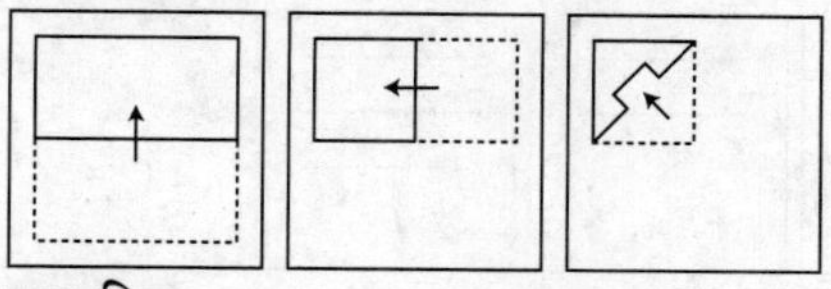

उत्तर चित्र

(A) (B) (C) (D)

भाग-IX

निर्देश–(प्रश्न 33 से 36 तक) प्रत्येक प्रश्न में एक प्रश्न चित्र दिया गया है तथा (A), (B), (C) और (D) से चिह्नित चार उत्तर चित्र दर्शाए गए हैं. उत्तर चित्र से उस चित्र का चयन कीजिए, जिसे प्रश्न चित्र में उपलब्ध कट-आउट टुकड़ों से बनाया जा सकता है. अपने उत्तर को दर्शाने के लिए ओएमआर उत्तर-पत्रिका में प्रश्न के संगत अक्षर के सामने वाले वृत्त को काला करें.

प्रश्न चित्र **उत्तर चित्र**

33. 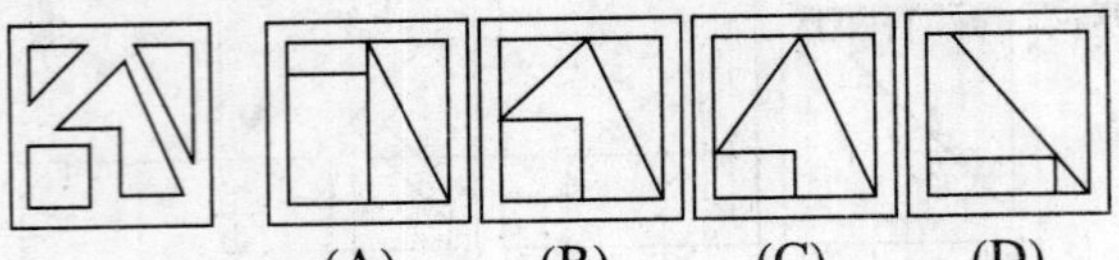
(A) (B) (C) (D)

34. 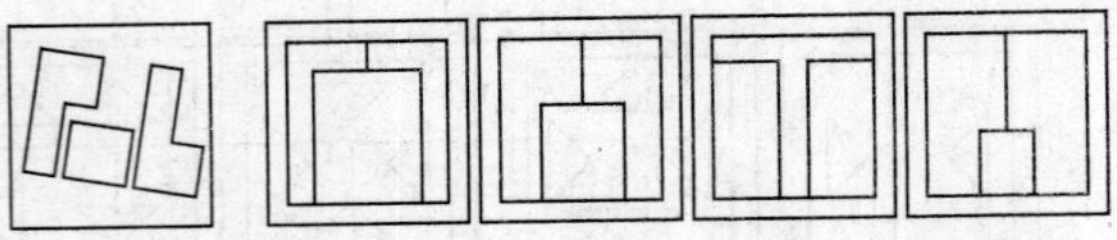
(A) (B) (C) (D)

35. 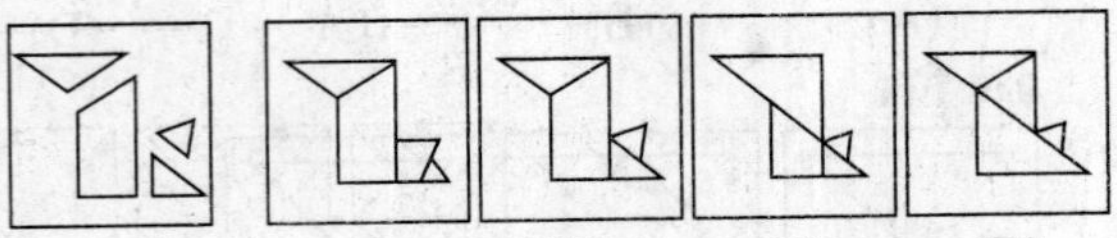
(A) (B) (C) (D)

36. 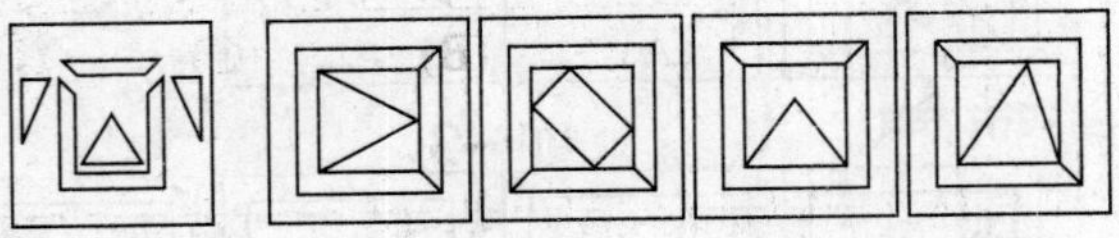
(A) (B) (C) (D)

भाग-X

निर्देश–(प्रश्न 37 से 40 तक) प्रत्येक प्रश्न में बायीं ओर एक प्रश्न चित्र दिया गया है तथा दायीं ओर (A), (B), (C) और (D) से चिह्नित चार उत्तर चित्र दर्शाए गए हैं. उत्तर चित्र से उस चित्र का चयन कीजिए जिसमें प्रश्न चित्र छिपा/सम्मिलित है. अपने उत्तर को दर्शाने के लिए ओएमआर उत्तर-पत्रिका में प्रश्न के संगत अक्षर के सामने वाले वृत्त को काला करें.

प्रश्न चित्र **उत्तर चित्र**

37. 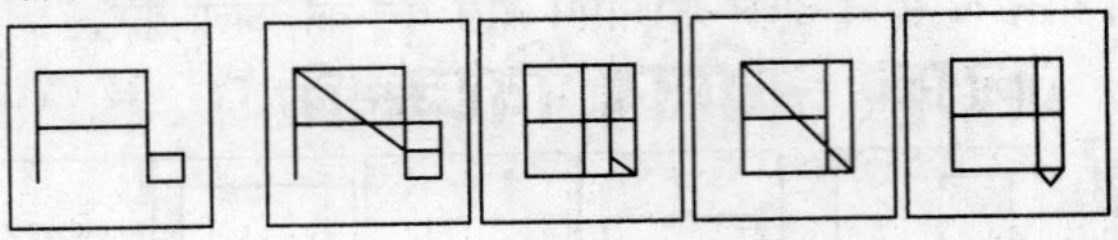
(A) (B) (C) (D)

38. 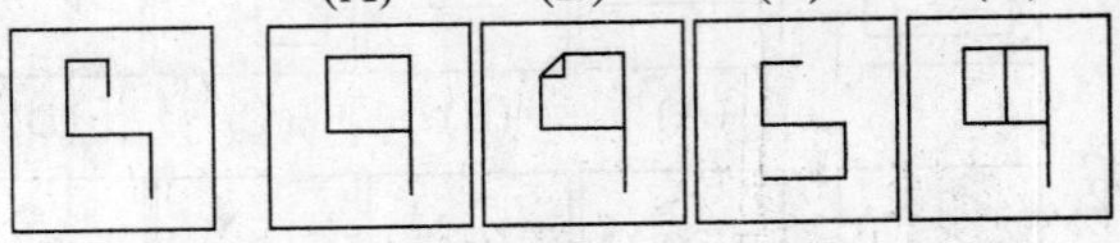
(A) (B) (C) (D)

39. 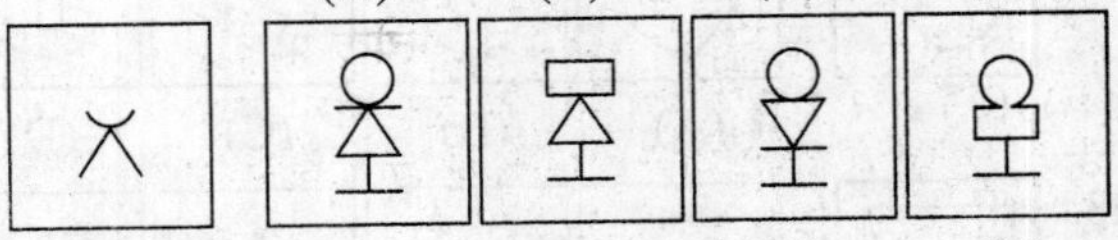
(A) (B) (C) (D)

40. 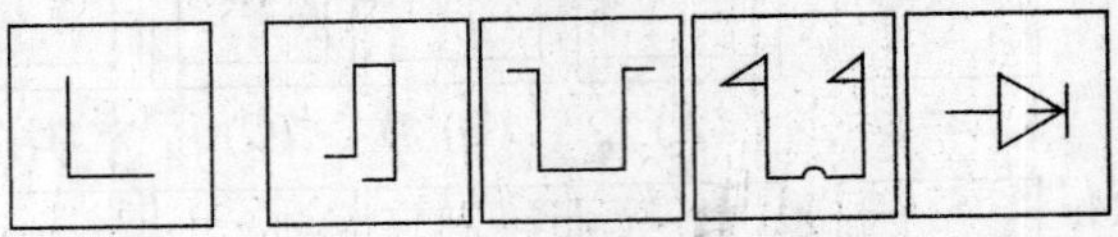
(A) (B) (C) (D)

उत्तर व्याख्या सहित

1. (A)	2. (C)	3. (D)	4. (D)	5. (C)
6. (B)	7. (B)	8. (A)	9. (A)	10. (B)
11. (B)	12. (C)	13. (B)	14. (D)	15. (C)
16. (D)	17. (C)	18. (B)	19. (C)	20. (A)
21. (B)	22. (B)	23. (A)	24. (A)	25. (B)
26. (B)	27. (B)	28. (C)	29. (C)	30. (A)
31. (C)	32. (C)	33. (B)	34. (B)	35. (B)
36. (A)	37. (A)	38. (D)	39. (A)	40. (B)

जवाहर नवोदय विद्यालय प्रवेश परीक्षा (कक्षा-VI), 2022 का हल प्रश्न-पत्र

(30 अप्रैल, 2022 को आयोजित)

मानसिक योग्यता परीक्षण

भाग–1

निर्देश—प्रश्न संख्या 1 से 4 में, प्रत्येक प्रश्न में चार चित्र (A), (B), (C) और (D) दर्शाए गए हैं. इन चार चित्रों में से तीन चित्र किसी विधि से एकसमान हैं, जबकि एक चित्र अन्य से भिन्न है. अन्य से भिन्न चित्र का चयन कीजिए. अपने उत्तर को दर्शाने के लिए ओ.एम.आर. उत्तर-पत्रिका में प्रश्न संगत संख्या के सामने वाले वृत्त को काला कीजिए.

1. 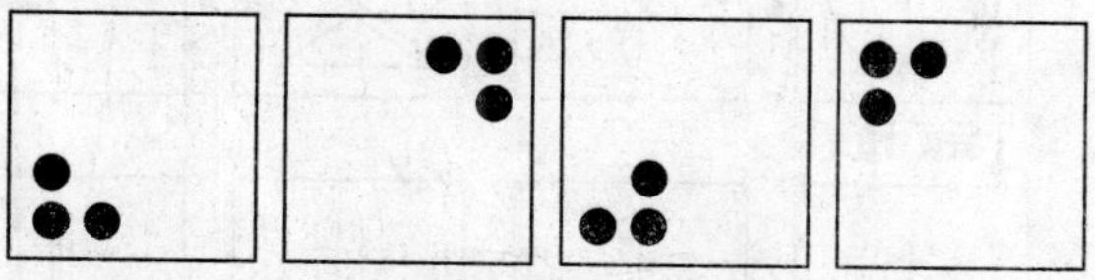

(A) (B) (C) (D)

2. 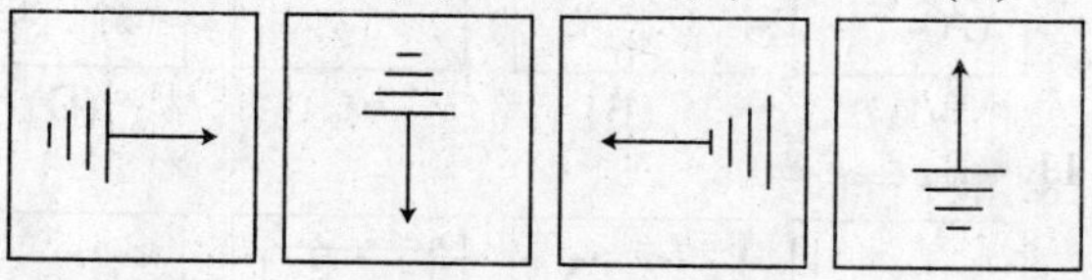

(A) (B) (C) (D)

3. 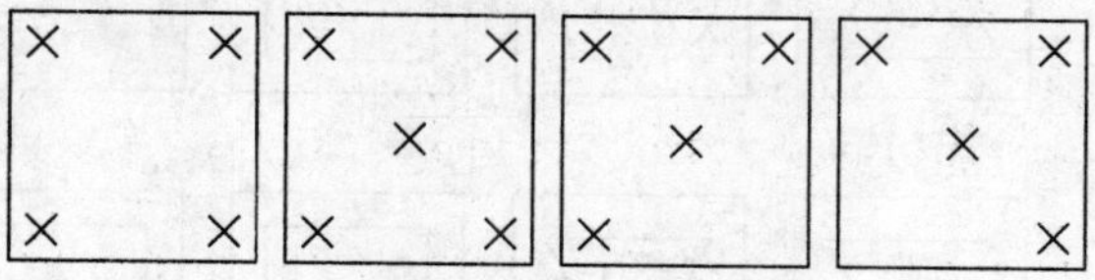

(A) (B) (C) (D)

4. 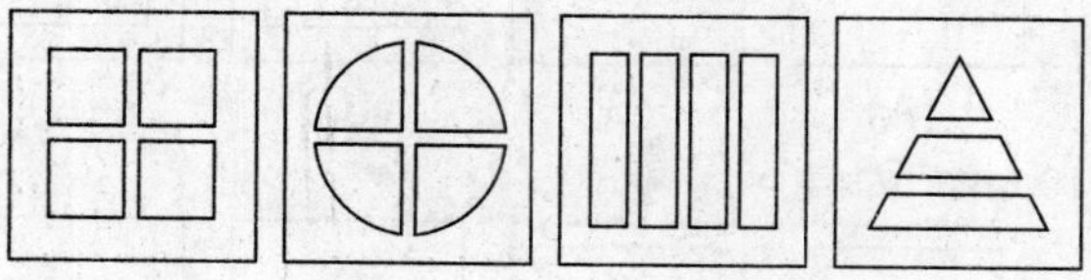

(A) (B) (C) (D)

भाग–2

निर्देश—प्रश्न संख्या 5 से 8 में, बाईं ओर एक प्रश्न चित्र दिया गया है तथा दाईं ओर (A), (B) (C) और (D) से चिह्नित चार उत्तर चित्र दिए गए हैं. उत्तर चित्रों से प्रश्न चित्र के समरूप चित्र को चुनिए तथा अपने उत्तर को दर्शाने के लिए ओ.एम.आर. उत्तर-पत्रिका में प्रश्न की संगत संख्या के सामने वाले वृत्त को काला कीजिए.

प्रश्न चित्र **उत्तर चित्र**

5. 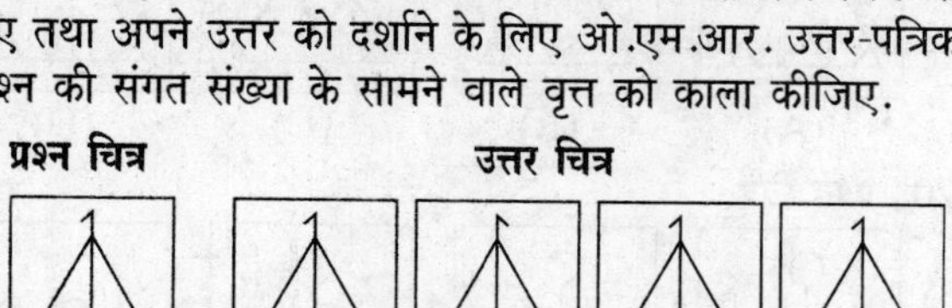

(A) (B) (C) (D)

6. 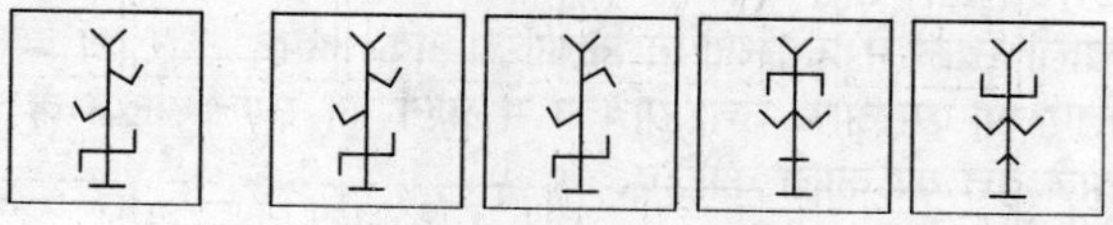

(A) (B) (C) (D)

7.

1,	2,	4
3,	5,	8
6,	7,	9

(A)

1,	2,	3
4,	5,	6
7,	8,	9

(B)

1,	2,	9
3,	5,	4
6,	8,	2

(C)

1,	2,	4
3,	5,	9
6,	8,	7

(D)

1,	2,	4
3,	5,	8
6,	7,	9

8. 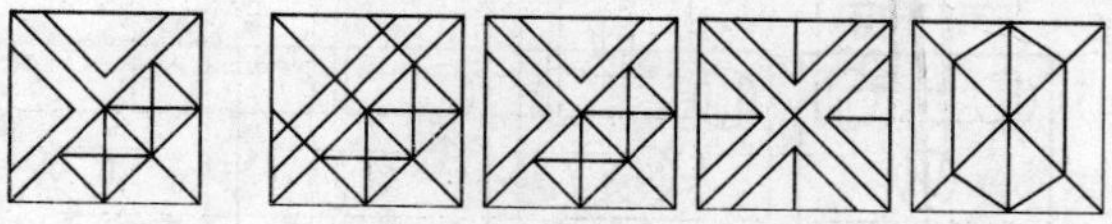

(A) (B) (C) (D)

भाग–3

निर्देश—प्रश्न संख्या 9 से 12 में, बाईं ओर एक प्रश्न चित्र दिया गया है जिसका एक भाग लुप्त दर्शाया गया है. दाईं ओर दिए गए चित्र (A), (B), (C) और (D) पर गौर करें तथा उस उत्तर चित्र का पता लगाएँ जिसको **बिना दिशा परिवर्तन** के प्रश्न चित्र का पैटर्न पूरा करने के लिए प्रश्न चित्र के लुप्त भाग में बिठाया जा सके. अपने उत्तर को दर्शाने के लिए ओ.एम.आर. उत्तर-पत्रिका में प्रश्न की संगत संख्या के सामने वाले वृत्त को काला कीजिए.

प्रश्न चित्र **उत्तर चित्र**

9. 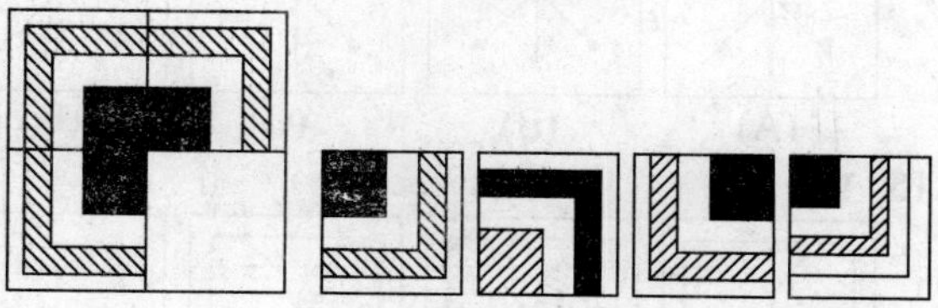

(A) (B) (C) (D)

10. 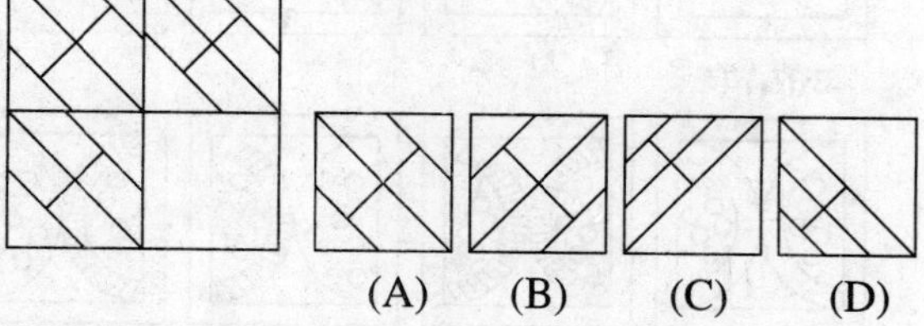

(A) (B) (C) (D)

11. 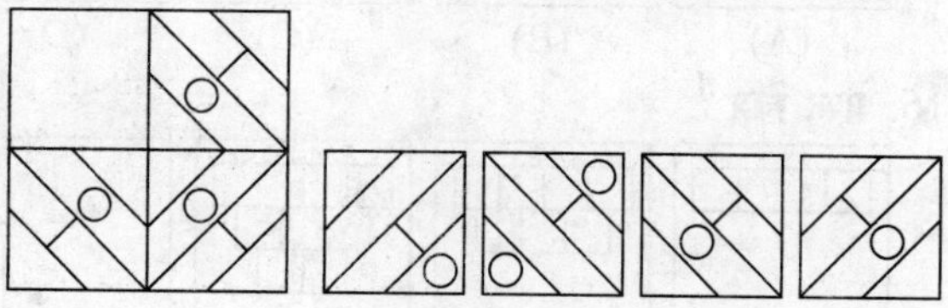

(A) (B) (C) (D)

12. 

(A) (B) (C) (D)

भाग–4

निर्देश—प्रश्न संख्या 13 से 16 में, बाईं ओर तीन प्रश्न चित्र दर्शाए गए हैं तथा चौथे चित्र के लिए स्थान छोड़ा गया है. प्रश्न चित्र श्रेणीक्रम में हैं. श्रेणीक्रम को पूरा करने के लिए दाईं ओर उपलब्ध उत्तर चित्रों में से एक चित्र का चयन कीजिए जिसे प्रश्न चित्र के खाली स्थान में प्रतिस्थापित किया जा सके. अपने उत्तर को दर्शाने के लिए ओ.एम.आर. उत्तर-पत्रिका में प्रश्न की संगत संख्या के सामने वाले वृत्त को काला कीजिए.

13. **प्रश्न चित्र**

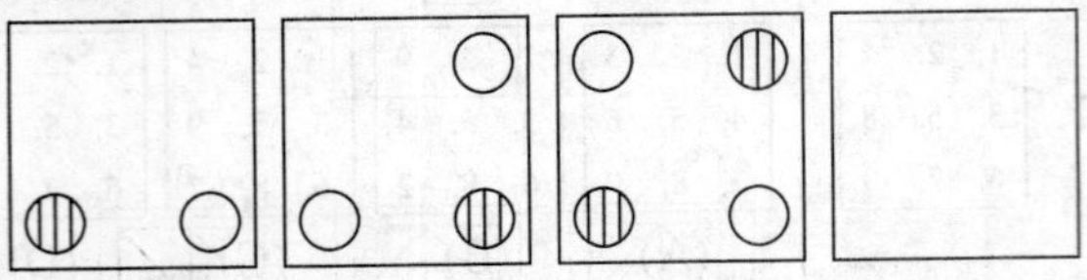

उत्तर चित्र

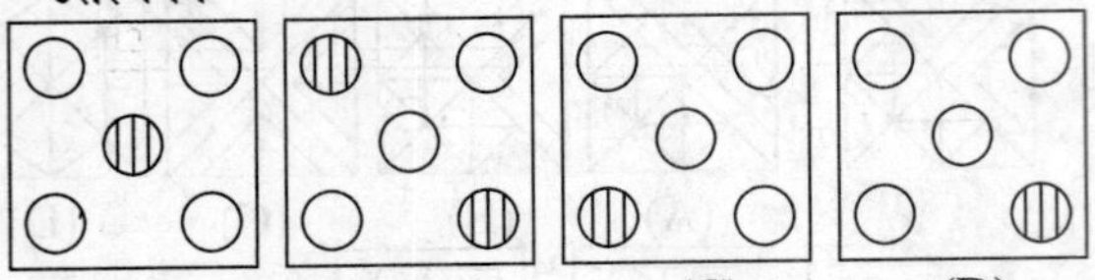

(A) (B) (C) (D)

14. **प्रश्न चित्र**

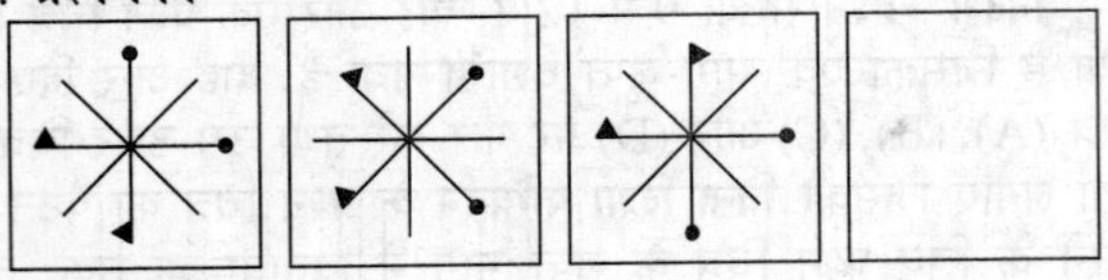

उत्तर चित्र

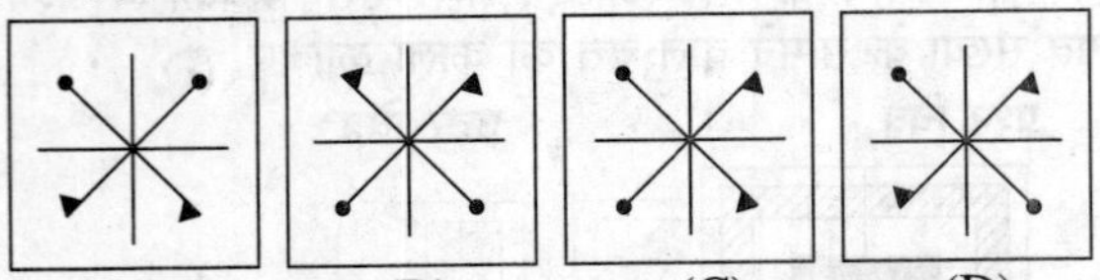

(A) (B) (C) (D)

15. **प्रश्न चित्र**

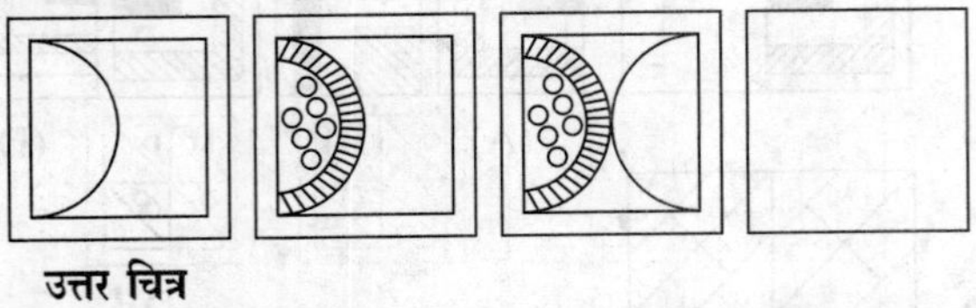

उत्तर चित्र

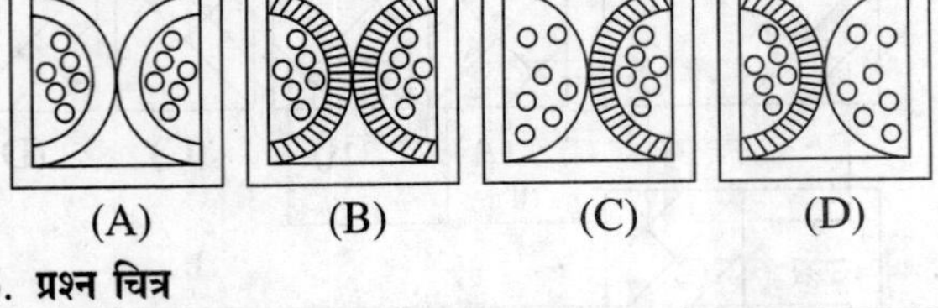

(A) (B) (C) (D)

16. **प्रश्न चित्र**

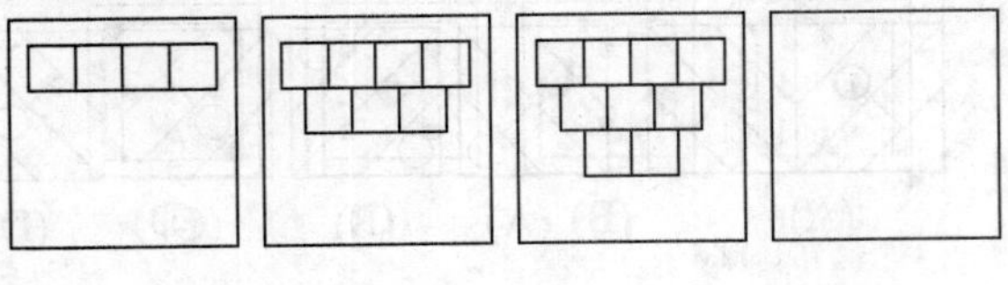

उत्तर चित्र

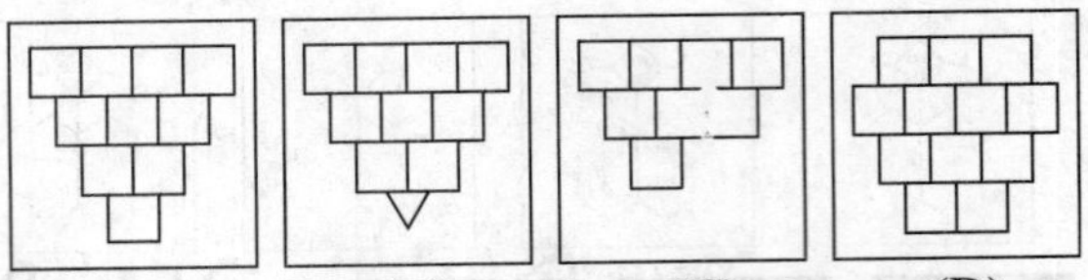

(A) (B) (C) (D)

भाग–5

निर्देश—प्रश्न संख्या 17 से 20 में, प्रत्येक प्रश्न में दो प्रश्न चित्रों के दो सेट दिए गए हैं. दूसरे सेट में एक प्रश्न चिह्न (?) है. प्रथम सेट के दो प्रश्न चित्रों में एक निश्चित सम्बन्ध है. इसी तरह का सम्बन्ध दूसरे सेट के तीसरे तथा चौथे प्रश्न चित्र में भी होना आवश्यक है. उत्तर चित्रों से उस चित्र का चयन कीजिए, जो प्रश्न चिह्न को प्रतिस्थापित करेगा. अपने उत्तर को दर्शाने के लिए ओ.एस.आर. उत्तर-पत्रिका में प्रश्न की संख्या के सामने वाले वृत्त को काला कीजिए.

17. **प्रश्न चित्र**

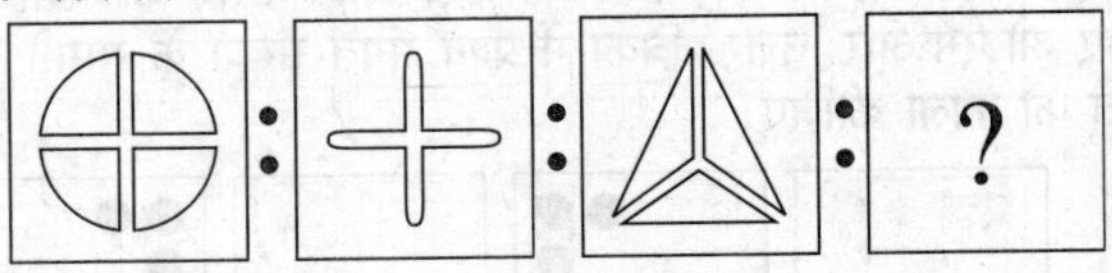

उत्तर चित्र

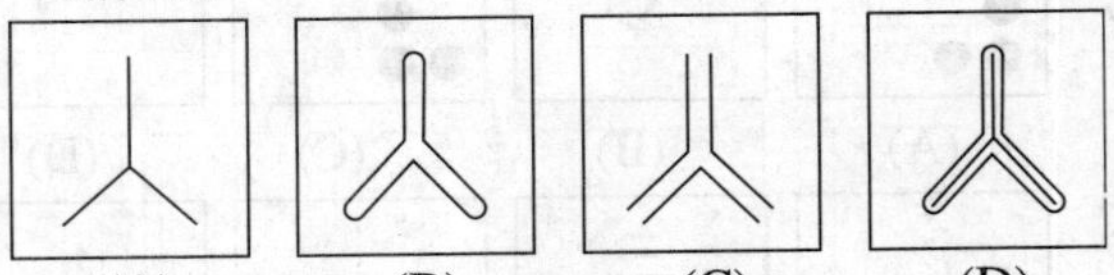

(A) (B) (C) (D)

18. **प्रश्न चित्र**

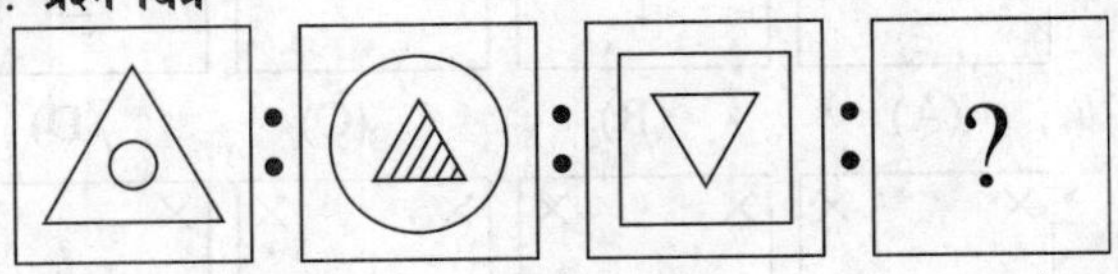

उत्तर चित्र

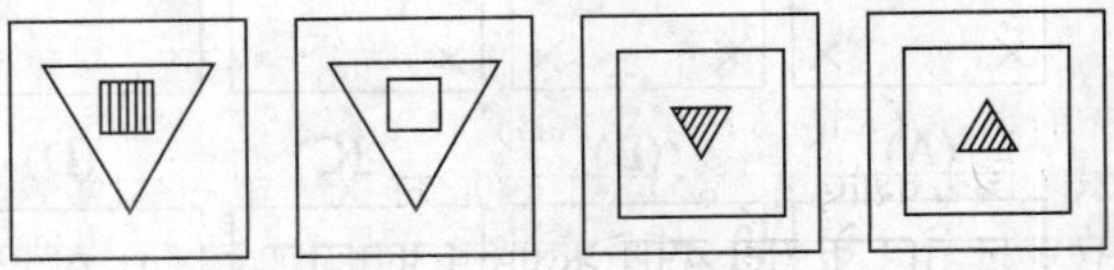

(A) (B) (C) (D)

19. **प्रश्न चित्र**

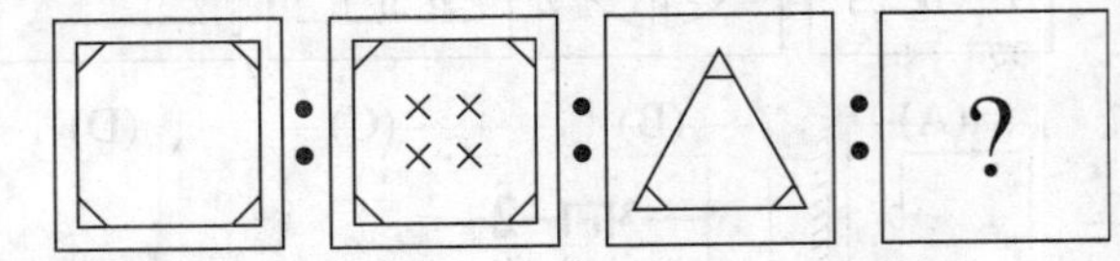

उत्तर चित्र

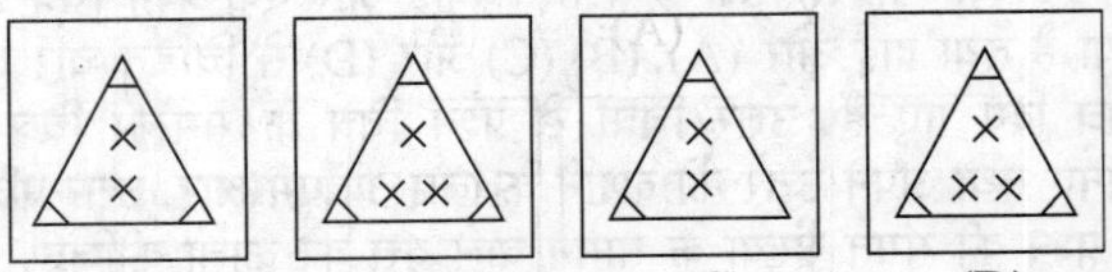

(A) (B) (C) (D)

20. **प्रश्न चित्र**

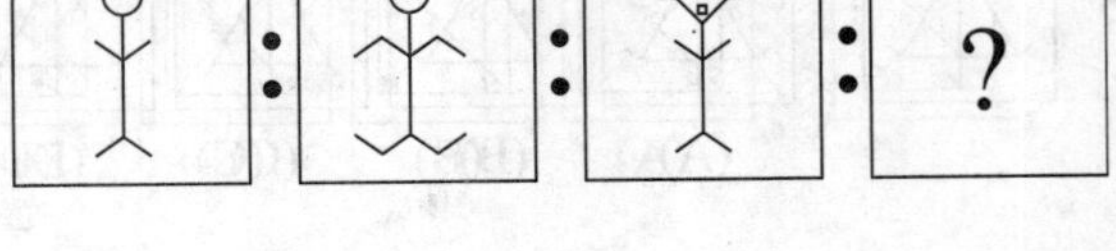

उत्तर चित्र

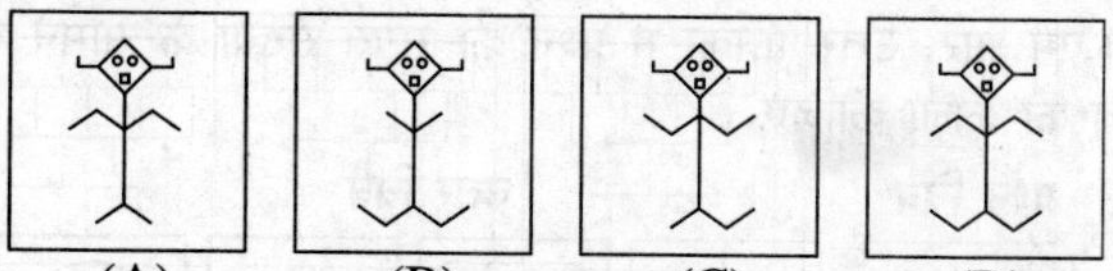

(A) (B) (C) (D)

भाग–6

निर्देश—प्रश्न संख्या 21 से 24 में, प्रश्न चित्र के रूप में ज्यामितीय चित्र (त्रिभुज, वर्ग, वृत्त) के एक भाग को बाईं ओर दर्शाया गया है तथा दाईं ओर दूसरे भाग को चार उत्तर चित्रों के रूप में (A), (B), (C) और (D) से दर्शाया गया है दाईं ओर के चित्र से ज्यामितीय चित्र को पूर्ण करने वाले चित्र को ज्ञात कीजिए तथा अपने उत्तर को दर्शाने के लिए ओ.एम.आर. उत्तर-पत्रिका में प्रश्न की संगत संख्या के सामने वाले वृत्त को काला कीजिए.

प्रश्न चित्र **उत्तर चित्र**

21. 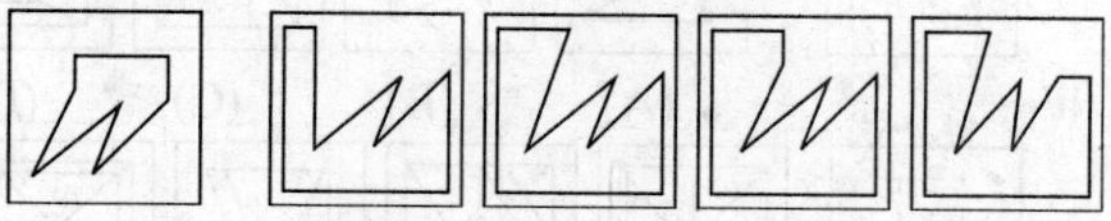

(A) (B) (C) (D)

22. 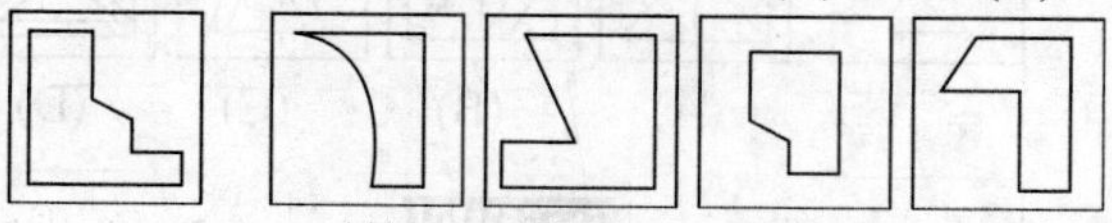

(A) (B) (C) (D)

23. 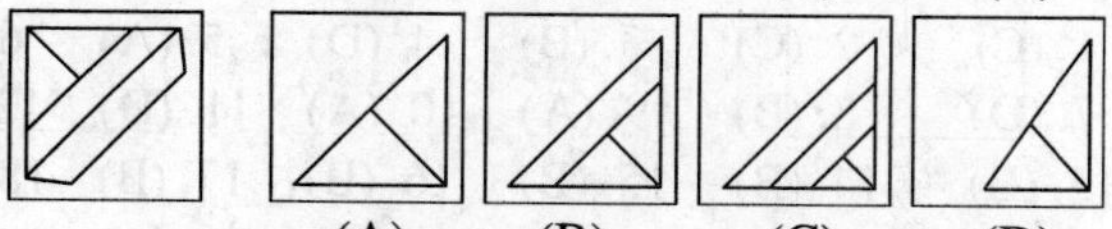

(A) (B) (C) (D)

24. 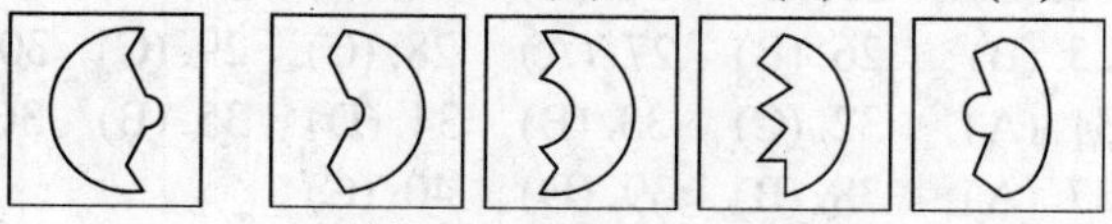

(A) (B) (C) (D)

भाग–7

निर्देश—प्रश्न संख्या 25 से 28 में, बाईं ओर प्रश्न चित्र दर्शाया गया है तथा दाईं ओर (A), (B), (C) और (D) से चिह्नित चार उत्तर चित्र दर्शाए गए हैं. किसी दर्पण को XY के अनुदिश रखे जाने पर प्रश्न चित्र के सही दर्पण प्रतिबिम्ब को उत्तर चित्र से चुनिए तथा अपने उत्तर को दर्शाने के लिए ओ.एम.आर. उत्तर-पत्रिका में प्रश्न की संगत संख्या के सामने वाले वृत्त को काला कीजिए.

प्रश्न चित्र **उत्तर चित्र**

25. 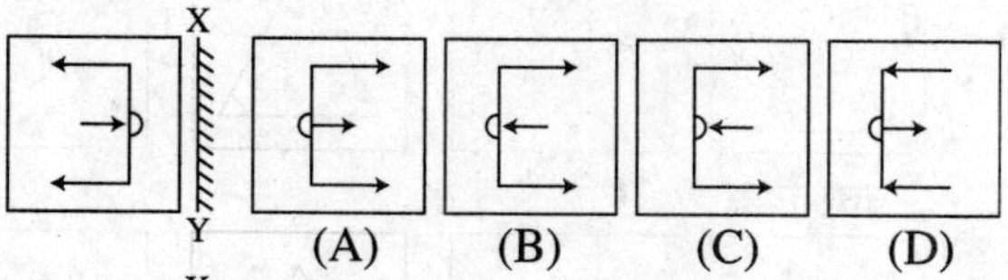

(A) (B) (C) (D)

26. 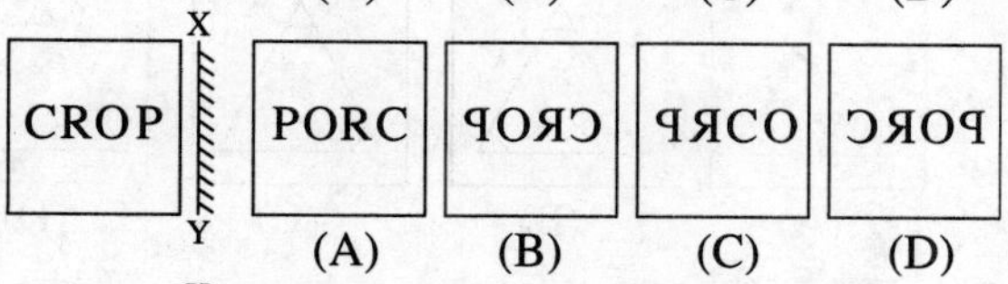

(A) (B) (C) (D)

27. 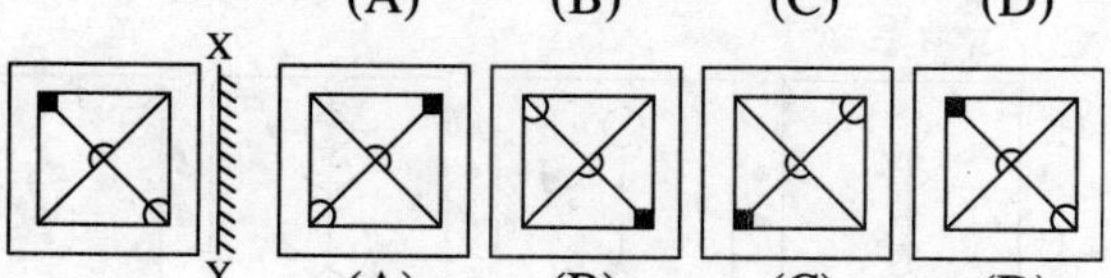

(A) (B) (C) (D)

28. 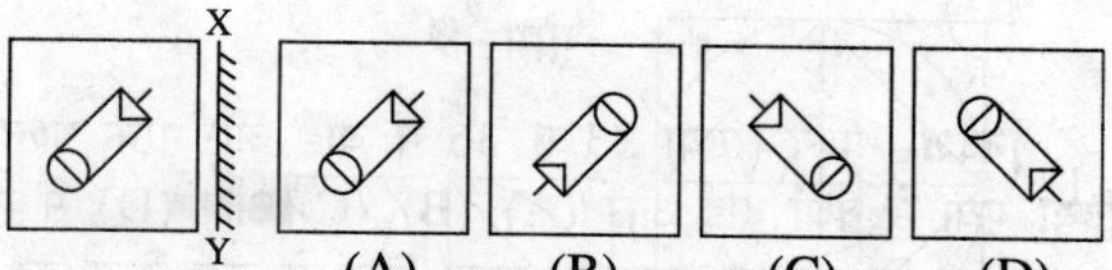

(A) (B) (C) (D)

भाग–8

निर्देश—प्रश्न संख्या 29 से 32 में, बाईं ओर प्रश्न चित्र में दर्शाए अनुसार कागज के एक टुकड़े को मोड़कर पंच किया गया तथा दाईं ओर (A), (B), (C) और (D) से चिह्नित चार उत्तर चित्र दर्शाए गए हैं. कागज के टुकड़े के तह को खोलने पर वह जिस प्रकार दिखेगा वैसा ही चित्र उत्तर चित्र से चुनिए तथा अपने उत्तर को दर्शाने के लिए ओ.एम.आर. उत्तर-पत्रिका में प्रश्न की संगत संख्या के सामने वाले वृत्त को काला कीजिए.

29. **प्रश्न चित्र**

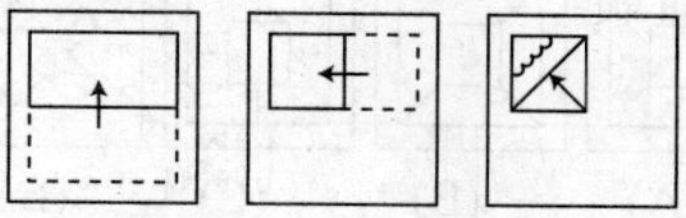

उत्तर चित्र

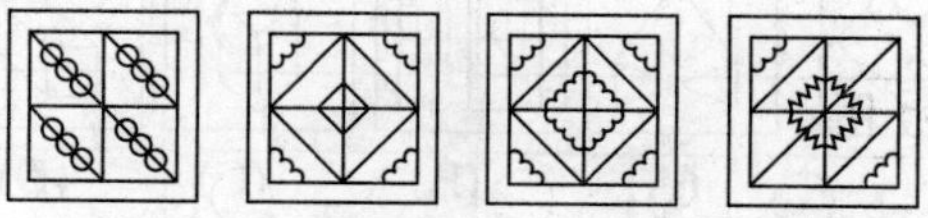

(A) (B) (C) (D)

30. **प्रश्न चित्र**

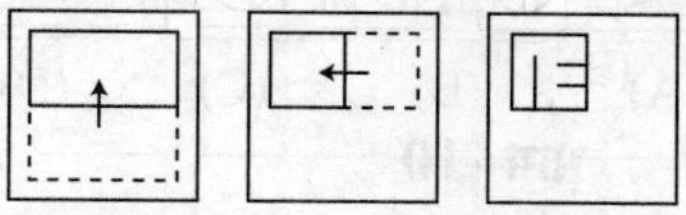

उत्तर चित्र

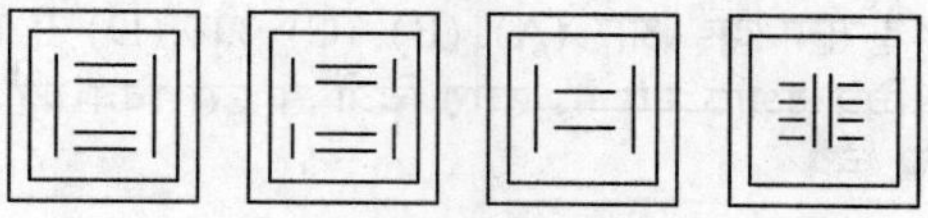

(A) (B) (C) (D)

31. **प्रश्न चित्र**

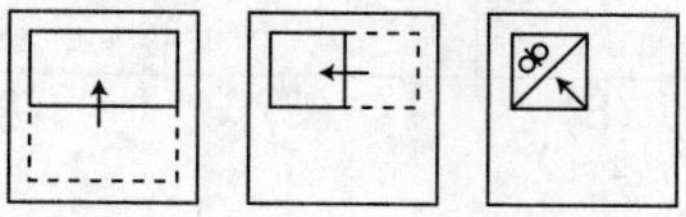

उत्तर चित्र

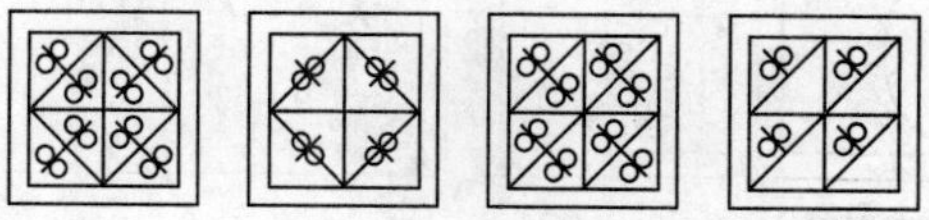

(A) (B) (C) (D)

32. **प्रश्न चित्र**

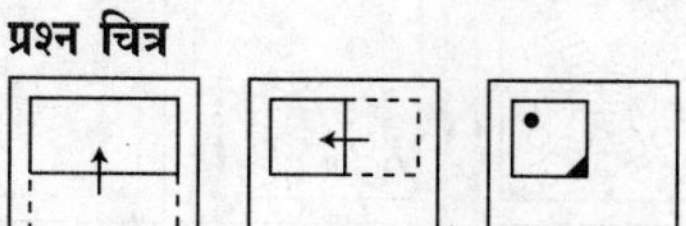

उत्तर चित्र

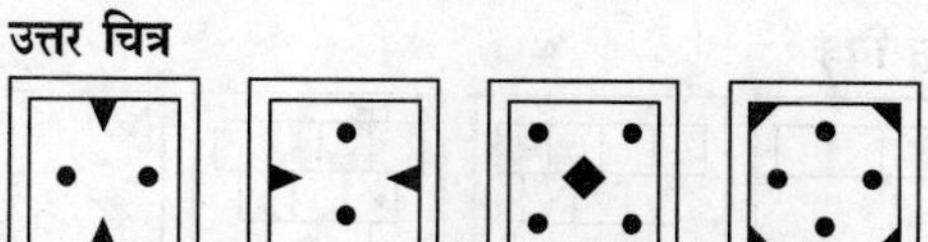

(A) (B) (C) (D)

भाग–9

निर्देश—प्रश्न संख्या 33 से 36 में बाईं ओर एक प्रश्न चित्र दिया गया है तथा दाईं ओर (A), (B), (C) और (D) से चिह्नित चार उत्तर चित्र दर्शाए गए हैं. उत्तर चित्र से उस चित्र का चयन कीजिए जिसे प्रश्न चित्र में उपलब्ध कट-आउट टुकड़ों से बनाया जा सकता हो. अपने उत्तर को दर्शाने के लिए ओ.एम.आर. उत्तर-पत्रिका में प्रश्न की संगत संख्या के सामने वाले वृत्त को काला कीजिए.

प्रश्न चित्र **उत्तर चित्र**

33. 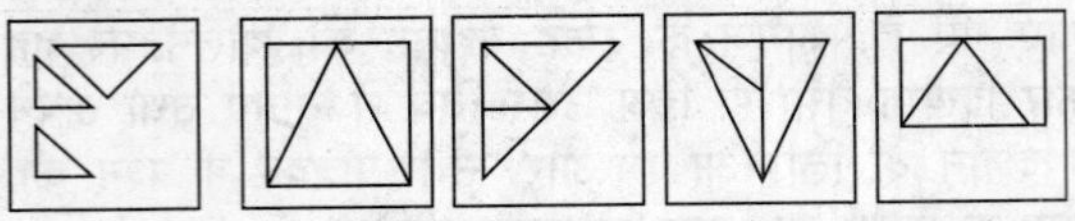

(A) (B) (C) (D)

34. 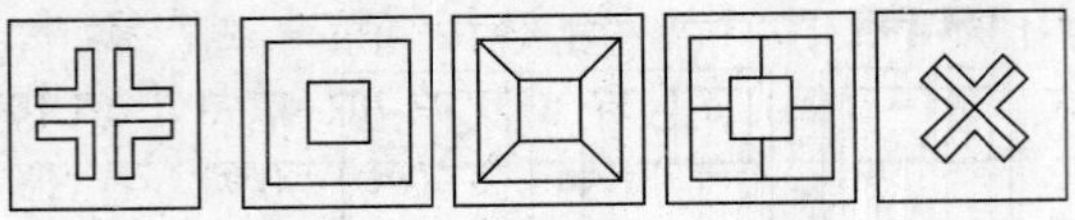

(A) (B) (C) (D)

35. 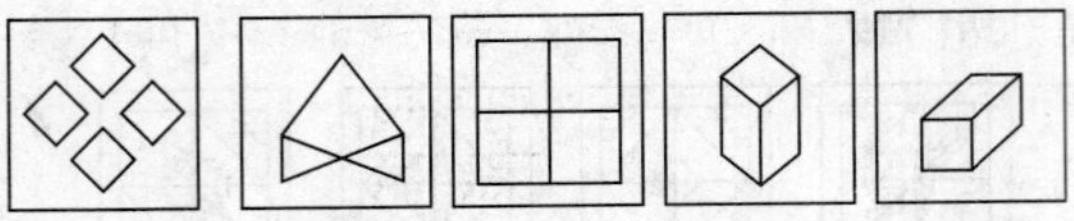

(A) (B) (C) (D)

36. 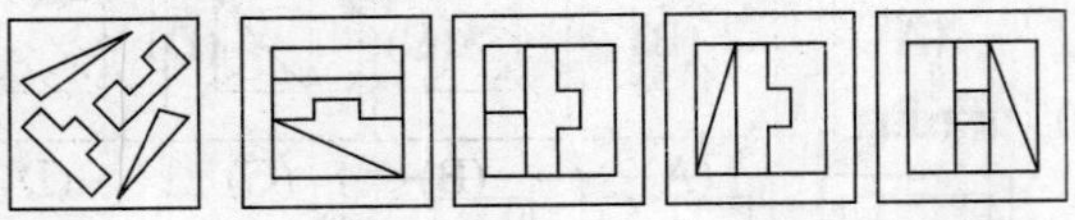

(A) (B) (C) (D)

भाग–10

निर्देश—प्रश्न संख्या 37 से 40 में, बाईं ओर एक प्रश्न चित्र दिया गया है तथा दाईं ओर (A), (B), (C) और (D) से चिह्नित चार उत्तर चित्र दर्शाए गए हैं. उत्तर चित्रों से उस चित्र को चुनिए जिसमें प्रश्न चित्र छिपा/सम्मिलित है. अपने उत्तर को दर्शाने के लिए ओ.एम.आर. उत्तर-पत्रिका में प्रश्न की संगत संख्या के सामने वाले वृत्त को काला कीजिए.

प्रश्न चित्र **उत्तर चित्र**

37. 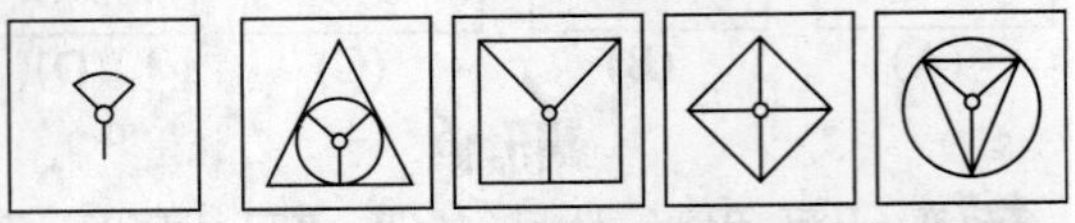

(A) (B) (C) (D)

38. 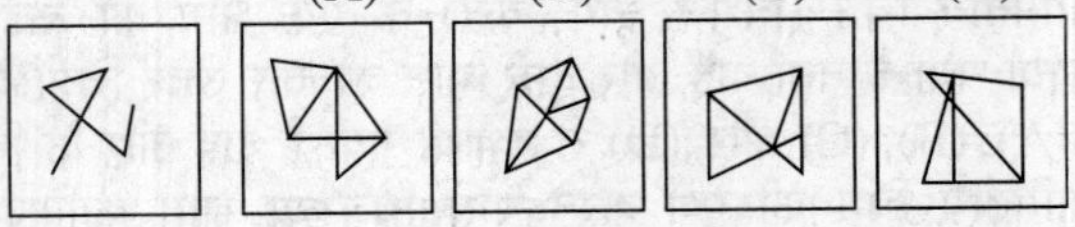

(A) (B) (C) (D)

39. 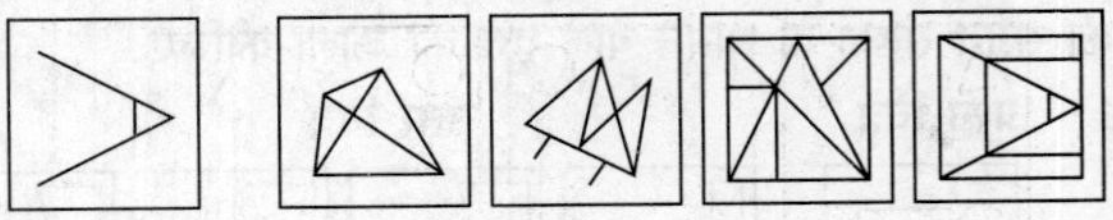

(A) (B) (C) (D)

40. 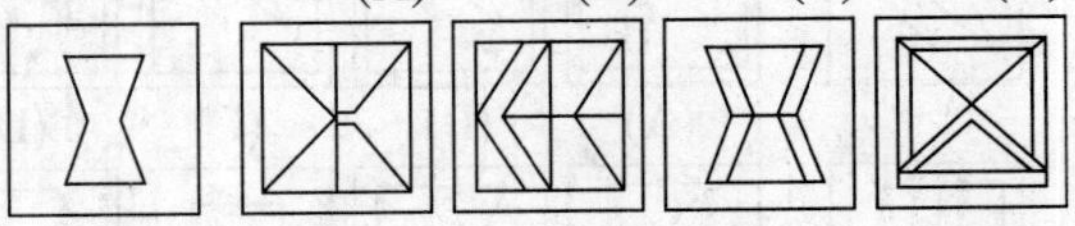

(A) (B) (C) (D)

उत्तरमाला

1. (C)	2. (C)	3. (B)	4. (D)	5. (A)	6. (A)
7. (D)	8. (B)	9. (A)	10. (A)	11. (D)	12. (B)
13. (B)	14. (B)	15. (B)	16. (B)	17. (B)	18. (A)
19. (B)	20. (D)	21. (C)	22. (C)	23. (A)	24. (A)
25. (B)	26. (B)	27. (A)	28. (C)	29. (C)	30. (A)
31. (A)	32. (C)	33. (B)	34. (D)	35. (B)	36. (C)
37. (A)	38. (B)	39. (D)	40. (C)		

नवोदय विद्यालय प्रवेश परीक्षा, 2021 का हल प्रश्न-पत्र

मानसिक योग्यता परीक्षण

(11 अगस्त, 2021 को आयोजित)

भाग-1

निर्देश–(प्रश्न 1 से 4 तक) प्रत्येक प्रश्न में चार चित्र (A), (B), (C) और (D) दर्शाए गए हैं. इन चार चित्रों में से तीन चित्र किसी विधि से एकसमान हैं, जबकि एक चित्र अन्य से भिन्न है. अन्य से भिन्न चित्र का चयन कीजिए. अपने उत्तर को दर्शाने के लिए ओ. एम. आर. उत्तर-पत्रिका में प्रश्न की संगत संख्या के सामने वाले वृत्त को काला कीजिए–

1. 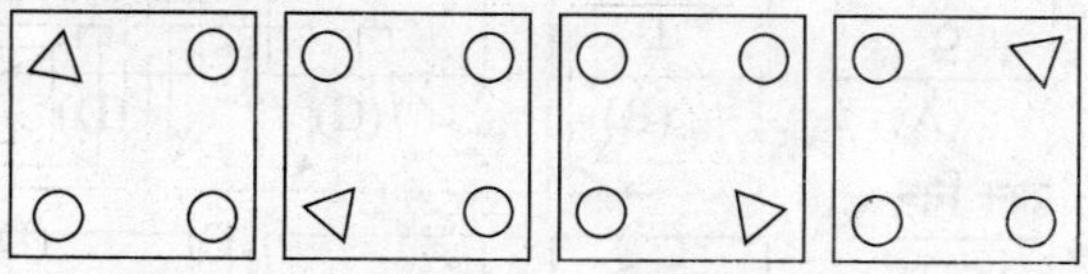

(A) (B) (C) (D)

2. TIC CTI TEC ITC

(A) (B) (C) (D)

3. 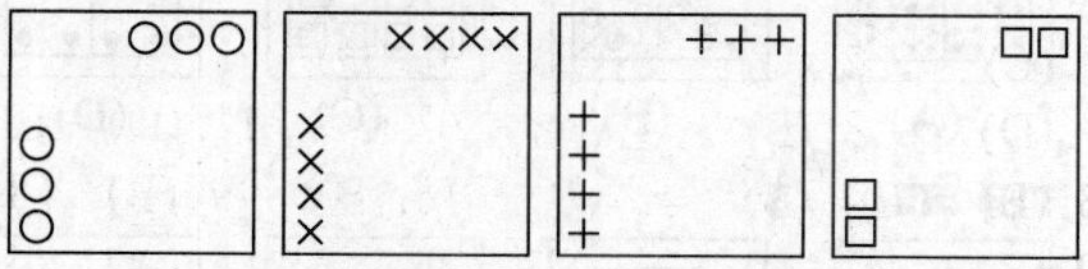

(A) (B) (C) (D)

4. 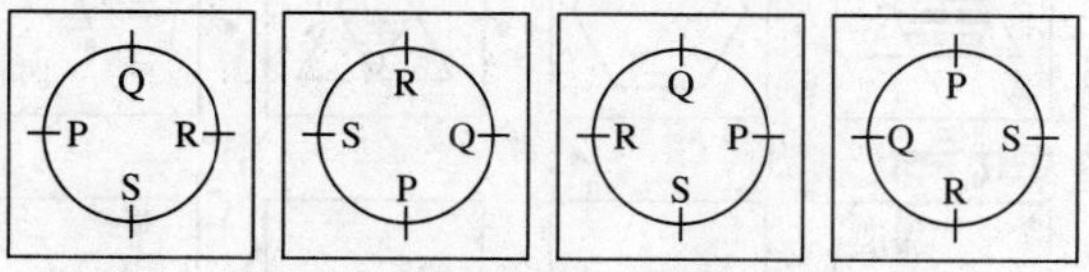

(A) (B) (C) (D)

भाग-2

निर्देश–(प्रश्न 5 से 8 तक) बाईं ओर एक प्रश्न चित्र दिया गया है तथा दाईं ओर (A), (B), (C) और (D) से चिह्नित चार उत्तर चित्र दिए गए हैं. उत्तर चित्रों से प्रश्न-चित्र के समरूप चित्र को चुनिए तथा अपने उत्तर को दर्शाने के लिए ओ. एम. आर. उत्तर-पत्रिका में प्रश्न की संगत संख्या के सामने वाले वृत्त को काला कीजिए–

प्रश्न चित्र **उत्तर चित्र**

5. 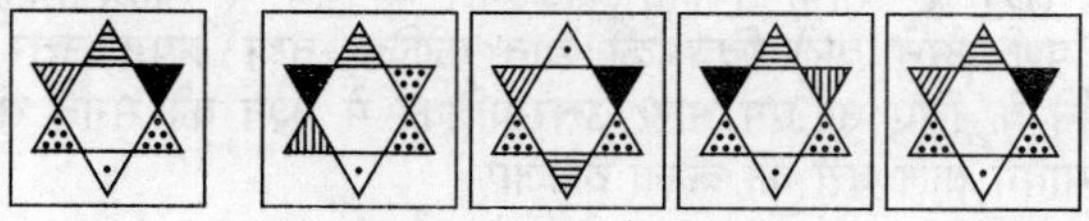

(A) (B) (C) (D)

6. 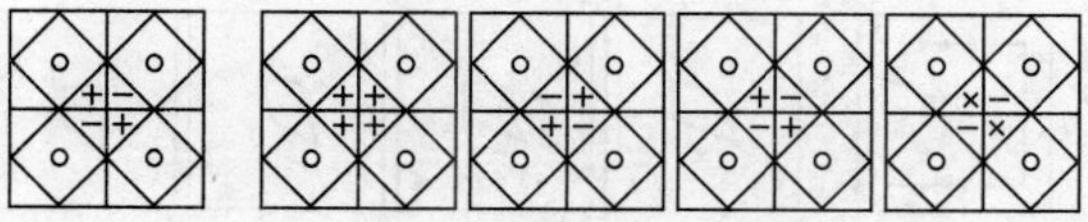

(A) (B) (C) (D)

7. 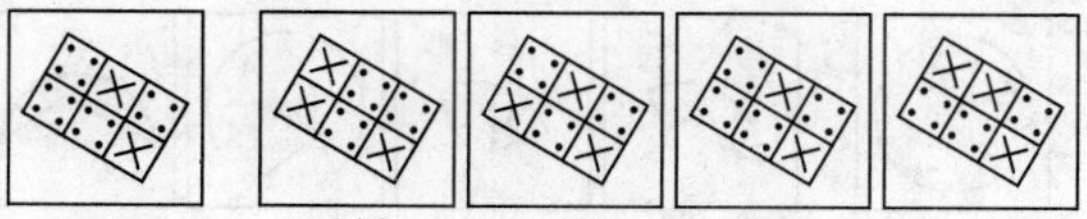

(A) (B) (C) (D)

8. 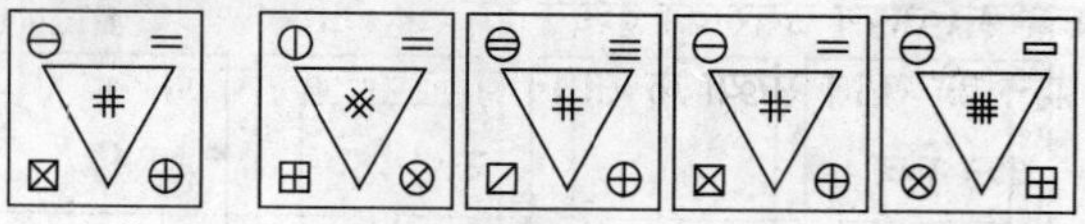

(A) (B) (C) (D)

भाग-3

निर्देश–(प्रश्न 9 से 12 तक) बाईं ओर एक प्रश्न-चित्र दिया गया है जिसका एक भाग लुप्त दर्शाया गया है. दाईं ओर दिए गए उत्तर चित्र (A), (B), (C) और (D) पर गौर करें तथा उस चित्र का पता लगाएँ जिसको **बिना परिवर्तन** के प्रश्न चित्र का पैटर्न पूरा करने के लिए प्रश्न-चित्र के लुप्त भाग में बिठाया जा सके. अपने उत्तर को दर्शाने के लिए ओ. एम. आर. उत्तर-पत्रिका में प्रश्न की संगत संख्या के सामने वाले वृत्त को काला कीजिए–

प्रश्न चित्र **उत्तर चित्र**

9. 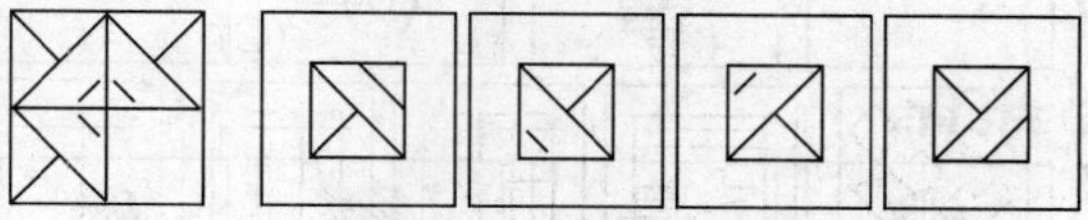

(A) (B) (C) (D)

10. 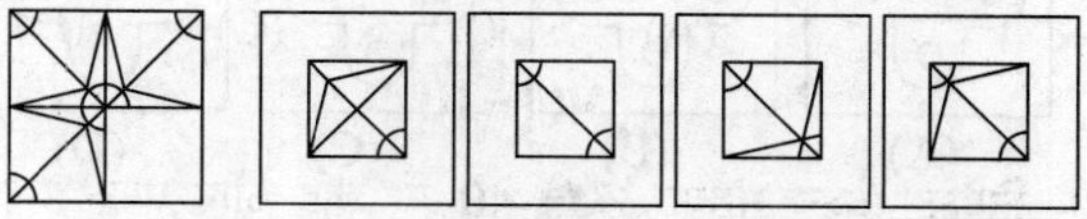

(A) (B) (C) (D)

11. 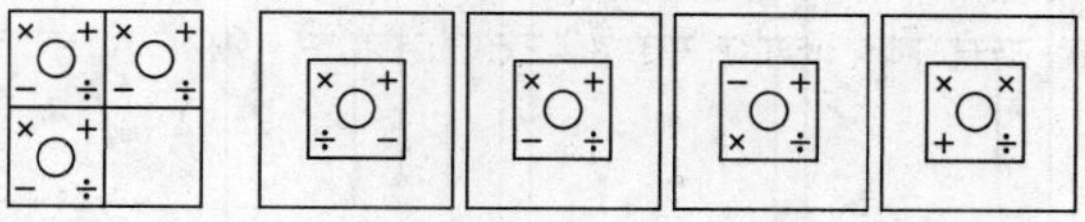

(A) (B) (C) (D)

12. 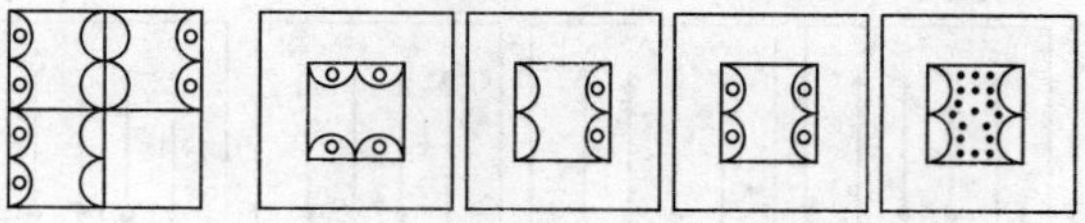

(A) (B) (C) (D)

भाग-4

निर्देश–(प्रश्न 13 से 16 तक) बाईं ओर तीन प्रश्न चित्र दर्शाए गए हैं तथा चौथे चित्र के लिए स्थान छोड़ा गया है. प्रश्न चित्र श्रेणीक्रम में हैं. श्रेणीक्रम को पूरा करने के लिए दाईं ओर उपलब्ध उत्तर चित्रों में से एक चित्र का चयन कीजिए जिसे प्रश्न-चित्र के खाली स्थान में प्रतिस्थापित किया जा सके. अपने उत्तर को दर्शाने के लिए ओ. एम. आर. उत्तर-पत्रिका में प्रश्न की संगत संख्या के सामने वाले वृत्त को काला कीजिए–

13. **प्रश्न चित्र**

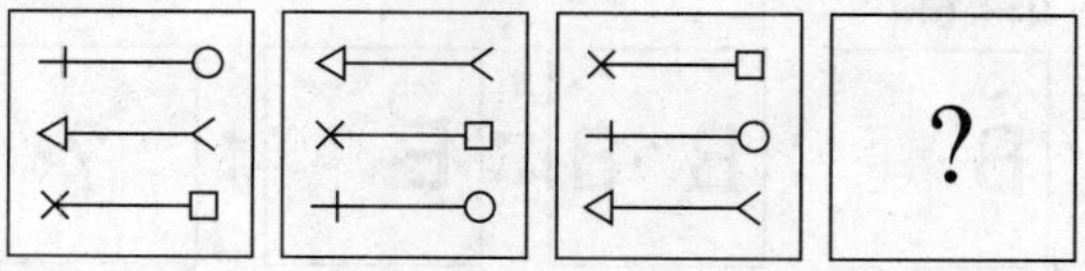

उत्तर चित्र

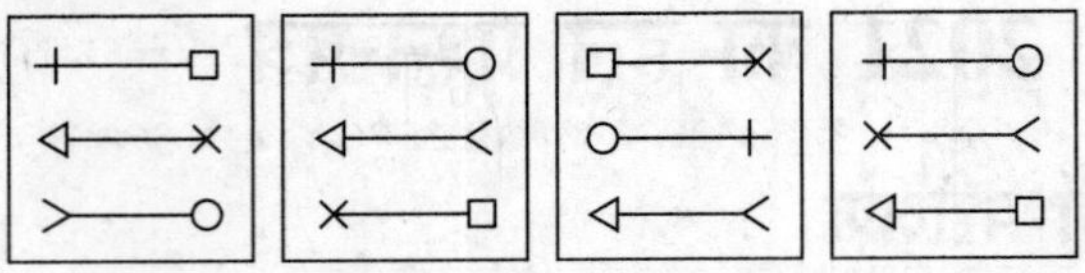

(A) (B) (C) (D)

14. **प्रश्न चित्र**

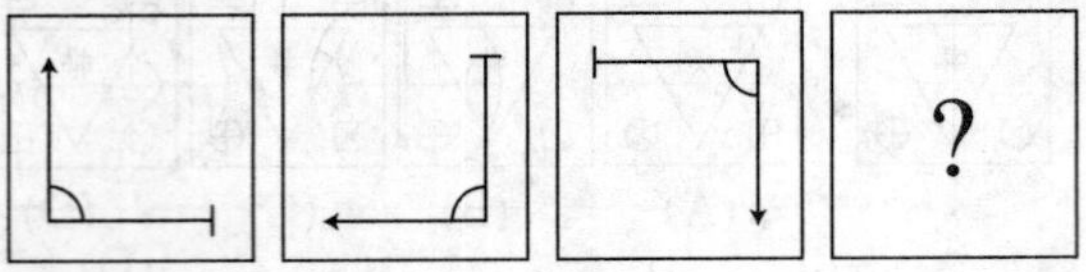

उत्तर चित्र

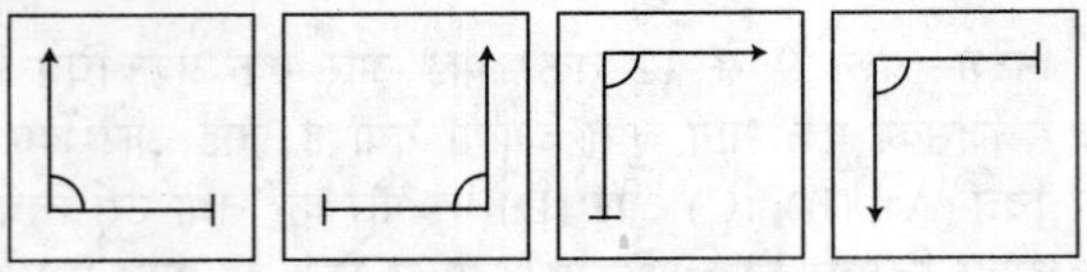

(A) (B) (C) (D)

15. **प्रश्न चित्र**

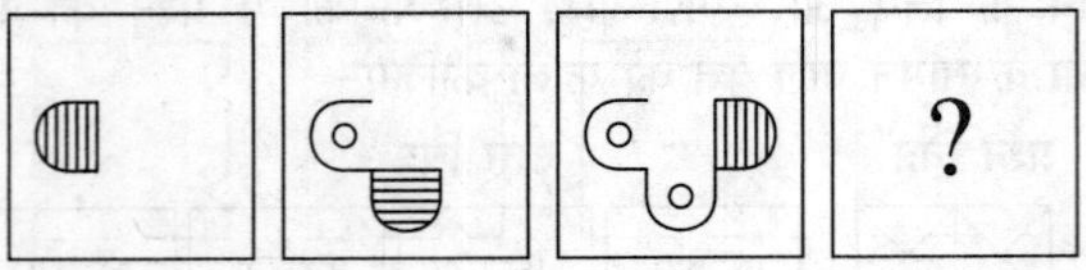

उत्तर चित्र

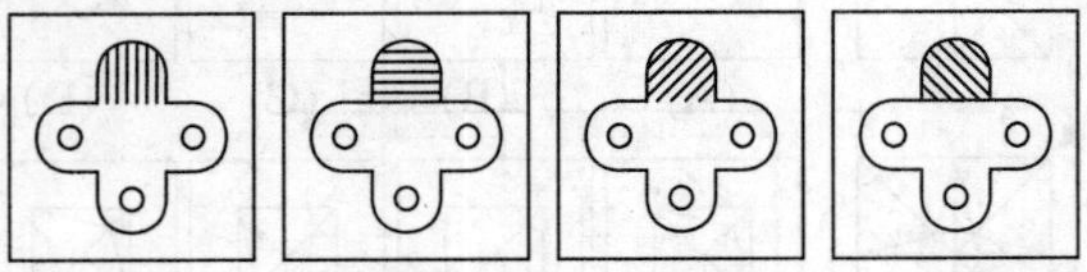

(A) (B) (C) (D)

16. **प्रश्न चित्र**

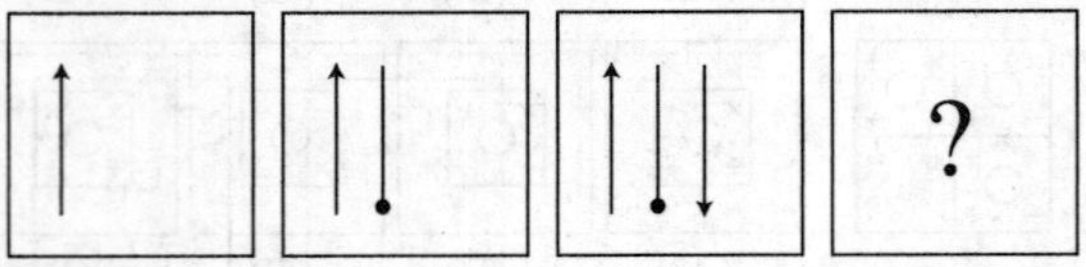

उत्तर चित्र

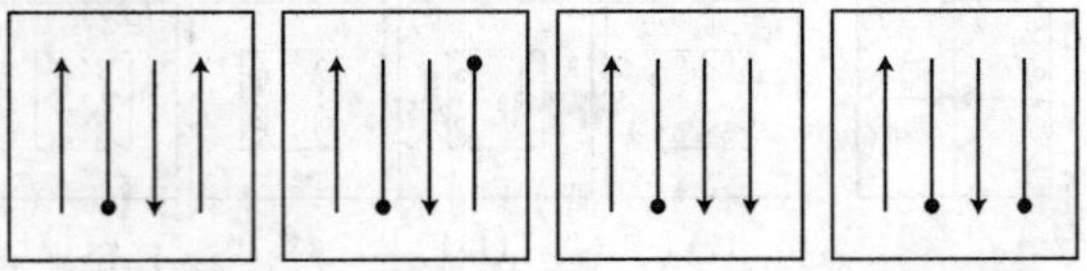

(A) (B) (C) (D)

भाग-5

निर्देश–(प्रश्न 17 से 20 तक) प्रत्येक प्रश्न में दो प्रश्न-चित्रों के दो सेट दिए गए हैं. दूसरे सेट में एक प्रश्न चिह्न (?) है. प्रथम सेट के दो प्रश्न चित्रों में एक निश्चित सम्बन्ध है. इसी तरह का सम्बन्ध दूसरे सेट के तीसरे तथा चौथे प्रश्न चित्र में भी होना आवश्यक है. उत्तर चित्रों से उस चित्र का चयन कीजिए, जो प्रश्न चिह्न को प्रतिस्थापित करेगा. अपने उत्तर को दर्शाने के लिए ओ.एम.आर. उत्तर-पत्रिका में प्रश्न की संगत संख्या के सामने वाले वृत्त को काला कीजिए–

17. **प्रश्न चित्र**

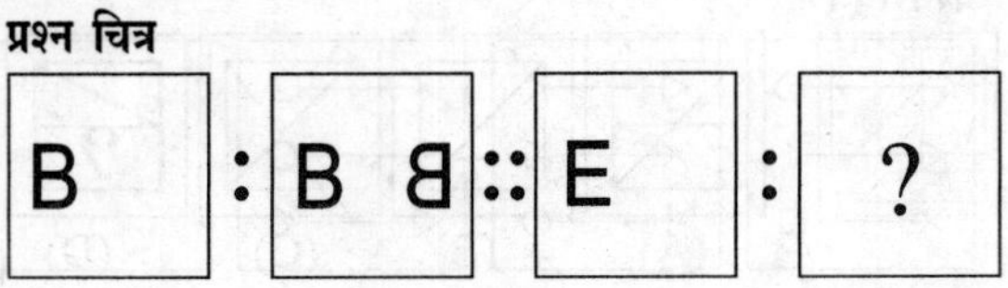

उत्तर चित्र

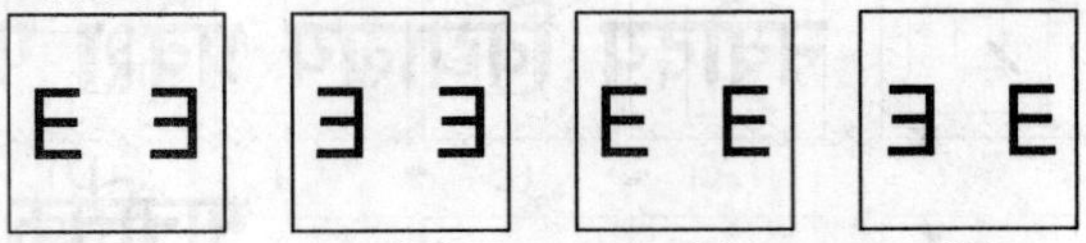

(A) (B) (C) (D)

18. **प्रश्न चित्र**

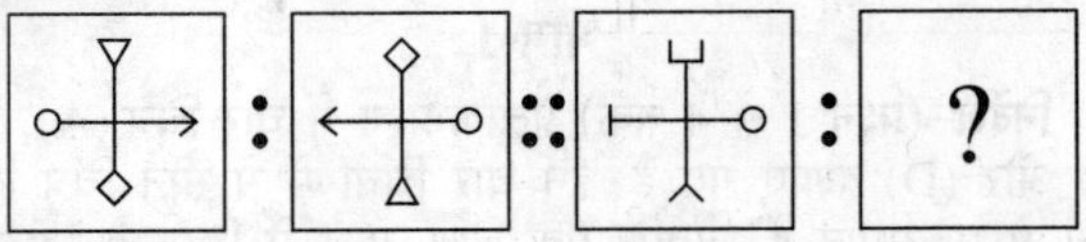

उत्तर चित्र

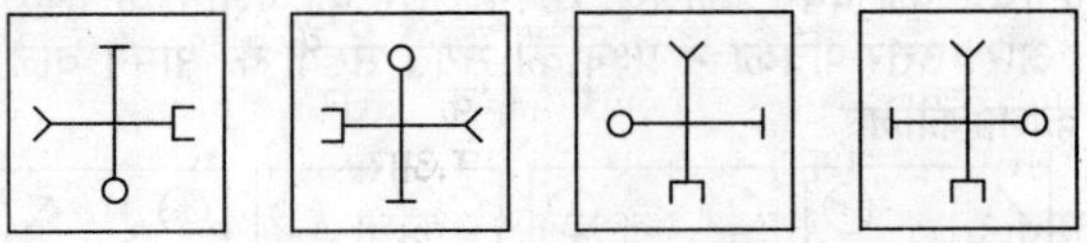

(A) (B) (C) (D)

19. **प्रश्न चित्र**

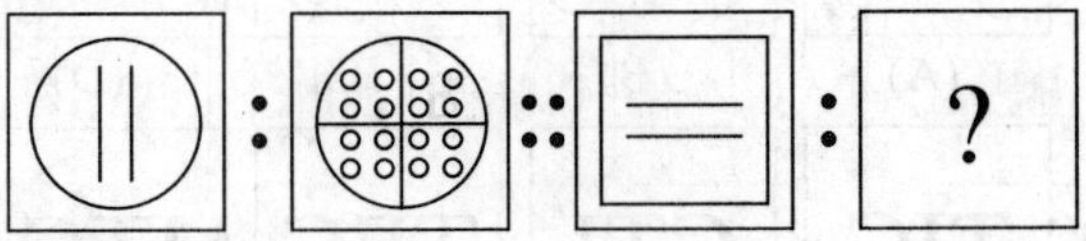

उत्तर चित्र

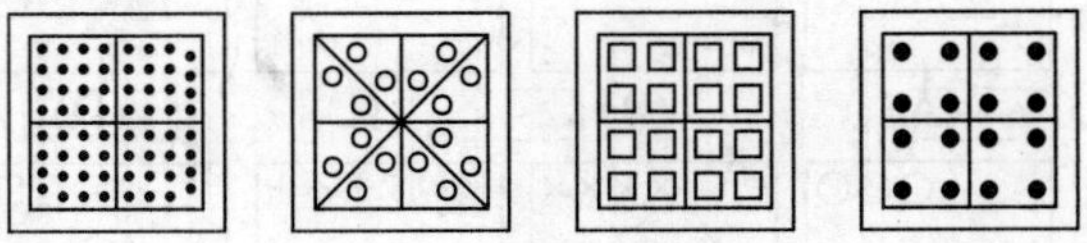

(A) (B) (C) (D)

20. **प्रश्न चित्र**

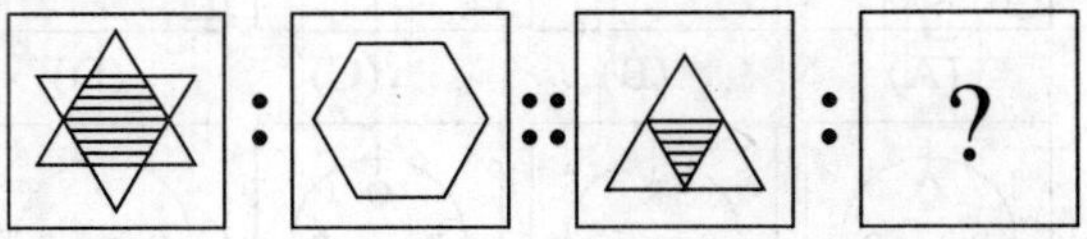

उत्तर चित्र

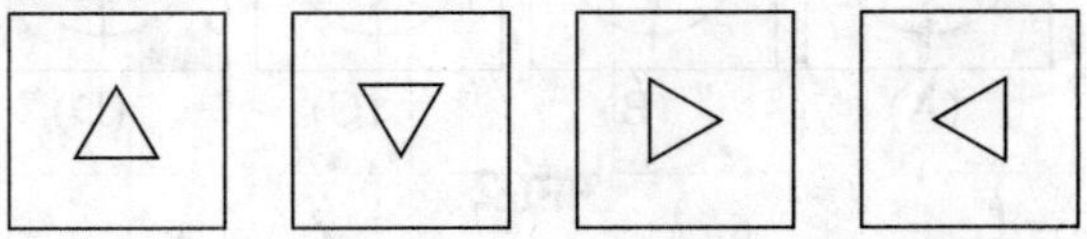

(A) (B) (C) (D)

भाग-6

निर्देश–(प्रश्न 21 से 24 तक) प्रश्न चित्र के रूप में ज्यामितीय चित्र (त्रिभुज, वर्ग, वृत्त) के एक भाग को बाईं ओर दर्शाया गया है तथा दाईं ओर दूसरे भाग को उत्तर चित्र के रूप में (A), (B), (C) और (D) से दर्शाया गया है. दाईं ओर के चित्र से ज्यामितीय चित्र को पूर्ण करने वाले चित्र को ज्ञात कीजिए तथा अपने उत्तर को दर्शाने के लिए ओ.एम.आर. उत्तर-पत्रिका में प्रश्न की संगत संख्या के सामने वाले वृत्त को काला कीजिए–

प्रश्न चित्र **उत्तर चित्र**

21. 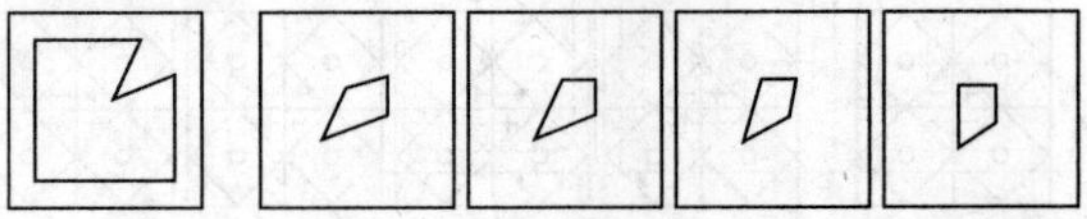

(A) (B) (C) (D)

22. 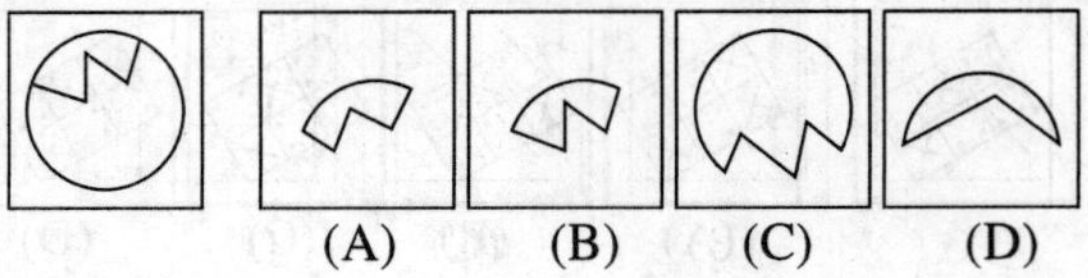

(A) (B) (C) (D)

23. 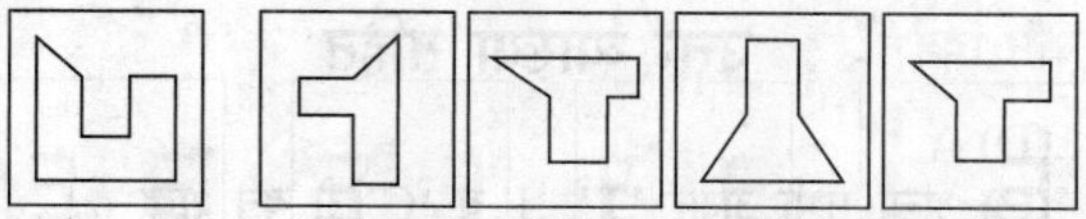

(A) (B) (C) (D)

24. 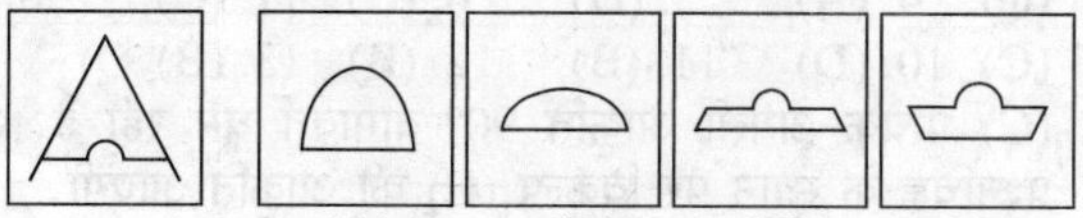

(A) (B) (C) (D)

भाग-7

निर्देश–(प्रश्न 25 से 28 तक) बाईं ओर प्रश्न चित्र दर्शाया गया है तथा दाईं ओर (A), (B), (C) और (D) से चिह्नित चार उत्तर चित्र दर्शाए गए हैं. किसी दर्पण को XY के अनुदिश रखे जाने पर प्रश्न चित्र के सही दर्पण प्रतिबिम्ब को उत्तर चित्र से चुनिए तथा अपने उत्तर को दर्शाने के लिए ओ.एम.आर. उत्तर-पत्रिका में प्रश्न की संगत संख्या के सामने वाले वृत्त को काला कीजिए–

प्रश्न चित्र **उत्तर चित्र**

25. 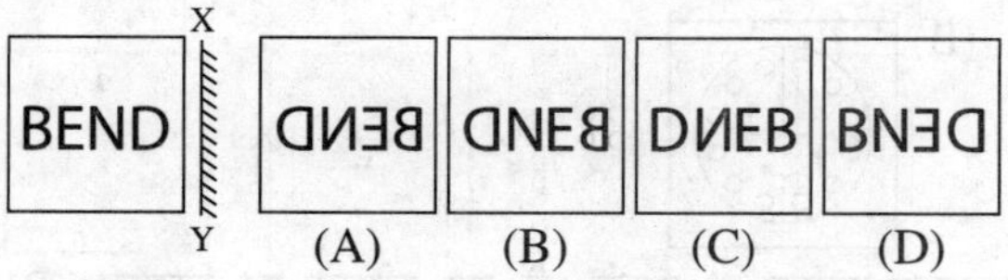

(A) (B) (C) (D)

26. 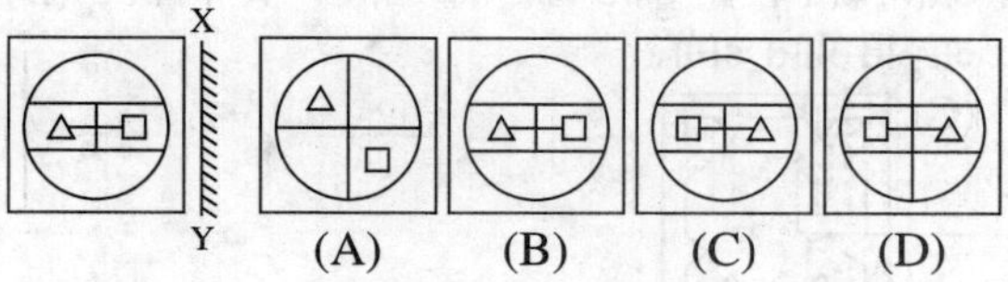

(A) (B) (C) (D)

27. 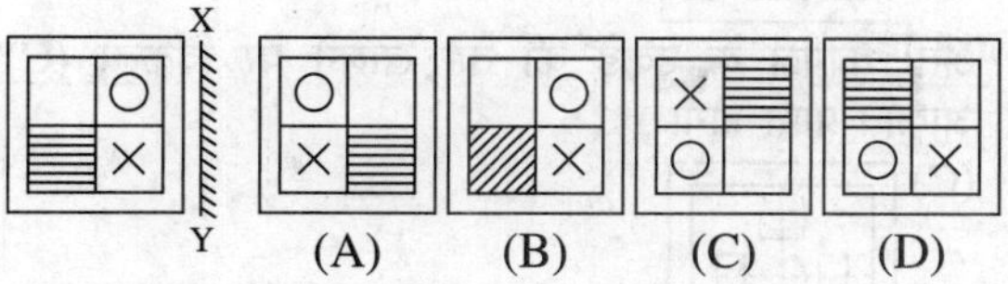

(A) (B) (C) (D)

28. 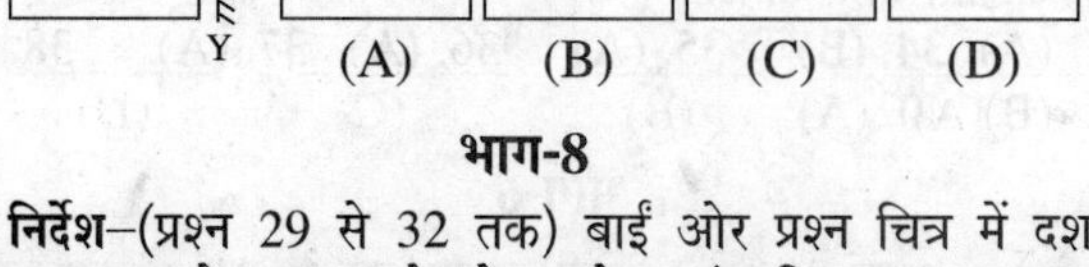

(A) (B) (C) (D)

भाग-8

निर्देश–(प्रश्न 29 से 32 तक) बाईं ओर प्रश्न चित्र में दर्शाए अनुसार कागज के एक टुकड़े को तह देकर पंच किया गया तथा दाईं ओर (A), (B), (C) और (D) से चिह्नित चार उत्तर चित्र दर्शाए गए हैं. कागज के टुकड़े के तह को खोलने पर वह जिस प्रकार दिखेगा वैसा ही चित्र उत्तर चित्र से चुनिए तथा अपने उत्तर को दर्शाने के लिए ओ.एम.आर. उत्तर-पत्रिका में प्रश्न की संगत संख्या के सामने वाले वृत्त को काला कीजिए–

29. **प्रश्न चित्र**

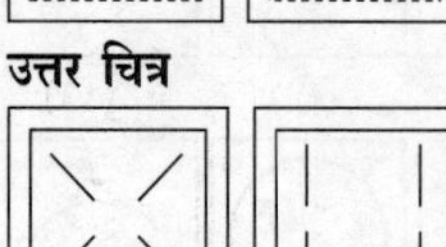

उत्तर चित्र

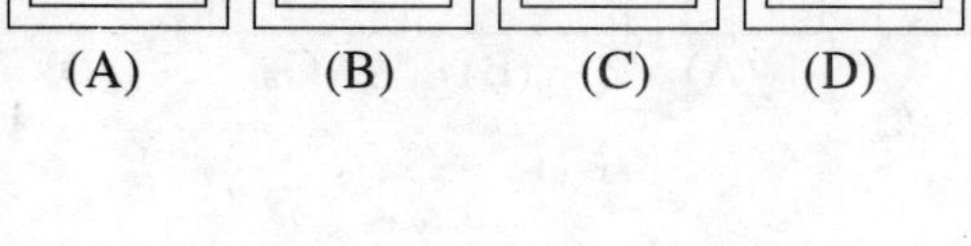

(A) (B) (C) (D)

30. **प्रश्न चित्र**

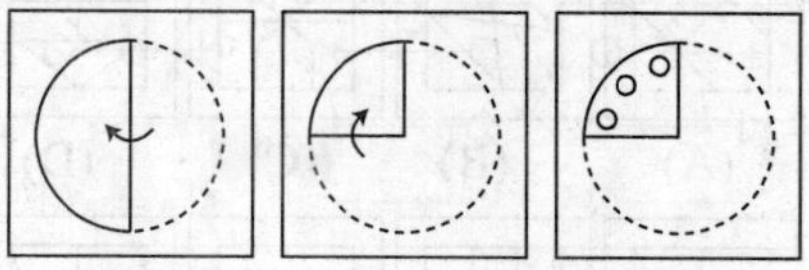

उत्तर चित्र

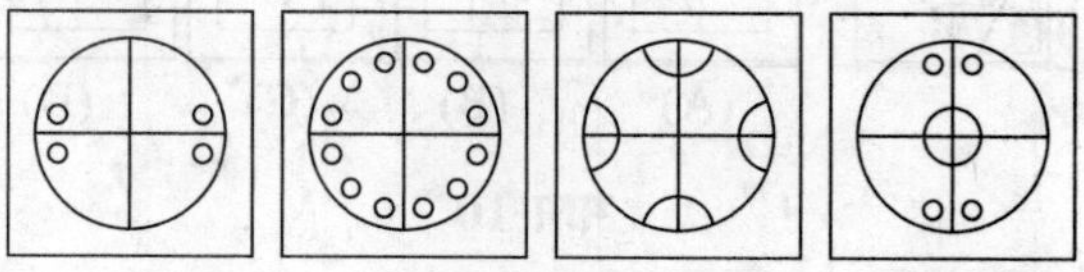

(A) (B) (C) (D)

31. **प्रश्न चित्र**

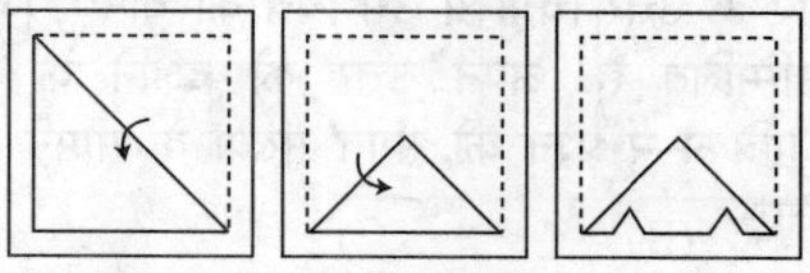

उत्तर चित्र

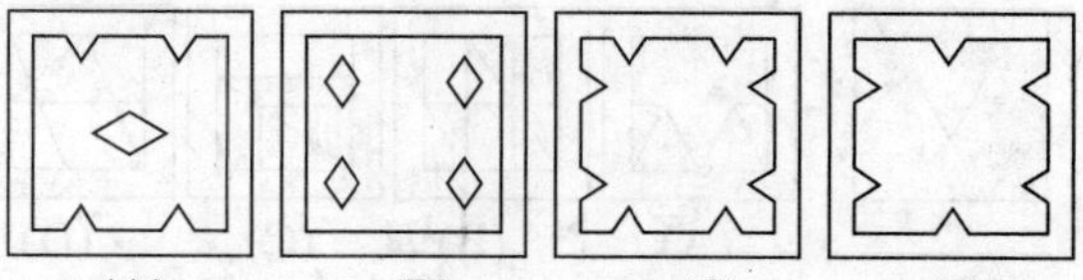

(A) (B) (C) (D)

32. **प्रश्न चित्र**

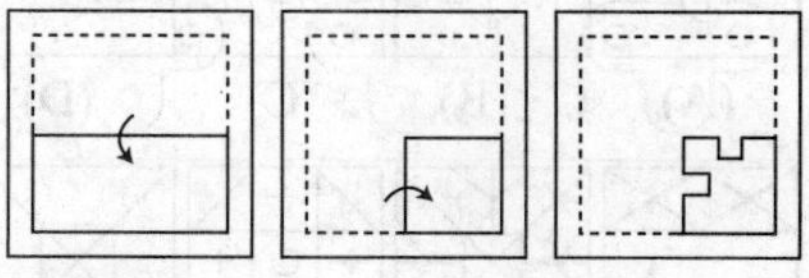

उत्तर चित्र

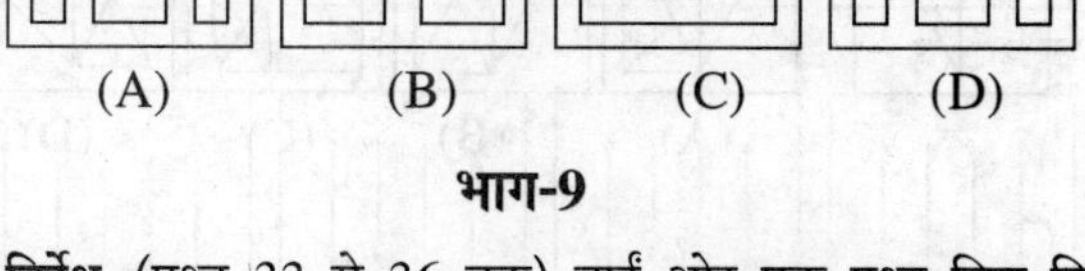

(A) (B) (C) (D)

भाग-9

निर्देश–(प्रश्न 33 से 36 तक) बाईं ओर एक प्रश्न चित्र दिया गया है तथा दाईं ओर (A), (B), (C) और (D) से चिह्नित चार उत्तर चित्र दर्शाए गए हैं. उत्तर चित्र से उस चित्र का चयन कीजिए जिसे प्रश्न चित्र में उपलब्ध कट-आउट से बनाया जा सकता हो. अपने उत्तर को दर्शाने के लिए ओ.एम.आर. उत्तर-पत्रिका में प्रश्न की संगत संख्या के सामने वाले वृत्त को काला कीजिए–

प्रश्न चित्र **उत्तर चित्र**

33. 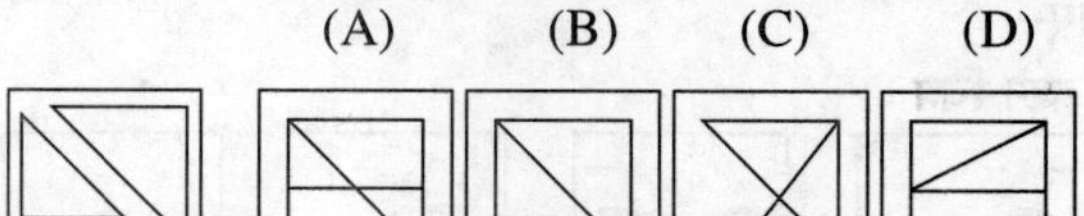

(A) (B) (C) (D)

34. 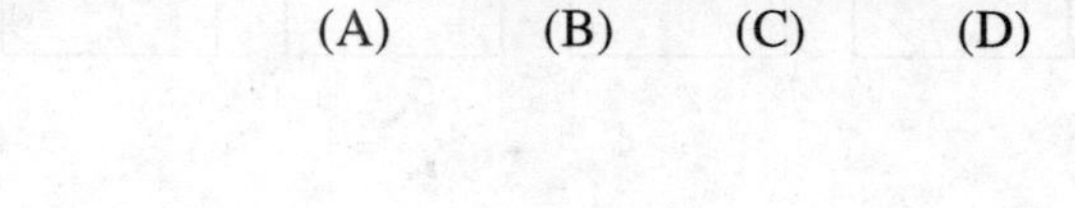

(A) (B) (C) (D)

35. 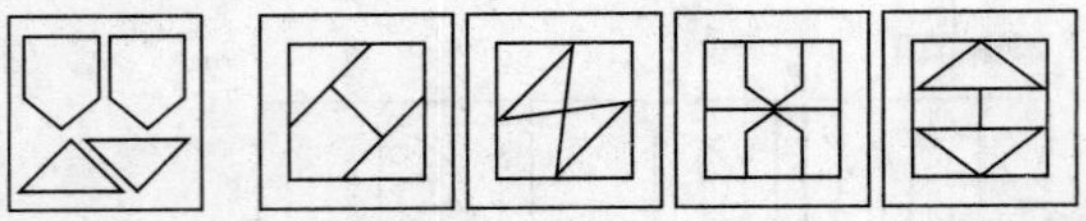

(A) (B) (C) (D)

36. 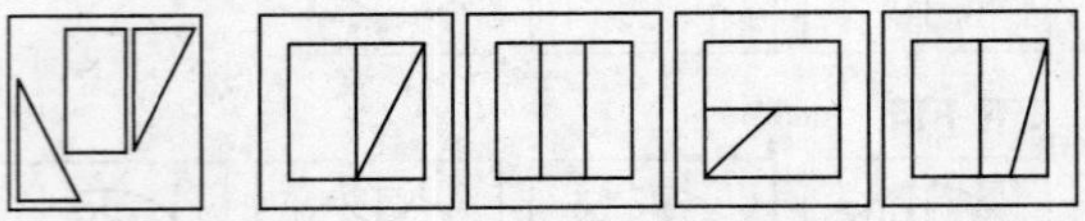

(A) (B) (C) (D)

भाग-10

निर्देश–(प्रश्न 37 से 40 तक) बाईं ओर एक प्रश्न चित्र दिया गया है तथा दाईं ओर (A), (B), (C) और (D) से चिह्नित चार उत्तर चित्र दर्शाए गए हैं. उत्तर चित्रों से उस चित्र को चुनिए, जिसमें प्रश्न चित्र छिपा/सम्मिलित है. अपने उत्तर को दर्शाने के लिए ओ.एम.आर. उत्तर-पत्रिका में प्रश्न की संगत संख्या के सामने वाले वृत्त को काला कीजिए–

प्रश्न चित्र **उत्तर चित्र**

37. 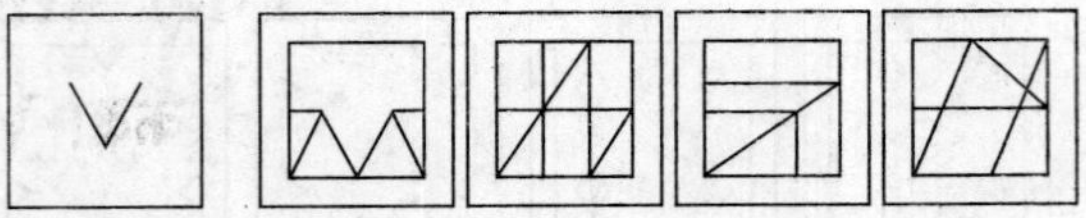

(A) (B) (C) (D)

38. 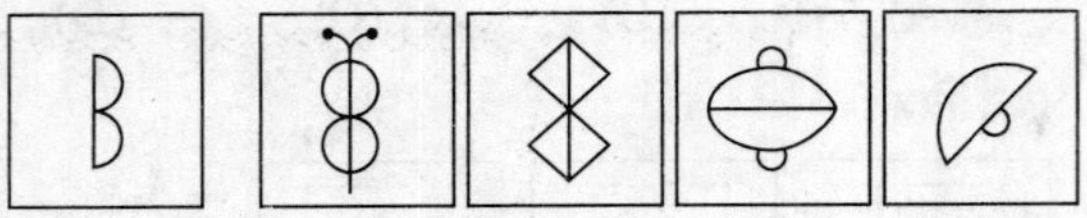

(A) (B) (C) (D)

39. 

(A) (B) (C) (D)

40. 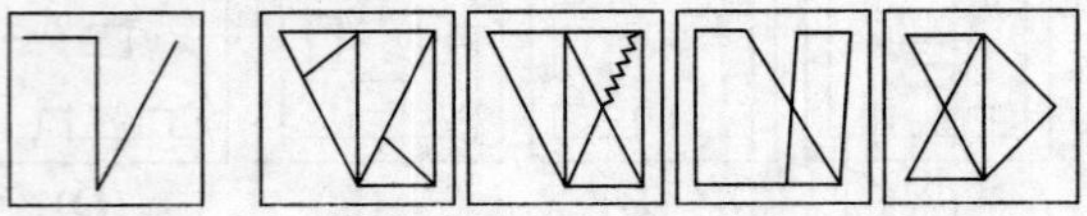

(A) (B) (C) (D)

उत्तर व्याख्या सहित

1. (D)
2. (C) अन्य सभी अक्षर 'T', 'I' व 'C' से बने शब्द हैं.
3. (C) 4. (A) 5. (D) 6. (C) 7. (C) 8. (C)
9. (C) 10. (D) 11. (B) 12. (B) 13. (B)
14. (C) प्रत्येक अगली आकृति 90° वामावर्त घूम रही है. अतः प्रश्नचिह्न के स्थान पर विकल्प (C) की आकृति आएगी.
15. (B) 16. (B) 17. (A) 18. (C) 19. (C) 20. (B)
21. (B) 22. (B) 23. (D) 24. (C) 25. (A) 26. (C)
27. (A) 28. (D)
29. (A) 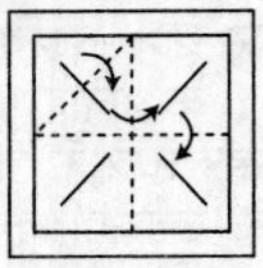

अतः कागज के टुकड़े की तह खोलने पर विकल्प (A) की आकृति प्राप्त होगी.

30. (B) 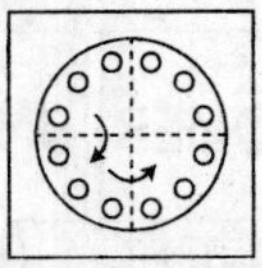

अतः कागज के टुकड़े की तह खोलने पर विकल्प (B) की आकृति प्राप्त होगी.

31. (C) 

अतः कागज के टुकड़े की तह खोलने पर विकल्प (C) की आकृति प्राप्त होगी.

32. (C) 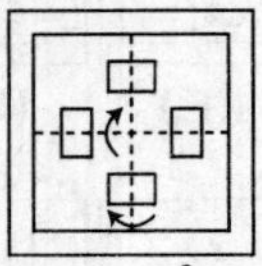

अतः कागज के टुकड़े की तह खोले पर विकल्प (C) की आकृति प्राप्त होगी.

33. (A) 34. (B) 35. (A) 36. (A) 37. (A) 38. (A)
39. (B) 40. (A)

मानसिक योग्यता परीक्षा
जवाहर नवोदय विद्यालय
प्रवेश परीक्षा
(कक्षा-VI)
के हल प्रश्न-पत्र

2020

(11 जनवरी, 2020 को आयोजित)

मानसिक योग्यता परीक्षण

भाग-1

निर्देश—(प्रश्न 1 से 4 तक) प्रत्येक प्रश्न में चार चित्र (A), (B), (C) और (D) दर्शाए गए हैं. इन चार चित्रों में से तीन चित्र किसी विधि से एकसमान हैं, जबकि एक चित्र अन्य से भिन्न है. अन्य से भिन्न चित्र का चयन करें. अपने उत्तर को दर्शाने के लिए ओ.एम.आर. उत्तर-पत्रिका में प्रश्न की संगत संख्या के सामने वाले वृत्त को काला कीजिए–

1.

(A) (B) (C) (D)

2.

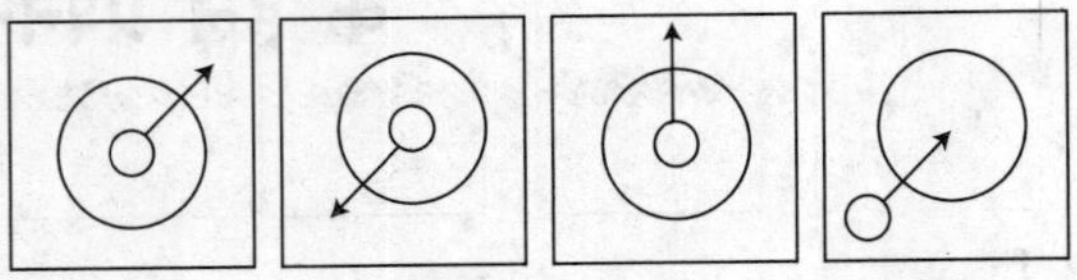

(A) (B) (C) (D)

3.

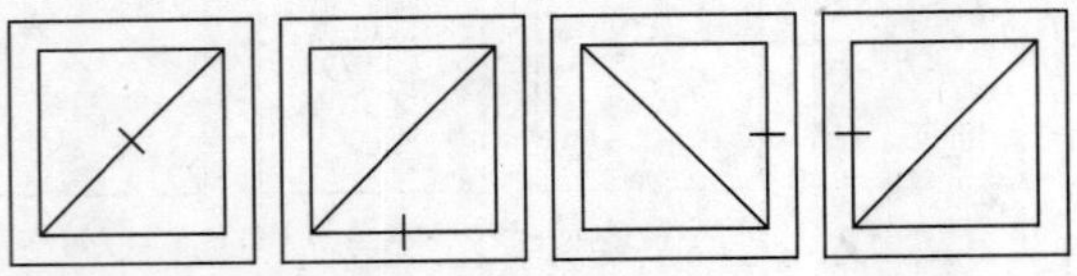

(A) (B) (C) (D)

4.

KIT	TIK	ITK	IKC
(A)	(B)	(C)	(D)

भाग-2

निर्देश—(प्रश्न 5 से 8 तक) बाईं ओर एक प्रश्न चित्र दिया गया है तथा दाईं ओर (A), (B), (C) और (D) से चिह्नित चार उत्तर चित्र दिए गए हैं. उत्तर चित्रों से प्रश्न चित्र के समरूप चित्र को चुनिए तथा अपने उत्तर को दर्शाने के लिए ओ.एम.आर. उत्तर-पत्रिका में प्रश्न की संगत संख्या के सामने वाले वृत्त को काला कीजिए–

5.

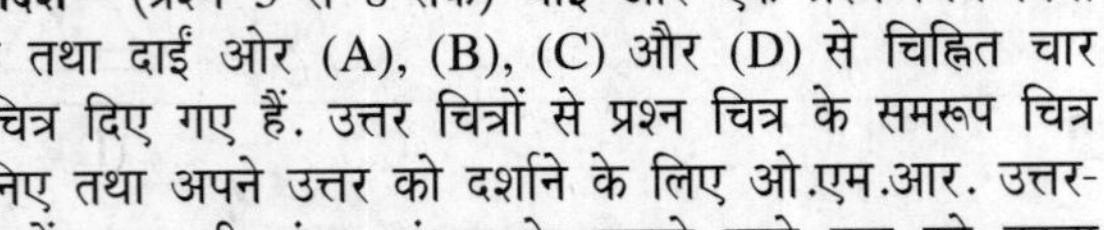

(A) (B) (C) (D)

6.

(A) (B) (C) (D)

7.

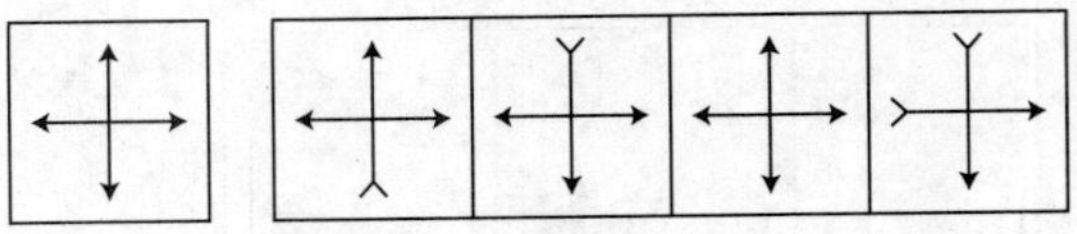

(A) (B) (C) (D)

8.

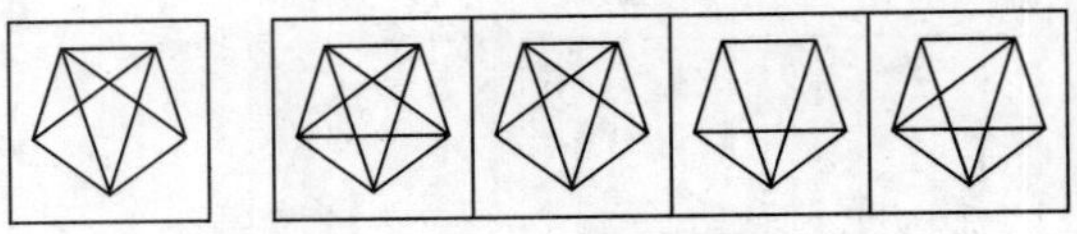

(A) (B) (C) (D)

भाग-3

निर्देश—(प्रश्न 9 से 12 तक) बाईं ओर एक प्रश्न चित्र दिया गया है जिसका एक भाग लुप्त दर्शाया गया है. दाईं ओर दिए गए उत्तर चित्र (A), (B), (C) और (D) पर गौर करें तथा उस उत्तर चित्र का पता लगाएं, जिसको बिना दिशा परिवर्तन के प्रश्न चित्र का पैटर्न पूरा करने के लिए प्रश्न चित्र के लुप्त भाग में बिठाया जा सके. अपने उत्तर को दर्शाने के लिए ओ.एम.आर. उत्तर-पत्रिका में प्रश्न की संगत संख्या के सामने वाले वृत्त को काला कीजिए–

9.

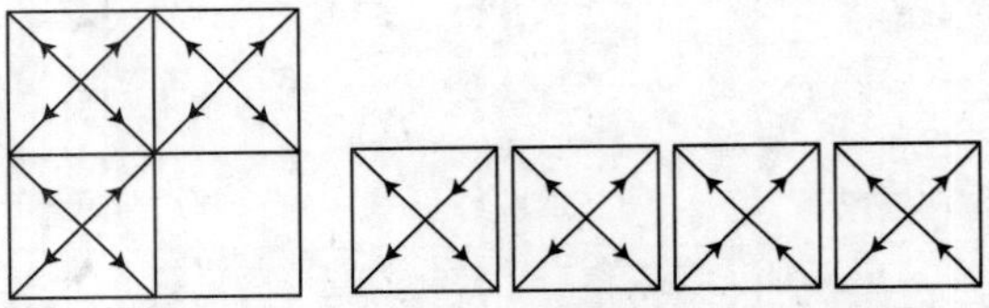

(A) (B) (C) (D)

10.

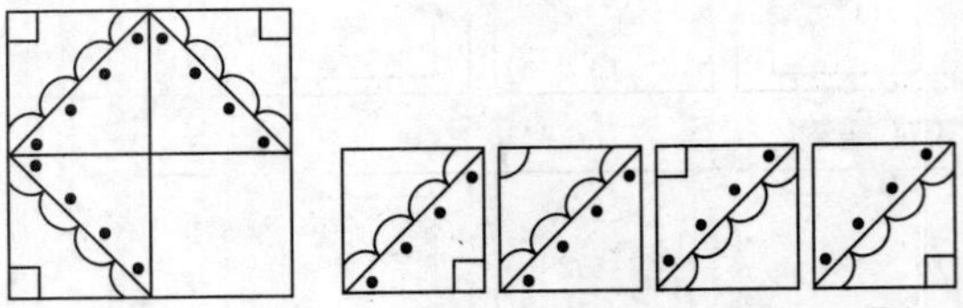

(A) (B) (C) (D)

11.

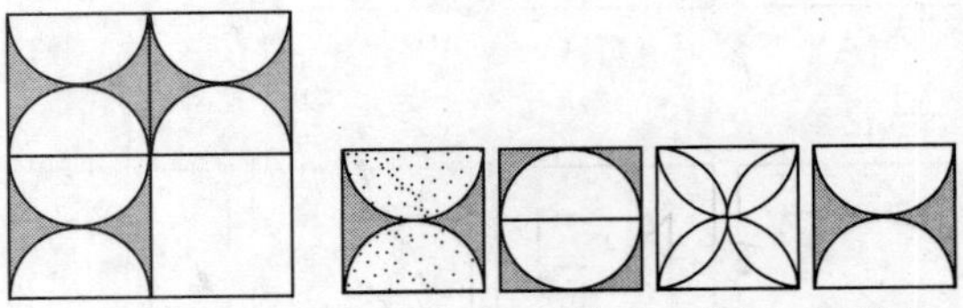

(A) (B) (C) (D)

12.

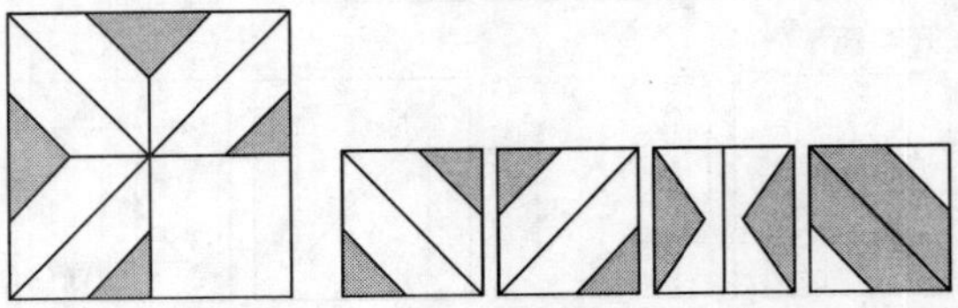

(A) (B) (C) (D)

भाग-4

निर्देश—(प्रश्न 13 से 16 तक) बाईं ओर तीन प्रश्न चित्र दर्शाए गए हैं तथा चौथे चित्र के लिए स्थान छोड़ा गया है. प्रश्न चित्र श्रेणीक्रम में हैं. श्रेणीक्रम को पूरा करने के लिए दाईं ओर उपलब्ध उत्तर चित्रों में से एक चित्र का चयन करें, जिसे प्रश्न चित्र के खाली स्थान में प्रतिस्थापित किया जा सके. अपने उत्तर को दर्शाने के लिए ओ.एम.आर. उत्तर-पत्रिका में प्रश्न की संगत संख्या के सामने वाले वृत्त को काला कीजिए–

13. **प्रश्न चित्र**

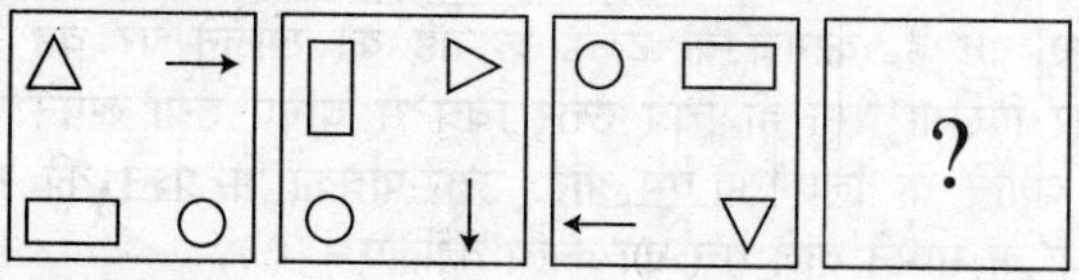

उत्तर चित्र

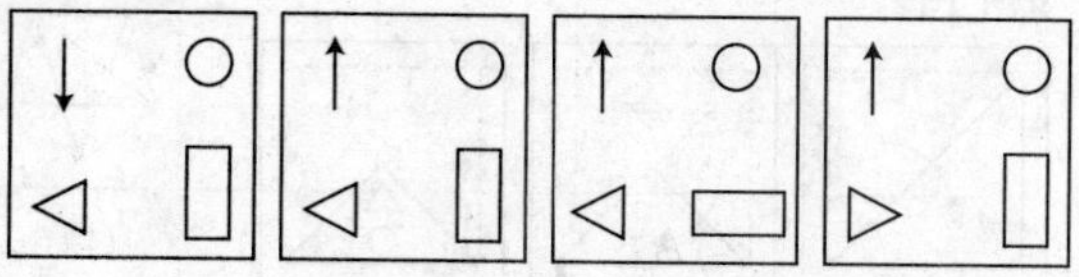

(A) (B) (C) (D)

14. **प्रश्न चित्र**

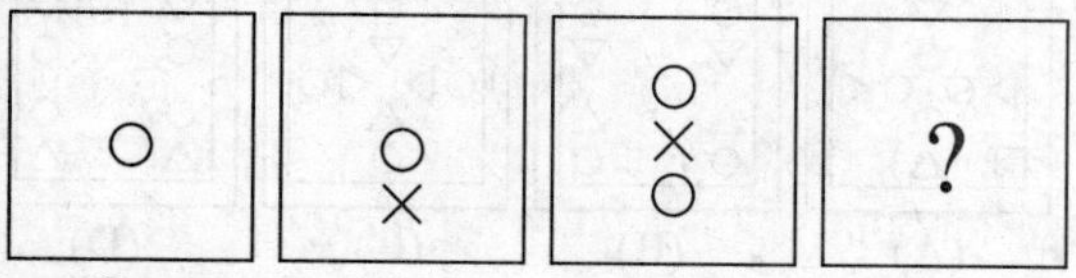

उत्तर चित्र

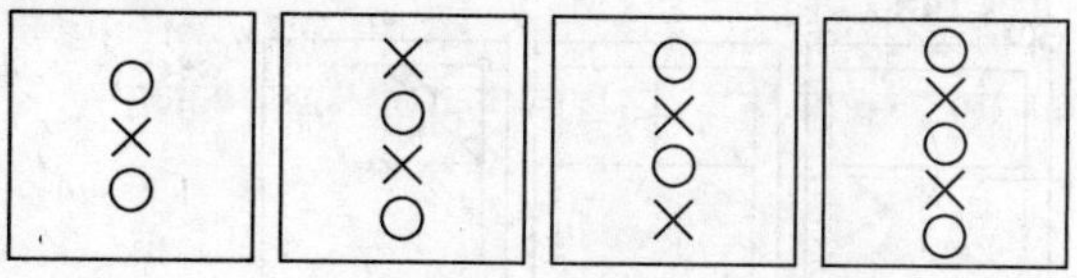

(A) (B) (C) (D)

15. **प्रश्न चित्र**

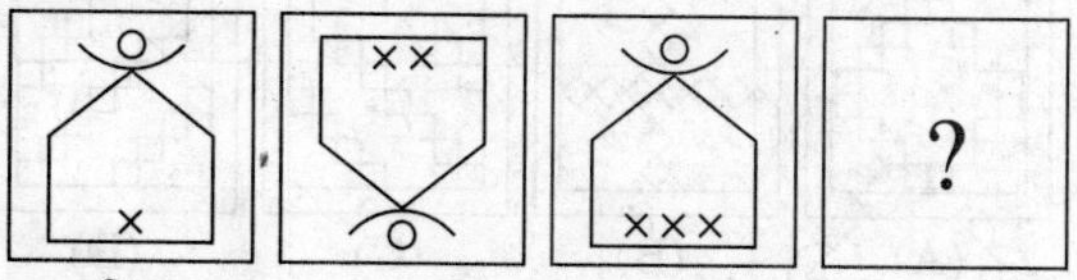

उत्तर चित्र

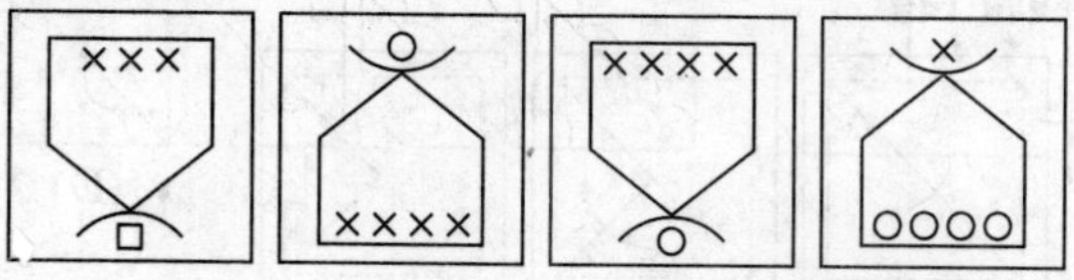

(A) (B) (C) (D)

16. **प्रश्न चित्र**

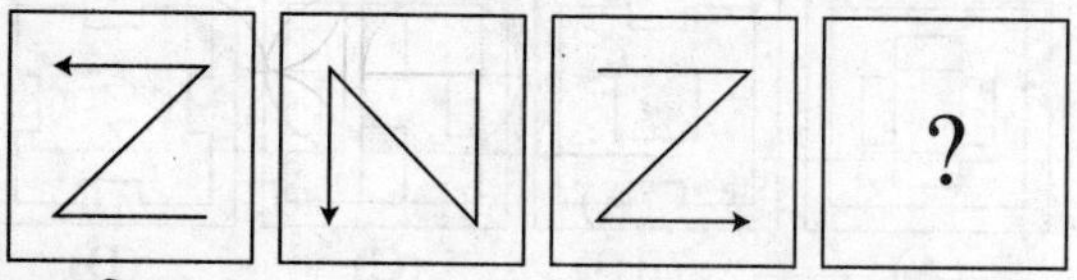

उत्तर चित्र

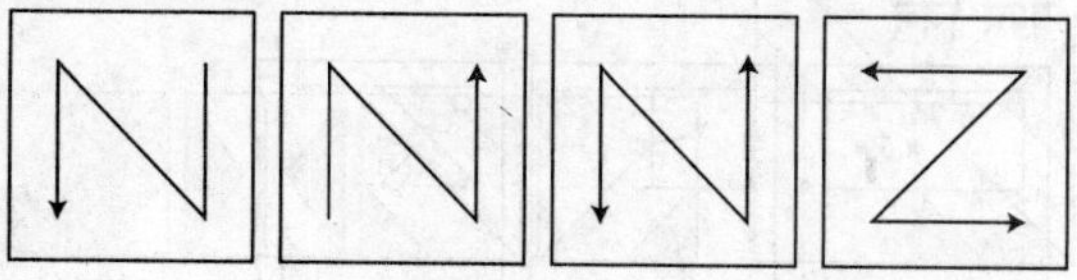

(A) (B) (C) (D)

भाग-5

निर्देश—(प्रश्न 17 से 20 तक) प्रत्येक प्रश्न में दो प्रश्न चित्रों के दो सेट दिए गए हैं. दूसरे सेट में एज प्रश्न चिह्न (?) है. प्रथम सेट के दो प्रश्न चित्रों में एक निश्चित सम्बन्ध है. इसी तरह का सम्बन्ध दूसरे सेट के तीसरे तथा चौथे प्रश्न चित्र में भी होना आवश्यक है. उत्तर चित्रों से उस चित्र का चयन करें, जो प्रश्न चिह्न को प्रतिस्थापित करेगा. अपने उत्तर को दर्शाने के लिए ओ.एम.आर. उत्तर-पत्रिका में प्रश्न की संगत संख्या के सामने वाले वृत्त को काला कीजिए–

17. **प्रश्न चित्र**

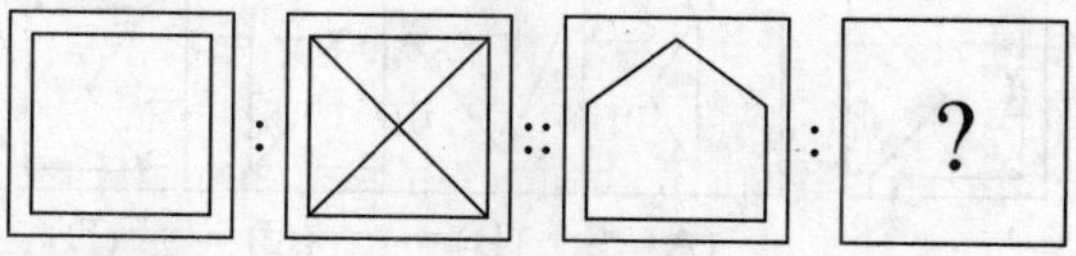

उत्तर चित्र

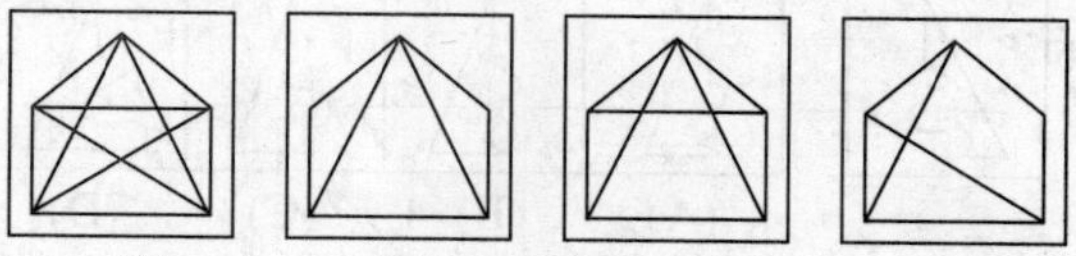

(A) (B) (C) (D)

18. **प्रश्न चित्र**

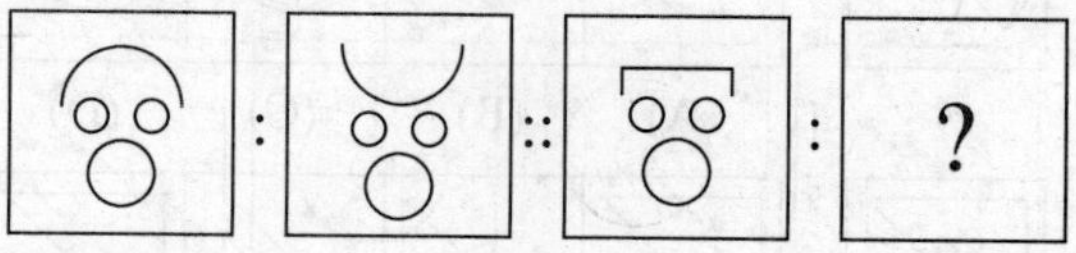

उत्तर चित्र

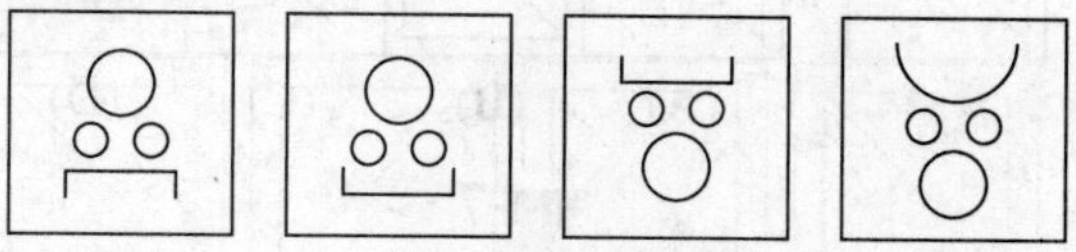

(A) (B) (C) (D)

19. **प्रश्न चित्र**

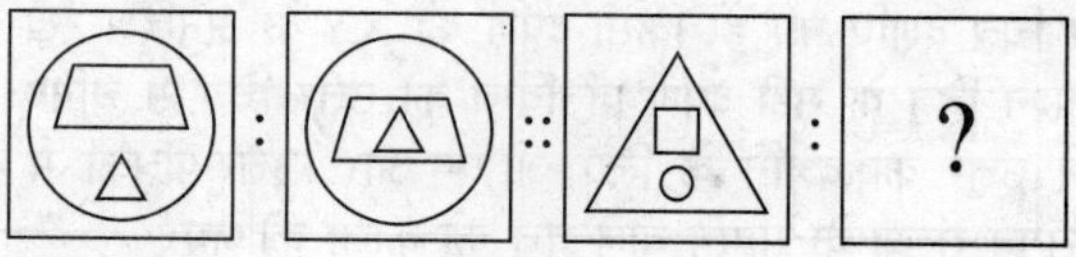

उत्तर चित्र

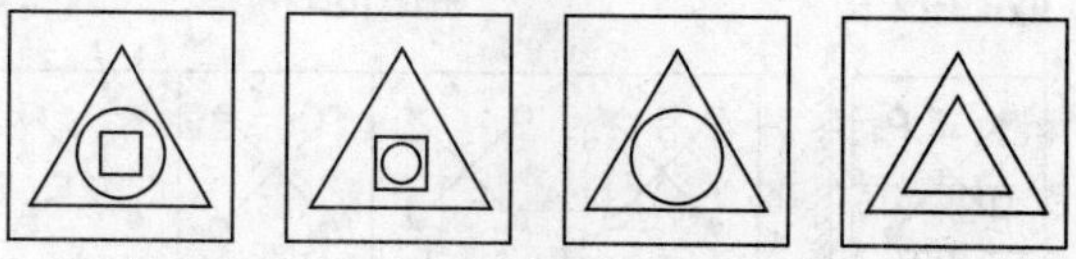

(A) (B) (C) (D)

20. **प्रश्न चित्र**

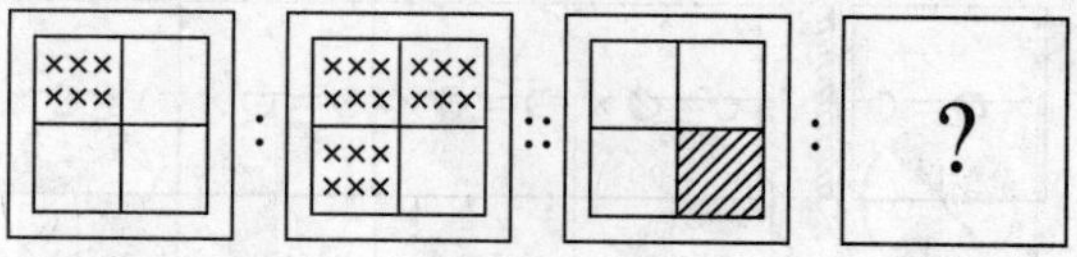

उत्तर चित्र

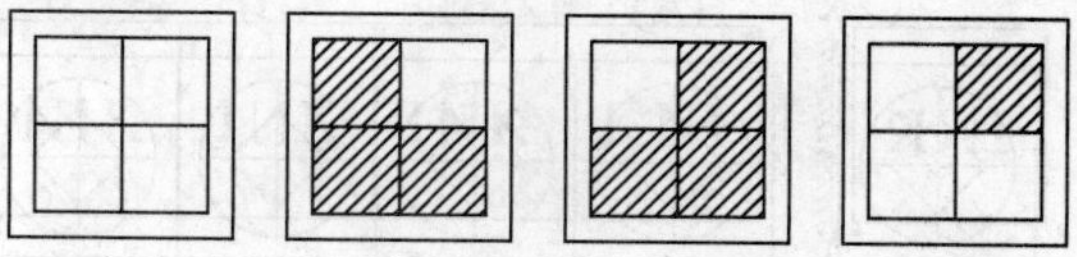

(A) (B) (C) (D)

भाग-6

निर्देश—(प्रश्न 21 से 24 तक) प्रश्न चित्र के रूप में ज्यामितीय चित्र (त्रिभुज, वर्ग, वृत्त) के एक भाग को बाईं ओर दर्शाया गया है तथा दाईं ओर दूसरे भाग को उत्तर चित्र के रूप में (A), (B), (C) और (D) से दर्शाया गया है. दाईं ओर के चित्र से ज्यामितीय चित्र को पूर्ण करने वाले चित्र को ज्ञात करें तथा अपने उत्तर को दर्शाने के लिए ओ.एम.आर. उत्तर-पत्रिका में प्रश्न की संगत संख्या के सामने वाले वृत्त को काला कीजिए–

प्रश्न चित्र **उत्तर चित्र**

21.
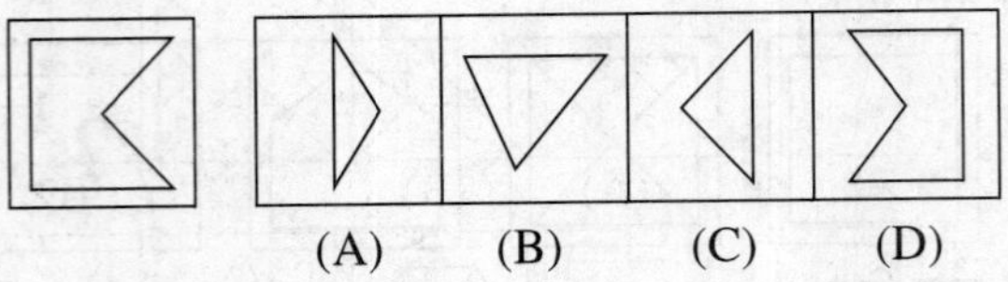
(A) (B) (C) (D)

22.
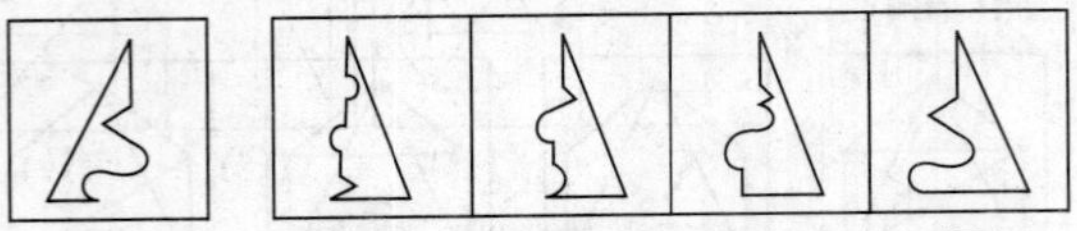
(A) (B) (C) (D)

23.
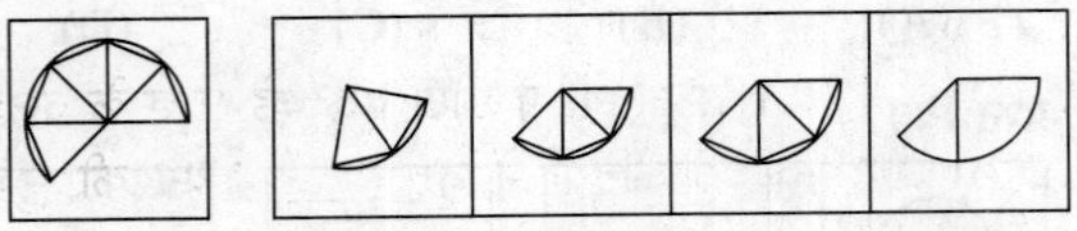
(A) (B) (C) (D)

24.
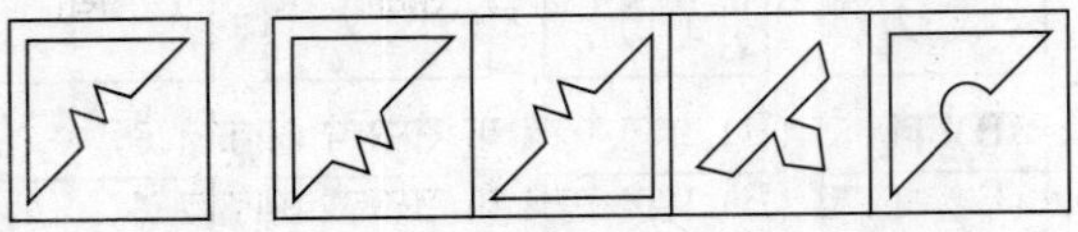
(A) (B) (C) (D)

भाग-7

निर्देश—(प्रश्न 25 से 28 तक) बाईं ओर प्रश्न चित्र दर्शाया गया है तथा दाईं ओर (A), (B), (C) और (D) से चिह्नित चार उत्तर चित्र दर्शाए गए हैं. किसी दर्पण को XY के अनुदिश रखे जाने पर प्रश्न चित्र के सही दर्पण प्रतिबिम्ब को उत्तर चित्र से चुनिए तथा अपने उत्तर को दर्शाने के लिए ओ.एम.आर. उत्तर-पत्रिका में प्रश्न की संगत संख्या के सामने वाले वृत्त को काला कीजिए–

25. **प्रश्न चित्र** **उत्तर चित्र**
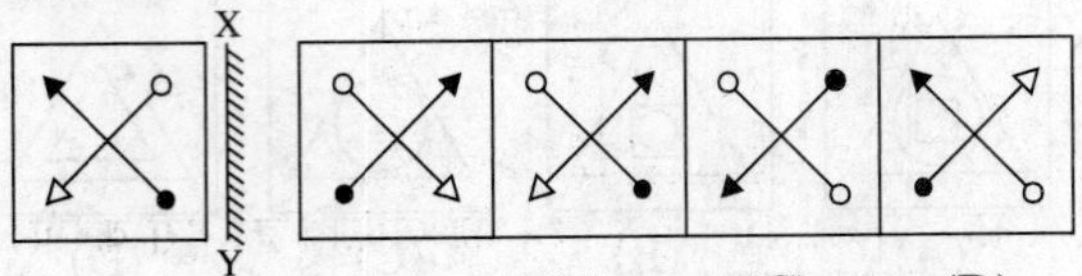

(A) (B) (C) (D)

26.
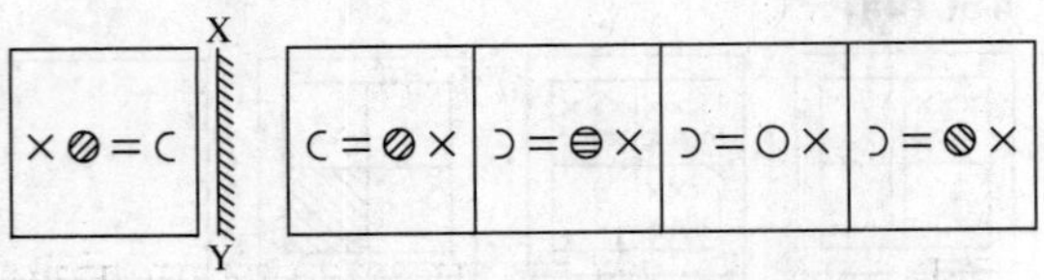

(A) (B) (C) (D)

27.
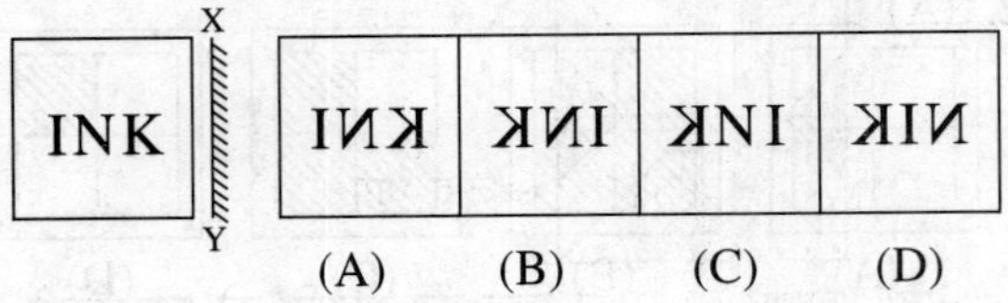

(A) (B) (C) (D)

28.
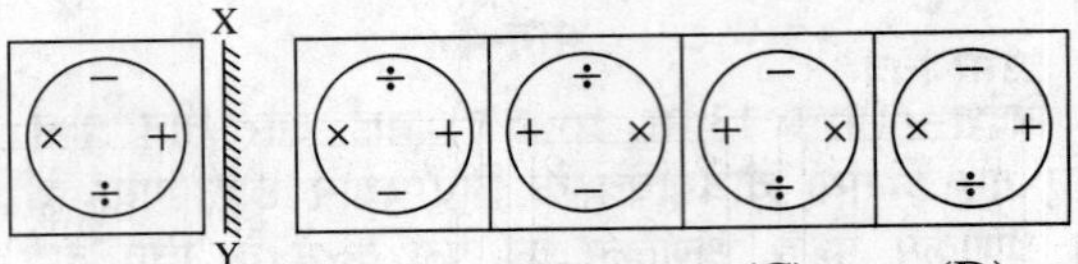

(A) (B) (C) (D)

भाग-8

निर्देश—(प्रश्न 29 से 32 तक) बाईं ओर प्रश्न चित्र में दर्शाए अनुसार कागज के एक टुकड़े को तह देकर पंच किया गया तथा दाईं ओर (A), (B), (C) और (D) से चिह्नित चार उत्तर चित्र दर्शाए गए हैं. कागज के टुकड़े के तह को खोलने पर वह जिस प्रकार दिखेगा वैसा ही चित्र उत्तर चित्र से चुनिए तथा अपने उत्तर को दर्शाने के लिए ओ.एम.आर. उत्तर-पत्रिका में प्रश्न की संगत संख्या के सामने वाले वृत्त को काला कीजिए–

29. **प्रश्न चित्र**
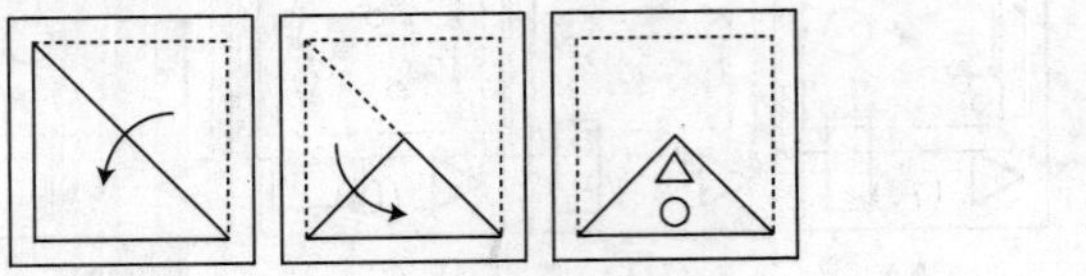

उत्तर चित्र
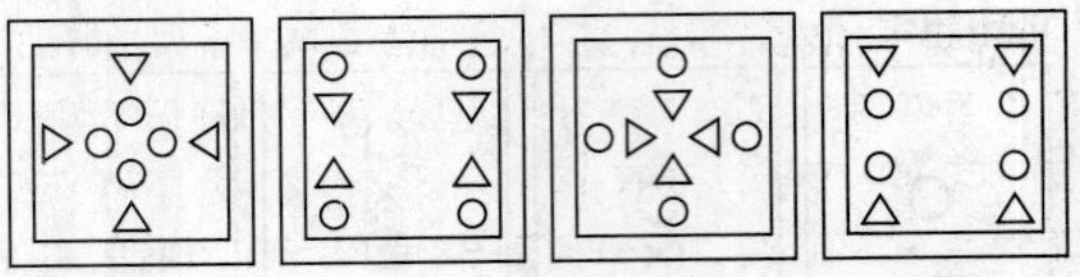
(A) (B) (C) (D)

30. **प्रश्न चित्र**
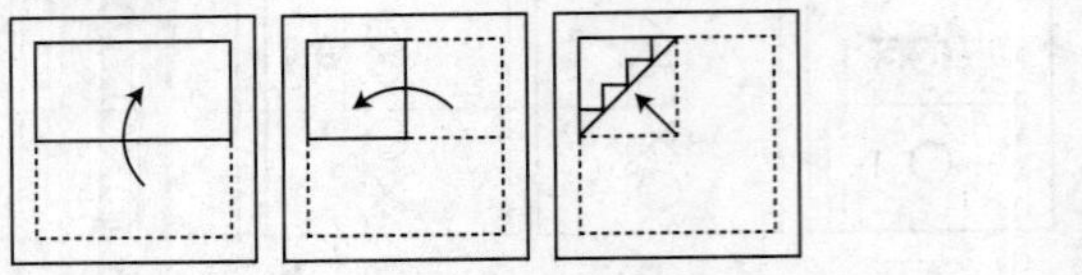

उत्तर चित्र

(A) (B) (C) (D)

31. **प्रश्न चित्र**
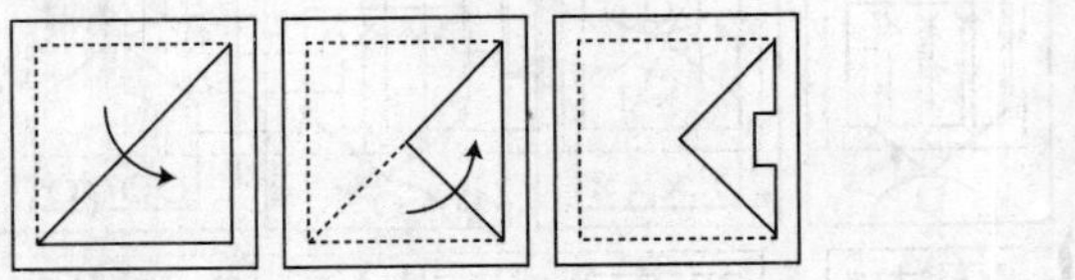

उत्तर चित्र
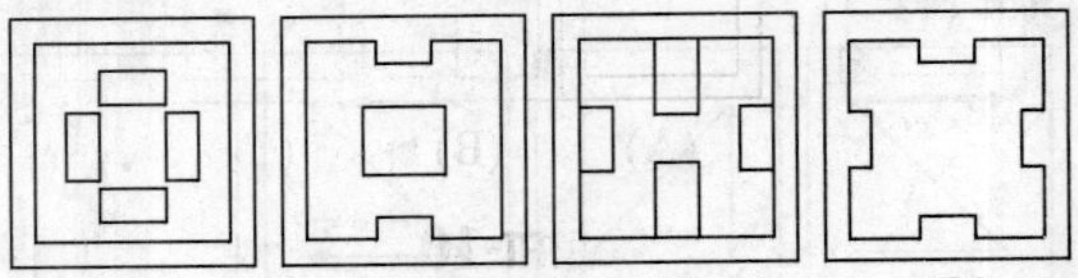
(A) (B) (C) (D)

32. **प्रश्न चित्र**
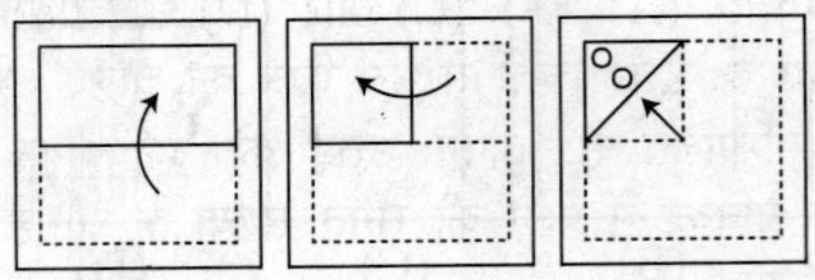

उत्तर चित्र

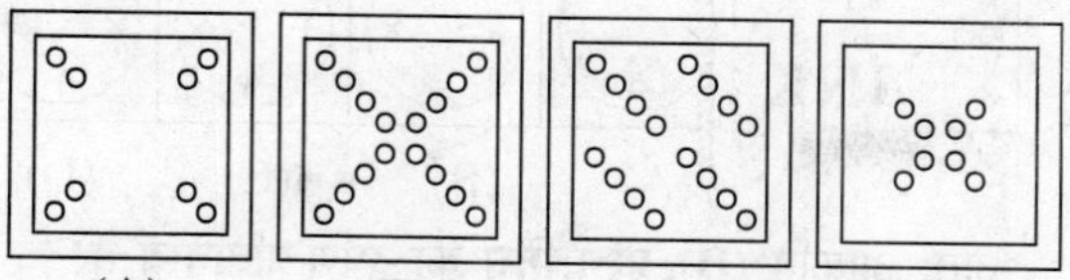

(A) (B) (C) (D)

32. **प्रश्न चित्र**

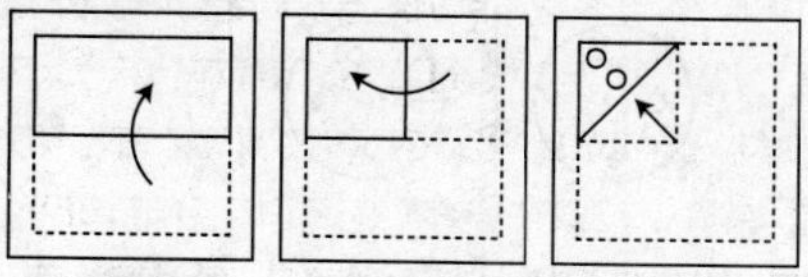

उत्तर चित्र

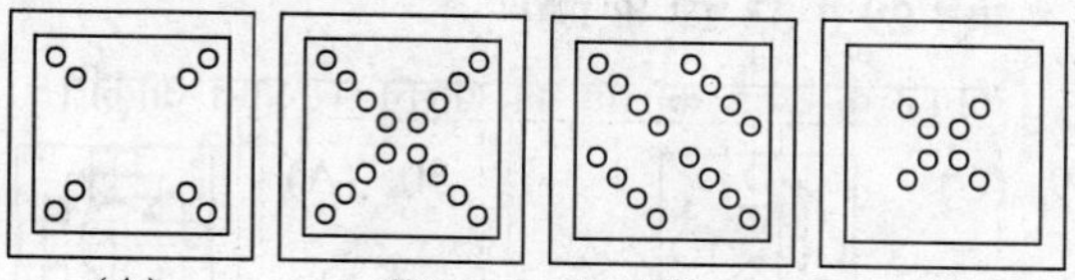

(A) (B) (C) (D)

भाग-9

निर्देश—(प्रश्न 33 से 36 तक) बाईं ओर एक प्रश्न चित्र दिया गया है तथा दाईं ओर (A), (B), (C) और (D) से चिह्नित चार उत्तर चित्र दिए गए हैं. उत्तर चित्र से उस चित्र का चयन करें, जिसे प्रश्न चित्र में उपलब्ध कट-आउट से बनाया जा सकता हो. अपने उत्तर को दर्शाने के लिए ओ.एम.आर. उत्तर-पत्रिका में प्रश्न की संगत संख्या के सामने वाले वृत्त को काला कीजिए–

प्रश्न चित्र **उत्तर चित्र**

33. 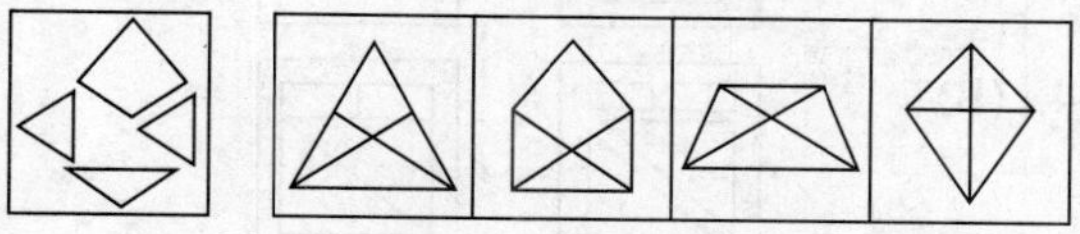

(A) (B) (C) (D)

34. 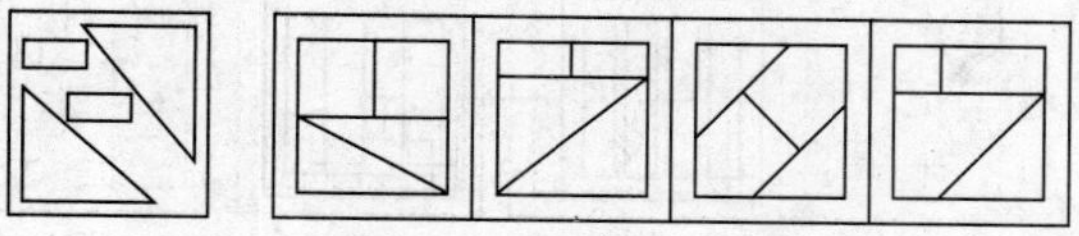

(A) (B) (C) (D)

35. 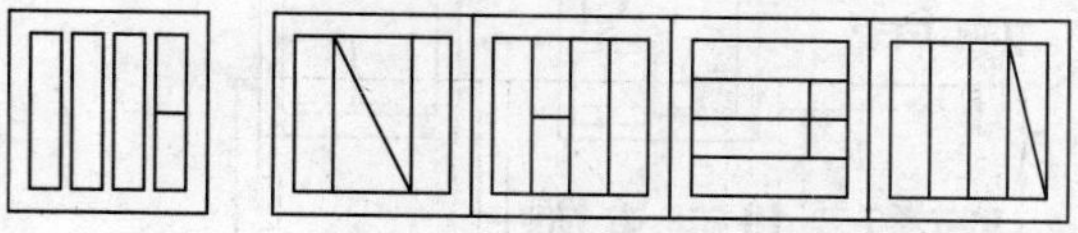

(A) (B) (C) (D)

36. 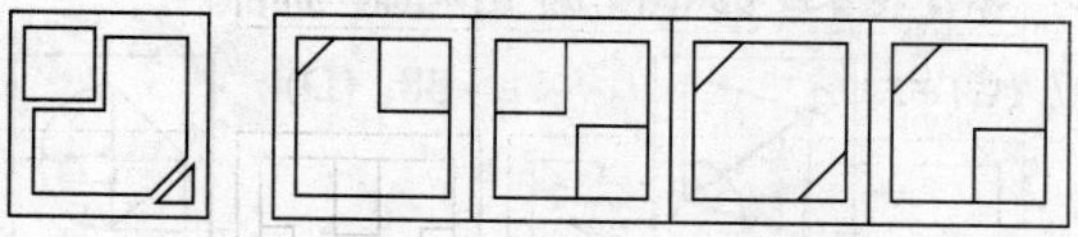

(A) (B) (C) (D)

भाग-10

निर्देश—(प्रश्न 37 से 40 तक) बाईं ओर एक प्रश्न चित्र दिया गया है तथा दाईं ओर (A), (B), (C) और (D) से चिह्नित चार उत्तर चित्र दिए गए हैं. उत्तर चित्रों से उस चित्र को चुनिए जिसमें प्रश्न चित्र छिपा/सम्मिलित है. अपने उत्तर को दर्शाने के लिए ओ.एम.आर. उत्तर-पत्रिका में प्रश्न की संगत संख्या के सामने वाले वृत्त को काला कीजिए–

प्रश्न चित्र **उत्तर चित्र**

37. 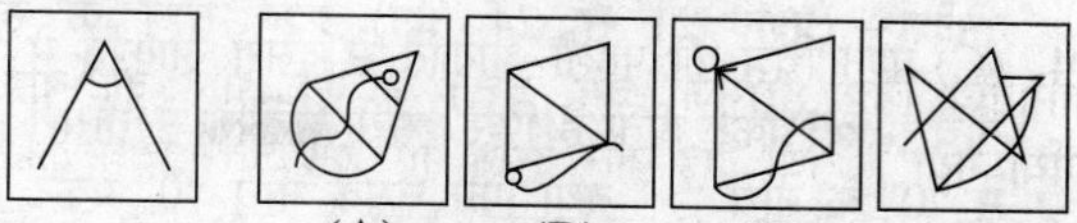

(A) (B) (C) (D)

38. 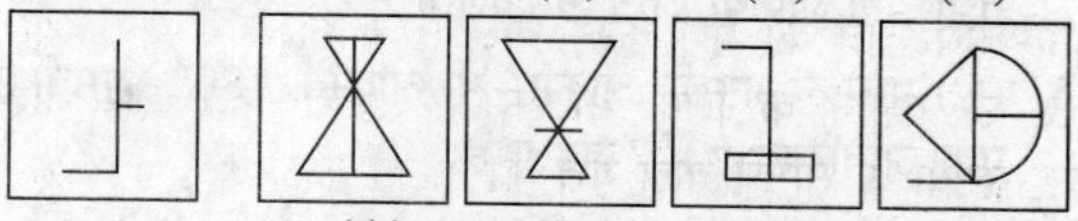

(A) (B) (C) (D)

39. 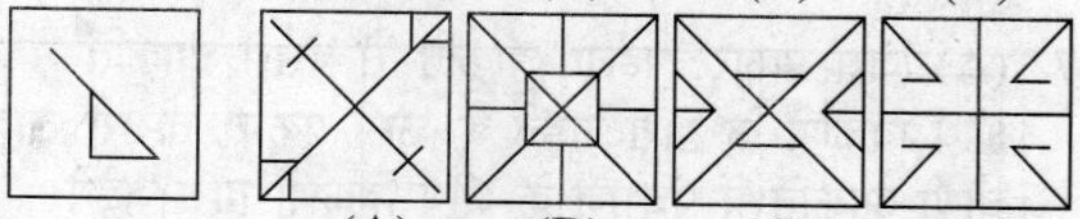

(A) (B) (C) (D)

40. 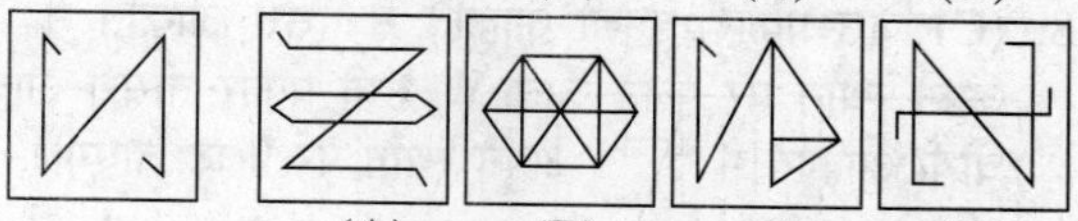

(A) (B) (C) (D)

उत्तर व्याख्या सहित

1. (B) अन्य सभी समकोण त्रिभुज हैं.
2. (D) अन्य सभी आकृतियों में छोटा वृत्त बड़े वृत्त के अन्दर है.
3. (A) अन्य सभी आकृतियों में वृत्त "___ " वर्ग की भुजा पर स्थित है.
4. (D) अन्य सभी में बने शब्द, अक्षर "K", "I" तथा "T" से बने हैं.
5. (B) आकृति (B), प्रश्न चित्र के समरूप आकृति है.
6. (B) आकृति (B), प्रश्न चित्र के समरूप आकृति है.
7. (C) आकृति (C), प्रश्न चित्र के समरूप आकृति है.
8. (B) आकृति (B), प्रश्न चित्र के समरूप आकृति है.
9. (B)

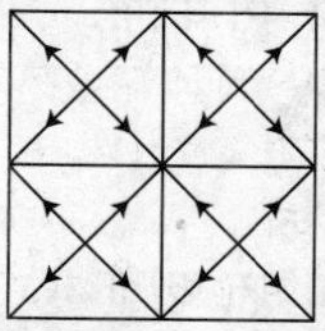

अतः आकृति (B) प्रश्न चित्र की आकृति को पूरा करेगी.

10. (D)

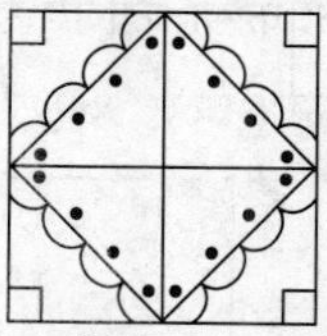

अतः आकृति (D) प्रश्न चित्र की आकृति को पूरा करेगी.

11. (D)

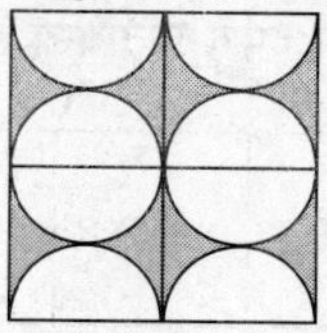

अतः आकृति (D) प्रश्न चित्र की आकृति को पूरा करेगी.

12. (A)

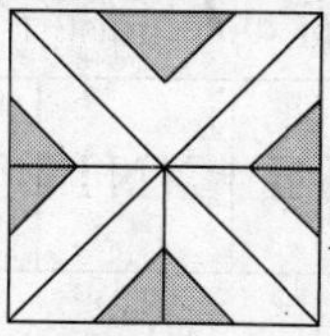

अतः आकृति (A) प्रश्न चित्र की आकृति को पूरा करेगी.

13. (B) प्रश्न चित्र की सभी आकृतयाँ 90° दक्षिणावृत्त घूम रही हैं.

14. (C) प्रश्न चित्र की पहली आकृति से दूसरी आकृति में "0" के नीचे "×" प्रकट होता है फिर दूसरी आकृति से तीसरी आकृति में "0" के नीचे "×" तथा फिर उसके नीचे "0" प्रकट होता है तथा यही प्रक्रिया आगे भी चलती है.

15. (C) प्रत्येक अगली आकृति में आकृति 180° घूमती है तथा एक अतिरिक्त "×" जुड़ता है

16. (B) प्रत्येक अगली आकृति 90° वामावर्त घूमती है.

17. (A) जिस प्रकार, पहली आकृति से दूसरी आकृति में वर्ग के शीर्ष विकर्णों के द्वारा जुड़ते हैं. उसी प्रकार, तीसरी आकृति से चौथी आकृति में पंचभुज के शीर्ष विकर्णों द्वारा जुड़ेंगे

18. (C) जिस प्रकार, पहली आकृति से दूसरी आकृति में "⌒" अपने स्थान पर पलट जाता है, उसी प्रकार तीसरी आकृति से चौथी आकृति में "⌐" अपने स्थान पर पलट जाएगा.

19. (B) जिस प्रकार, पहली आकृति से दूसरी आकृति में त्रिभुज, समलम्ब चतुर्भुज में चला जाता है. उसी प्रकार, तीसरी आकृति से चौथी आकृति में वृत्त, वर्ग में चला जाएगा

20. (C) आकृति के अगल-बगल में समान आकृति प्रकट होती है.

21. (C) आकृति (C), प्रश्न चित्र को पूरा करेगी.

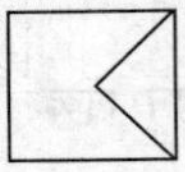

22. (D) आकृति (D), प्रश्न चित्र को पूरा करेगी.

23. (B) आकृति (B), प्रश्न चित्र को पूरा करेगी.

24. (B) आकृति (B), प्रश्न चित्र को पूरा करेगी.

25. (A)

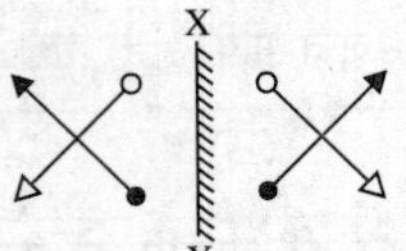

अतः आकृति (A), प्रश्न चित्र का दर्पण प्रतिबिम्ब है.

26. (D)

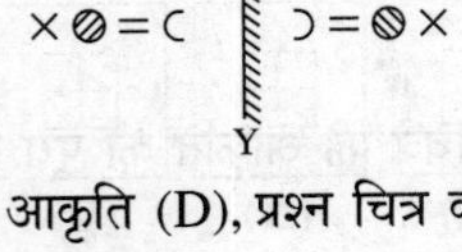

अतः आकृति (D), प्रश्न चित्र का दर्पण-प्रतिबिम्ब है.

27. (B)

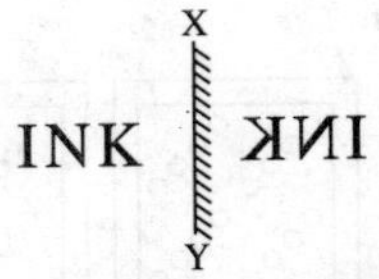

अतः आकृति (B), प्रश्न चित्र का दर्पण-प्रतिबिम्ब है.

28. (C)

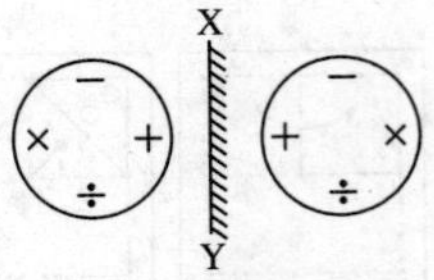

अतः आकृति (C), प्रश्न चित्र का दर्पण - प्रतिबिम्ब है.

प्रश्न 29 से 32 तक के लिए–

कागज के टुकड़े की तह को खोलने पर प्राप्त आकृति–

29. (C)

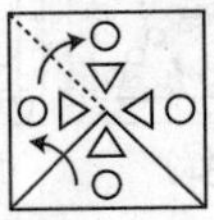

30. (A)

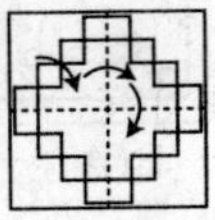

31. (D)

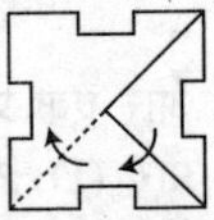

32. (B)

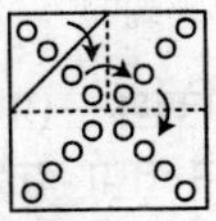

प्रश्न 33 से 36 तक के लिए–

प्रश्न चित्र में उपलब्ध कट-आउट से बनाई गई आकृति–

33. (B)

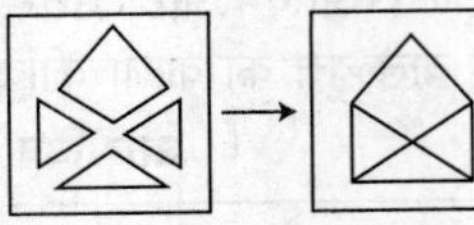

34. (B)

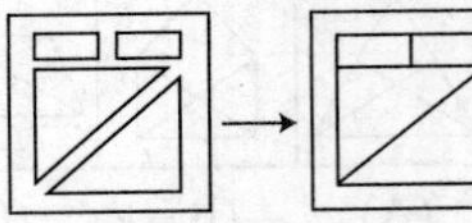

35. (B)

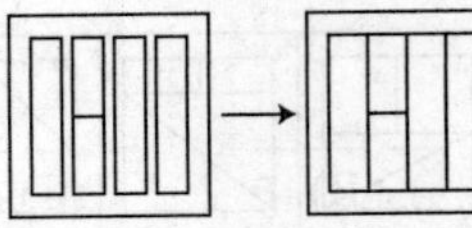

36. (D)

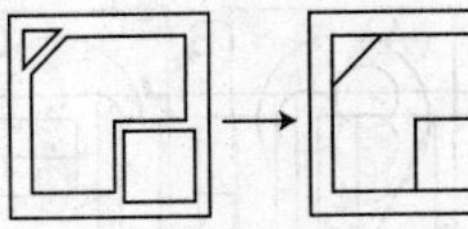

प्रश्न 37 से 40 तक के लिए–

उत्तर चित्र में प्रश्नचित्र की सम्मिलित आकृति–

37. (C)

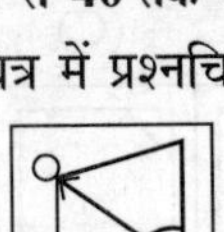

38. (D)

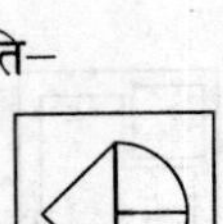

39. (B)

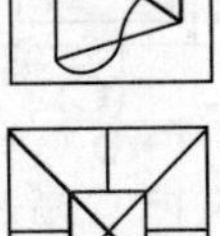

40. (B)

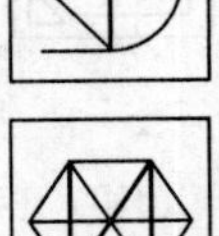

जवाहर नवोदय विद्यालय प्रवेश परीक्षा, 2019 (कक्षा VI) का हल प्रश्न-पत्र

(6 अप्रैल, 2019 को आयोजित)

मानसिक योग्यता परीक्षा

भाग–1

निर्देश–(प्रश्न 1 से 4 तक) प्रत्येक प्रश्न में चार चित्र (A), (B), (C) और (D) दर्शाए गए हैं. इन चार चित्रों में से तीन चित्र किसी विधि से एकसमान हैं, जबकि एक चित्र अन्य से भिन्न है. अन्य से भिन्न चित्र का चयन करें. अपने उत्तर को दर्शाने के लिए ओ.एम.आर. उत्तर-पत्रिका में प्रश्न की संगत संख्या के सामने वाले वृत्त को काला करें.

1. 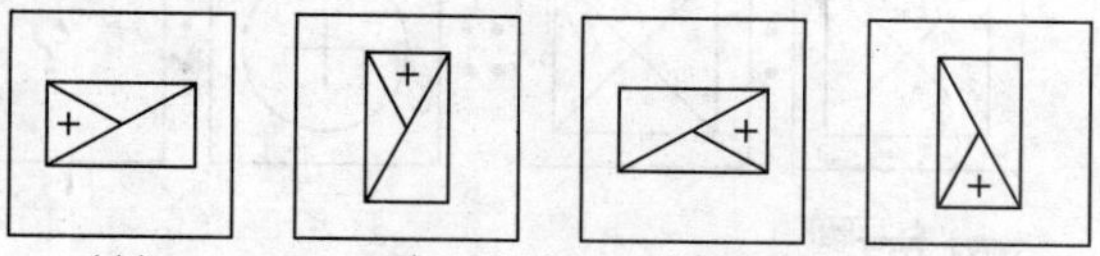

(A) (B) (C) (D)

2. 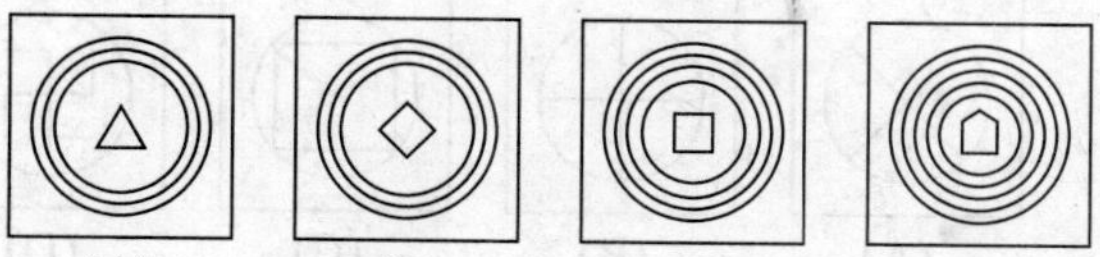

(A) (B) (C) (D)

3. 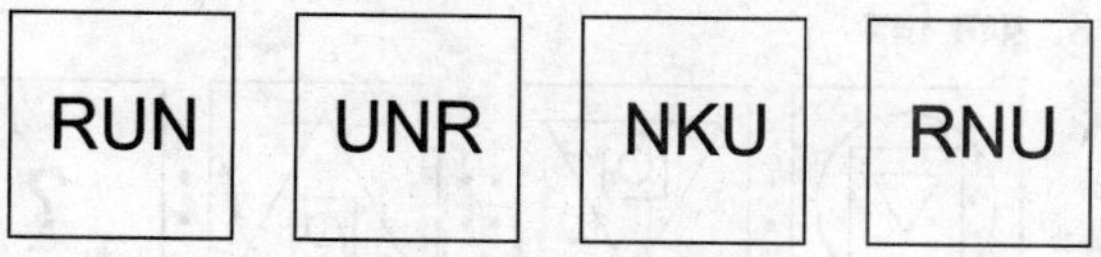

(A) (B) (C) (D)

4. 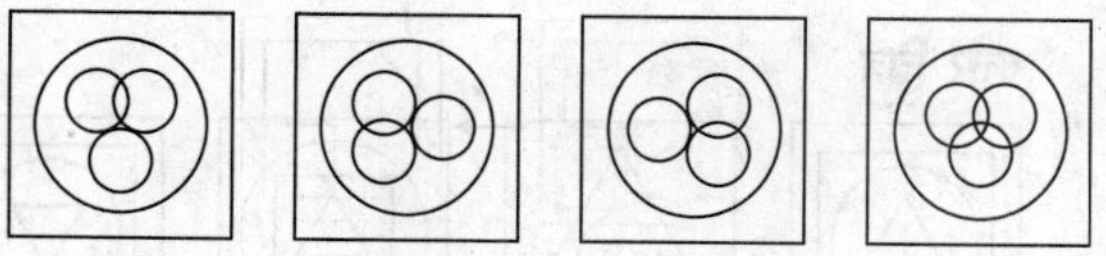

(A) (B) (C) (D)

भाग–2

निर्देश–(प्रश्न 5 से 8 तक) बाईं ओर एक प्रश्न चित्र दिया गया है तथा दाईं ओर (A), (B), (C) और (D) से चिह्नित चार उत्तर चित्र दिए गए हैं. उत्तर चित्रों से प्रश्न चित्र के समरूप चित्र को चुनिए तथा अपने उत्तर को दर्शाने के लिए ओ.एम.आर. उत्तर-पत्रिका में प्रश्न की संगत संख्या के सामने वाले वृत्त को काला करें.

प्रश्न चित्र **उत्तर चित्र**

5. 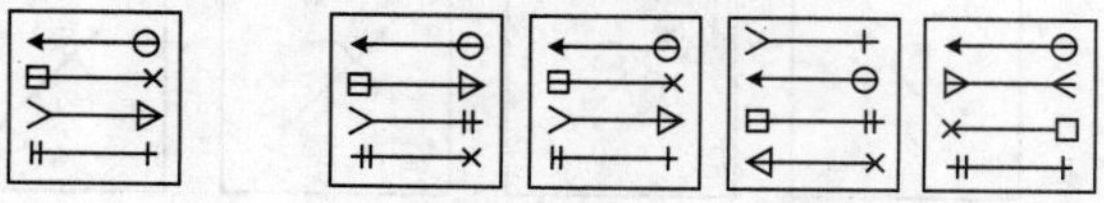

(A) (B) (C) (D)

6. 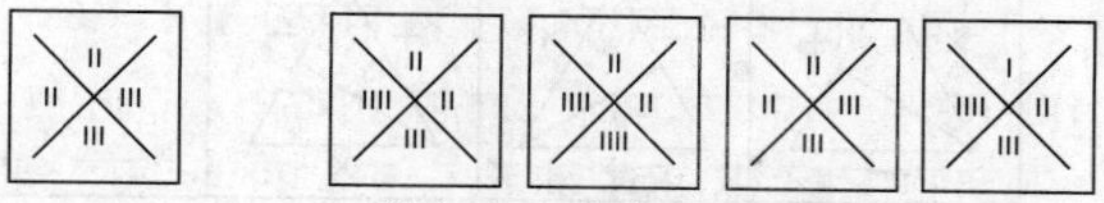

(A) (B) (C) (D)

7. 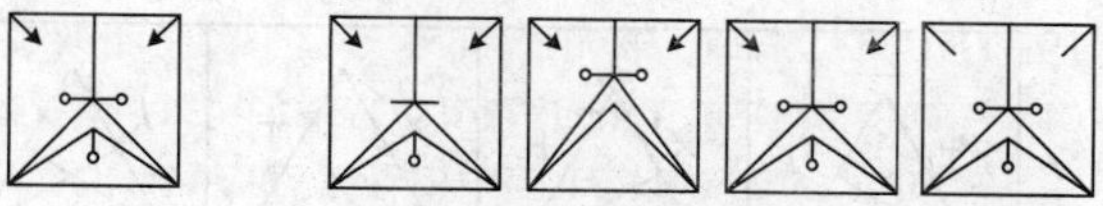

(A) (B) (C) (D)

8. 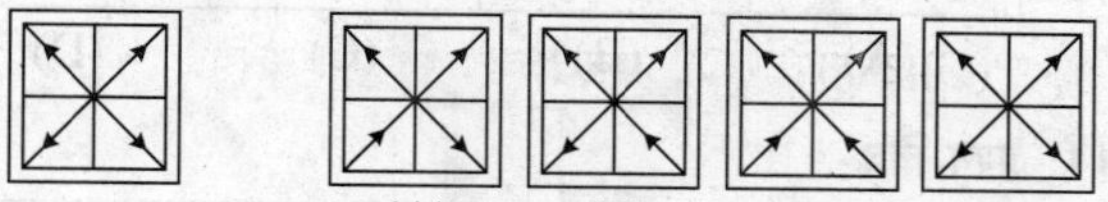

(A) (B) (C) (D)

भाग–3

निर्देश–(प्रश्न 9 से 12 तक) बाईं ओर एक प्रश्न चित्र दिया गया है जिसका एक भाग लुप्त दर्शाया गया है. दाईं ओर दिए गए उत्तर चित्र (A), (B), (C) और (D) पर गौर करें तथा उस उत्तर चित्र का पता लगाएँ जिसको बिना दिशा परिवर्तन के प्रश्न चित्र का पैटर्न पूरा करने के लिए प्रश्न चित्र के लुप्त भाग में बिठाया जा सके. अपने उत्तर को दर्शाने के लिए ओ.एम.आर. उत्तर-पत्रिका में प्रश्न की संगत संख्या के सामने वाले वृत्त को काला करें.

प्रश्न चित्र **उत्तर चित्र**

9. 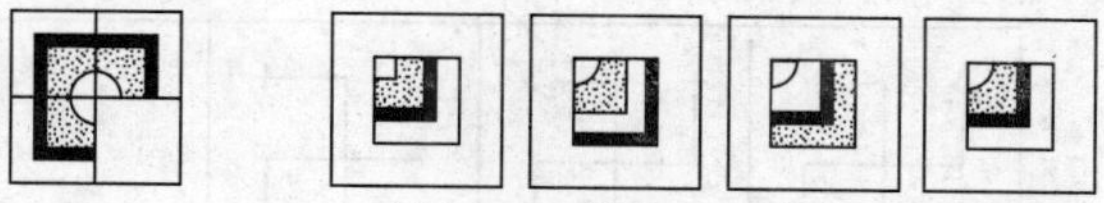

(A) (B) (C) (D)

10. 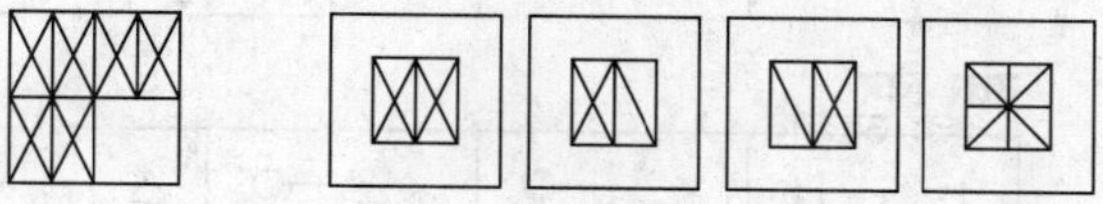

(A) (B) (C) (D)

11. 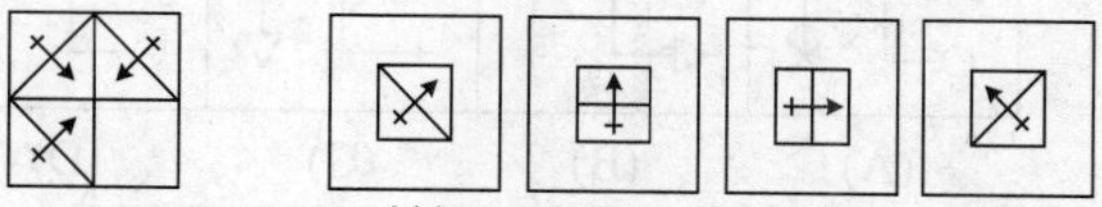

(A) (B) (C) (D)

12. 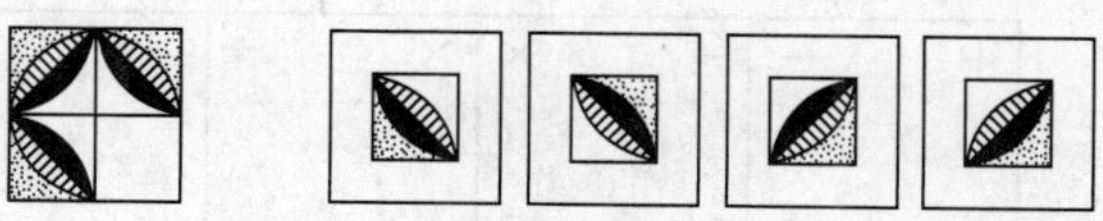

(A) (B) (C) (D)

भाग–4

निर्देश–(प्रश्न 13 से 16 तक) बाईं ओर तीन प्रश्न चित्र दर्शाए गए हैं तथा चौथे चित्र के लिए स्थान छोड़ा गया है. प्रश्न चित्र श्रेणीक्रम में हैं. श्रेणीक्रम को पूरा करने के लिए दाईं ओर उपलब्ध उत्तर चित्रों में से एक चित्र का चयन करें जिसे प्रश्न चित्र के खाली स्थान में प्रतिस्थापित किया जा सके. अपने उत्तर को दर्शाने के लिए ओ.एम.आर. उत्तर-पत्रिका में प्रश्न की संगत संख्या के सामने वाले वृत्त को काला करें.

13. **प्रश्न चित्र**

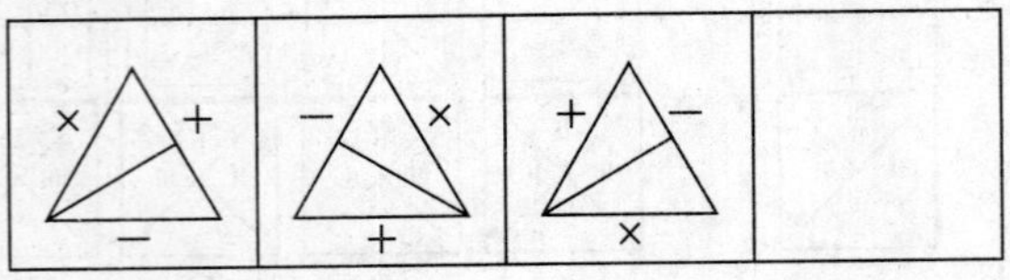

उत्तर चित्र

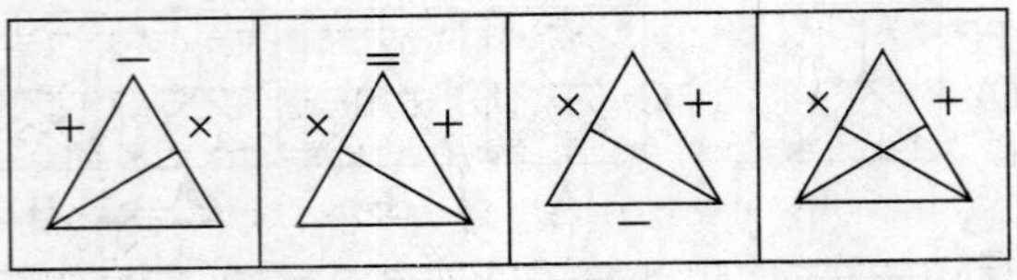

(A) (B) (C) (D)

14. **प्रश्न चित्र**

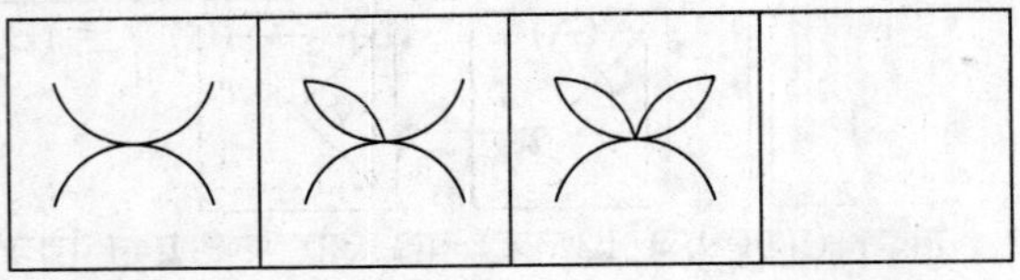

उत्तर चित्र

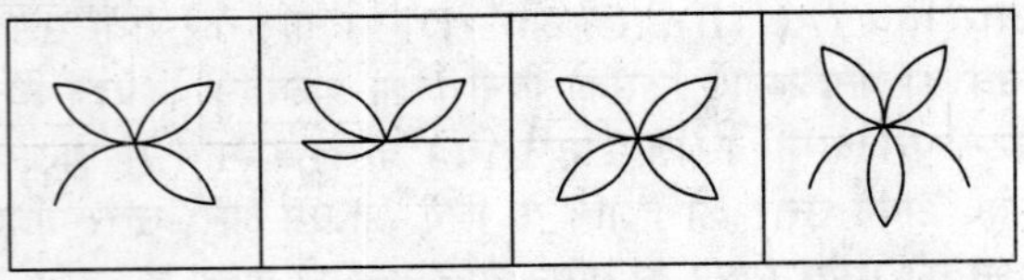

(A) (B) (C) (D)

15. **प्रश्न चित्र**

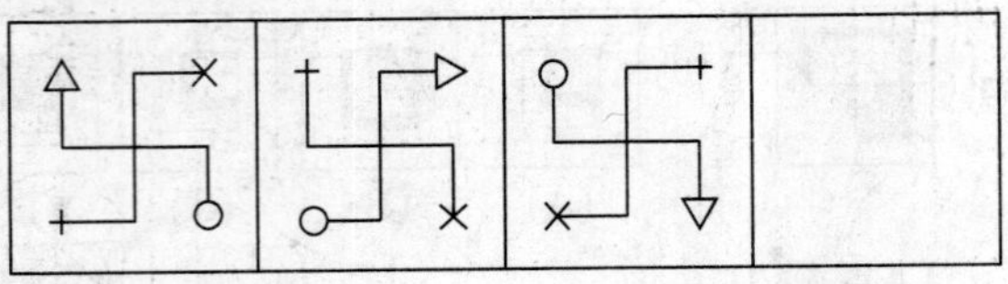

उत्तर चित्र

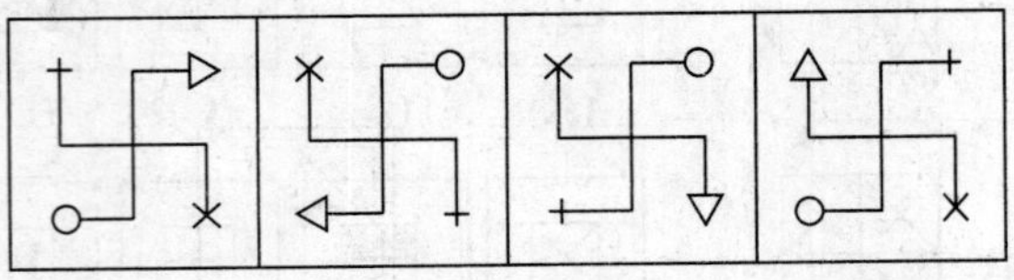

(A) (B) (C) (D)

16. **प्रश्न चित्र**

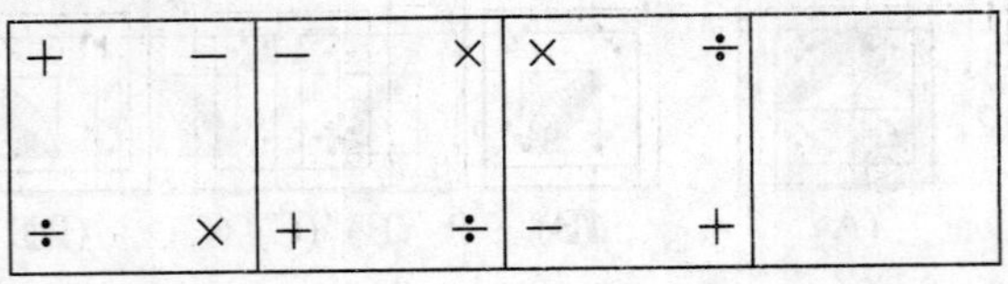

उत्तर चित्र

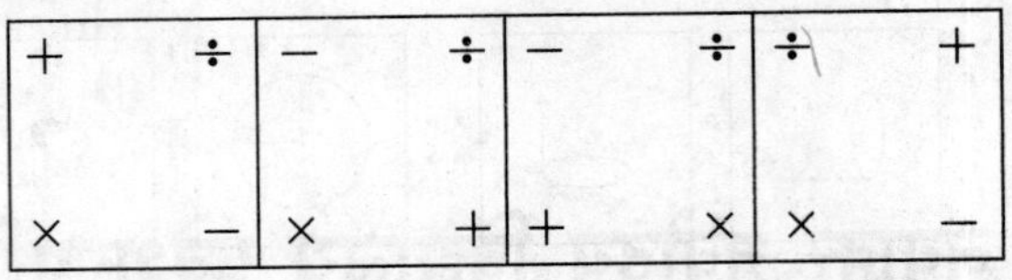

(A) (B) (C) (D)

भाग–5

निर्देश–(प्रश्न 17 से 20 तक) प्रत्येक प्रश्न में दो प्रश्न चित्रों के दो सेट दिए गए हैं. दूसरे सेट में एक प्रश्नचिह्न (?) है. प्रथम सेट के दो प्रश्न-चित्रों में एक निश्चित सम्बन्ध है. इसी तरह का सम्बन्ध दूसरे सेट के तीसरे तथा चौथे प्रश्न चित्र में भी होना आवश्यक है. उत्तर-चित्रों से उस चित्र का चयन करें, जो प्रश्नचिह्न को प्रतिस्थापित करेगा. अपने उत्तर को दर्शाने के लिए ओ.एम.आर. उत्तर-पत्रिका में प्रश्न की संगत संख्या के सामने वाले वृत्त को काला करें.

17. **प्रश्न चित्र**

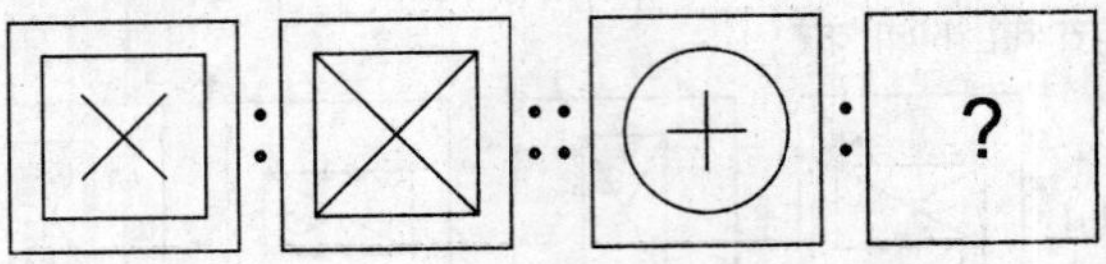

उत्तर चित्र

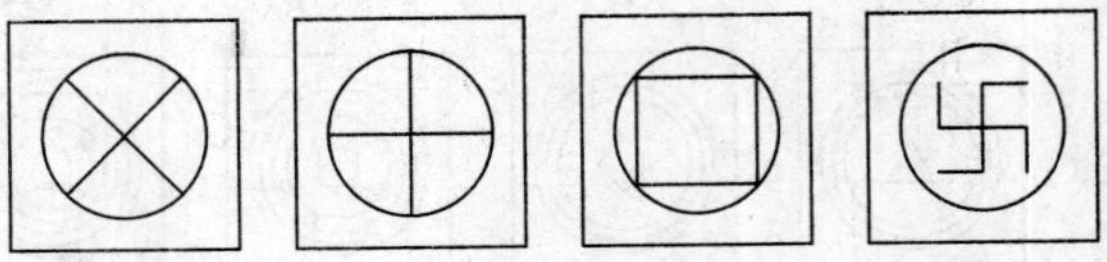

(A) (B) (C) (D)

18. **प्रश्न चित्र**

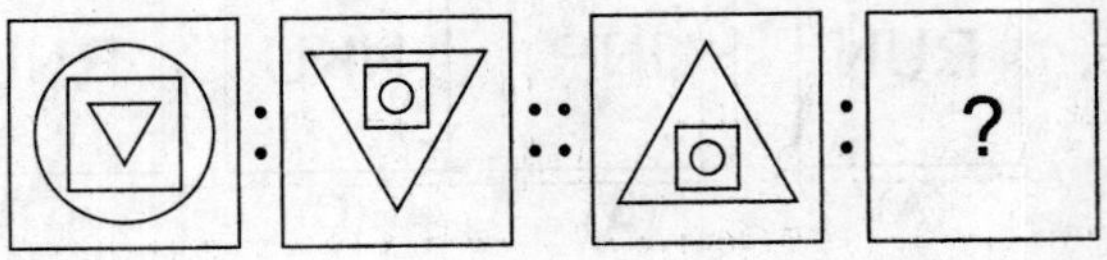

उत्तर चित्र

(A) (B) (C) (D)

19. **प्रश्न चित्र**

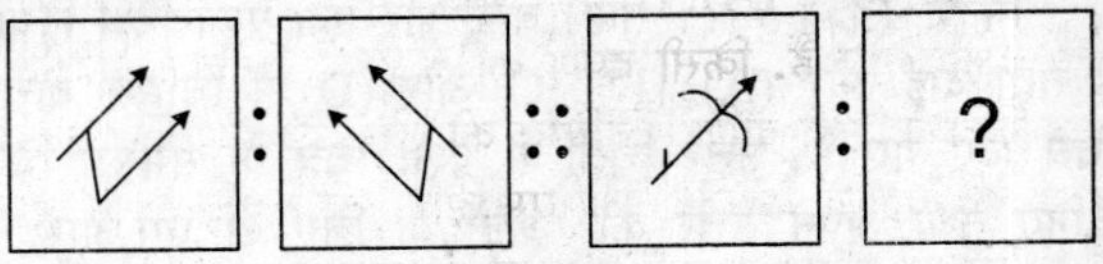

उत्तर चित्र

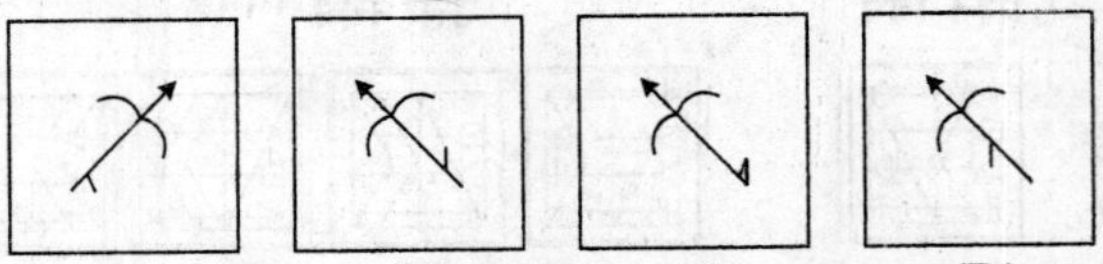

(A) (B) (C) (D)

20. **प्रश्न चित्र**

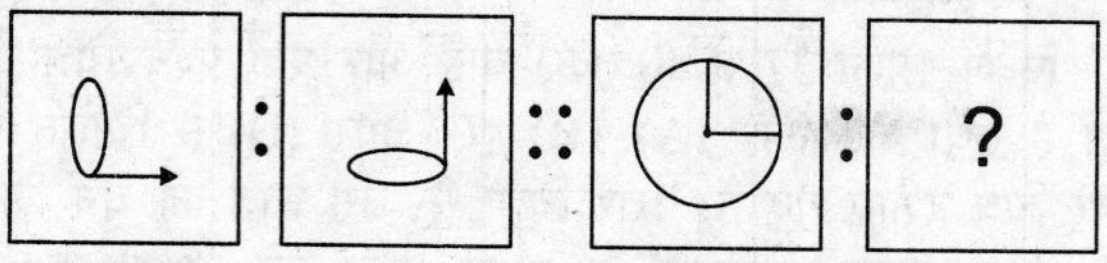

उत्तर चित्र

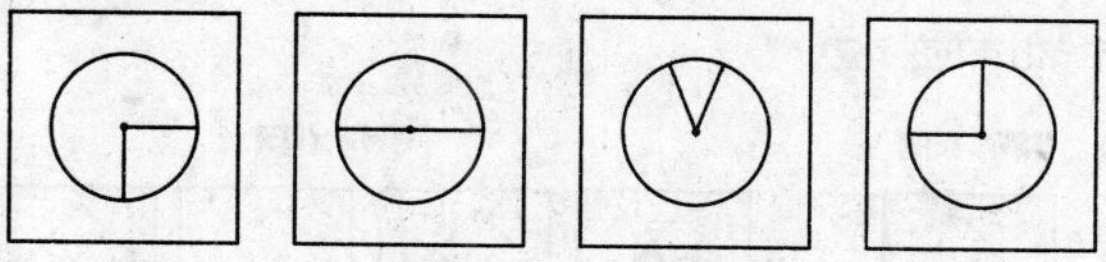

(A) (B) (C) (D)

भाग–6

निर्देश–(प्रश्न 21 से 24 तक) प्रश्न चित्र के रूप में ज्यामितीय चित्र (त्रिभुज, वर्ग तथा वृत्त) के एक भाग को बाईं ओर दर्शाया गया है तथा दाईं ओर दूसरे भाग को उत्तर चित्र के रूप में (A), (B), (C) और (D) से दर्शाया गया है. दाईं ओर के चित्र से ज्यामितीय चित्र को पूर्ण करने वाले चित्र को ज्ञात करें तथा अपने उत्तर को दर्शाने के लिए ओ.एम.आर. उत्तर-पत्रिका में प्रश्न की संगत संख्या के सामने वाले वृत्त को काला करें.

प्रश्न चित्र **उत्तर चित्र**

21. 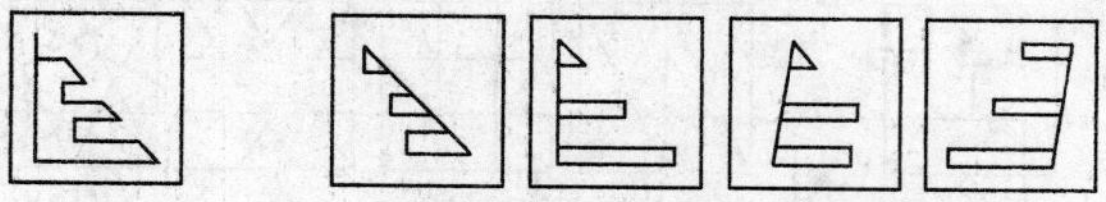

(A) (B) (C) (D)

22. 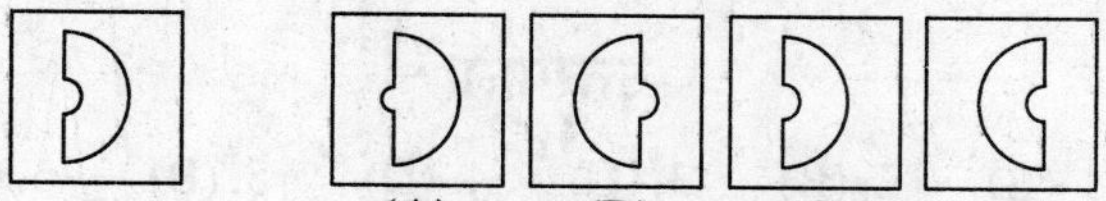

(A) (B) (C) (D)

23. 

(A) (B) (C) (D)

24. 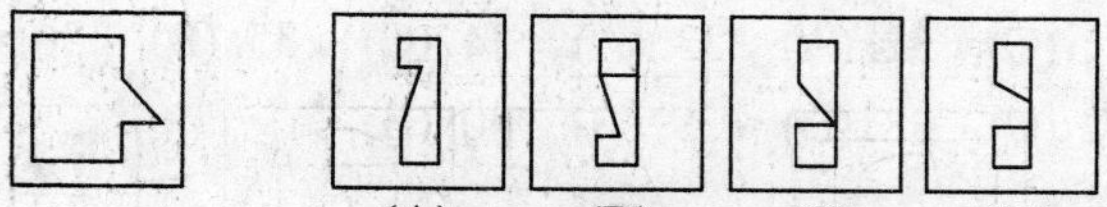

(A) (B) (C) (D)

भाग–7

निर्देश–(प्रश्न 25 से 28 तक) बाईं ओर प्रश्न चित्र दर्शाया गया है तथा दाईं ओर (A), (B), (C) और (D) से चिह्नित चार उत्तर चित्र दर्शाए गए हैं. किसी दर्पण को XY के अनुदिश रखे जाने पर प्रश्न चित्र के सही दर्पण प्रतिबिम्ब को उत्तर चित्र से चुनें तथा अपने उत्तर को दर्शाने के लिए ओ.एम.आर. उत्तर-पत्रिका में प्रश्न की संगत संख्या के सामने वाले वृत्त को काला करें.

प्रश्न चित्र **उत्तर चित्र**

25. 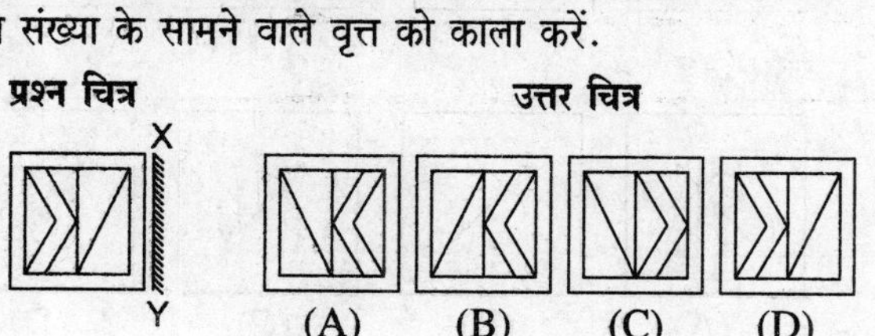

(A) (B) (C) (D)

26. 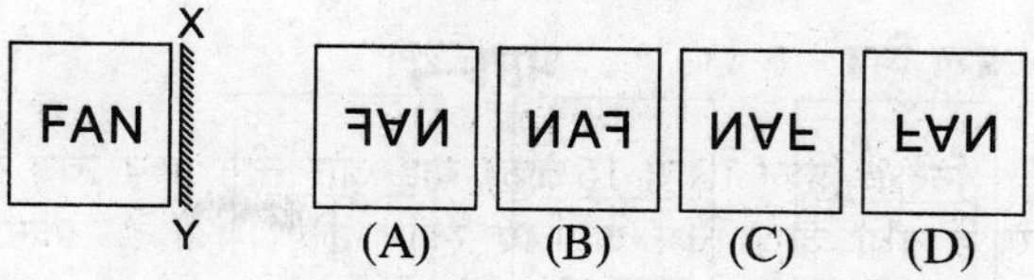

(A) (B) (C) (D)

27. 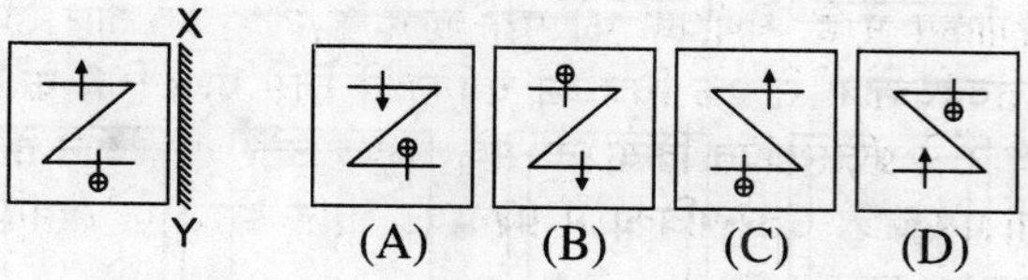

(A) (B) (C) (D)

28. 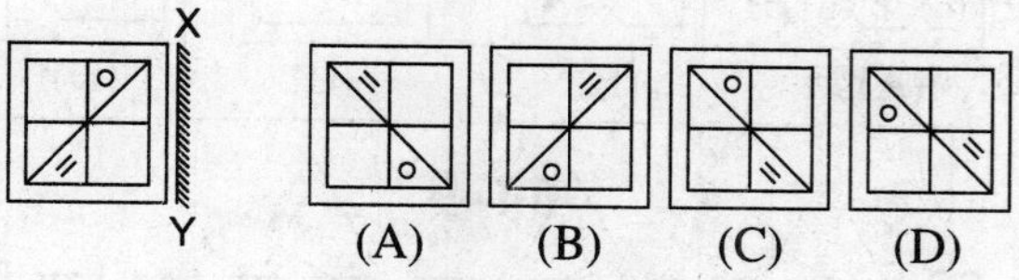

(A) (B) (C) (D)

भाग–8

निर्देश–(प्रश्न 29 से 32 तक) बाईं ओर प्रश्न चित्र में दर्शाए अनुसार कागज के एक टुकड़े को तह देकर पंच किया गया तथा दाईं ओर (A), (B), (C) और (D) से चिह्नित चार उत्तर चित्र दर्शाए गए हैं. कागज के टुकड़े के तह को खोलने पर वह जिस प्रकार दिखेगा वैसा ही चित्र उत्तर चित्र से चुनें तथा अपने उत्तर को दर्शाने के लिए ओ.एम.आर. उत्तर-पत्रिका में प्रश्न की संगत संख्या के सामने वाले वृत्त को काला करें.

29. **प्रश्न चित्र**

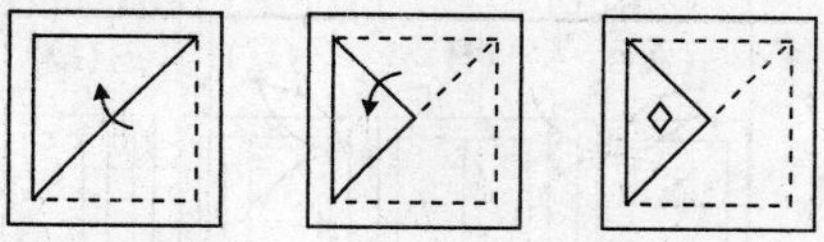

उत्तर चित्र

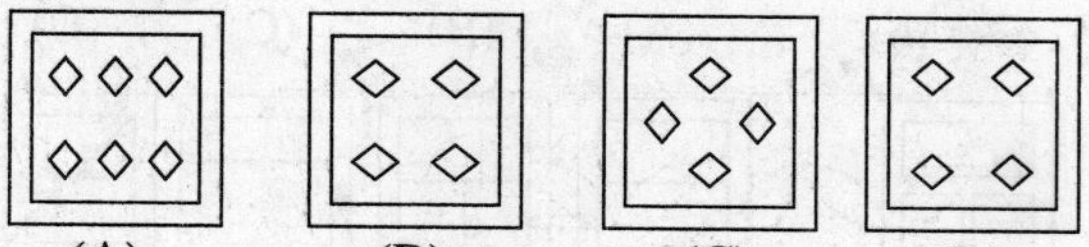

(A) (B) (C) (D)

30. **प्रश्न चित्र**

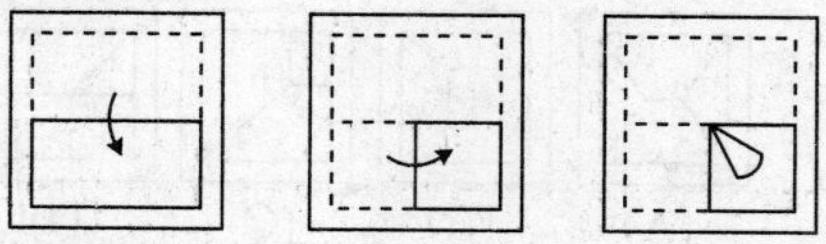

उत्तर चित्र

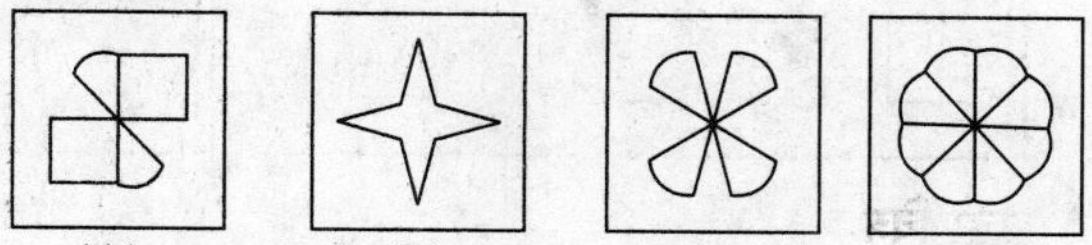

(A) (B) (C) (D)

31. **प्रश्न चित्र**

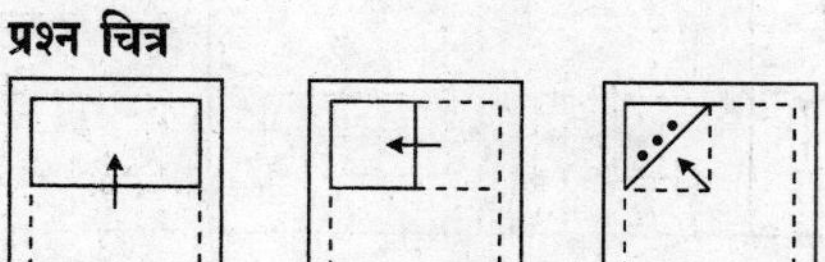

उत्तर चित्र

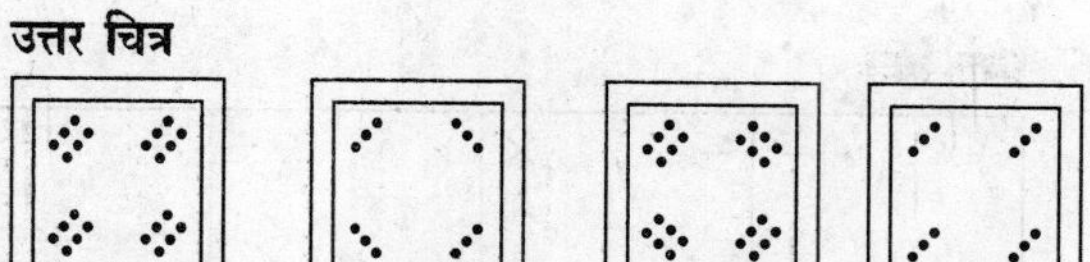

(A) (B) (C) (D)

32. **प्रश्न चित्र**

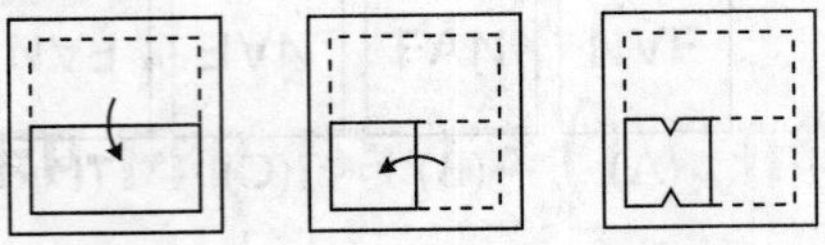

उत्तर चित्र

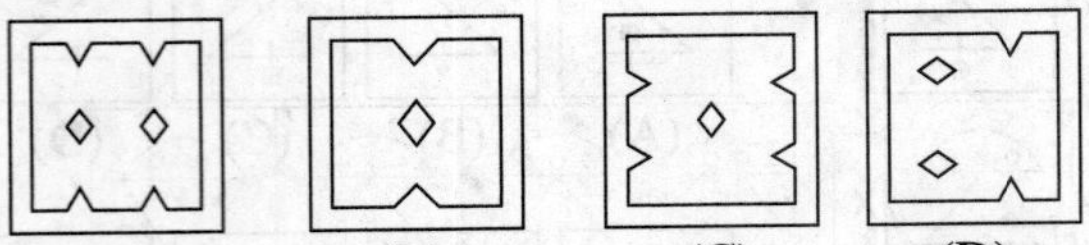

(A) (B) (C) (D)

भाग–9

निर्देश–(प्रश्न 33 से 36 तक) बाईं ओर एक प्रश्न चित्र दिया गया है तथा दाईं ओर (A), (B), (C) और (D) से चिह्नित चार उत्तर चित्र दर्शाए गए हैं. उत्तर चित्र से उस चित्र का चयन करें जिसे प्रश्न चित्र में उपलब्ध कट-आउट से बनाया जा सकता हो. अपने उत्तर को दर्शाने के लिए ओ.एम.आर. उत्तर-पत्रिका में प्रश्न की संगत संख्या के सामने वाले वृत्त को काला करें.

प्रश्न चित्र **उत्तर चित्र**

33. 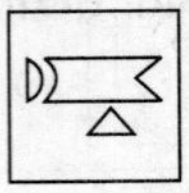 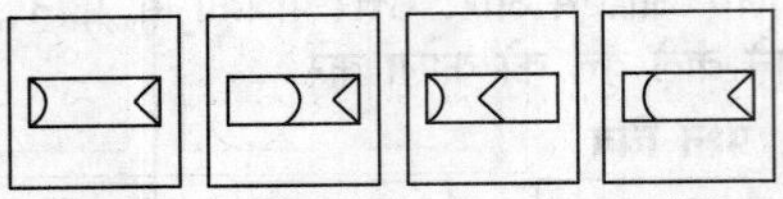

(A) (B) (C) (D)

34.  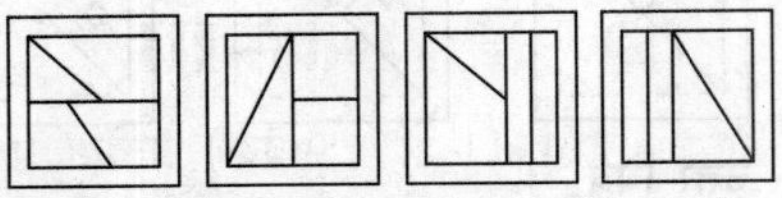

(A) (B) (C) (D)

35. 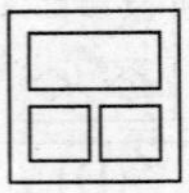 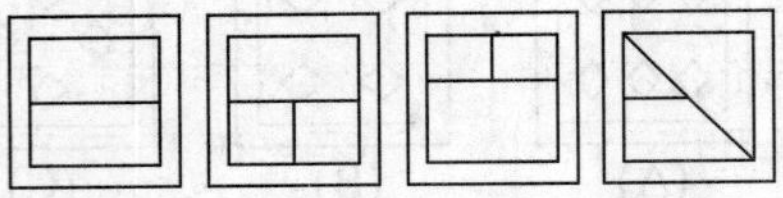

(A) (B) (C) (D)

36.  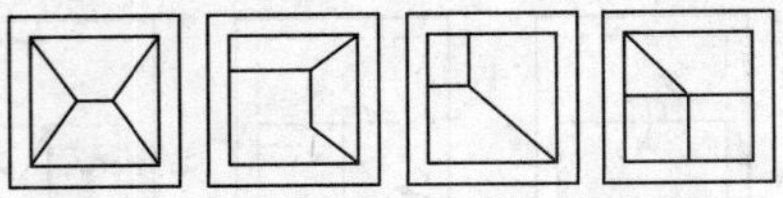

(A) (B) (C) (D)

भाग–10

निर्देश–(प्रश्न 37 से 40 तक) बाईं ओर एक प्रश्न चित्र दिया गया है तथा दाईं ओर (A), (B), (C) और (D) से चिह्नित चार उत्तर चित्र दर्शाए गए हैं. उत्तर चित्रों से, उस चित्र को चुनें जिसमें प्रश्न चित्र छिपा/सम्मिलित है. अपने उत्तर को दर्शाने के लिए ओ.एम.आर. उत्तर-पत्रिका में प्रश्न की संगत संख्या के सामने वाले वृत्त को काला करें.

प्रश्न चित्र **उत्तर चित्र**

37. 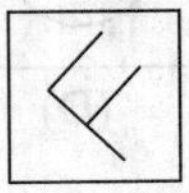 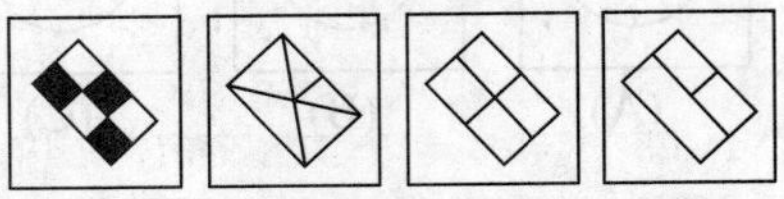

(A) (B) (C) (D)

38. 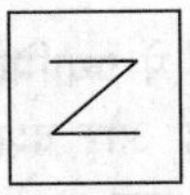 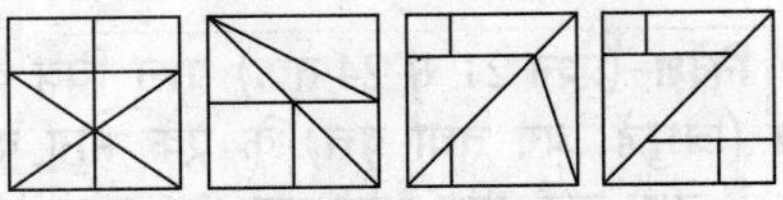

(A) (B) (C) (D)

39.  

(A) (B) (C) (D)

40. 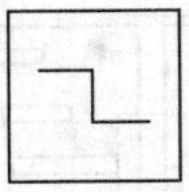 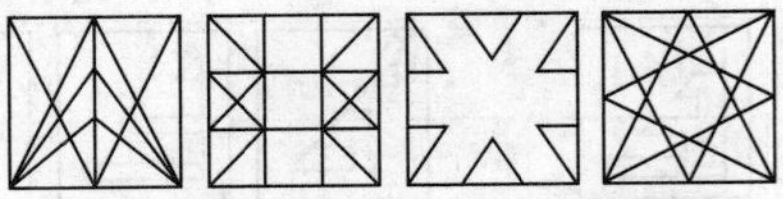

(A) (B) (C) (D)

उत्तरमाला

1. (B)	2. (B)	3. (C)	4. (D)	5. (B)	6. (C)
7. (C)	8. (D)	9. (D)	10. (A)	11. (D)	12. (C)
13. (C)	14. (A)	15. (B)	16. (D)	17. (B)	18. (C)
19. (B)	20. (D)	21. (A)	22. (B)	23. (A)	24. (C)
25. (A)	26. (B)	27. (C)	28. (C)	29. (C)	30. (C)
31. (C)	32. (A)	33. (A)	34. (C)	35. (B)	36. (B)
37. (C)	38. (D)	39. (B)	40. (B)		

जवाहर नवोदय विद्यालय प्रवेश परीक्षा, 2018 (कक्षा VI) का हल प्रश्न-पत्र

मानसिक योग्यता परीक्षा

भाग–I

निर्देश–(प्रश्न 1 से 5 तक) प्रत्येक प्रश्न में चार आकृतियाँ (A), (B), (C) तथा (D) दी गई हैं. इन चार आकृतियों में तीन आकृतियाँ कुछ हद तक सदृश हैं तथा एक अलग. अलग आकृति को चुनकर संलग्न उत्तर-पत्रिका में हर प्रश्न के आगे दिए गए बॉक्स में अंग्रेजी अक्षरांक जैसे–(A), (B), (C) तथा (D) में उत्तर लिखिए.

1. 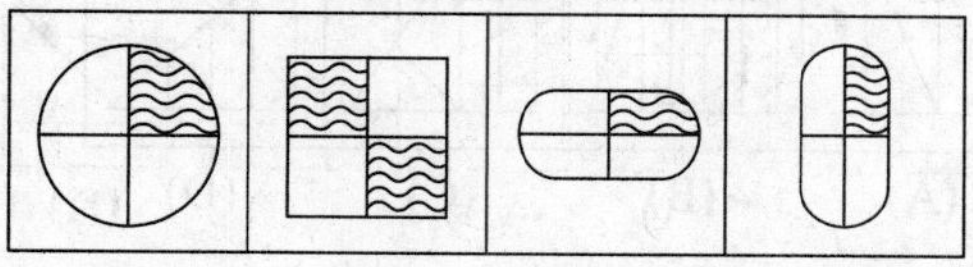

(A) (B) (C) (D)

2. 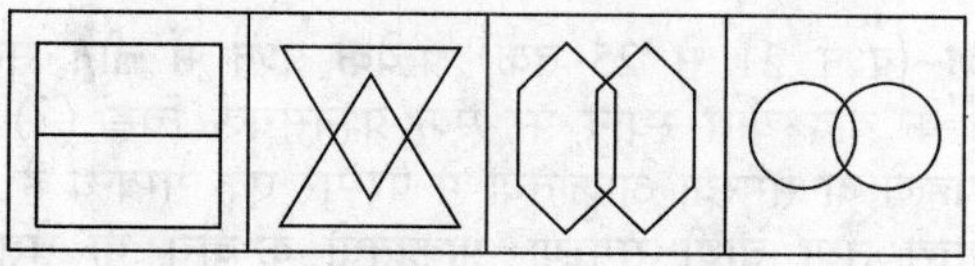

(A) (B) (C) (D)

3. 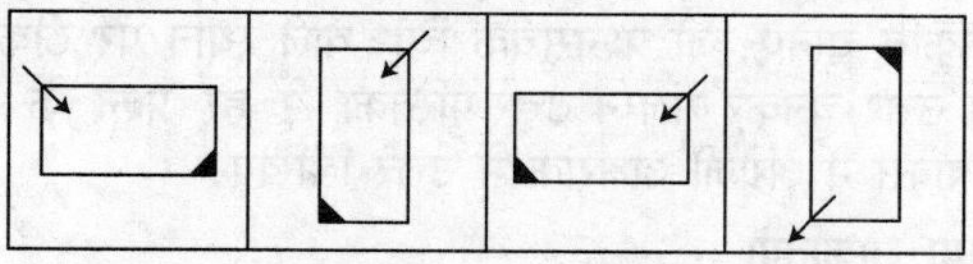

(A) (B) (C) (D)

4. 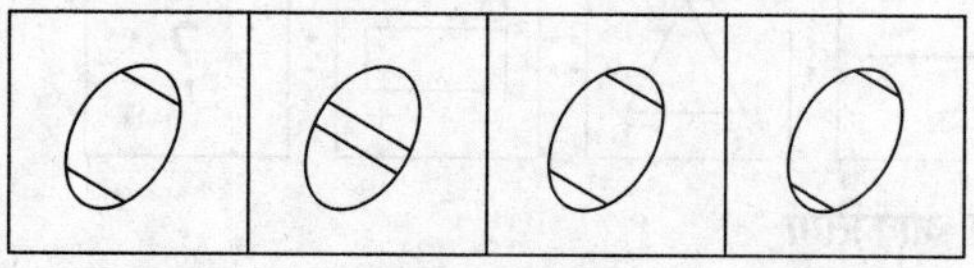

(A) (B) (C) (D)

5. 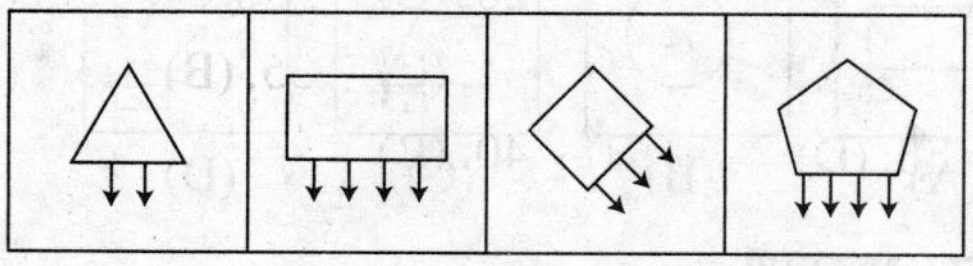

(A) (B) (C) (D)

भाग–II

निर्देश–(प्रश्न 6 से 10 तक) प्रत्येक प्रश्न में बाईं ओर एक समस्या आकृति तथा दाईं ओर चार उत्तर आकृतियाँ (A), (B), (C) तथा (D) दी गई हैं. उस उत्तर आकृति को चुनिए, जो समस्या आकृति के बिलकुल सदृश हो तथा सही उत्तर चुनकर संलग्न उत्तर-पत्रिका में हर प्रश्न के आगे दिए गए बॉक्स में अंग्रेजी अक्षरांक जैसे–(A), (B), (C) या (D) में उत्तर लिखिए.

समस्या आकृति **उत्तर आकृतियाँ**

6. 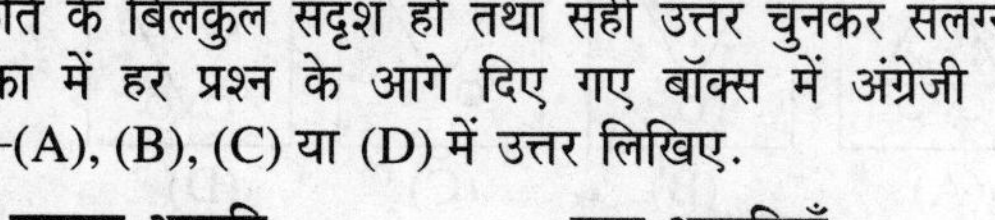

(A) (B) (C) (D)

7. 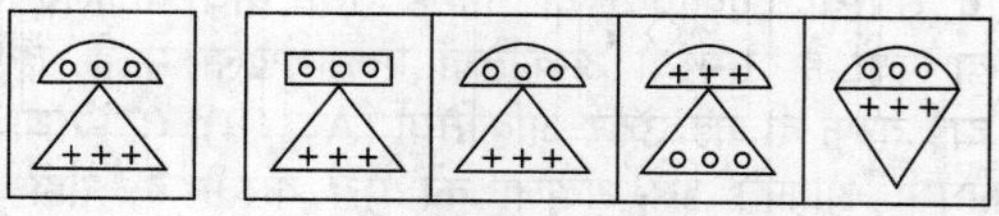

(A) (B) (C) (D)

8. 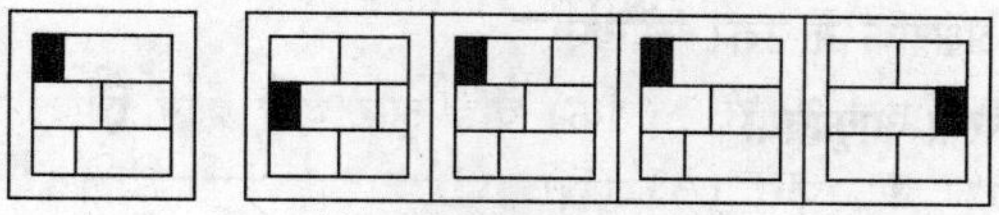

(A) (B) (C) (D)

9. 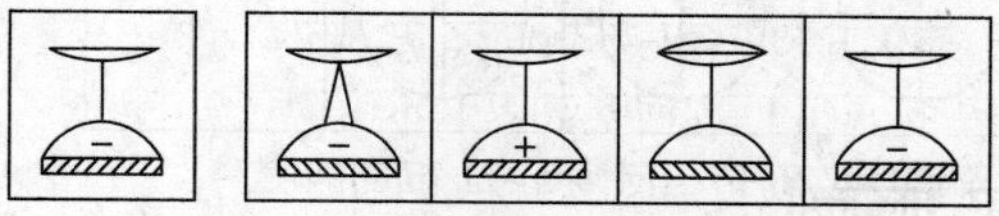

(A) (B) (C) (D)

10. 

(A) (B) (C) (D)

भाग–III

निर्देश–(प्रश्न 11 से 15 तक) प्रत्येक प्रश्न में रेखा के बाईं तरफ एक समस्या आकृति दी गई है. इस आकृति का एक भाग गायब है. दाईं तरफ दी गई (A), (B), (C) तथा (D) उत्तर आकृतियों को देखें. उस आकृति को ढूँढ़ें, जो बिना अपनी दिशा बदले समस्या आकृति के गायब भाग में इस तरह ठीक बैठती है कि समस्या आकृति का पैटर्न पूरी तरह बन जाता है. सही उत्तर चुनकर संलग्न उत्तर-पत्रिका में हर प्रश्न के आगे दिए गए बॉक्स में अंग्रेजी अक्षरांक में उत्तर लिखिए.

समस्या आकृति **उत्तर आकृतियाँ**

11. 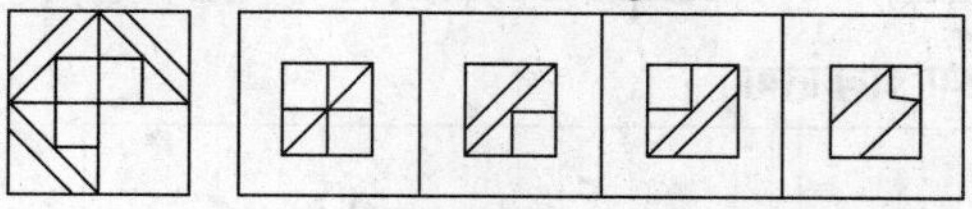

(A) (B) (C) (D)

12. 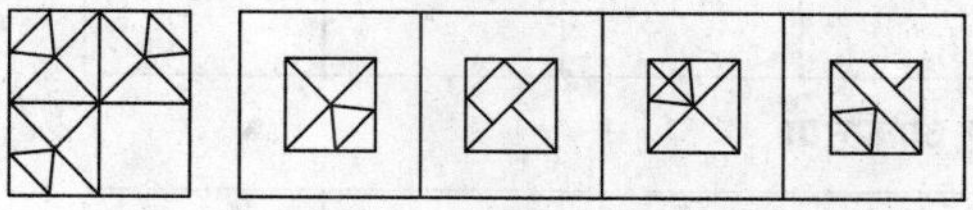

(A) (B) (C) (D)

13. 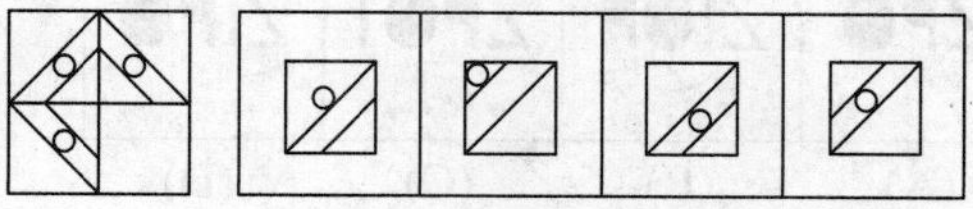

(A) (B) (C) (D)

14. 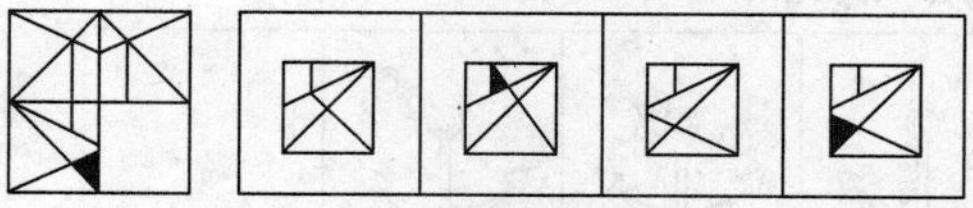

(A) (B) (C) (D)

15. 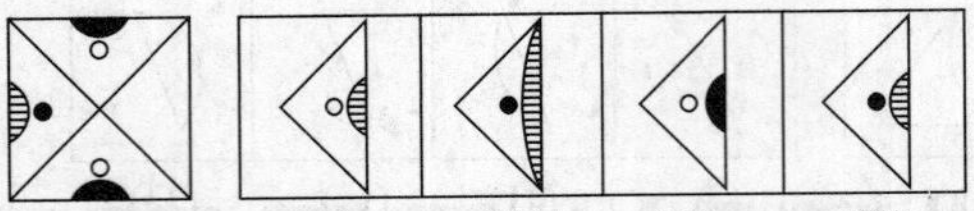

(A) (B) (C) (D)

भाग–IV

निर्देश–(प्रश्न 16 से 20 तक) प्रत्येक प्रश्न में रेखा के बाईं तरफ तीन समस्या आकृतियाँ दी गई हैं तथा चौथे के लिए स्थान रिक्त रखा गया है. समस्या आकृतियाँ एक शृंखला में हैं. ढूँढ़ें कि रेखा के दाईं तरफ दी गई उत्तर आकृतियों (A), (B), (C) तथा (D) में से कौनसी आकृति इस शृंखला को पूरा करती है. सही उत्तर चुनकर संलग्न उत्तर-पत्रिका में हर प्रश्न के आगे दिए गए बॉक्स में अंग्रेजी अक्षरांक में उत्तर लिखिए.

16. **समस्या आकृतियाँ**

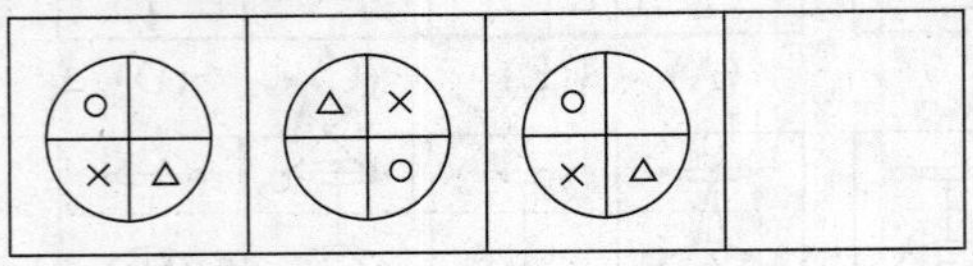

उत्तर आकृतियाँ

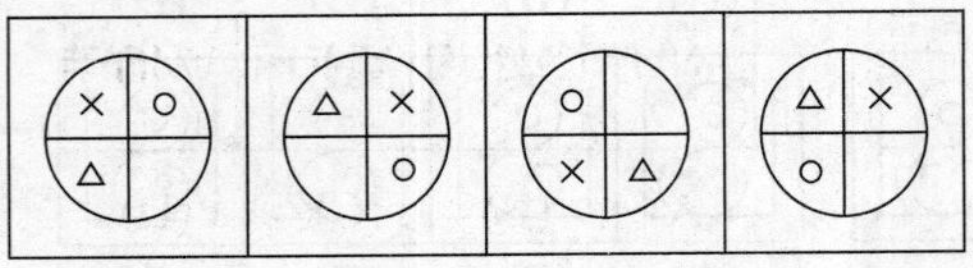

(A) (B) (C) (D)

17. **समस्या आकृतियाँ**

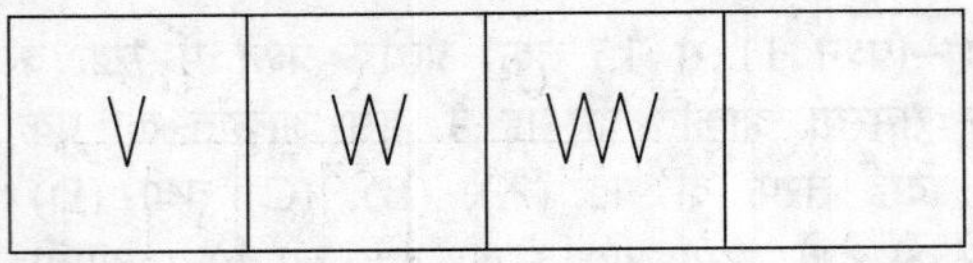

उत्तर आकृतियाँ

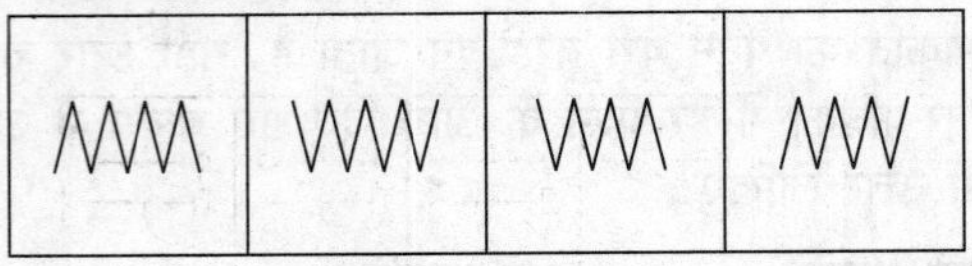

(A) (B) (C) (D)

18. **समस्या आकृतियाँ**

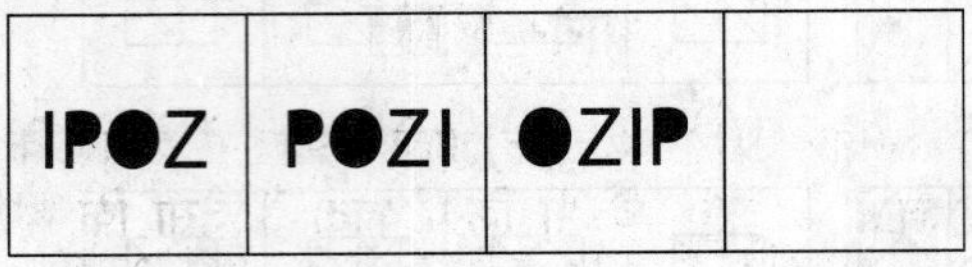

उत्तर आकृतियाँ

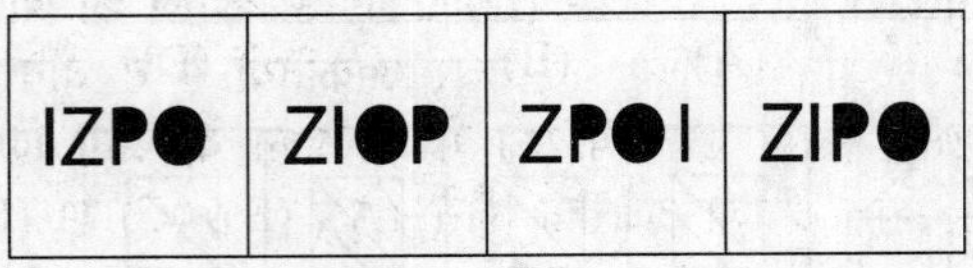

(A) (B) (C) (D)

19. **समस्या आकृतियाँ**

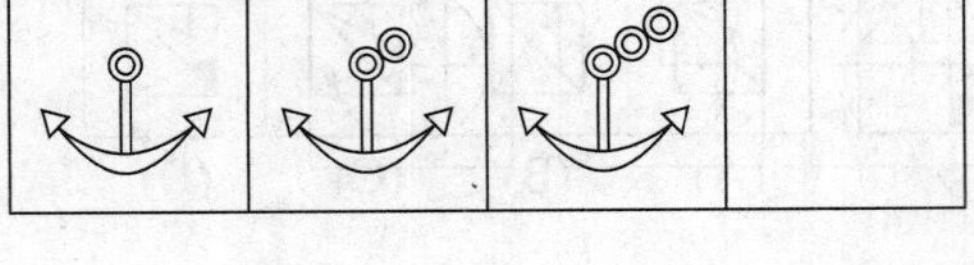

उत्तर आकृतियाँ

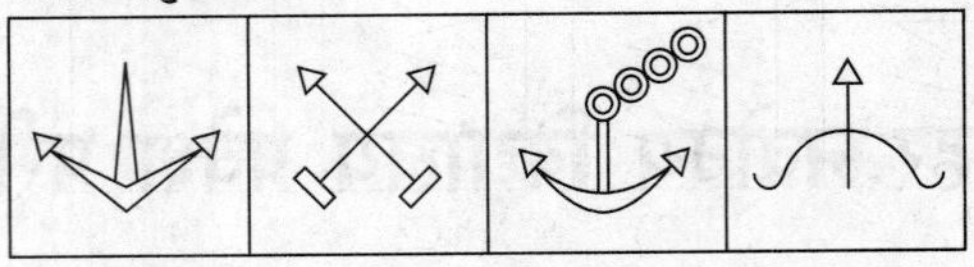

(A) (B) (C) (D)

20. **समस्या आकृतियाँ**

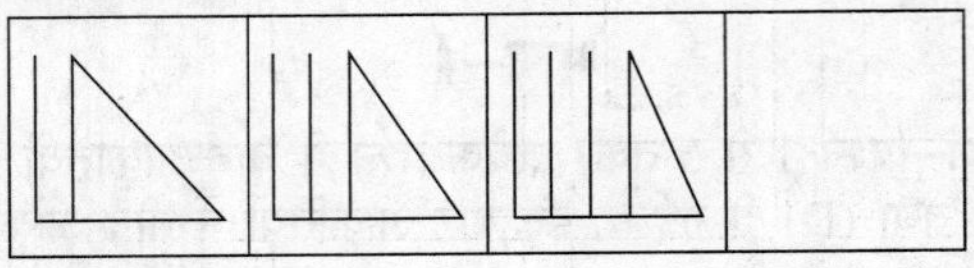

उत्तर आकृतियाँ

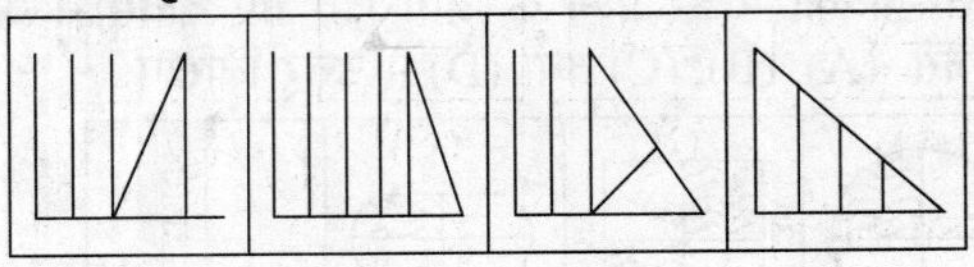

(A) (B) (C) (D)

भाग–V

निर्देश–(प्रश्न 21 से 25 तक) प्रत्येक प्रश्न में तीन समस्या आकृतियों के बाद चौथे स्थान पर एक प्रश्नसूचक चिह्न (?) बना हुआ है. पहली दो समस्या आकृतियों में परस्पर एक सम्बन्ध है. इसी प्रकार तीसरी तथा चौथी समस्या आकृतियों के बीच भी वैसा ही सम्बन्ध होना चाहिए. उत्तर आकृतियों (A), (B), (C) तथा (D) में से वह आकृति चुनिए, जो प्रश्नसूचक चिह्न वाले स्थान पर ठीक बैठ सके. सही उत्तर चुनकर संलग्न उत्तर-पुस्तिका में हर प्रश्न के आगे दिए गए बॉक्स में अंग्रेजी अक्षरांक में उत्तर लिखिए.

21. **समस्या आकृतियाँ**

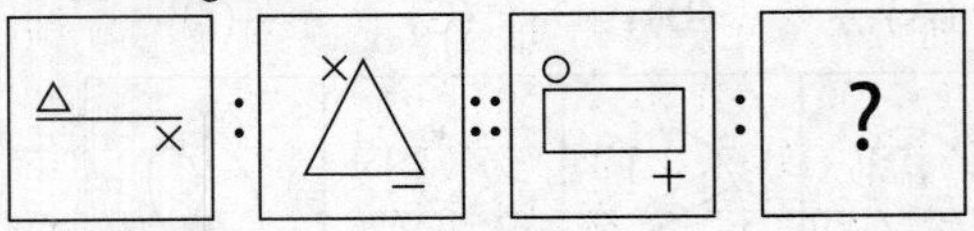

उत्तर आकृतियाँ

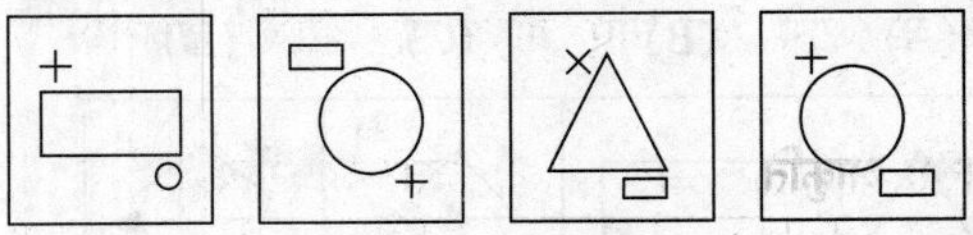

(A) (B) (C) (D)

22. **समस्या आकृतियाँ**

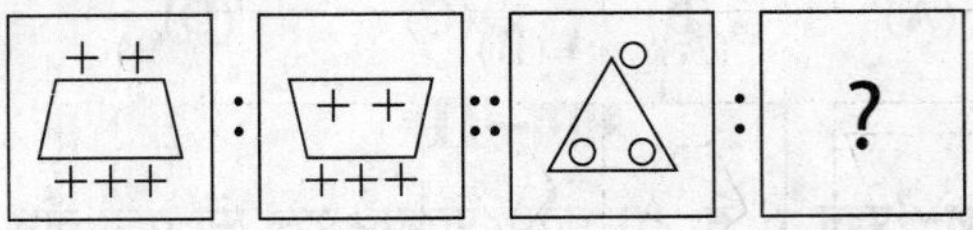

उत्तर आकृतियाँ

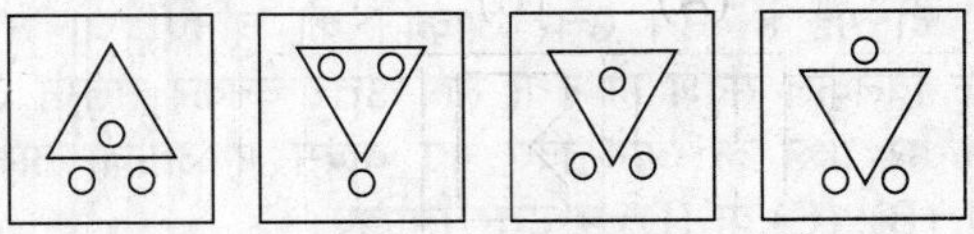

(A) (B) (C) (D)

23. **समस्या आकृतियाँ**

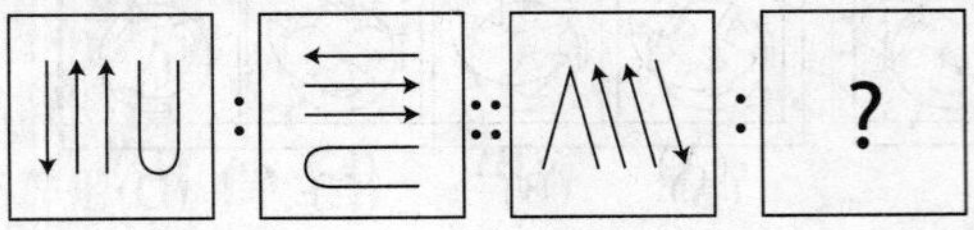

उत्तर आकृतियाँ

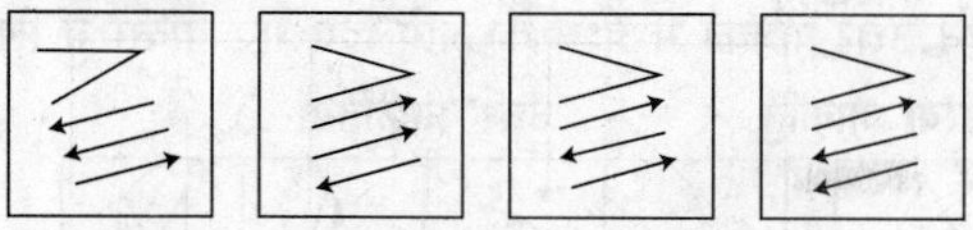

(A) (B) (C) (D)

24. **समस्या आकृतियाँ**

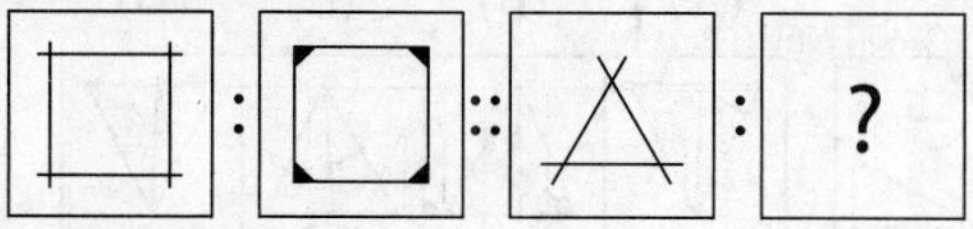

उत्तर आकृतियाँ

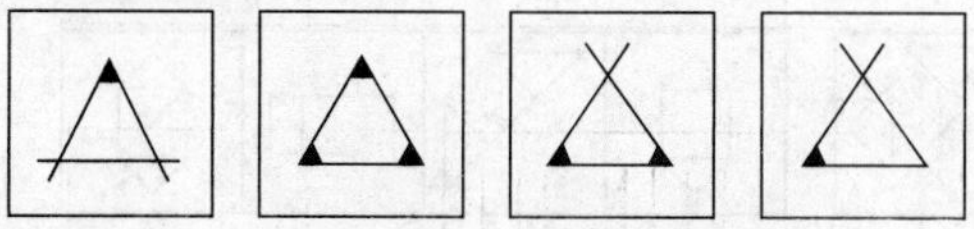

(A) (B) (C) (D)

25. **समस्या आकृतियाँ**

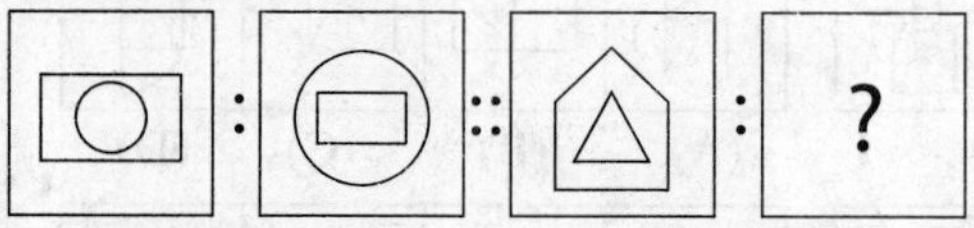

उत्तर आकृतियाँ

(A) (B) (C) (D)

भाग–VI

निर्देश–(प्रश्न 26 से 30 तक) प्रत्येक प्रश्न में किसी ज्यामितिक आकृति का एक भाग रेखा के बाईं तरफ समस्या आकृति के रूप में दिया गया है और रेखा के दाईं तरफ दी गई चार आकृतियों (A), (B), (C) तथा (D) में से कोई एक उसका दूसरा भाग है. दाईं तरफ दी गई उत्तर आकृतियों में से वह आकृति ढूँढ़ें, जो उस ज्यामितिक आकृति को पूर्ण बनाती है. सही उत्तर चुनकर संलग्न उत्तर-पत्रिका में हर प्रश्न के आगे दिए गए बॉक्स में अंग्रेजी अक्षरांक में उत्तर लिखिए.

समस्या आकृति **उत्तर आकृतियाँ**

26. 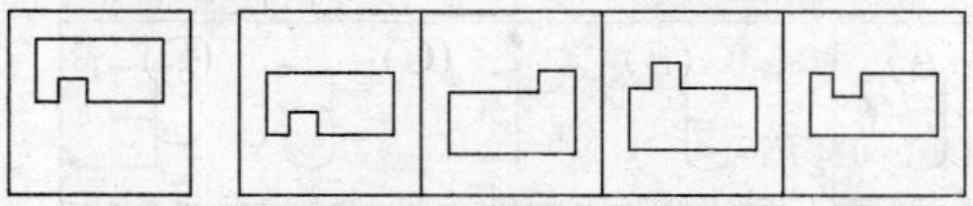

(A) (B) (C) (D)

27. 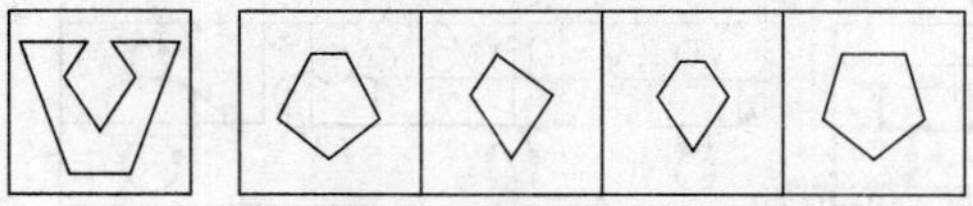

(A) (B) (C) (D)

28. 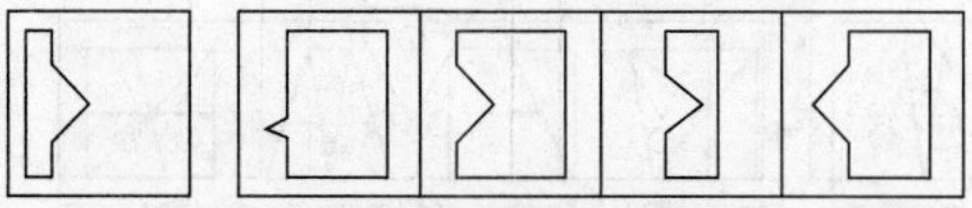

(A) (B) (C) (D)

29. 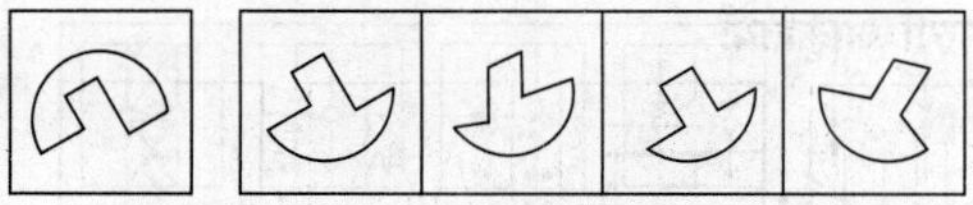

(A) (B) (C) (D)

30. 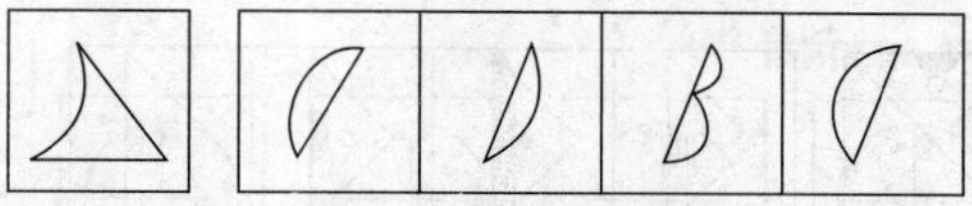

(A) (B) (C) (D)

भाग–VII

निर्देश–(प्रश्न 31 से 35 तक) प्रत्येक प्रश्न में बाईं ओर एक समस्या आकृति तथा दाईं ओर चार उत्तर आकृतियाँ (A), (B), (C) तथा (D) दी गई हैं. उस उत्तर आकृति को चुनिए, जो समस्या आकृति की दर्पण आकृति के बिलकुल सदृश हो जब दर्पण को XY पर रखा गया हो. अपना उत्तर चुनकर संलग्न उत्तर-पत्रिका में हर प्रश्न के आगे दिए गए बॉक्स में केवल अंग्रेजी अक्षरांक [जैसे–(A), (B), (C) या (D)] में उत्तर लिखिए.

समस्या आकृति **उत्तर आकृतियाँ**

31. 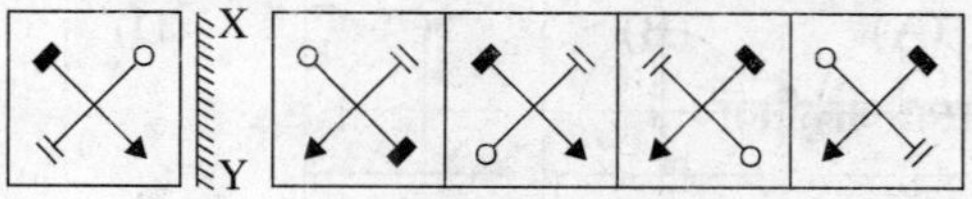

(A) (B) (C) (D)

32. 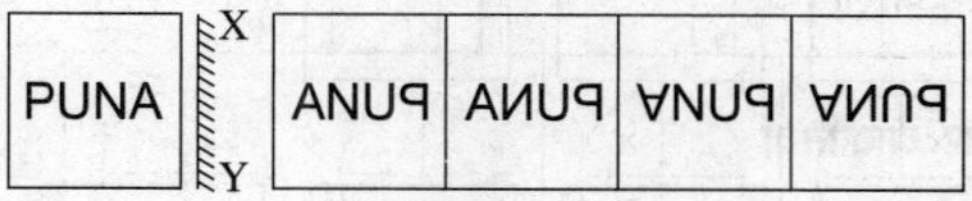

(A) (B) (C) (D)

33. 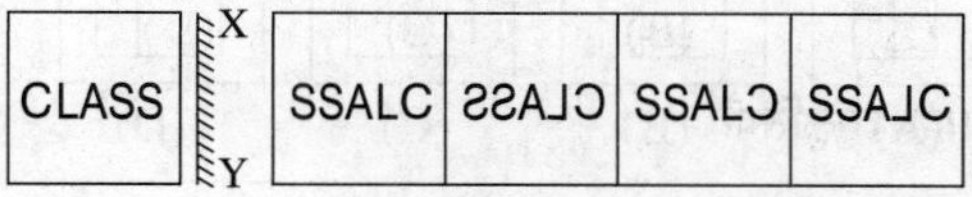

(A) (B) (C) (D)

34. 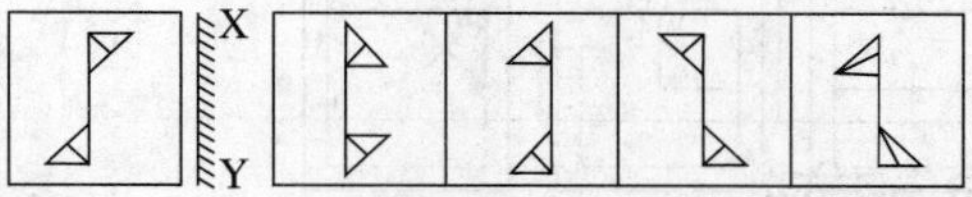

(A) (B) (C) (D)

35. 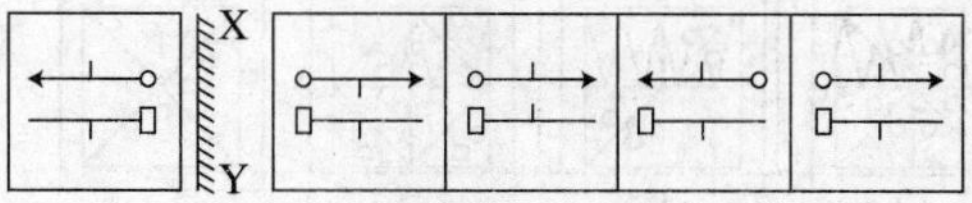

(A) (B) (C) (D)

भाग–VIII

निर्देश–(प्रश्न 36 से 40 तक) प्रत्येक प्रश्न में कागज के टुकड़े को मोड़ा जाता है और पंच भी किया जाता है जैसा कि बाईं ओर समस्या आकृतियों में दिखाया गया है तथा दाईं ओर चार उत्तर आकृतियाँ (A), (B), (C) और (D) दी गई हैं. कागज को खोलने के बाद बनी आकृति को दिए गए उत्तर आकृतियों में से चुनिए तथा अपना उत्तर संलग्न उत्तर पत्रिका में हर प्रश्न के आगे दिए गए बॉक्स में केवल अंग्रेजी अक्षरांक [जैसे–(A), (B), (C) या (D)] में लिखिए.

36. **समस्या आकृतियाँ**

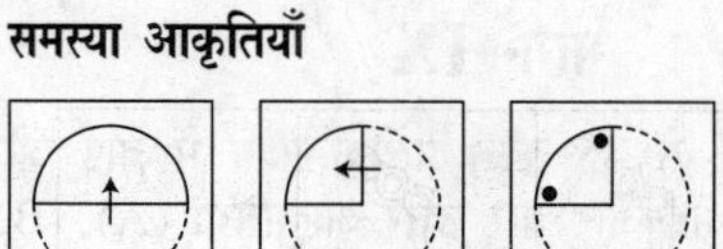

उत्तर आकृतियाँ

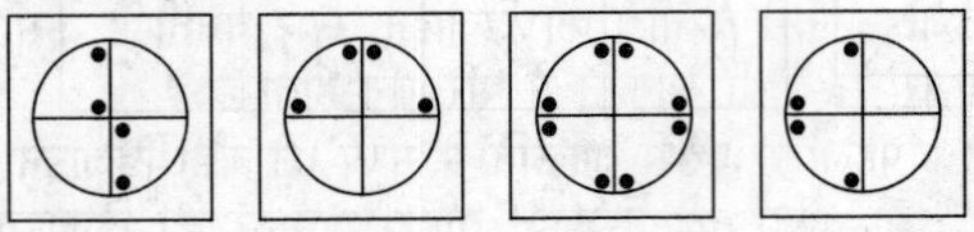

(A) (B) (C) (D)

37. समस्या आकृतियाँ

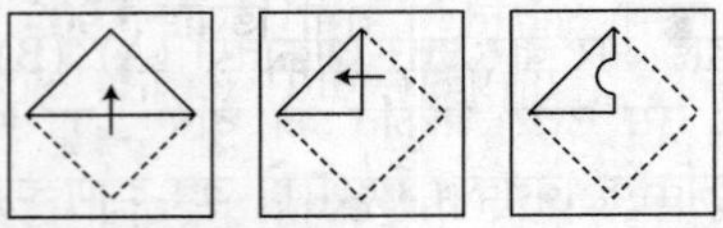

उत्तर आकृतियाँ

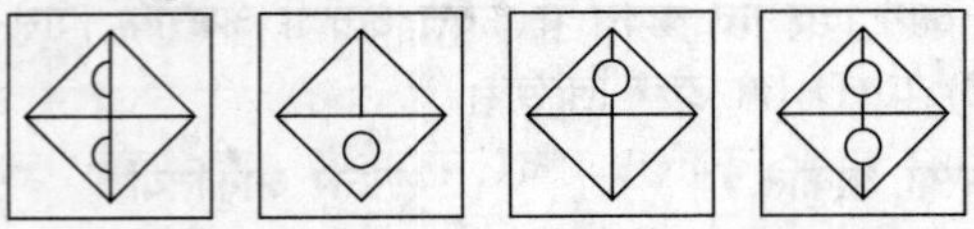

(A) (B) (C) (D)

38. समस्या आकृतियाँ

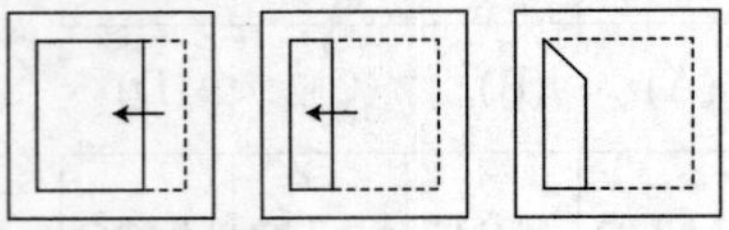

उत्तर आकृतियाँ

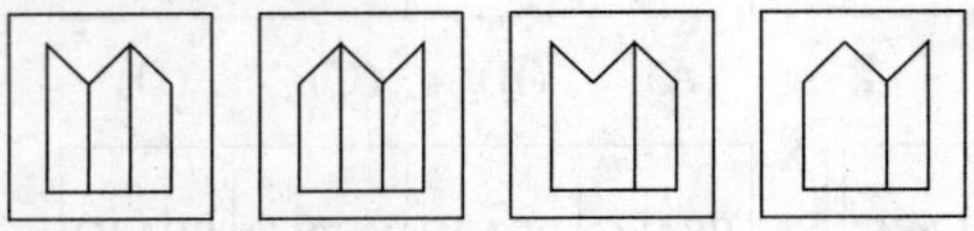

(A) (B) (C) (D)

39. समस्या आकृतियाँ

उत्तर आकृतियाँ

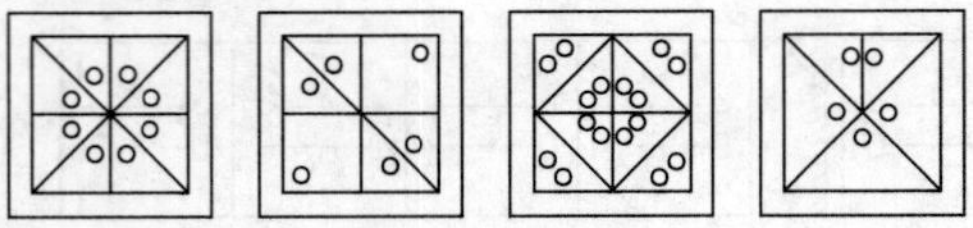

(A) (B) (C) (D)

40. समस्या आकृतियाँ

उत्तर आकृतियाँ

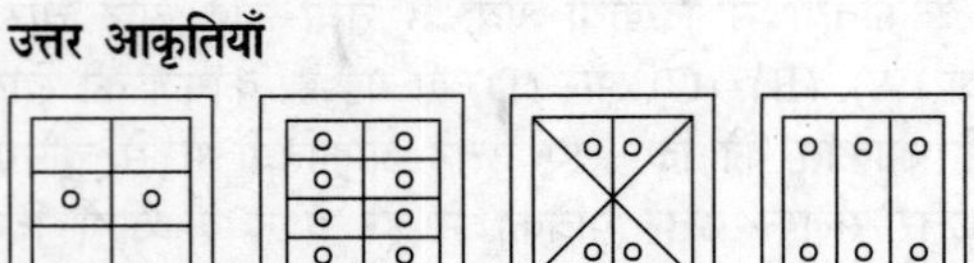

(A) (B) (C) (D)

भाग–IX

निर्देश–(प्रश्न 41 से 45 तक) प्रत्येक प्रश्न में बाईं ओर एक समस्या आकृति तथा दाईं ओर चार उत्तर आकृतियाँ (A), (B), (C) तथा (D) दी गई हैं. समस्या आकृति में दिए गए कटे हुए टुकड़े से बनी उत्तर आकृति को चुनिए तथा उस उत्तर आकृति के अक्षरांक को संलग्न उत्तर-पत्रिका में प्रश्न के आगे दिए गए बॉक्स में लिखिए.

समस्या आकृति उत्तर आकृतियाँ

41.

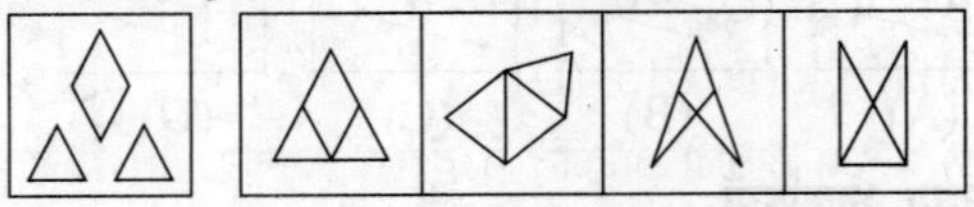

(A) (B) (C) (D)

42.

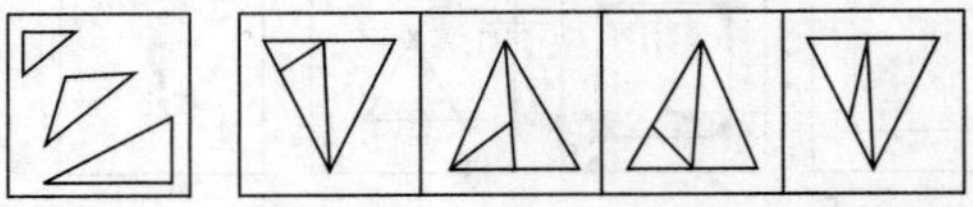

(A) (B) (C) (D)

43.

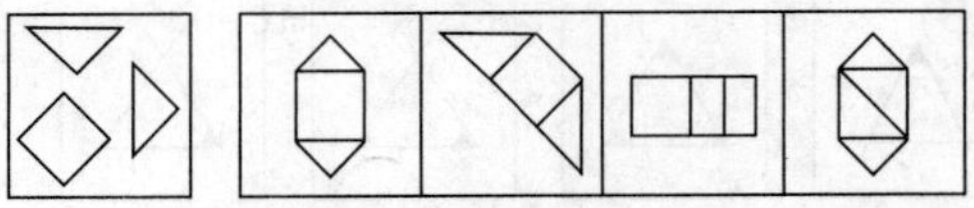

(A) (B) (C) (D)

44.

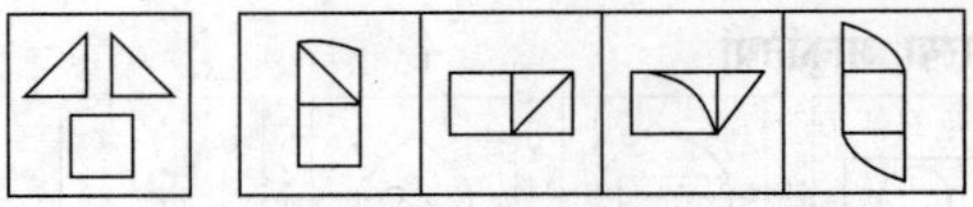

(A) (B) (C) (D)

45.

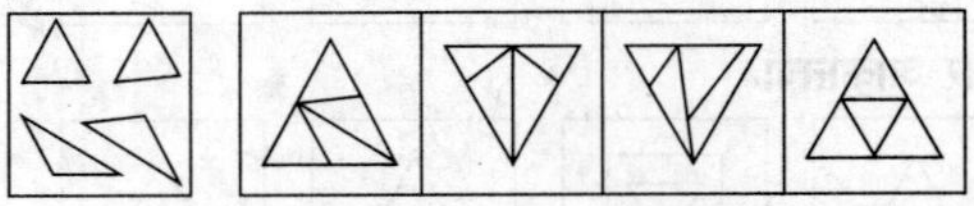

(A) (B) (C) (D)

भाग–X

निर्देश–(प्रश्न 46 से 50 तक) प्रत्येक प्रश्न में बाईं ओर एक समस्या आकृति दी गई है तथा दाईं ओर चार उत्तर आकृतियाँ (A), (B), (C) तथा (D) दी गई हैं. उस उत्तर आकृति को चुनिए जिसमें समस्या आकृति छिपी है तथा अपना उत्तर, उत्तर आकृति के अक्षरांक द्वारा संलग्न उत्तर-पत्रिका में हर प्रश्न के आगे दिए गए बॉक्स में लिखिए.

समस्या आकृति उत्तर आकृतियाँ

46.

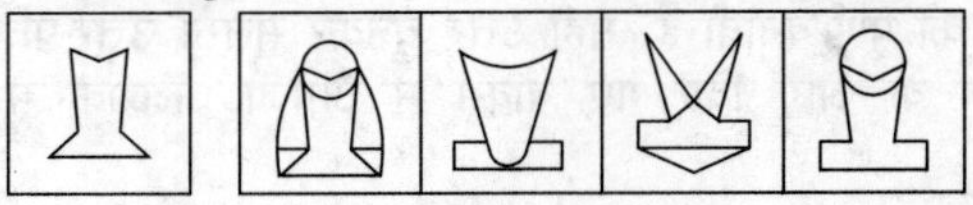

(A) (B) (C) (D)

47.

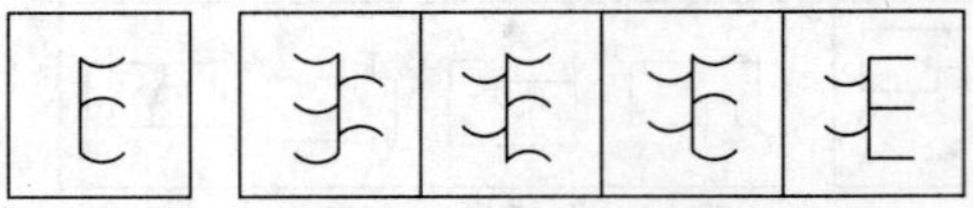

(A) (B) (C) (D)

48.

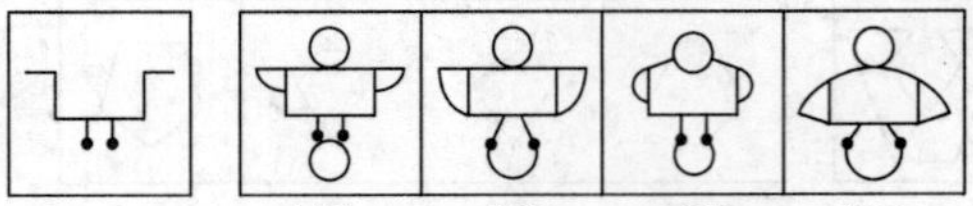

(A) (B) (C) (D)

49.

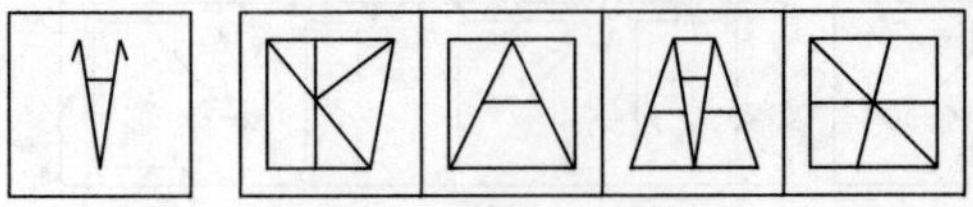

(A) (B) (C) (D)

50.

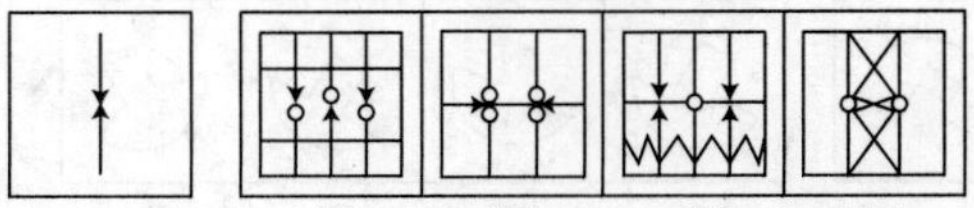

(A) (B) (C) (D)

उत्तर व्याख्या सहित

1. (B) 2. (A) 3. (D) 4. (B) 5. (C) 6. (C)
7. (B) 8. (C) 9. (D) 10. (A) 11. (C) 12. (A)
13. (D) 14. (D) 15. (D)

16. (B) प्रत्येक अगली आकृति में वृत्त के अन्दर की डिजाइनें 'O' व 'Δ' आपस में स्थान बदलती हैं तथा डिजाइन 'X' व खाली स्थान आपस में स्थान बदलते हैं.

17. (B) प्रत्येक अगली आकृति में डिजाइन 'V' की एक की वृद्धि होती जाती है.

18. (D) प्रत्येक अगली आकृति में अक्षर निम्न प्रकार स्थान परिवर्तित करते हैं.

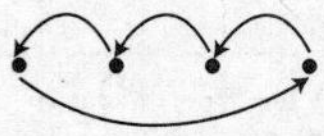

19. (C) प्रत्येक अगली आकृति में डिजाइन के ऊपर डिजाइन '◎' की एक की वृद्धि होती जाती है.

20. (B) प्रत्येक अगली आकृति में त्रिभुज के बाएँ एक रेखा की वृद्धि हो रही है.

21. (D) पहली से दूसरी आकृति में ऊपर डिजाइन मध्य में, मध्य डिजाइन नीचे व नीचे की डिजाइन ऊपर बनती है. इसी प्रकार, तीसरी से चौथी आकृति में परिवर्तन होता है.

22. (C) पहली से दूसरी आकृति में मध्य की बड़ी डिजाइन पलटती है तथा अन्दर की डिजाइन बाहर व बाहर की डिजाइन अन्दर बनती है. इसी प्रकार, तीसरी से चौथी आकृति के डिजाइनों में परिवर्तन होता है.

23. (B) पहली से दूसरी आकृति में सभी डिजाइनें 90° दक्षिणावर्त घूमकर बनती हैं. इसी प्रकार, तीसरे से चौथी आकृति की डिजाइनों में परिवर्तन होता है.

24. (B) पहली से दूसरी आकृति में डिजाइन वर्ग वाली डिजाइन में कोने छायांकित होते हैं. इसी प्रकार, तीसरी से चौथी आकृति की डिजाइन त्रिभुज के कोने छायांकित होते हैं.

25. (C) पहली से दूसरी आकृति में अन्दर की डिजाइन बाहर व बाहर वाली डिजाइन अन्दर बनती है. इसी प्रकार, तीसरी से चौथी आकृति में परिवर्तन होता है.

26. (C) 27. (C) 28. (B) 29. (A) 30. (B) 31. (D)
32. (B) 33. (B) 34. (C) 35. (D) 36. (C) 37. (D)
38. (A) 39. (C) 40. (B) 41. (A) 42. (B) 43. (B)
44. (B) 45. (A) 46. (A) 47. (C) 48. (A) 49. (C)
50. (C)

मानसिक योग्यता परीक्षा

मानसिक योग्यता परीक्षा

1. आकृति शृंखला (Figure Series)

इस प्रकार के प्रश्नों में आकृतियाँ दो समूहों में होती हैं. एक समूह प्रश्न आकृतियाँ कहलाता है और दूसरा उत्तर आकृतियाँ. प्रश्न आकृतियाँ चार या पाँच होती हैं तथा उत्तर आकृतियाँ संख्या में पाँच होती हैं. उत्तर आकृतियों को A, B, C, D व E अक्षरों द्वारा प्रदर्शित किया जाता है. प्रश्न आकृतियाँ चारों एक क्रम में होती हैं. वे बाएं से दाएं एक विशेष क्रम में बदलती हैं. प्रश्न यह है कि यदि आकृतियाँ उसी विशेष क्रम में बदलती रहें तो चौथी या पाँचवीं आकृति कैसी होगी ? अभ्यर्थी को यह ज्ञात करना होता है कि उत्तर आकृतियों में से कौनसी आकृति उत्तर की पूर्ति करती है ?

स्पष्टीकरण के लिए नीचे तीन उदाहरण दिए गए हैं.

उदाहरण 1. उत्तर आकृतियों में से कौनसी आकृति प्रश्न आकृतियों के चौथे स्थान पर आएगी ?

प्रश्न आकृतियाँ

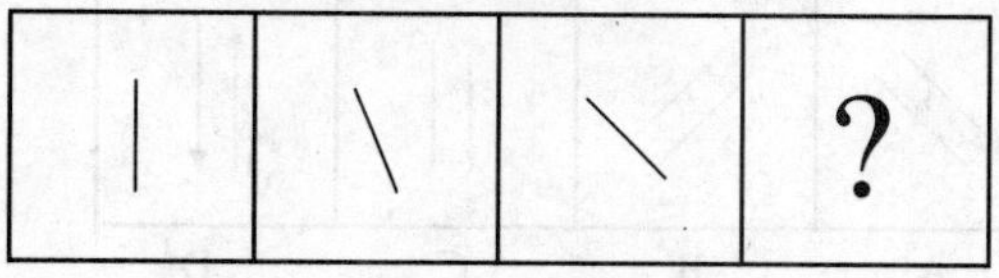

उत्तर आकृतियाँ

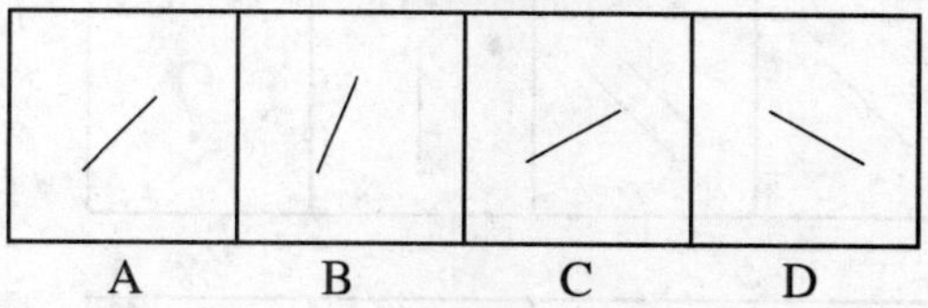

उत्तर व्याख्या सहित–(D) इस प्रश्न में हम देखते हैं कि प्रश्न आकृतियों में बाएं से दाएं चलने पर रेखा क्रम से नीचे की ओर झुकती जाती है. पहली आकृति में रेखा ऊर्ध्वाधर है, दूसरी में रेखा ऊर्ध्वाधर से कुछ झुकी हुई है, तीसरी आकृति में यह झुकाव बढ़ जाता है. अतः चौथी स्थिति में रेखा कुछ और झुकनी चाहिए. उत्तर आकृतियों को देखने पर ज्ञात होता है कि आकृति (D) में रेखा अभीष्ट स्थिति में है. अतः सही उत्तर (D) है.

उदाहरण 2. उत्तर आकृतियों में से कौनसी आकृति प्रश्न आकृतियों के चौथे स्थान पर आएगी ?

प्रश्न आकृतियाँ

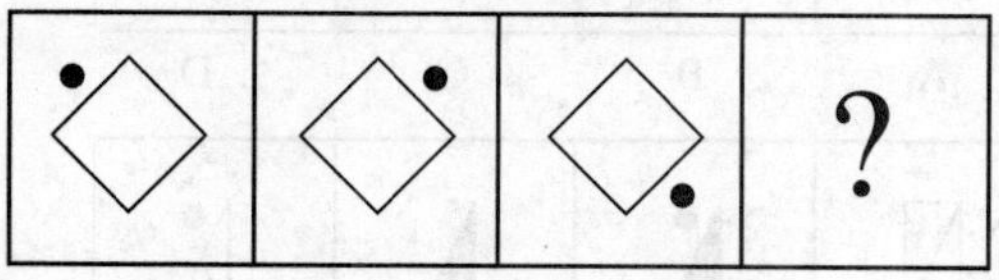

उत्तर आकृतियाँ

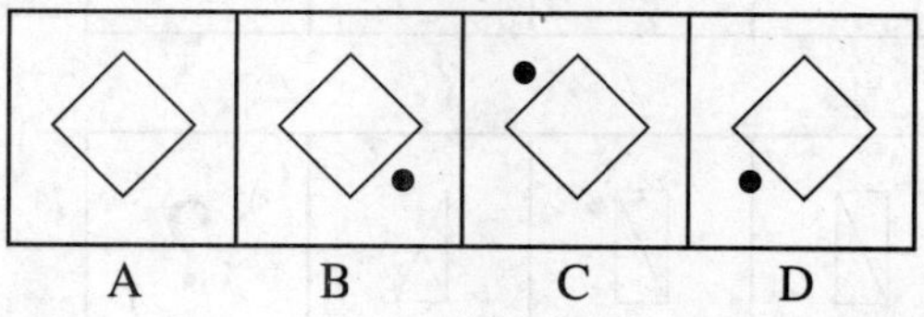

उत्तर व्याख्या सहित–(D) इस प्रश्न में एक बिन्दु वर्ग के चारों ओर घड़ी की सुइयों के चलने की दिशा में घूम रहा है. चौथी आकृति में यह बिन्दु घुमकर नीचे बाईं ओर के कोने में आ जाएगा. चूँकि उत्तर आकृतियों में से आकृति (D) इस स्थिति को प्रदर्शित करती है. अतः सही उत्तर (D) है.

उदाहरण 3. उत्तर आकृतियों में से कौनसी आकृति प्रश्न आकृतियों के चौथे स्थान पर आएगी ?

प्रश्न आकृतियाँ

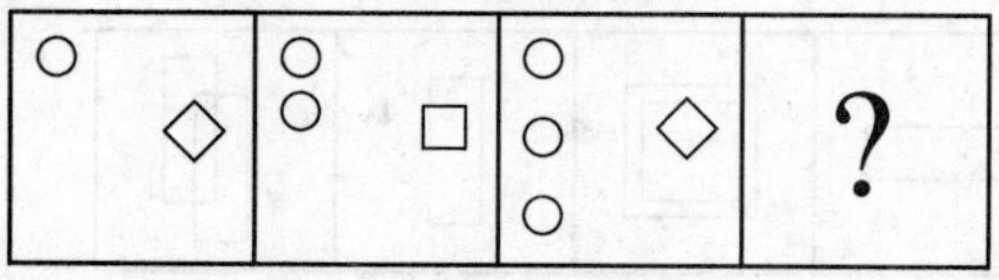

उत्तर आकृतियाँ

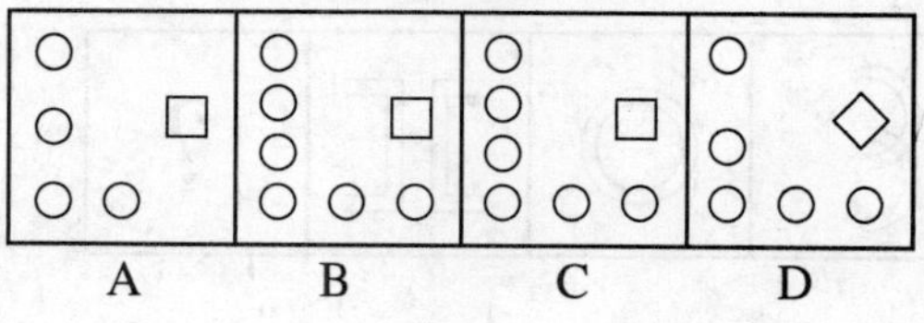

उत्तर व्याख्या सहित–(A) इस प्रश्न में दो भिन्न-भिन्न परिवर्तन एक साथ हो रहे हैं. पहली बात तो यह है कि हर अगली आकृति में पिछली आकृति की अपेक्षा वृत्तों की संख्या में एक की वृद्धि हो रही है, दूसरी बात यह है कि वर्ग भी घूम रहा है. पहली आकृति में वर्ग का कोना ऊपर है, दूसरी में वर्ग की भुजा ऊपर है. तीसरी आकृति में फिर कोना ऊपर आ गया है. अतः चौथी आकृति में भुजा ऊपर होनी चाहिए और वृत्तों की संख्या चार होनी चाहिए. उत्तर आकृतियों में पहली आकृति ऐसी है जिसमें वर्ग की भुजा ऊपर है तथा वृत्तों की संख्या चार है. अतः सही उत्तर (A) है.

अभ्यास 1

निर्देश—निम्नलिखित प्रत्येक प्रश्न में आकृतियाँ दो समुदायों में दी हुई हैं. एक समुदाय प्रश्न आकृतियों का है और दूसरा उत्तर आकृतियों का. प्रश्न आकृतियाँ बाईं ओर से दाईं ओर एक क्रम में बदल रही हैं. यदि आकृतियाँ इसी क्रम में बदलती रहें तो प्रश्नसूचक चिह्न (?) के स्थान पर उत्तर आकृतियों में कौनसी आकृति होगी ?

प्रश्न आकृतियाँ **उत्तर आकृतियाँ**

1. 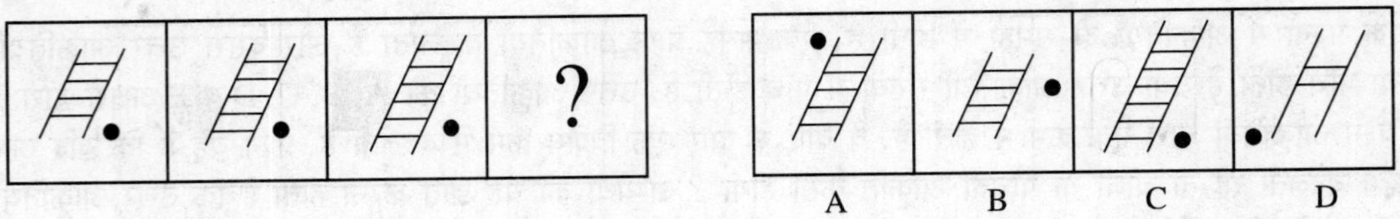
A B C D

2. 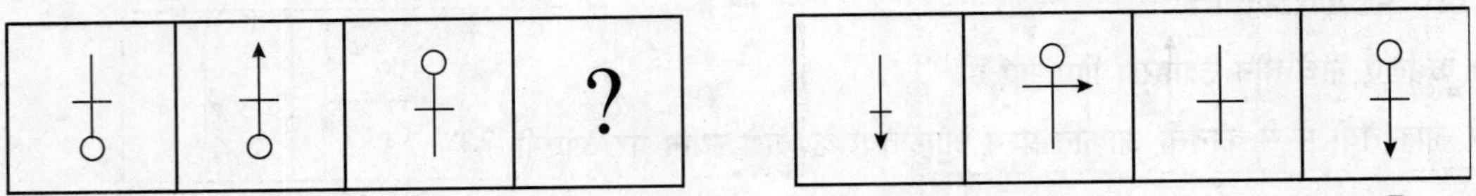
A B C D

3. 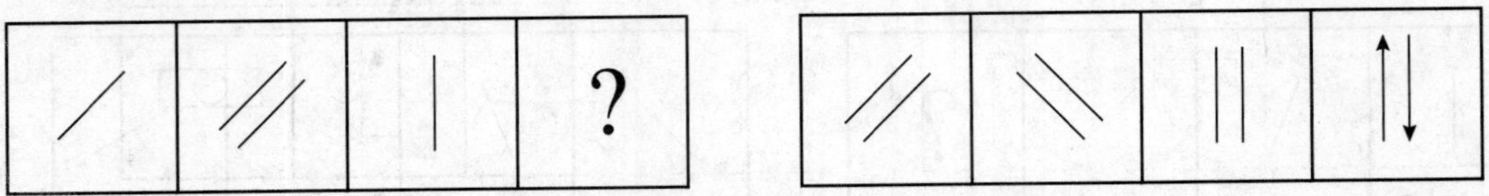
A B C D

4. 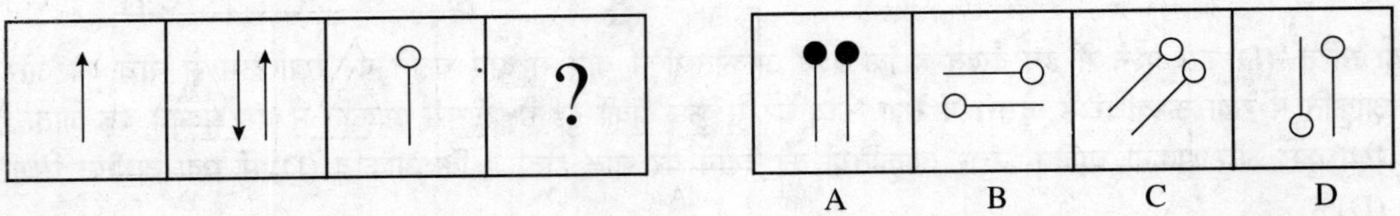
A B C D

5. 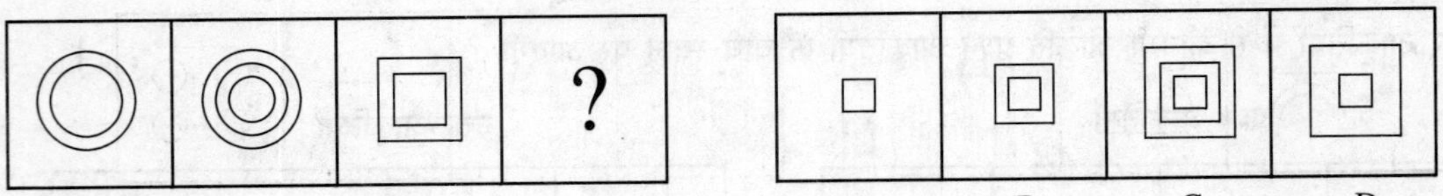
A B C D

6. 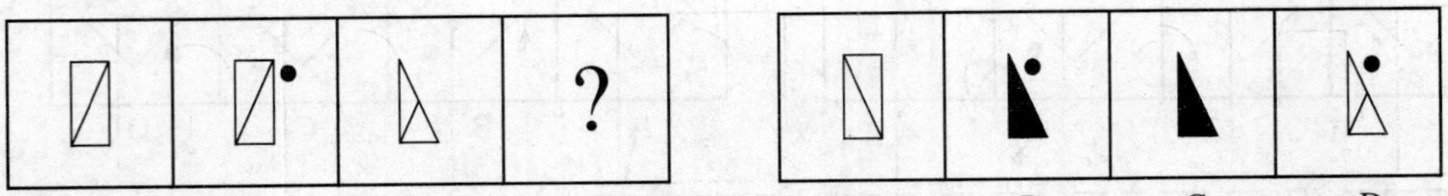
A B C D

7. 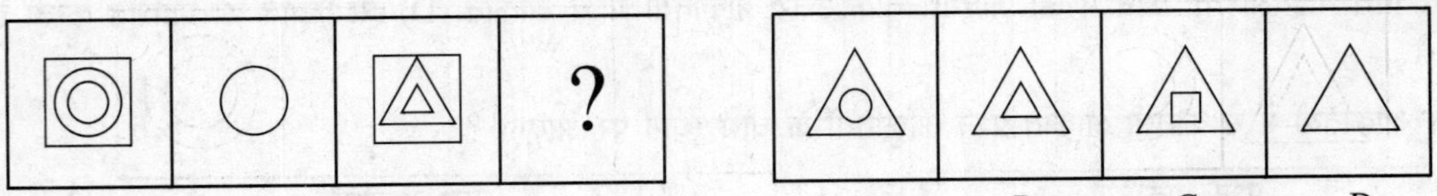
A B C D

8. 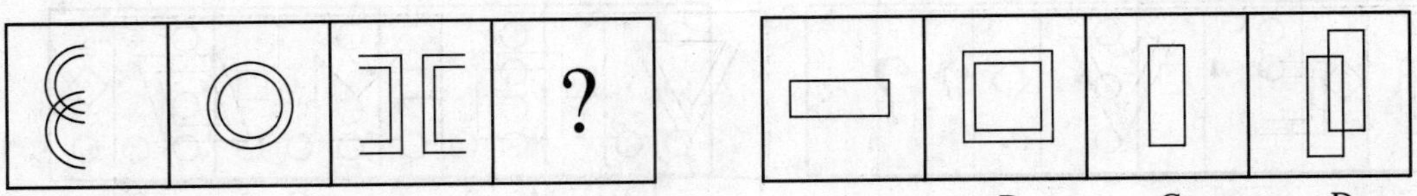
A B C D

प्रश्न आकृतियाँ **उत्तर आकृतियाँ**

9. 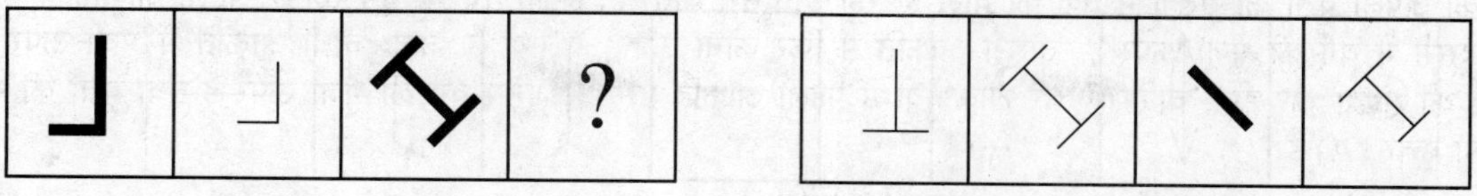

A B C D

10. 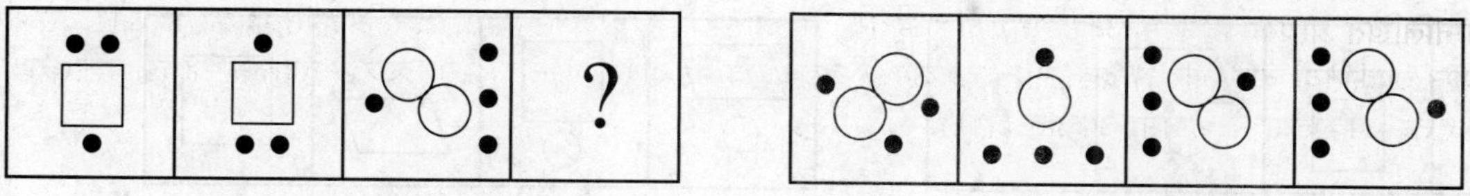

A B C D

11. 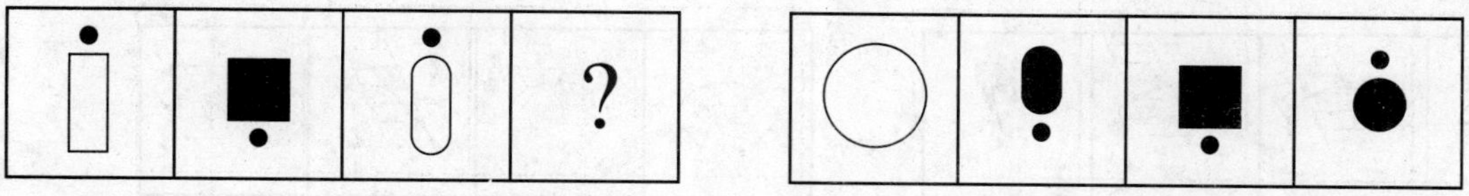

A B C D

12. 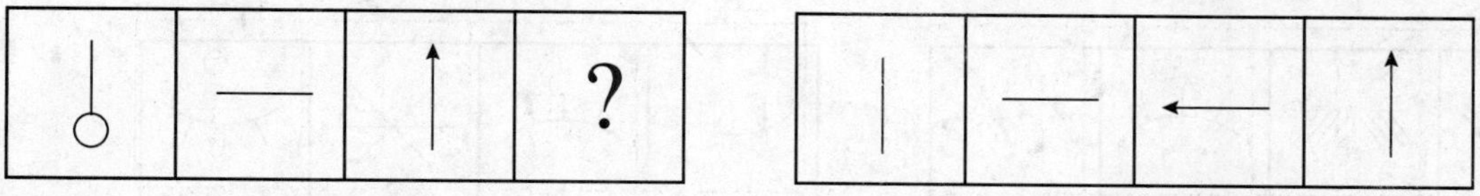

A B C D

13. 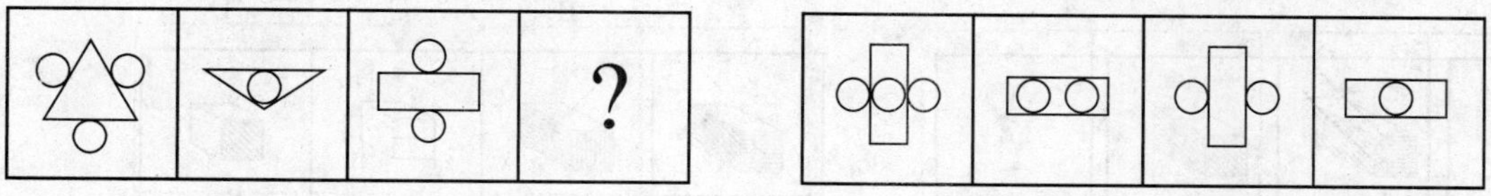

A B C D

14. 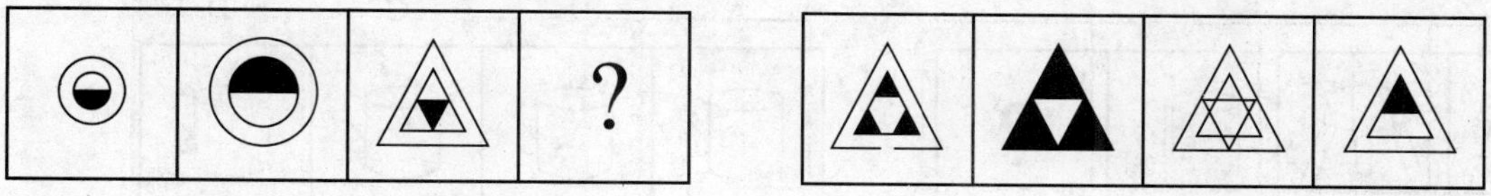

A B C D

15. 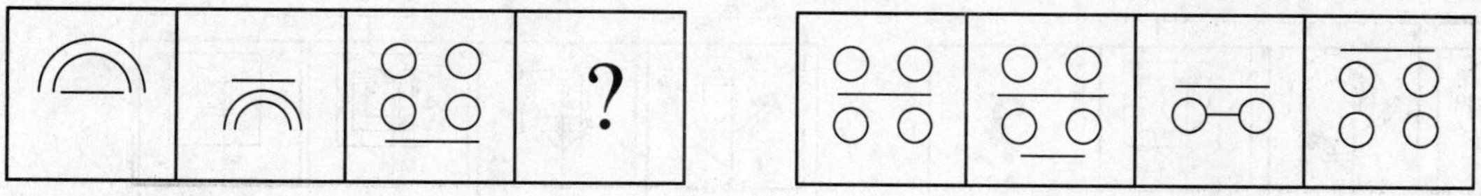

A B C D

16. 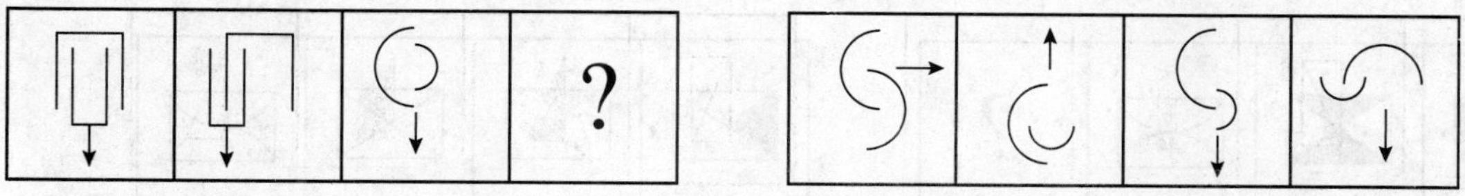

A B C D

17. 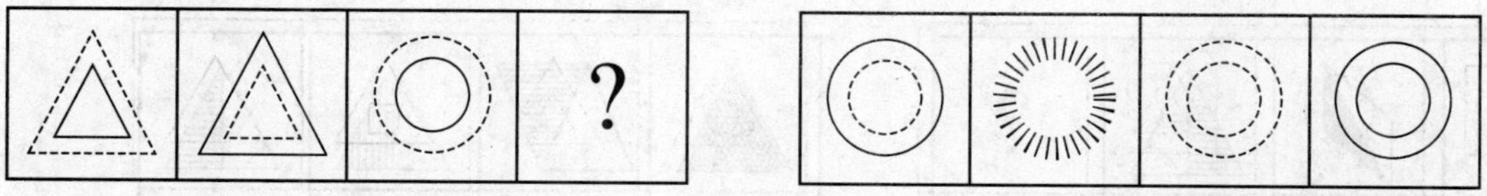

A B C D

18. 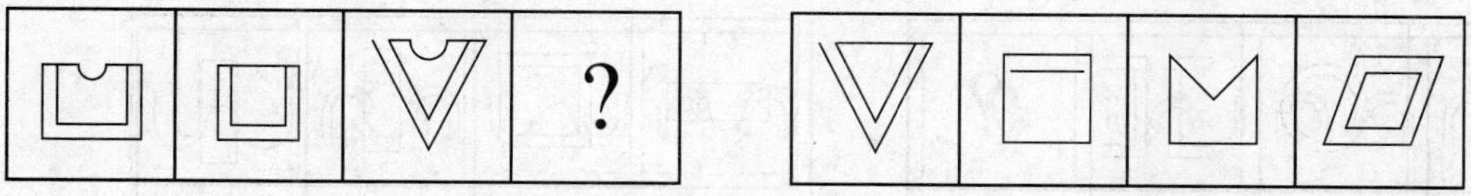

A B C D

प्रश्न आकृतियाँ **उत्तर आकृतियाँ**

19.
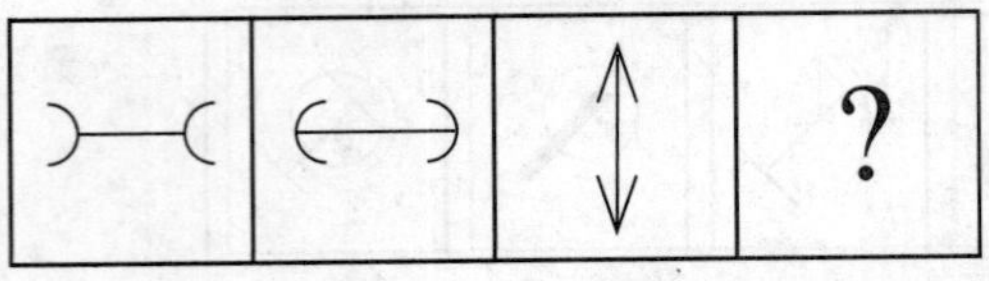
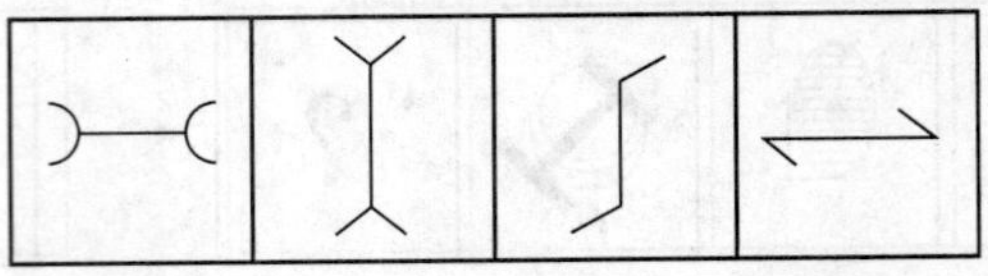
A B C D

20.
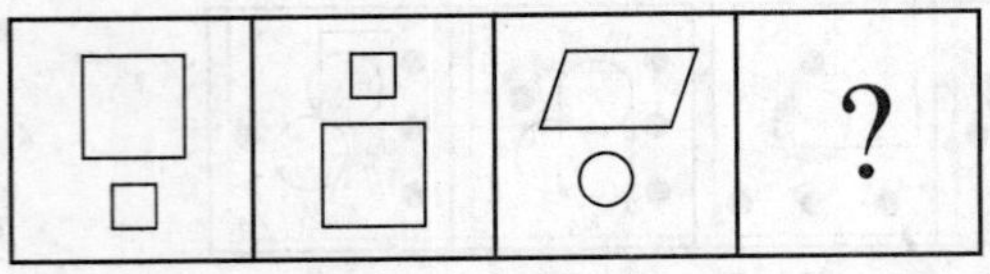
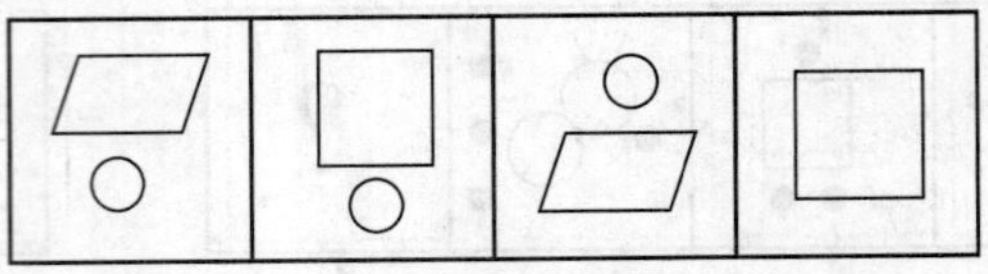
A B C D

21.
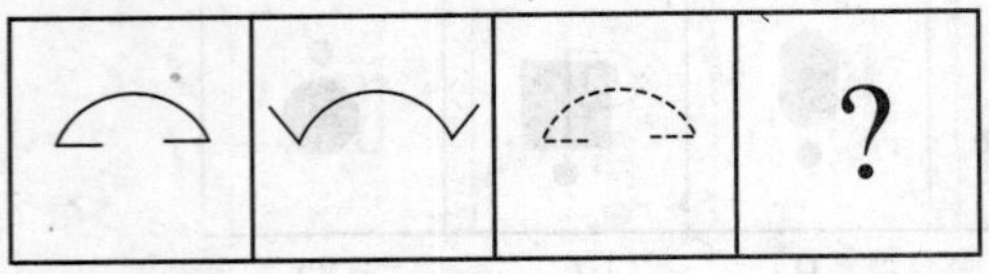
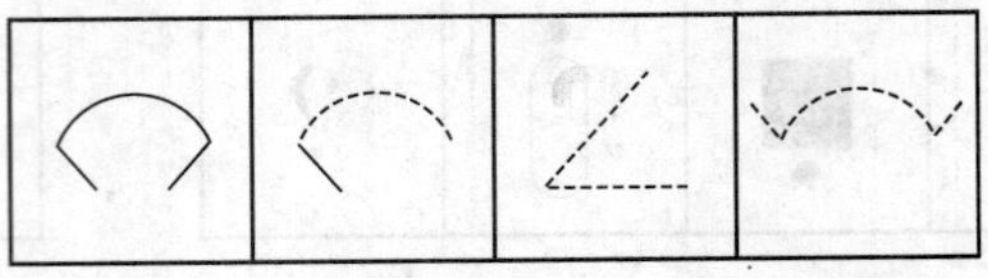
A B C D

22.
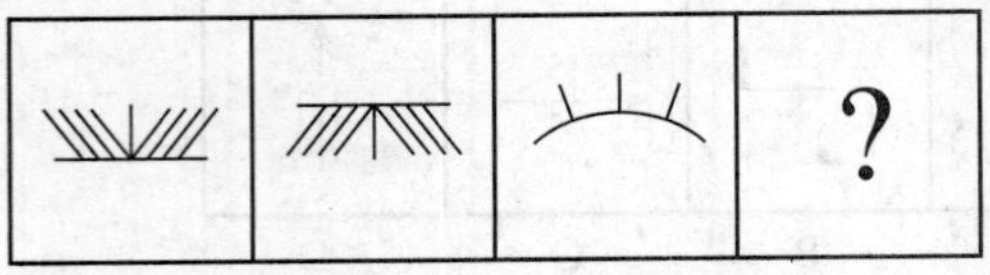
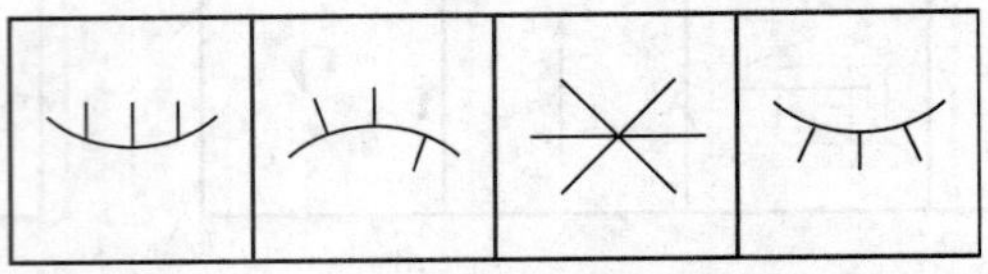
A B C D

23.
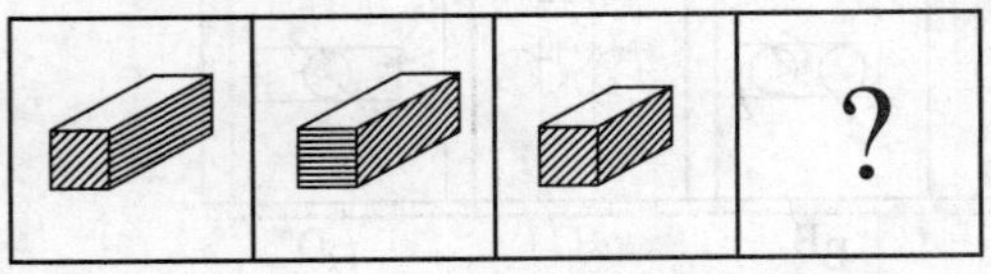
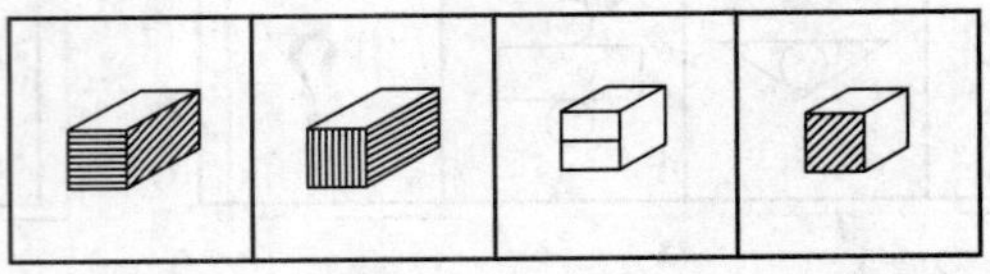
A B C D

24.
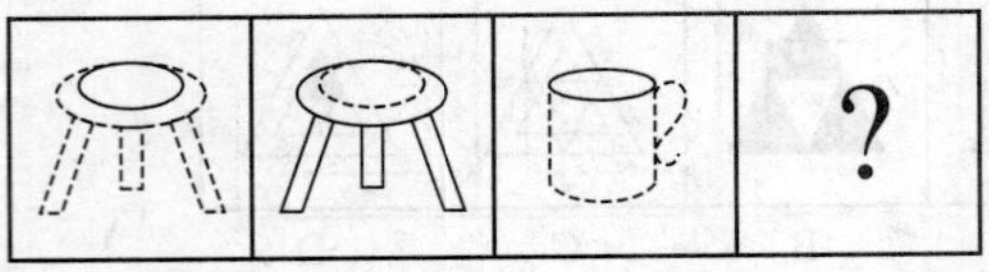

A B C D

25.
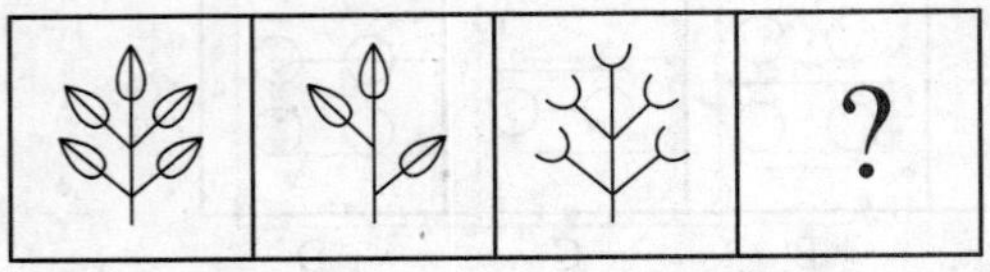
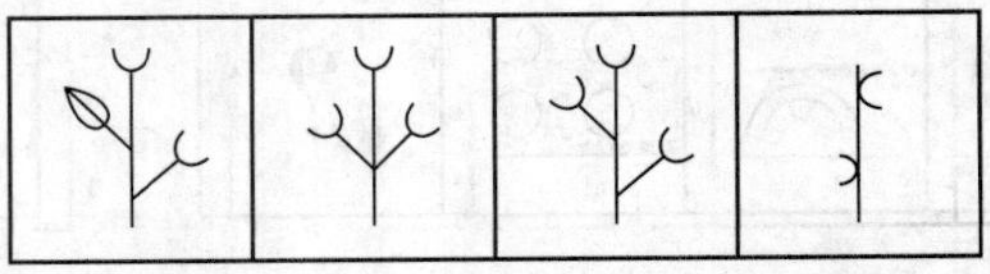
A B C D

26.
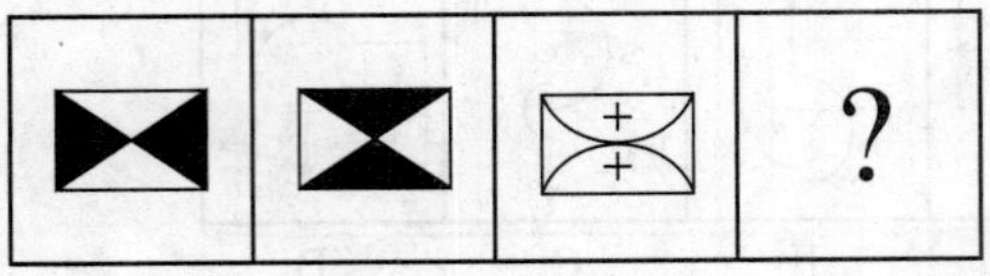
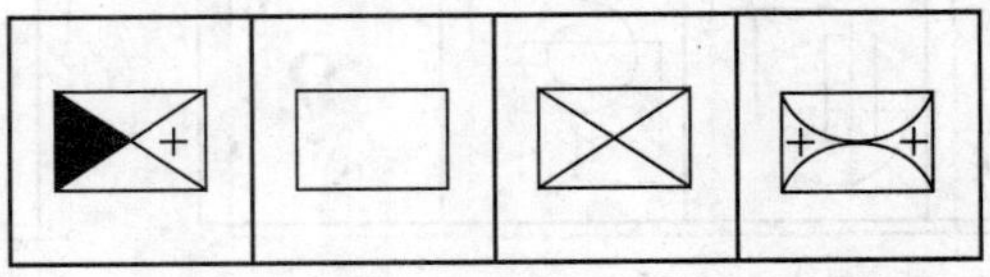
A B C D

27.
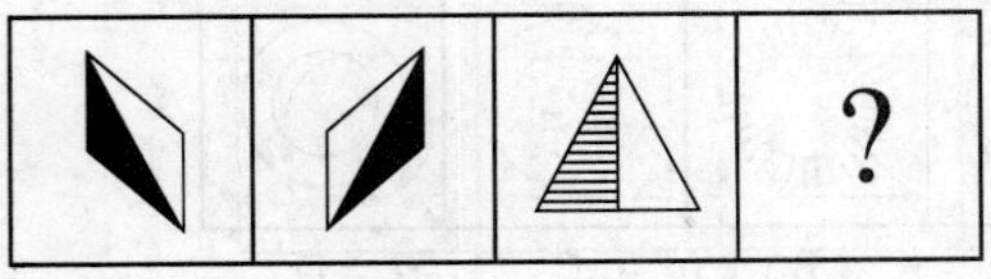
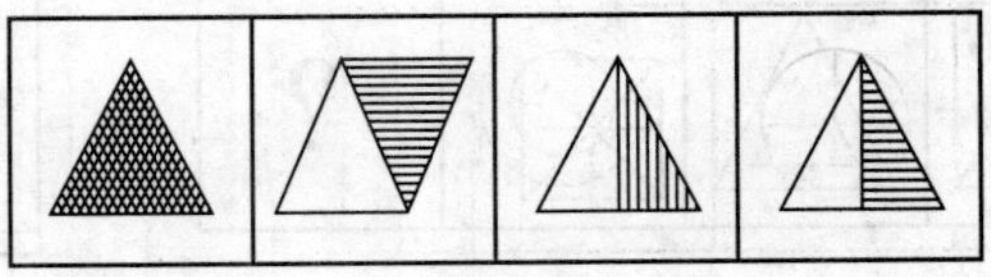
A B C D

28.
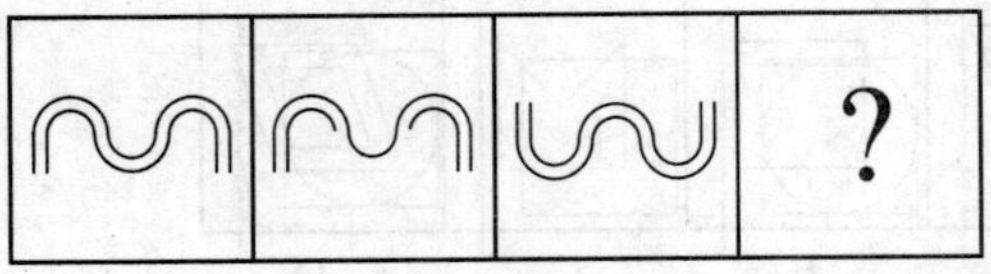
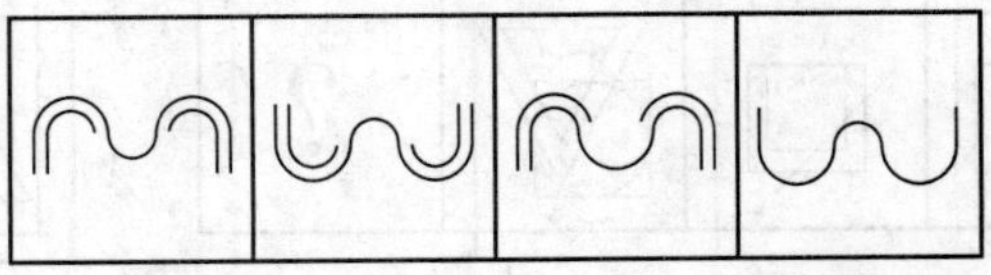
A B C D

प्रश्न आकृतियाँ   उत्तर आकृतियाँ

29.
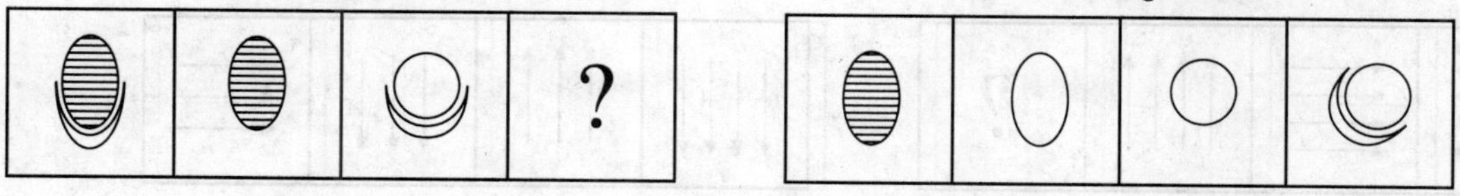
A B C D

30.
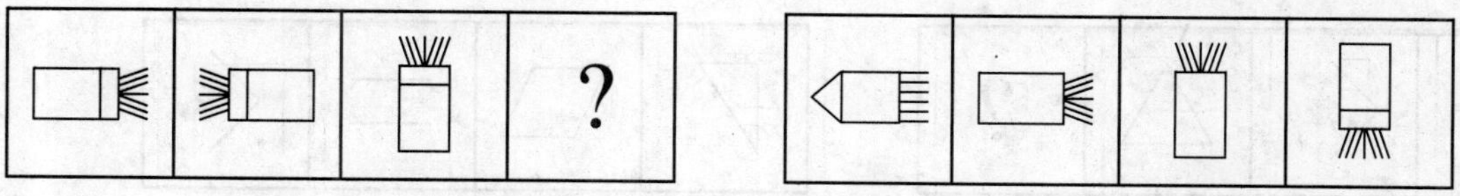
A B C D

31.
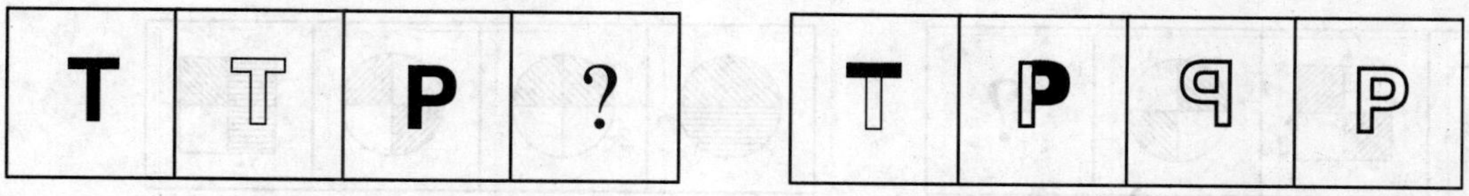
A B C D

32.
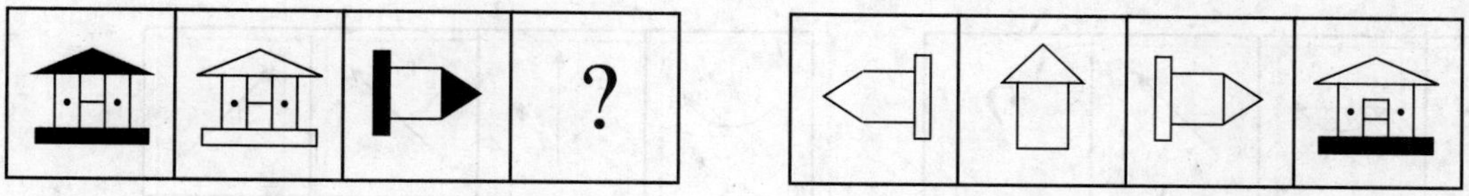
A B C D

33.
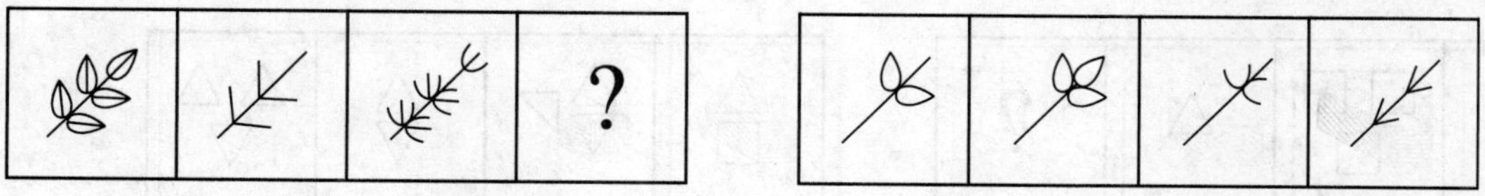
A B C D

34.
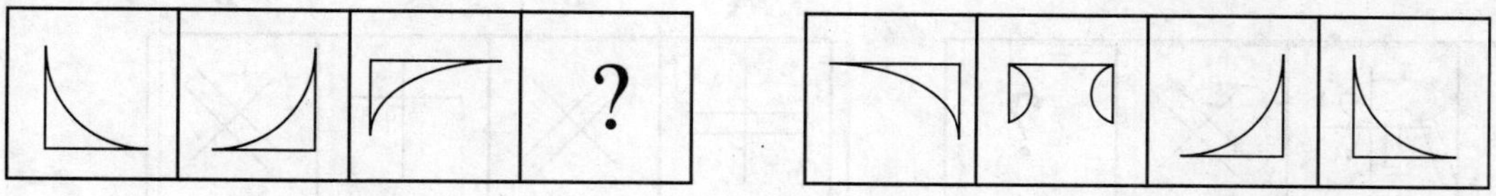
A B C D

35.
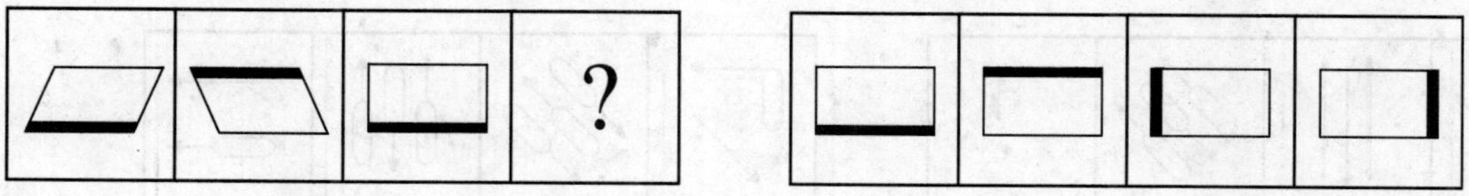
A B C D

36.
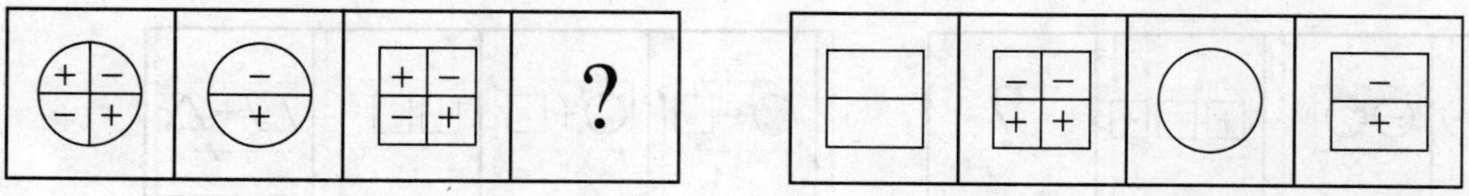
A B C D

37.
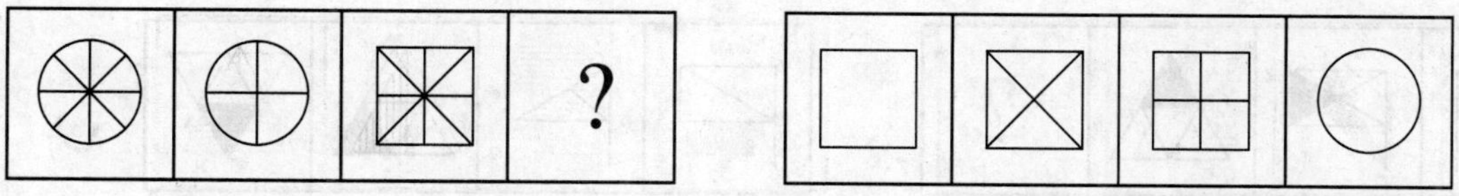
A B C D

38.
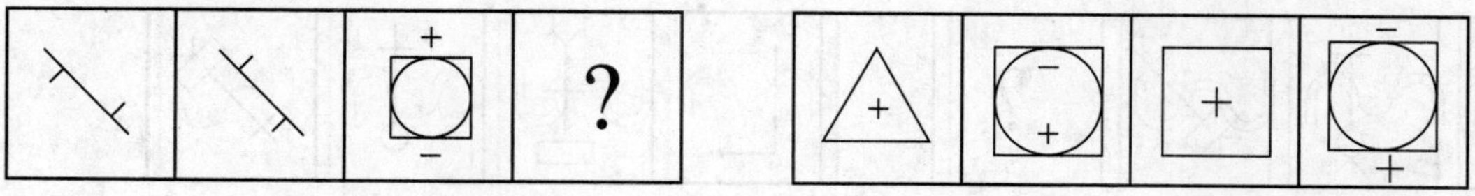
A B C D

प्रश्न आकृतियाँ **उत्तर आकृतियाँ**

39. 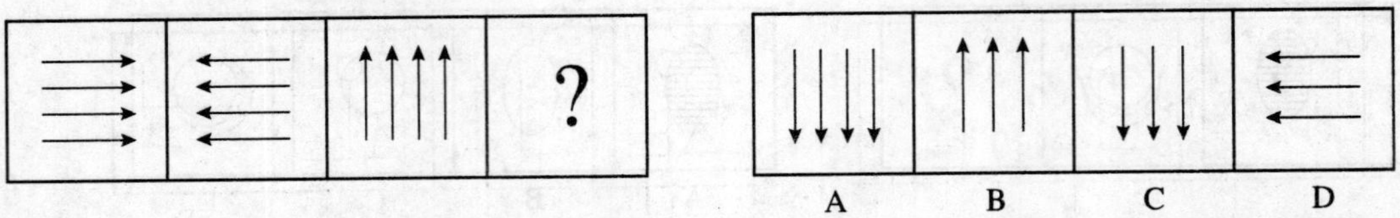
A B C D

40. 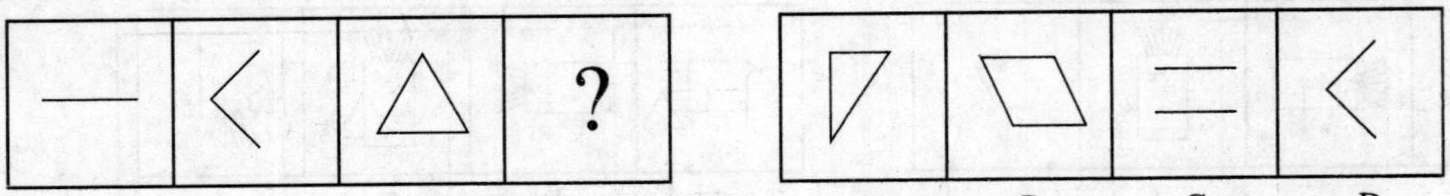
A B C D

41. 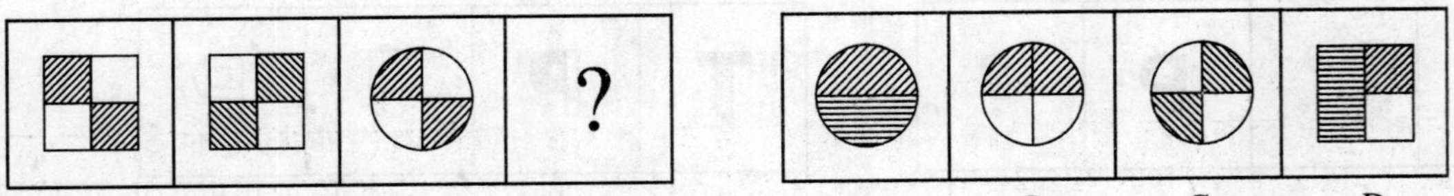
A B C D

42. 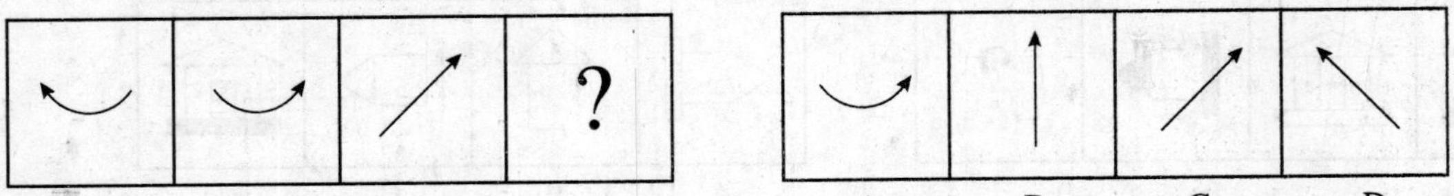
A B C D

43. 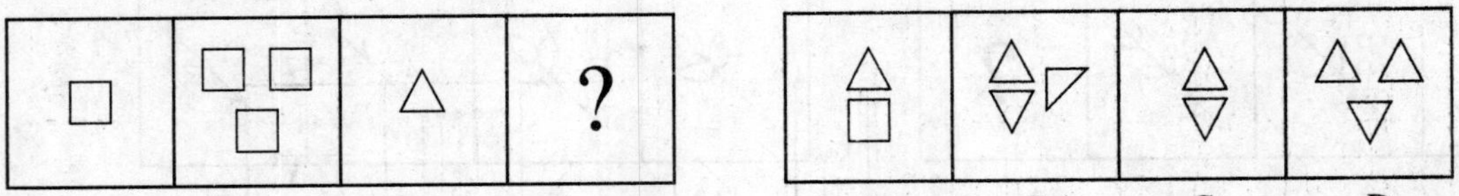
A B C D

44. 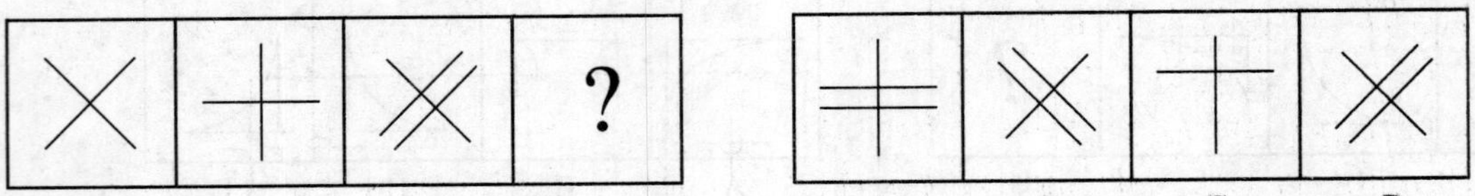
A B C D

45. 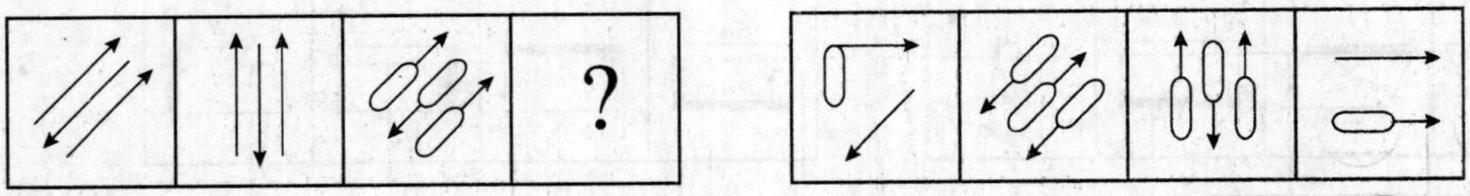
A B C D

46. 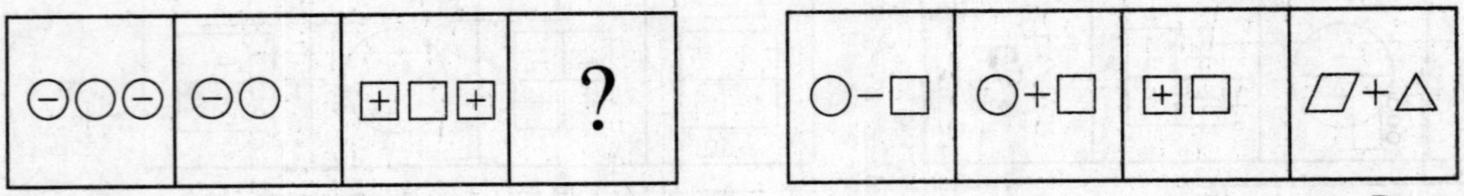
A B C D

47. 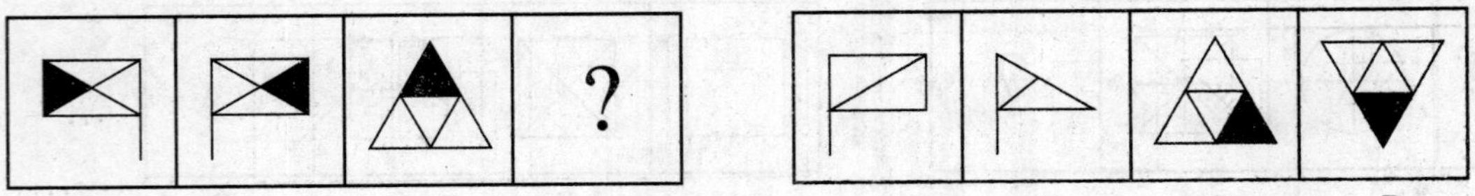
A B C D

48. 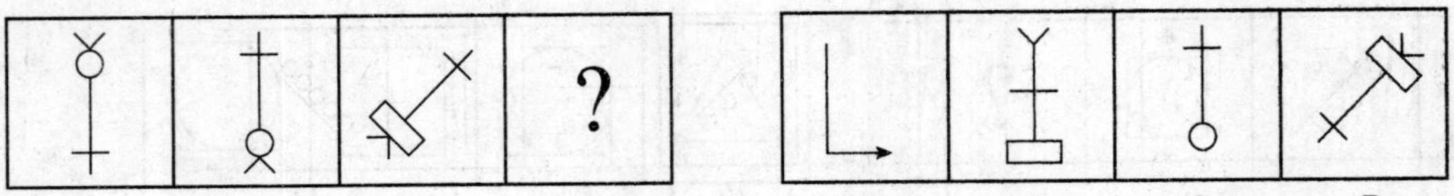
A B C D

प्रश्न आकृतियाँ **उत्तर आकृतियाँ**

49. 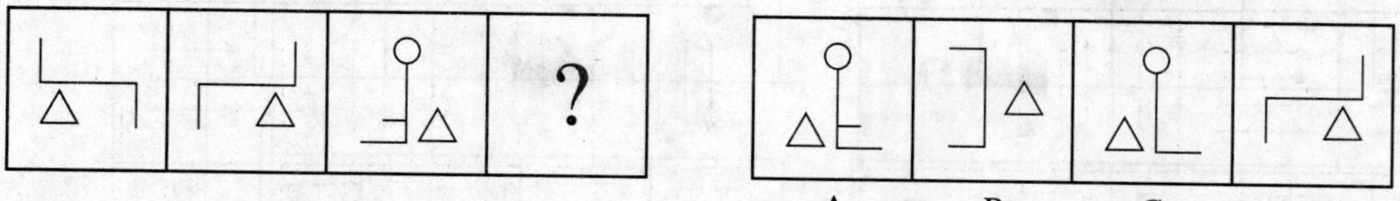

A B C D

50. 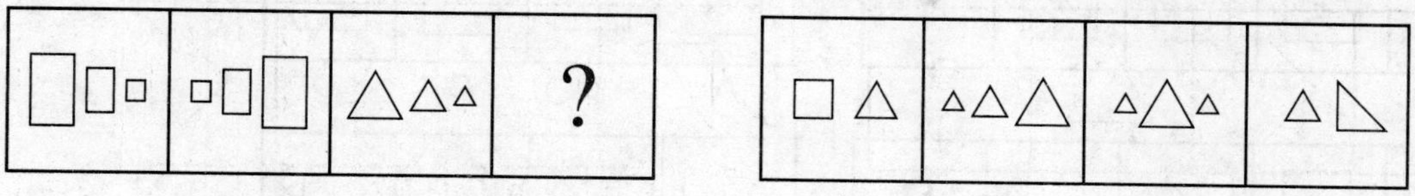

A B C D

अभ्यास 2

निर्देश— निम्नलिखित प्रत्येक प्रश्न में आकृतियाँ दो समुदायों में दी हुई हैं. एक समुदाय प्रश्न आकृतियों का है और दूसरा उत्तर आकृतियों का. प्रश्न आकृतियाँ बाईं ओर से दाईं ओर एक विशेष क्रम में बदल रही हैं. यदि आकृतियाँ उसी क्रम में बदलती रहें, तो प्रश्नसूचक चिह्न (?) के स्थान पर उत्तर आकृतियों में से कौनसी आकृति होगी ?

प्रश्न आकृतियाँ **उत्तर आकृतियाँ**

1. 

A B C D

2. 

A B C D

3. 

A B C D

4. 

A B C D

5. 

A B C D

6. 

A B C D

7. 

A B C D

8. 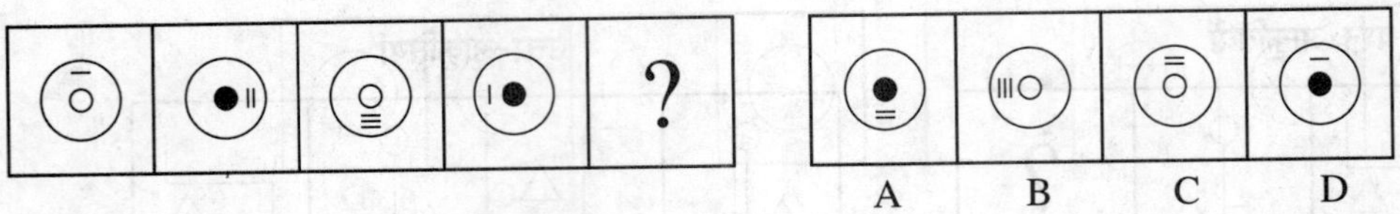

A B C D

9. 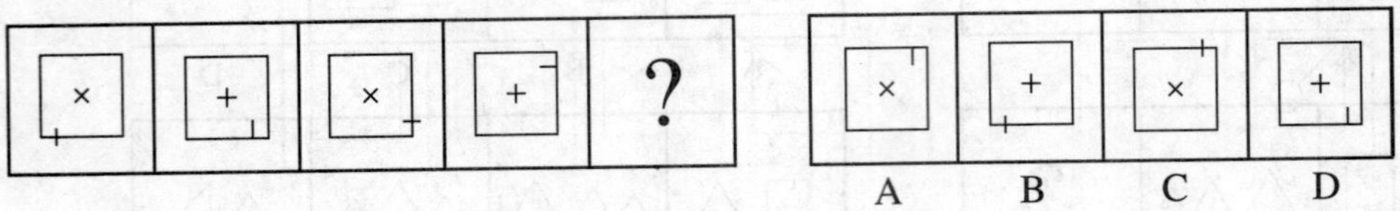

A B C D

10. 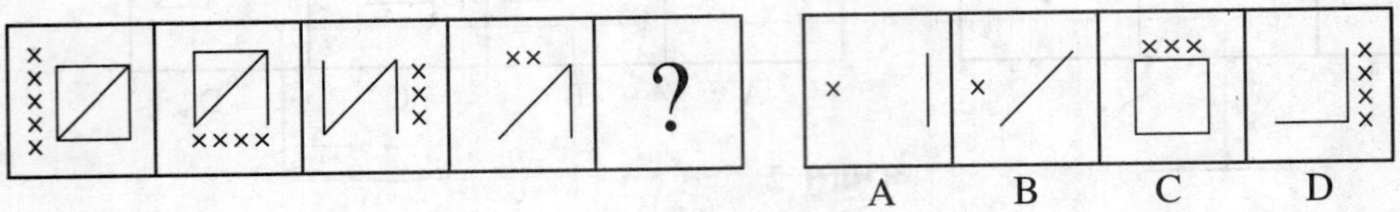

A B C D

11. 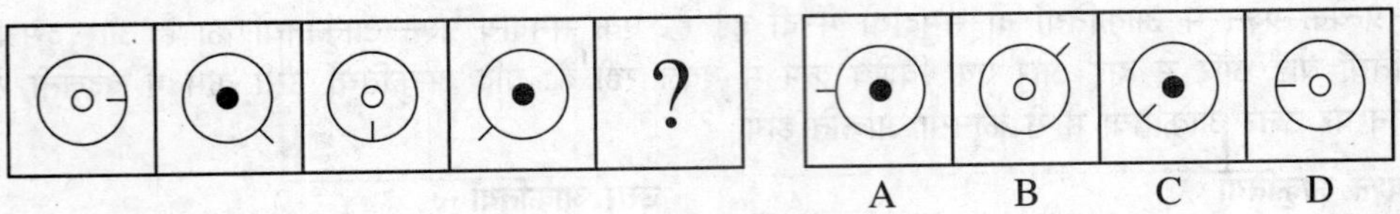

A B C D

12. 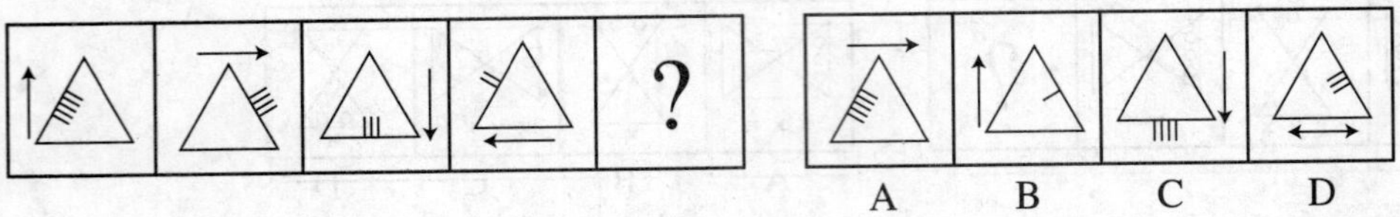

A B C D

13. 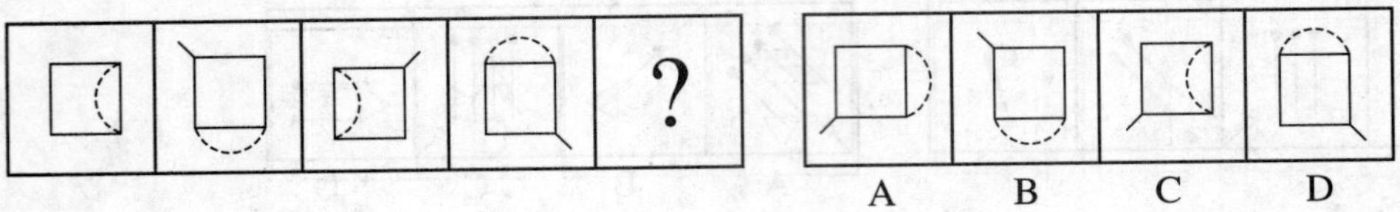

A B C D

14. 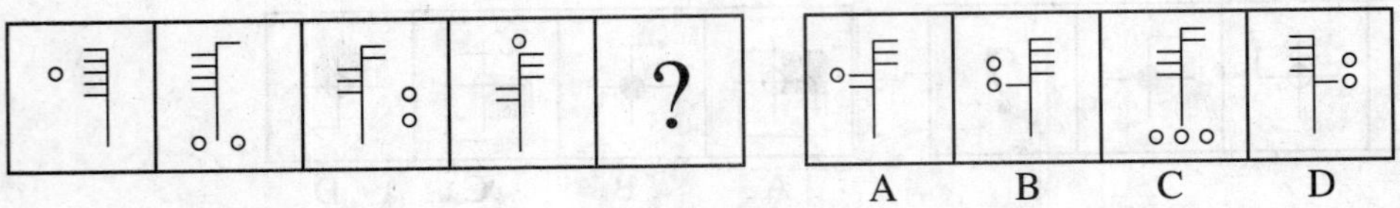

A B C D

15. 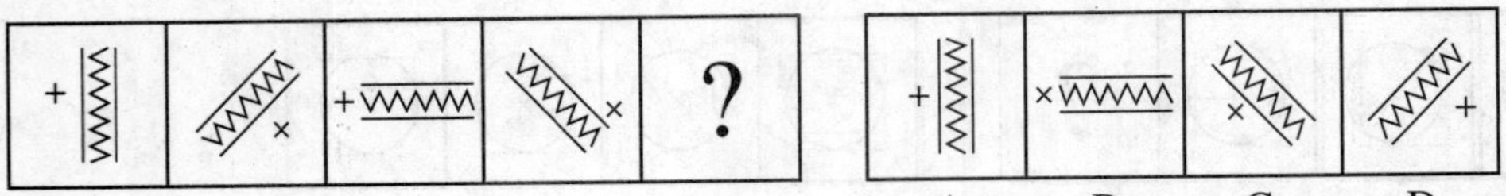

A B C D

16. 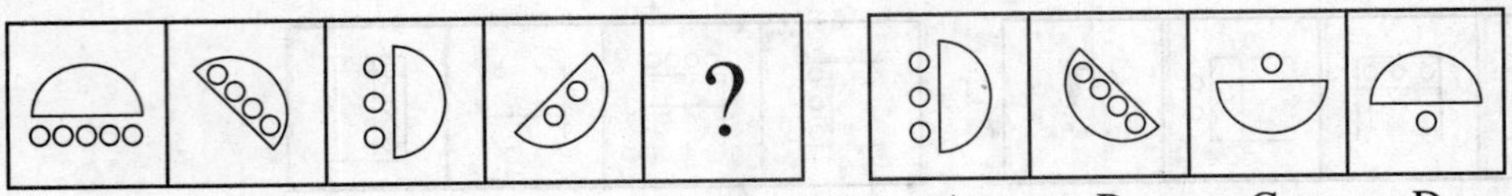

A B C D

17. 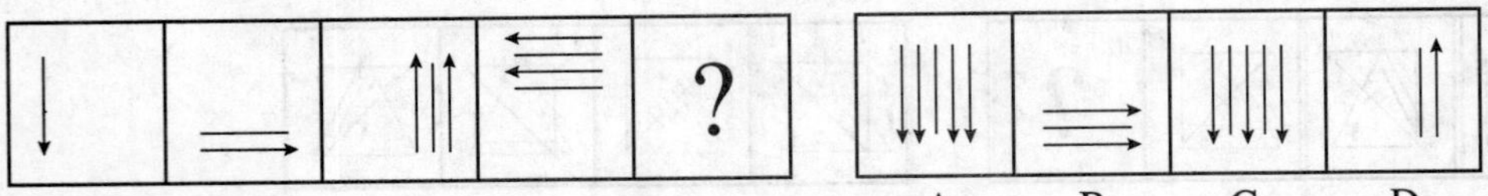

A B C D

18. 

A B C D

19. 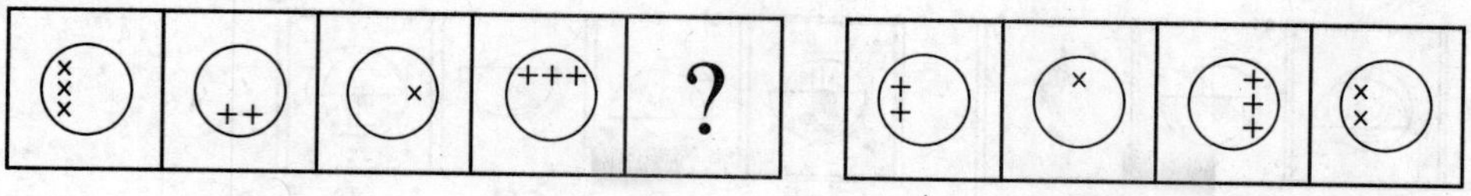
A B C D

20. 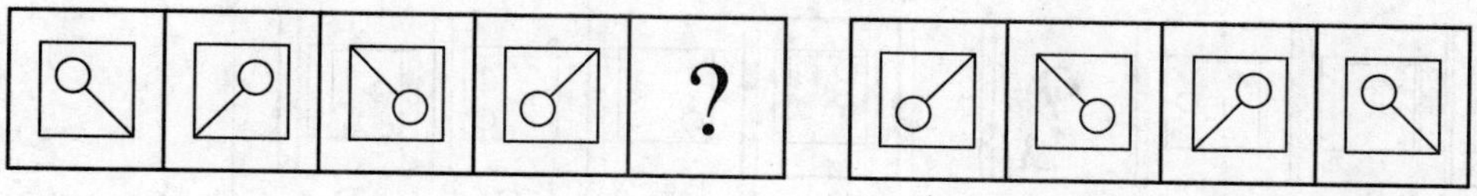
A B C D

21. 
A B C D

22. 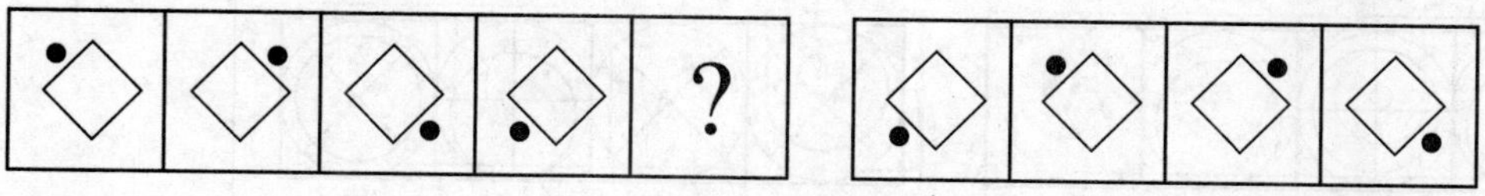
A B C D

23. 
A B C D

24. 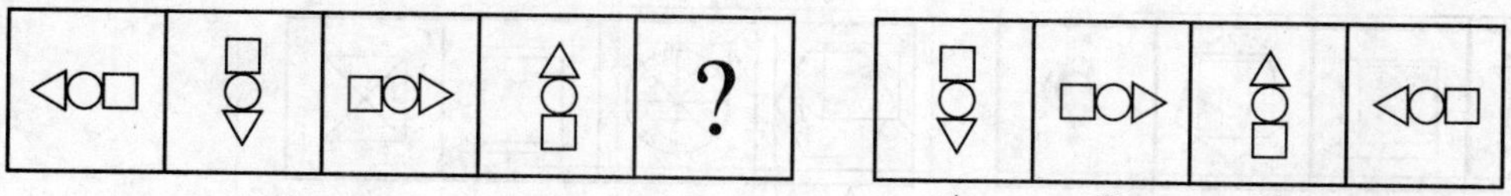
A B C D

25. 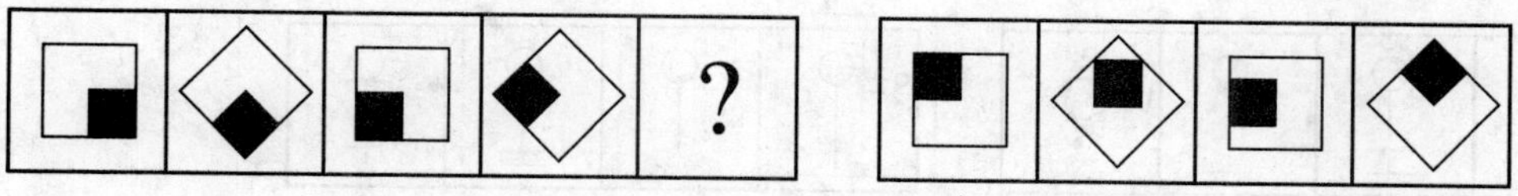
A B C D

26. 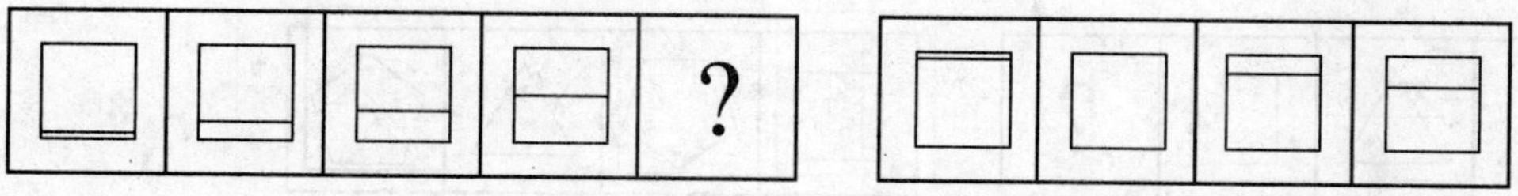
A B C D

27. 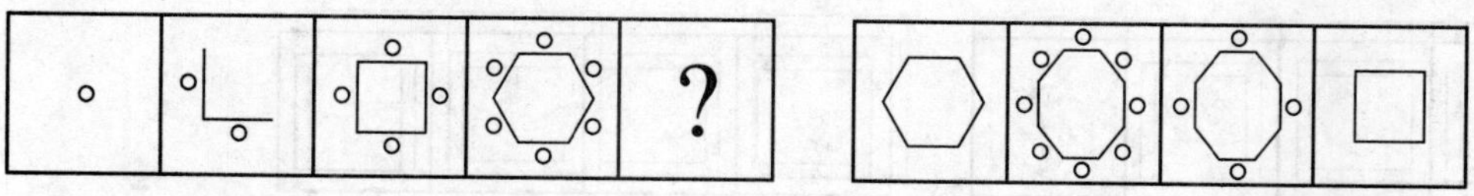
A B C D

28. 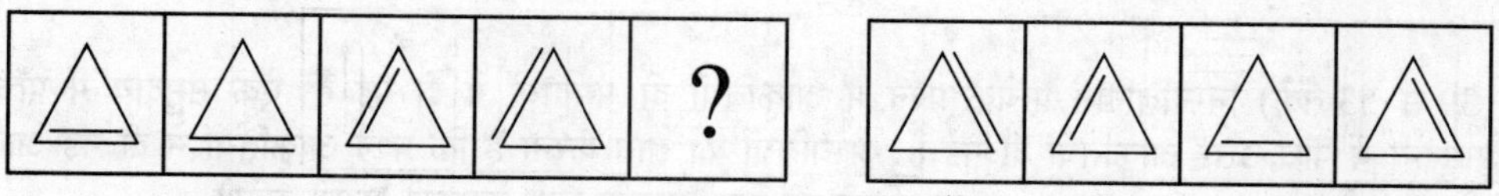
A B C D

29. 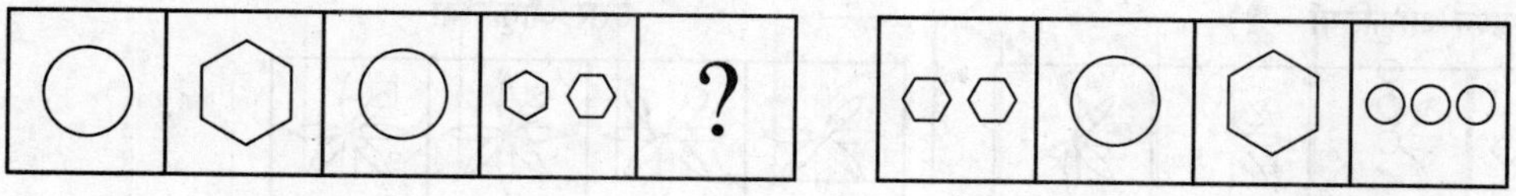
A B C D

30. 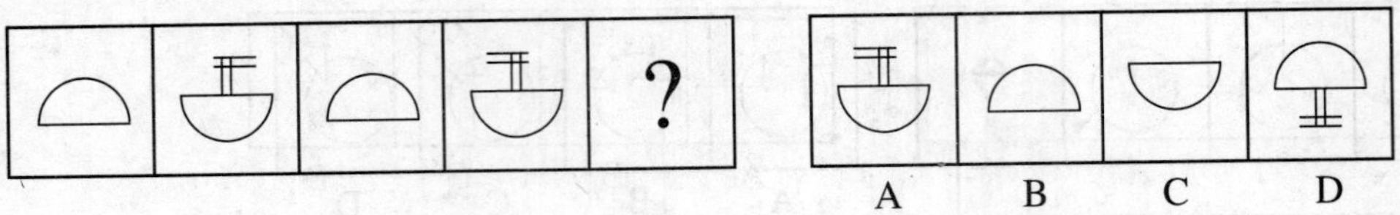

A B C D

31. 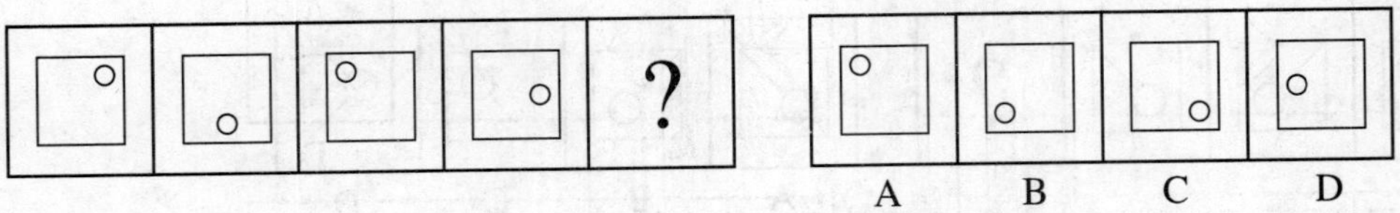

A B C D

32. 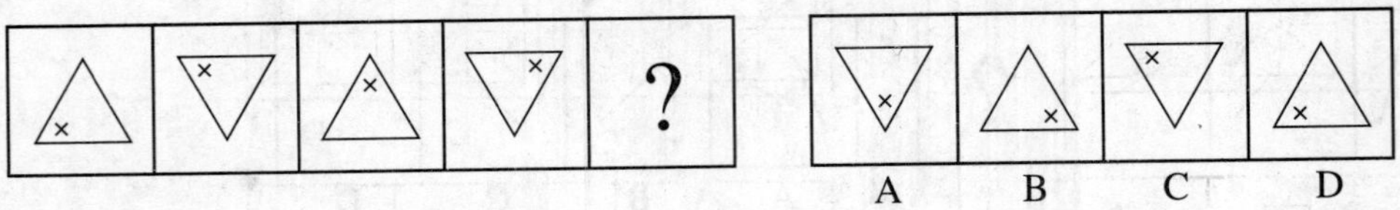

A B C D

33. 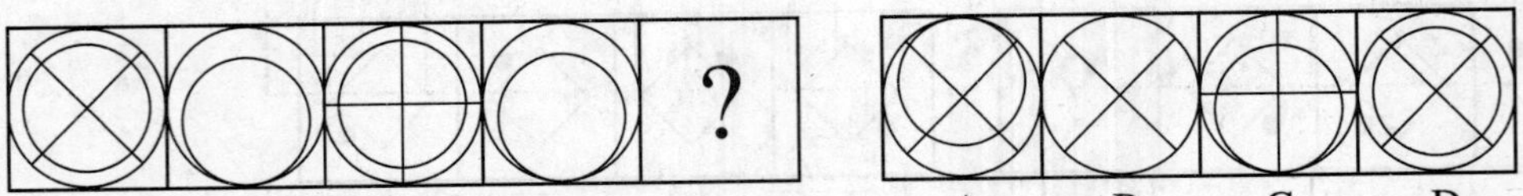

A B C D

34. 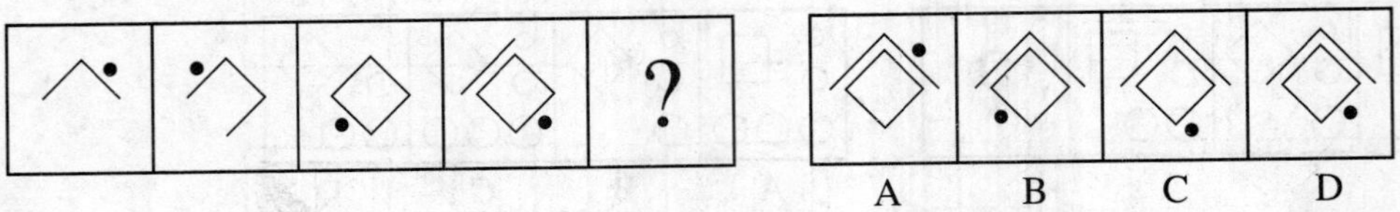

A B C D

35. 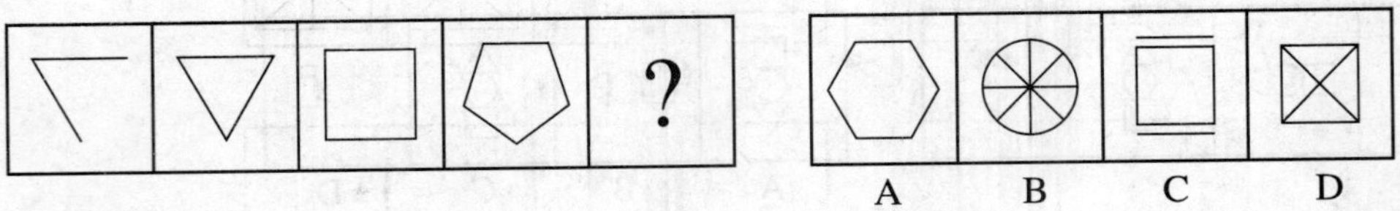

A B C D

36. 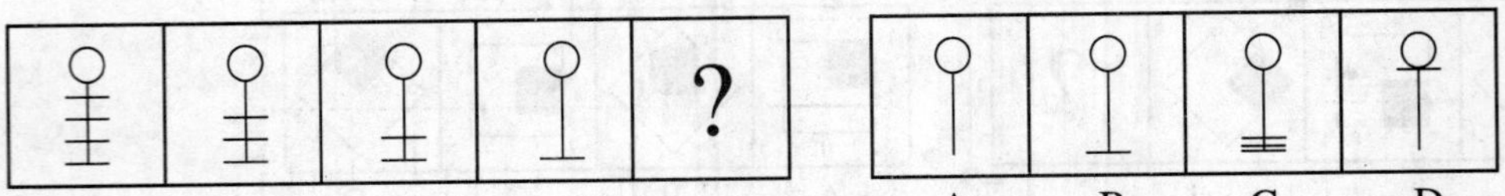

A B C D

37. 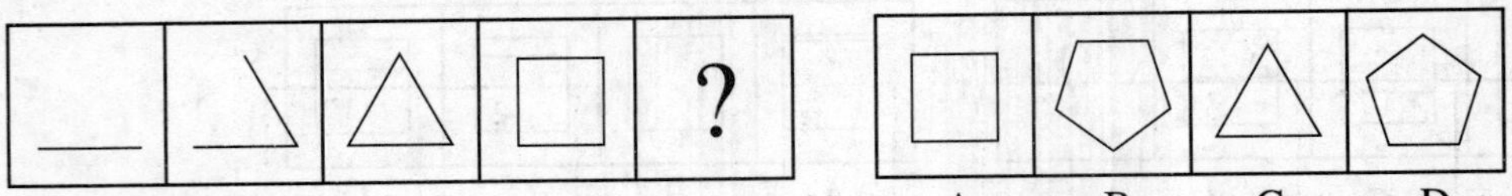

A B C D

38. 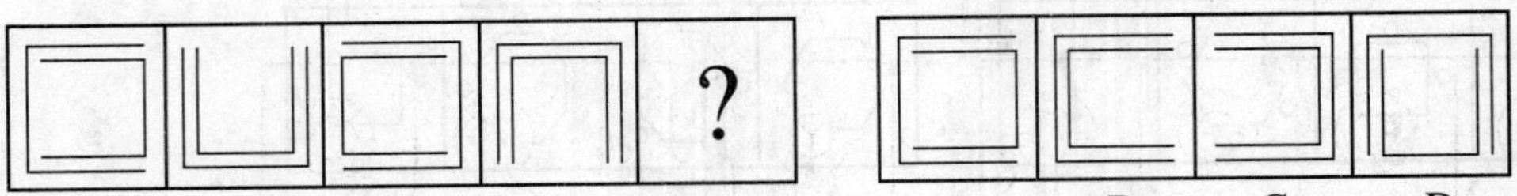

A B C D

निर्देश—(प्रश्न संख्या 39 से 53 तक) निम्नलिखित प्रत्येक प्रश्न में आकृतियाँ दो समुदायों में दी गई हैं. एक समुदाय में पाँच प्रश्न आकृतियाँ दी गई हैं. दूसरे समुदाय में पाँच उत्तर आकृतियाँ दी गई हैं. अभ्यर्थियों को ज्ञात करना है कि प्रश्न आकृतियों में दी गई आकृतियाँ एक क्रम में चल रही हैं. इन्हीं क्रम को ध्यान में रखते हुए उत्तर आकृतियों को एक आकृति उसी क्रम को बनाये रखेगी.

प्रश्न आकृतियाँ **उत्तर आकृतियाँ**

39. 

1 2 3 4 5 A B C D

40.
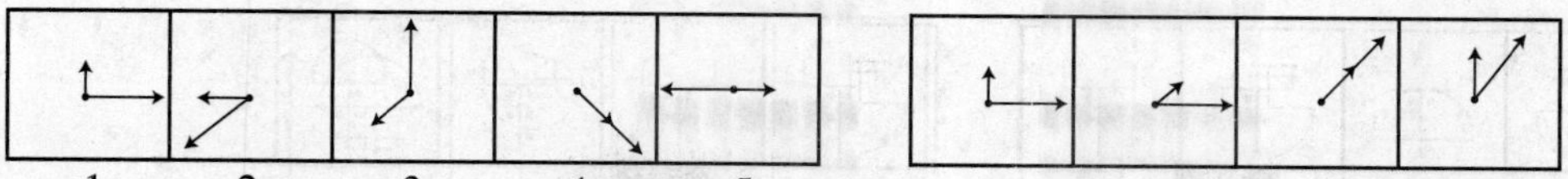
1 2 3 4 5 A B C D

41.
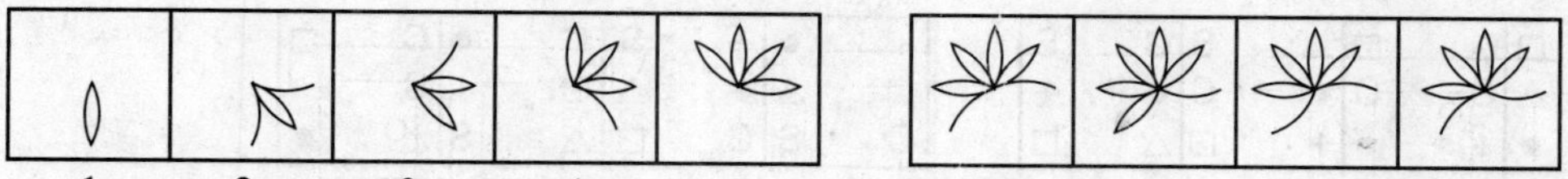
1 2 3 4 5 A B C D

42.
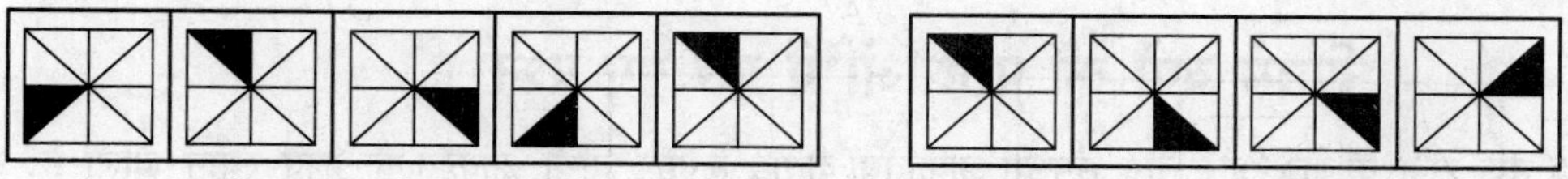
1 2 3 4 5 A B C D

43.
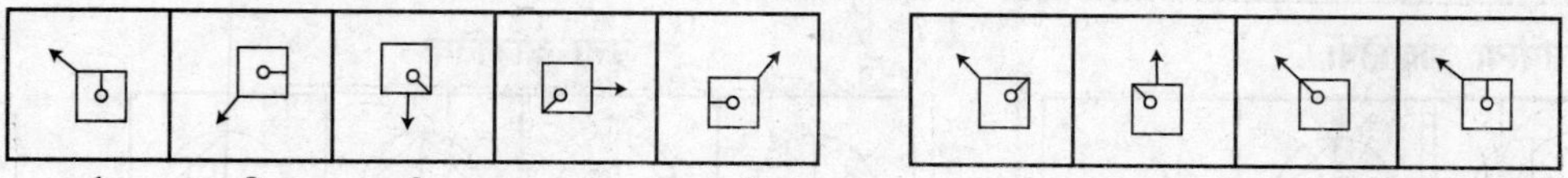
1 2 3 4 5 A B C D

44.
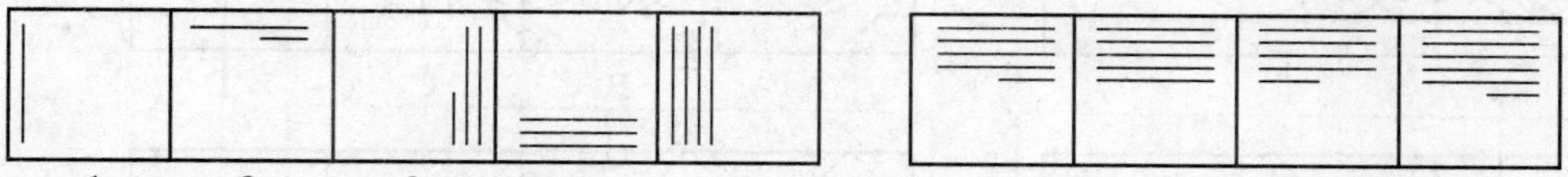
1 2 3 4 5 A B C D

45.
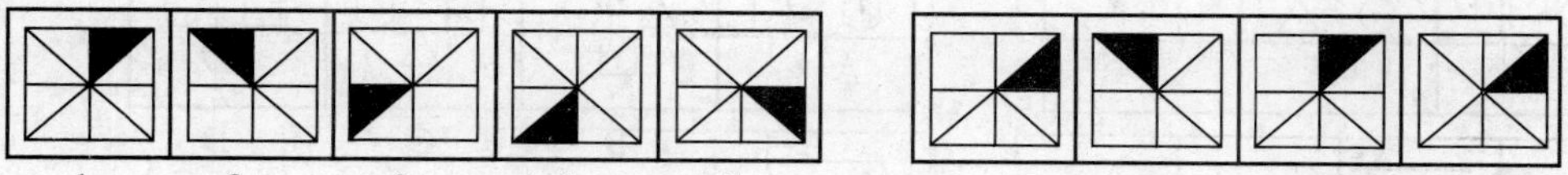
1 2 3 4 5 A B C D

46.
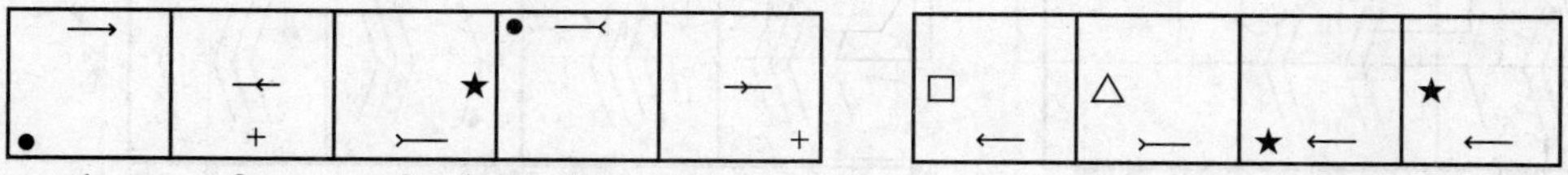
1 2 3 4 5 A B C D

47.
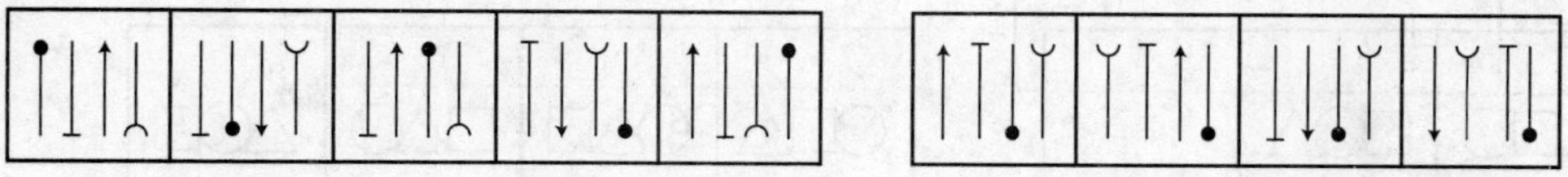
1 2 3 4 5 A B C D

48.
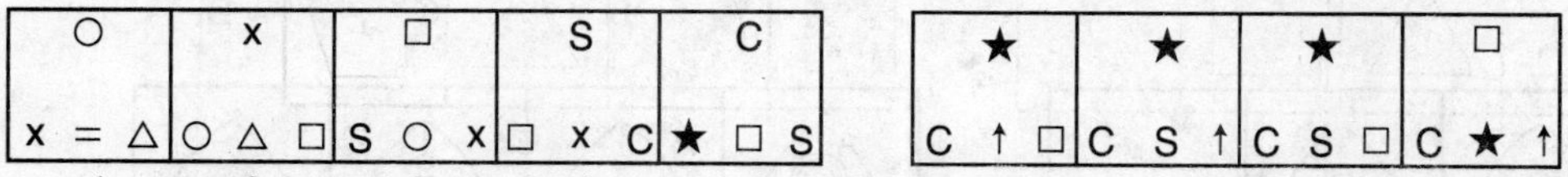
1 2 3 4 5 A B C D

49.
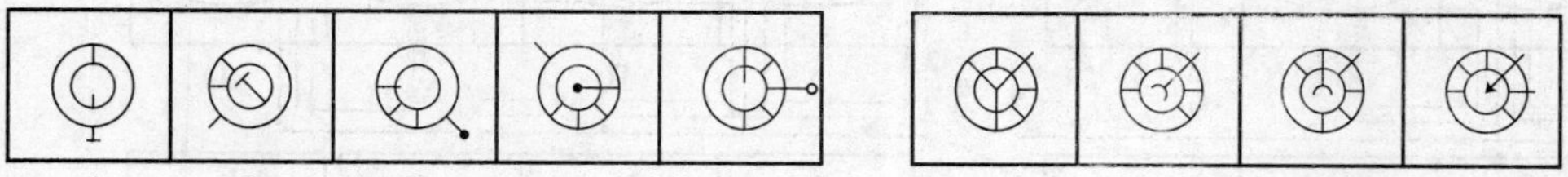
1 2 3 4 5 A B C D

50.
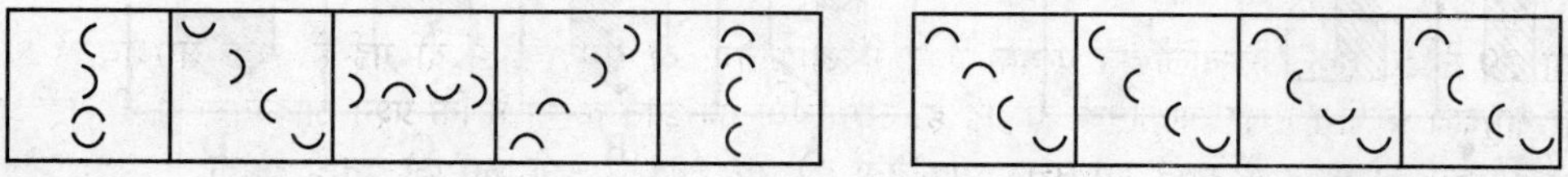
1 2 3 4 5 A B C D

51.
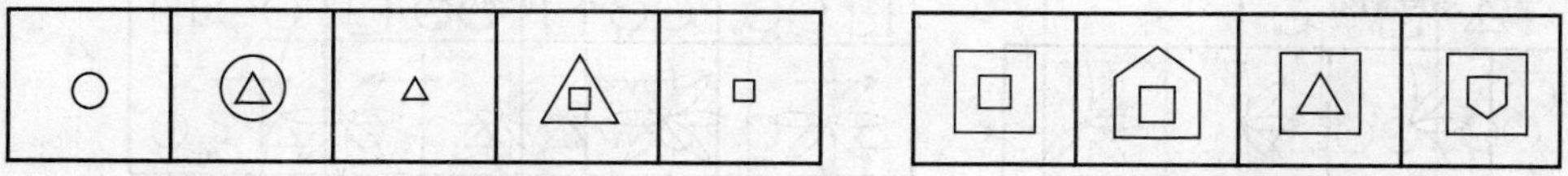
1 2 3 4 5 A B C D

52. 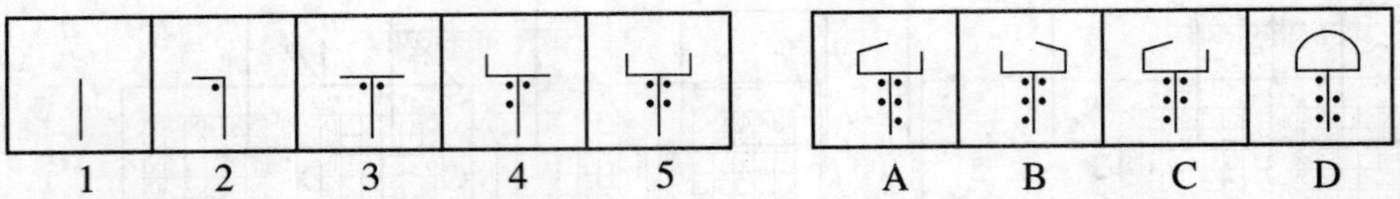

53. 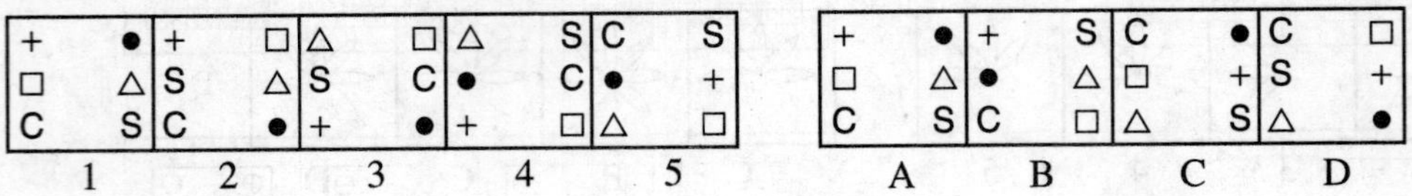

पिछले वर्षों की परीक्षाओं में पूछे गए प्रश्न

निर्देश–प्रश्न 1 से 15 तक रेखा के बाईं ओर तीन समस्या आकृतियाँ दी गई हैं और चौथी आकृति के लिए स्थान खाली है. समस्या आकृतियाँ एक क्रम में हैं. उत्तर आकृतियों में से उस आकृति को ढूँढ़ें जो समस्या आकृतियों का क्रम पूरा करती है.

समस्या आकृतियाँ **उत्तर आकृतियाँ**

1. 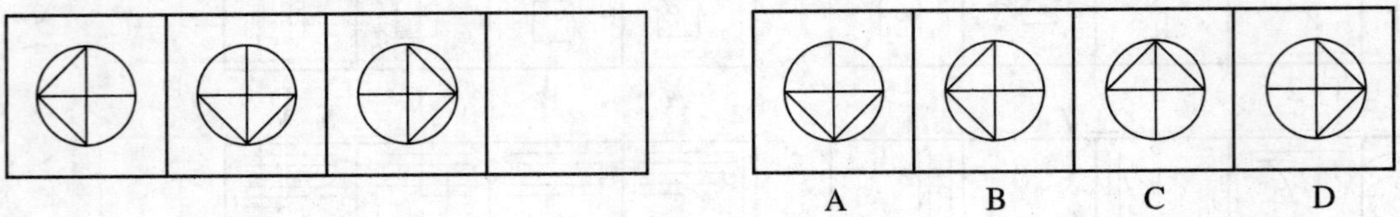

2. 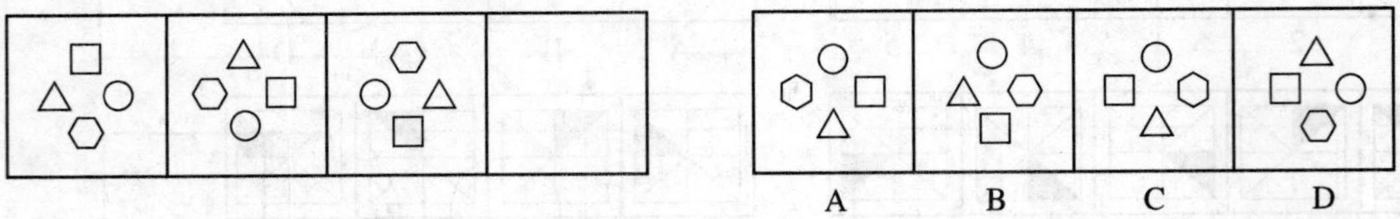

3. 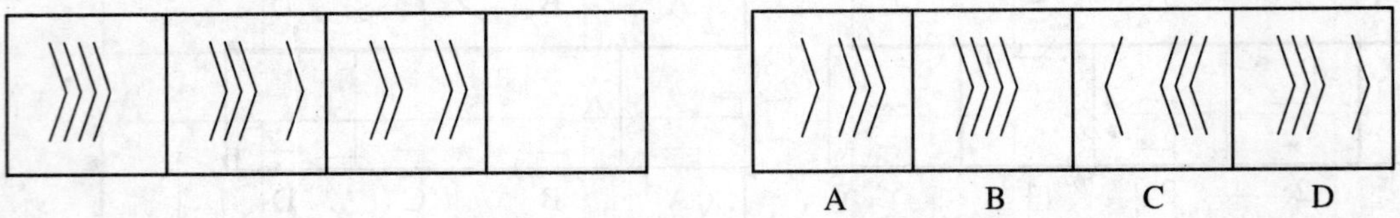

4. 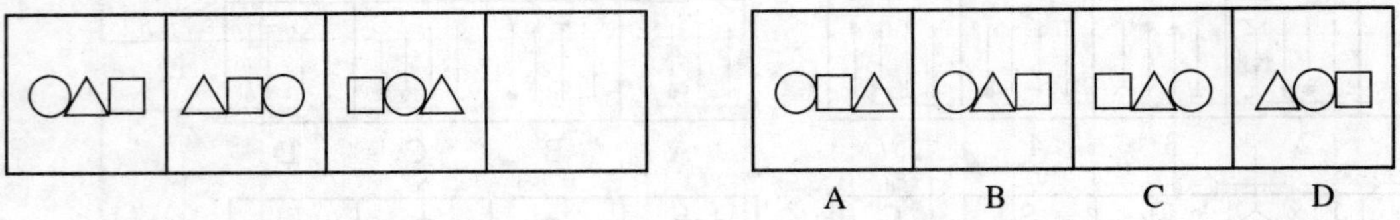

5. 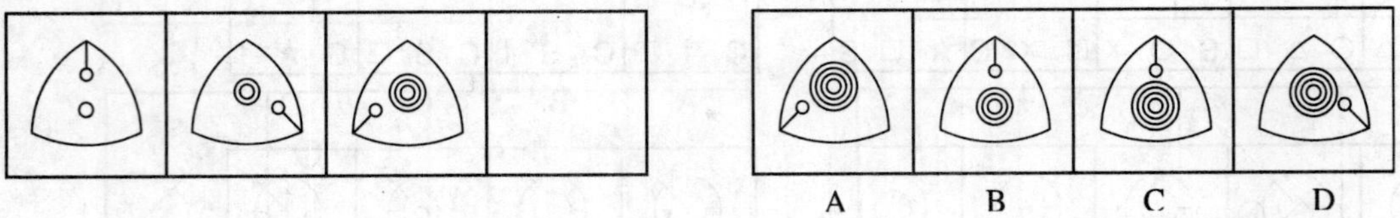

6. 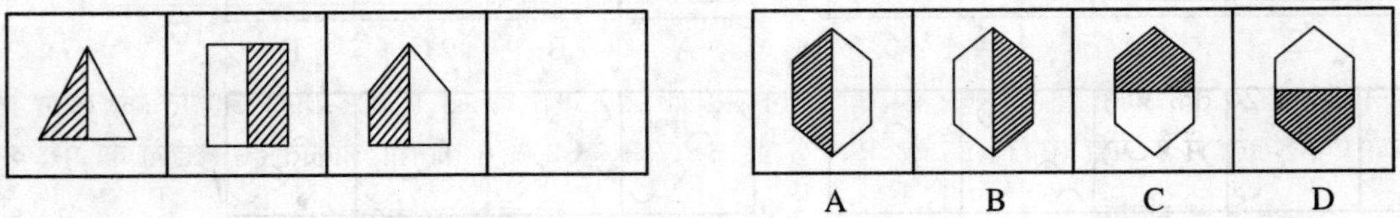

7. 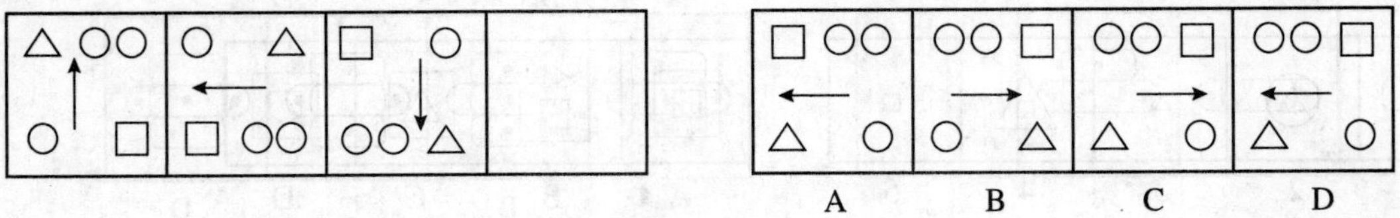

प्रश्न आकृतियाँ **उत्तर आकृतियाँ**

8. 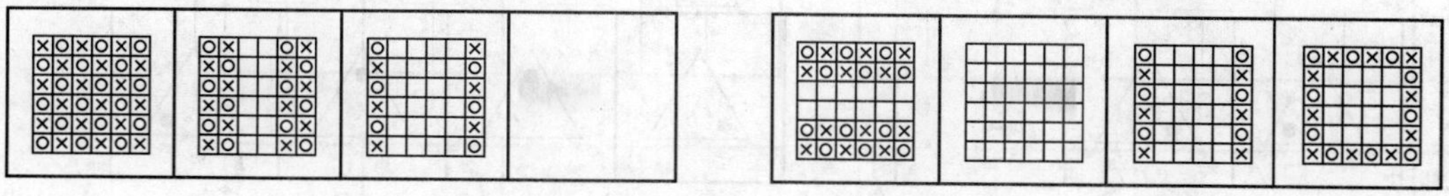

A B C D

9. 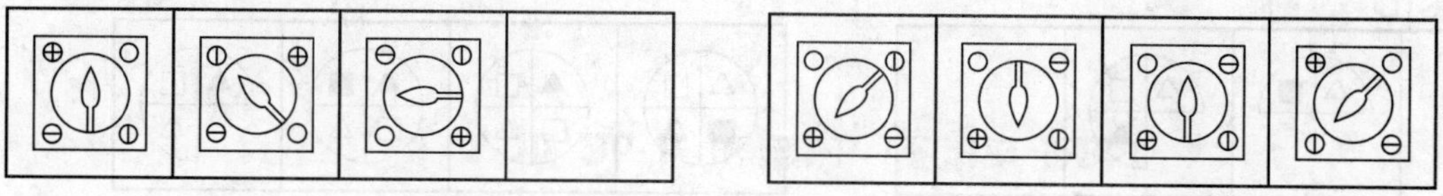

A B C D

10. 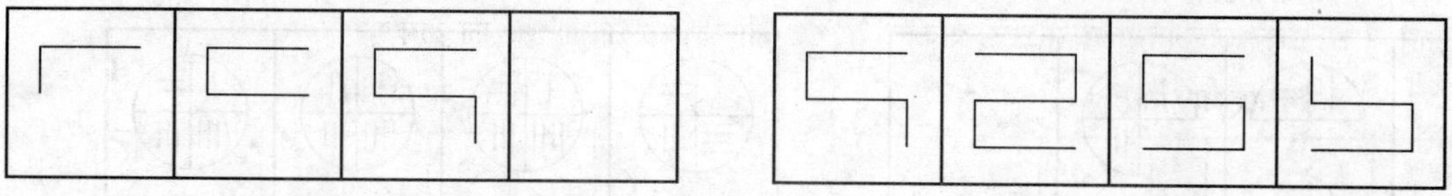

A B C D

11. 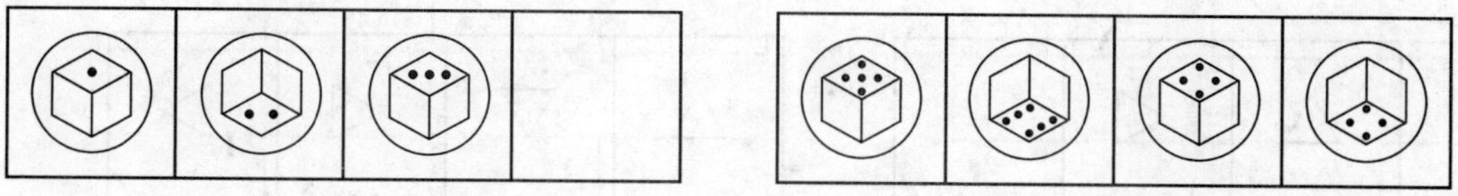

A B C D

12. 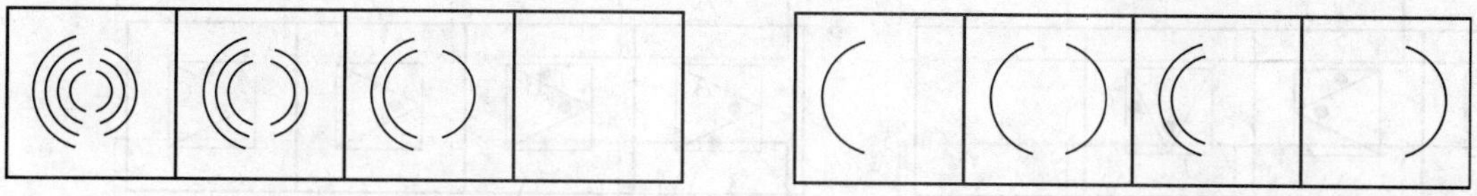

A B C D

13. 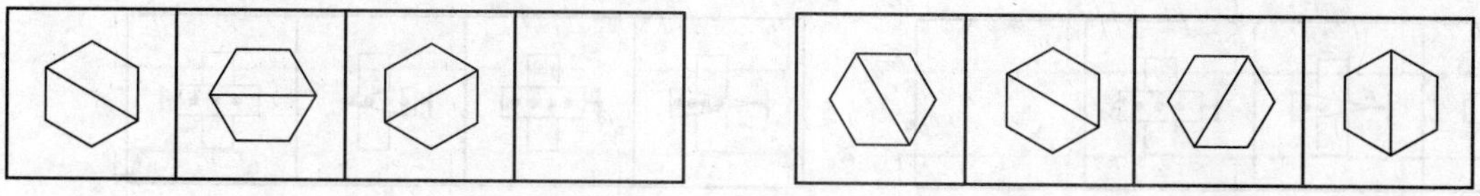

A B C D

14. 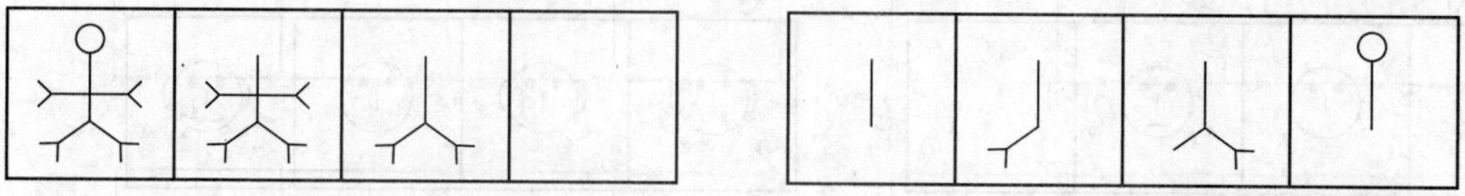

A B C D

15. 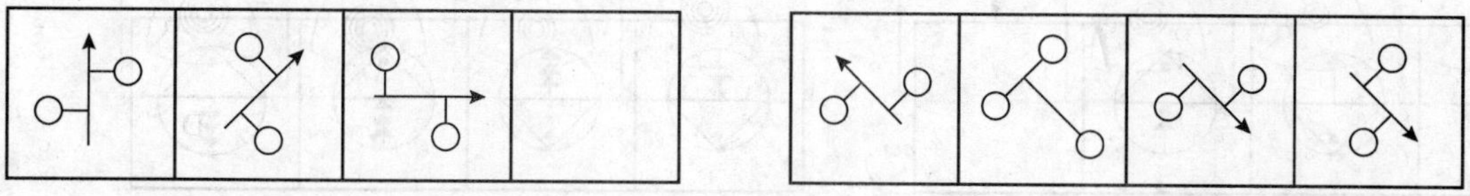

A B C D

निर्देश–प्रश्न 16 से 24 तक प्रश्नों में रेखा के बाईं ओर तीन समस्या आकृतियाँ दी गई हैं और चौथी आकृति का स्थान रिक्त है. समस्या आकृतियाँ एक शृंखला में हैं. पता लगाइए कि दाईं ओर दी गई उत्तर आकृतियों में से कौनसी आकृति इस शृंखला को पूरा करती है.

प्रश्न आकृतियाँ **उत्तर आकृतियाँ**

16. 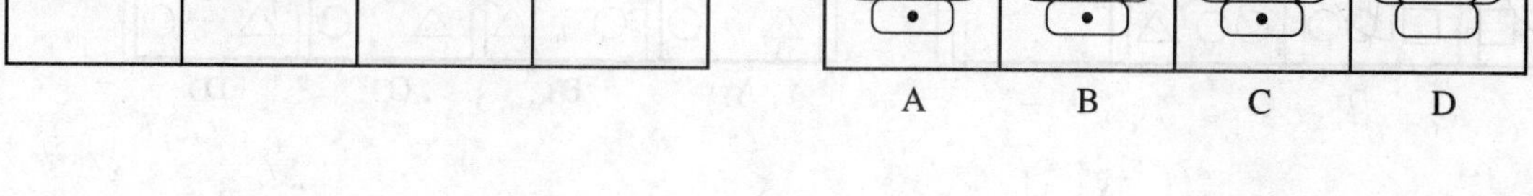

A B C D

प्रश्न आकृतियाँ | उत्तर आकृतियाँ

17. 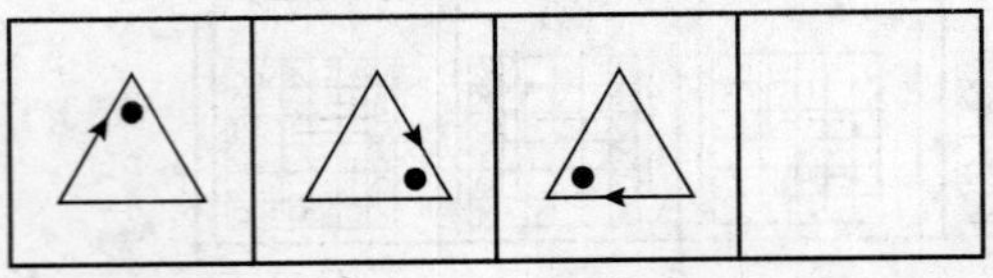 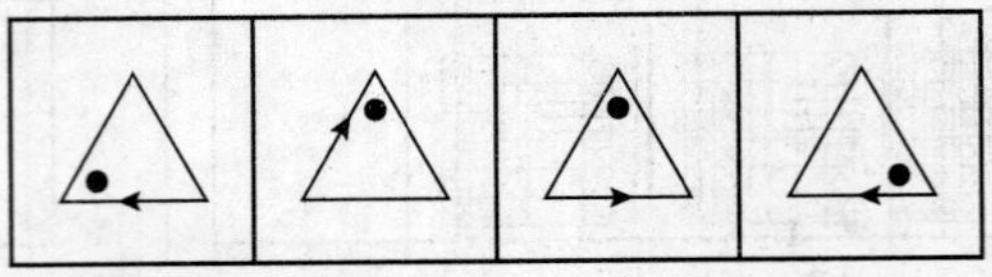

A B C D

18. 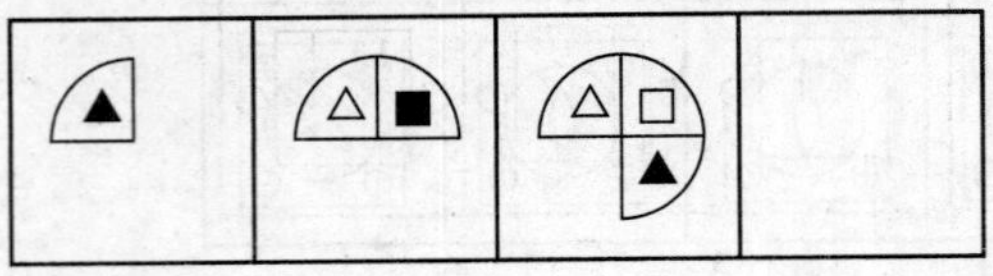 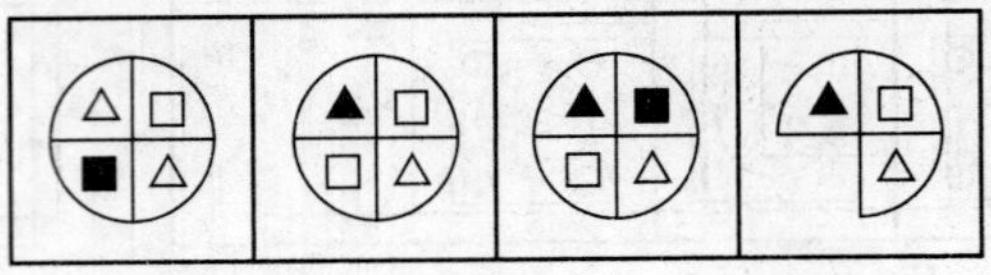

A B C D

19. 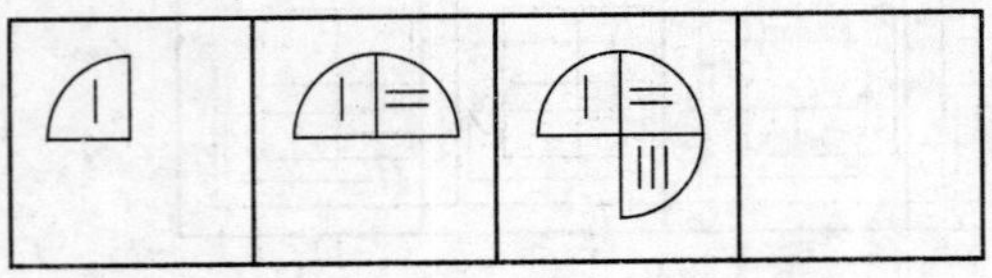 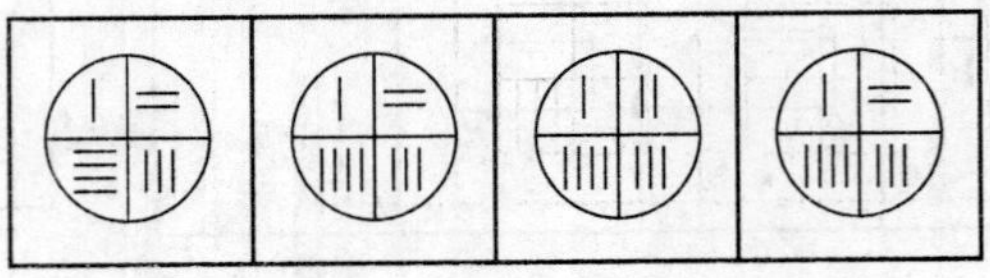

A B C D

20. 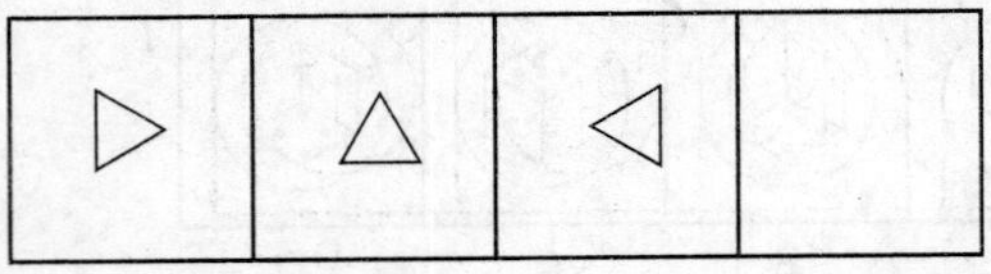 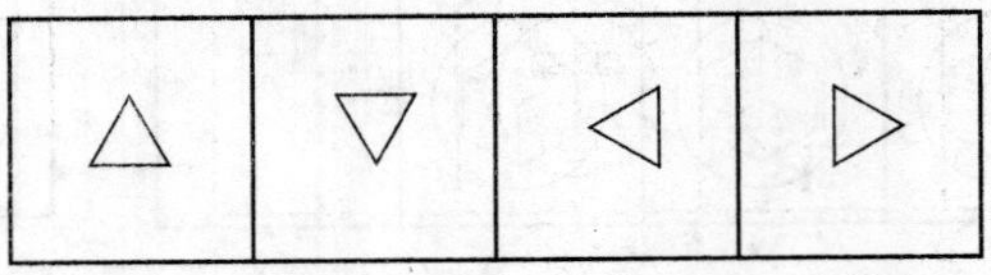

A B C D

21. 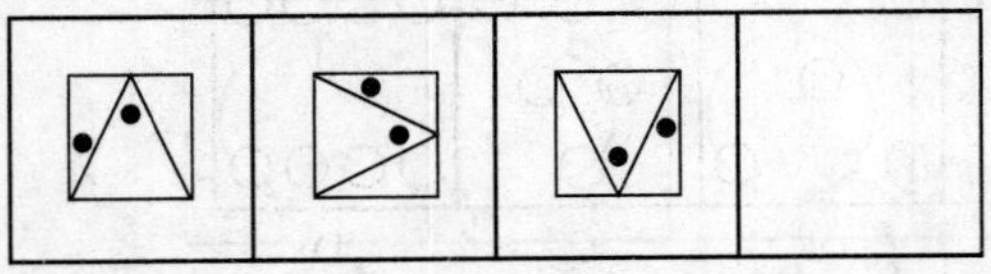 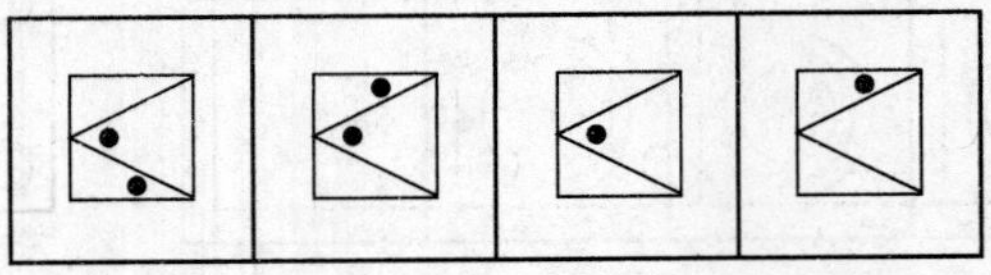

A B C D

22. 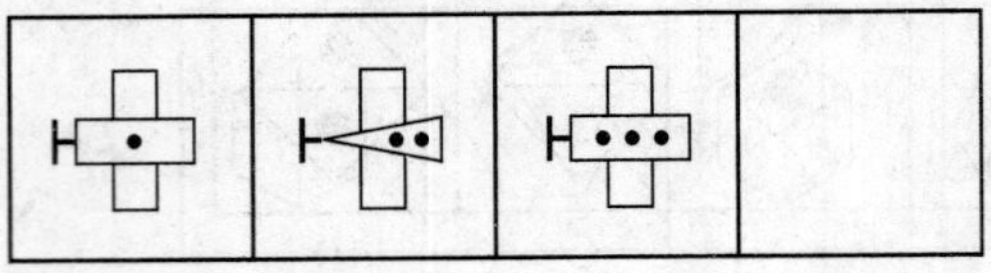 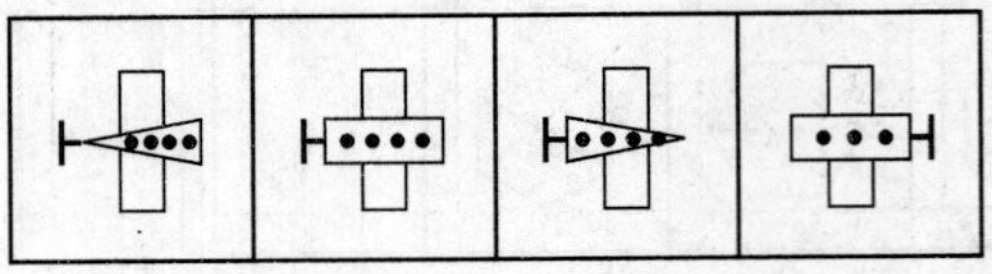

A B C D

23.  

A B C D

24. 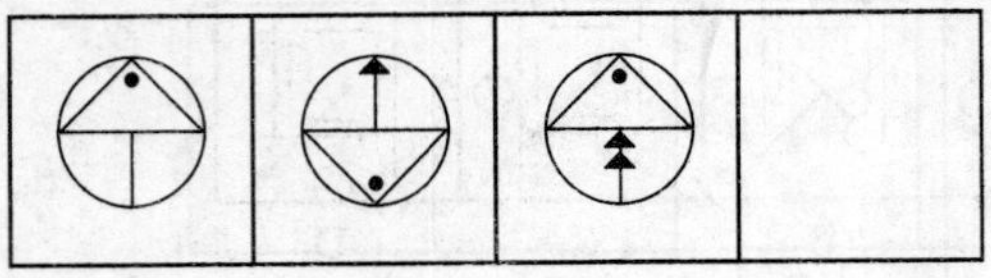 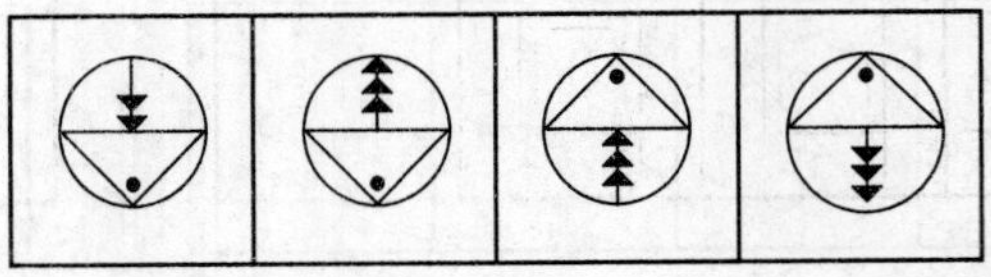

A B C D

निर्देश–प्रश्न 25 से 54 तक प्रश्नों में रेखा के बाईं ओर तीन समस्या आकृतियाँ दी गई हैं और चौथी आकृति का स्थान रिक्त है. समस्या आकृतियाँ एक शृंखला में हैं. पता लगाइए कि दाईं ओर दी गई उत्तर आकृतियों में से कौनसी आकृति शृंखला को पूरा करती है.

समस्या आकृतियाँ | उत्तर आकृतियाँ

25.  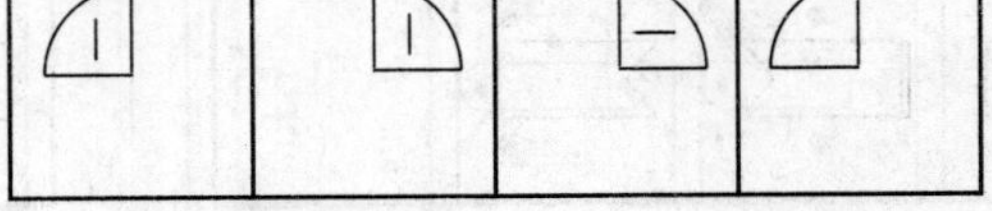

A B C D

समस्या आकृतियाँ　　　　उत्तर आकृतियाँ

26.
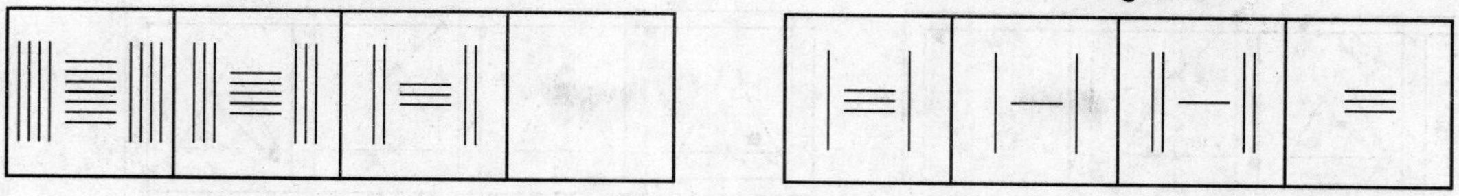
A B C D

27.
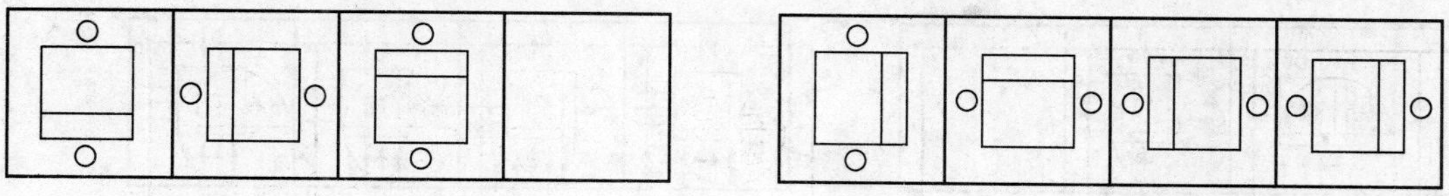
A B C D

28.
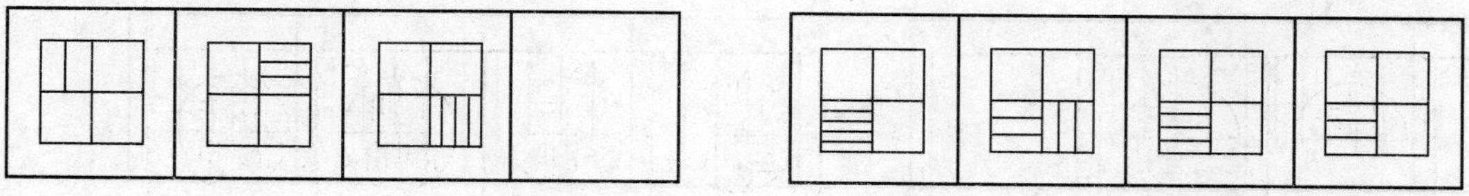
A B C D

29.
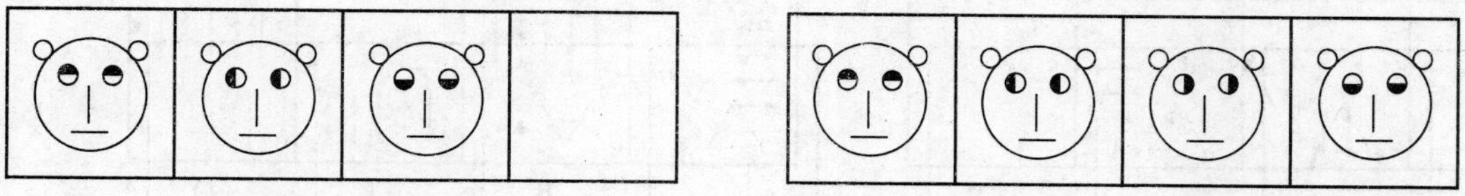
A B C D

30.
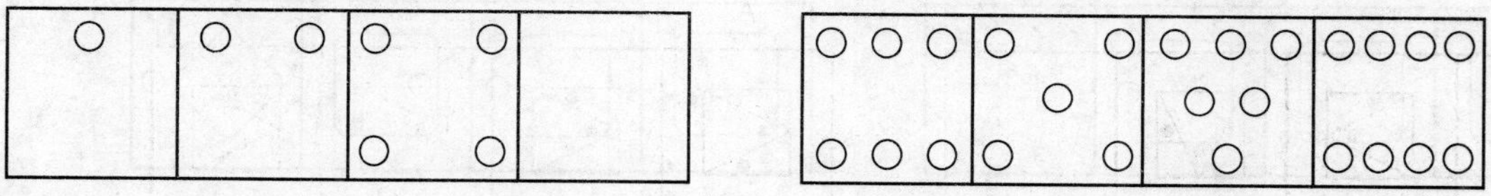
A B C D

31.
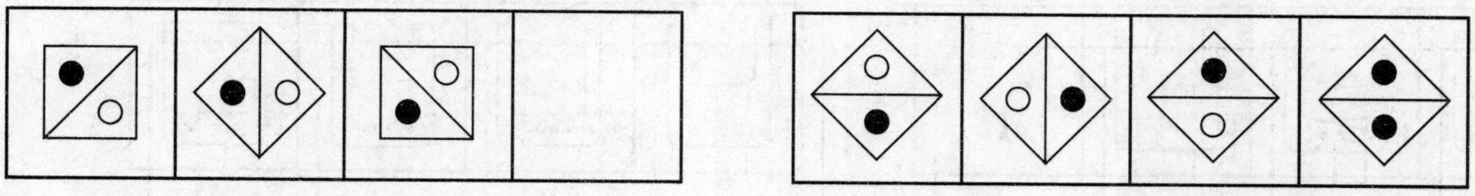
A B C D

32.
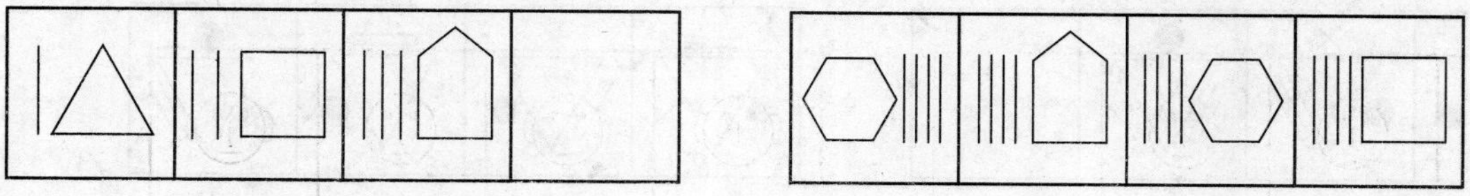
A B C D

33.
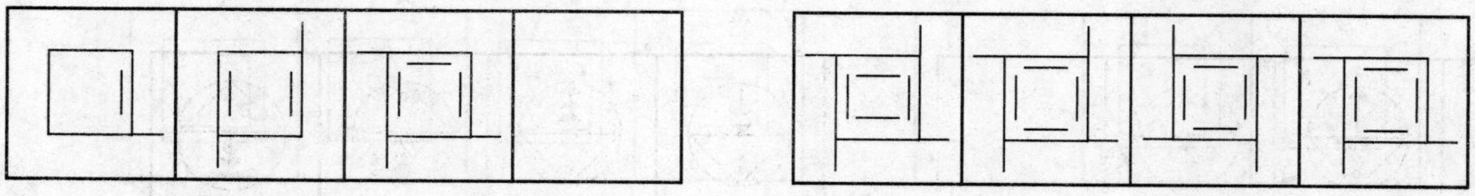
A B C D

34.
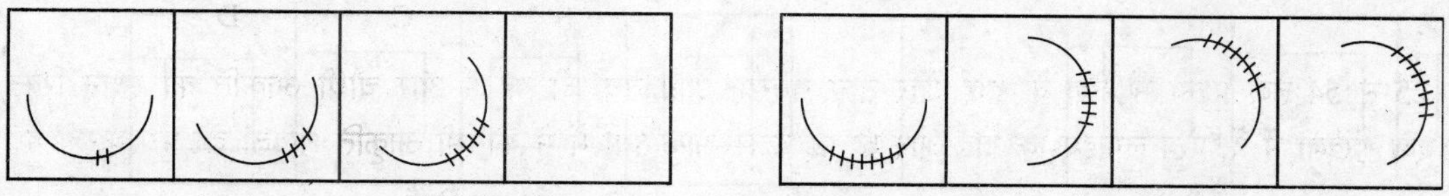
A B C D

35.
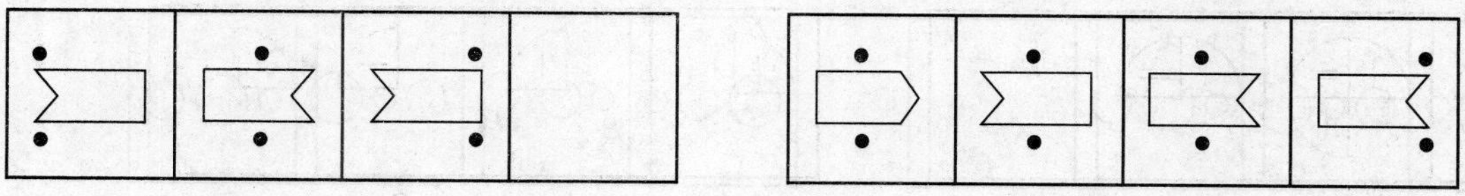
A B C D

समस्या आकृतियाँ | **उत्तर आकृतियाँ**

36. 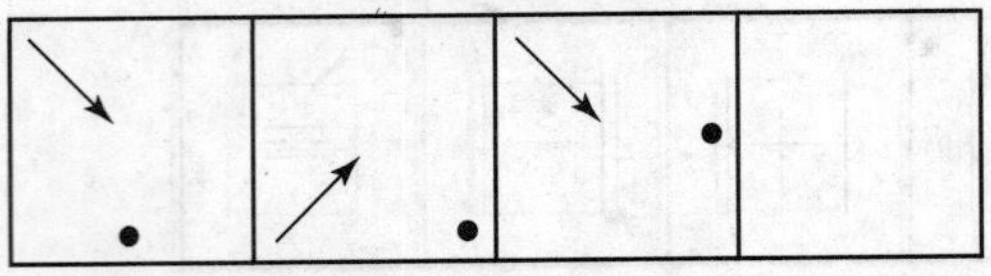 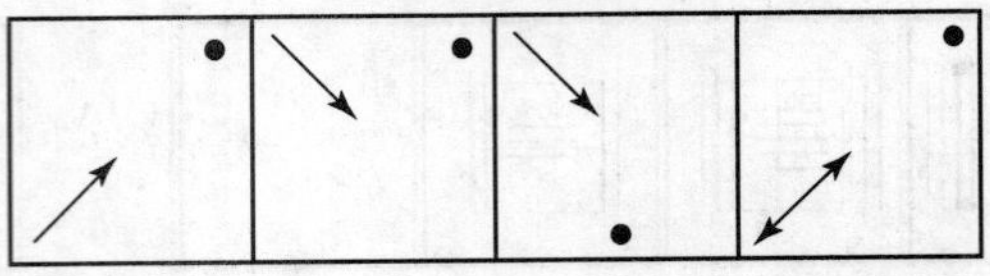

A B C D

37. 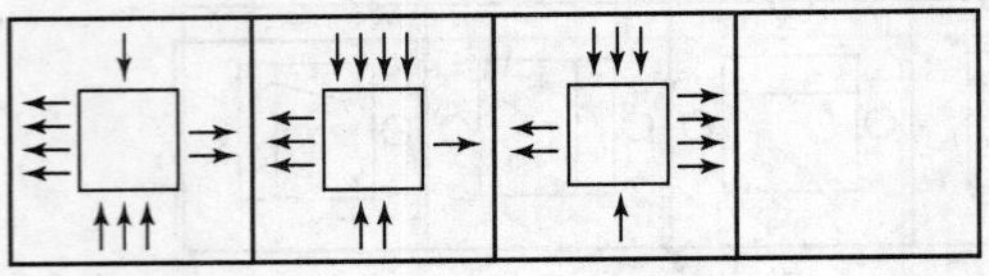 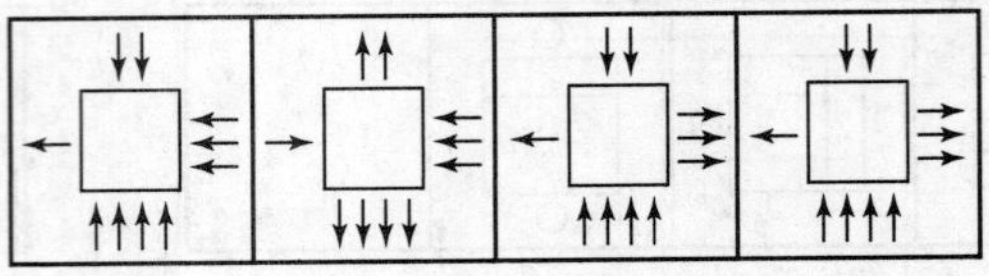

A B C D

38. 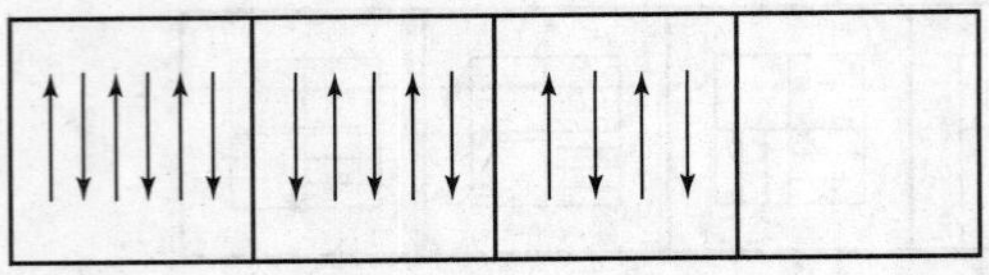 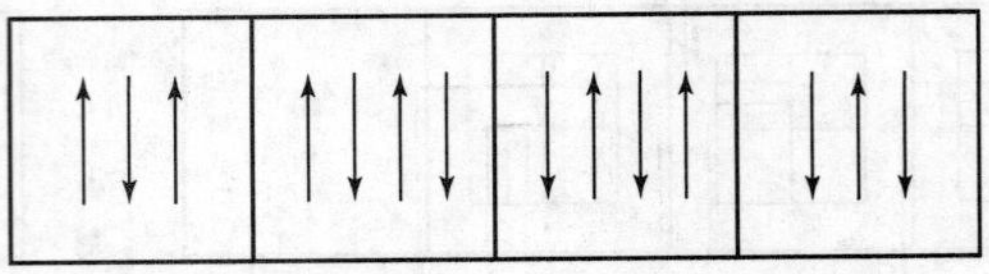

A B C D

39. 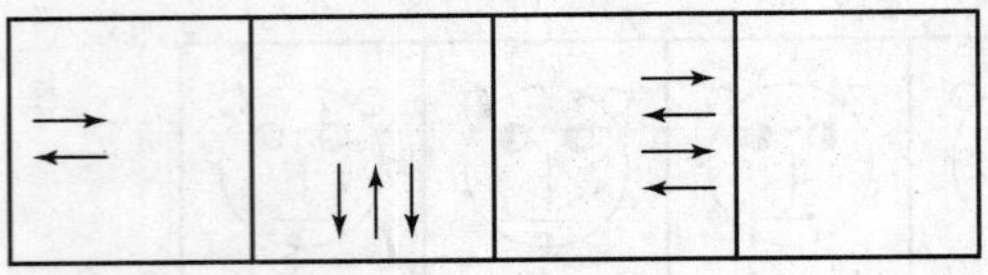 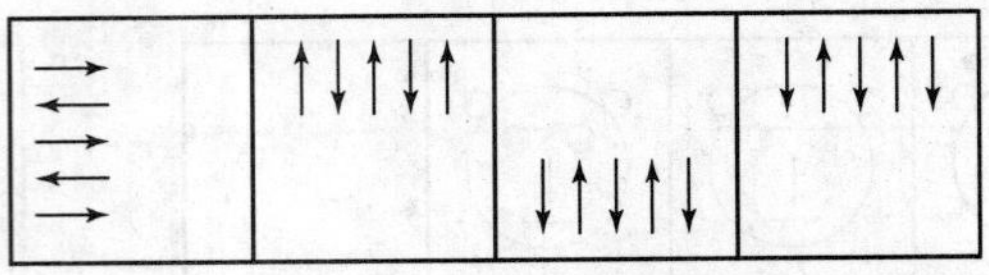

A B C D

40. 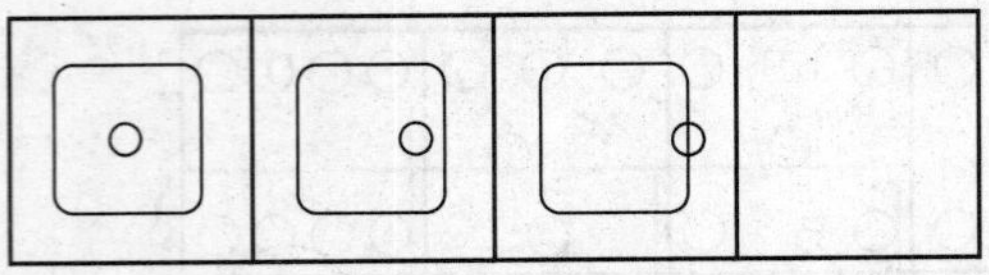 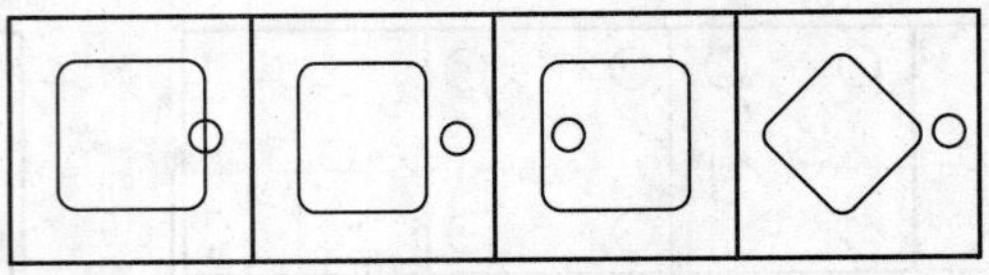

A B C D

41. 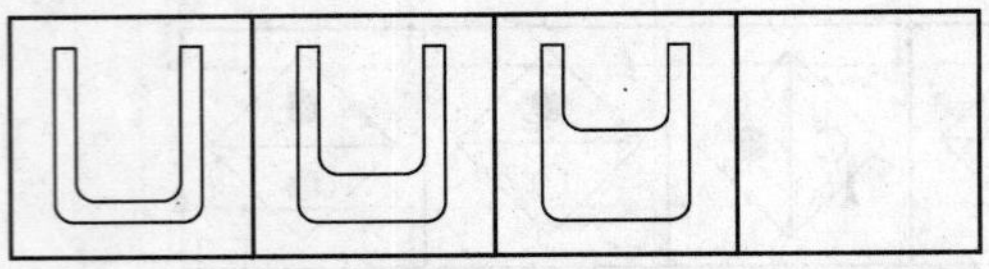 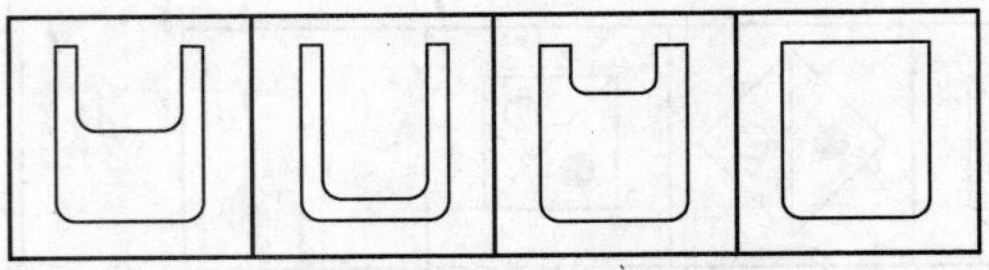

A B C D

42. 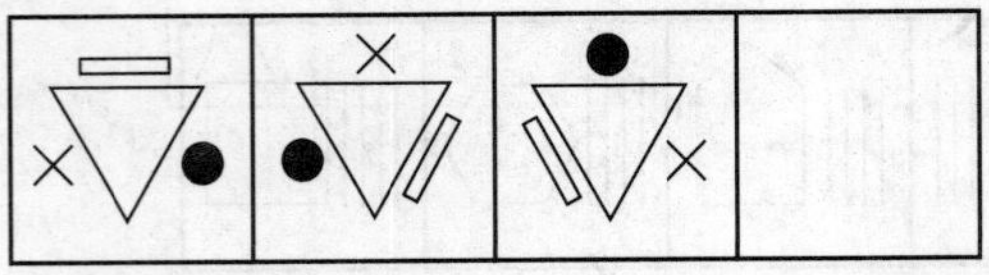 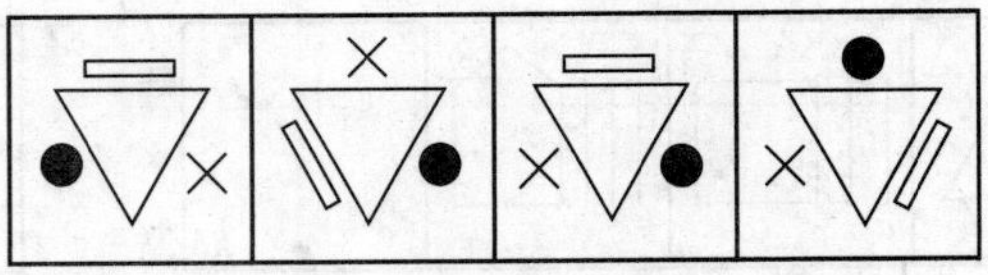

A B C D

43. 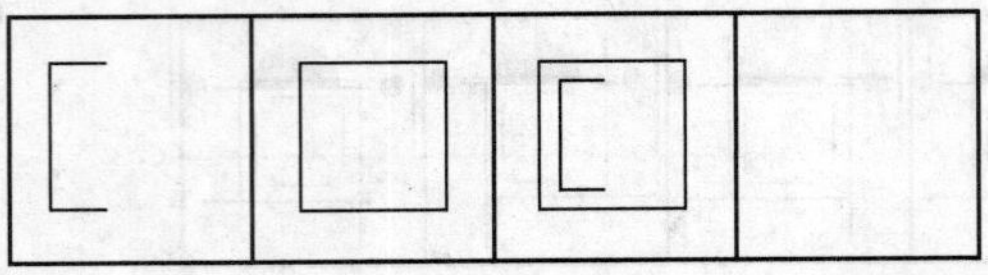 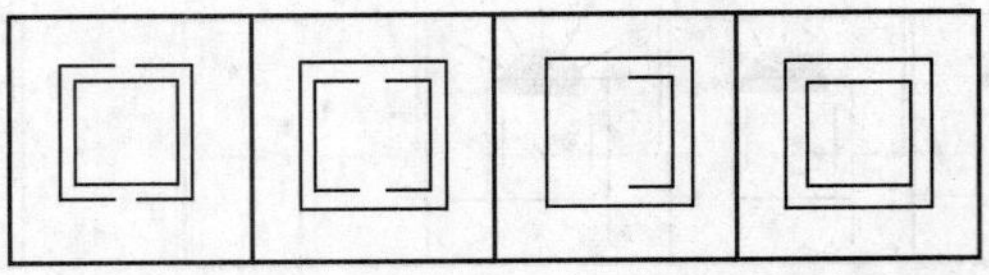

A B C D

44. 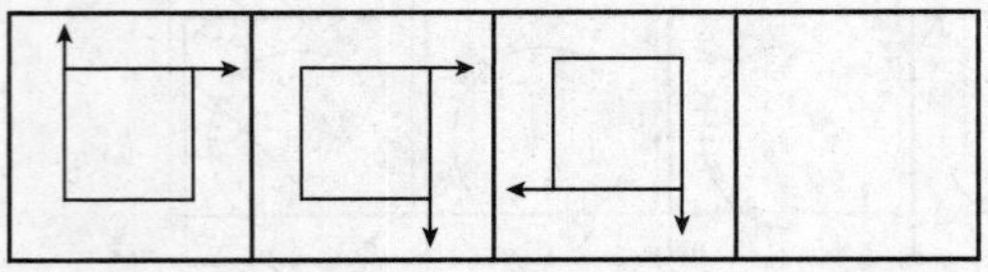 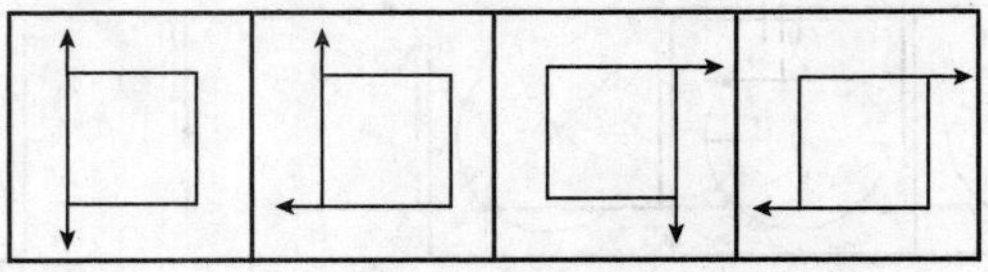

A B C D

45. 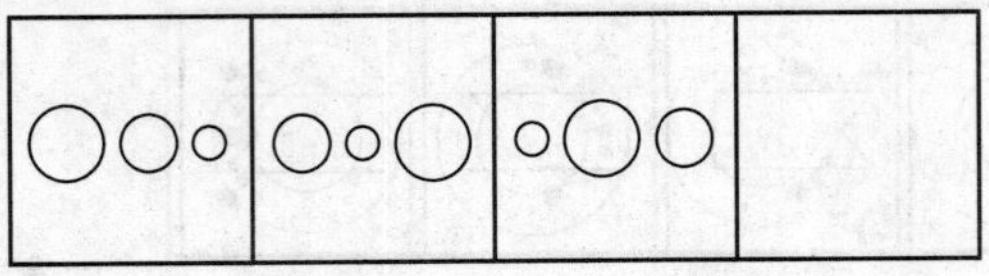 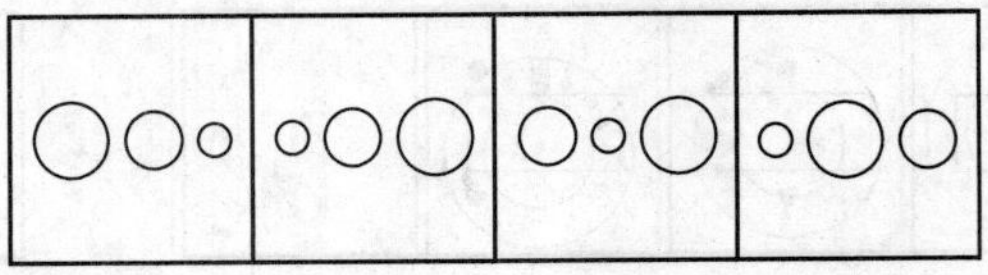

A B C D

समस्या आकृतियाँ

उत्तर आकृतियाँ

46. 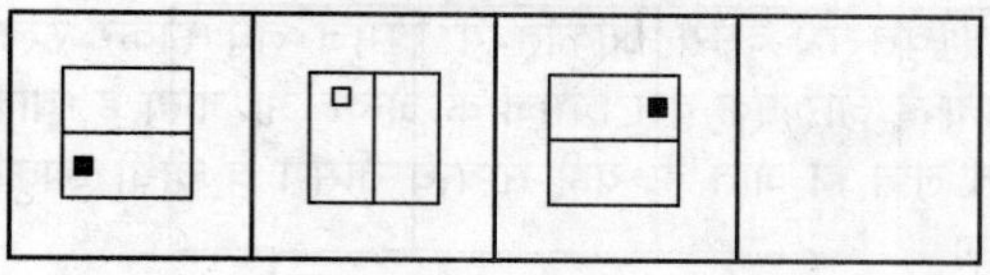

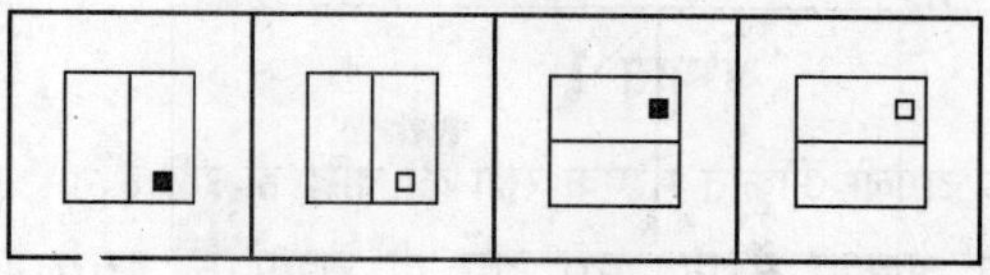

A B C D

47. 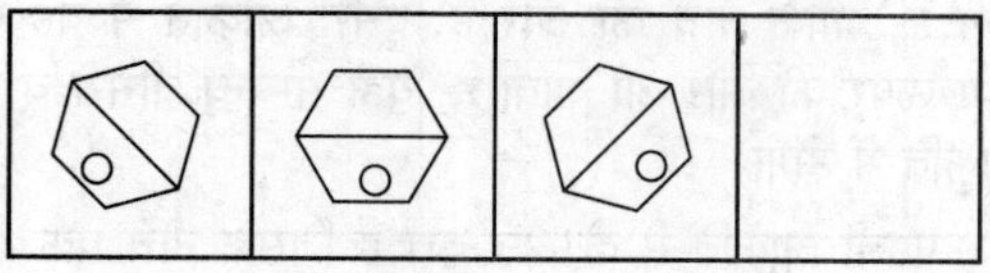

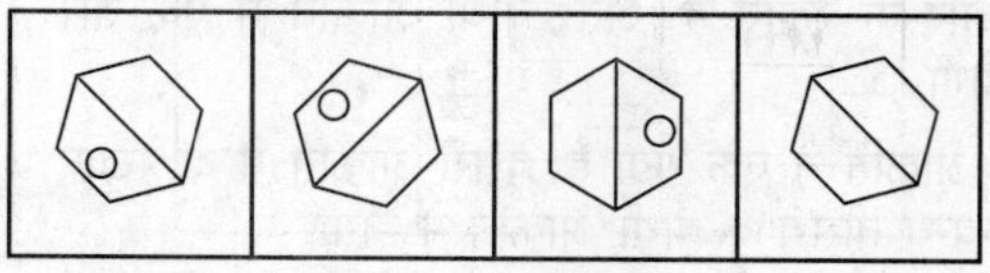

A B C D

48. 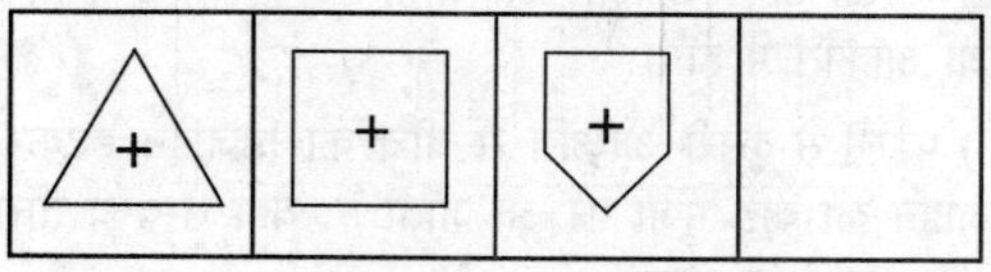

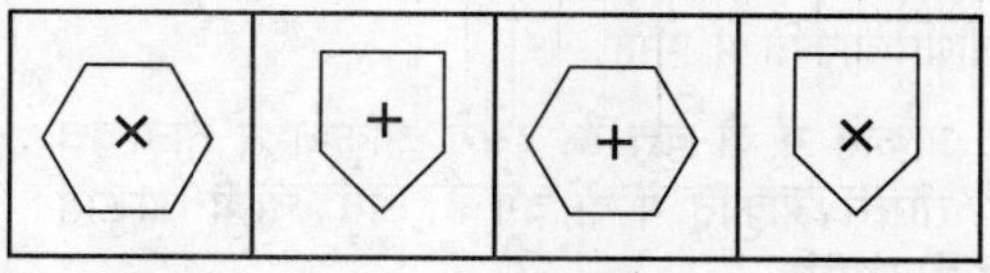

A B C D

49. 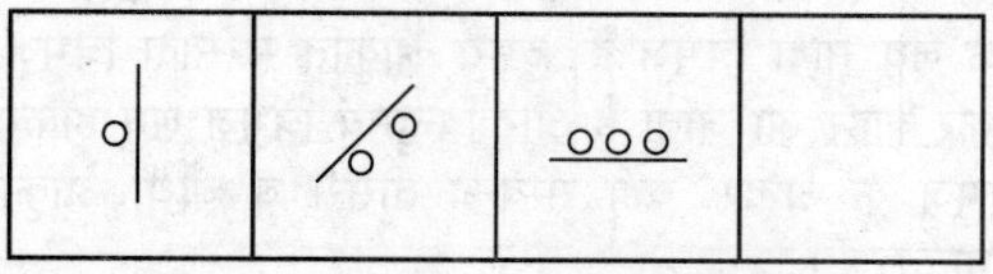

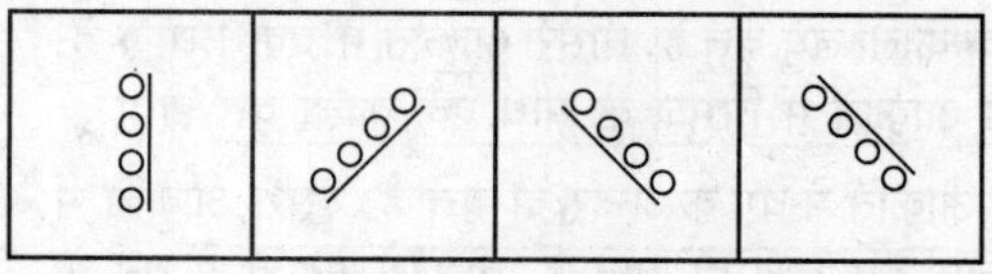

A B C D

50. 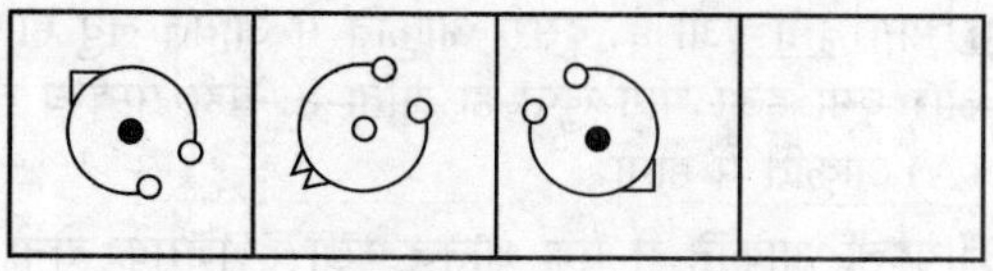

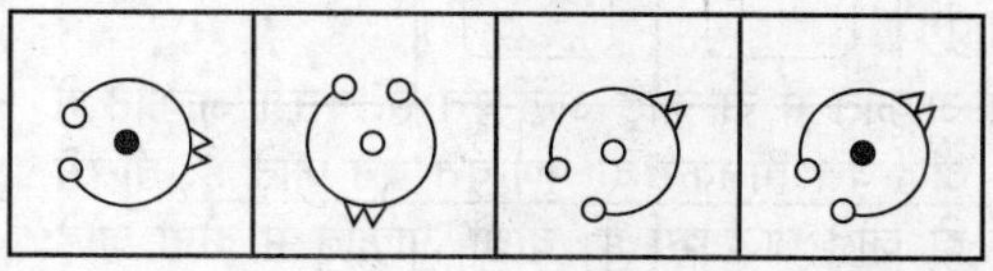

A B C D

51. 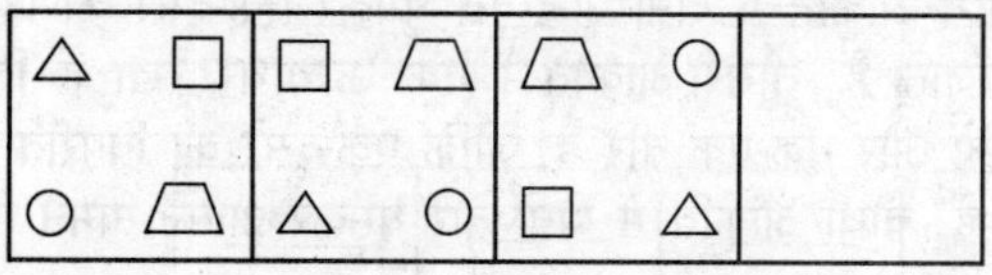

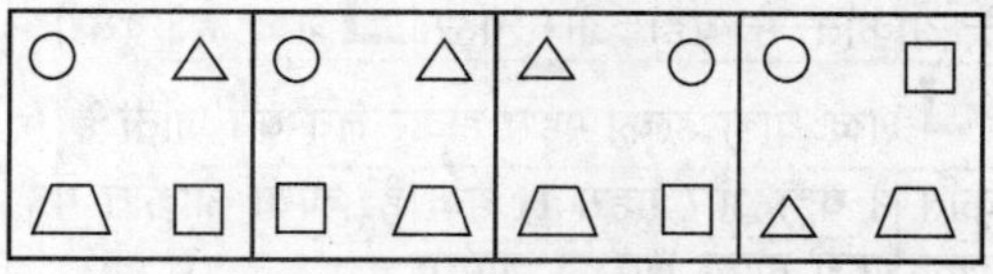

A B C D

52. 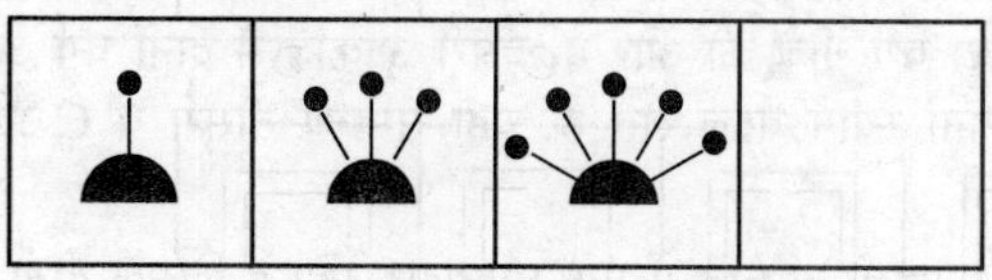

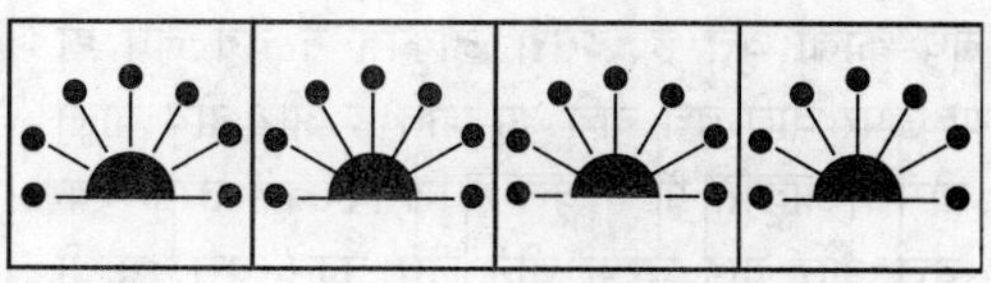

A B C D

53. 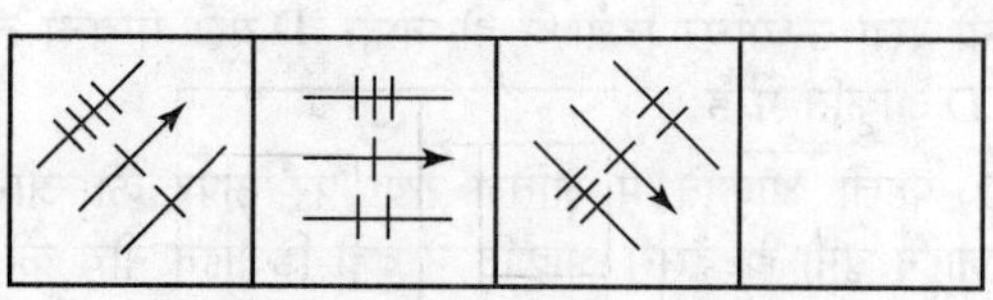

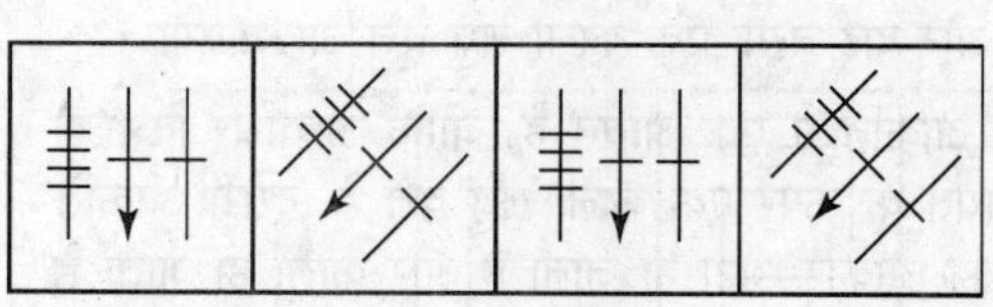

A B C D

54. 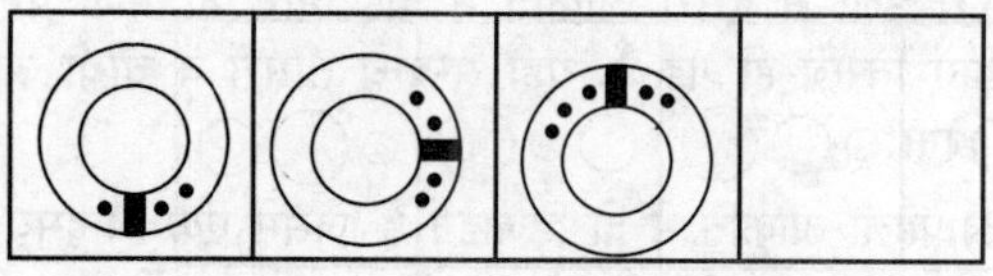

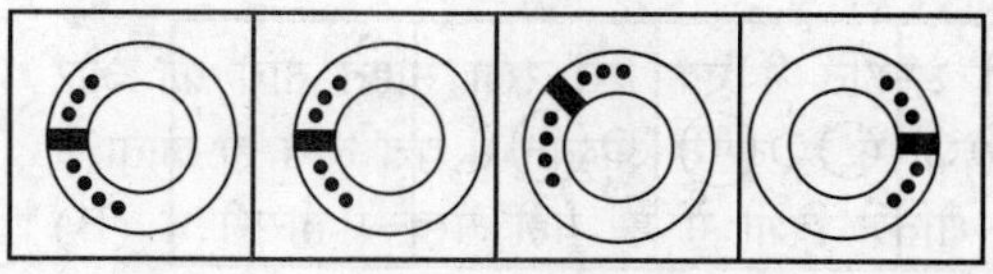

A B C D

उत्तर व्याख्या सहित

अभ्यास 1

1. (C) प्रत्येक अगली आकृति में एक रेखा की वृद्धि हो रही है.
2. (D) पहली आकृति में एक वृत्त और दो रेखाएं हैं, दूसरी आकृति में एक तीर की वृद्धि हो रही है. तीसरी आकृति में एक वृत्त और दो रेखाएं हैं. अतः चौथी आकृति में एक तीर की वृद्धि होगी.
3. (C) पहली आकृति में एक रेखा है. दूसरी आकृति में दो रेखाएं हैं. यही सम्बन्ध तीसरी व चौथी आकृति में होगा.
4. (D) पहली आकृति में एक तीर है. दूसरी आकृति में एक तीर की वृद्धि हो रही है जोकि उल्टी दिशा में है. यही सम्बन्ध तीसरी व चौथी आकृति में होगा.
5. (C) पहली आकृति में दो वृत्त हैं. दूसरी आकृति में तीन वृत्त हो जाते हैं. तीसरी आकृति में दो वर्ग हैं. अतः चौथी आकृति में तीन वर्ग हो जाएंगे.
6. (D) पहली आकृति में एक आयत है. दूसरी आकृति में आयत के साथ एक काला लघु वृत्त है. तीसरी आकृति में एक त्रिभुज है. अतः चौथी आकृति में त्रिभुज के साथ एक काला वृत्त होगा.
7. (D) पहली आकृति में वर्ग के अन्दर दो वृत्त हैं. दूसरी आकृति में वर्ग और लघु वृत्त लुप्त हो जाते हैं. तीसरी आकृति में वर्ग के अन्दर दो त्रिभुज हैं. चौथी आकृति में वर्ग और लघु त्रिभुज लुप्त हो जाएंगे.
8. (B) पहली आकृति में दो जोड़े अर्द्ध-वृत्त हैं. दूसरी आकृति में दोनों जोड़े अर्द्ध-वृत्त मिलकर दो पूर्ण-वृत्त बन जाते हैं. तीसरी आकृति में दो जोड़े अर्द्ध-वर्ग हैं. चौथी आकृति में दोनों जोड़े अर्द्ध-वर्ग मिलकर दो पूर्ण वर्ग प्राप्त होंगे.
9. (B) पहली आकृति में बड़ा और गहरा ┛ शब्द है. दूसरी आकृति में ┛ शब्द थोड़ा हल्का गहरा होकर लघु बन जाता है. तीसरी आकृति में बड़ा और गहरा H शब्द है. चौथी आकृति में H थोड़ा हल्का गहरा होकर लघु हो जाएगा.
10. (D) पहली आकृति में वर्ग के ऊपर दो लघु काले वृत्त और नीचे एक लघु काला वृत्त है. दूसरी आकृति में वर्ग लघु हो जाता है तथा ऊपर वाले वृत्त नीचे आ जाते हैं और नीचे वाला वृत्त ऊपर. तीसरी आकृति में दो वृत्त हैं जिसके बाईं तरफ एक काला लघु वृत्त और दाईं तरफ तीन लघु काले वृत्त. चौथी आकृति में दोनों वृत्त लघु हो जाएंगे तथा बाईं तरफ तीन लघु काले वृत्त और दाईं तरफ एक काला लघु वृत्त आ जाएगा.
11. (B) पहली आकृति में एक आयत है, जोकि ऊर्ध्वाधर दिशा में है और आयत के ऊपर एक काला लघु वृत्त है. दूसरी आकृति में आयत का आकार छोटा हो जाता है और काला हो जाता है तथा काला लघु वृत्त नीचे आ जाता है. यही सम्बन्ध तीसरी व (B) आकृति में है.
12. (B) पहली आकृति में एक वृत्त रेखा सहित नीचे की ओर ऊर्ध्वाधर दिशा में है. दूसरी आकृति में वृत्त लुप्त हो जाता है और रेखा क्षैतिज दिशा में है. यही सम्बन्ध तीसरी व (B) आकृति में है.
13. (D) पहली आकृति में एक त्रिभुज है जिसकी तीनों भुजा पर तीन वृत्त हैं. दूसरी आकृति में त्रिभुज लघु होकर उल्टा हो जाता है और एक वृत्त त्रिभुज के अन्दर आ जाता है, बाकी दो वृत्त लुप्त हो जाते हैं. यही सम्बन्ध तीसरी व चौथी आकृति में होगा.
14. (D) पहली आकृति में दो वृत्त हैं जिसके अन्दर आधा काला भाग है, जोकि नीचे की ओर है. दूसरी आकृति में वह काला भाग ऊपर की ओर आ जाता है. यही सम्बन्ध तीसरी व चौथी आकृति में होगा.
15. (D) पहली आकृति में दो अर्द्ध-वृत्त हैं जिसके नीचे एक क्षैतिज रेखा है. दूसरी आकृति में दोनों अर्द्ध-वृत्त लघु हो जाते हैं और क्षैतिज रेखा ऊपर की ओर आ जाती है. यही सम्बन्ध तीसरी व चौथी आकृति में होगा.
16. (C) पहली से दूसरी आकृति में बीच की डिजाइन हटकर बड़ी डिजाइन की बाईं भुजा पर आ जाती है. यही सम्बन्ध तीसरी व चौथी आकृति में होगा.
17. (A) पहली आकृति में एक बिन्दुमय त्रिभुज है जिसके अन्दर एक लघु सादा त्रिभुज है. दूसरी आकृति में सादा त्रिभुज बड़ा होकर बाहर आ जाता है और बिन्दुमय त्रिभुज लघु होकर सादे त्रिभुज के अन्दर. यही सम्बन्ध तीसरी व चौथी आकृति में होगा.
18. (A) पहली आकृति में एक आयत है जिसमें ऊपर की ओर कुछ भाग घूमा हुआ है. दूसरी आकृति में आयत लघु हो जाता है और घूमा हुआ भाग लुप्त हो जाता है. यही सम्बन्ध तीसरी व (A) आकृति में होगा.
19. (B) पहली आकृति में एक क्षैतिज रेखा है जिसके दोनों ओर एक-एक अर्द्ध-वृत्त बने हुए हैं, जोकि विपरीत दिशा में हैं. दूसरी आकृति में दोनों अर्द्ध-वृत्त घूमकर एक-दूसरे की दिशा में हो जाते हैं. तीसरी आकृति में एक ऊर्ध्वाधर रेखा है जिसके दोनों ओर एक-एक तीर है, जोकि एक-दूसरे की विपरीत दिशा में है. चौथी आकृति में दोनों तीर घूमकर आमने-सामने दिखने लगेंगे.
20. (C) पहली आकृति में एक बड़ा वर्ग ऊपर की ओर और एक छोटा वर्ग नीचे की ओर है. दूसरी आकृति में दोनों वर्ग अपना-अपना स्थान बदल लेते हैं. यही सम्बन्ध तीसरी व C आकृति में है.
21. (D) पहली आकृति में एक घुमावदार रेखा है जिसके दोनों सिरों पर नीचे की ओर एक-एक क्षैतिज रेखा है. दूसरी आकृति में दोनों रेखा ऊर्ध्वाधर दिशा में हो जाती हैं. यही सम्बन्ध तीसरी व D आकृति में है.
22. (D) पहली आकृति में क्षैतिज रेखा पर ऊपर की ओर जो डिजाइन बनी है. दूसरी आकृति में वही डिजाइन नीचे की ओर हो जाती है. यही सम्बन्ध तीसरी व D आकृति में है.
23. (A) पहली से दूसरी आकृति में दाईं ओर की भुजा पर बनी रेखाएं तिरछी हो गई हैं. यही सम्बन्ध तीसरी व चौथी आकृति में होगा.
24. (B) पहली आकृति में दो डिजाइनें हैं जिसमें एक बिन्दुमय द्वारा प्रदर्शित की गई है और दूसरी रेखा द्वारा. दूसरी आकृति में

बिन्दुमय डिजाइन रेखा में बदल जाती है और रेखा वाली डिजाइन बिन्दुमय में. यही सम्बन्ध तीसरी व B आकृति में है.

25. (C) पहली आकृति में पाँच पंक्तियाँ हैं. दूसरी आकृति में दो पंक्तियाँ कम हो जाती हैं और तीन पंक्तियाँ रह जाती हैं. यही सम्बन्ध तीसरी व C आकृति में है.

26. (D) पहली आकृति में आयत में जो भाग काला है, दूसरी आकृति में वही भाग सफेद है और जो भाग सफेद है वही भाग काला है. तीसरी आकृति में आयत में जिस जगह धनात्मक चिह्न है चौथी आकृति में वह जगह धनात्मक चिह्न नहीं रहेंगे और जिस जगह धनात्मक चिह्न नहीं है वहाँ दोनों धनात्मक चिह्न आ जाएंगे.

27. (D) पहली आकृति में डिजाइनें में बाईं ओर जो भाग काला है. दूसरी आकृति में वही भाग दाईं ओर आ जाता है. यही सम्बन्ध तीसरी व D आकृति में है.

28. (B) पहली आकृति में दो डिजाइनें हैं. दूसरी आकृति में नीचे वाली डिजाइन का कुछ भाग लुप्त हो जाता है. यही सम्बन्ध तीसरी व B आकृति में है.

29. (C) पहली आकृति में डिजाइन के नीचे चन्द्रमा बना हुआ है. दूसरी आकृति में वह चन्द्रमा लुप्त हो जाता है. यही सम्बन्ध तीसरी व (C) आकृति में है.

30. (D) पहली आकृति में जो डिजाइन दाईं ओर है वही डिजाइन दूसरी आकृति में क्षैतिज रेखा पर 180° घूम जाती है. यही सम्बन्ध तीसरी व D आकृति में है.

31. (D) पहली आकृति में T शब्द काला है. दूसरी आकृति में T शब्द काले से सफेद में बदल जाता है. यही सम्बन्ध तीसरी व D आकृति में है.

32. (C) पहली आकृति में डिजाइन में जो भाग काला है, दूसरी आकृति में वही भाग सफेद है. यही सम्बन्ध तीसरी व D आकृति में होगा.

33. (D) पहली आकृति में पाँच पंक्तियाँ हैं. दूसरी आकृति में पंक्तियों लुप्त हो जाती हैं. और चार टहनियाँ रह जाती हैं. यही सम्बन्ध तीसरी व D आकृति में है.

34. (A) पहली आकृति में जो डिजाइन बनी है, दूसरी आकृति में वही डिजाइन 180° पर घूम जाती है. यही सम्बन्ध तीसरी व A आकृति में है.

35. (B) पहली आकृति में डिजाइन में नीचे की ओर जो काला भाग है, दूसरी आकृति में वही काला भाग ऊपर की ओर आ जाता है. यही सम्बन्ध तीसरी व B आकृति में है.

36. (D) पहली आकृति में वृत्त चार भागों में विभाजित है जिसमें कि दो स्थानों में धनात्मक चिह्न और दो खानों में ऋणात्मक चिह्न. दूसरी आकृति में वृत्त दो भागों में विभाजित है जिसमें कि एक खाने में धनात्मक चिह्न और एक खाने में ऋणात्मक चिह्न. यही सम्बन्ध तीसरी व D आकृति में है.

37. (C) पहली आकृति में वृत्त में चार रेखाएं हैं, जोकि आपस में एक-दूसरे को काट रही हैं. दूसरी आकृति में वृत्त में दो रेखाएं रह जाती हैं. यही सम्बन्ध तीसरी व C आकृति में है.

38. (D) पहली आकृति में एक रेखा है जिसके दोनों ओर कुछ दूरी पर एक-एक लघु रेखा है, जोकि आपस में विपरीत दिशा में है. दूसरी आकृति में दोनों रेखाएं आपस में दिशा बदल लेती है और 180° पर घूम जाती हैं. तीसरी आकृति में एक वर्ग है जिसके अन्दर वृत्त है. वर्ग के ऊपर धनात्मक चिह्न और नीचे ऋणात्मक चिह्न. चौथी आकृति में धनात्मक चिह्न नीचे चला जाएगा और ऋणात्मक चिह्न ऊपर की ओर.

39. (A) पहली आकृति में चार तीर हैं, जोकि दाईं ओर की दिशा में हैं. दूसरी आकृति में चारों तीर बाईं ओर की दिशा में घूम जाते हैं. तीसरी आकृति में चारों तीर ऊपर की ओर हैं. अतः चौथी आकृति में चारों तीर नीचे की ओर की दिशा में होंगे.

40. (B) पहली आकृति में एक क्षैतिज रेखा है. दूसरी आकृति में एक रेखा की वृद्धि होकर दो रेखाएं बन जाती हैं. तीसरी आकृति में तीन रेखाओं द्वारा बना त्रिभुज है. अतः चौथी आकृति में एक रेखा की वृद्धि होकर चार रेखाओं द्वारा बना कोई डिजाइन प्राप्त होगा.

41. (C) पहली आकृति में वर्ग के अन्दर चार खाने हैं जिसमें कि आमने-सामने वाले दो खाने रेखांकित हैं. दूसरी आकृति में दोनों रेखांकित खाने घड़ी की सुइयों के चलने की दिशा में 90° पर घूम जाते हैं. यही सम्बन्ध तीसरी व C आकृति में है.

42. (D) पहली आकृति में तीर बाईं ओर है. दूसरी आकृति में तीर दाईं ओर है. तीसरी आकृति में तीर दाईं ओर है. अतः चौथी आकृति में तीर बाईं ओर होगा.

43. (D) पहली आकृति में एक वर्ग है. दूसरी आकृति में दो वर्ग की वृद्धि हो रही है. अतः तीन वर्ग हो जाते हैं. यही सम्बन्ध तीसरी व D आकृति में होगा.

44. (A) पहली से दूसरी आकृति में डिजाइन 45° कोण घुमाने पर दूसरी आकृति प्राप्त होती है. यही सम्बन्ध तीसरी व चौथी आकृति में होगा.

45. (C) पहली आकृति को 45° घुमाने पर दूसरी आकृति प्राप्त होती है. यही सम्बन्ध तीसरी व चौथी आकृति में है.

46. (C) पहली आकृति में तीन वृत्त हैं जिनमें से बाईं और दाईं ओर वाले दो वृत्तों में एक-एक लघु क्षैतिज रेखा है. दूसरी आकृति में एक वृत्त लघु रेखा वाला लुप्त हो जाता है. यही सम्बन्ध तीसरी व C आकृति में है.

47. (D) पहली आकृति में एक झण्डा बना है, जोकि बाईं ओर है जिसमें कि बायाँ भाग काला है. दूसरी आकृति में झण्डा दाईं ओर 180° पर घूम जाता है. तीसरी आकृति में त्रिभुज है जिसका ऊपर वाला भाग काला है. चौथी आकृति में त्रिभुज नीचे की ओर 180° पर घूम जाएगा.

48. (D) पहली आकृति में डिजाइन ऊपर की ओर है. दूसरी आकृति में डिजाइन 180° पर घूम जाता है. यही सम्बन्ध तीसरी व D आकृति में है.

49. (A) पहली आकृति में डिजाइन बाईं ओर है. दूसरी आकृति में डिजाइन दाईं ओर घूम जाता है. यही सम्बन्ध तीसरी व A आकृति में है.

50. (B) पहली आकृति में तीनों वर्ग दाईं ओर हैं. दूसरी आकृति में तीनों वर्ग बाईं ओर घूम जाते हैं. तीसरी आकृति में तीनों त्रिभुज दाईं दिशा में हैं. अतः चौथी आकृति में तीनों त्रिभुज बाईं ओर घूम जाएंगे.

अभ्यास 2

1. (D) प्रत्येक आकृति घड़ी की सुइयों की विपरीत दिशा में घूम रही है तथा नीचे बने गुणक चिन्ह क्रमशः एक-एक कम हो रहे हैं. आकृति (1) में तीन लघुवृत्त, आकृति (2) में दो लघुवृत्त व (3) में एक लघुवृत्त हैं. चूँकि आकृति (4) में पुनः तीन लघुवृत्त हैं. अतः आकृति (5) में दो लघुवृत्त होने चाहिए.
2. (D) आकृति (1) में पाँच रेखाएं पड़ी अवस्था में हैं. अगली आकृतियों में रेखाएं क्रमशः एक-एक कम हो रही हैं तथा घड़ी की सुइयों की दिशा में घूम रही हैं. प्रत्येक आकृति में कोने में एक डैश घड़ी की सुइयों की विपरीत दिशा में घूम रहा है, जिसके सिरे पर आकृति (1) में एक लघुवृत्त है, आकृति (2) में नहीं है, पुनः आकृति (3) में है, परन्तु (4) में नहीं है.
3. (A) दो रेखाओं के मध्य में बना वृत्त आकृति (1) व (3) में रिक्त है, परन्तु आकृति (2) व (4) में काला है. एक डैश घड़ी की सुइयों की दिशा में रेखाओं के सिरे पर घूम रहा है. आकृति (1) में डैश के सिरे पर दिशासूचक चिह्न हैं, परन्तु आकृति (2) में नहीं है. पुनः आकृति (3) में चिह्न हैं, परन्तु (4) में नहीं हैं.
4. (B) आकृति (1) में वृत्त के अन्दर पाँच डैश हैं जो अगली आकृतियों में क्रमशः एक-एक कम हो रहे हैं व घड़ी की सुइयों की विपरीत दिशा में घूम रहे हैं. वृत्त के अन्दर आकृति (1) में गुणा का चिह्न है, परन्तु आकृति (2) में धन का चिह्न है, पुनः आकृति (3) में गुणा का व आकृति (4) में धन का चिह्न है. अतः आकृति (5) में गुणा का चिह्न होना चाहिए.
5. (C) प्रत्येक आकृति 90° पर घड़ी की सुइयों की दिशा में घूम रही है व उसमें बने लघुवृत्त क्रमशः एक-एक कम हो रहे हैं. आकृति (1) में वृत्त दो रेखाओं के बीच में है, परन्तु आकृति (2) में वृत्त रेखाओं के बाहर हैं. पुनः आकृति (3) व (4) में यही स्थिति है.
6. (A) प्रत्येक आकृति में त्रिभुज 180° पर घूम रहा है. आकृति (1) में बाईं भुजा पर पाँच डैश हैं जो अगली आकृतियों में एक-एक कम हो रहे हैं व घड़ी की सुइयों की दिशा में भुजा बदल रहे हैं.
7. (B) एक रेखा प्रत्येक आकृति में घड़ी की सुइयों की दिशा में घूम रही है. रेखा पर आकृति (1) व (3) में धन के चिह्न हैं, परन्तु आकृति (2) व (4) में वृत्त हैं. धन के चिह्न अथवा वृत्त प्रत्येक अगली आकृति में क्रमशः एक-एक कम होते जा रहे हैं व रेखा से बाईं से दाईं ओर तथा दाईं से बाईं ओर में बदल रहे हैं.
8. (C) वृत्त के अन्दर बना लघुवृत्त आकृति (1) में रिक्त है, परन्तु आकृति (2) में काला है, पुनः आकृति (3) में रिक्त, परन्तु (4) में काला है. वृत्त के अन्दर बनी रेखाएं क्रमशः एक-एक बढ़ती जा रही हैं व घड़ी की सुइयों की दिशा में घूम रही हैं.
9. (C) आकृतियों में गुणा व धन के चिन्ह बारी-बारी से बदल रहे हैं. एक डैश आयत की भुजा पर घड़ी की सुइयों की विपरीत दिशा में आगे बढ़ रहा है तथा आकृति (1) व (3) में भुजा को काट रहा है, परन्तु आकृति (2) व (4) में नहीं काट रहा है.
10. (B) प्रत्येक आकृति में आयत की एक समभुजा कम होती जा रही है. गुणा के चिह्न घड़ी की सुइयों की विपरीत दिशा में घूम रहे हैं तथा क्रमशः एक-एक कम हो रहे हैं.
11. (D) वृत्त के अन्दर बना लघुवृत्त बारी-बारी से सफेद से काले में व काले से सफेद में बदल रहा है. एक डैश वृत्त की परिधि पर घड़ी की सुइयों की दिशा में घूम रहा है. डैश आकृति (1) व (3) में वृत्त के अन्दर है, परन्तु आकृति (2) व (4) में वृत्त के बाहर है. अतः आकृति (5) में डैश वृत्त के अन्दर होगा.
12. (B) एक तीर घड़ी की सुइयों की दिशा में घूम रहा है. त्रिभुज की भुजाओं पर बने डैश प्रत्येक आकृति में एक-एक कम हो रहे हैं, घड़ी की सुइयों की दिशा में घूम रहे हैं व बारी-बारी से त्रिभुज के अन्दर व बाहर हो रहे हैं.
13. (C) प्रत्येक आकृति में एक चाप घड़ी की सुइयों की दिशा में आयत की भुजा पर घूम रहा है. चाप आकृति (1) में आयत के अन्दर है, परन्तु आकृति (2) में आयत के बाहर है. पुनः आकृति (3) व (4) में यही स्थितियाँ हैं. आकृति (2) से अगली आकृतियों में आयत के बाहर एक डैश घड़ी की सुइयों की विपरीत दिशा में घूम रहा है.
14. (B) आकृति (1) में रेखा के बाईं ओर पाँच डैश हैं जिनमें से एक-एक डैश अपनी आकृतियों में रेखा के दाईं ओर आता जा रहा है. प्रत्येक आकृति में लघुवृत्त एक-एक बढ़ते जा रहे हैं व घड़ी की सुइयों के विपरीत दिशा में घूम रहे हैं.
15. (A) प्रत्येक आकृति में दो रेखाओं सहित एक डिजाइन घड़ी की सुइयों की दिशा में घूम रहा है. धन व गुणा के चिह्न बारी-बारी से प्रत्येक आकृति में बदल रहे हैं व बाईं से दाईं ओर तथा दाईं से बाईं ओर को शिफ्ट हो रहे हैं.
16. (C) प्रत्येक आकृति घड़ी की सुइयों की दिशा में घूम रही है व लघुवृत्त एक-एक कम हो रहे हैं. वृत्त आकृति (1) में चित्र के बाहर हैं, परन्तु आकृति (2) में चित्र के अन्दर है, पुनः आकृति (3) में चित्र के बाहर व (4) में चित्र के अन्दर है. अतः आकृति (5) में वृत्त चित्र के बाहर होने चाहिए.
17. (C) हर आकृति में एक तीर अथवा एक रेखा बारी-बारी से बढ़ती जा रही है तथा तीर व रेखाएं घड़ी की सुइयों की विपरीत दिशा में घूम रहे हैं. अतः उत्तर आकृति (C) सही है.
18. (B) आकृति (1) में वृत्त हैं, परन्तु आकृति (2) में वर्ग हैं. पुनः आकृति (3) में वृत्त व (4) में वर्ग हैं. वृत्त/वर्ग हर आकृति में एक-एक कम हो रहे हैं व 45° पर घड़ी की सुइयों की दिशा में घूम रहे हैं.
19. (D) आकृति (1) में गुणा के चिह्न हैं, परन्तु आकृति (2) में धन के चिह्न हैं, पुनः आकृति (3) में गुणा के व (4) में धन के चिह्न हैं. गुणा/धन के चिह्न आकृति (1) में तीन, आकृति (2) में दो व (3) में एक हैं. आकृति (4) से चिह्न पुनः इसी क्रम में हैं. इसके अतिरिक्त चिह्न प्रत्येक आकृति में घड़ी की सुइयों की विपरीत दिशा में घूम रहे हैं.
20. (D) वर्ग के अन्दर तिरछी रेखा अगली आकृति में घड़ी की सुइयों के चलने की दिशा में अगले कोने पर पहुँच जाती है.
21. (D) पहली आकृति में सीधी रेखा खड़ी है. अगली अन्य आकृतियों में रेखा बाईं ओर धीरे-धीरे झुकती जा रही है. इसी नियम के अनुसार प्रश्नसूचक चिह्न पर आकृति (D) होगी.

22. (B) काला वृत्त घड़ी की सुइयों के चलने की दिशा में एक के बाद एक भुजा पर घूम रहा है. इसी क्रम में प्रश्नसूचक चिह्न पर आकृति (B) आएगी.

23. (C) प्रत्येक अगली आकृति में वर्ग 45° घड़ी की सुइयों के चलने की दिशा में घूम जाता है और एक वृत्त भी बढ़ जाता है. यह अतिरिक्त वृत्त अपने पहले वृत्त से कुछ बड़ा होता है. इसी नियमानुसार प्रश्नसूचक पर आकृति (C) आएगी.

24. (D) प्रत्येक अगली आकृति में डिजाइन घड़ी की सुइयों के चलने की विपरीत दिशा में 90° घूम जाता है. अतः पाँचवीं आकृति (D) होगी.

25. (A) प्रत्येक अगली आकृति में वर्ग घड़ी की सुइयों के चलने की दिशा में 45° घूम जाता है. अतः पाँचवीं आकृति (A) होगी.

26. (D) प्रत्येक अगली आकृति में वर्ग में रेखा धीरे-धीरे ऊपर की ओर बढ़ रही है. अतः प्रश्नसूचक चिह्न पर आकृति (D) आएगी.

27. (B) प्रत्येक अगली आकृति में दो वृत्त व दो रेखाओं की वृद्धि हो रही है. अतः प्रश्नसूचक चिह्न पर आकृति (B) आएगी.

28. (D) पहली व तीसरी आकृति में एक रेखा त्रिभुज के अन्दर अलग-अलग भुजाओं पर हैं, जबकि दूसरी व चौथी आकृति में रेखा त्रिभुज के बाहर है. अतः पाँचवीं आकृति अगली आकृति होगी.

29. (B) पहली आकृति व तीसरी आकृति में समान वृत्त हैं. अतः प्रश्नसूचक चिह्न पर आकृति (B) आएगी.

30. (B) अर्द्धवृत्त एक आकृति के बाद आता है. अतः प्रश्न-सूचक चिह्न पर आकृति (B) आएगी.

31. (B) प्रत्येक अगली आकृति में वृत्त घड़ी की सुइयों के चलने की दिशा में घूमकर वर्ग की भुजा का $1\frac{1}{2}$ भाग चलता है. अतः प्रश्नसूचक चिह्न पर आकृति (B) आएगी.

32. (B) सीधा त्रिभुज एक आकृति के बाद आता है और त्रिभुज के अन्दर बना क्रास चिह्न घड़ी की सुइयों के चलने की दिशा में एक कोने से दूसरे कोने पर घूम रहा है. अतः प्रश्नसूचक चिह्न पर आकृति (B) आएगी.

33. (D) पहली से तीसरी आकृति में वृत्त के अन्दर बनी दोनों रेखाएं घड़ी की सुइयों के चलने की दिशा में 45° घूम जाता है, जबकि दूसरी और चौथी आकृतियाँ समान हैं. अतः तीसरी से पाँचवीं आकृति में वृत्त के अन्दर दोनों रेखाएं 45° घूम जाएंगी.

34. (A) प्रत्येक अगली आकृति में भुजाओं की संख्या, घड़ी की सुइयों के चलने की दिशा में बढ़ रही है, जबकि काला वृत्त विपरीत दिशा में घूम रहा है.

35. (A) प्रत्येक अगली आकृति में एक भुजा की वृद्धि हो रही है जोकि एक बन्द आकृति बना रही है. अतः प्रश्नसूचक चिह्न पर आकृति (A) आएगी.

36. (A) प्रत्येक अगली आकृति में क्षैतिज रेखाओं की संख्या घट रही है. अतः प्रश्नसूचक चिह्न पर आकृति (A) आएगी.

37. (B) प्रत्येक अगली आकृति में भुजाओं की संख्या बढ़ रही है. अतः प्रश्नसूचक चिह्न पर आकृति (B) आएगी.

38. (A) बाहरी आकृति को 90° घड़ी की सुई की विपरीत दिशा में तथा भीतरी आकृति को 90° घड़ी की सुई की दिशा में घुमाकर अगली आकृति बनाई जाती है.

39. (A) प्रत्येक अगली आकृति में दो, तीन, चार, पाँच ····· आधी पत्तियाँ जुड़ती जा रही हैं.

40. (D) छोटा तीर वामावर्त एक बार 90° तथा एक बार 45° घूम रहा है, जबकि बड़ा तीर प्रत्येक अगले स्तर पर 135° दक्षिणावर्त घूम रहा है.

41. (A) प्रत्येक अगली आकृति में $2\frac{1}{2}$ पत्तियाँ बढ़ रही हैं तथा आकृति 45° वामावर्त घूम रही है.

42. (D) काला रेखांकित भाग दक्षिणावर्त प्रत्येक अगली आकृति में पहले दो फिर तीन चरण घूम रहा है.

43. (D) तीर 90° वामावर्त पहले 90° फिर 45° घूमता है तथा पिन दक्षिणावर्त पहले 90° फिर 45° घूमती है.

44. (A) रेखाएं दक्षिणावर्त घूम रही हैं तथा पहले $\frac{1}{2}$ रेखा फिर 1 रेखा बढ़ रही है तथा इस प्रकार यही क्रम चलता रहता है.

45. (A) वर्ग में दी गई सारी रेखाएं 45° वामावर्त प्रत्येक अगले चरण में बढ़ रही हैं तथा कालांकित भाग एक पद वामावर्त घूम रहा है.

46. (D) प्रत्येक अगले चरण में तीर लम्बवत् घूम रहा है तथा तीर का ऊपरी छोर क्षैतिजीय घूम रहा है तथा प्रत्येक चरण में इसकी दिशा पलट जाती है. दूसरा अन्य निशान $\frac{1}{2}$, 1, $1\frac{1}{2}$, 2 ... वर्ग में चारों तरफ वामावर्त घूम रहा है तथा ● की जगह '+' चिह्न उसके बाद ★ तथा फिर से ● आ जाता है.

47. (D) प्रत्येक अगले चरण में सारे तीन पलट जाते हैं तथा इनकी स्थितियाँ क्रमवार पहले से दूसरी, दूसरी से तीसरी तथा तीसरी से चौथी हो जाती है. यही प्रक्रिया बार-बार दोहराई जाती है.

48. (B) आकृति में दिया गया ऊपर का चिह्न नीचे बाएँ कोने के चिह्न से परस्पर बदल जाता है और बाकी के दो चिह्न परस्पर अपनी स्थितियाँ बदल लेते हैं.

49. (B) अन्दर के वृत्त की रेखा बाहरी वृत्त के पहले बाहर फिर अन्दर आ जाती है तथा प्रत्येक अगले चरण में 45° दक्षिणावर्त घूमती है. बाहरी वृत्त के बाहर बना हुआ 'T' पहले बाहर फिर अन्दर आ जाता है और यही क्रम दोहराया जाता है तथा प्रत्येक दूसरे चरण में 45° वामावर्त घूमता है. इसके साथ प्रत्येक दूसरे चरण में नया चिह्न आ जाता है. दो वृत्तों के मध्य रेखाएं प्रत्येक चरण में 45° वामावर्त घूमती हैं और प्रत्येक बार एक रेखा बढ़ जाती है.

50. (D) प्रत्येक चरण में आकृति 45° वामावर्त घूमती है. पहले चरण में पहला व तीसरा चाप 90° वामावर्त घूमता है तथा उसके अगले चरण में सारे चाप 90° वामावर्त घूमते हैं. यही प्रक्रिया निरन्तर दोहराई जाती है.

51. (D) पहले वाली आकृति अपने आकार में बढ़ जाती है तथा एक नई आकृति इसके अन्दर आ जाती है, जबकि अगले चरण में बाहरी आकृति लुप्त हो जाती है.

52. (C) प्रत्येक चरण में एक बिन्दु व रेखा का एक भाग बढ़ रहा है.

53. (C) पहले चरण में दिए गए चिह्न 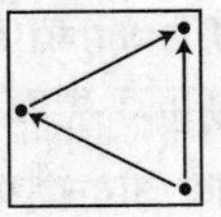 बढ़ते हैं तथा अगले चरण में चिह्न 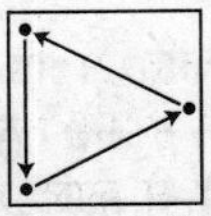 बढ़ते हैं. यही दो चरण में हुई प्रक्रिया बार-बार दोहराई जाती है.

पिछले वर्षों की परीक्षाओं में पूछे गए प्रश्नों के उत्तर

1. (C) प्रत्येक चित्र अगली आकृति में घड़ी की सुइयों के चलने की विपरीत दिशा में घूम रहा है.
2. (C) प्रत्येक चित्र अगली आकृति में घड़ी की सुइयों के चलने की दिशा में घूम रहा है.
3. (A) प्रत्येक अगली आकृति में डिजाइन का एक भाग दाईं ओर खिसक रहा है.
4. (B) प्रत्येक अगली आकृति में बाईं तरफ का डिजाइन सबसे आगे दाईं ओर खिसक जाता है.
5. (C) प्रत्येक अगली आकृति में रेखा से जुड़ा हुआ लघुवृत्त घड़ी की सुइयों के चलने की दिशा में खिसक जाता है तथा बीच में एक लघुवृत्त की वृद्धि हो रही है.
6. (B) प्रत्येक अगली आकृति में एक भुजा बढ़ रही है और छायांकित भाग बाईं ओर से दाईं ओर तथा दाईं ओर से बाईं ओर बदल रहा है.
7. (C) प्रत्येक अगली आकृति में तीर के अतिरिक्त शेष डिजाइन घड़ी की सुइयों के चलने की दिशा में घूम रहा है और तीर घड़ी की सुइयों के चलने की विपरीत दिशा में घूम रहा है.
8. (B) प्रत्येक अगली आकृति में मध्य से दो स्तम्भ रिक्त होते जाते हैं.
9. (A) प्रत्येक अगली आकृति में मध्य का डिजाइन घड़ी की सुइयों के चलने की विपरीत दिशा तथा शेष बाहर का डिजाइन घड़ी की सुइयों के चलने की दिशा में घूम रहा है. इसके अतिरिक्त दो लघुवृत्तों में व्यास ऊर्ध्वाधर से क्षैतिज तथा क्षैतिज से ऊर्ध्वाधर हो रहे हैं.
10. (C) प्रत्येक अगली आकृति में एक-एक रेखा बढ़ रही है.
11. (D) प्रत्येक अगली आकृति में डिजाइन उलट जाती है तथा एक बिन्दु बढ़ जाता है.
12. (A) प्रत्येक अगली आकृति में एक-एक चाप दोनों ओर से कम हो रहा है.
13. (D) प्रत्येक अगली आकृति में डिजाइन घड़ी की सुइयों के चलने की विपरीत दिशा में 45° घूम जाता है.
14. (A) प्रत्येक अगली आकृति में ऊर्ध्वाधर रेखा के दोनों ओर का एक-एक भाग कम हो रहा है.
15. (C) प्रत्येक अगली आकृति में डिजाइन घड़ी की सुइयों के चलने की दिशा में 45° घूम रहा है तथा ऊर्ध्वाधर रेखा के बाईं ओर का डिजाइन ऊपरी सिरे से नीचे आ रहा है.
16. (C) प्रत्येक अगली आकृति में एक-एक भुजा पर डिजाइन की वृद्धि हो रही है.
17. (B) प्रत्येक अगली आकृति में तीर एवं काला बिन्दु घड़ी की सुइयों के चलने की दिशा में 90° पर घूम जाते हैं.
18. (A) प्रत्येक अगली आकृति में वृत्त का एक-चौथाई भाग बढ़ रहा है. बढ़े हुए भाग में क्रमशः वर्ग, त्रिभुज और फिर वर्ग बनते हैं. इसके अतिरिक्त बढ़े हुए भाग के अन्दर की आकृति काली होती है, परन्तु पिछले सब भागों की आकृतियाँ सफेद होती हैं.
19. (A) प्रत्येक अगली आकृति में वृत्त का एक-चौथाई भाग बढ़ जाता है तथा उस बढ़े हुए भाग में क्रमशः दो, तीन व चार रेखाएं हैं. इसके अतिरिक्त ये रेखाएं क्रमशः ऊर्ध्वाधर, क्षैतिज, ऊर्ध्वाधर और फिर क्षैतिज दिशाओं में हैं.
20. (B) प्रत्येक अगली आकृति में त्रिभुज, घड़ी की सुइयों के चलने की विपरीत दिशा में 90° पर घूम जाता है.
21. (A) प्रत्येक अगली आकृति में पूरा डिजाइन घड़ी की सुइयों के चलने की दिशा में 90° पर घूम जाता है.
22. (A) प्रत्येक अगली आकृति में डिजाइन के अन्दर एक वृत्त बढ़ रहा है तथा आयत त्रिभुज में और त्रिभुज आयत में बदल जाता है.
23. (B) प्रत्येक अगली आकृति में चेहरे के एक-एक अंग की वृद्धि हो रही है.
24. (B) प्रत्येक अगली आकृति में त्रिभुज 180° पर घूम जाता है तथा तीर बढ़ रहा है, लेकिन प्रत्येक आकृति में तीर की दिशा ऊपर की तरफ रहती है.
25. (A) प्रत्येक अगली आकृति में वृत्त का चौथाई भाग अपने अन्दर के डिजाइन सहित घड़ी की सुइयों के चलने की विपरीत दिशा में लुप्त हो जाता है.
26. (B) प्रत्येक अगली आकृति में मध्य में से दो क्षैतिज रेखाएं तथा एक-एक दोनों ओर की ऊर्ध्वाधर रेखाएं कम होती जा रही हैं.
27. (D) प्रत्येक अगली आकृति में सम्पूर्ण डिजाइन घड़ी की सुइयों के चलने की दिशा में 90° घूम जाता है.
28. (A) प्रत्येक अगली आकृति में सम्पूर्ण डिजाइन घड़ी की सुइयों के चलने की दिशा में 90° घूम जाता है तथा अन्दर एक रेखा बढ़ जाती है.
29. (C) प्रत्येक अगली आकृति में आँखों के काले भाग घड़ी की सुइयों के चलने की विपरीत दिशा में 90° घूम जाते हैं.
30. (D) प्रत्येक अगली आकृति में वृत्तों की संख्या दोगुनी हो जाती है.
31. (A) प्रत्येक अगली आकृति में सम्पूर्ण डिजाइन घड़ी की सुइयों के चलने की विपरीत दिशा में 45° घूम जाता है.
32. (C) प्रत्येक अगली आकृति में एक रेखा तथा डिजाइन की एक भुजा बढ़ जाती है.
33. (B) प्रत्येक अगली आकृति में वर्ग घड़ी की सुइयों के चलने की विपरीत दिशा में 90° घूम जाता है तथा एक भुजा बाहर की ओर बढ़ जाती है. इसके अतिरिक्त अन्दर एक रेखा की वृद्धि होती है.

34. (D) प्रत्येक अगली आकृति में अर्द्धवृत्त घड़ी की सुइयों के चलने की विपरीत दिशा में थोड़ा-सा सरक जाता है तथा चाप पर बने डैशों की संख्या में दो की वृद्धि होती है.

35. (C) प्रत्येक अगली आकृति में बीच का डिजाइन 180° घूम जाता है तथा दोनों काले वृत्त आधी भुजा आगे सरकते हैं.

36. (A) प्रत्येक अगली आकृति में लघु काला वृत्त घड़ी की सुइयों के चलने की विपरीत दिशा में आधी भुजा आगे सरकता है, परन्तु अन्य बातों में पहली और तीसरी आकृतियाँ समान हैं, जबकि दूसरी और चौथी आकृतियाँ समान हैं.

37. (C) प्रत्येक अगली आकृति में सम्पूर्ण डिजाइन घड़ी की सुइयों के चलने की दिशा में 90° घूम जाता है तथा तीरों की दिशा पलट जाती है.

38. (D) प्रत्येक अगली आकृति में एक तीर बाईं ओर से हट जाता है.

39. (B) प्रत्येक अगली आकृति में तीर घड़ी की सुइयों के चलने की विपरीत दिशा में एक भुजा आगे सरक जाते हैं तथा बाईं ओर एक तीर बढ़ जाता है.

40. (B) प्रत्येक अगली आकृति में छोटा डिजाइन बड़े डिजाइन में दाहिनी ओर सरक रहा है.

41. (C) प्रत्येक अगली आकृति में अन्दर का U ऊपर की ओर सरक रहा है.

42. (C) प्रत्येक अगली आकृति में त्रिभुज के बाहर तीनों डिजाइन घड़ी की सुइयों के चलने की दिशा में आगे सरक रहे हैं.

43. (D) प्रत्येक अगली आकृति में आधा आयत बढ़ रहा है.

44. (B) प्रत्येक अगली आकृति में डिजाइन घड़ी की सुइयों के चलने की दिशा में 90° घूम जाता है.

45. (A) प्रत्येक अगली आकृति में सबसे बाईं ओर का डिजाइन सबसे दाईं ओर पहुँच जाता है.

46. (B) प्रत्येक अगली आकृति में डिजाइन घड़ी की सुइयों के चलने की विपरीत दिशा में 90° घूम जाता है तथा लघुवृत्त काले से सफेद और सफेद से काला हो जाता है.

47. (C) प्रत्येक अगली आकृति में डिजाइन घड़ी की सुइयों के चलने की विपरीत दिशा में 45° घूम जाता है.

48. (C) प्रत्येक अगली आकृति में एक रेखा की वृद्धि हो रही है.

49. (D) प्रत्येक अगली आकृति में रेखा घड़ी की सुइयों के चलने की दिशा में 45° घूम जाती है.

50. (C) प्रत्येक अगली आकृति में डिजाइन घड़ी की सुइयों के चलने की विपरीत दिशा में 90° घूम जाता है तथा लघुवृत्त काले से सफेद व सफेद से काला हो जाता है और बाहर दो त्रिभुज से एक त्रिभुज व एक त्रिभुज से दो त्रिभुज हो जाते हैं.

51. (A) प्रत्येक अगली आकृति में सम्पूर्ण डिजाइन घड़ी की सुइयों के चलने की विपरीत दिशा में 90° घूम जाता है.

52. (C) प्रत्येक अगली आकृति में दो रेखाओं की वृद्धि हो रही है.

53. (C) प्रत्येक अगली आकृति में सम्पूर्ण डिजाइन घड़ी की सुइयों के चलने की दिशा में 45° घूम जाता है तथा एक रेखा में एक चिह्न की वृद्धि होती है और दूसरी रेखा में एक चिह्न की कमी.

54. (B) प्रत्येक अगली आकृति में सम्पूर्ण डिजाइन घड़ी की सुइयों के चलने की विपरीत दिशा में 90° घूम जाता है और एक बिन्दु आगे बढ़ जाता है.

2. आकृति पूर्ण करना (Completion of Incomplete Figure)

इस प्रकार के प्रश्नों में एक चित्र अलग से दिया होता है तथा चार उत्तर चित्र दिए होते हैं. अलग दिए हुए चित्र में कुछ भाग लुप्त होता है. उत्तर चित्रों में से एक चित्र उस लुप्त भाग का होता है तथा अन्य तीन चित्र उस लुप्त भाग से मिलते-जुलते होते हैं. अभ्यर्थी को उत्तर चित्रों में से उस लुप्त भाग का चित्र ज्ञात करना होता है, ताकि यदि उस लुप्त भाग के चित्र को अलग से दिए हुए चित्र के साथ मिला दिया जाए तो अलग से दिया हुआ चित्र पूरा हो जाता है. उस चित्र के नीचे दिया गया अक्षर ही अभ्यर्थी का उत्तर होता है. स्पष्टीकरण के लिए कुछ उदाहरण नीचे दिए जा रहे हैं.

उदाहरण 1.

प्रश्न आकृति **उत्तर आकृतियाँ**

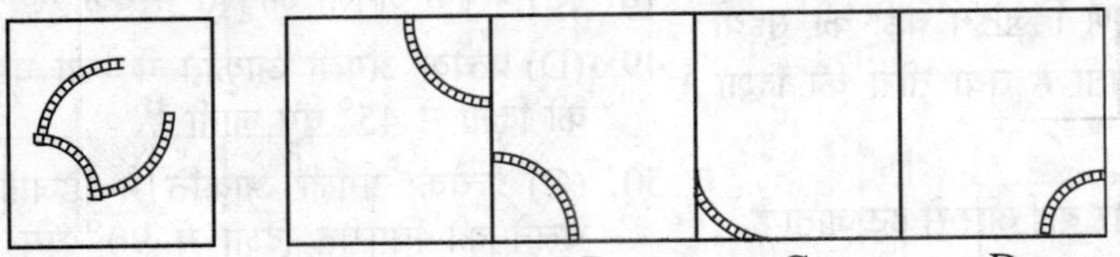

A B C D

व्याख्या—अलग से दिए गए चित्र में लुप्त भाग के सामने के चित्र में दोनों वक्र रेखाएं अन्दर की ओर घुसी हुई हैं अर्थात् वे अवतल (Concave) हैं, जबकि अन्य दोनों भागों में दोनों वक्र रेखाएं अन्दर से बाहर की ओर निकल रही हैं. अर्थात् वे उत्तल (Convex) हैं. अतः लुप्त भाग की भी दोनों वक्र रेखाएं अन्दर की ओर घुसी होनी चाहिए. अन्दर की ओर घुसी रेखाएं उत्तर चित्र में केवल आकृति (C) में हैं. अतः इस प्रश्न का सही उत्तर (C) है.

उदाहरण 2.

प्रश्न आकृति **उत्तर आकृतियाँ**

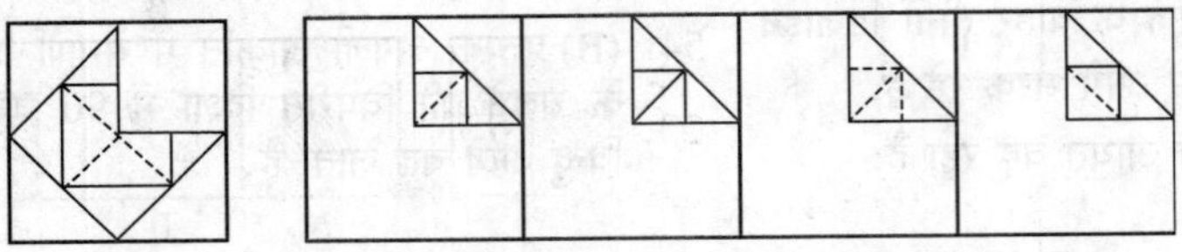

A B C D

व्याख्या—अलग से दिए गए चित्र में एक वर्ग की रेखाओं के मध्य बिन्दुओं को काली सरल रेखा से मिलाया गया है तथा इस प्रकार बने वर्ग के सम्मुख सिरों को बिन्दुमय रेखाओं से मिलाया गया है. इस पूरी आकृति का एक-चौथाई भाग लुप्त है. उत्तर चित्र की पहली आकृति की सब रेखाएं काली सरल रेखाएं हैं तथा सबसे अन्दर बीच की रेखा बिन्दुमय है. दूसरी आकृति की सभी रेखाएं काली सरल रेखाएं हैं. बिन्दुमय एक भी नहीं है. तीसरी आकृति की अन्दर की सभी रेखाएं बिन्दुमय हैं. चौथी आकृति की बिन्दुमय रेखा की दिशा बदली हुई है. लुप्त भाग में अन्दर की केवल एक रेखा बिन्दुमय होनी चाहिए. अतः आकृति (A) ही लुप्त भाग हो सकता है. अतः इस प्रश्न का सही उत्तर (A) है.

अभ्यास 1

निर्देश—निम्नलिखित प्रत्येक प्रश्न में एक चित्र अलग से दिया है तथा चार उत्तर चित्र दिए हुए हैं. अलग से दिए गए चित्र का कुछ भाग लुप्त है जिसको प्रश्नवाचक-चिह्न (?) द्वारा प्रदर्शित किया गया है. उत्तर चित्रों में से एक चित्र उस लुप्त भाग का है तथा अन्य तीन चित्र उससे मिलते-जुलते हैं. आपको वह लुप्त भाग ज्ञात करना है.

प्रश्न आकृति **उत्तर आकृतियाँ**

1. 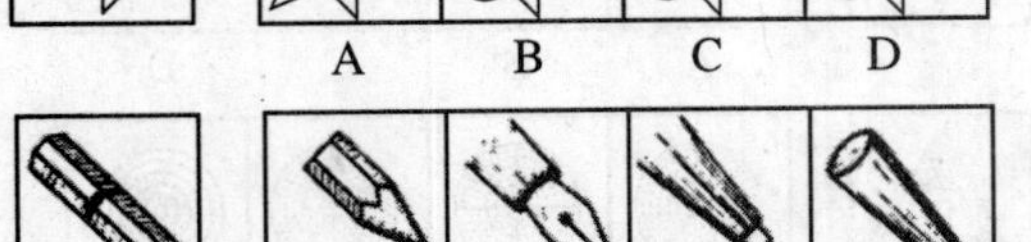

A B C D

2. 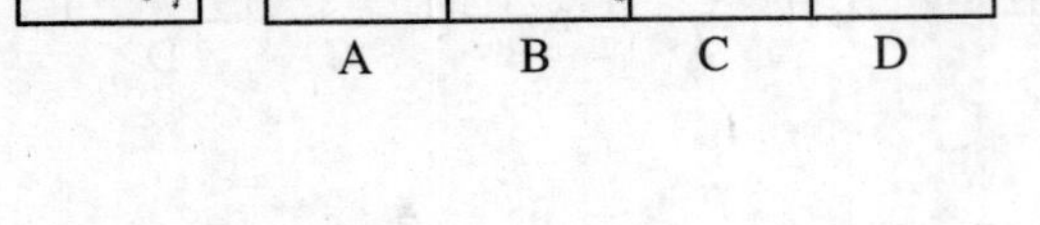

A B C D

प्रश्न आकृति **उत्तर आकृतियाँ**

3. 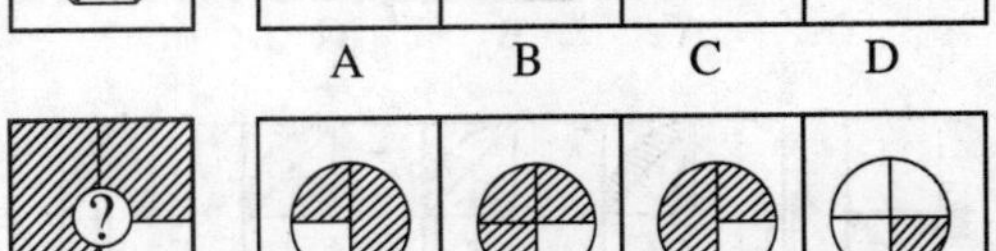

A B C D

4. 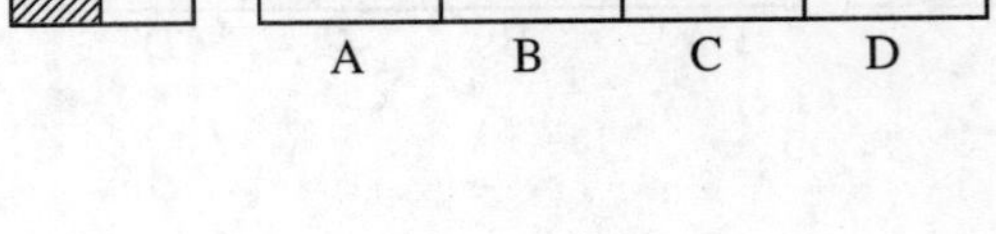

A B C D

प्रश्न आकृति उत्तर आकृतियाँ

5.
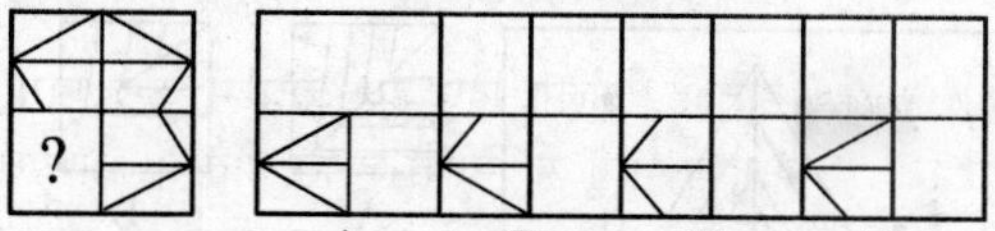
A B C D

6.
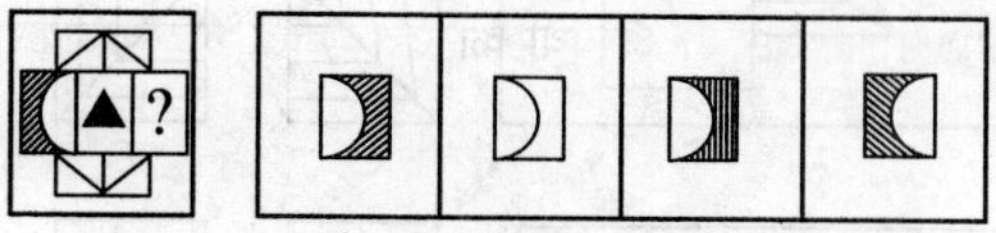
A B C D

7.
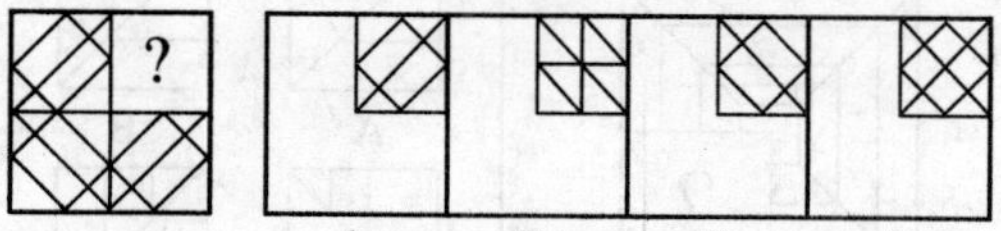
A B C D

8.
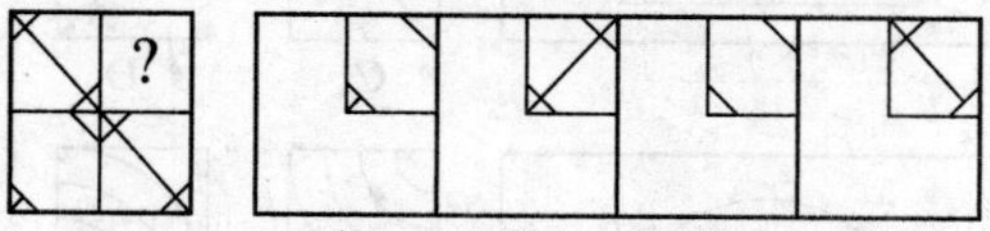
A B C D

9.
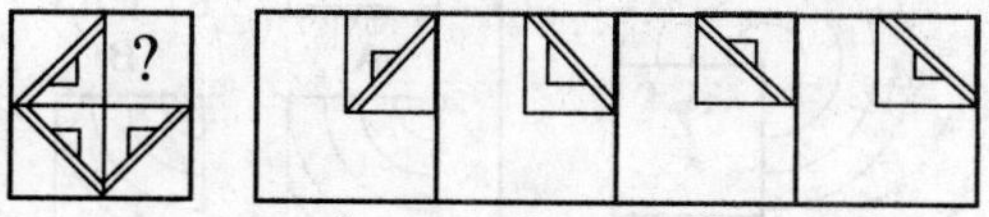
A B C D

10.
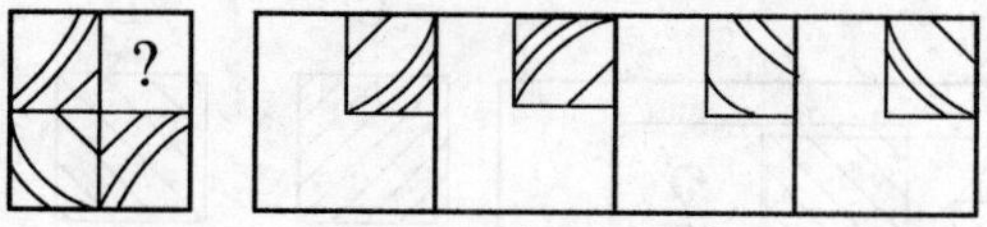
A B C D

11.
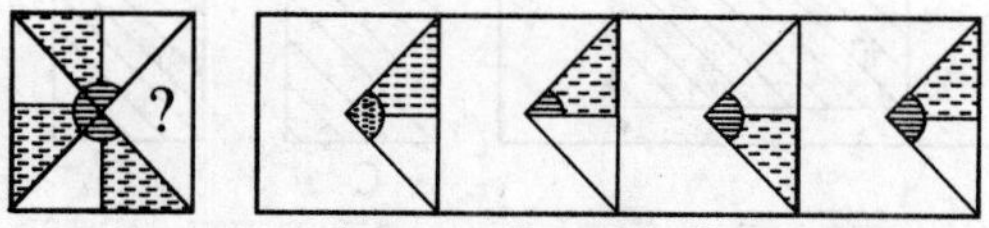
A B C D

12.
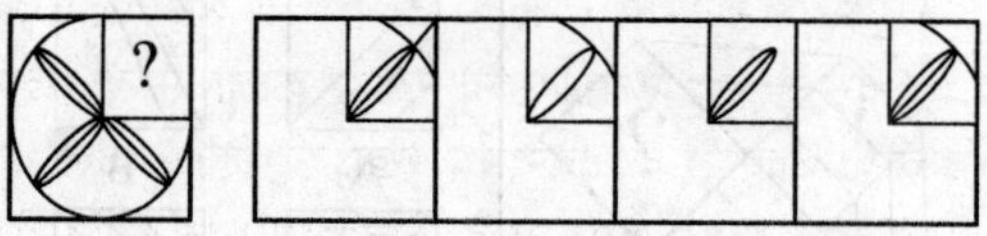
A B C D

13.
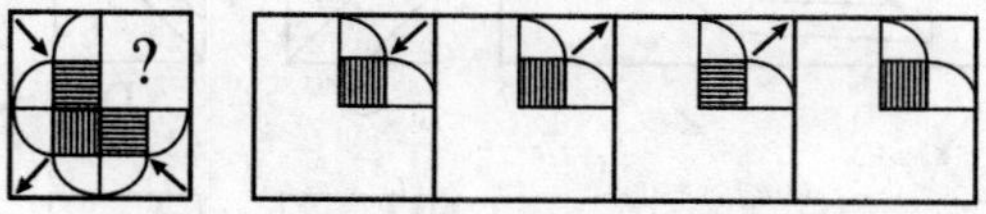
A B C D

14.
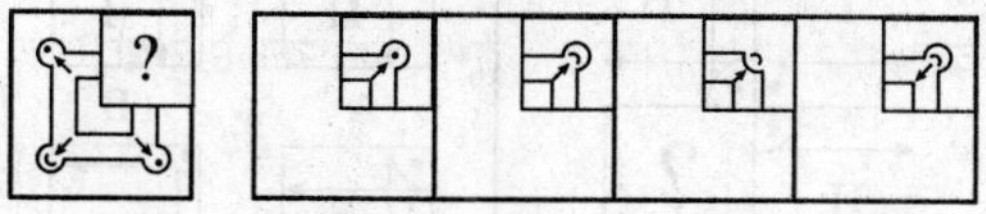
A B C D

15.
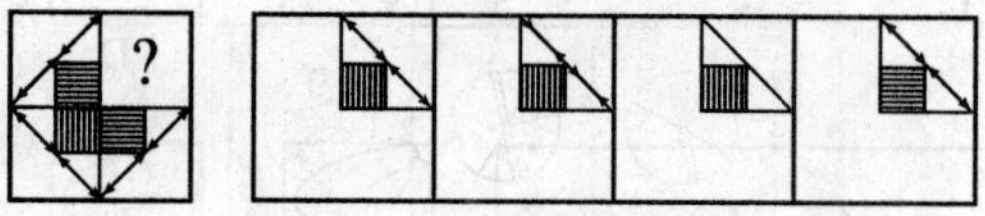
A B C D

16.
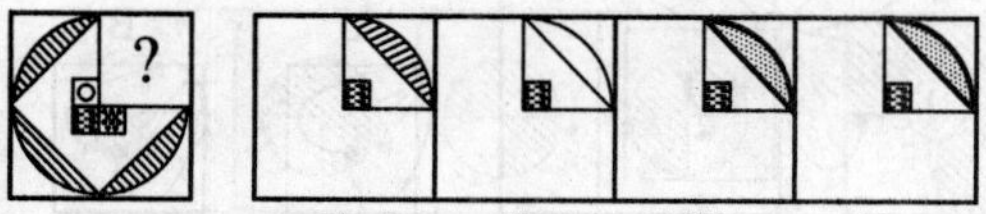
A B C D

प्रश्न आकृति उत्तर आकृतियाँ

17.
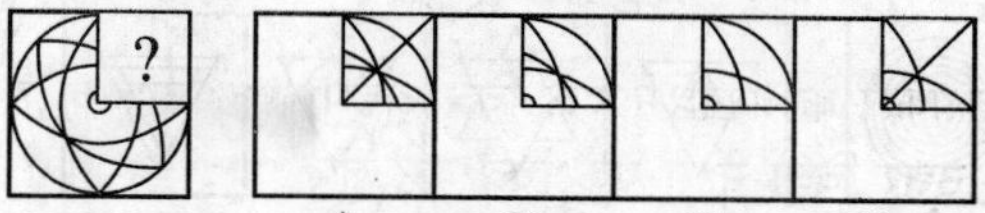
A B C D

18.
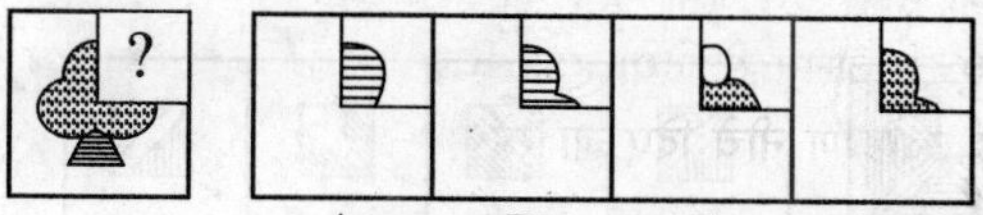
A B C D

19.
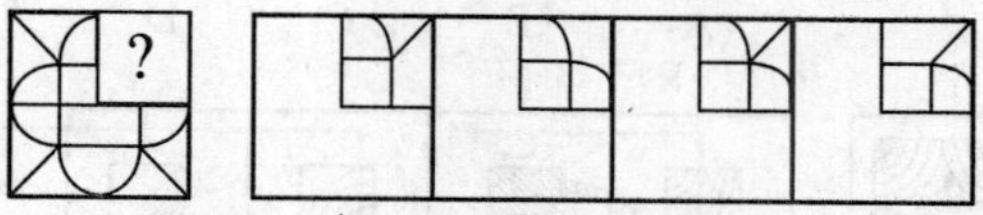
A B C D

20.
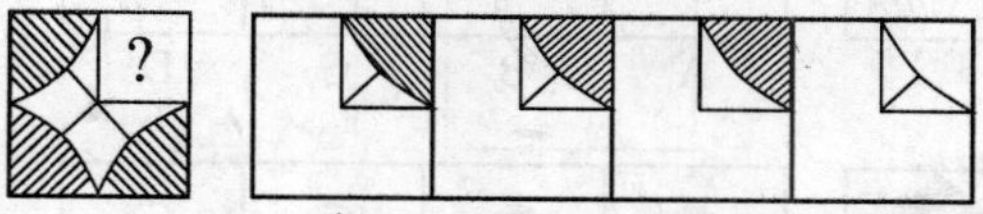
A B C D

21.
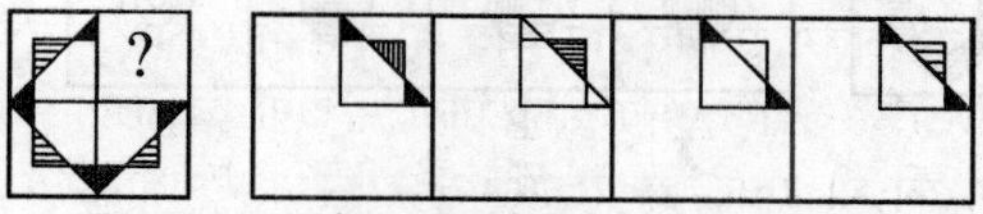
A B C D

22.
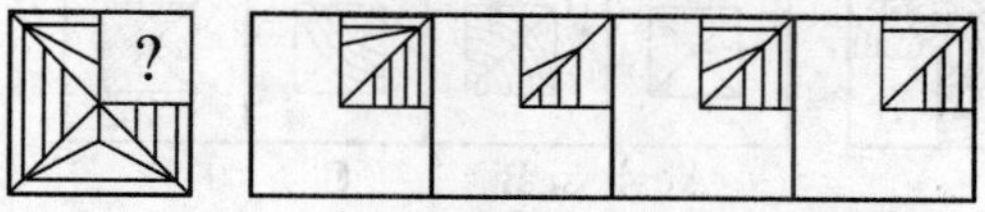
A B C D

23.
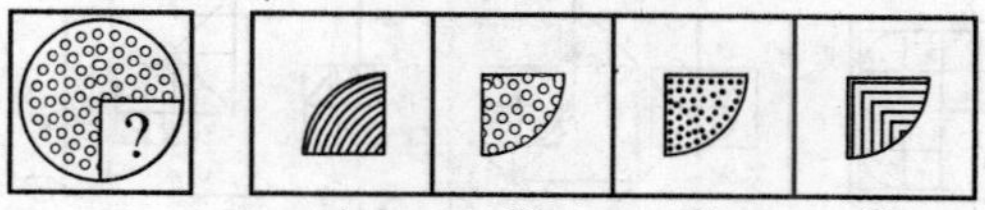
A B C D

24.
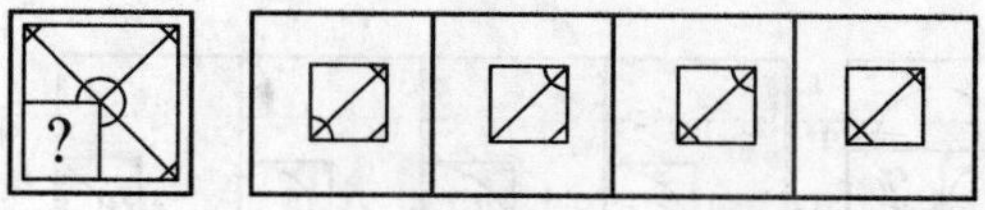
A B C D

25.
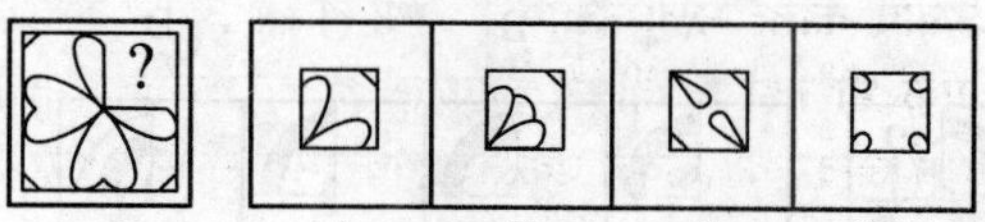
A B C D

26.
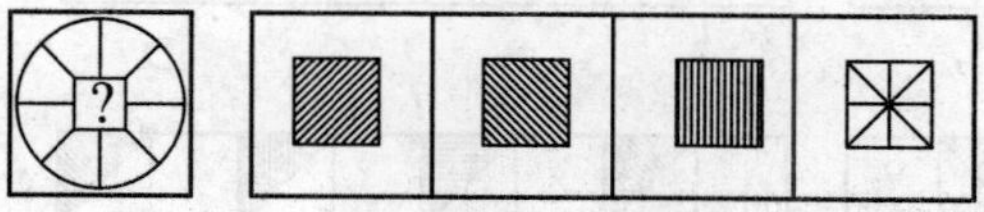
A B C D

27.
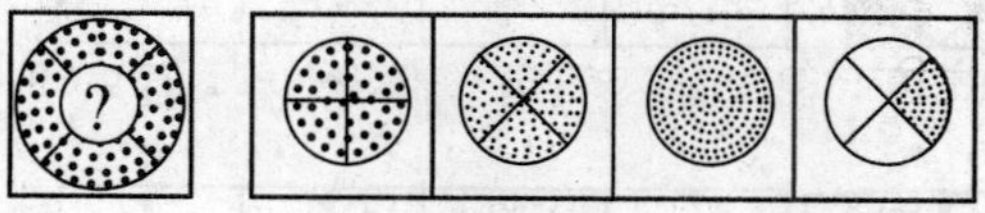
A B C D

28.
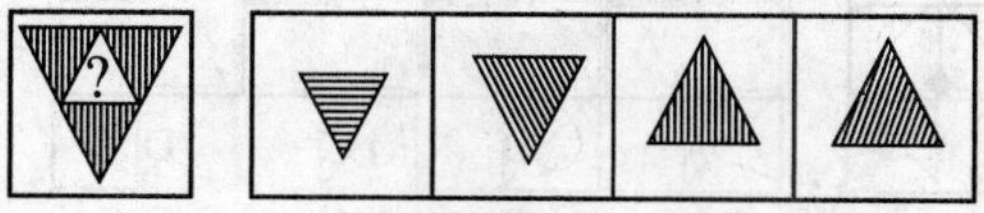
A B C D

29.
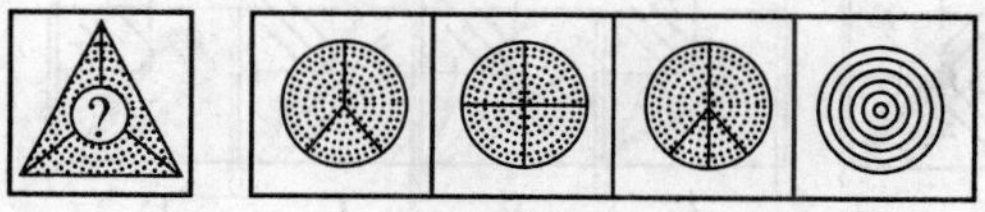
A B C D

प्रश्न आकृति — उत्तर आकृतियाँ

30.
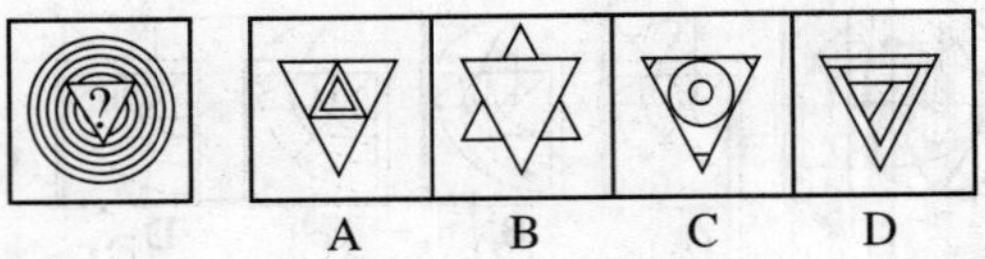

31.
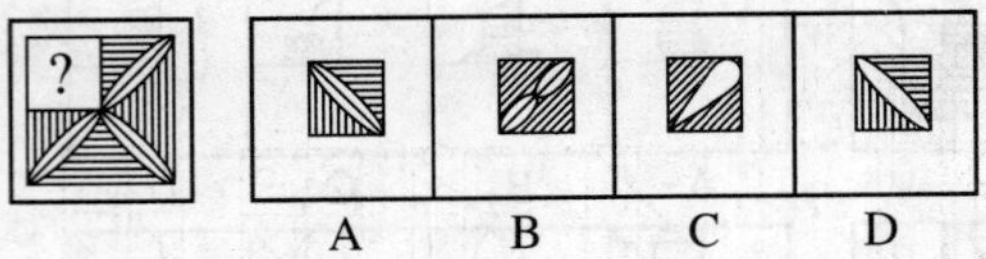

32.
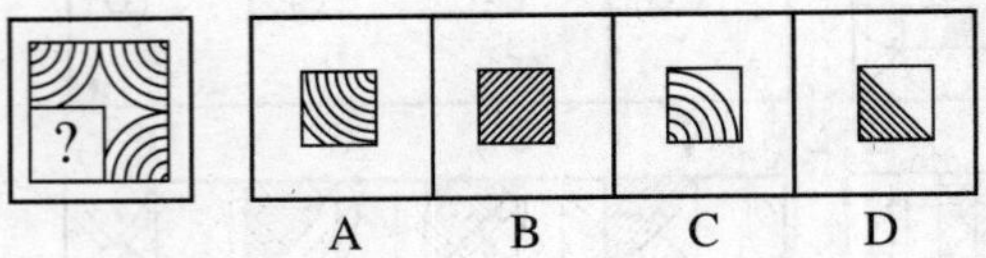

33.
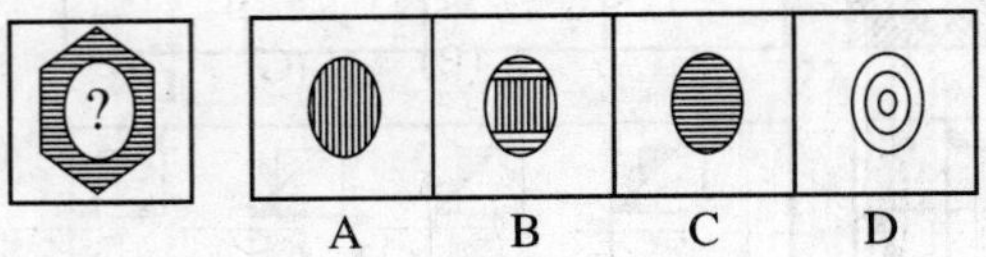

34.
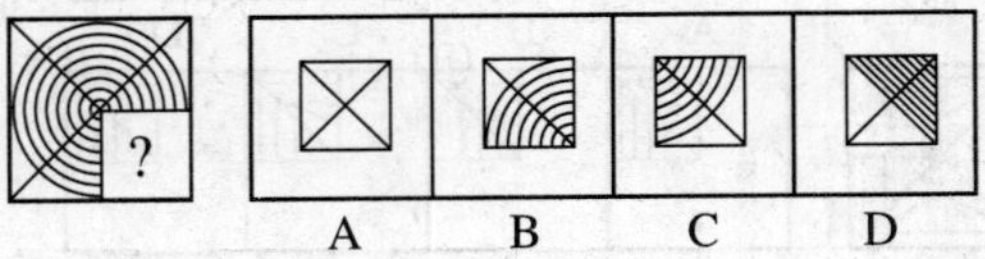

35.
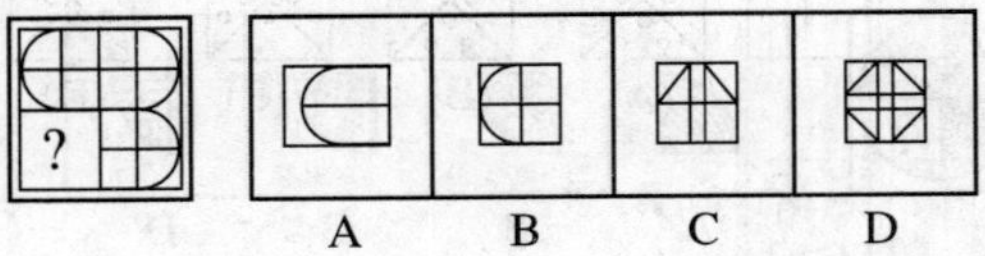

36.
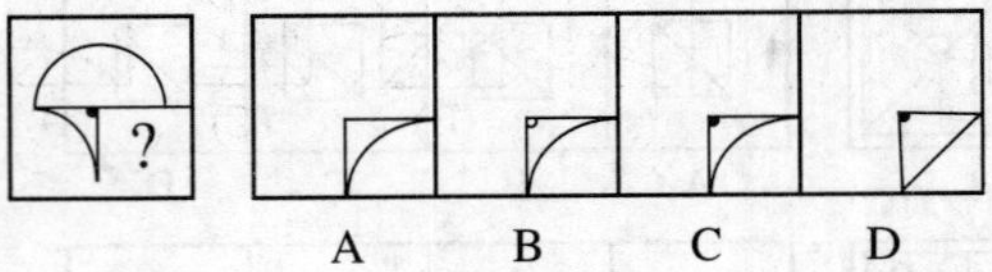

37.
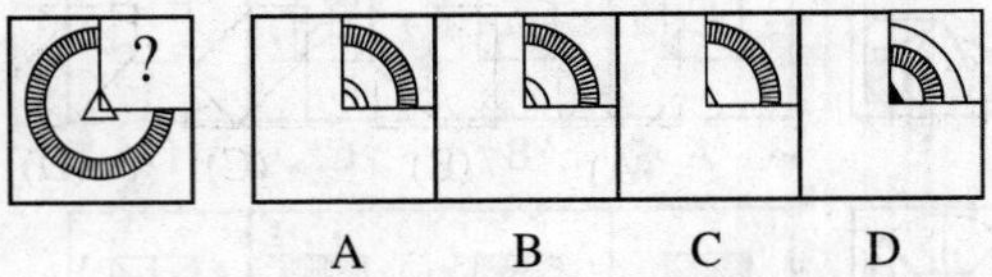

38.
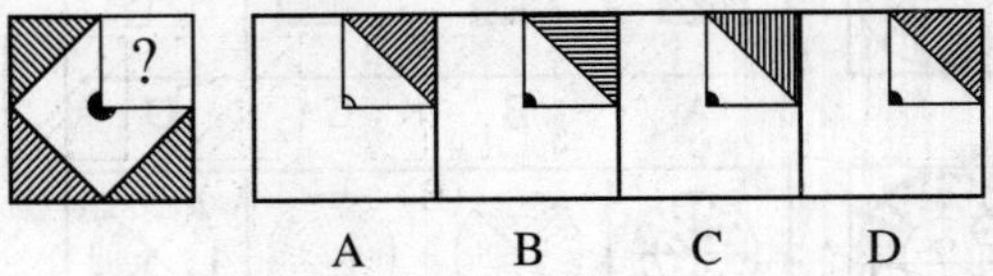

39.
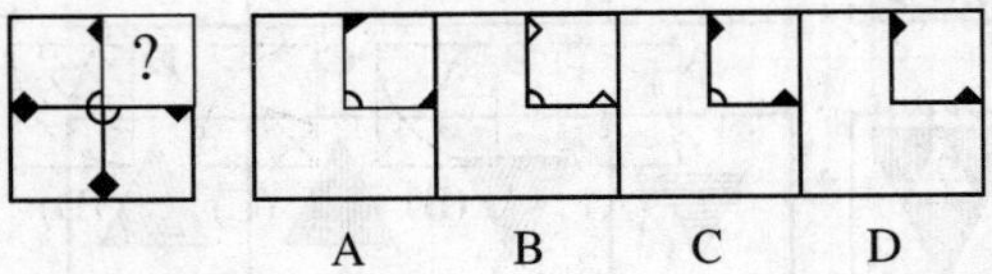

40.
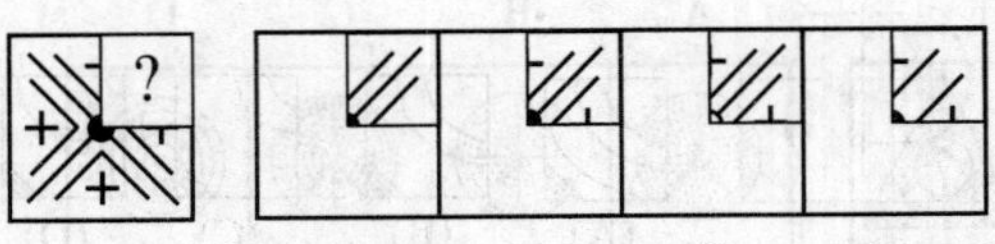

प्रश्न आकृति — उत्तर आकृतियाँ

41.
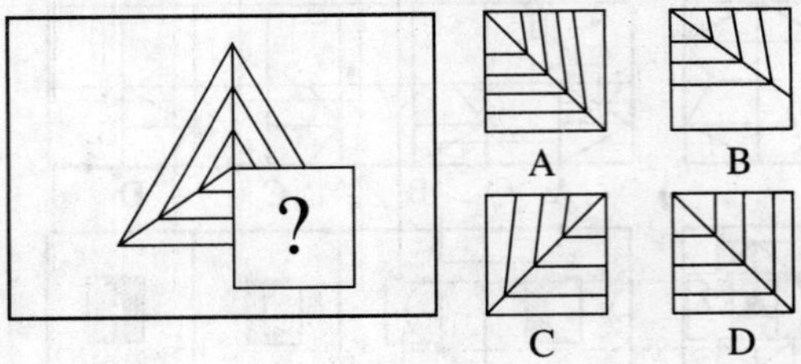

42.
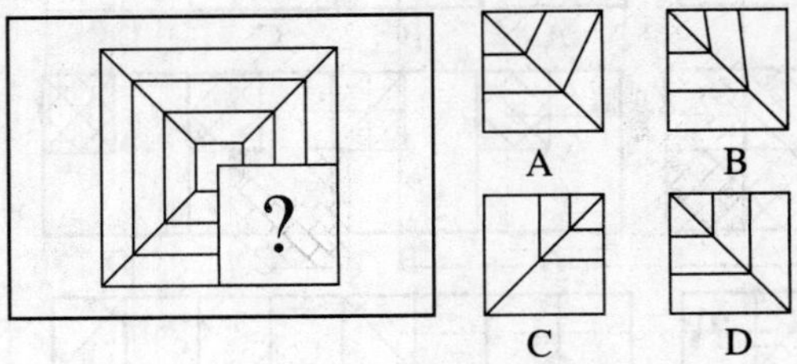

43.
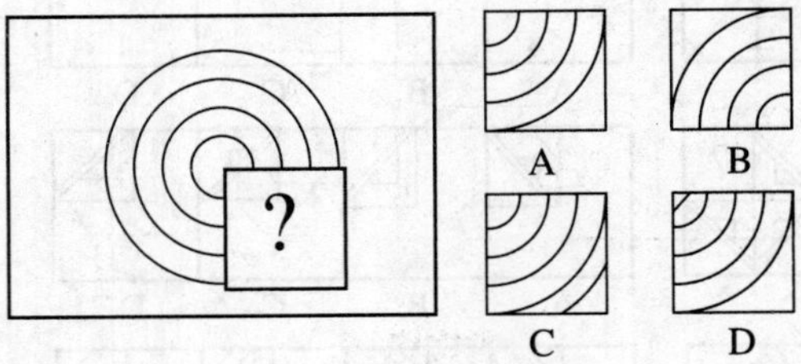

44.
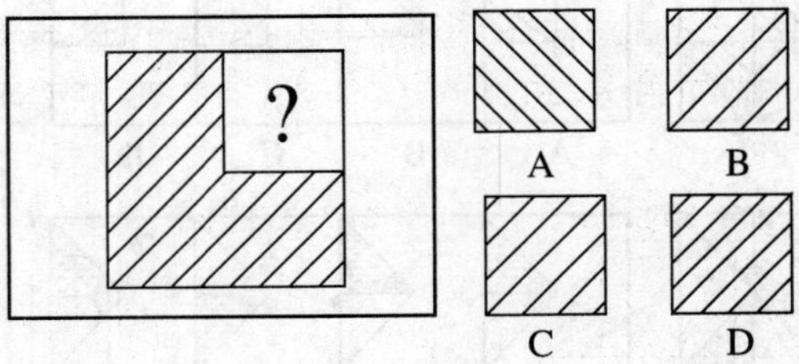

45.
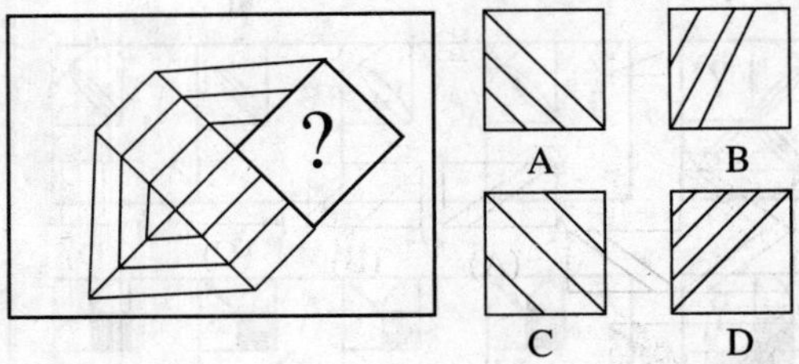

46.
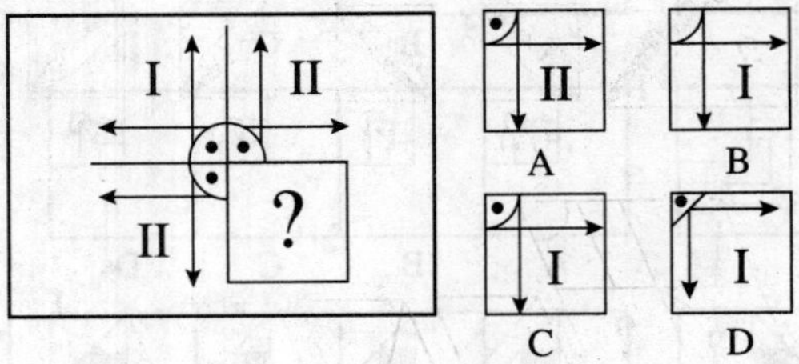

47.
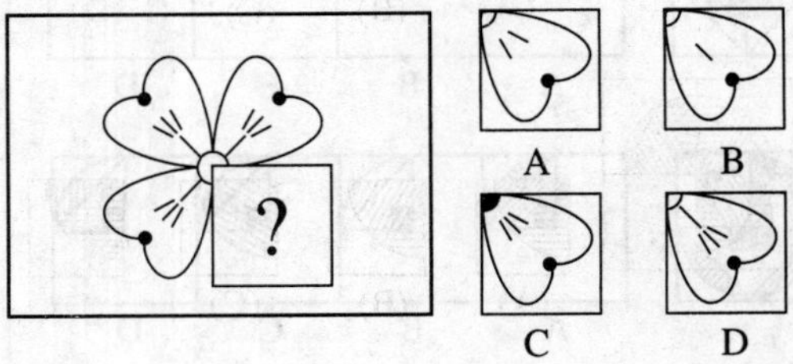

प्रश्न आकृति   उत्तर आकृतियाँ

48. 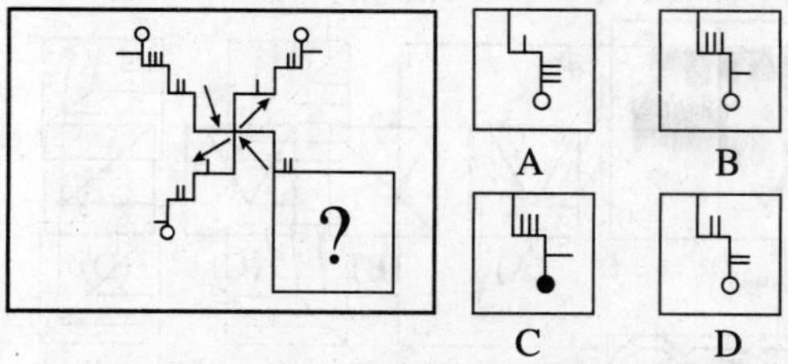

49. 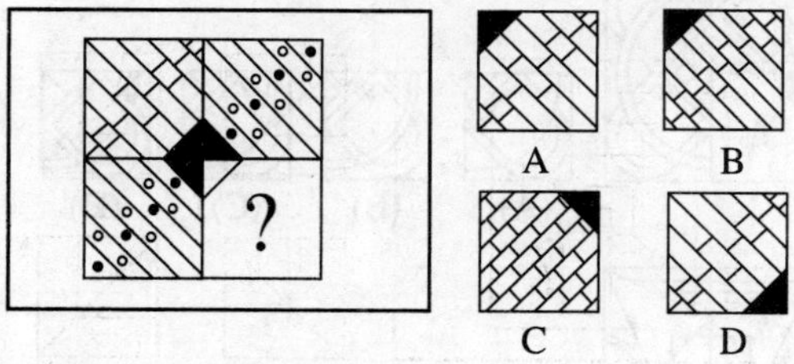

50. 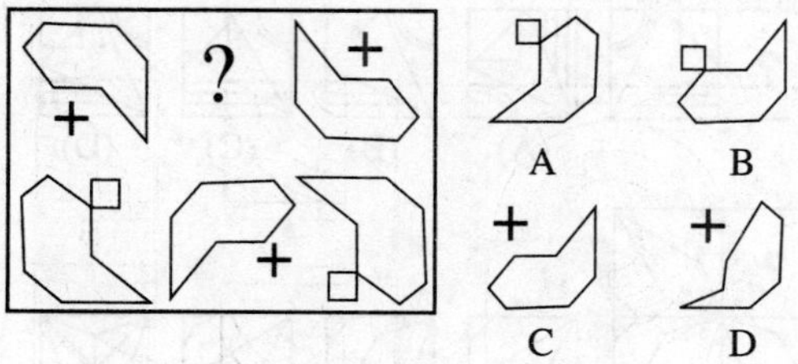

अभ्यास 2

निर्देश—प्रश्न आकृति में प्रश्नवाचक चिह्न (?) के स्थान पर उत्तर आकृतियों में से उस आकृति को ज्ञात करो जो प्रश्न आकृति को पूरा करे.

प्रश्न आकृति   उत्तर आकृतियाँ

1. 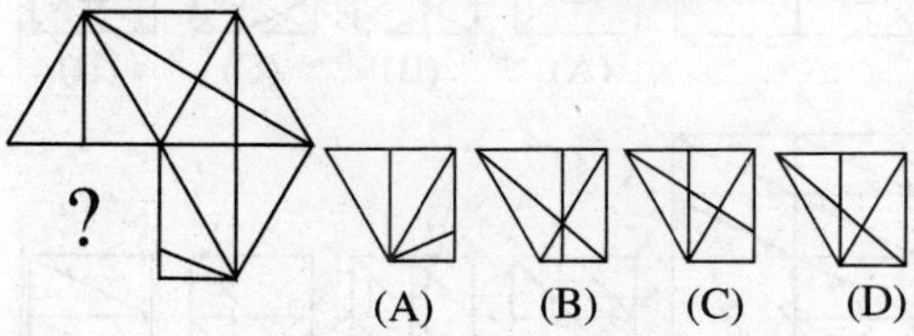

2. 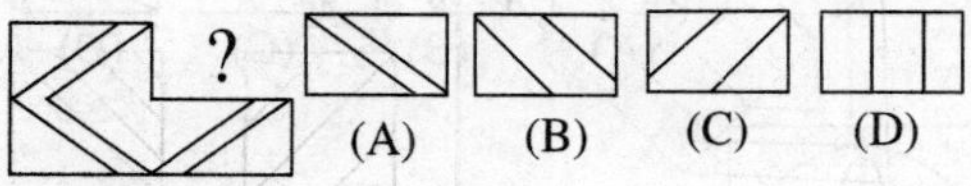

3. 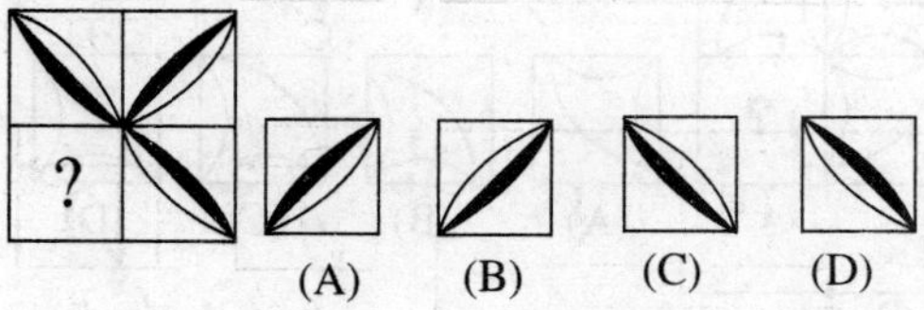

4. 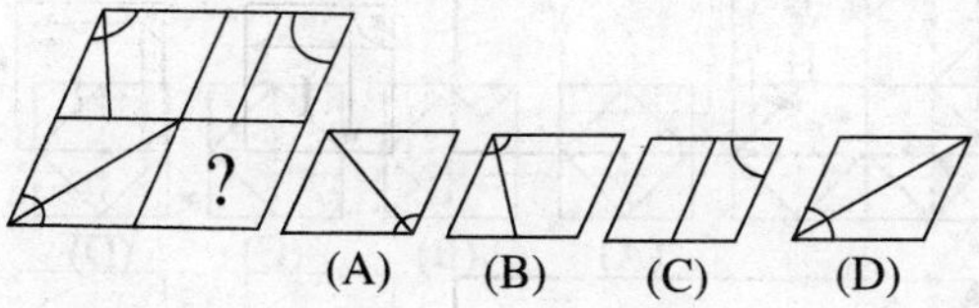

5. 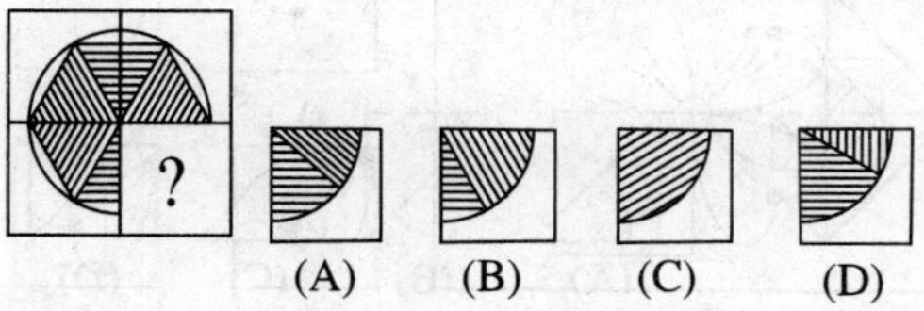

प्रश्न आकृति   उत्तर आकृतियाँ

6. 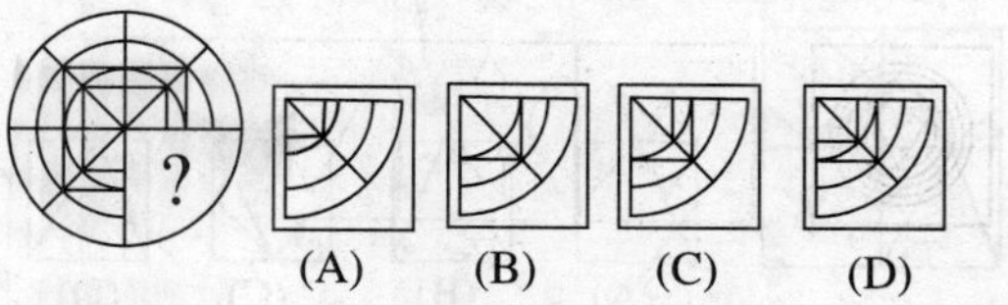

7. 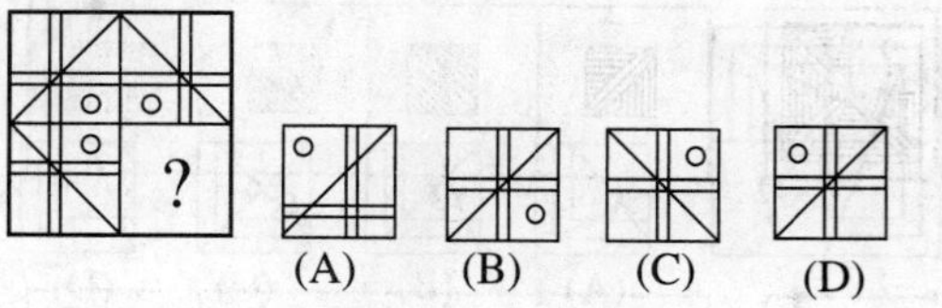

8. 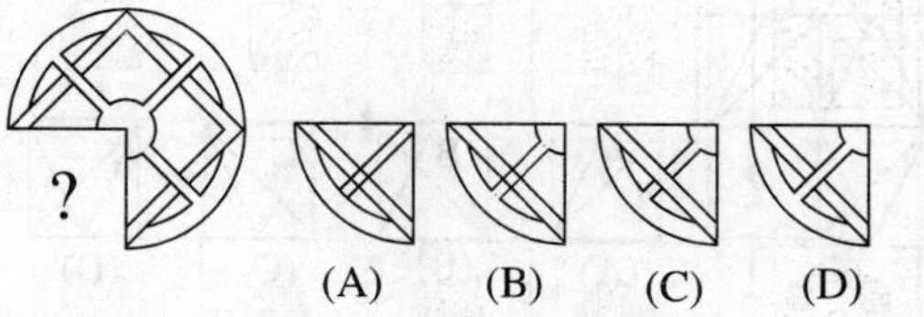

9. 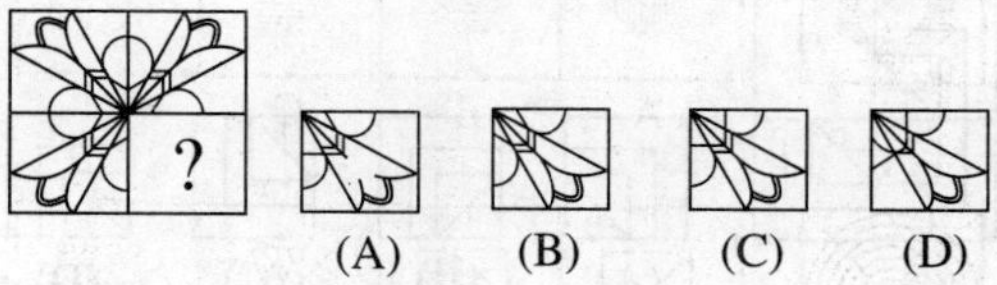

10. 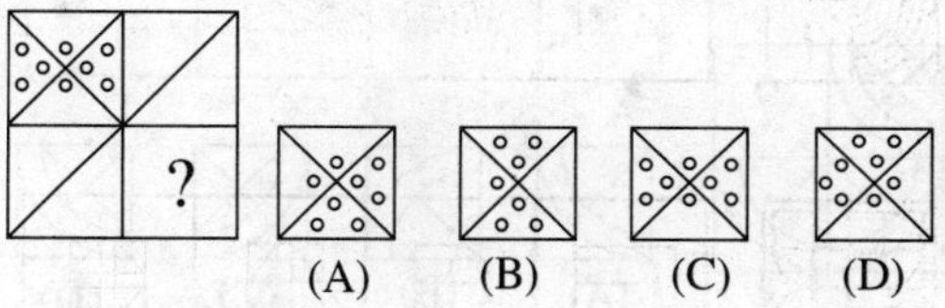

11. 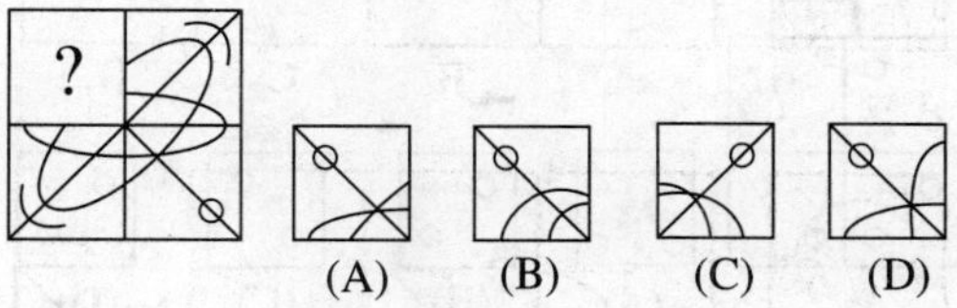

12. 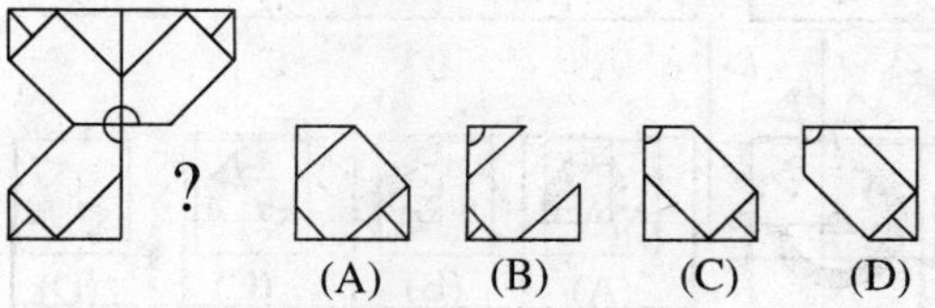

13. 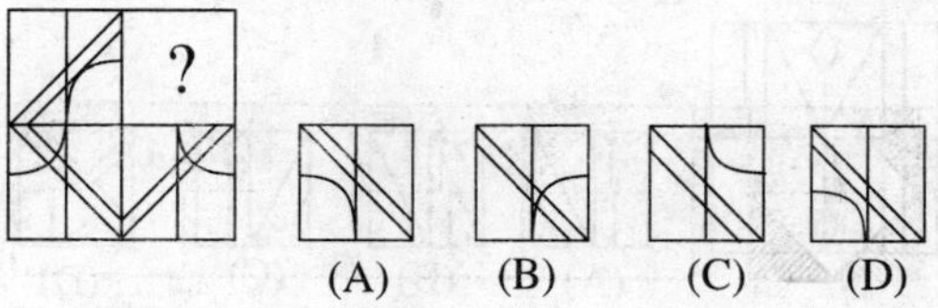

14. 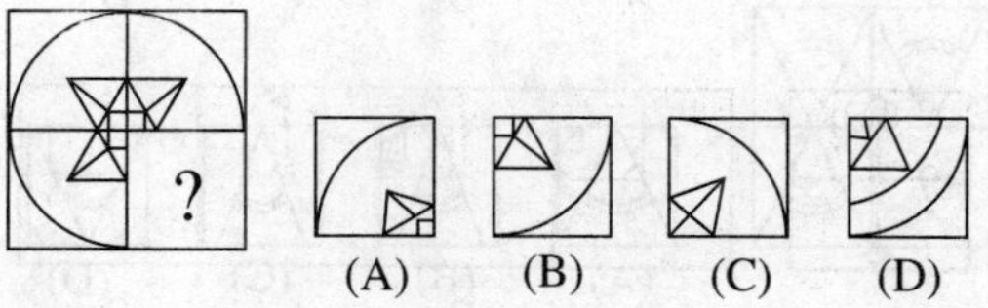

15. 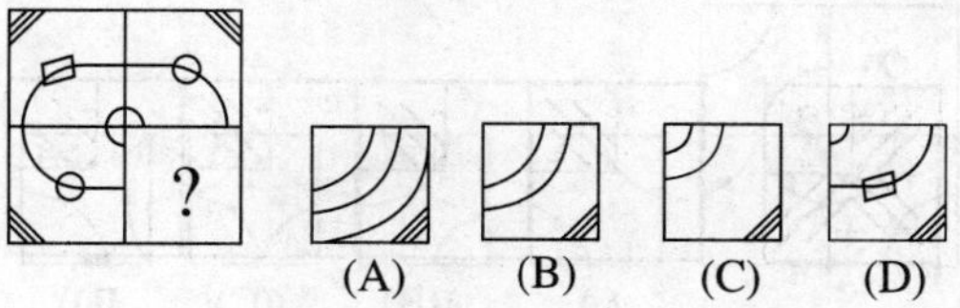

प्रश्न आकृति　　　उत्तर आकृतियाँ

16.
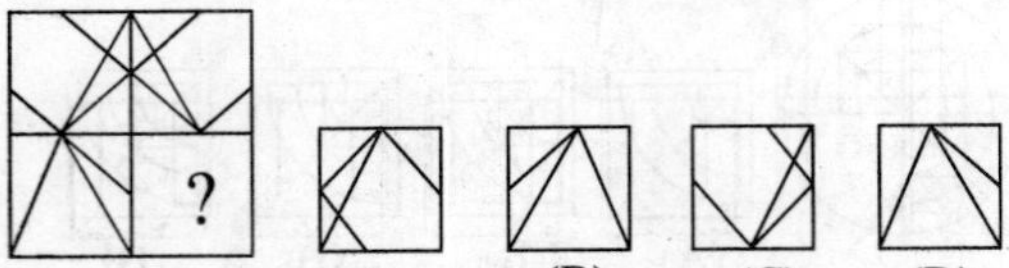
(A) (B) (C) (D)

17.
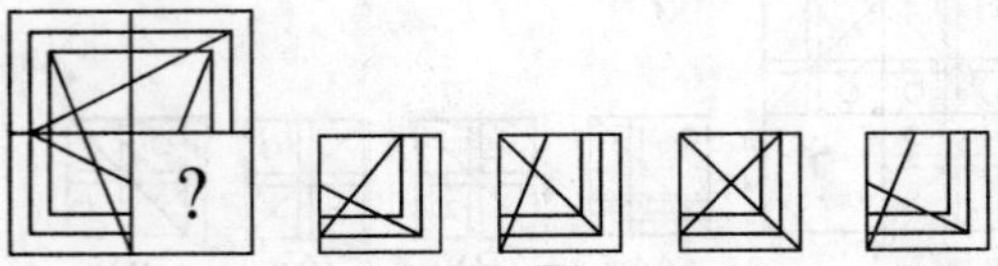
(A) (B) (C) (D)

18.
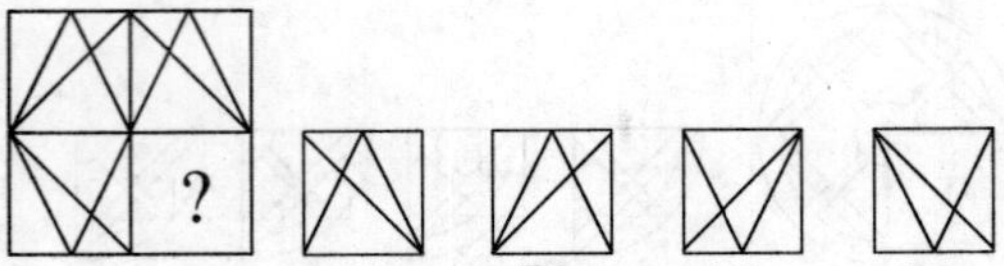
(A) (B) (C) (D)

19.
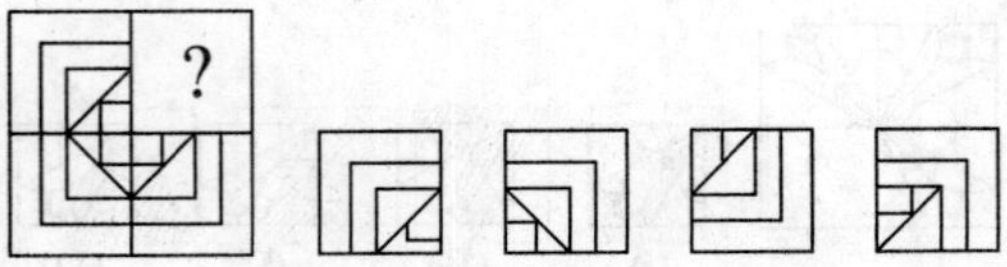
(A) (B) (C) (D)

20.
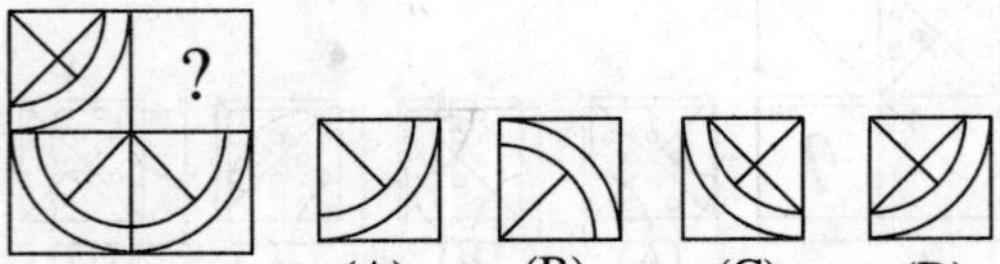
(A) (B) (C) (D)

21.
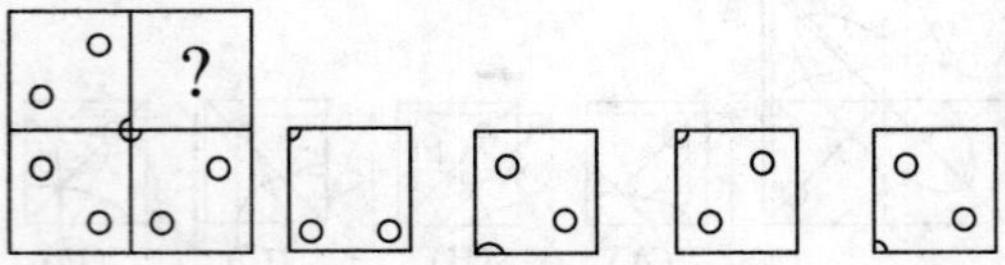
(A) (B) (C) (D)

22.
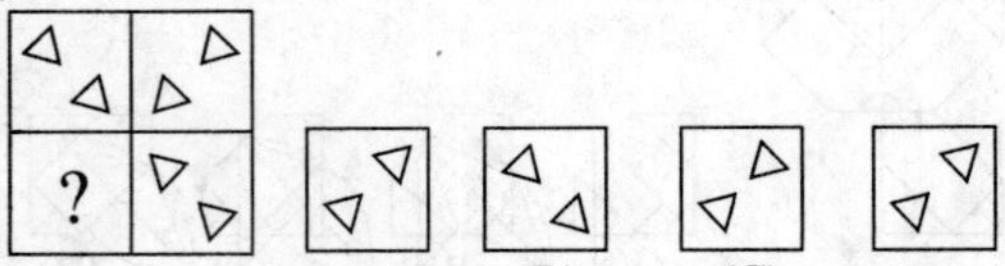
(A) (B) (C) (D)

23.
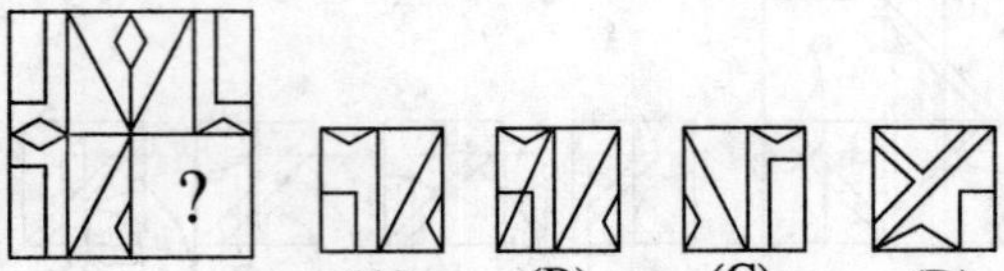
(A) (B) (C) (D)

24.
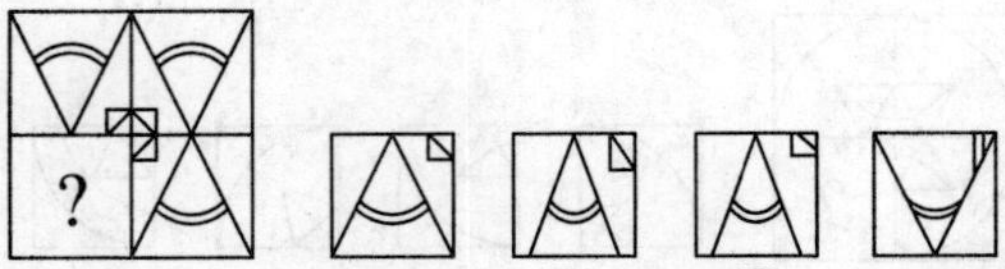
(A) (B) (C) (D)

25.
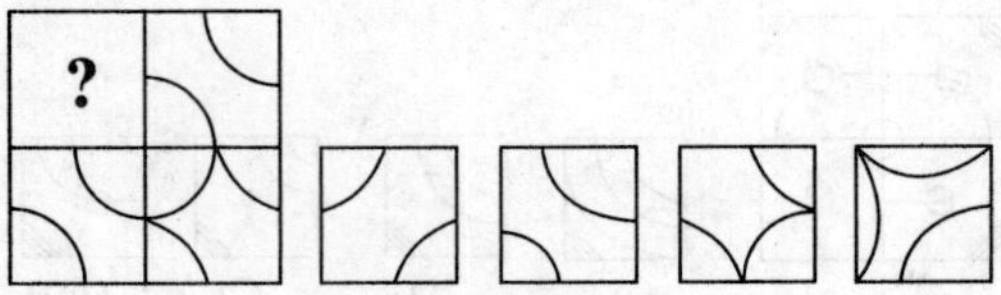
(A) (B) (C) (D)

प्रश्न आकृति　　　उत्तर आकृतियाँ

26.
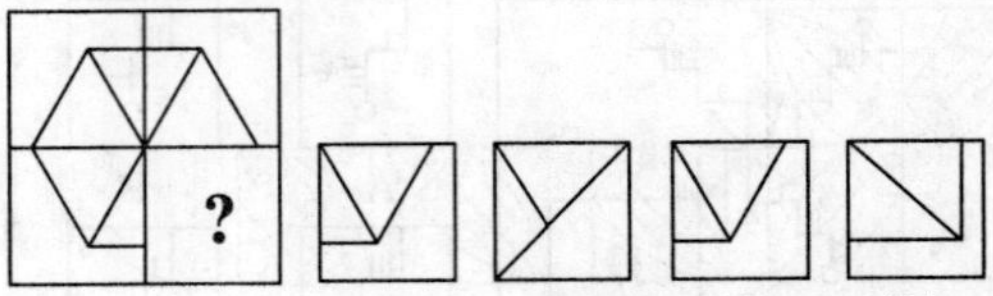
(A) (B) (C) (D)

27.

(A) (B) (C) (D)

28.
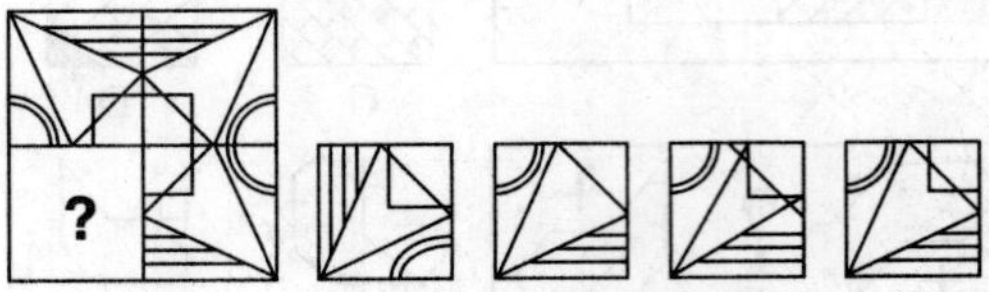
(A) (B) (C) (D)

29.
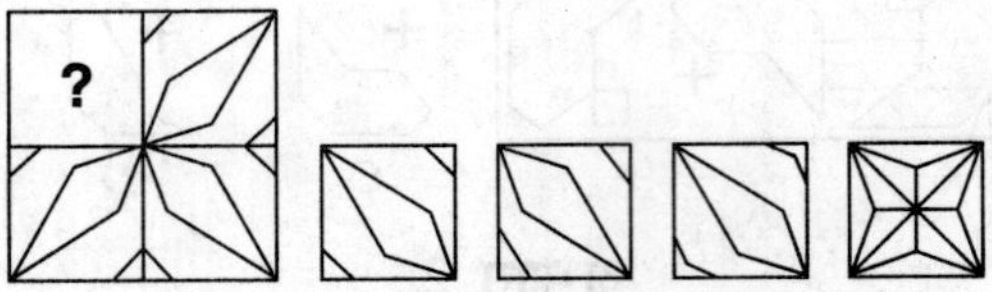
(A) (B) (C) (D)

30.
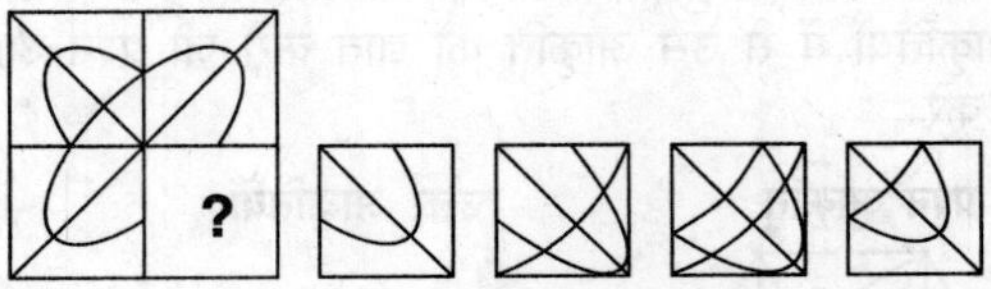
(A) (B) (C) (D)

31.
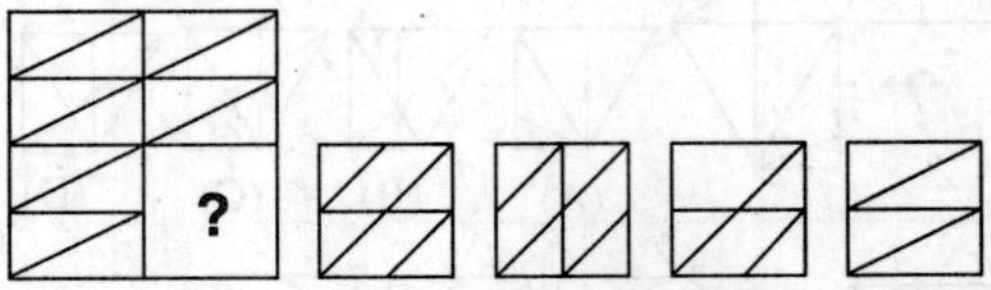
(A) (B) (C) (D)

32.
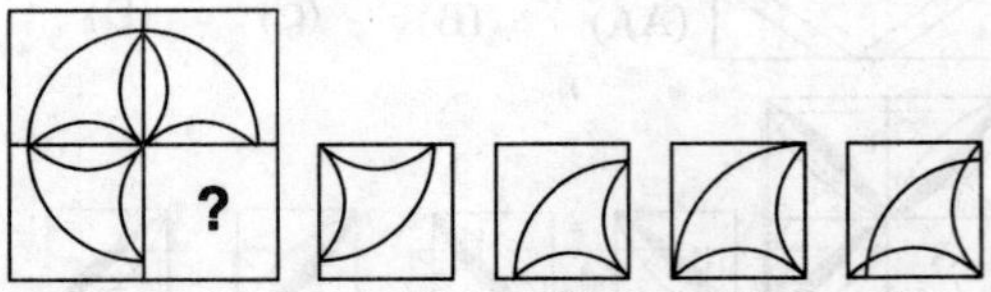
(A) (B) (C) (D)

33.
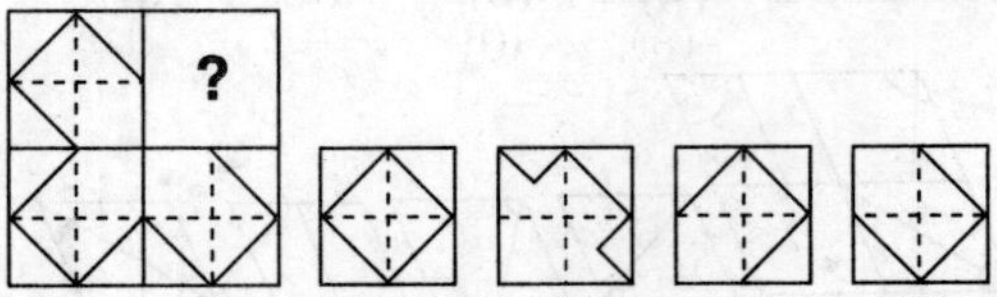
(A) (B) (C) (D)

34.
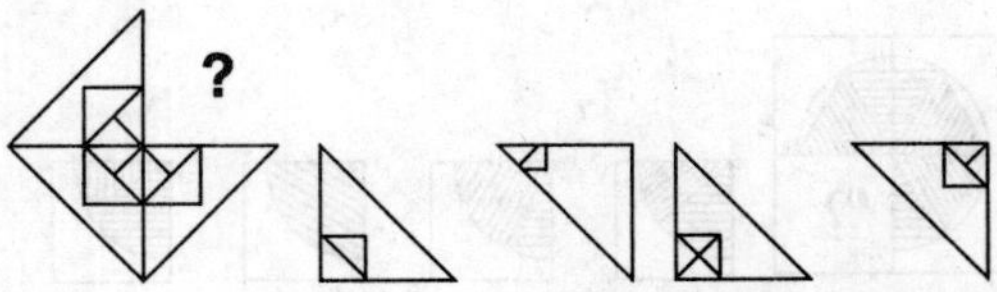
(A) (B) (C) (D)

प्रश्न आकृति	उत्तर आकृतियाँ

35. 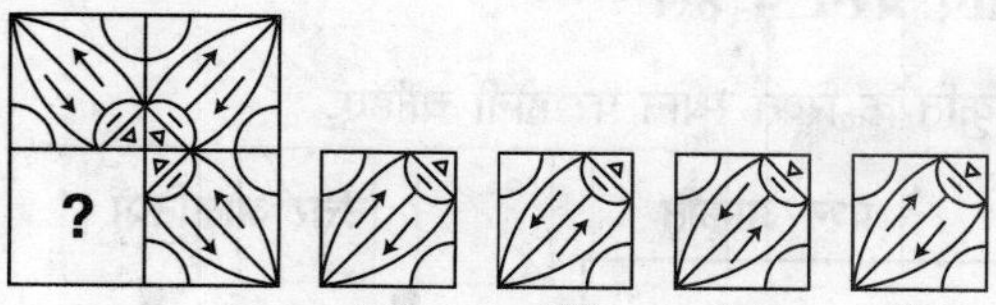
(A) (B) (C) (D)

36. 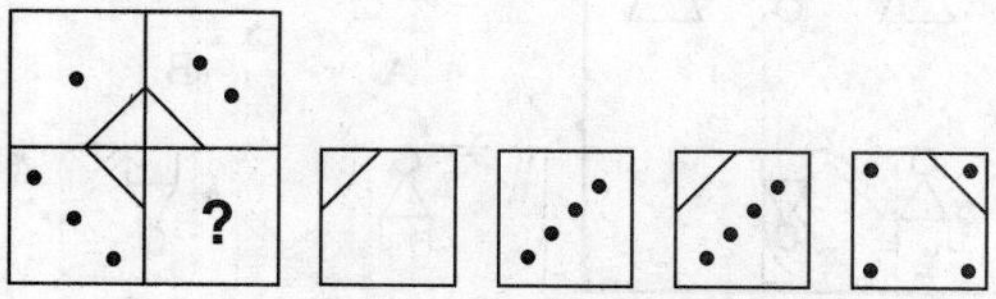
(A) (B) (C) (D)

37. 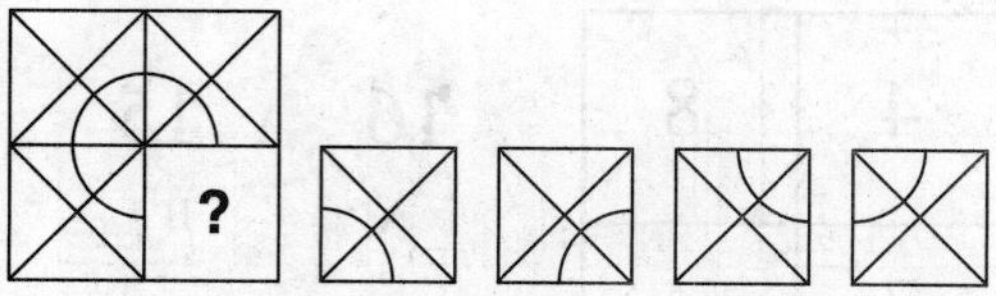
(A) (B) (C) (D)

38. 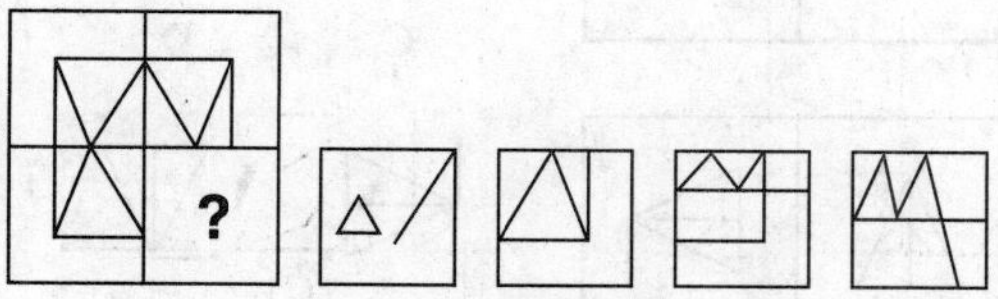
(A) (B) (C) (D)

39. 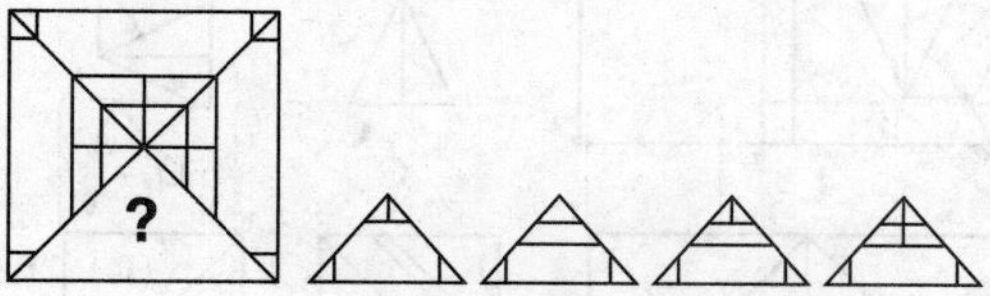
(A) (B) (C) (D)

40. 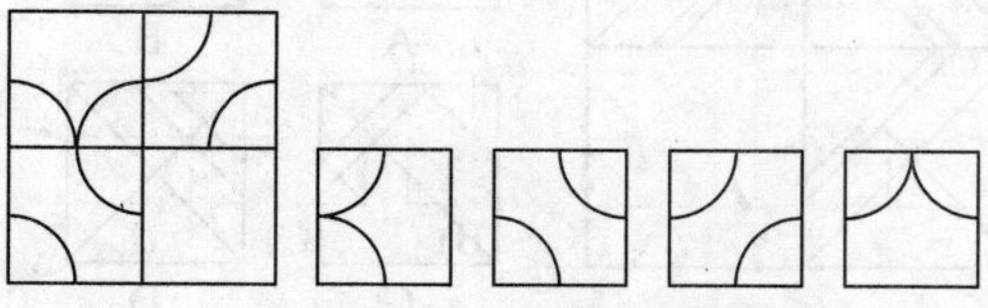
(A) (B) (C) (D)

41. 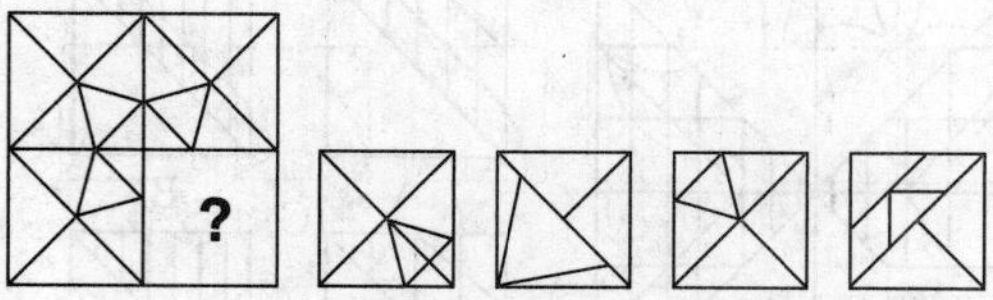
(A) (B) (C) (D)

प्रश्न आकृति	उत्तर आकृतियाँ

42. 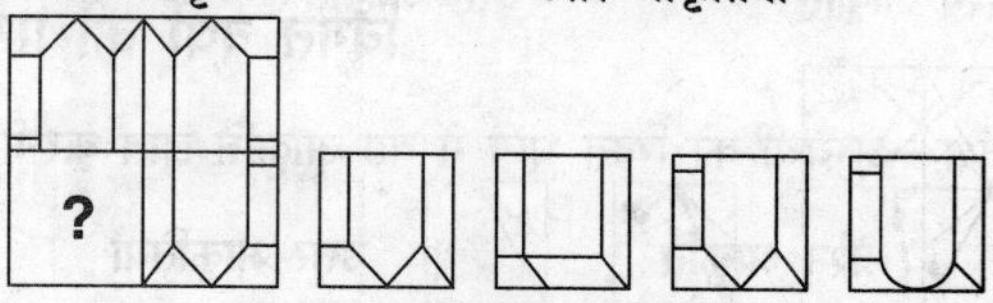
(A) (B) (C) (D)

43. 
(A) (B) (C) (D)

44. 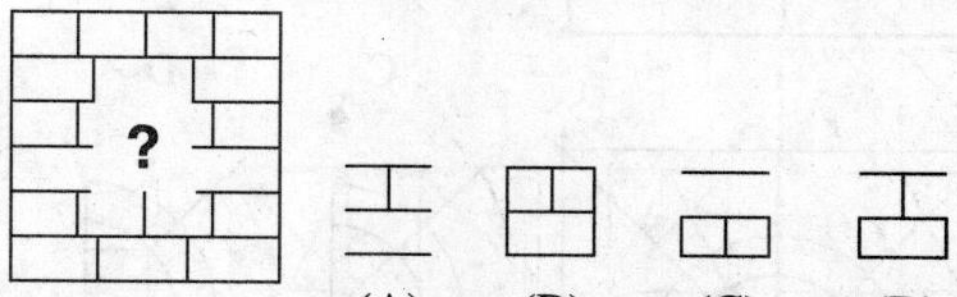
(A) (B) (C) (D)

45. 
(A) (B) (C) (D)

46. 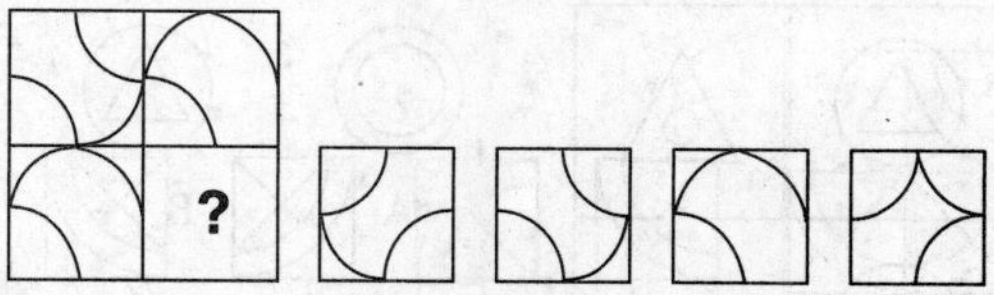
(A) (B) (C) (D)

47. 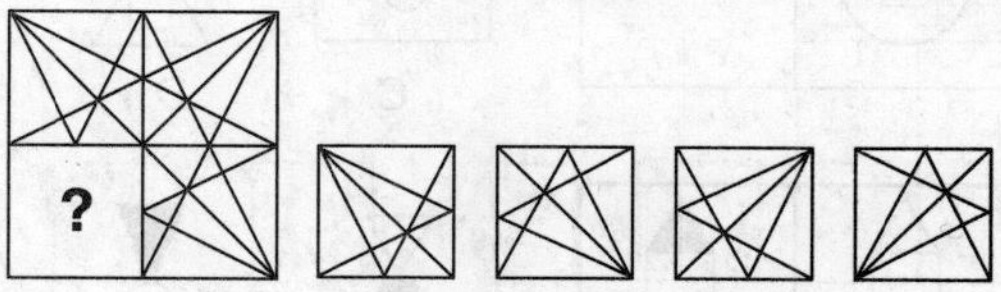
(A) (B) (C) (D)

48. 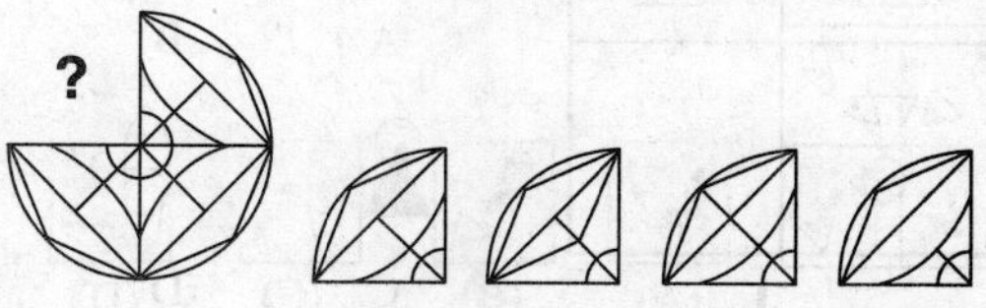
(A) (B) (C) (D)

49. 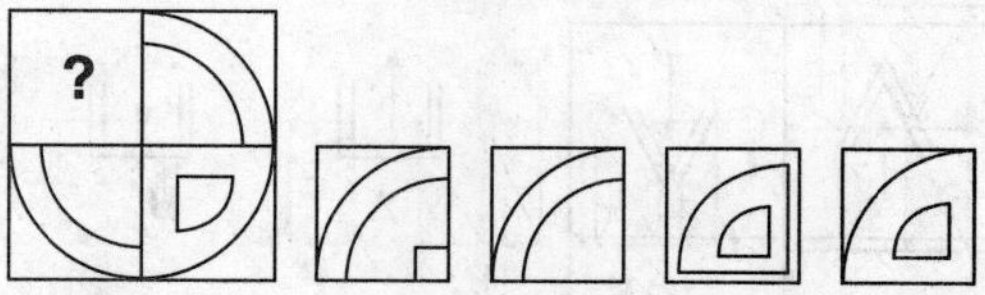
(A) (B) (C) (D)

विगत वर्षों की परीक्षाओं में आए प्रश्न व हल

निर्देश—अभ्यर्थी को रिक्त भाग में वह आकृति ज्ञात करनी है जो प्रश्न आकृति के रिक्त स्थान पर होनी चाहिए.

प्रश्न आकृति — उत्तर आकृतियाँ

1. 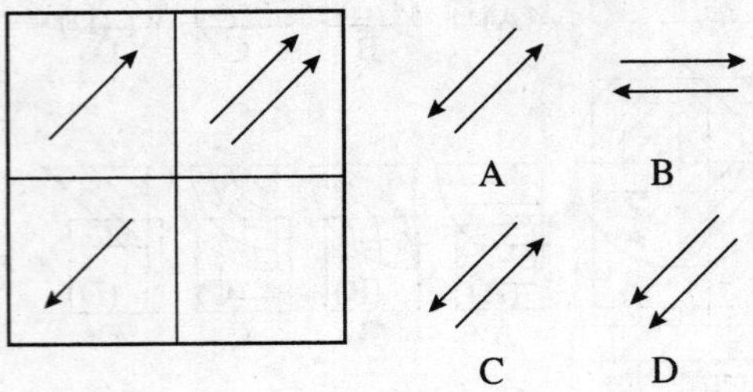

2. 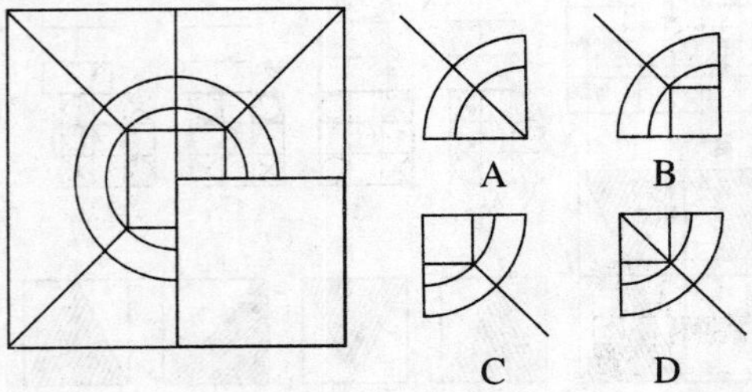

3. 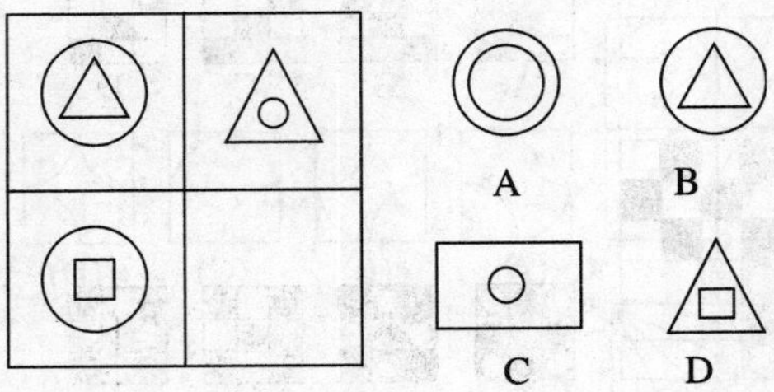

4. 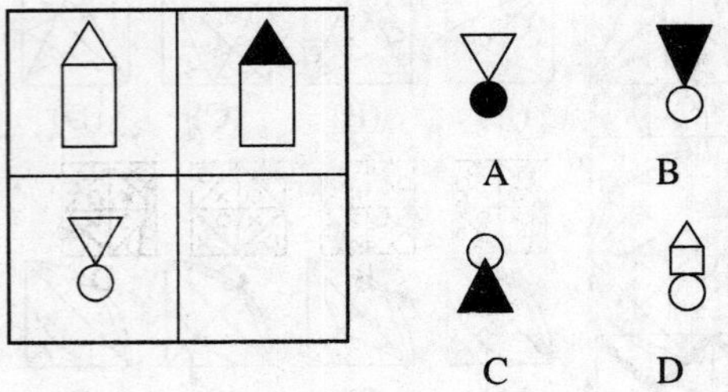

5. 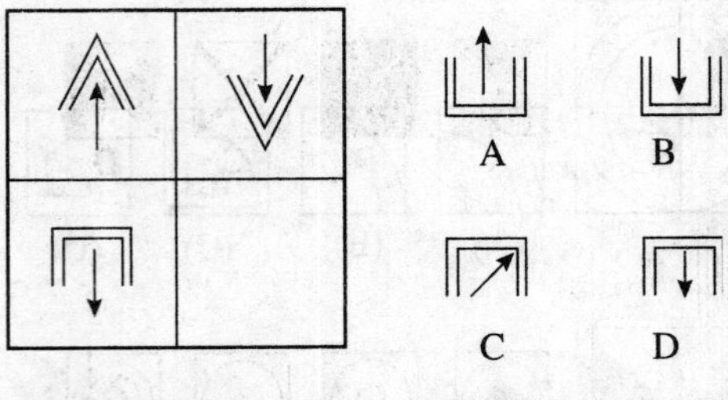

6. 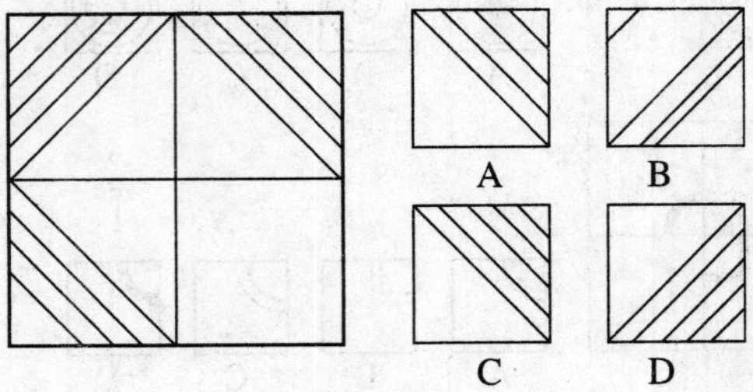

7. 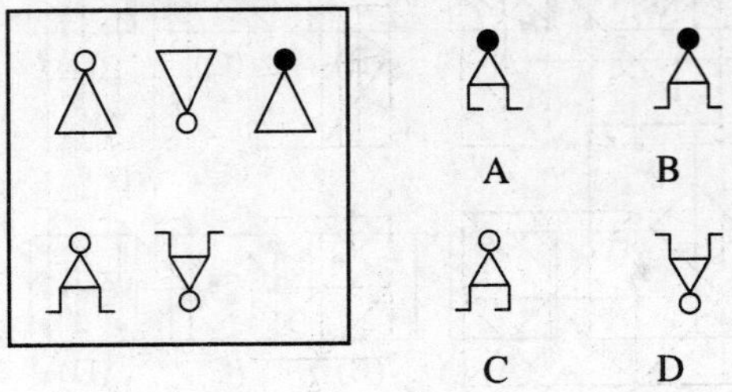

8. 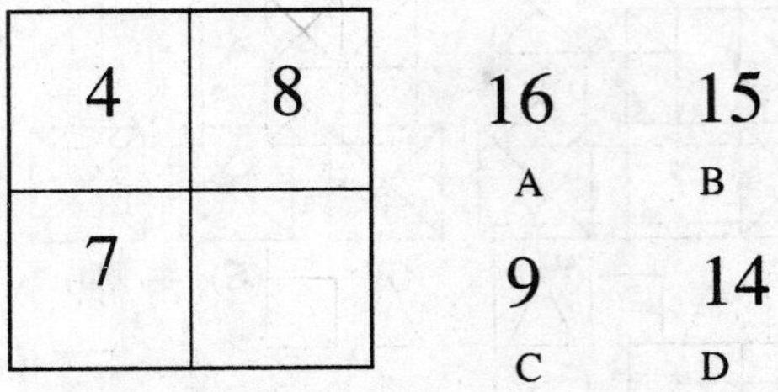

9. 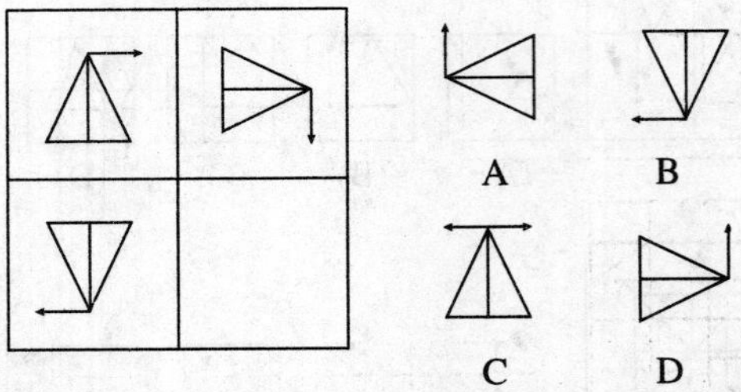

10. 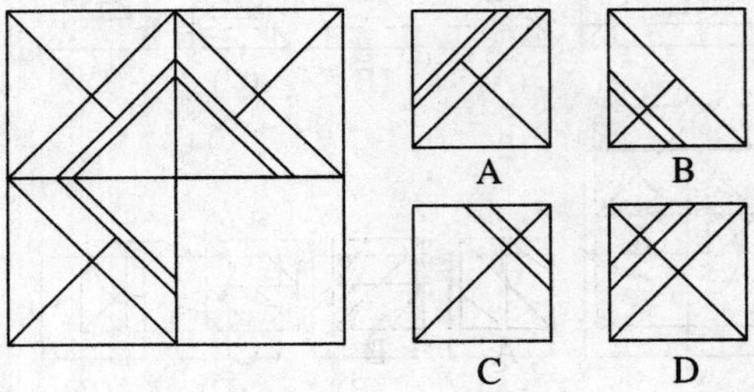

11. 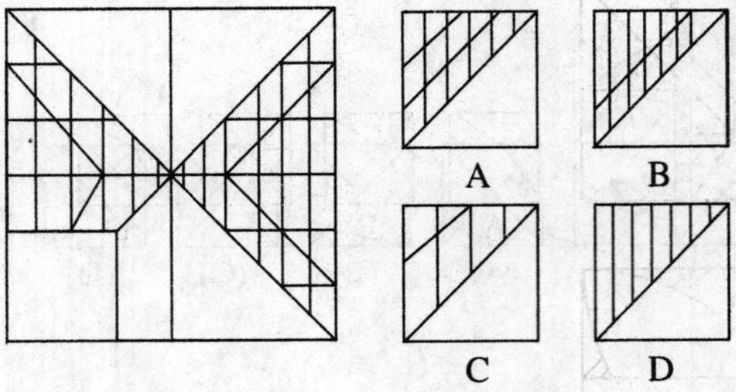

12. 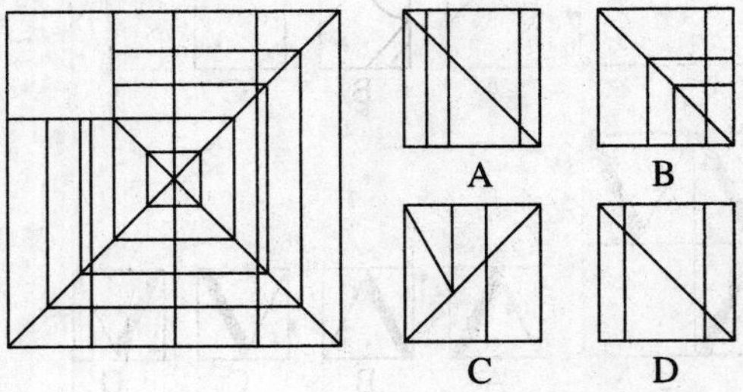

प्रश्न आकृति **उत्तर आकृतियाँ**

13.
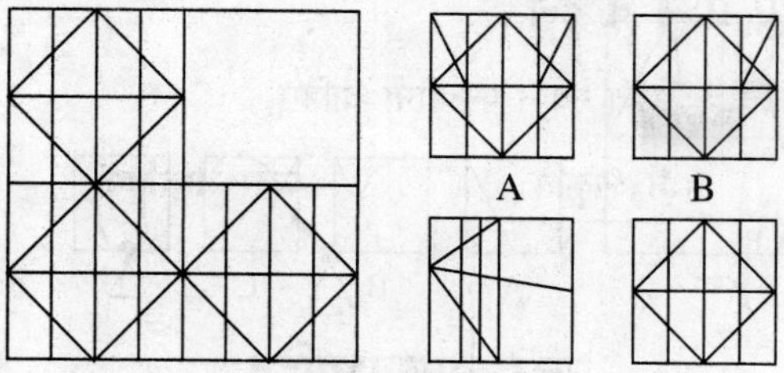
A B C D

14.
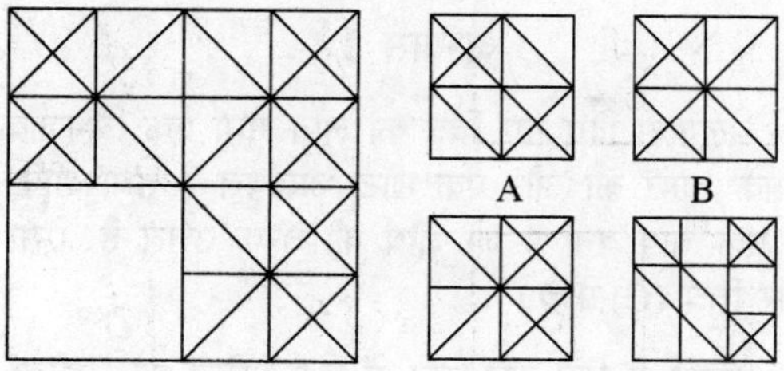
A B C D

15.
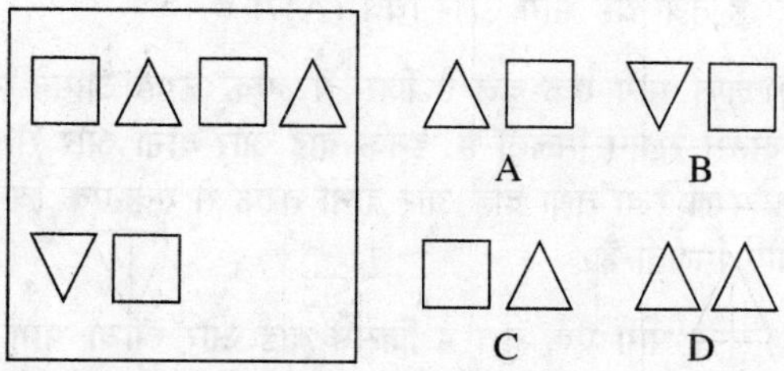
A B C D

16.
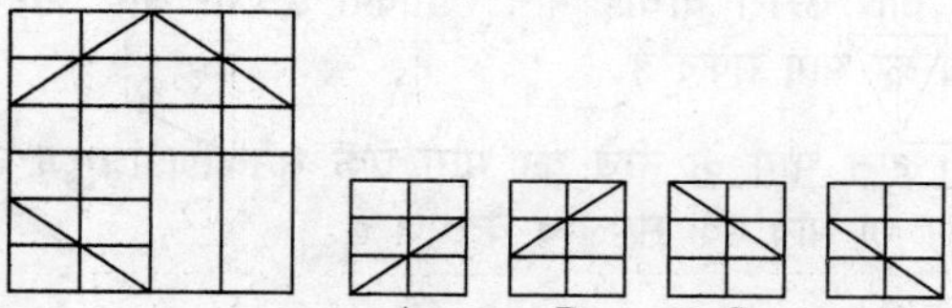
A B C D

17.

A B C D

18.
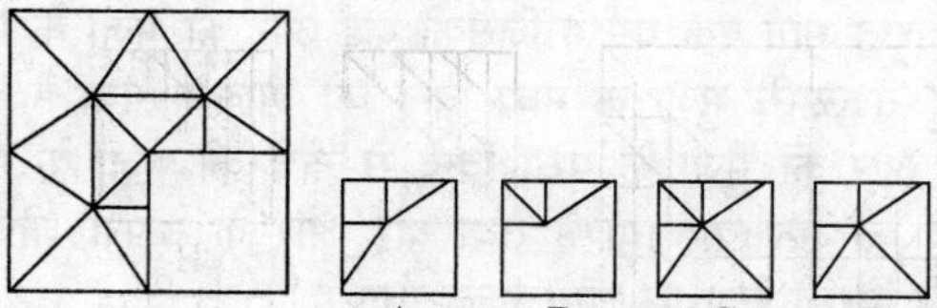
A B C D

19.
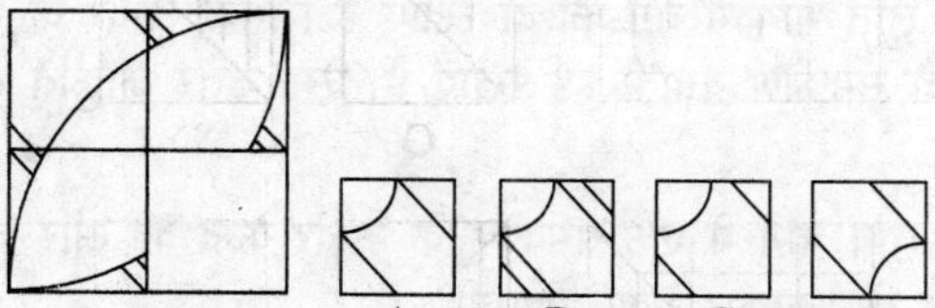
A B C D

20.

A B C D

प्रश्न आकृति **उत्तर आकृतियाँ**

21.
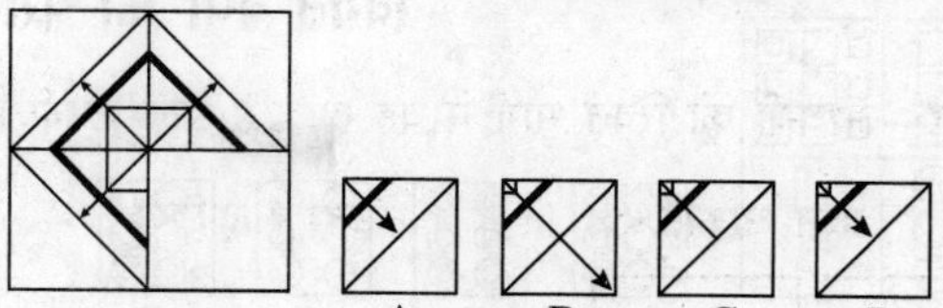
A B C D

22.
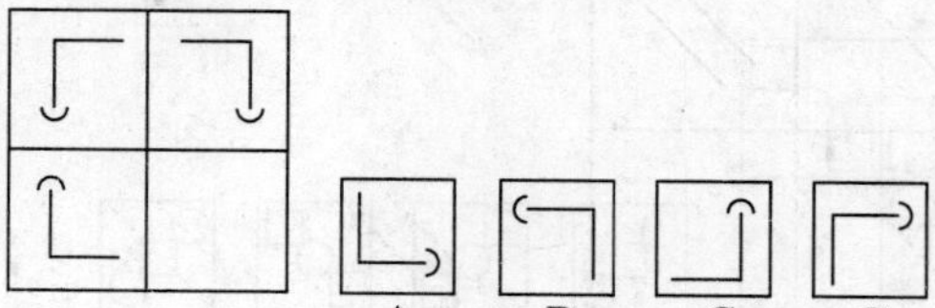
A B C D

23.
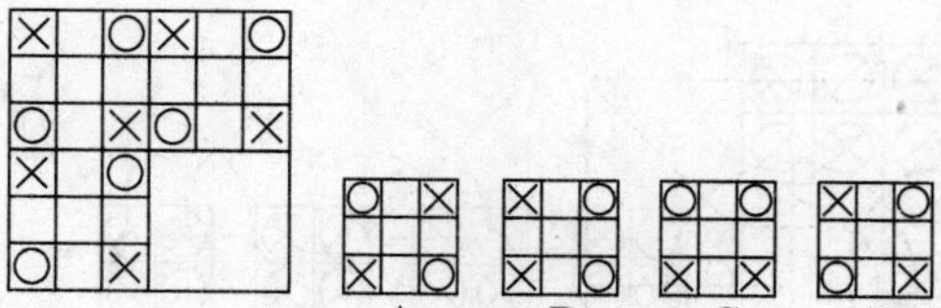
A B C D

24.
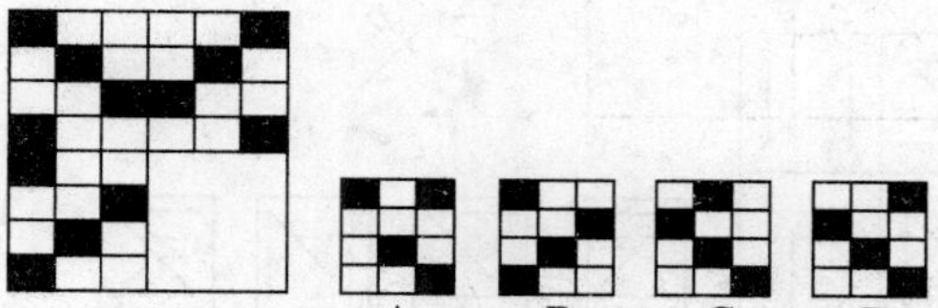
A B C D

25.
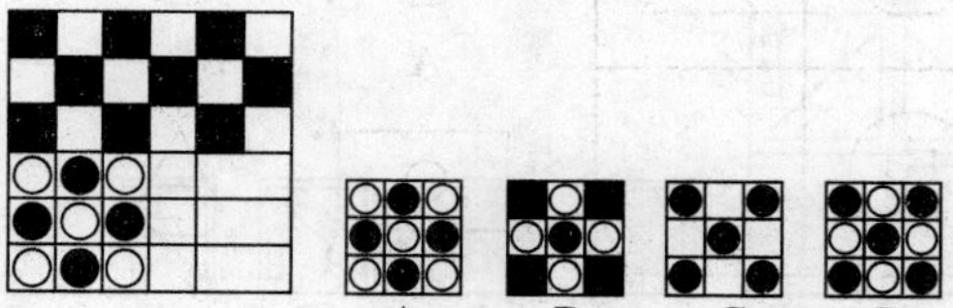
A B C D

26.

A B C D

27.

A B C D

28.
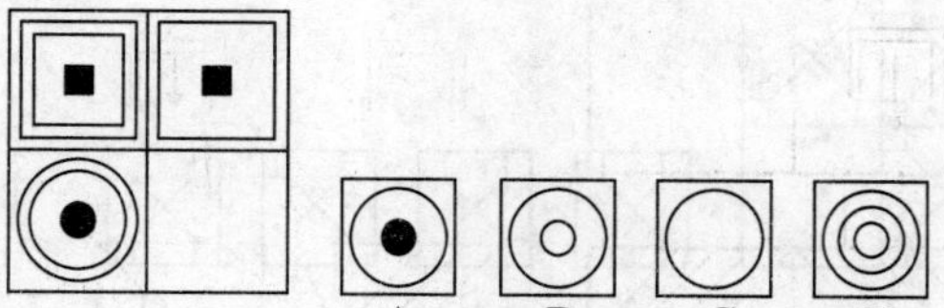
A B C D

29.
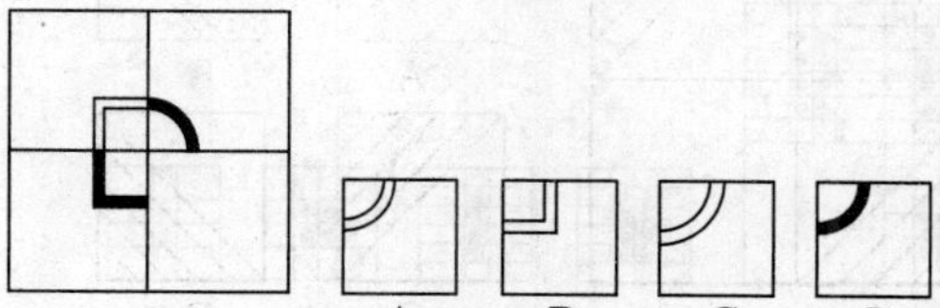
A B C D

प्रश्न आकृति **उत्तर आकृतियाँ**

30. 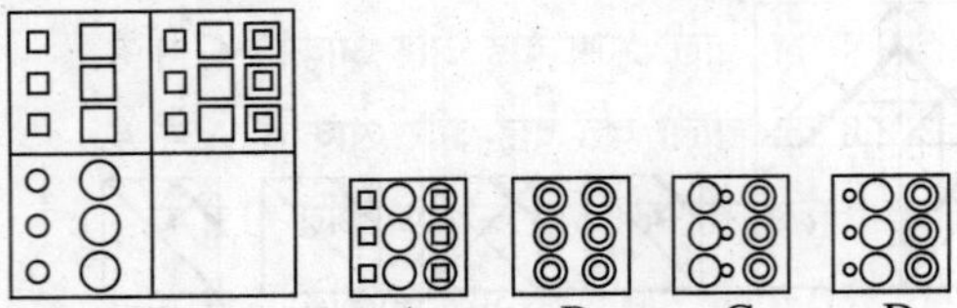

A B C D

31. 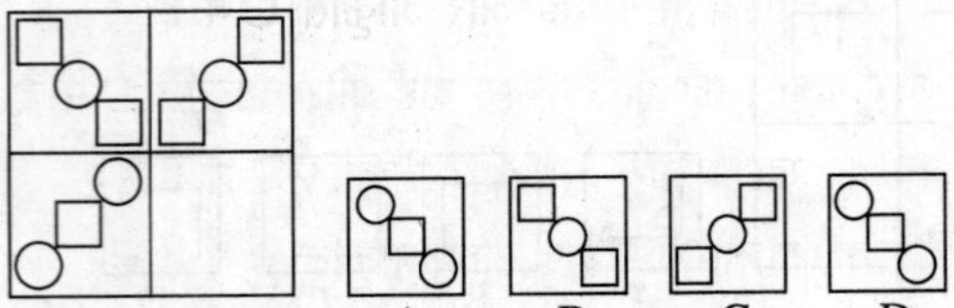

A B C D

32. 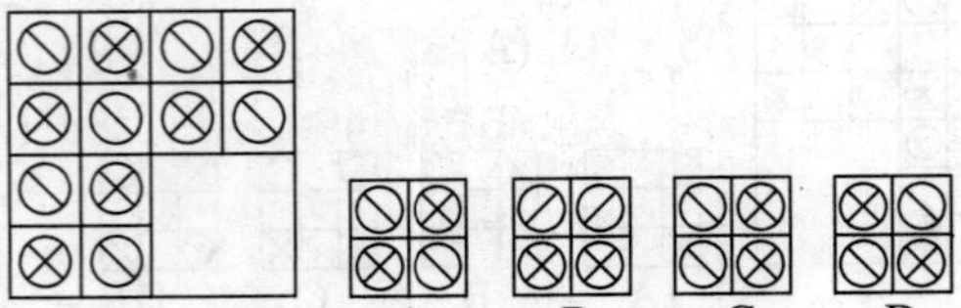

A B C D

33. 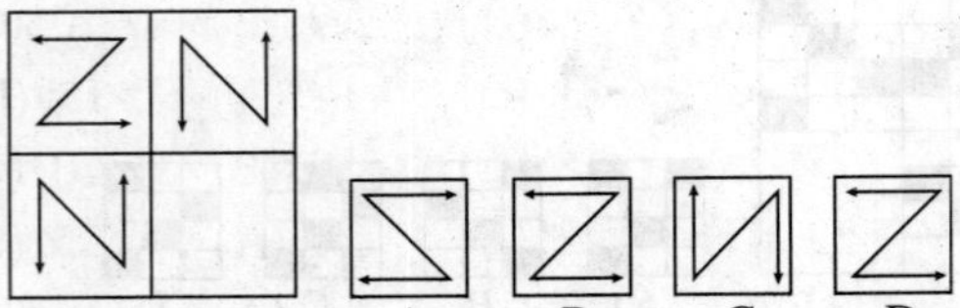

A B C D

34. 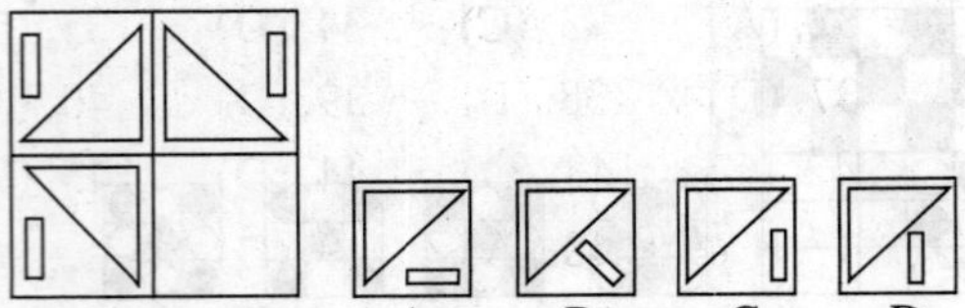

A B C D

35. 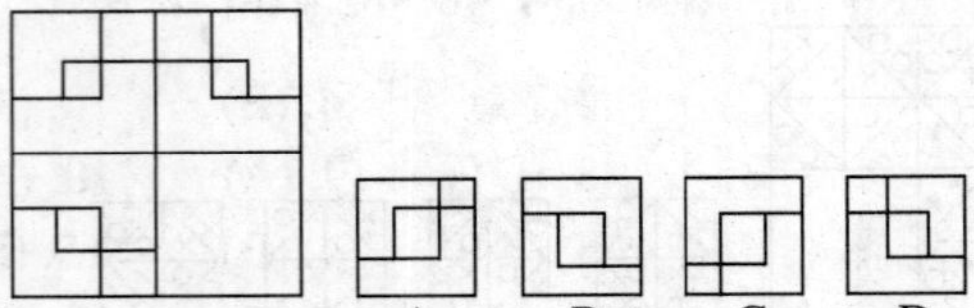

A B C D

36. 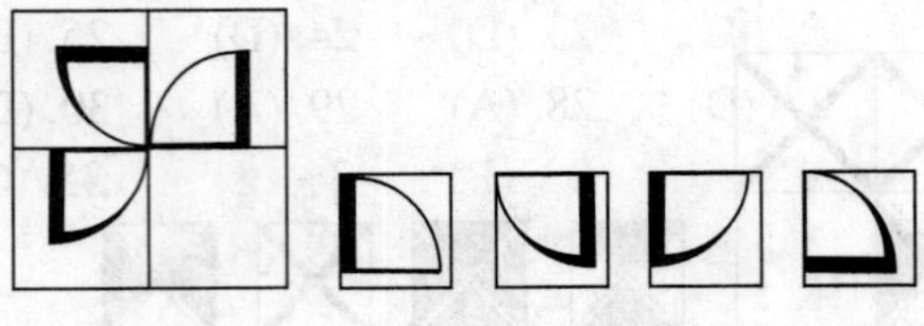

A B C D

37. 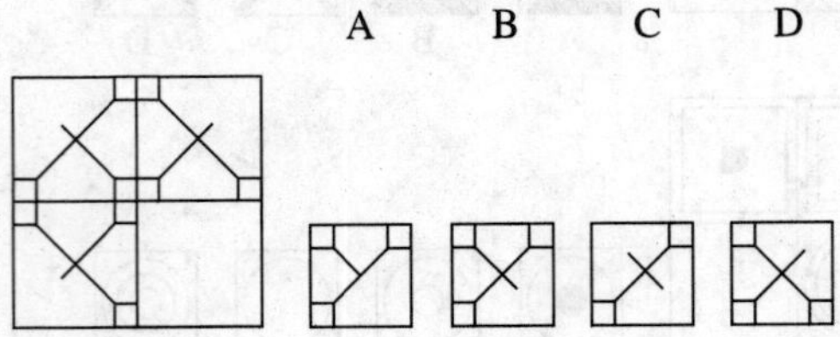

A B C D

38. 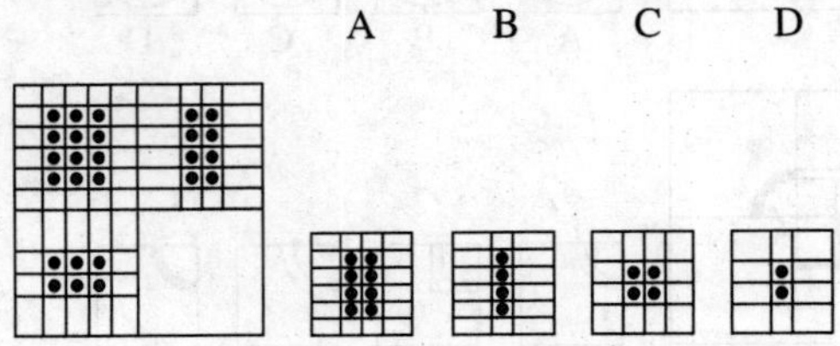

A B C D

प्रश्न आकृति **उत्तर आकृतियाँ**

39. 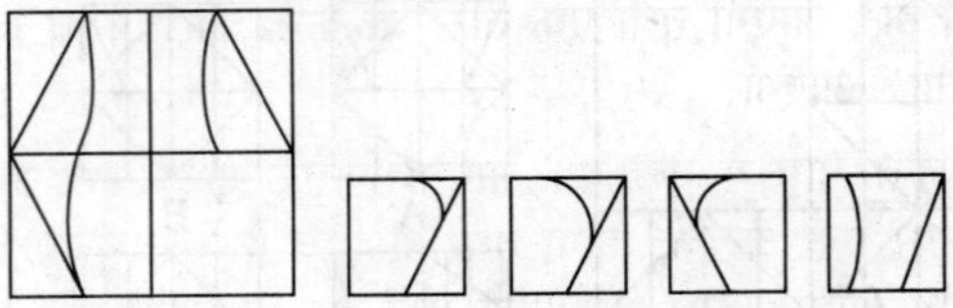

A B C D

उत्तर व्याख्या सहित

अभ्यास 1

1. (C) अलग से दिए गए चित्र का लुप्त भाग एक त्रिभुजाकार है जिसके बाहर की ओर एक छोटा अर्द्धवृत्त है तथा शीर्ष कोण पर एक चाप बना है जो शीर्ष की तरफ उत्तल है. ऐसा चित्र उत्तर चित्र (C) में है.
2. (A) अलग से दिए गए चित्र में एक पेंसिल का नुकीला भाग लुप्त है तथा यह भाग उत्तर चित्र (A) में है.
3. (D) लुप्त भाग एक वृत्त है जिस पर एक जगह आमने-सामने से दोहरी रेखाएं मिलती हैं. इनके बाईं ओर दोनों ओर से एक-एक सरल रेखा तथा दाईं ओर दोनों तरफ से एक-एक बिन्दुमय रेखाएं मिलती हैं.
4. (C) लुप्त भाग एक वृत्त है जिसमें बाईं ओर आधा भाग तथा दाईं ओर ऊपरी चौथाई भाग रेखांकित है और बाईं ओर का नीचे का भाग सफेद है.
5. (B) लुप्त भाग के नीचे का भाग एक समकोण त्रिभुज तथा ऊपर का भाग एक समलम्ब चतुर्भुज है.
6. (A) लुप्त भाग एक वर्ग है जिसके बाईं ओर एक भुजा पर अन्दर की तरफ एक अर्द्धवृत्त बना है तथा वर्ग का शेष भाग तिरछी रेखाओं से घिरा है.
7. (C) लुप्त भाग एक वर्ग है, जिसकी भुजाओं के मध्य बिन्दुओं को मिलाकर पुनः एक वर्ग बनाया गया है. इसके बाईं ओर के ऊपरी सिरे को दाईं ओर के निचले सिरे से मिलाया गया है.
8. (C) लुप्त भाग एक वर्ग है जिसकी दाईं ओर की भुजा के मध्य बिन्दु से ऊपरी भुजा के मध्य बिन्दु को मिलाया गया है तथा बाईं ओर की भुजा के मध्य बिन्दु से नीचे की भुजा के मध्य बिन्दु को मिलाया गया है तथा दाईं ओर के ऊपरी शीर्ष से पहली तिरछी रेखा पर लम्ब डाला गया है.
9. (D) लुप्त भाग में वर्ग की दो रेखाएं हैं जिसके अन्दर के भाग के दो समकोण बनाती हुई रेखाएं हैं. ऐसा उत्तर आकृति (D) में है.
10. (C) लुप्त भाग में एक समकोण के अन्दर केन्द्र की ओर दिशा वाली दो वक्राकार रेखाएं आएंगी.
11. (D) लुप्त भाग में छोटासा वक्राकार भाग जिसके अन्दर रेखाएं खिची हों तथा जिसके ऊपरी भाग में छोटी-छोटी रेखाएं हों, आएगा.
12. (D) लुप्त भाग में फूल की एक पंखुड़ी जिसके अन्दर एक रेखा हो तथा जो वक्र के अन्दर हो, आएगी.

13. (B) लुप्त भाग में एक वर्गाकार आकृति 'जिसमें ऊर्ध्व रेखाएं खिंची हों', आएंगी तथा एक तीर 'जो केन्द्र की विपरीत दिशा में होगा', आएगा.
14. (B) लुप्त भाग में एक वर्ग आएगा जिसके दोनों खुले ऊपरी सिरों पर एक अर्द्धवृत्त होगा तथा अर्द्धवृत्त के अन्दर वक्राकार आकृति आएगी. एक तीर "जो छोटे वर्ग के ऊपर बना है व जिसकी दिशा अर्द्धवृत्त की ओर है", आएगा.
15. (A) लुप्त भाग में एक वर्ग आएगा 'जिसके अन्दर ऊर्ध्व रेखाएं होंगी तथा उसके शीर्ष पर दो तीर आपस में मिले हुए' आएंगे.
16. (D) लुप्त भाग में त्रिभुजाकार आकृति आएगी. त्रिभुजाकार आकृति के ऊपर एक वक्राकार आकृति होगी जिसमें छोटे-छोटे बिन्दु बने होंगे तथा त्रिभुज के अन्दर एक वर्गाकार आकृति होनी चाहिए. ऐसा उत्तर आकृति (D) में है.
17. (B) लुप्त भाग में उत्तर आकृति (B) आएगी.
18. (D) लुप्त भाग में ऐसा आएगा जिसके अन्दर कई बिन्दु बने हों. ऐसा उत्तर आकृति (D) में है.
19. (C) लुप्त भाग में ऐसी आकृति आएगी जिसमें एक वर्ग तथा वर्ग के शीर्ष पर दो वक्राकार रेखाएं बनी होंगी. उन वक्राकार रेखाओं के बीच के भाग के ऊपर एक सरल रेखा बनी होनी चाहिए. ऐसा उत्तर आकृति (C) में है.
20. (B) लुप्त भाग में प्रश्न आकृति के बाईं ओर के नीचे के भाग के जैसी आकृति आएगी. अतः उत्तर आकृति (B) है.
21. (D) लुप्त भाग में एक त्रिभुजाकार आकृति आएगी जिसके दो सिरे काले होंगे तथा उस रेखा के ऊपर एक छोटा त्रिभुज बना होगा जिसमें क्षैतिज रेखाएं आएंगी.
22. (C) लुप्त भाग में वर्गाकार आकृति आएगी जो बीच से दो भागों में बँटी होगी तथा उसके एक भाग में तीन ऊर्ध्व रेखाएं व दूसरे भाग में दो रेखाएं बनी होंगी. ऐसा उत्तर आकृति (C) में है.
23. (B) बाईं ओर जैसी आकृति है. दाईं ओर केवल आकृति B में वही आकृति है.
24. (C) वर्ग का शेष भाग दाईं ओर आकृति C में है.
25. (A) वर्ग का खाली भाग दाईं ओर आकृति A में है.
26. (D) वृत्त के केन्द्र का खाली भाग दाईं ओर आकृति D में है.
27. (B) वृत्त के केन्द्र का खाली भाग दाईं ओर आकृति B में है.
28. (C) त्रिभुज का खाली भाग दाईं ओर आकृति C में है.
29. (A) त्रिभुज का खाली वृत्त दाईं ओर आकृति A में है.
30. (C) वृत्त का खाली भाग दाईं ओर आकृति C में है.
31. (A) वर्ग का खाली भाग दाईं ओर आकृति A में है.
32. (C) वर्ग का खाली भाग दाईं ओर आकृति C में है.
33. (C) षट्भुजाकार का खाली भाग दाईं ओर आकृति C में है.
34. (C) वर्ग का खाली भाग दाईं ओर आकृति C में है.
35. (B) वर्ग का खाली भाग दाईं ओर आकृति B में है.

36. (A)	37. (C)	38. (D)	39. (C)	40. (B)
41. (B)	42. (D)	43. (A)	44. (C)	45. (A)
46. (C)	47. (D)	48. (B)	49. (A)	50. (A)

अभ्यास 2

1. (C)	2. (A)	3. (B)	4. (A)	5. (B)
6. (D)	7. (D)	8. (D)	9. (B)	10. (C)
11. (A)	12. (C)	13. (D)	14. (A)	15. (D)
16. (B)	17. (D)	18. (C)	19. (B)	20. (C)
21. (C)	22. (D)	23. (C)	24. (A)	25. (C)
26. (C)	27. (C)	28. (D)	29. (A)	30. (D)
31. (D)	32. (A)	33. (C)	34. (D)	35. (D)
36. (C)	37. (D)	38. (B)	39. (D)	40. (A)
41. (C)	42. (C)	43. (D)	44. (D)	45. (D)
46. (B)	47. (D)	48. (A)	49. (D)	

विगत वर्षों की परीक्षाओं में पूछे गए प्रश्नों के उत्तर

1. (D)	2. (C)	3. (C)	4. (B)	5. (A)
6. (D)	7. (B)	8. (D)	9. (A)	10. (A)
11. (C)	12. (B)	13. (D)	14. (B)	15. (B)
16. (A)	17. (C)	18. (C)	19. (C)	20. (A)
21. (D)	22. (C)	23. (D)	24. (D)	25. (D)
26. (A)	27. (D)	28. (A)	29. (A)	30. (D)
31. (B)	32. (A)	33. (B)	34. (C)	35. (C)
36. (D)	37. (B)	38. (C)	39. (B)	

3. छिपी हुई आकृति ज्ञात करना (Spotting Out the Embeded Figure)

छिपा हुआ चित्र ढूँढ़ना

इस प्रकार के प्रश्नों में एक नमूना तथा उसके नीचे चार चित्र दिए होते हैं. अभ्यर्थी को नीचे दिए हुए चित्रों में से वह चित्र ज्ञात करना होता है जिसमें दिया नमूना छिपा हो. नमूना सदा ही उसी स्थिति में चित्र में अंकित होना चाहिए जिस स्थिति में नमूना दिया होता है.

उदाहरण 1.

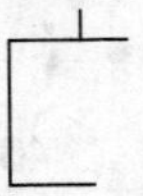

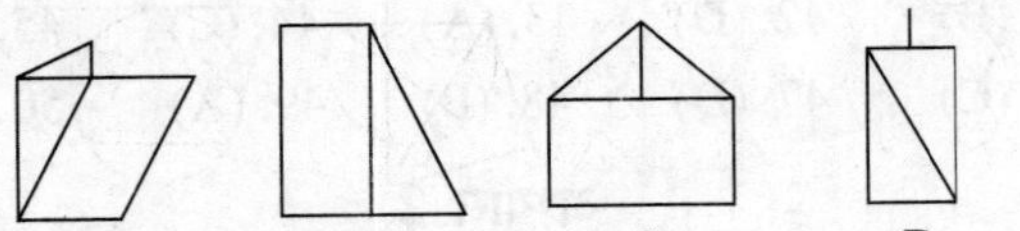

A B C D

स्पष्टीकरण–यदि ध्यान से देखा जाए तो आपको मालूम होगा कि नीचे दिए गए चार चित्रों में से पहले चित्र में नमूने वाला चित्र पूरी तरह दिखाई देता है. अतः इसका ठीक उत्तर (A) है.

उदाहरण 2.

A B C D

स्पष्टीकरण–ध्यानपूर्वक देखने पर ज्ञात होता है कि दिया हुआ चित्र, चित्र (B) में छिपा है.

उदाहरण 3.

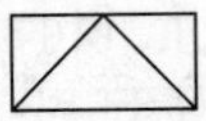

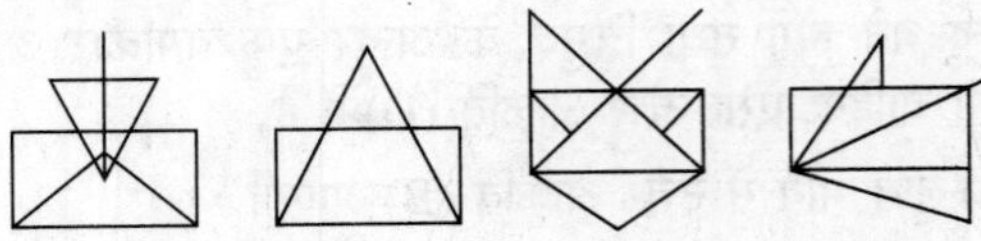

A B C D

स्पष्टीकरण–ध्यानपूर्वक देखने पर ज्ञात होता है कि दिया हुआ चित्र, चित्र (C) में छिपा हुआ है.

उदाहरण 4.

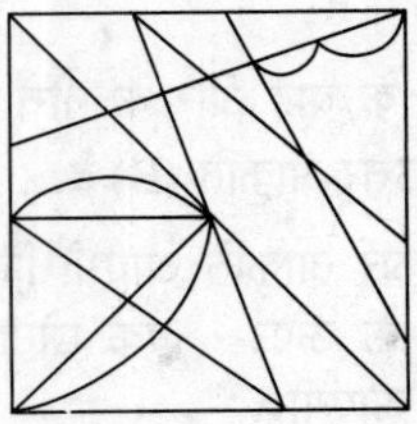

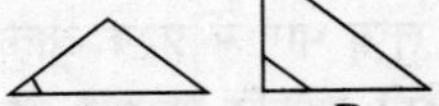

A B

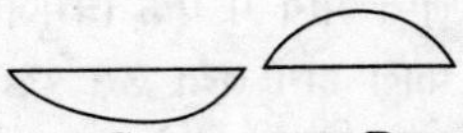

C D

स्पष्टीकरण–ध्यानपूर्वक देखने से विदित होगा कि चित्र D ही वर्ग में पूर्णतः समाया हुआ है. अतः उत्तर (D) है.

अभ्यास 1

निर्देश–चार चित्रों में से उस एक चित्र को ज्ञात करो जिसमें ऊपर वाला चित्र छिपा हुआ है.

1. 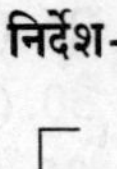

A B C D

2. 

A B C D

3. 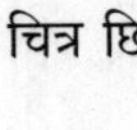

A B C D

4. 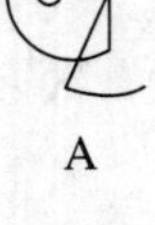

A B C D

5.

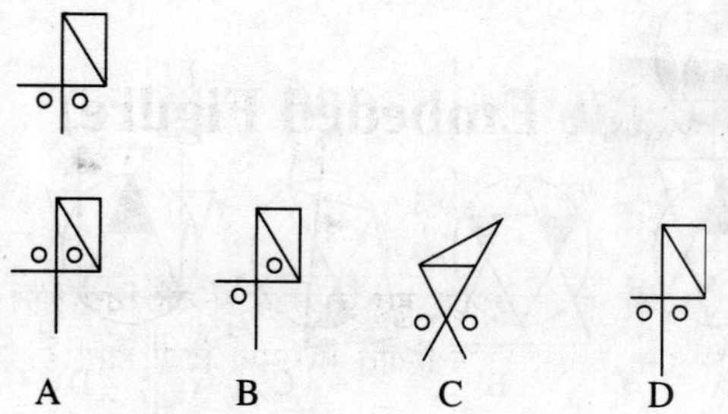

6.

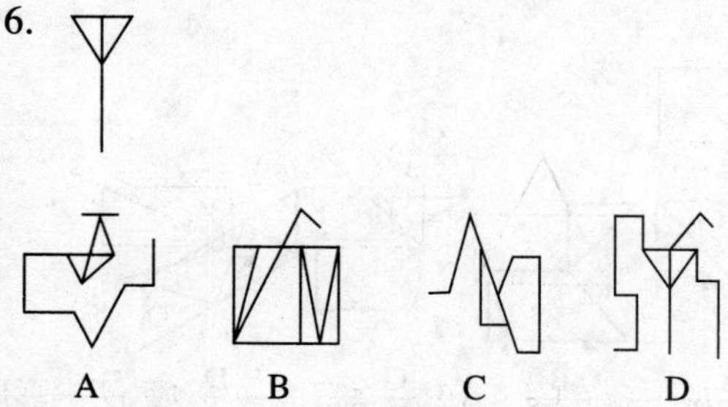

7.

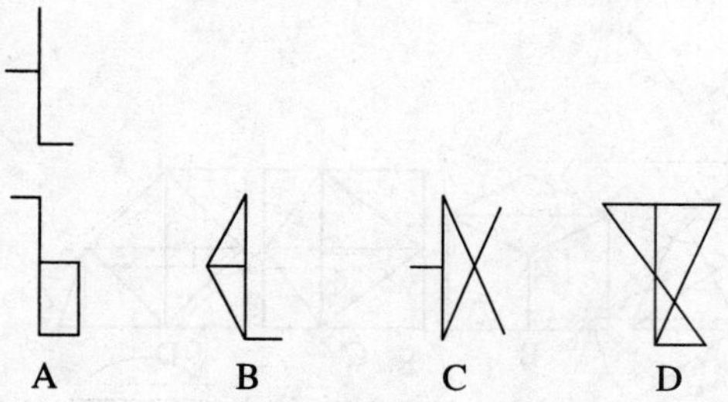

8.

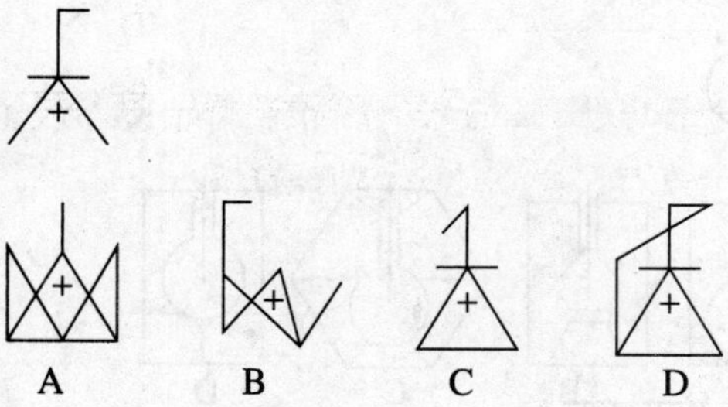

9.

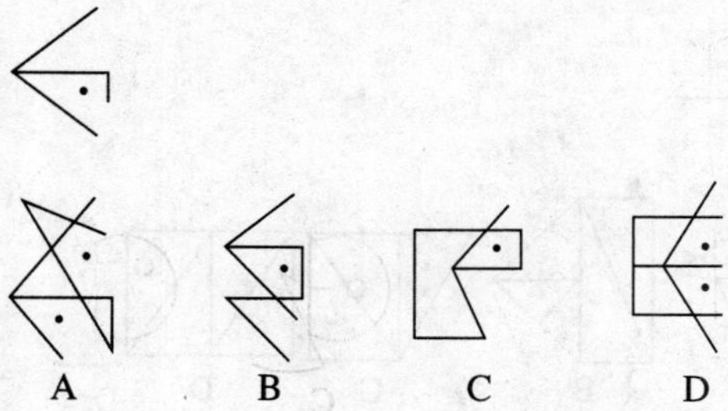

10.

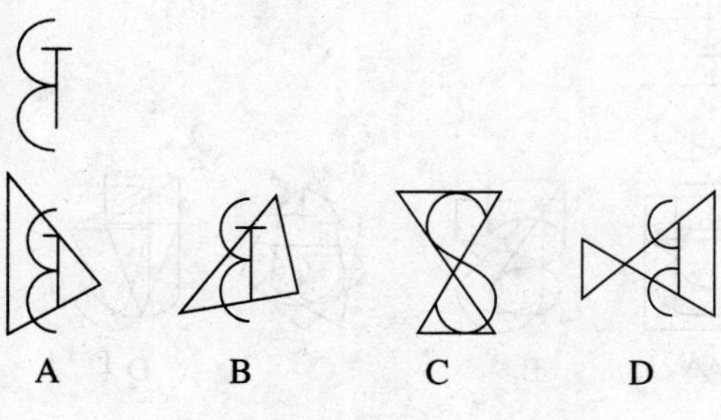

11.

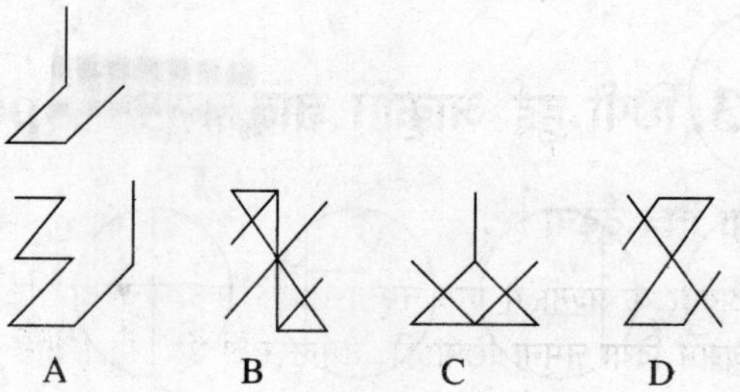

12.

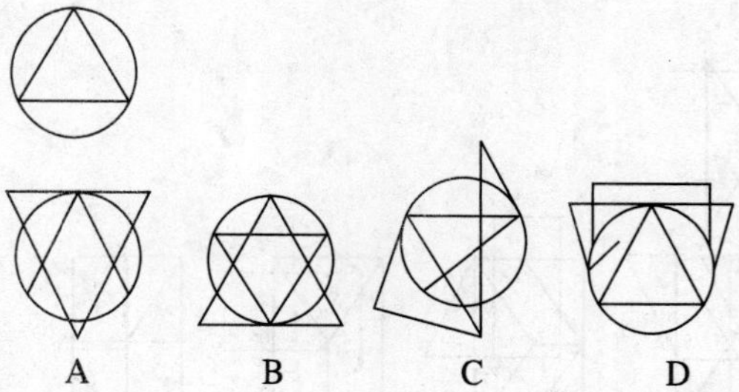

13.

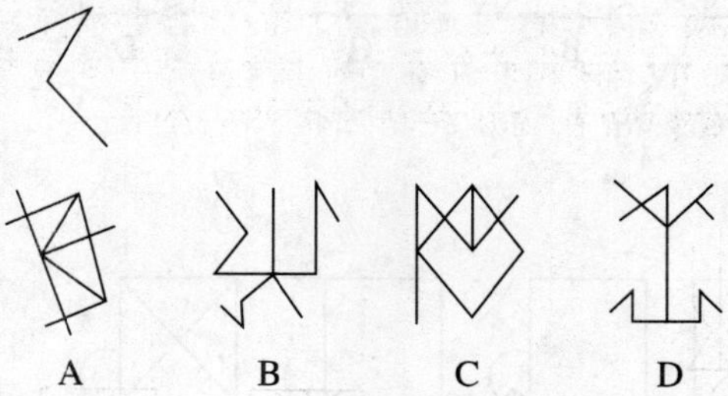

14.

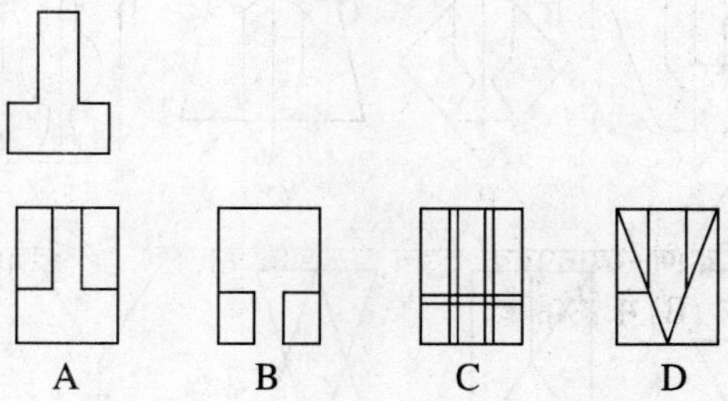

15.

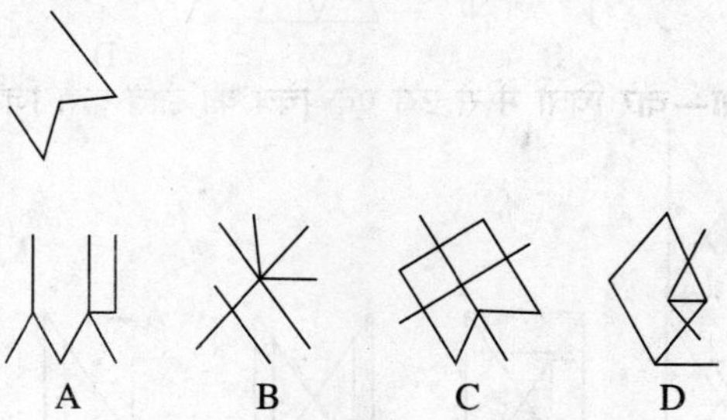

16.

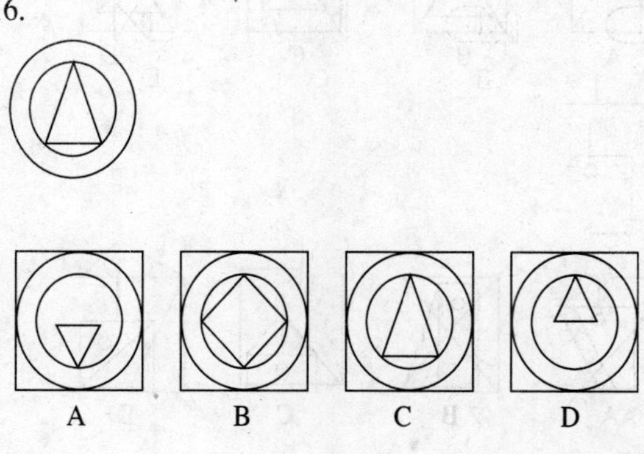

17.

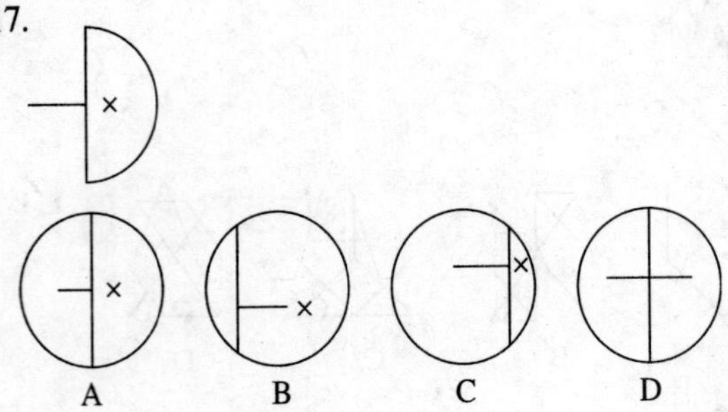

18.

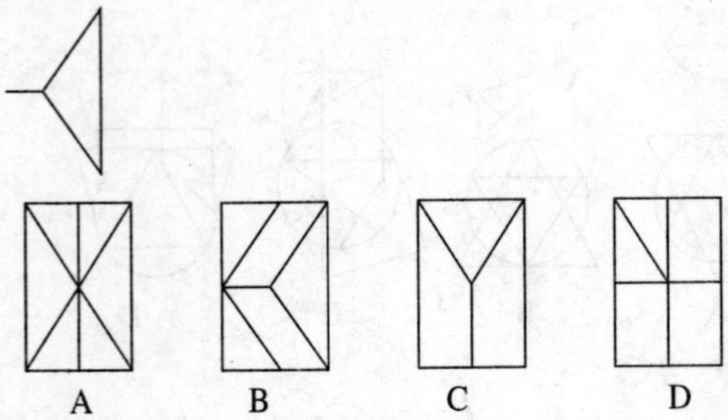

19.

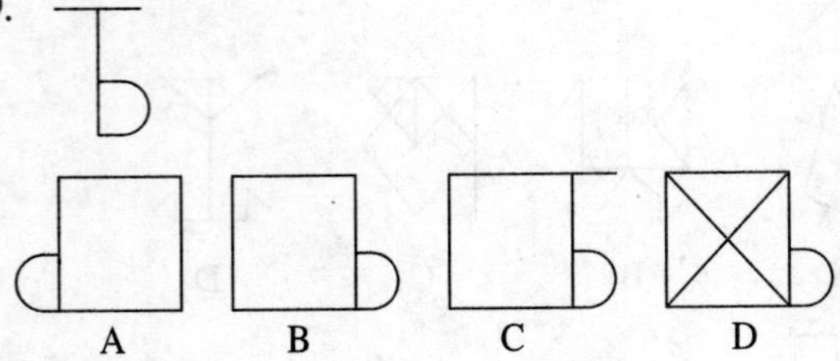

20.

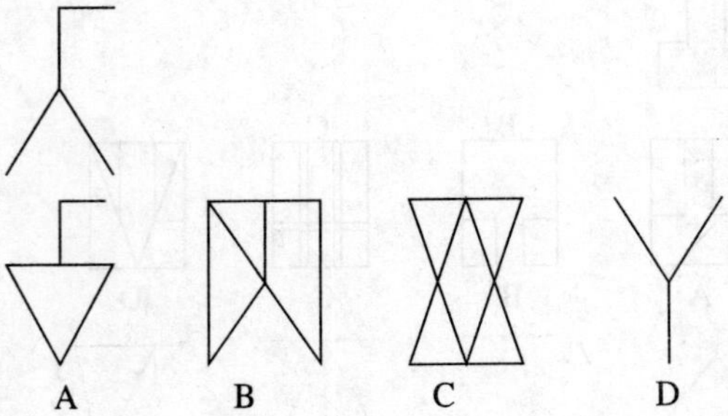

21.

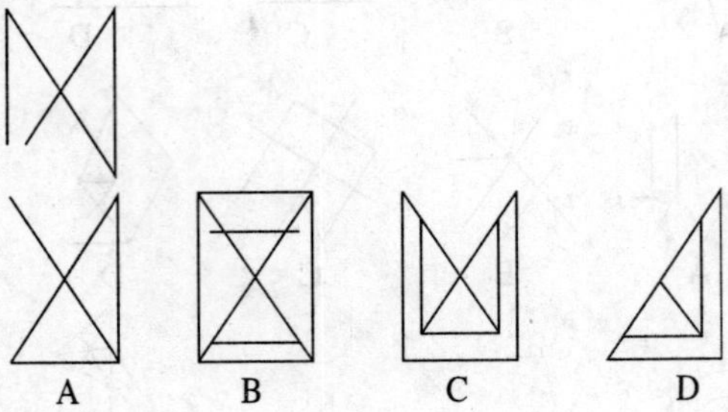

22.

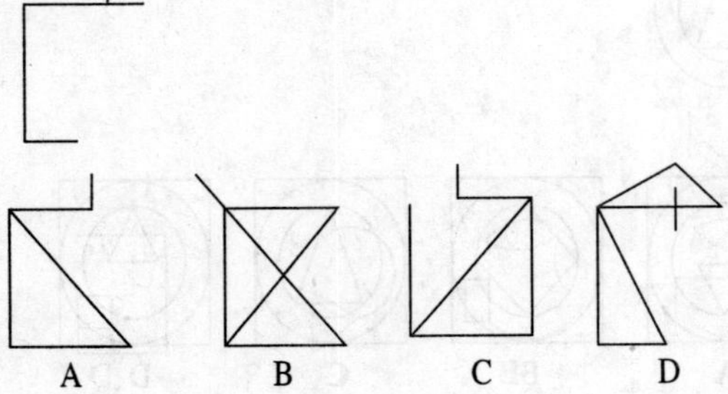

23.

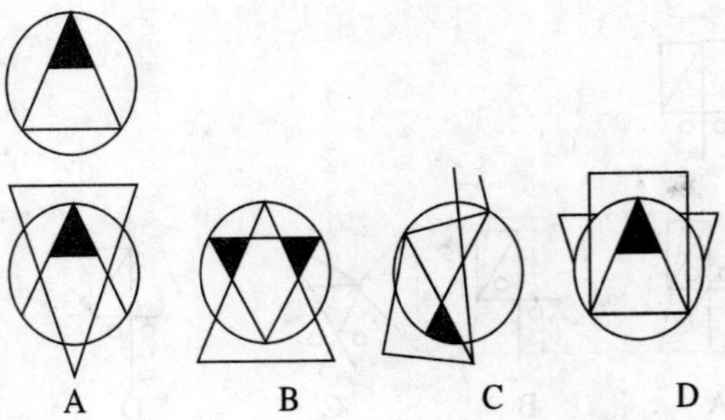

24.

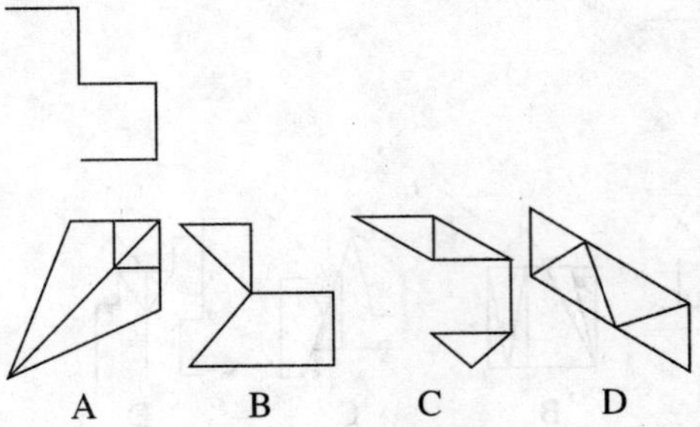

25.

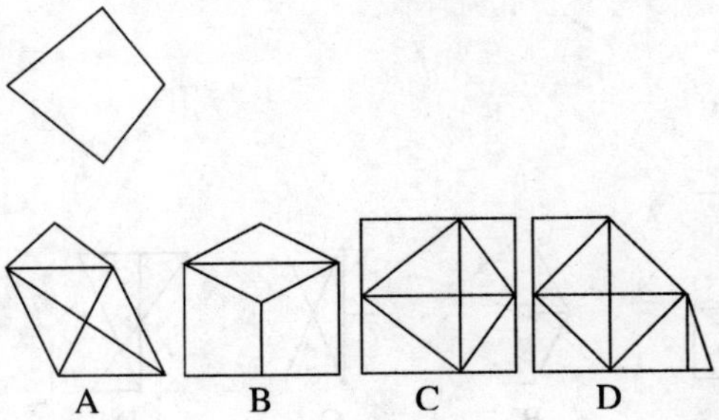

26.

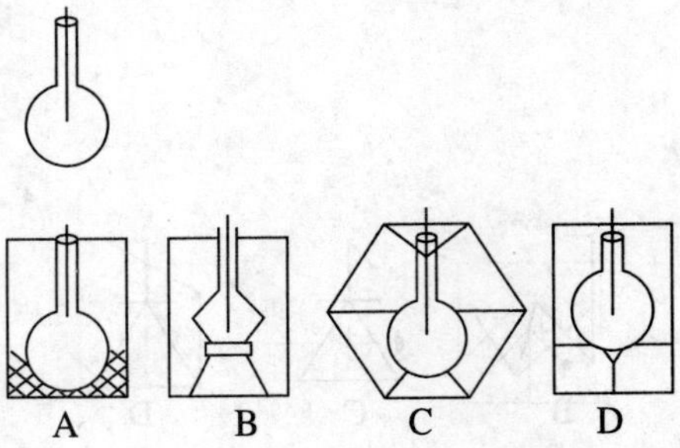

27.

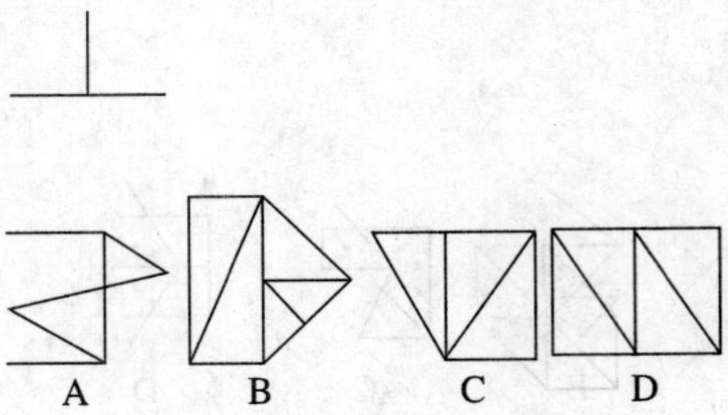

28.

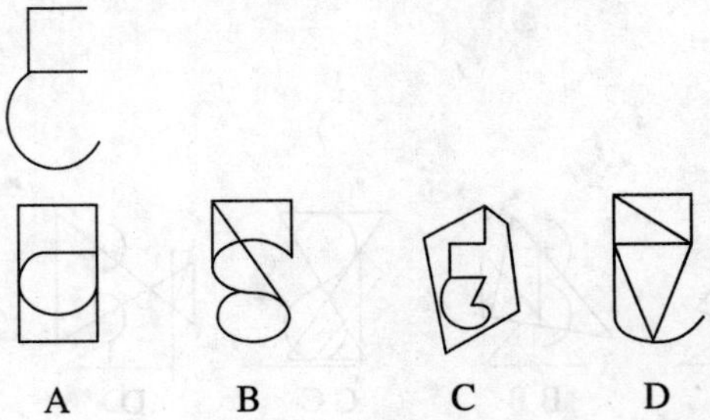

29.

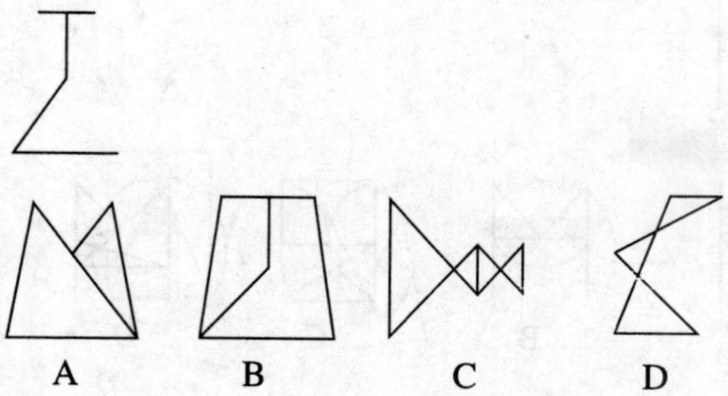

30.

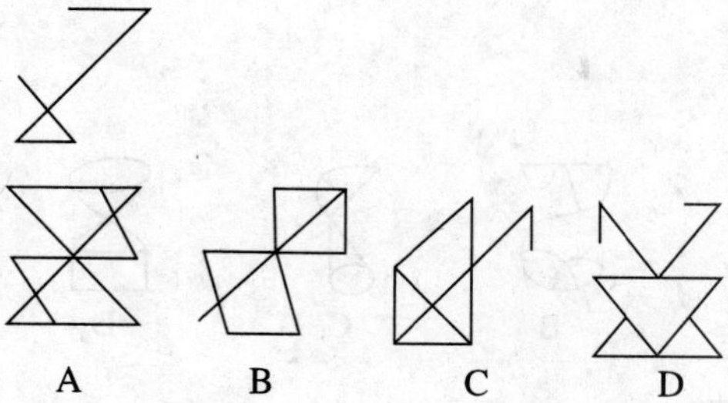

31.

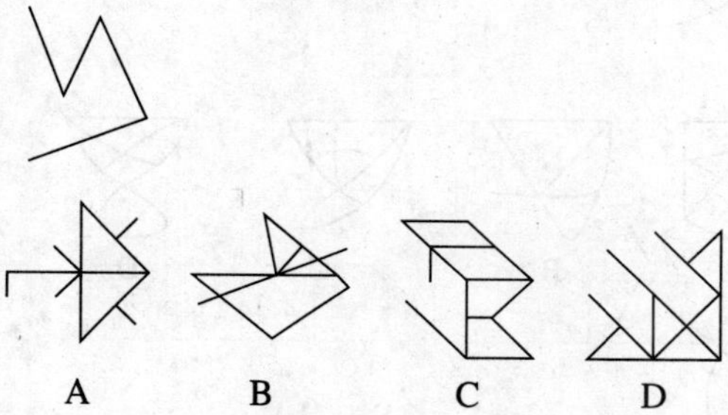

32.

33.

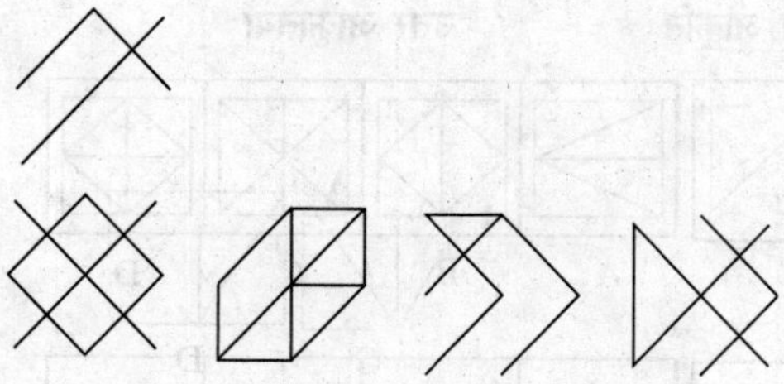

34.

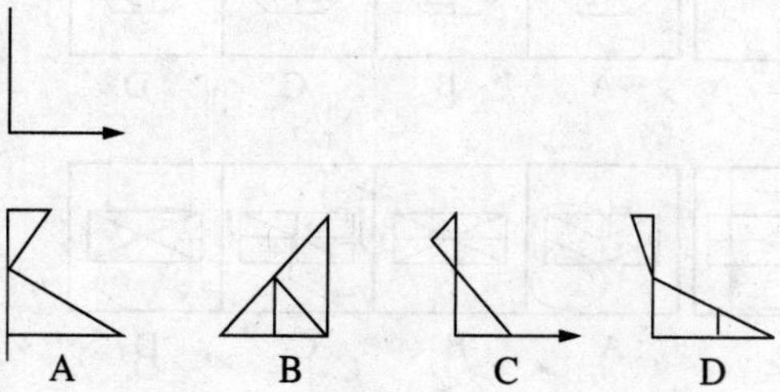

35.

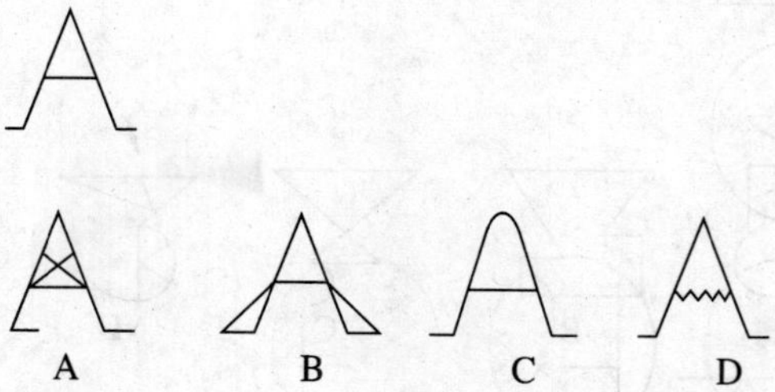

36.

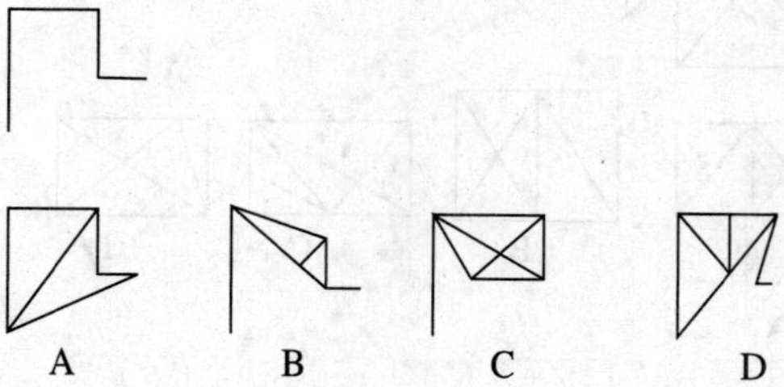

37.

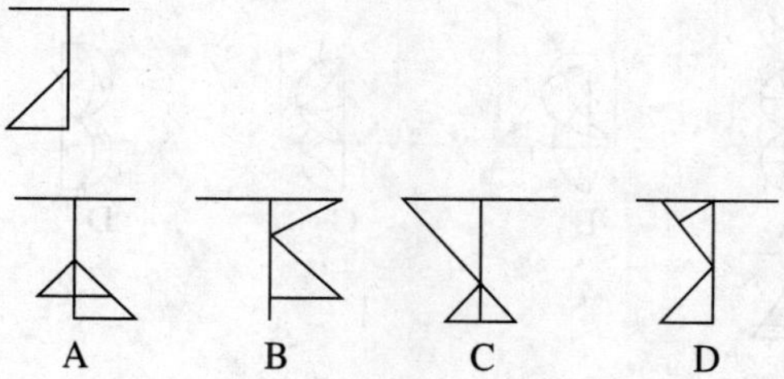

38.

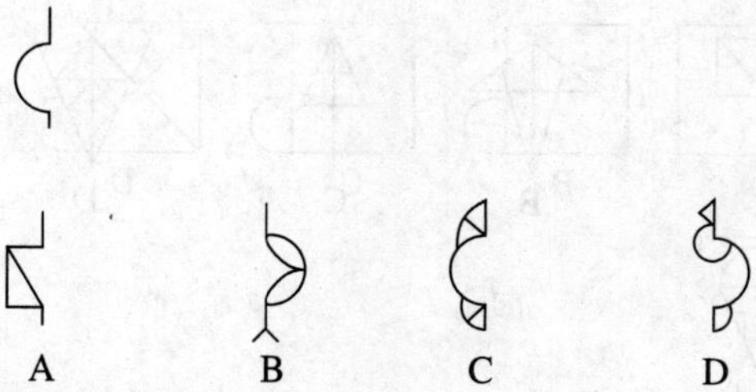

39.

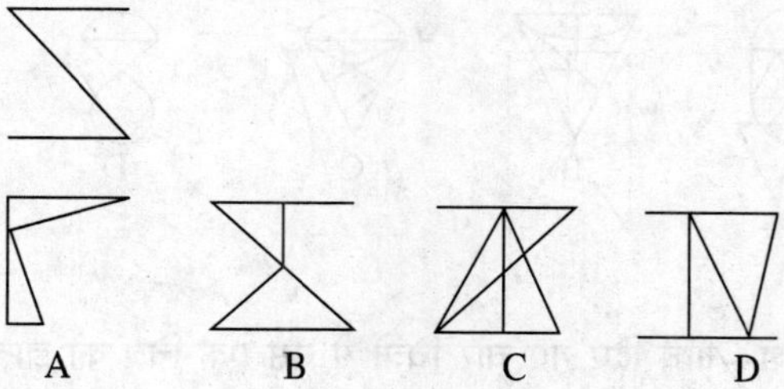

40.

41.

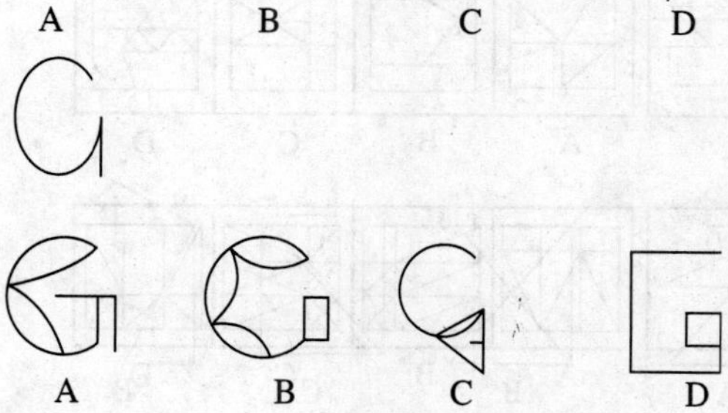

42.

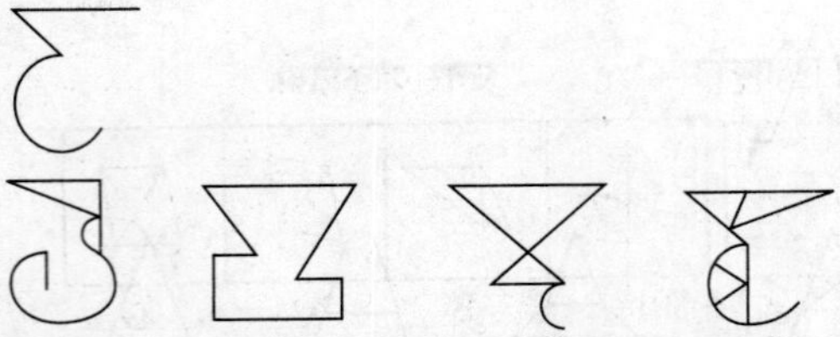

A B C D

43.

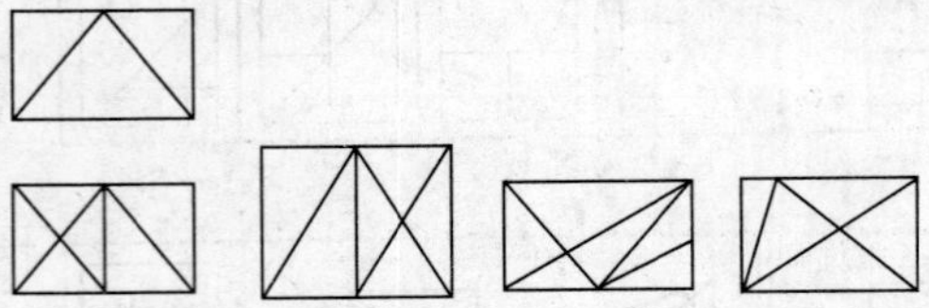

A B C D

44.

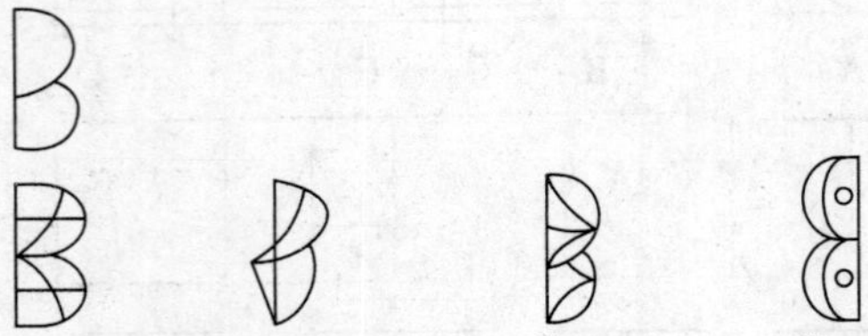

A B C D

45.

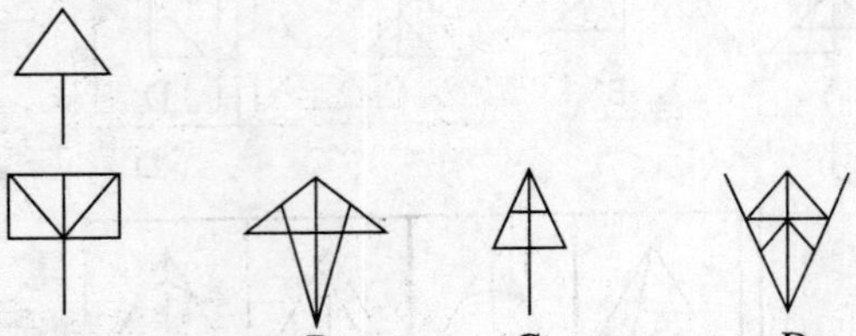

A B C D

46.

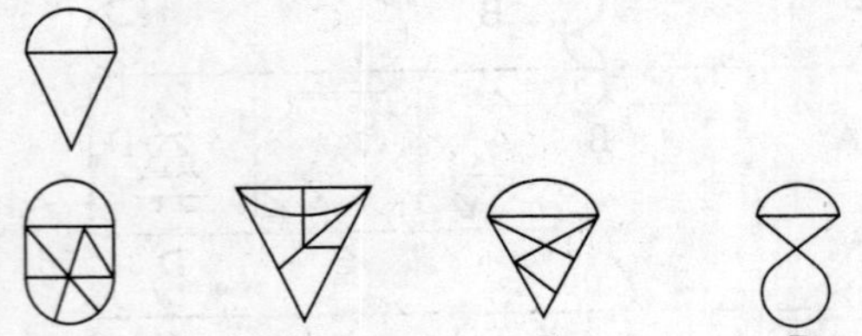

A B C D

47.

A B C D

48.

A B C D

49.

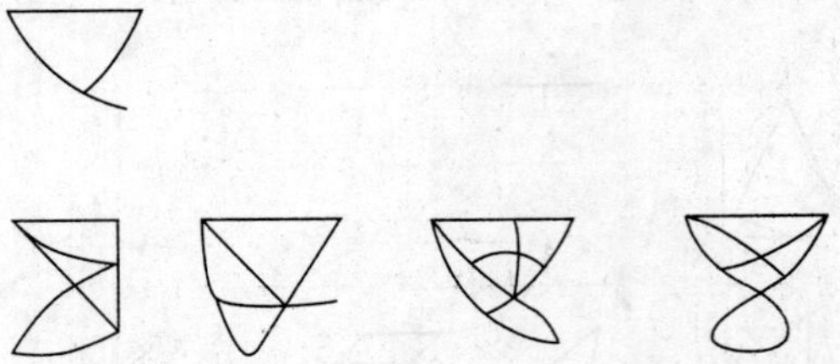

A B C D

50.

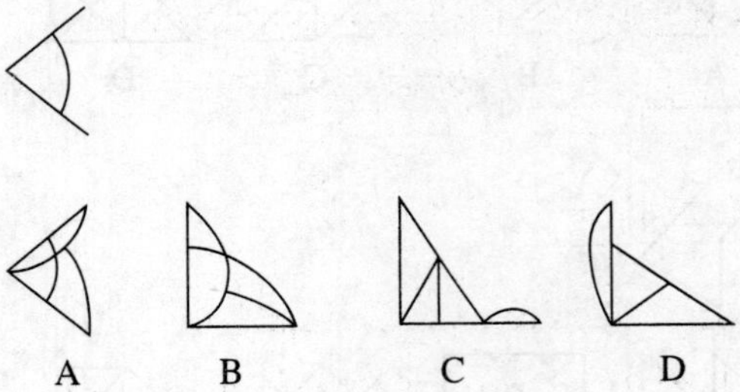

A B C D

अभ्यास 2

निर्देश—नीचे दिए गए चार चित्रों में उस एक चित्र को ज्ञात करो, जिसमें बाईं ओर दिया गया चित्र छिपा हुआ है.

प्रश्न आकृति **उत्तर आकृतियाँ**

1. 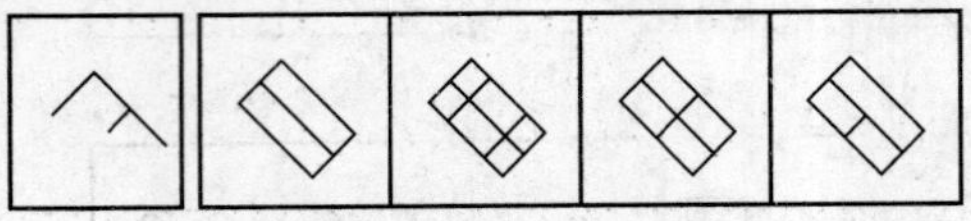

A B C D

2. 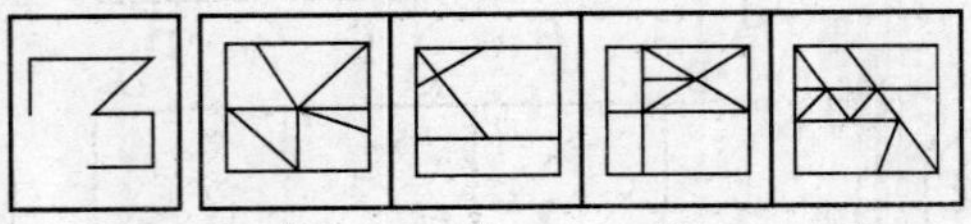

A B C D

3. 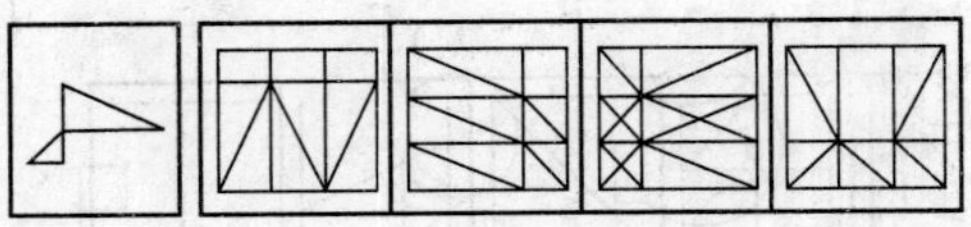

A B C D

प्रश्न आकृति **उत्तर आकृतियाँ**

4. 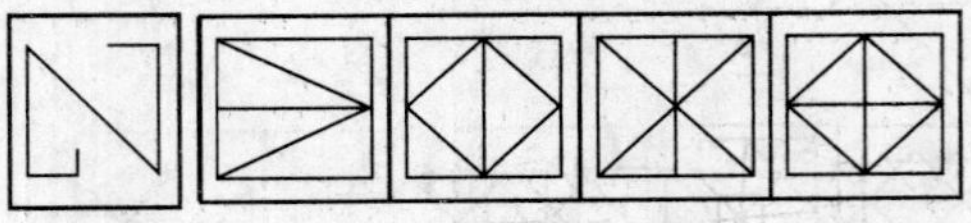

A B C D

5. 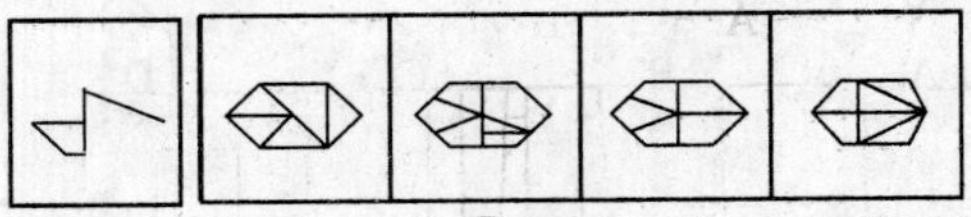

A B C D

6. 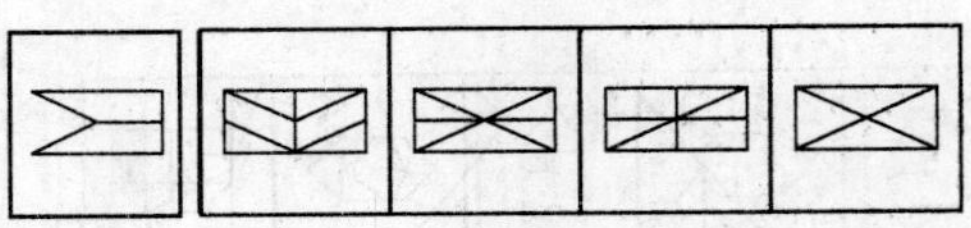

A B C D

प्रश्न आकृति   उत्तर आकृतियाँ

7.
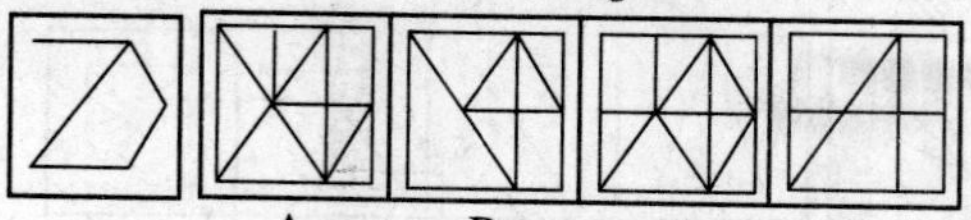
A B C D

8.
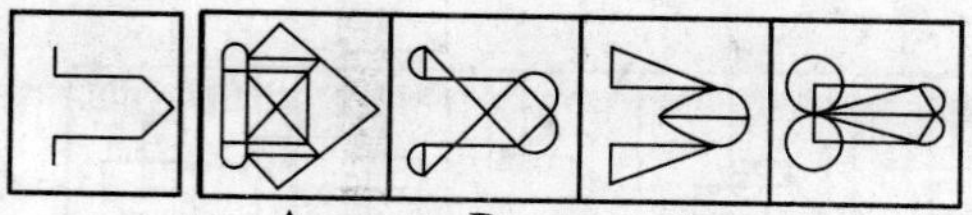
A B C D

9.
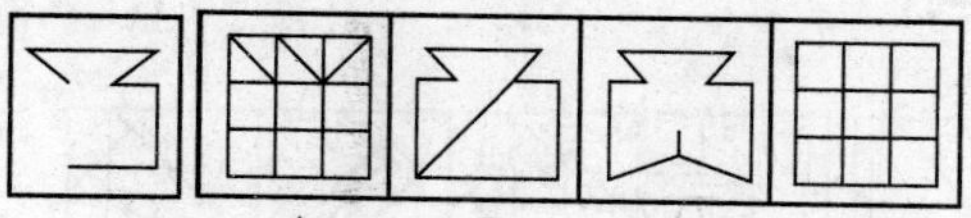
A B C D

10.
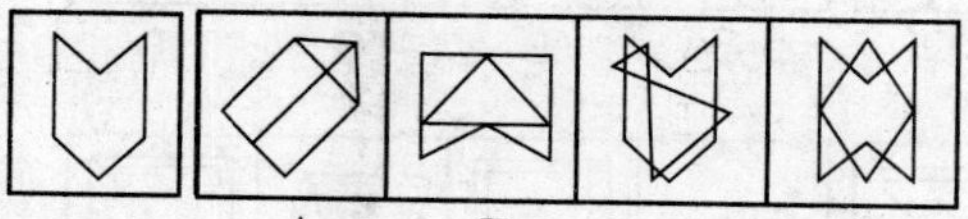
A B C D

11.
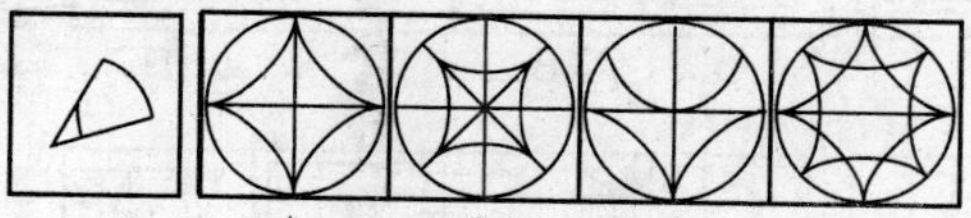
A B C D

12.

A B C D

13.
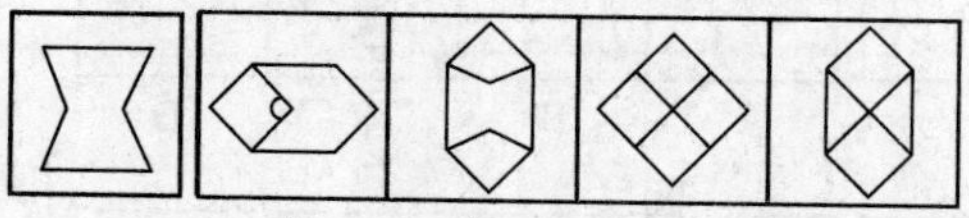
A B C D

14.
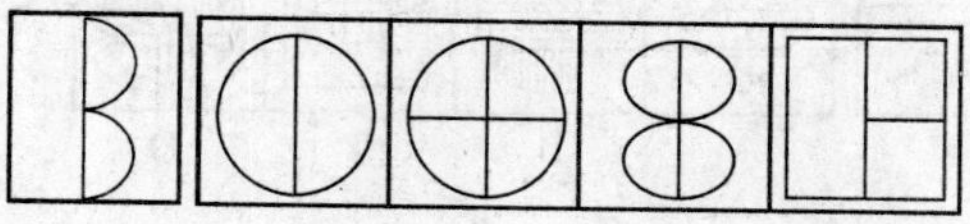
A B C D

15.
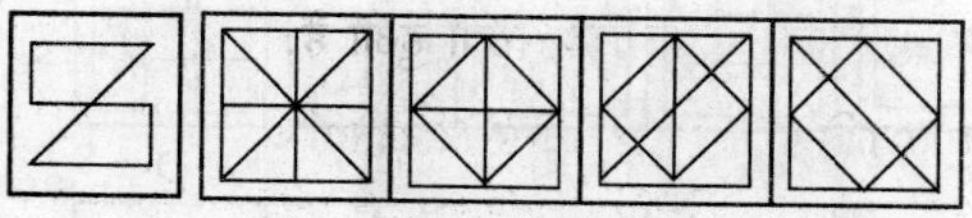
A B C D

16.
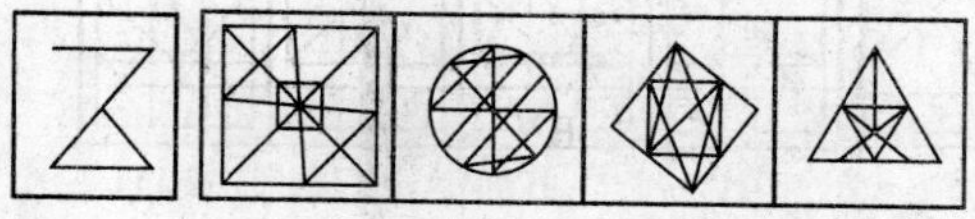
A B C D

17.
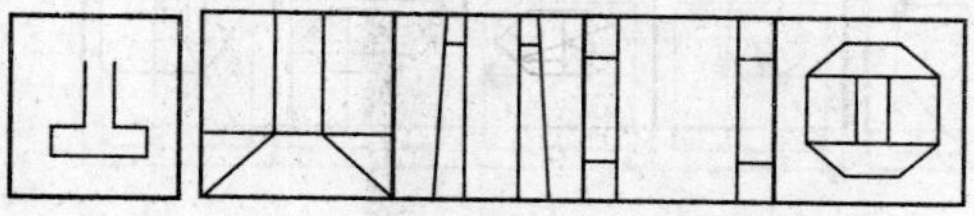
A B C D

18.
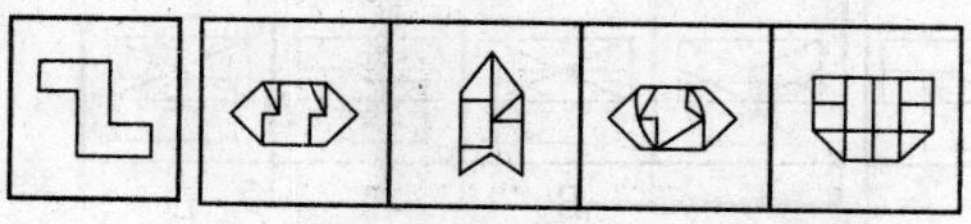
A B C D

प्रश्न आकृति   उत्तर आकृतियाँ

19.
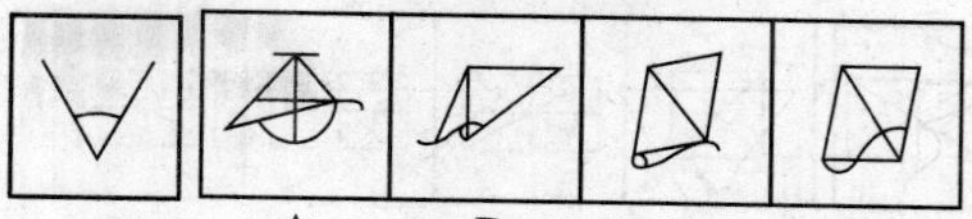
A B C D

20.
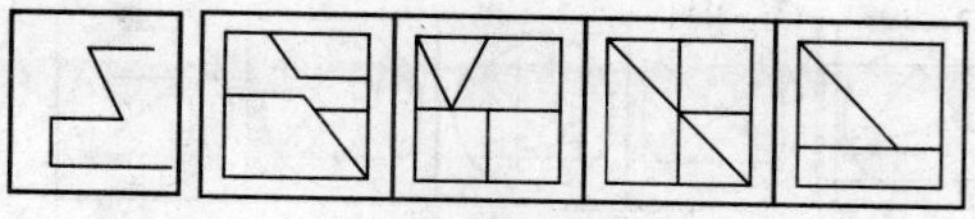
A B C D

21.
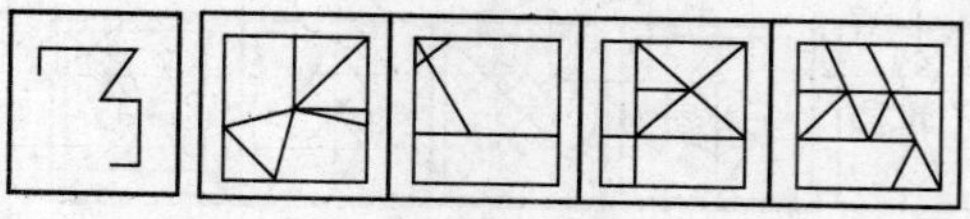
A B C D

22.
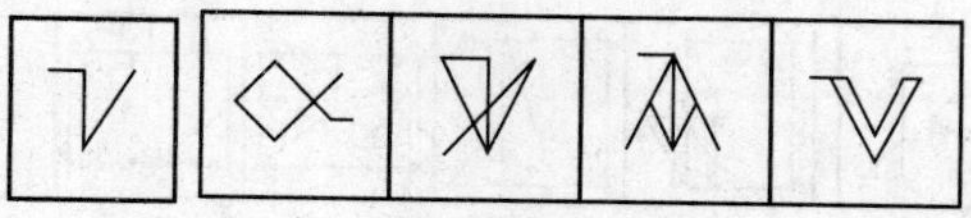
A B C D

23.

A B C D

24.
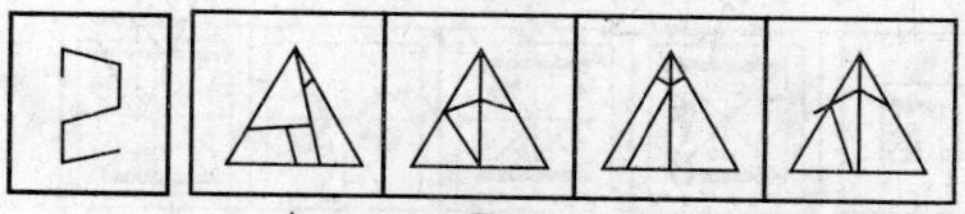
A B C D

25.
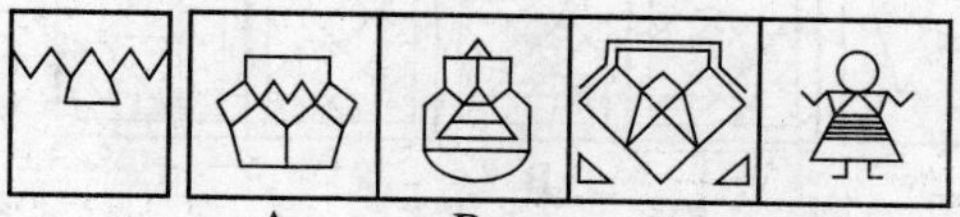
A B C D

26.
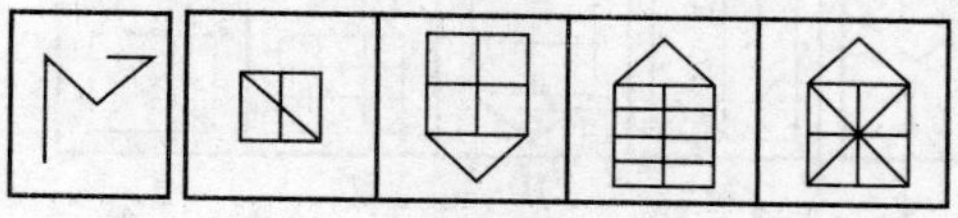
A B C D

27.
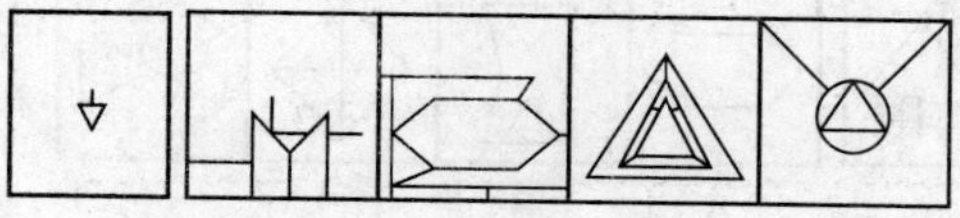
A B C D

28.
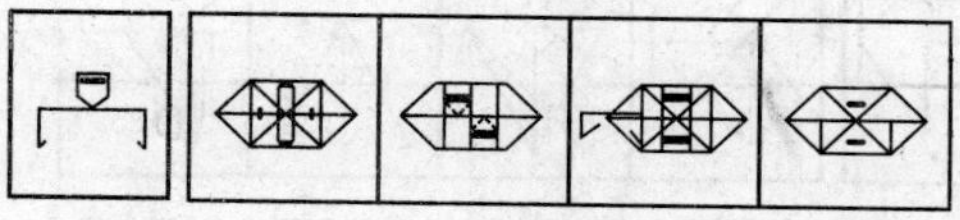
A B C D

29.
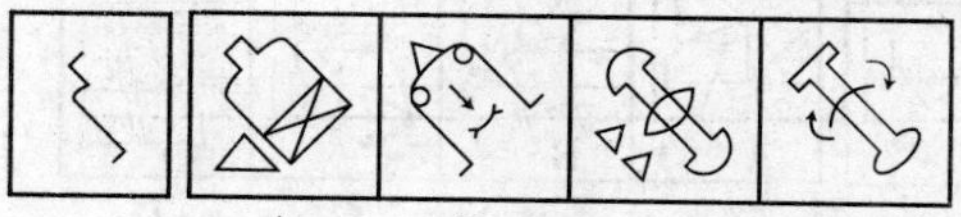
A B C D

30.
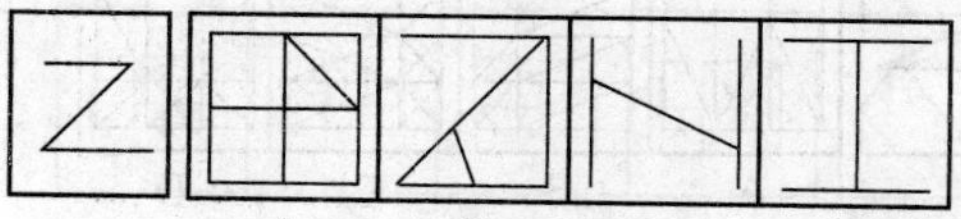
A B C D

प्रश्न आकृति उत्तर आकृतियाँ

31. 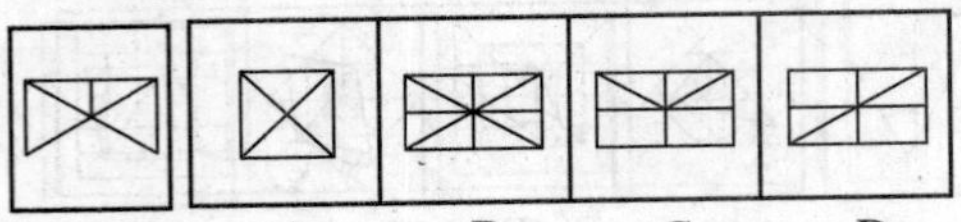
A B C D

32. 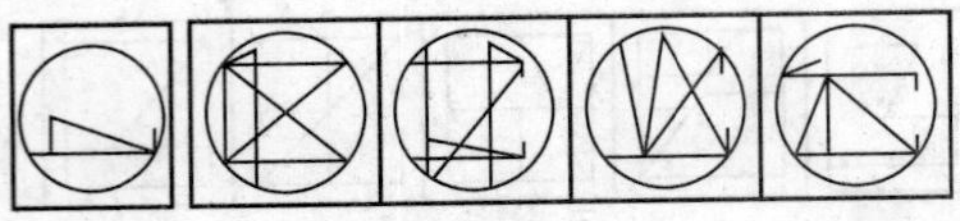
A B C D

33. 
A B C D

34. 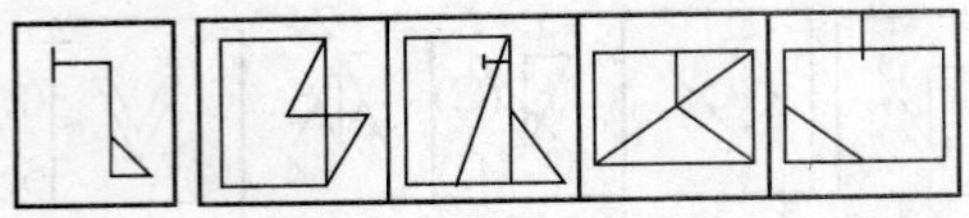
A B C D

35. 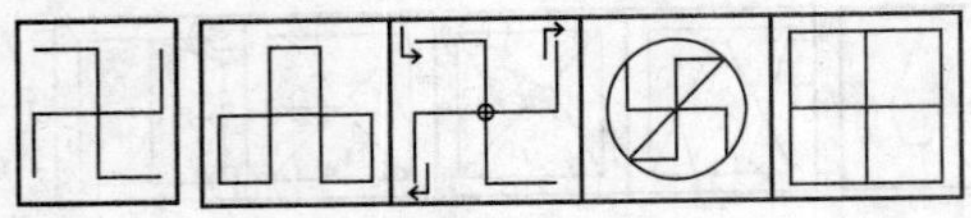
A B C D

36. 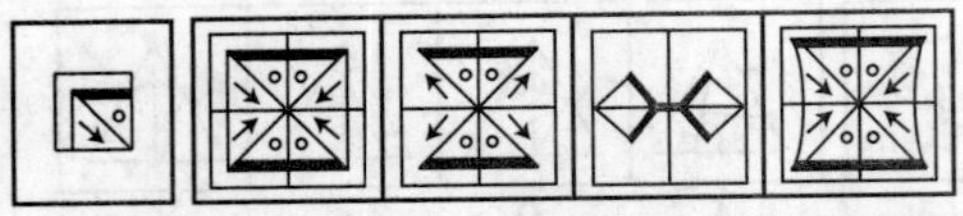

37. 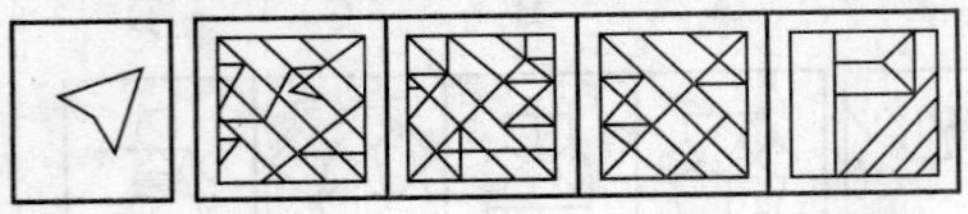
A B C D

38. 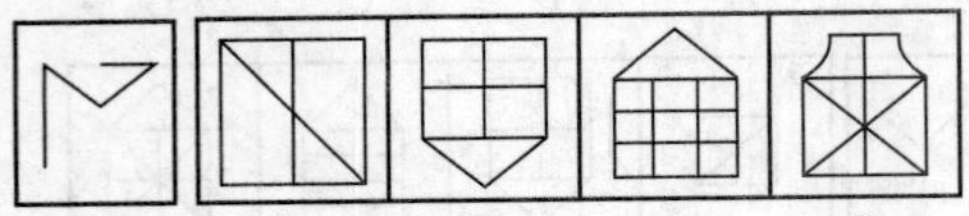
A B C D

39. 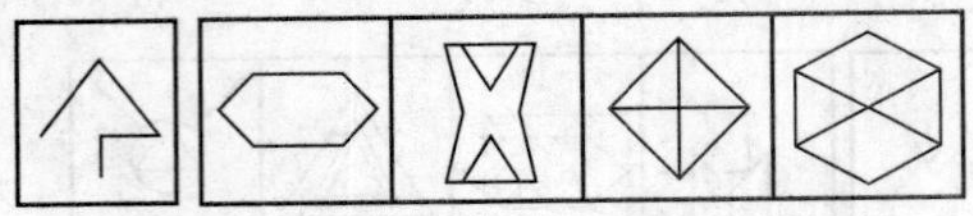
A B C D

40. 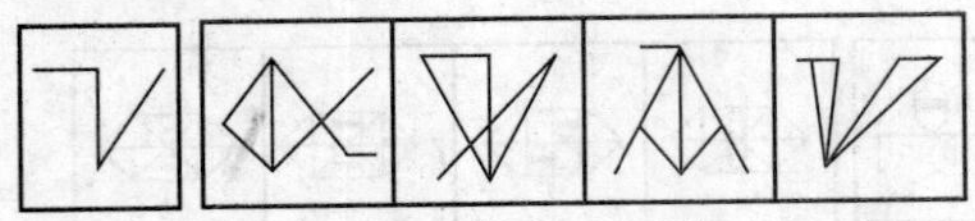
A B C D

41. 
A B C D

42. 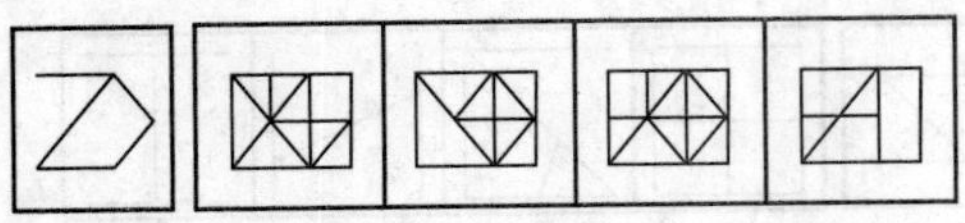
A B C D

प्रश्न आकृति उत्तर आकृतियाँ

43. 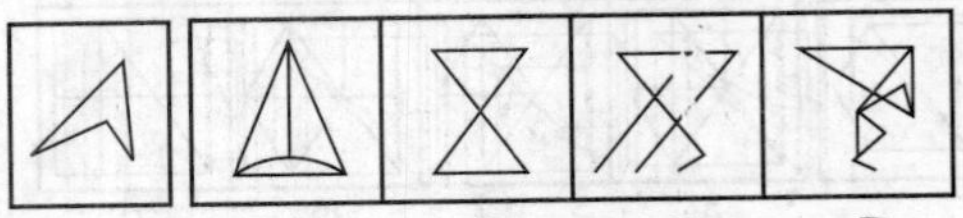
A B C D

44. 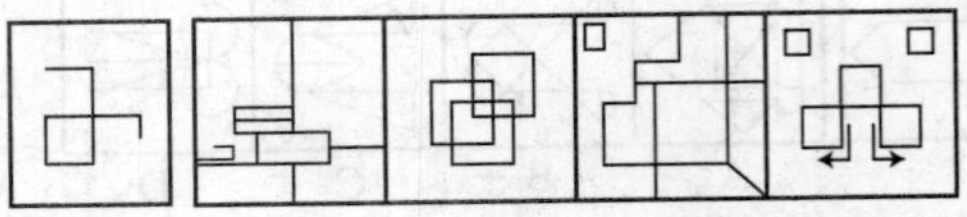
A B C D

45. 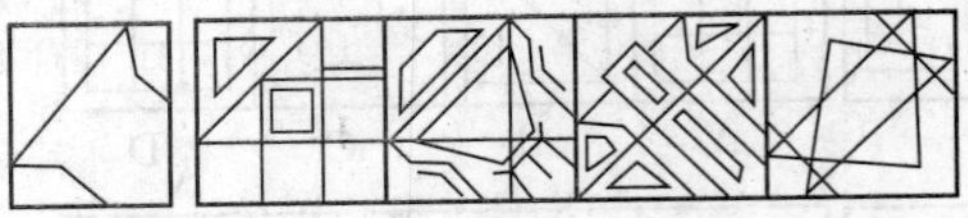
A B C D

46. 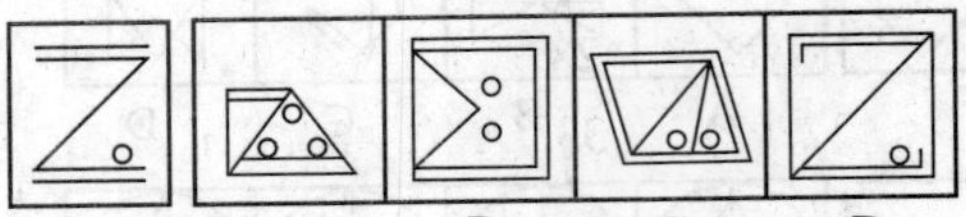
A B C D

47. 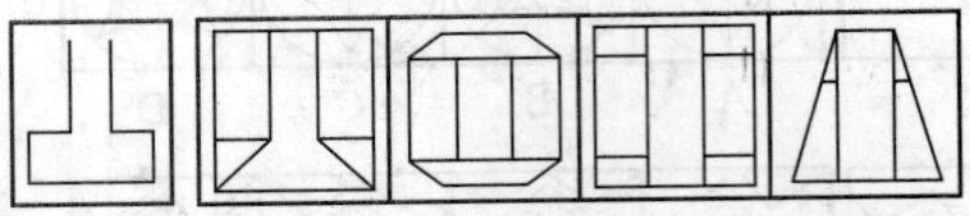
A B C D

48. 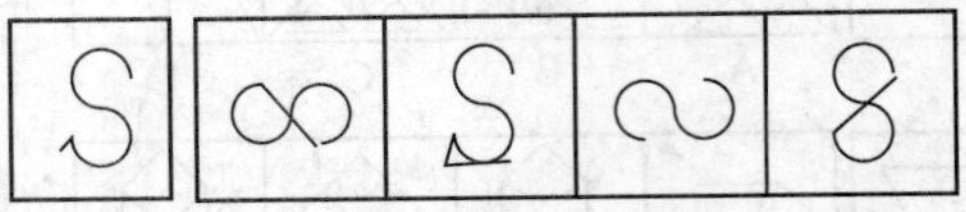
A B C D

49. 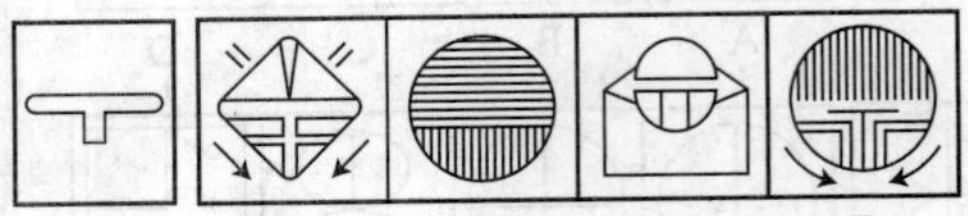
A B C D

50. 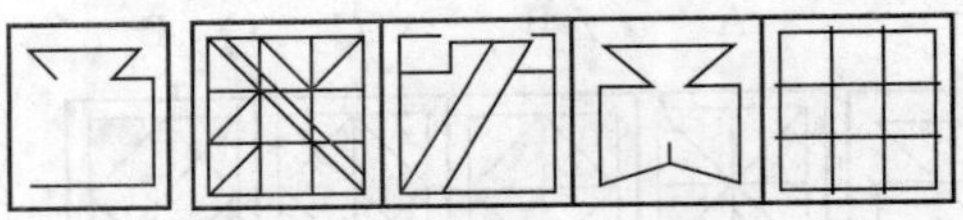
A B C D

51. 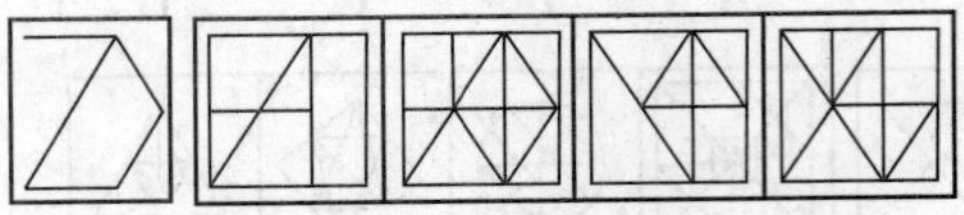
A B C D

52. 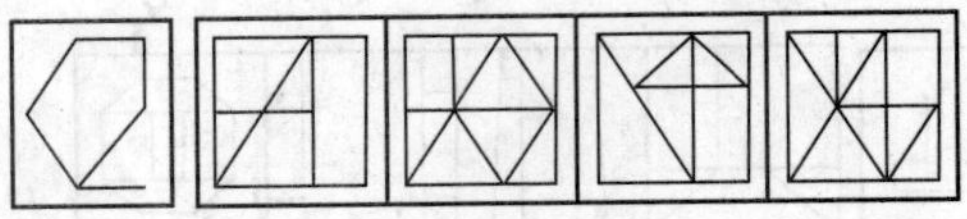
A B C D

53. 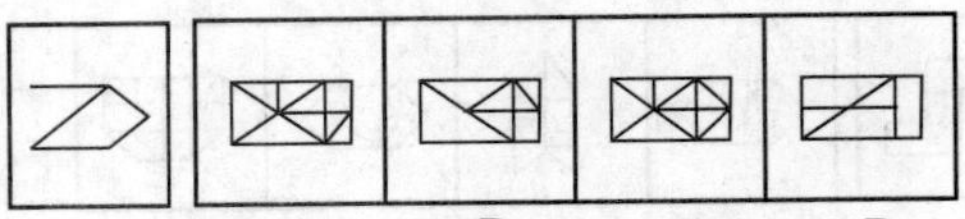
A B C D

प्रश्न आकृति उत्तर आकृतियाँ

54. 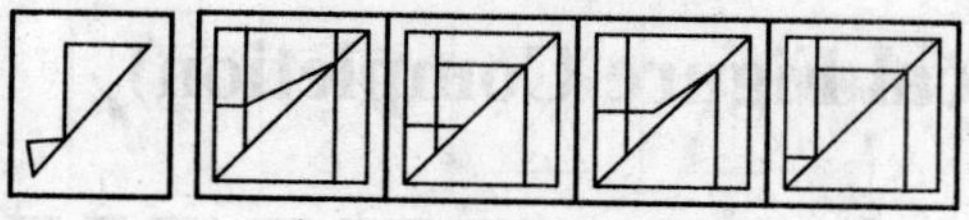

A B C D

प्रश्न आकृति उत्तर आकृतियाँ

55. 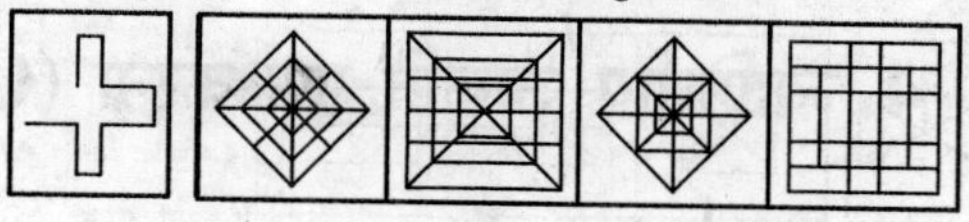

A B C D

उत्तरमाला

अभ्यास 1

1. (A)	2. (A)	3. (B)	4. (C)	5. (D)
6. (D)	7. (B)	8. (D)	9. (B)	10. (B)
11. (C)	12. (D)	13. (A)	14. (A)	15. (C)
16. (C)	17. (A)	18. (B)	19. (C)	20. (B)
21. (B)	22. (D)	23. (D)	24. (B)	25. (C)
26. (C)	27. (D)	28. (C)	29. (B)	30. (A)
31. (B)	32. (C)	33. (A)	34. (C)	35. (B)
36. (A)	37. (D)	38. (C)	39. (B)	40. (A)
41. (C)	42. (D)	43. (A)	44. (C)	45. (D)
46. (C)	47. (B)	48. (A)	49. (C)	50. (A)

अभ्यास 2

1. (C)	2. (A)	3. (C)	4. (C)	5. (D)
6. (B)	7. (C)	8. (B)	9. (A)	10. (C)
11. (B)	12. (D)	13. (B)	14. (C)	15. (A)
16. (B)	17. (A)	18. (D)	19. (D)	20. (D)
21. (A)	22. (B)	23. (A)	24. (A)	25. (D)
26. (D)	27. (C)	28. (C)	29. (C)	30. (B)
31. (B)	32. (B)	33. (D)	34. (B)	35. (B)
36. (A)	37. (A)	38. (D)	39. (C)	40. (B)
41. (B)	42. (C)	43. (D)	44. (B)	45. (D)
46. (D)	47. (A)	48. (B)	49. (B)	50. (A)
51. (B)	52. (D)	53. (C)	54. (D)	55. (D)

4. ज्यामितीय आकृति पूर्ण करना (Geometrical Figure Completion)

इस प्रकार के प्रश्नों में एक वर्ग का कुछ भाग बाईं ओर दिया गया होता है और वर्ग का शेष भाग इसके दाईं ओर दी गईं चार अक्षरांकित उत्तर आकृतियों में से कोई एक होता है. अभ्यर्थी को इन उत्तर आकृतियों में से वह आकृति चुननी होती है, जो बाईं ओर दी गई आकृति से मिलकर सम्पूर्ण वर्ग बनाए.

उदाहरण 1.

प्रश्न आकृति **उत्तर आकृतियाँ**

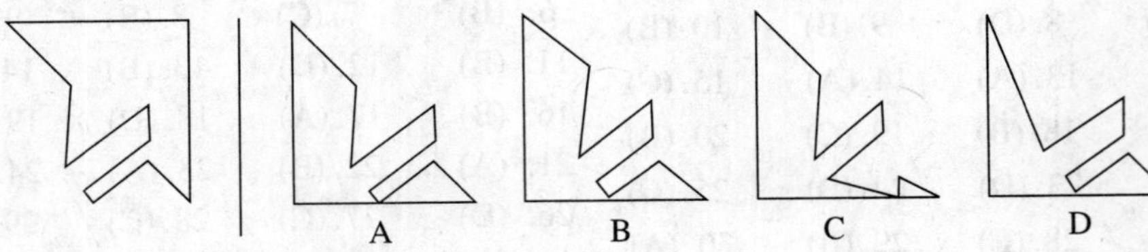

व्याख्या–ध्यानपूर्वक देखने पर विदित होता है कि बाईं ओर दी गई आकृति को यदि दाईं ओर की आकृतियों में से आकृति (A) से मिलाया जाए, तो एक वर्ग निर्मित होता है. अतः स्पष्टतः उत्तर (A) है.

उदाहरण 2.

प्रश्न आकृति **उत्तर आकृतियाँ**

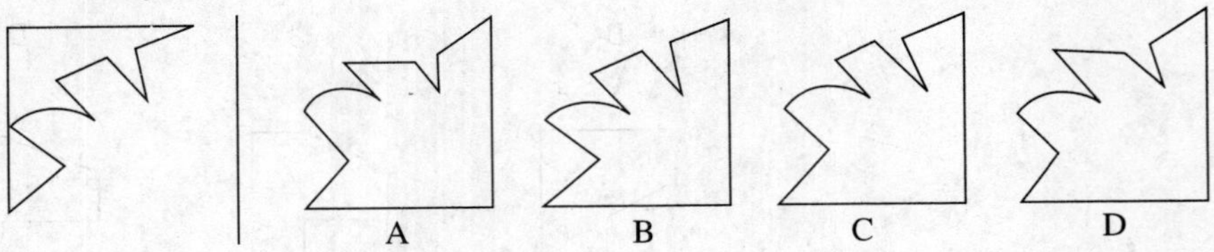

व्याख्या–ध्यानपूर्वक देखने पर विदित होता है कि यदि बाईं ओर दी गई आकृति को यदि दाईं ओर स्थित आकृतियों में से आकृति (B) से मिलाया जाए तो एक पूर्ण वर्ग निर्मित होता है. अतः सही उत्तर (B) है.

अभ्यास

निर्देश–निम्नलिखित प्रश्नों में एक 'वर्ग' का एक भाग रेखा की बाईं ओर दिया गया है और दूसरा भाग रेखा की दाहिनी ओर दी गई A, B, C, D अक्षरों वाली चार आकृतियों में से कोई एक है. दाहिने हाथ की ओर दी गई उत्तर आकृतियों में से वह भाग ढूँढ़िए जिससे वर्ग पूरा हो सके.

प्रश्न आकृति **उत्तर आकृतियाँ**

1. 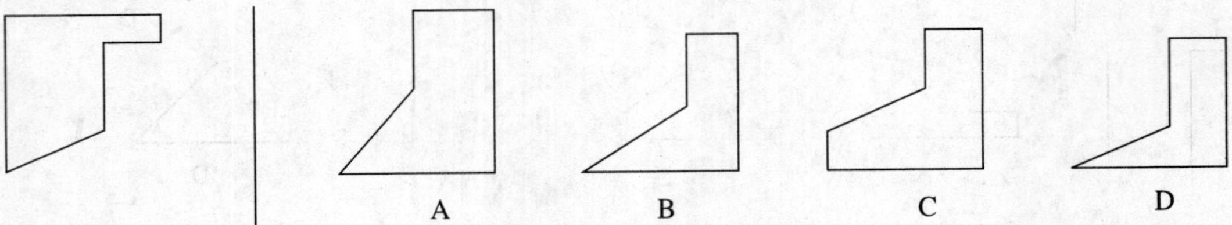

2. 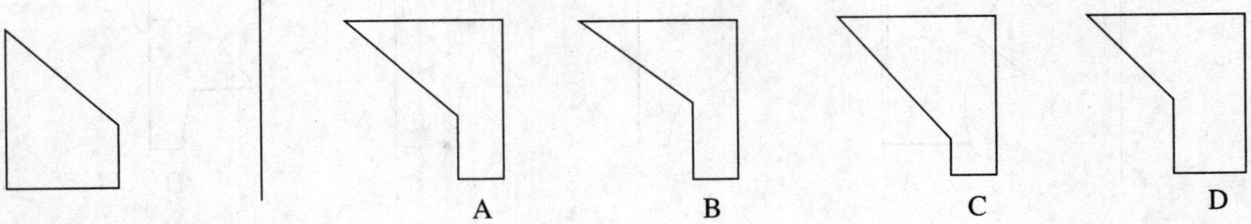

प्रश्न आकृति		उत्तर आकृतियाँ
3.	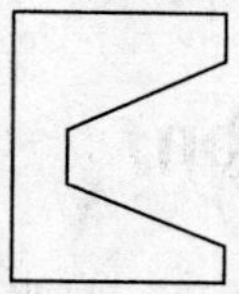	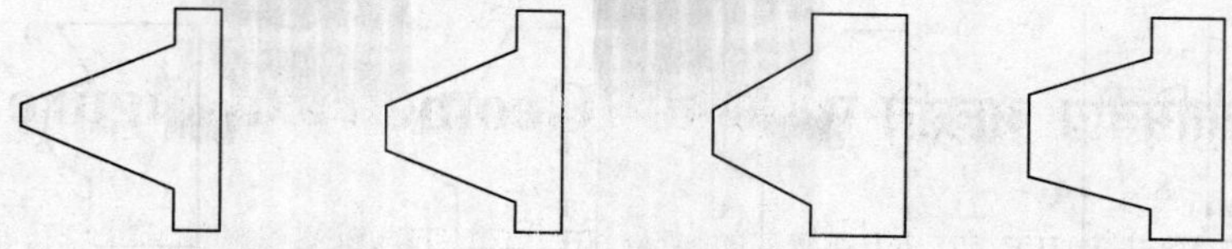 A B C D
4.	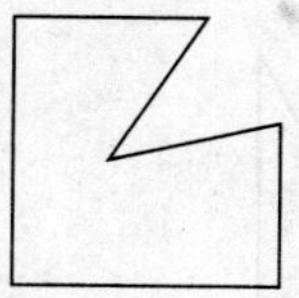	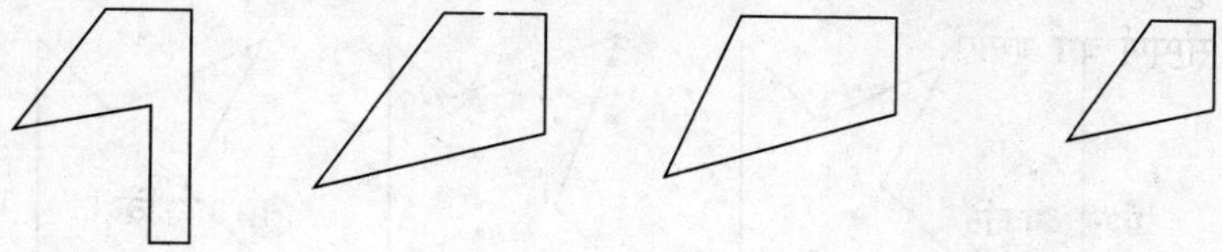 A B C D
5.	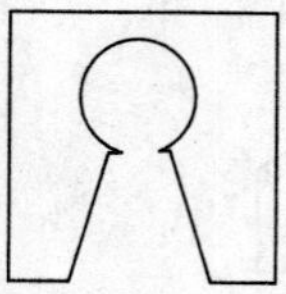	 A B C D
6.	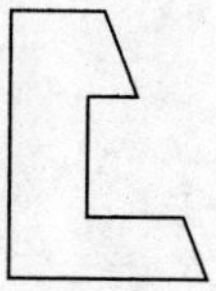	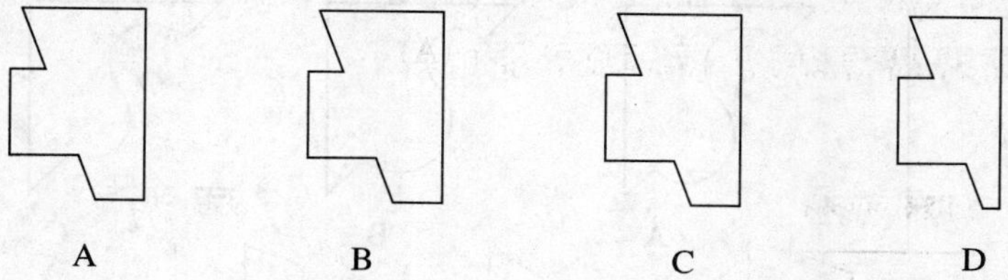 A B C D
7.	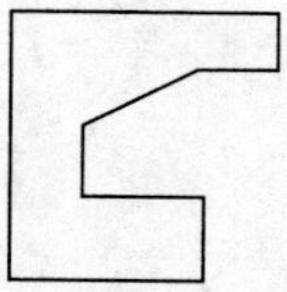	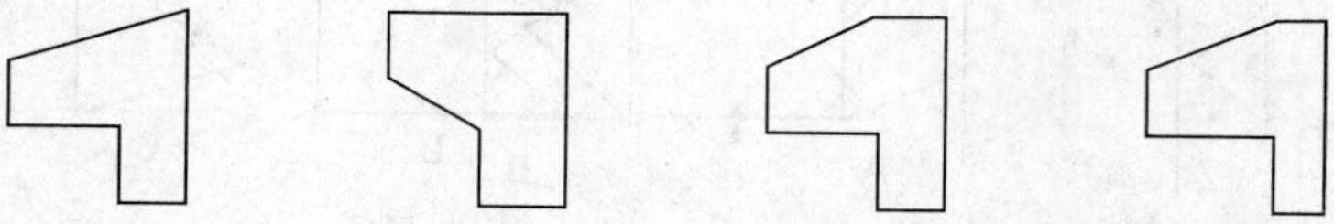 A B C D
8.	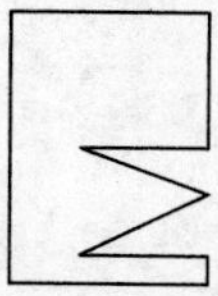	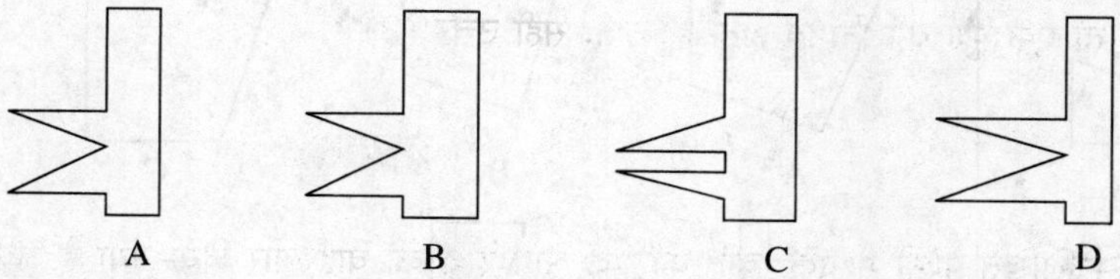 A B C D
9.	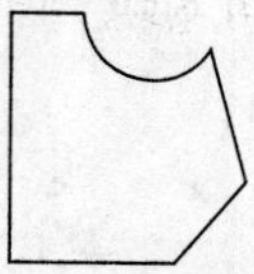	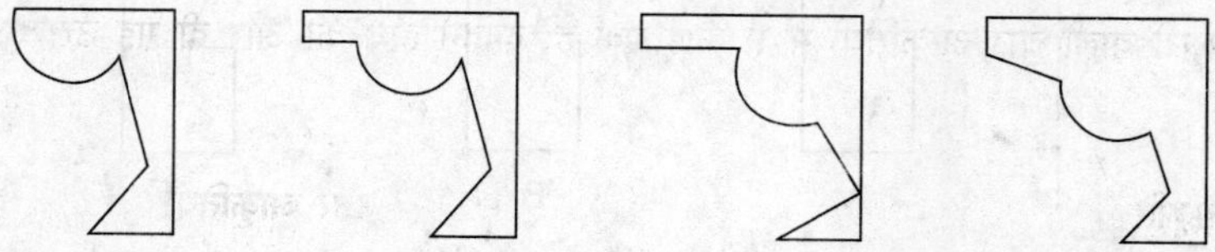 A B C D
10.	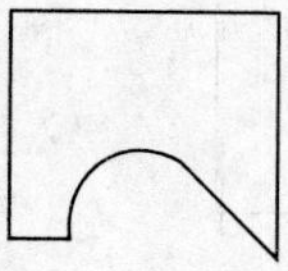	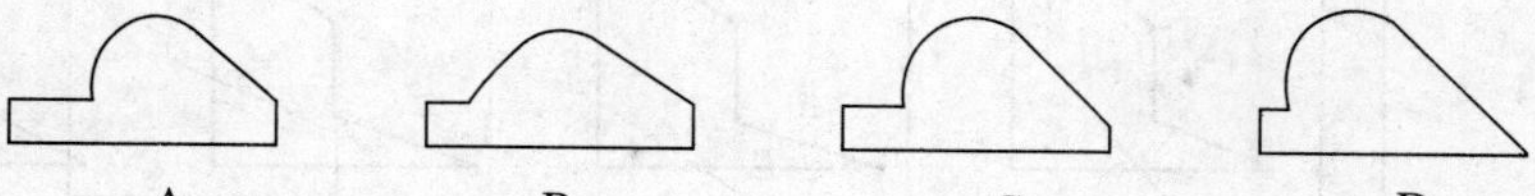 A B C D
11.	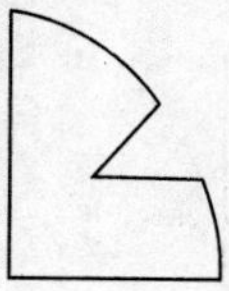	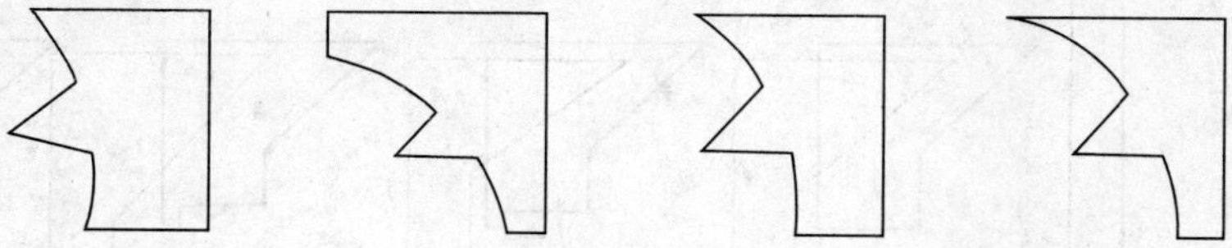 A B C D

प्रश्न आकृति	उत्तर आकृतियाँ

12. 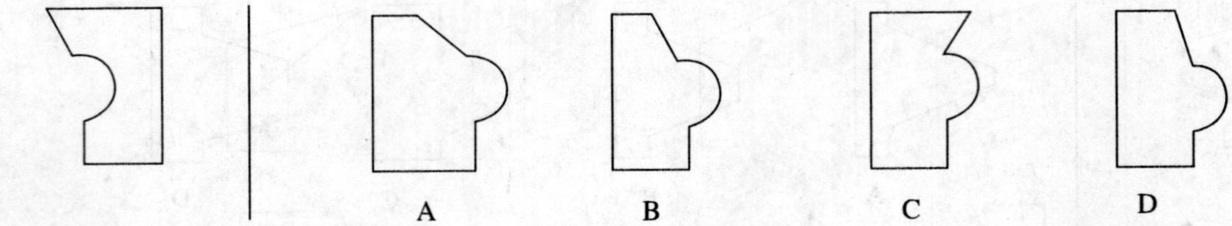

13. 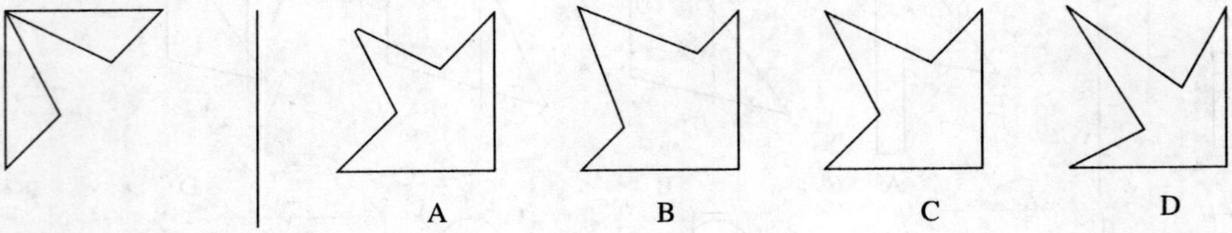

14. 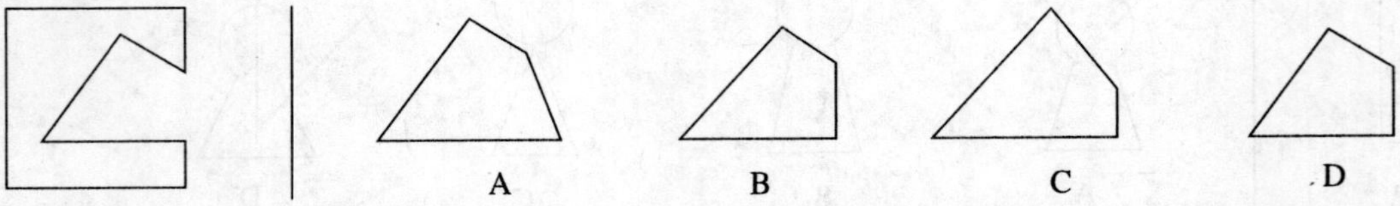

15. 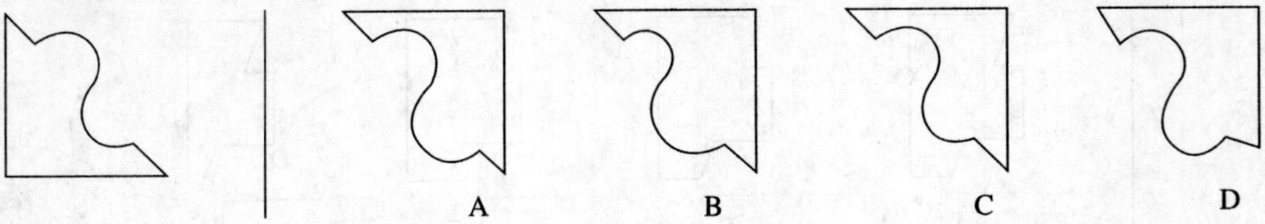

16. 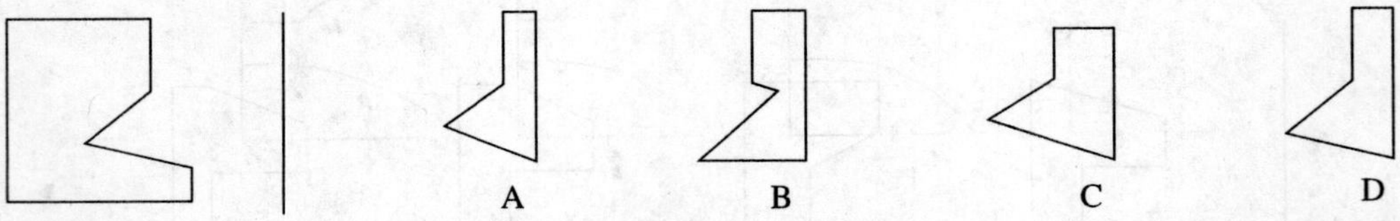

17. 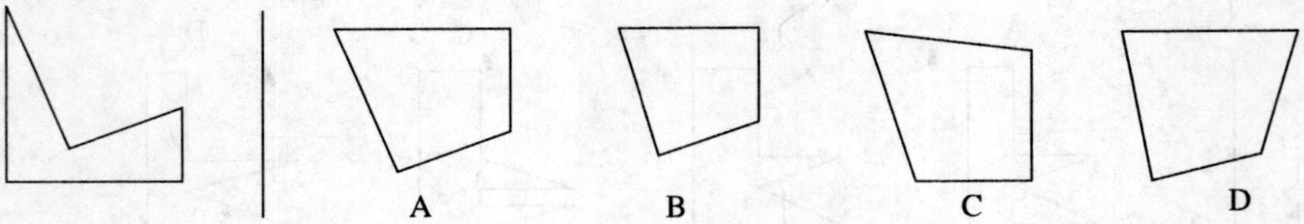

18. 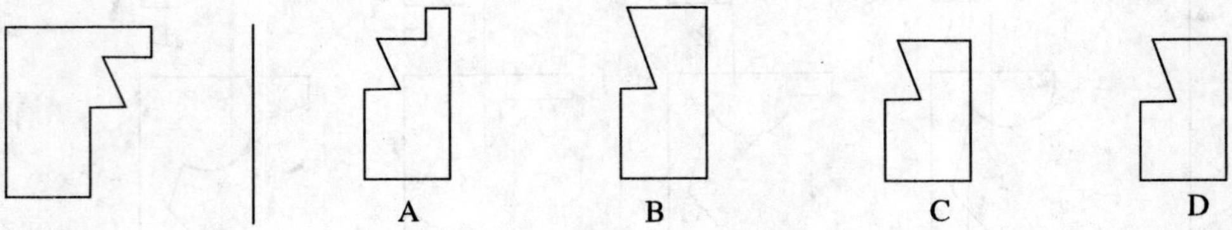

19. 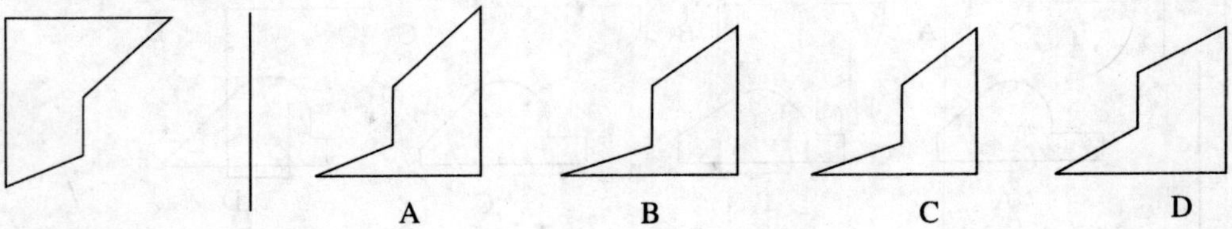

20. 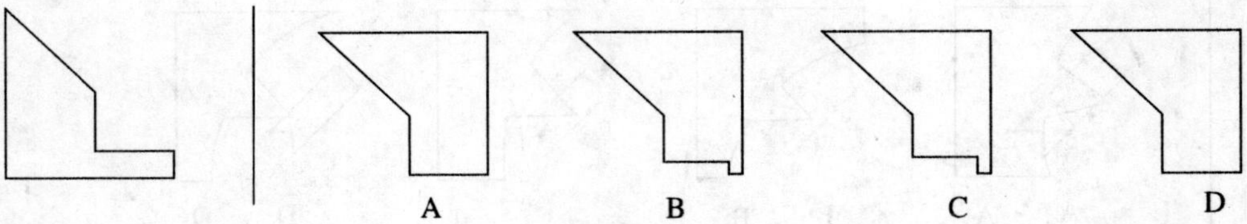

प्रश्न आकृति | **उत्तर आकृतियाँ**

21.
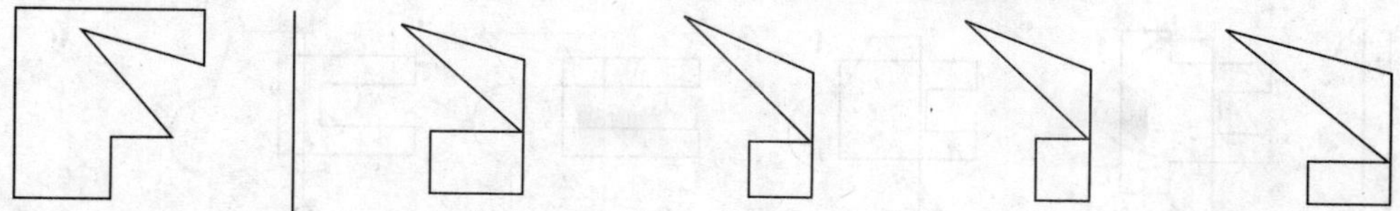
A B C D

22.
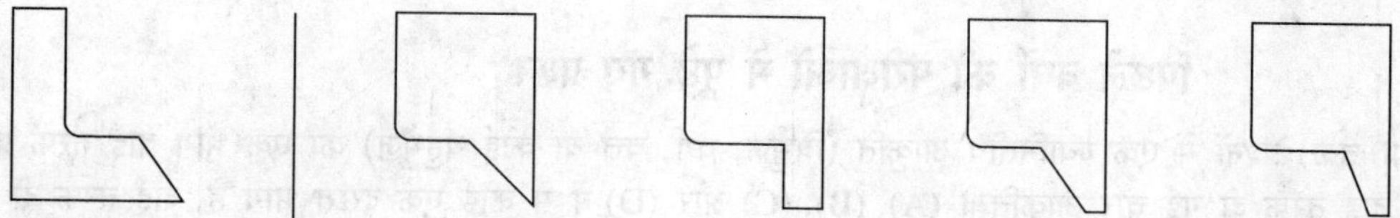
A B C D

23.
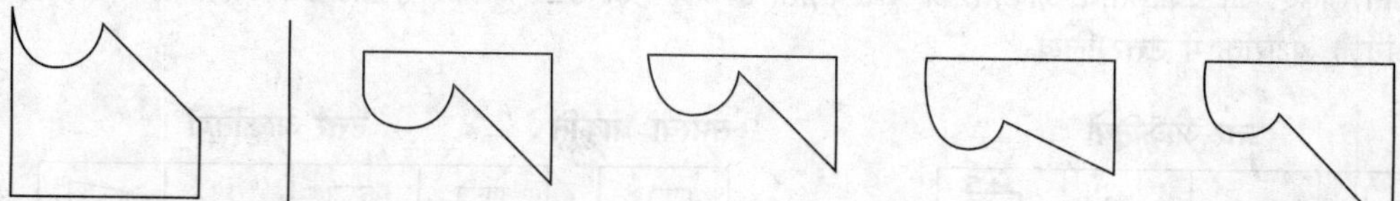
A B C D

24.
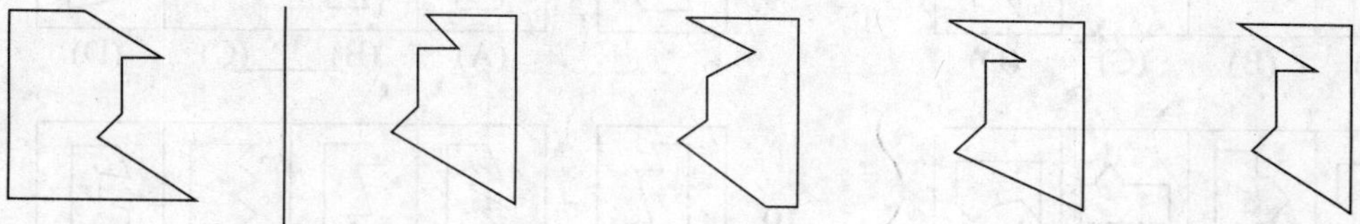
A B C D

25.
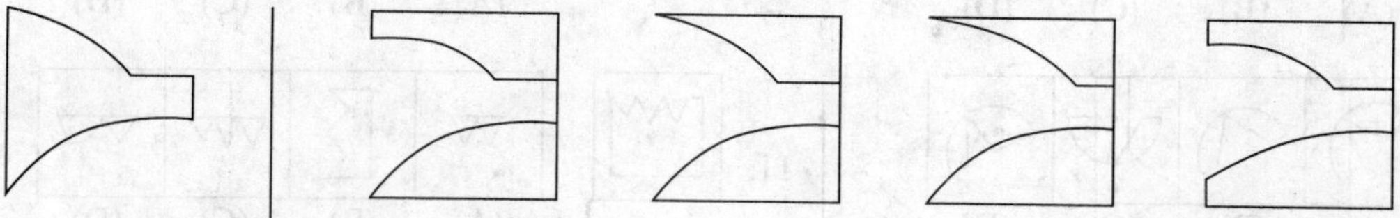
A B C D

26.
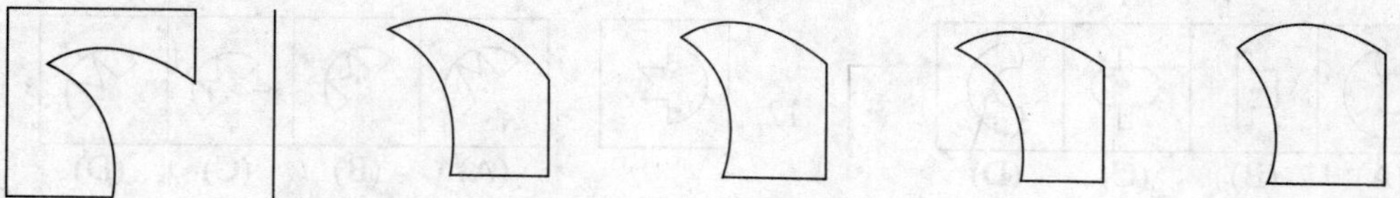
A B C D

27.
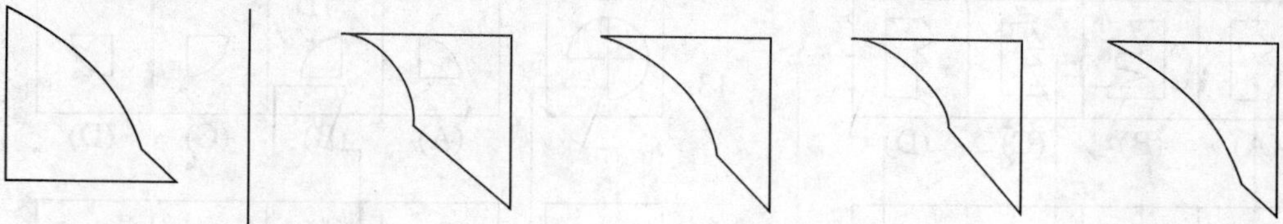
A B C D

28.
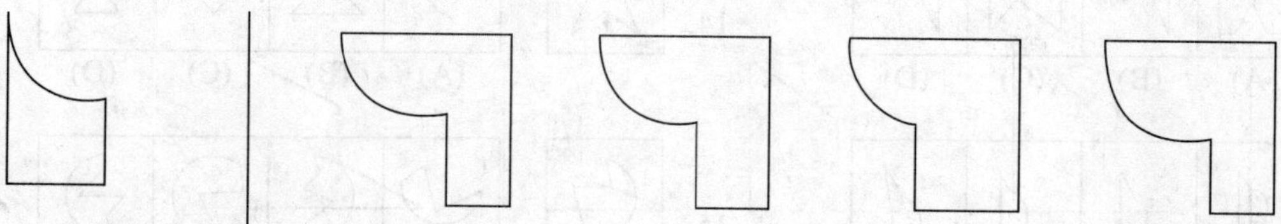
A B C D

29.
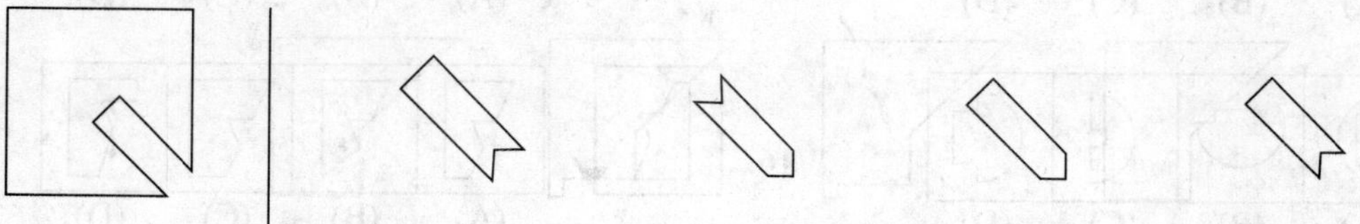
A B C D

प्रश्न आकृति **उत्तर आकृतियाँ**

30. 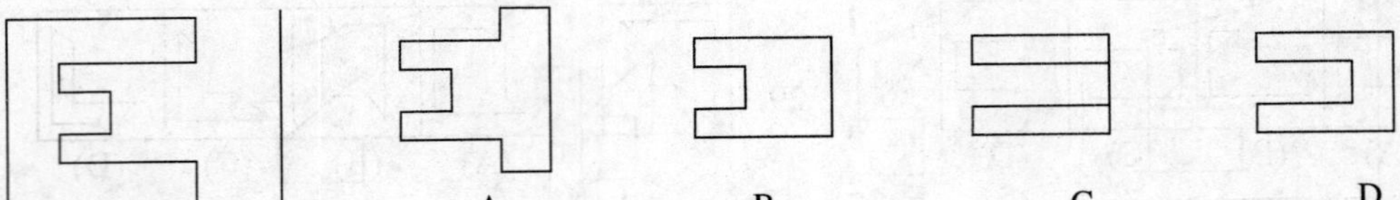

A B C D

पिछले वर्षों की परीक्षाओं में पूछे गए प्रश्न

निर्देश—(प्रश्न 1 से 40 तक) प्रश्नों में एक ज्यामितीय आकृति (त्रिभुज, वर्ग, वृत्त या कोई बहुभुज) का एक भाग बाईं तरफ प्रश्न आकृति के रूप में है और दाईं तरफ दी गई चार आकृतियों (A), (B), (C) और (D) में से कोई एक दूसरा भाग है, दाईं तरफ दी गई आकृतियों में से वह आकृति ढूँढ़िए, जो ज्यामितीय आकृति को पूर्ण बनाती है और सही उत्तर चुनकर संलग्न उत्तर पुस्तिका में हर प्रश्न के आगे दिए गए बॉक्स में अंग्रेजी अक्षरांक में उत्तर लिखें–

समस्या आकृति **उत्तर आकृतियाँ**

1. 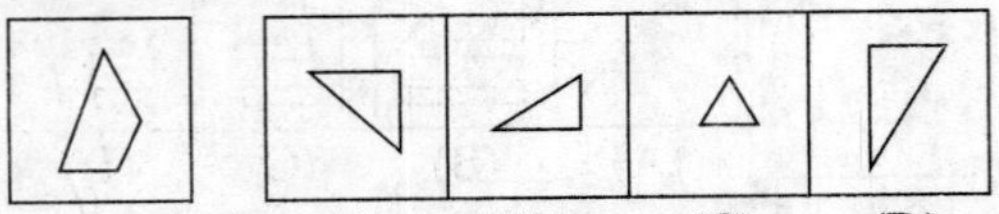

(A) (B) (C) (D)

2. 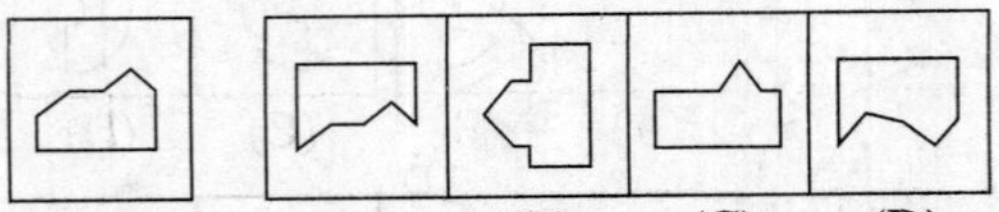

(A) (B) (C) (D)

3. 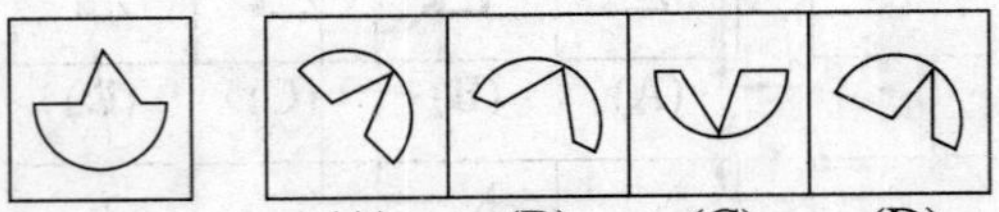

(A) (B) (C) (D)

4. 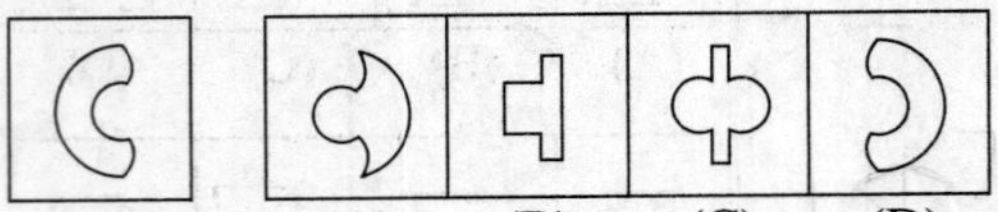

(A) (B) (C) (D)

5. 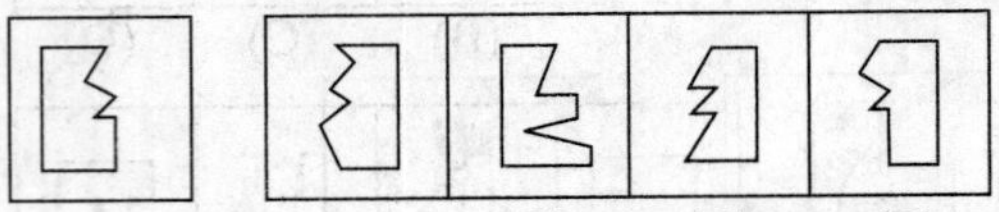

(A) (B) (C) (D)

6. 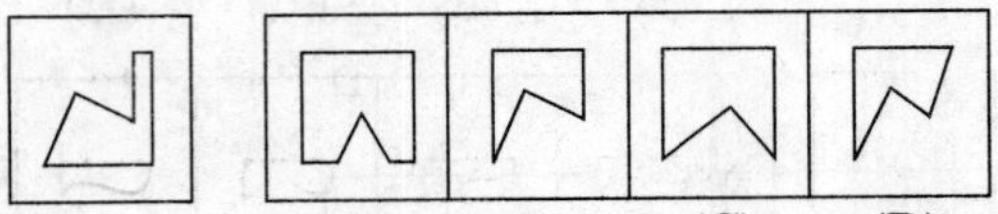

(A) (B) (C) (D)

7. 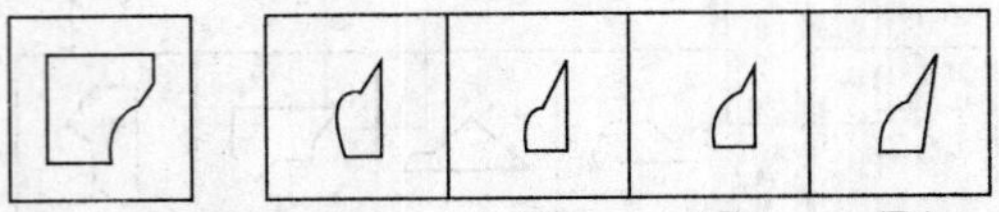

(A) (B) (C) (D)

8. 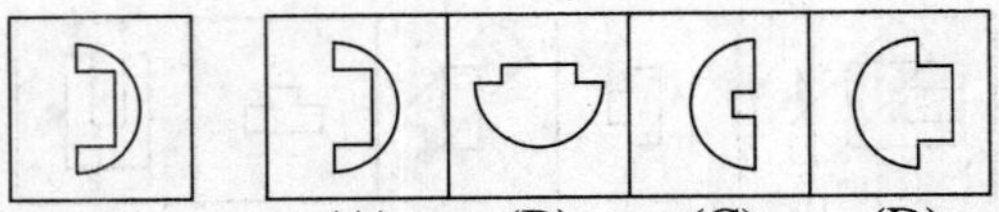

(A) (B) (C) (D)

समस्या आकृति **उत्तर आकृतियाँ**

9. 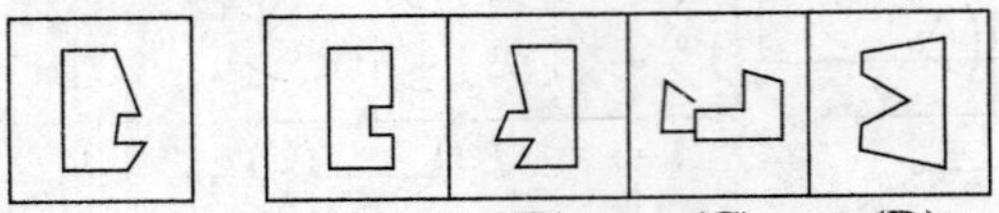

(A) (B) (C) (D)

10. 

(A) (B) (C) (D)

11. 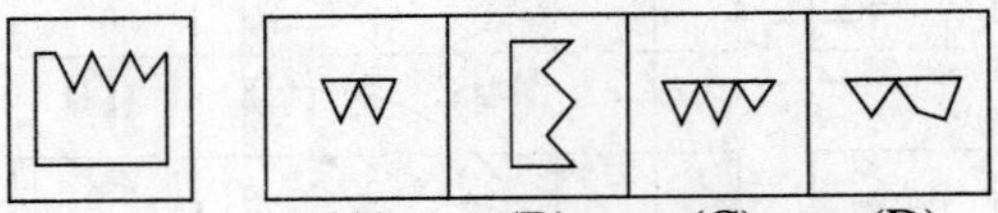

(A) (B) (C) (D)

12. 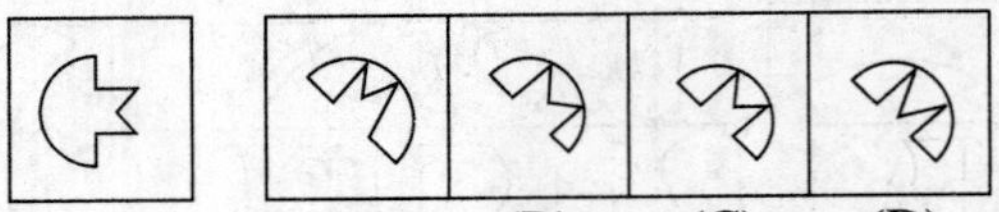

(A) (B) (C) (D)

13. 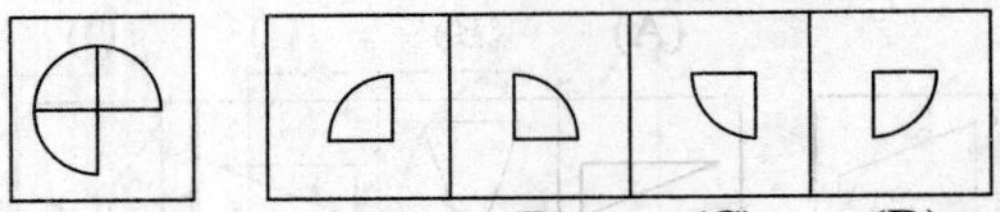

(A) (B) (C) (D)

14. 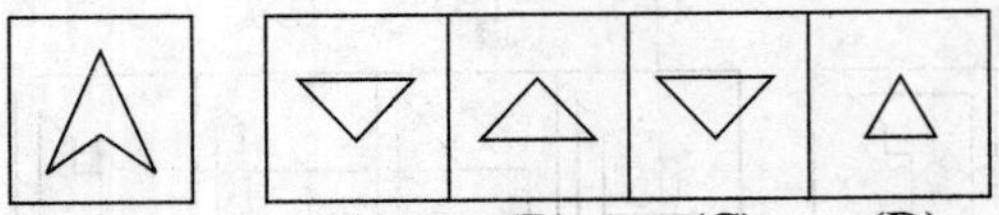

(A) (B) (C) (D)

15. 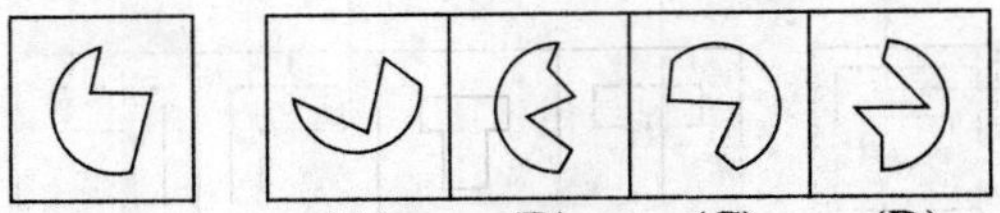

(A) (B) (C) (D)

16. 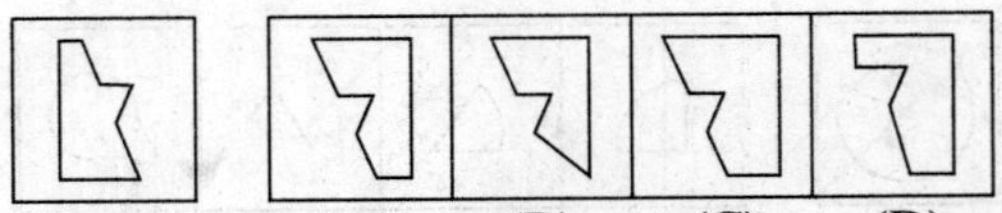

(A) (B) (C) (D)

समस्या आकृति | उत्तर आकृतियाँ

17. 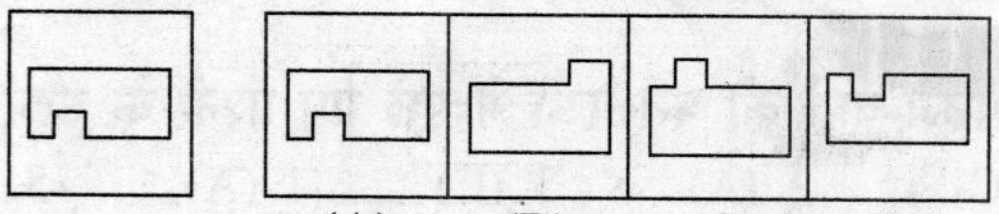
(A) (B) (C) (D)

18. 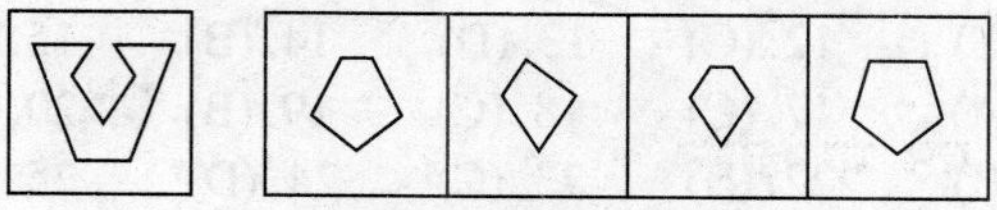
(A) (B) (C) (D)

19. 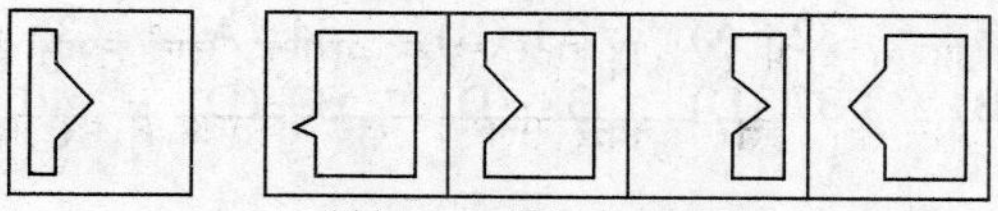
(A) (B) (C) (D)

20. 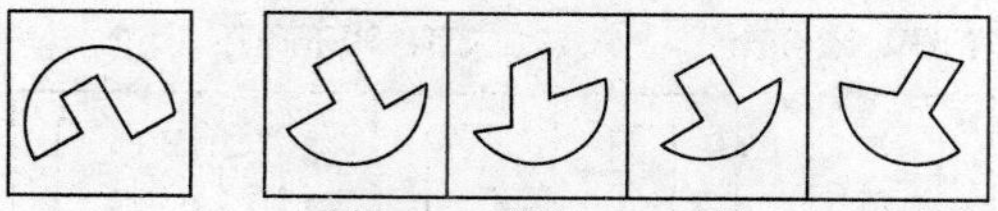
(A) (B) (C) (D)

21. 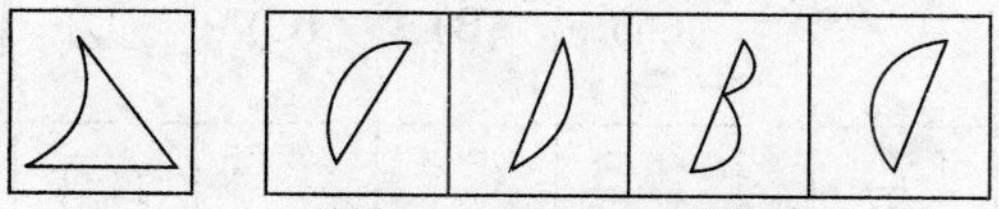
(A) (B) (C) (D)

22. 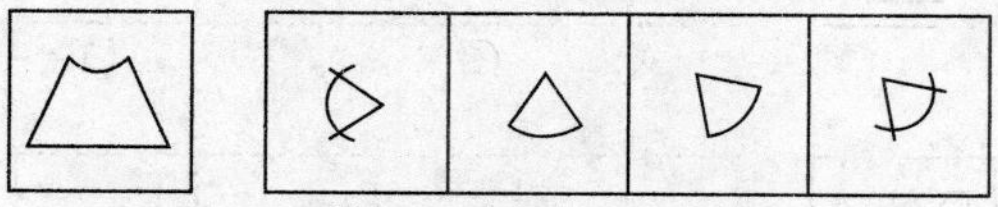
(A) (B) (C) (D)

23. 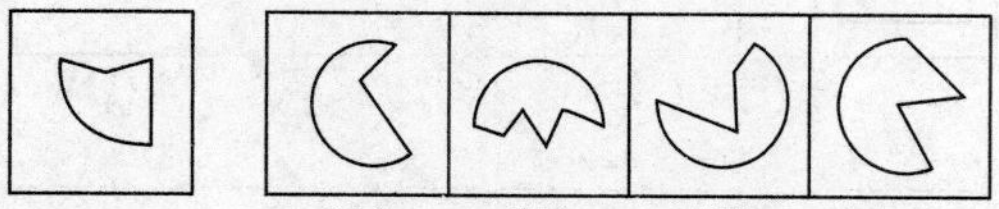
(A) (B) (C) (D)

24. 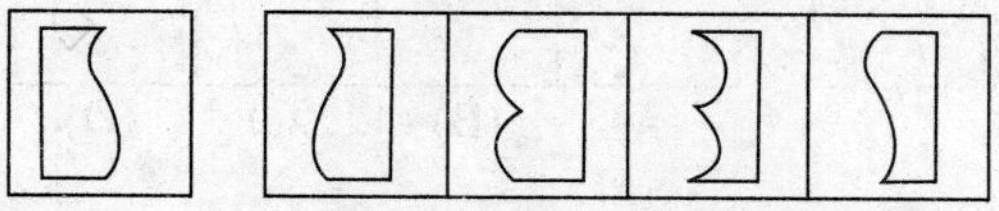
(A) (B) (C) (D)

25. 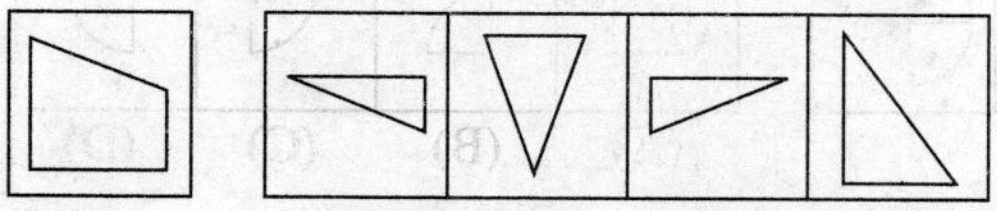
(A) (B) (C) (D)

26. 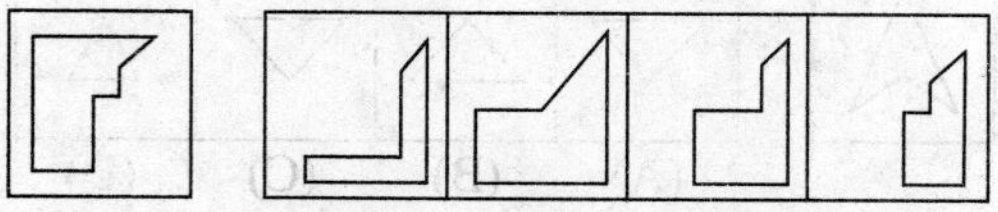
(A) (B) (C) (D)

27. 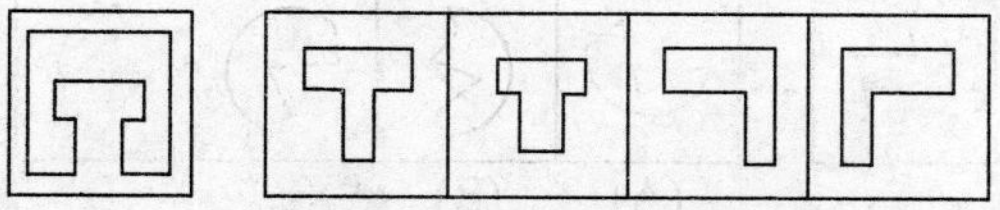
(A) (B) (C) (D)

28. 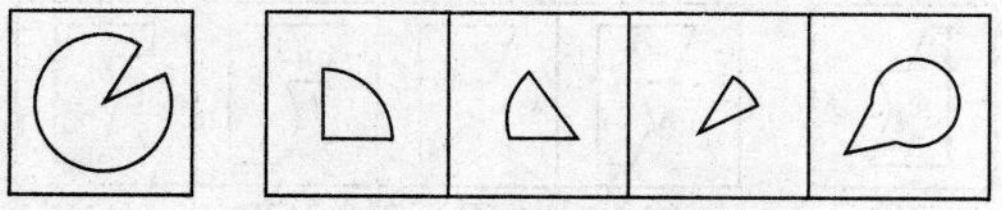
(A) (B) (C) (D)

समस्या आकृति | उत्तर आकृतियाँ

29. 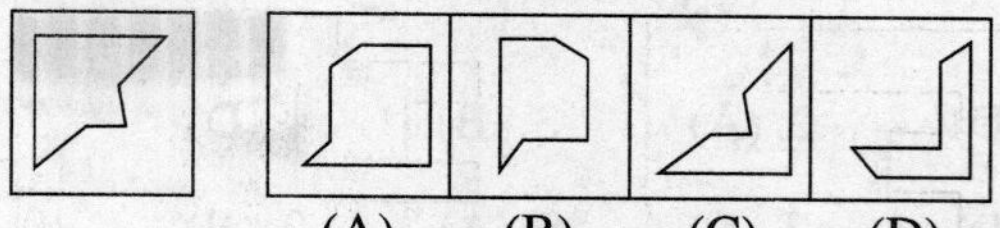
(A) (B) (C) (D)

30. 
(A) (B) (C) (D)

31. 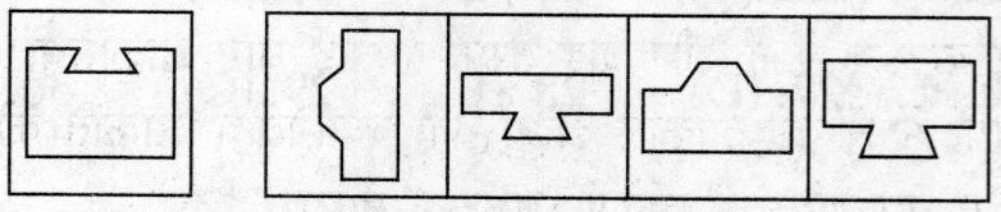
(A) (B) (C) (D)

32. 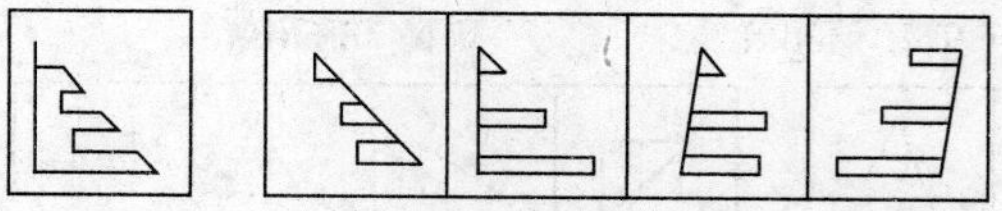
(A) (B) (C) (D)

33. 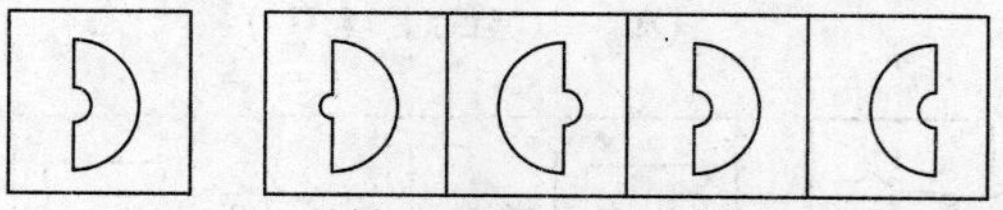
(A) (B) (C) (D)

34. 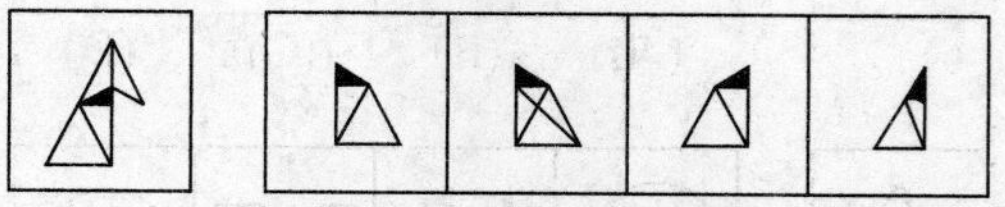
(A) (B) (C) (D)

35. 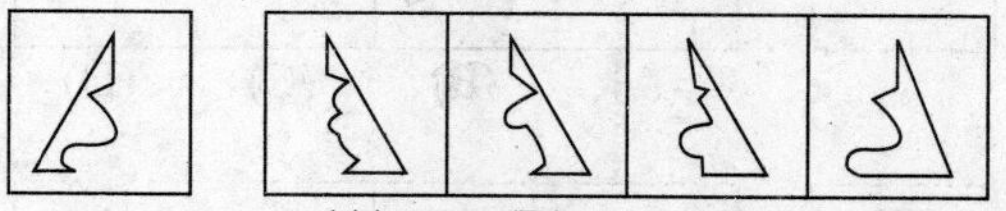
(A) (B) (C) (D)

36. 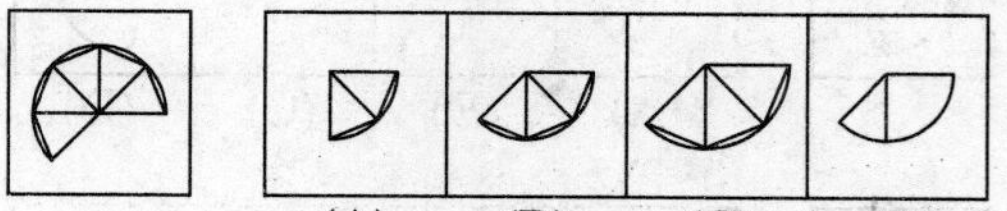
(A) (B) (C) (D)

37. 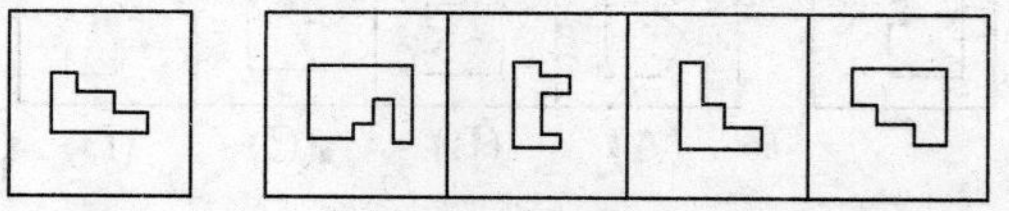
(A) (B) (C) (D)

38. 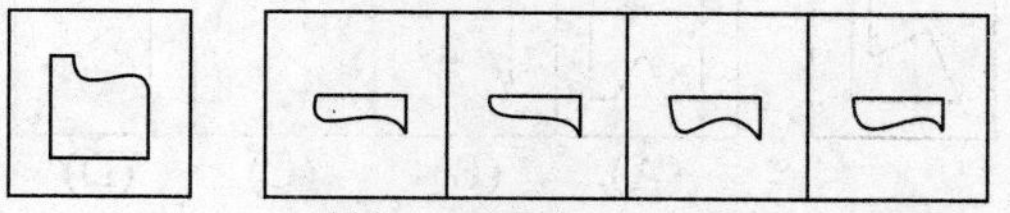
(A) (B) (C) (D)

39. 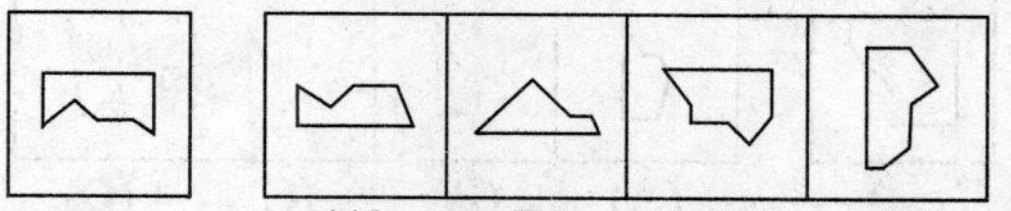
(A) (B) (C) (D)

40. 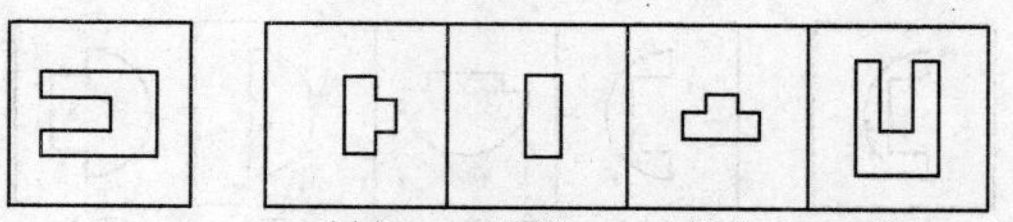
(A) (B) (C) (D)

उत्तरमाला

1. (D)	2. (A)	3. (B)	4. (D)	5. (A)
6. (B)	7. (C)	8. (A)	9. (B)	10. (C)
11. (D)	12. (B)	13. (C)	14. (B)	15. (C)
16. (D)	17. (A)	18. (A)	19. (A)	20. (D)
21. (A)	22. (C)	23. (B)	24. (D)	25. (B)
26. (C)	27. (D)	28. (B)	29. (C)	30. (B)

पिछले वर्षों की परीक्षाओं में पूछे गए प्रश्नों के उत्तर

1. (C)	2. (A)	3. (C)	4. (A)	5. (D)
6. (B)	7. (C)	8. (D)	9. (B)	10. (B)
11. (C)	12. (C)	13. (D)	14. (B)	15. (A)
16. (A)	17. (C)	18. (C)	19. (B)	20. (A)
21. (B)	22. (B)	23. (C)	24. (D)	25. (A)
26. (D)	27. (B)	28. (C)	29. (C)	30. (B)
31. (B)	32. (A)	33. (B)	34. (A)	35. (D)
36. (B)	37. (D)	38. (D)	39. (D)	40. (B)

5. दर्पण एवं जल प्रतिबिम्ब (Mirror & Water Image)

इस प्रकार के प्रश्नों में आकृतियाँ दो खण्डों में होती हैं. पहला खण्ड प्रश्न आकृति का होता है तथा दूसरा खण्ड उत्तर आकृतियों का होता है. पहले खण्ड में एक प्रश्न आकृति दी होती है, दूसरे खण्ड में चार या पाँच आकृतियाँ दी होती हैं. अभ्यर्थियों के दूसरे खण्ड की चार या पाँच आकृतियों में से उस आकृति को ज्ञात करना होता है, जो प्रश्न क दर्पण प्रतिबिम्ब हो. स्पष्टीकरण के लिए कुछ उदाहरण नीचे दिए गए हैं—

उदाहरण 1.

प्रश्न आकृति **उत्तर आकृतियाँ**

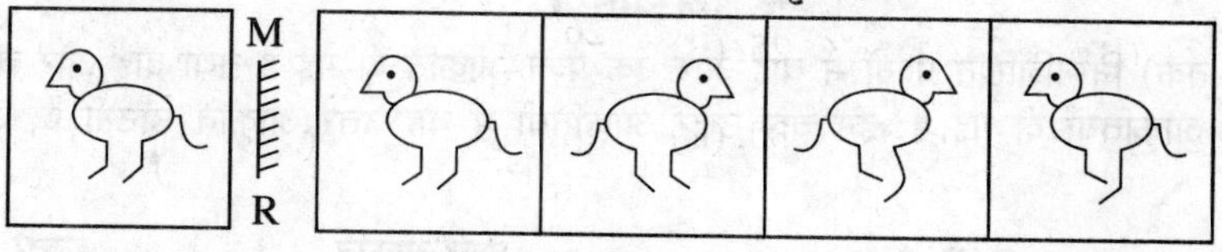

(A) (B) (C) (D)

उत्तर व्याख्या सहित (B)—प्रश्न आकृति में एक जानवर का चित्र है, जिसका मुँह बाईं ओर है. दर्पण में देखने पर किसी वस्तु या प्रतिबिम्ब बाएं से दाएं तथा दाएं से बाएं दिखाई देता है. अतः उसका मुँह दर्पण में दाईं ओर होगा तथा शरीर के अन्य हिस्से बाईं ओर होंगे. अतः इस चित्र का दर्पण प्रतिबिम्ब (B) है.

उदाहरण 2.

प्रश्न आकृति **उत्तर आकृतियाँ**

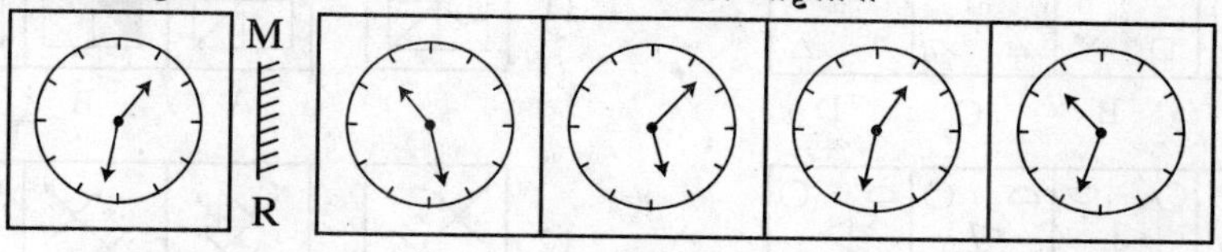

(A) (B) (C) (D)

उत्तर व्याख्या सहित (A)—प्रश्न आकृति में एक घड़ी को दिखाया गया है, जिसमें घण्टे की सूई दाईं ओर है तथा मिनट की सुई बाईं ओर है. दर्पण में जब इसका प्रतिबिम्ब दिखाया जायेगा, तो घण्टे की सुई बाईं ओर तथा मिनट की सुई दाईं ओर होगी. अतः इस चित्र का दर्पण प्रतिबिम्ब (A) है.

उदाहरण 3.

प्रश्न आकृति **उत्तर आकृतियाँ**

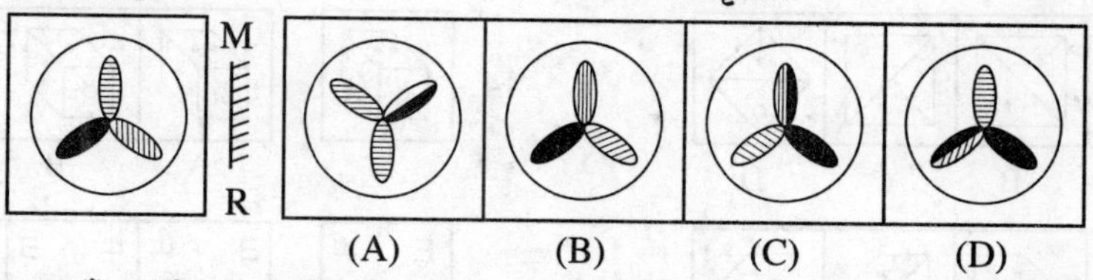

(A) (B) (C) (D)

उत्तर व्याख्या सहित (D)—यहाँ पर दिए गए चित्र का बायाँ भाग दाईं ओर तथा दायाँ भाग बाईं ओर दिखाई देगा. जैसा कि चित्र में एक पत्ती के चित्र का प्रदर्शन किया गया, जिसमें कुछ भाग कालांकित है तथा शेष भाग में रेखायें दिखाई गई हैं. प्रश्न चित्र का कालांकित भाग जो बाईं ओर है वह दर्पण में दाईं ओर दिखाया गया है और चित्र में जो पत्ती के ऊपर वृत्त का निर्माण है वह उत्तर आकृति (D) में है. अतः इस प्रश्न का सही उत्तर (D) है.

जल प्रतिबिम्ब

उदाहरण 4 और 5 में समस्या आकृति का जल में प्रतिबिम्ब दी हुई उत्तर आकृतियों में से चुनना होगा. वस्तु का जल प्रतिबिम्ब उल्टा बनता है.

उदाहरण 4.

समस्या आकृति **उत्तर आकृतियाँ**

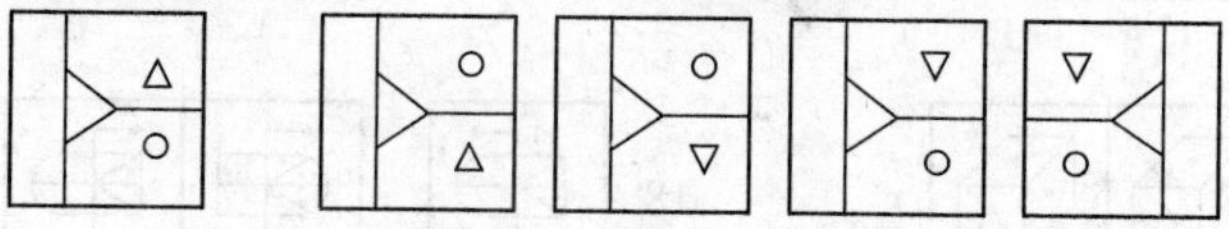

(A) (B) (C) (D)

उत्तर व्याख्या सहित (B)—स्पष्ट है कि समस्या आकृति का जल में प्रतिबिम्ब उत्तर आकृति (B) होगी.

उदाहरण 5.

समस्या आकृति **उत्तर आकृतियाँ**

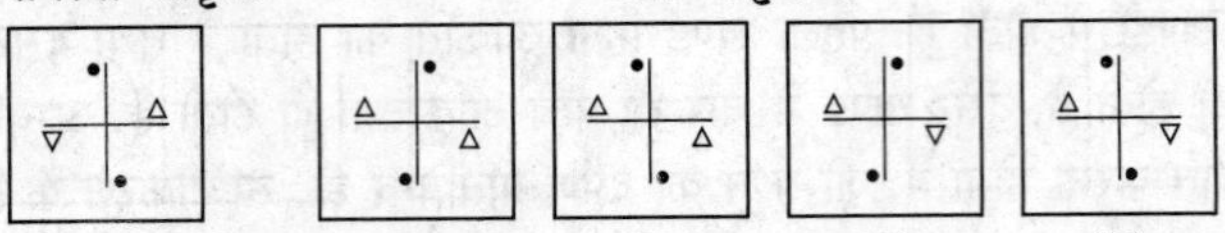

(A) (B) (C) (D)

उत्तर व्याख्या सहित (C)—स्पष्ट है कि समस्या आकृति का जल में प्रतिबिम्ब उत्तर आकृति (C) होगी.

अभ्यास 1

निर्देश—(प्रश्न 1 से 47 तक) निम्नलिखित प्रश्नों में बाईं ओर एक प्रश्न आकृति दी गई है तथा दाईं ओर चार उत्तर आकृतियाँ दी गई हैं तथा दाईं ओर चार उत्तर आकृतियाँ दी गई हैं. इन चार उत्तर आकृतियों में वह उत्तर आकृति छाँटनी है, जो प्रश्न आकृति का दर्पण प्रतिबिम्ब है.

प्रश्न आकृति **उत्तर आकृतियाँ**

1. 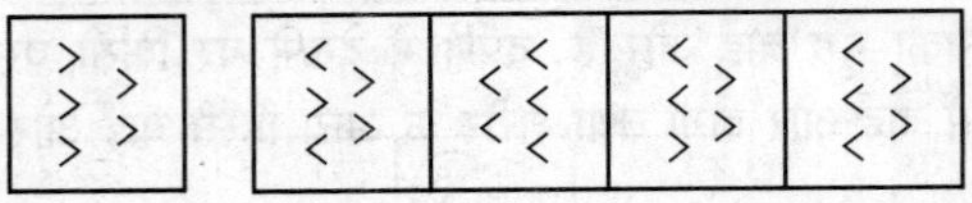

A B C D

2. 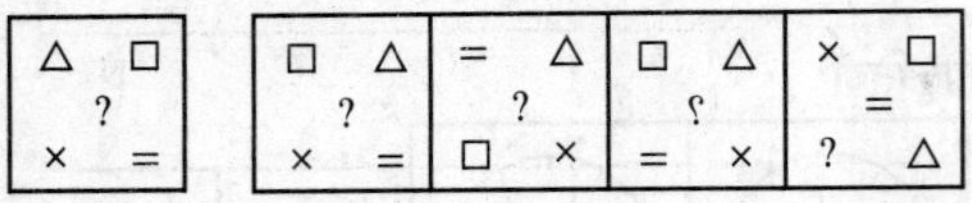

A B C D

3. 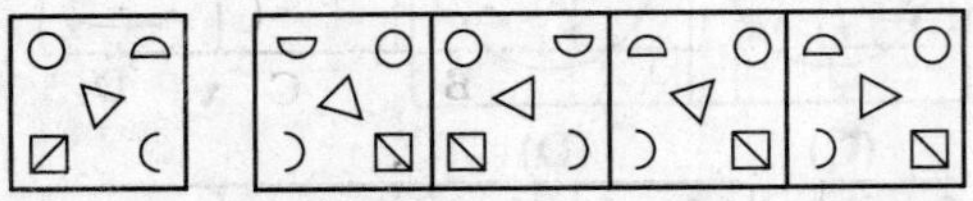

A B C D

4. 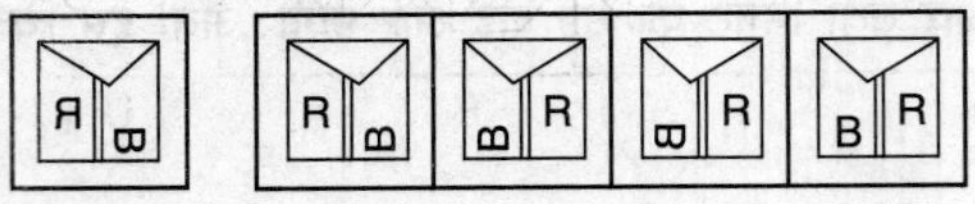

A B C D

5. 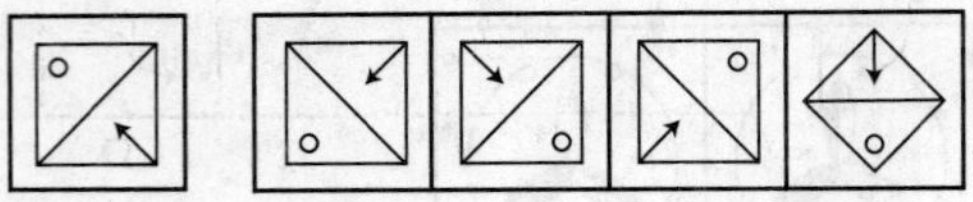

A B C D

6. 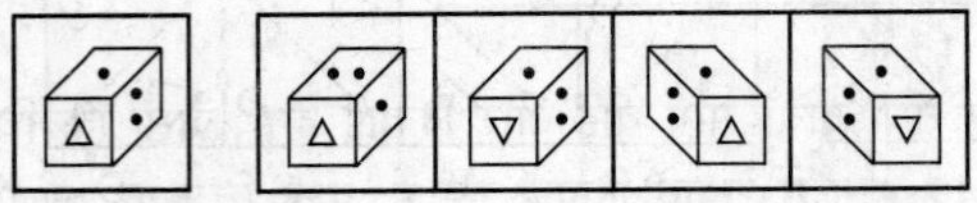

A B C D

7. 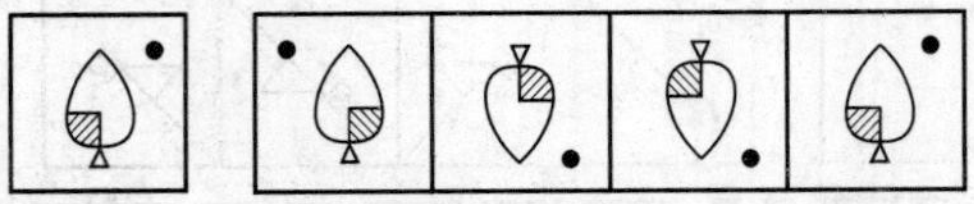

A B C D

8. 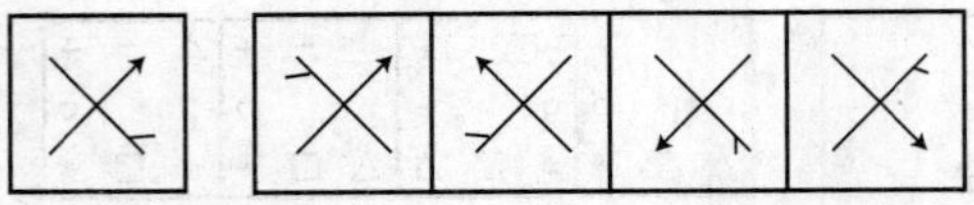

A B C D

9. 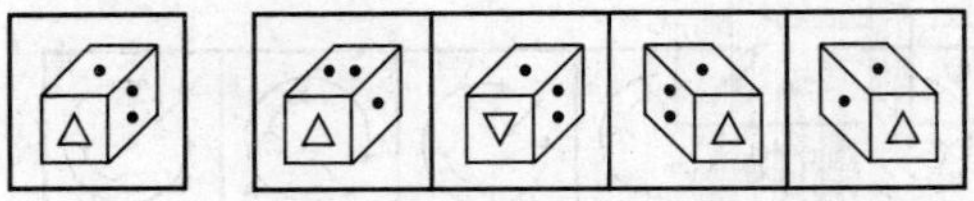

A B C D

प्रश्न आकृति **उत्तर आकृतियाँ**

10. 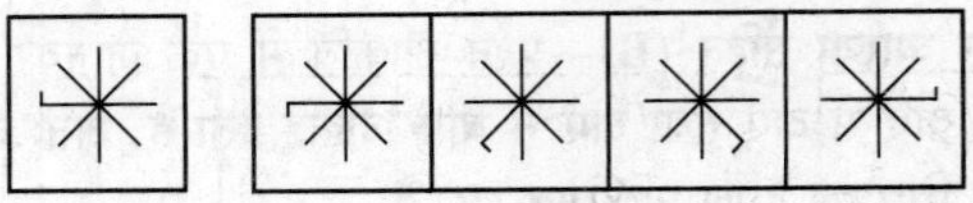

A B C D

11. 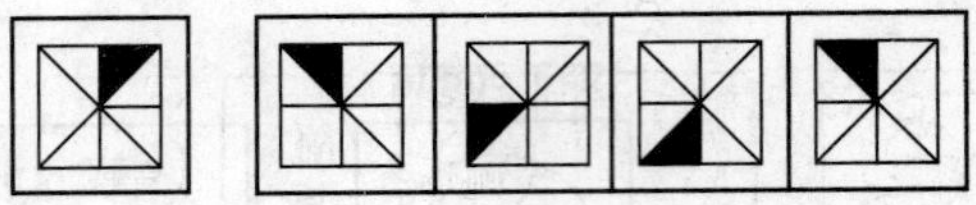

A B C D

12. 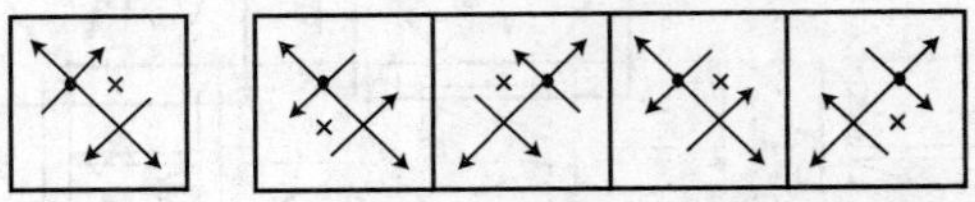

A B C D

13. 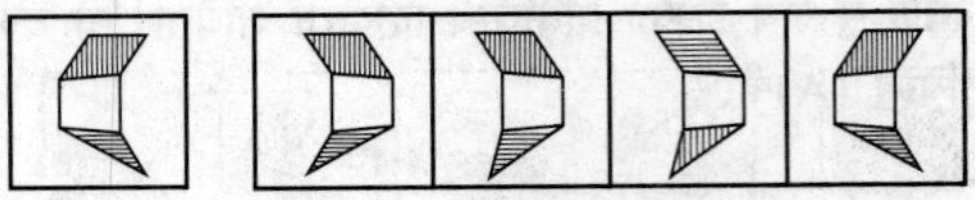

A B C D

14. 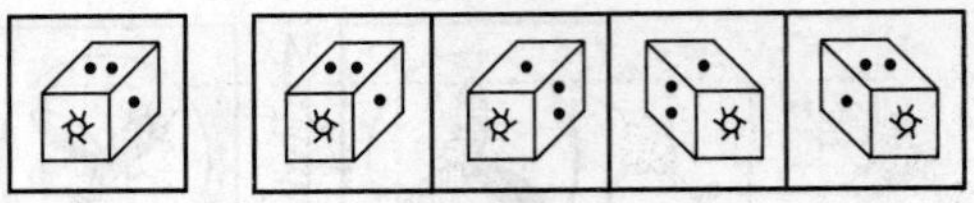

A B C D

15. 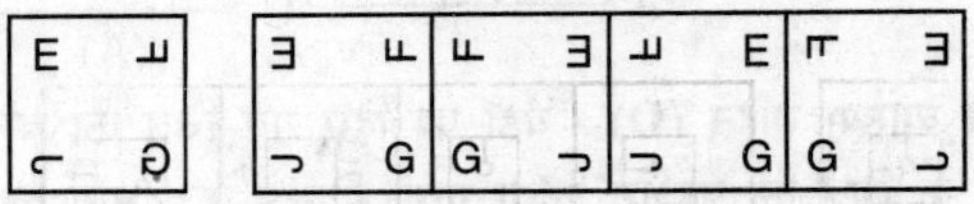

A B C D

16. 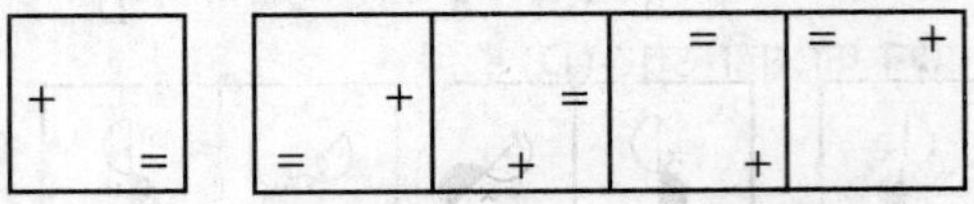

A B C D

17. 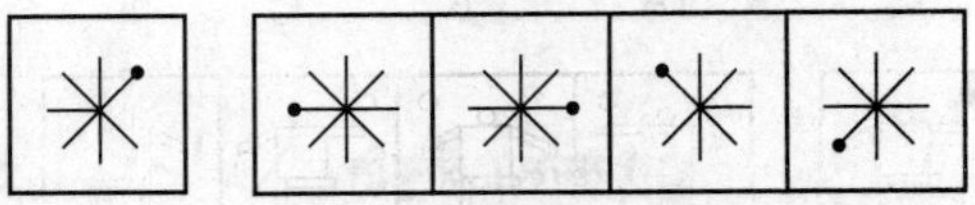

A B C D

18. 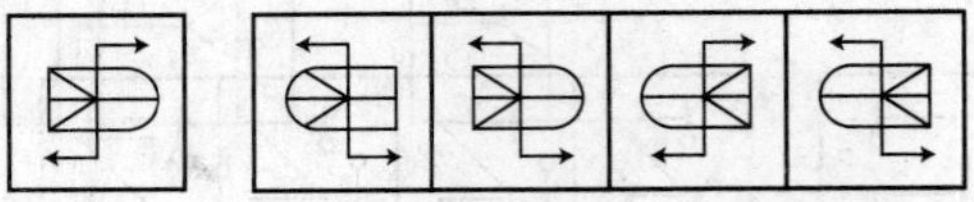

A B C D

प्रश्न आकृति | उत्तर आकृतियाँ

19. 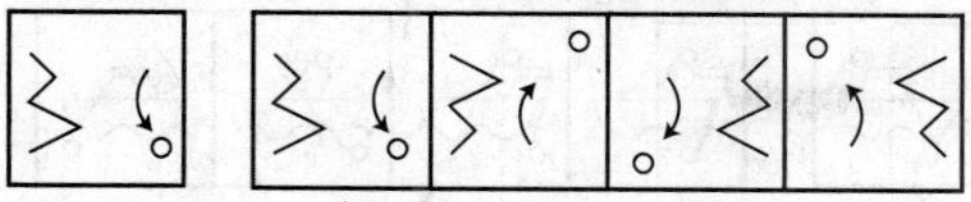
A B C D

20. 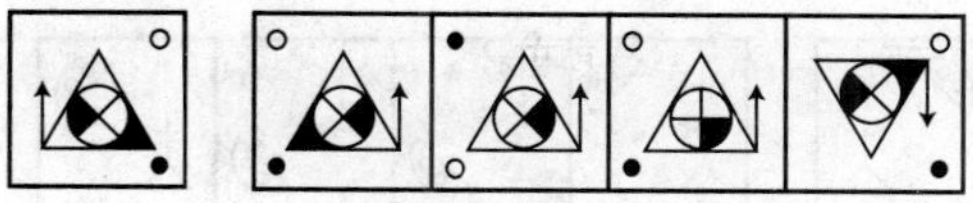
A B C D

21. 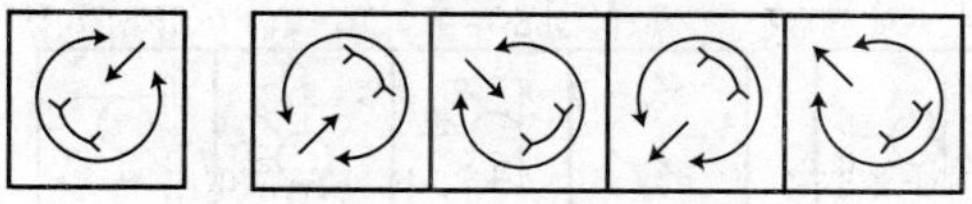
A B C D

22. 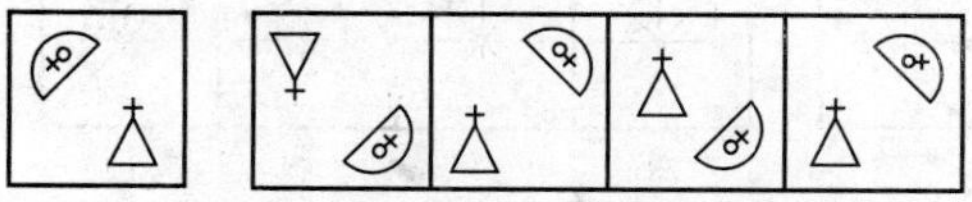
A B C D

23. 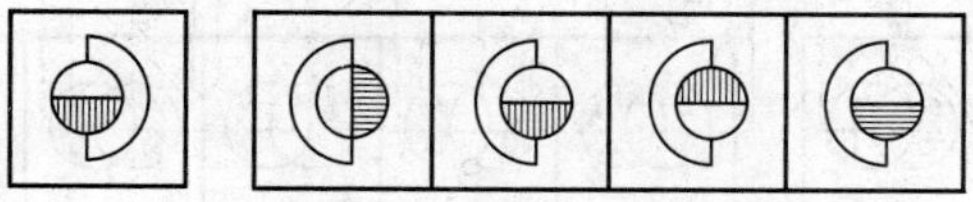
A B C D

24. 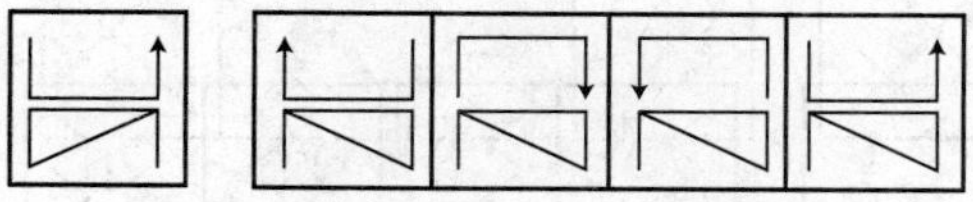
A B C D

25. 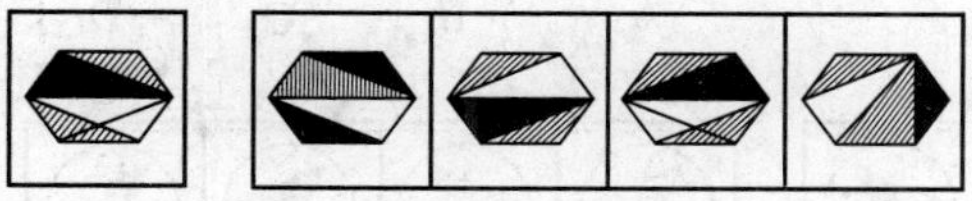
A B C D

26. 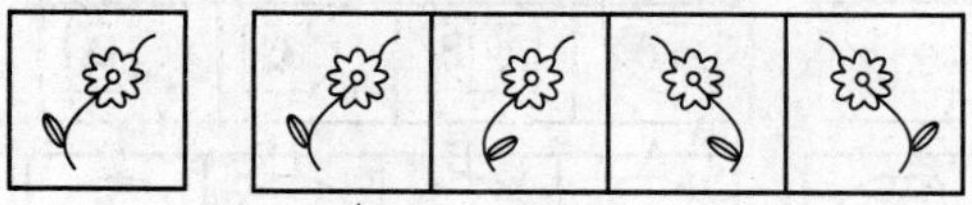
A B C D

27. 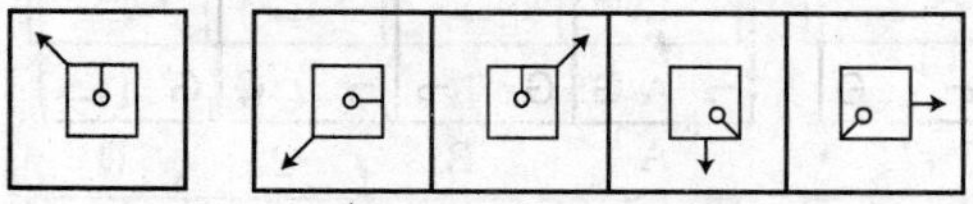
A B C D

28. 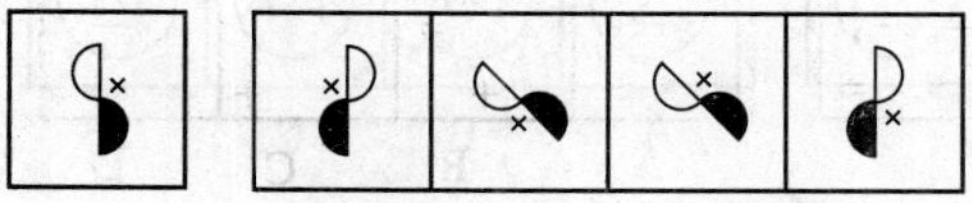
A B C D

29. 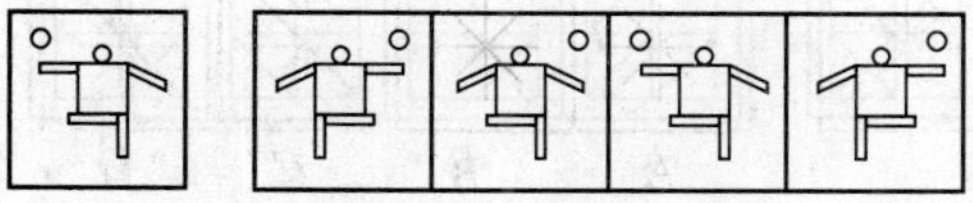
A B C D

30. 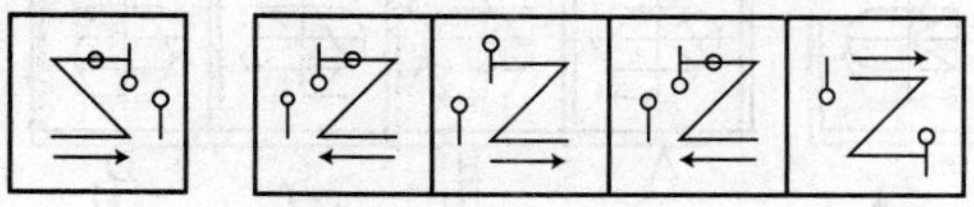
A B C D

प्रश्न आकृति | उत्तर आकृतियाँ

31. 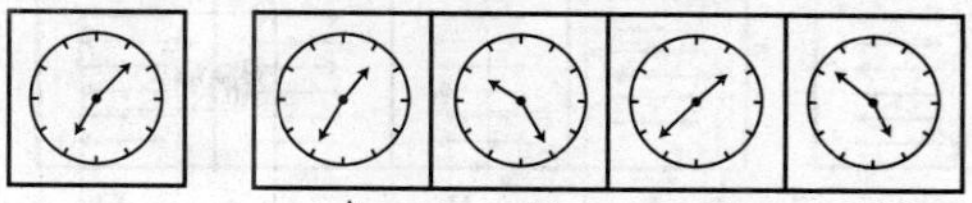
A B C D

32. 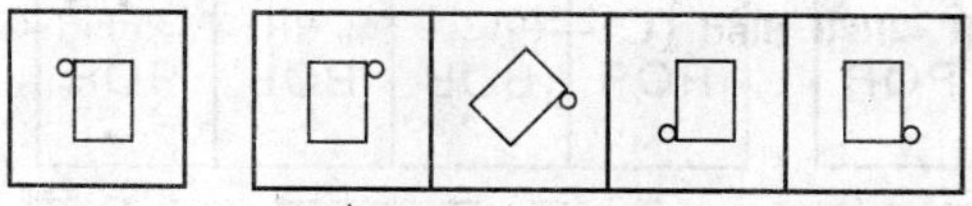
A B C D

33. 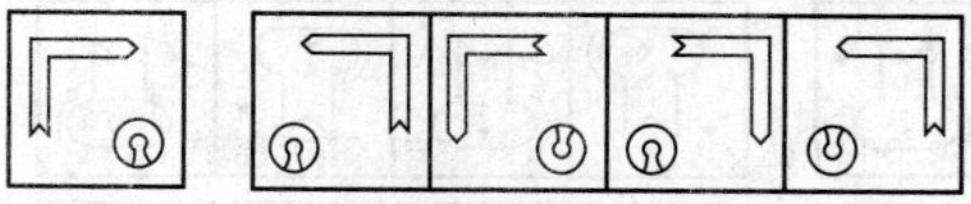
A B C D

34. 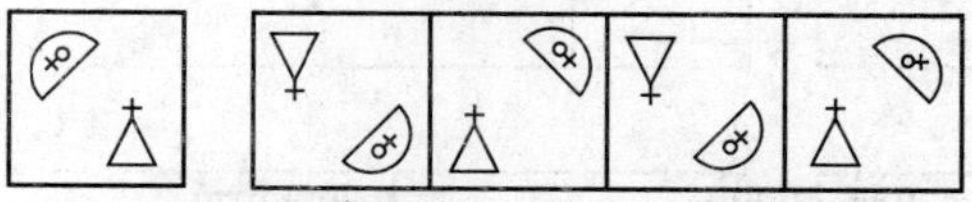
A B C D

35. 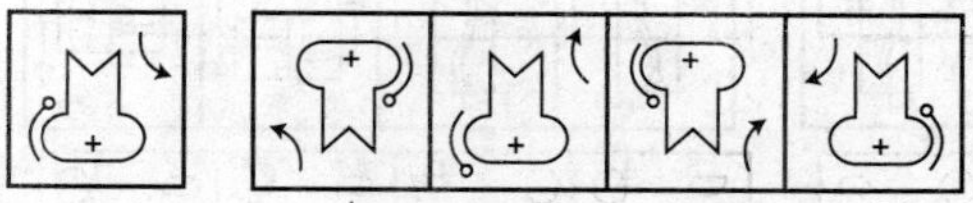
A B C D

36. 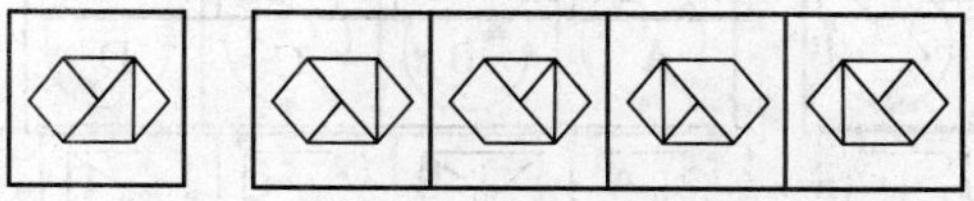
A B C D

37. 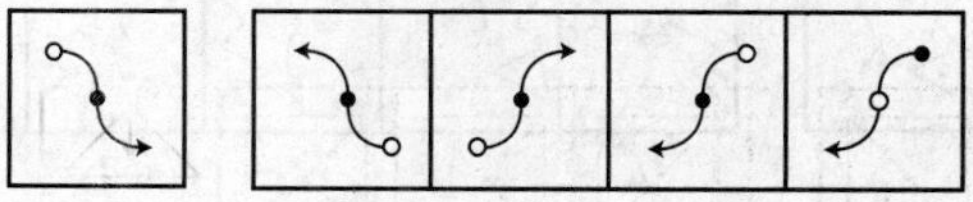
A B C D

38. 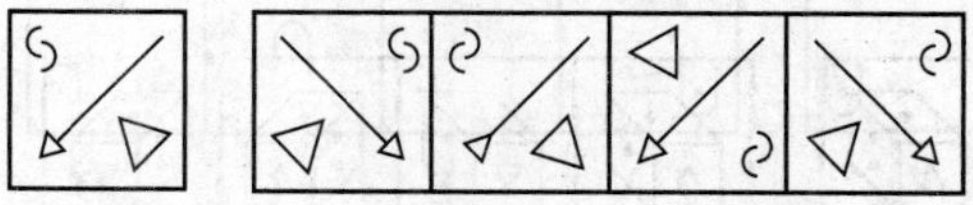
A B C D

39. 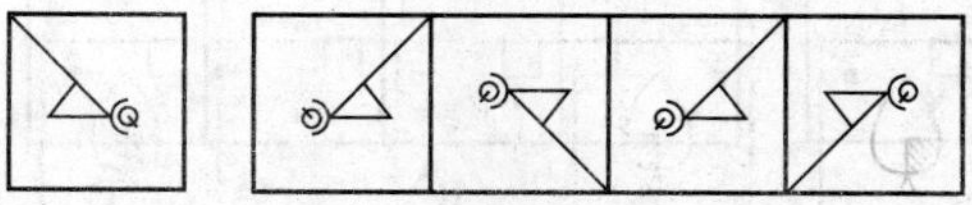
A B C D

40. 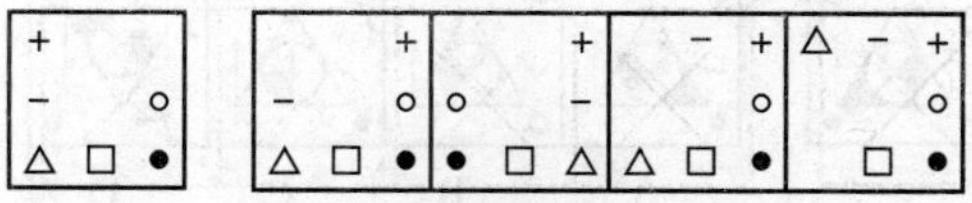
A B C D

41. 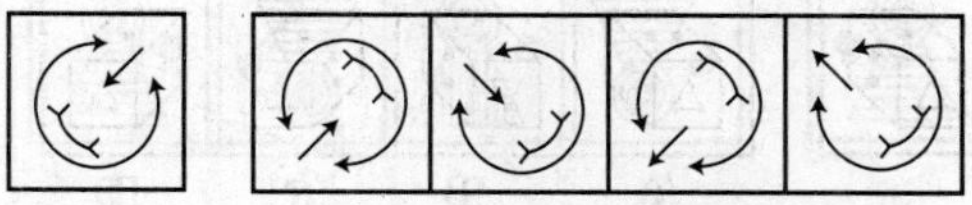
A B C D

प्रश्न आकृति　　उत्तर आकृतियाँ

42. 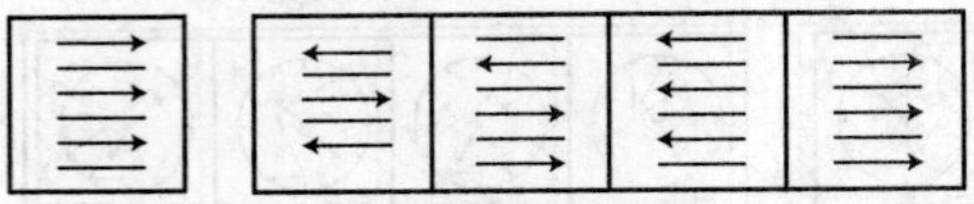

A　B　C　D

43. 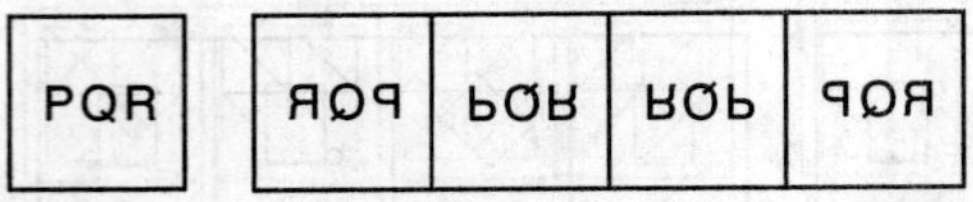

A　B　C　D

44. 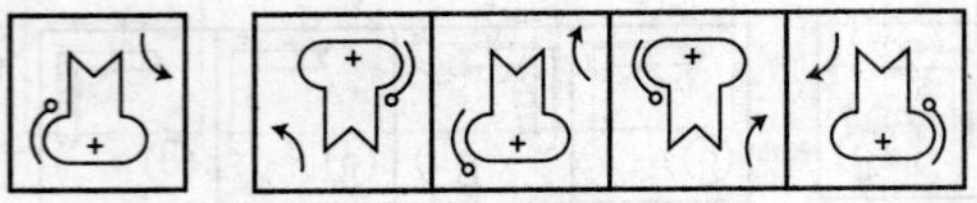

A　B　C　D

प्रश्न आकृति　　उत्तर आकृतियाँ

45. 

A　B　C　D

46. 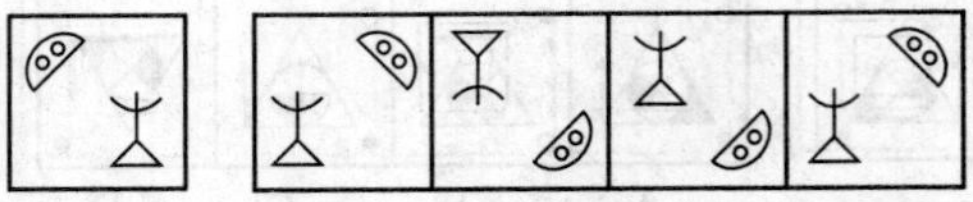

A　B　C　D

47. 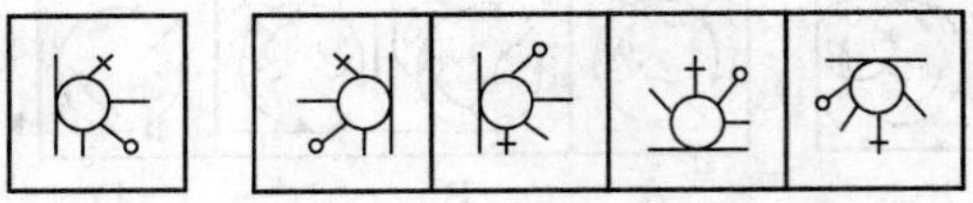

A　B　C　D

अभ्यास 2

प्रश्न आकृति　　उत्तर आकृतियाँ

1. 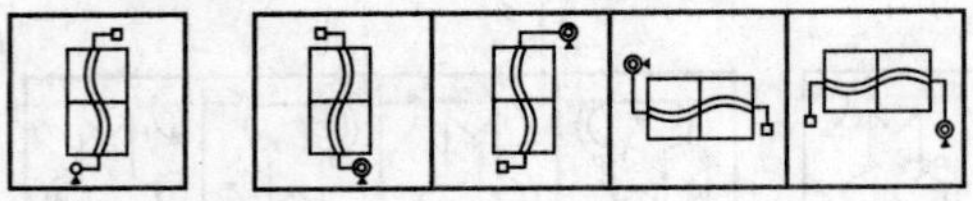

A　B　C　D

2. 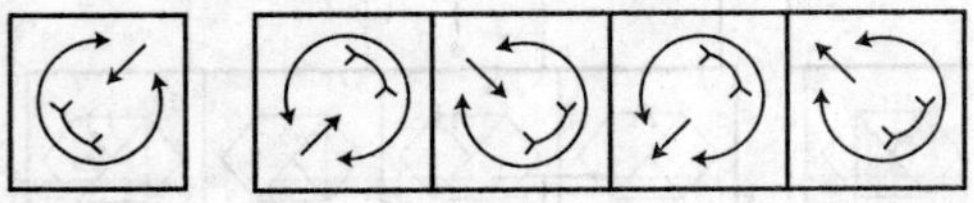

A　B　C　D

3. 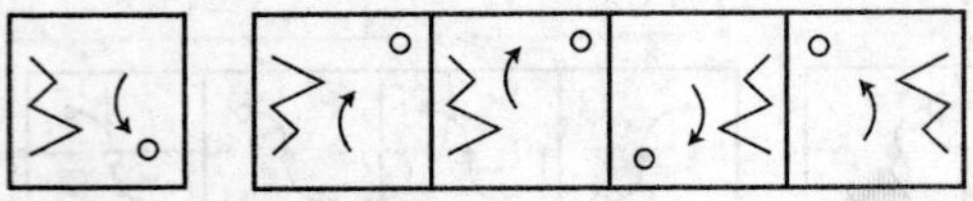

A　B　C　D

4. 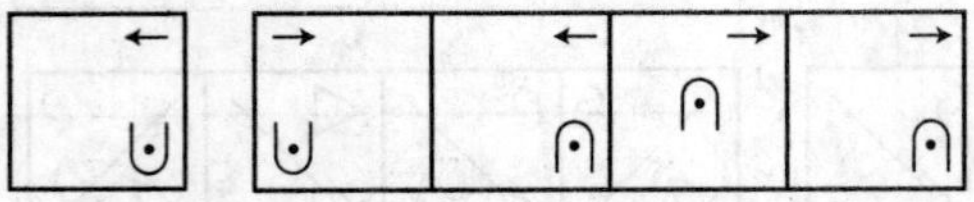

A　B　C　D

5. 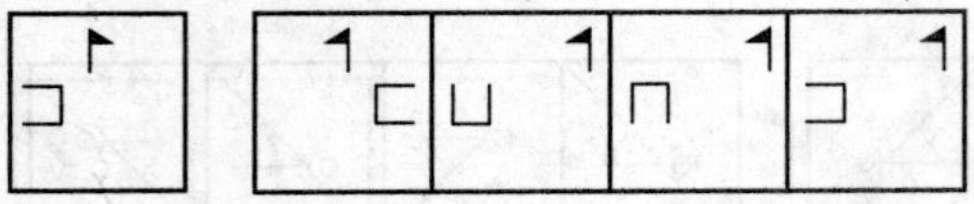

A　B　C　D

6. 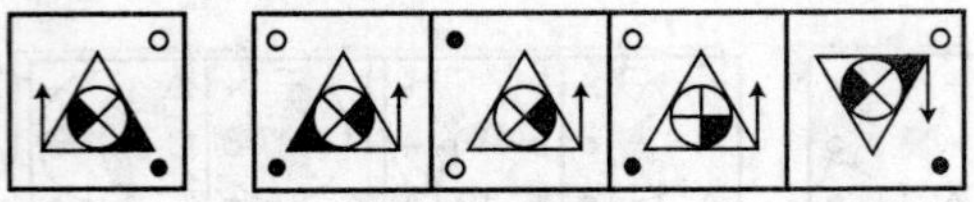

A　B　C　D

7. 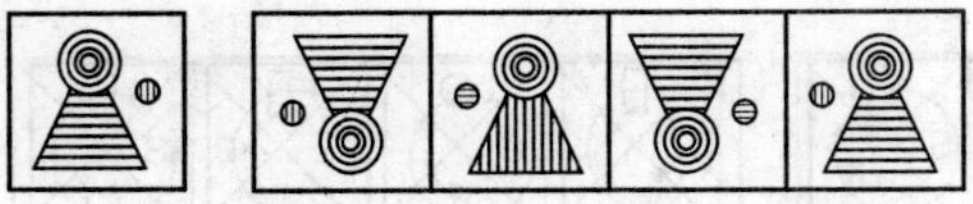

A　B　C　D

प्रश्न आकृति　　उत्तर आकृतियाँ

8. 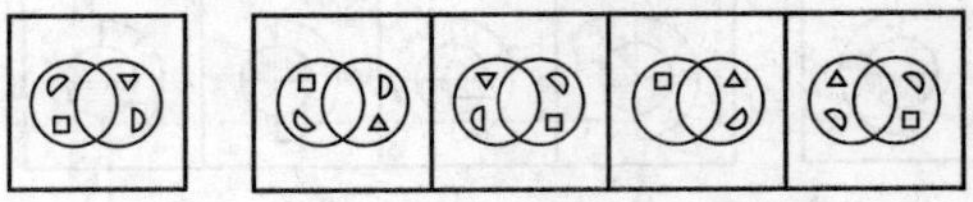

A　B　C　D

9. 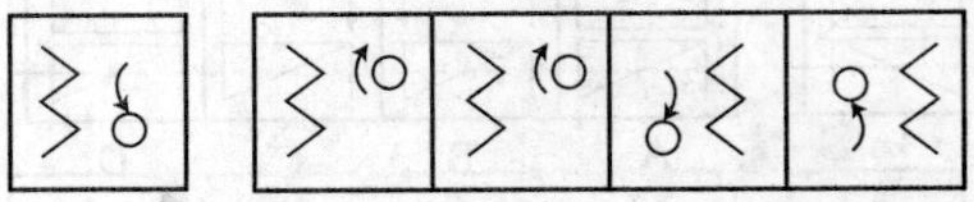

A　B　C　D

10. 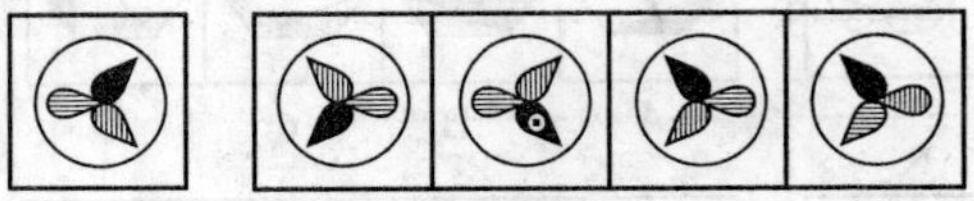

A　B　C　D

11. 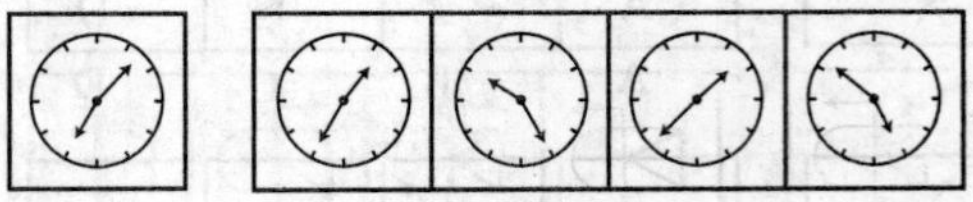

A　B　C　D

12. 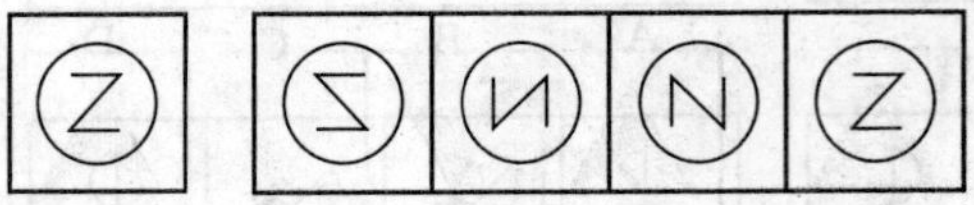

A　B　C　D

13. 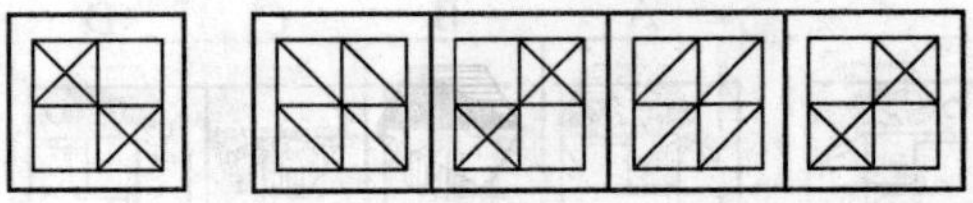

A　B　C　D

14. 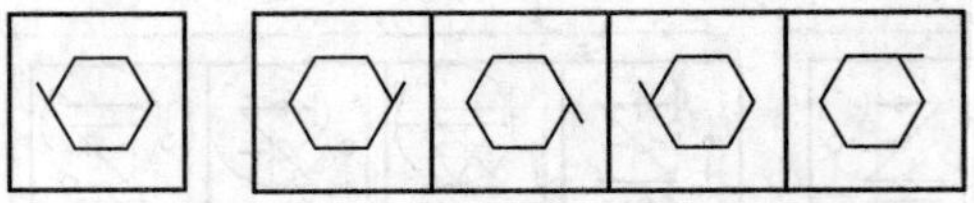

A　B　C　D

प्रश्न आकृति उत्तर आकृतियाँ

15. 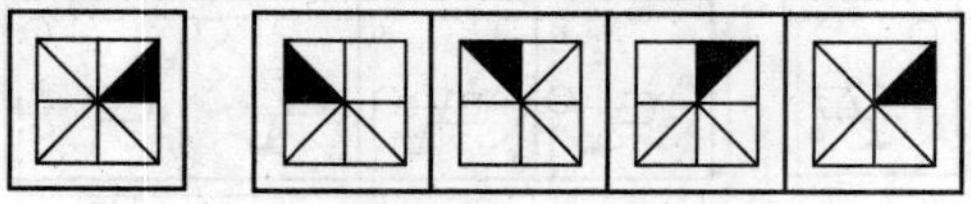
A B C D

16. 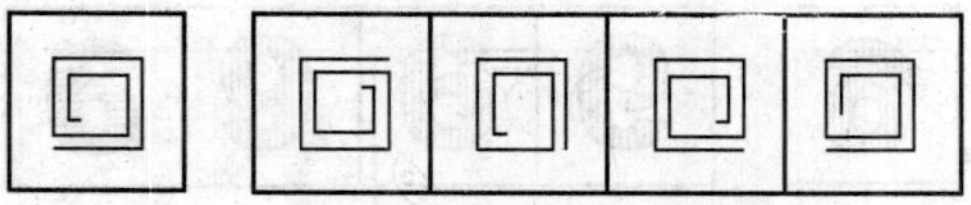
A B C D

17. 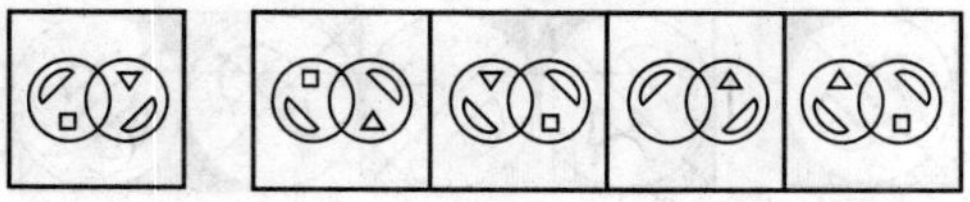
A B C D

18. 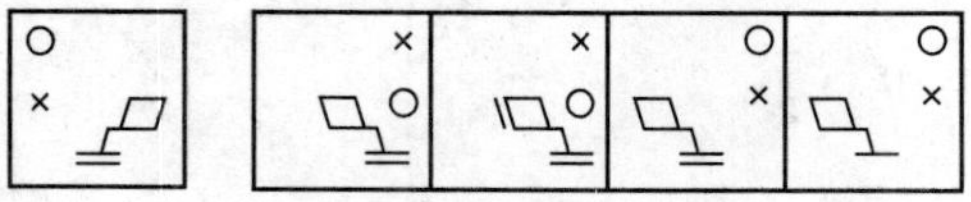
A B C D

19. 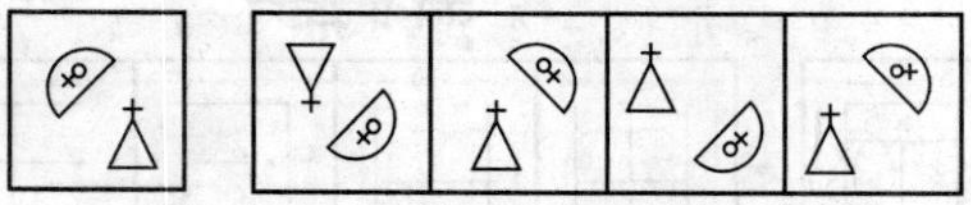
A B C D

20. 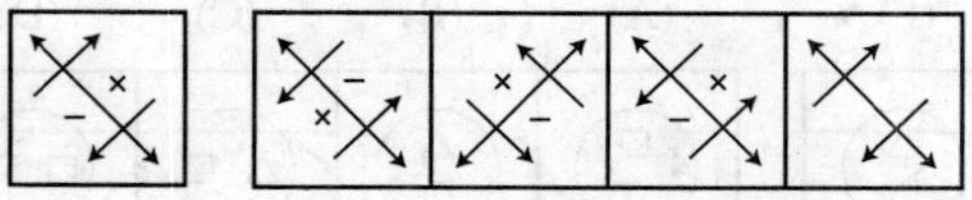
A B C D

21. 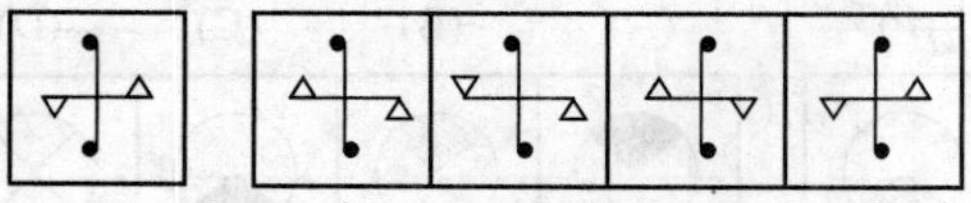
A B C D

22. 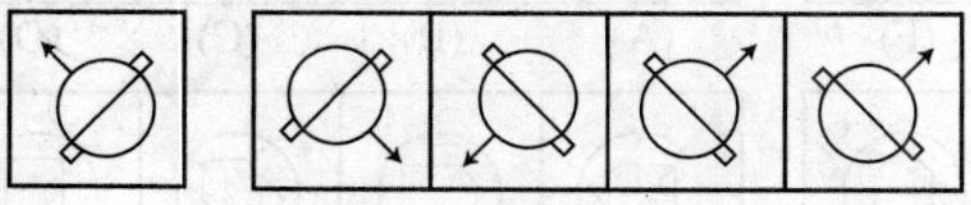
A B C D

23. 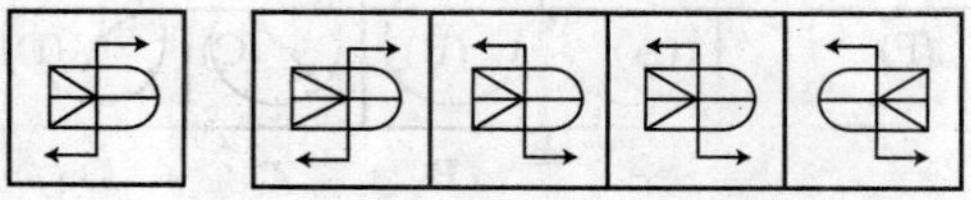
A B C D

24. 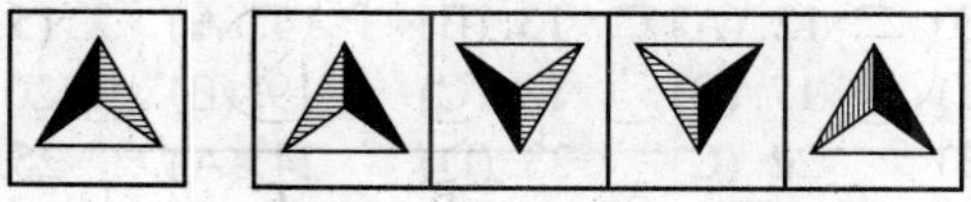
A B C D

25. 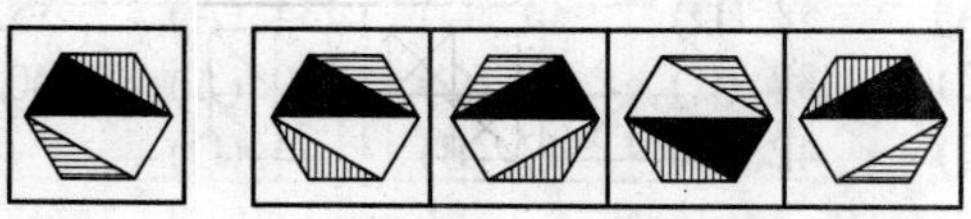
A B C D

26. 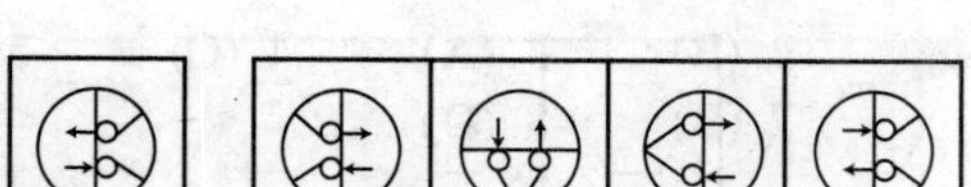
A B C D

प्रश्न आकृति उत्तर आकृतियाँ

27. 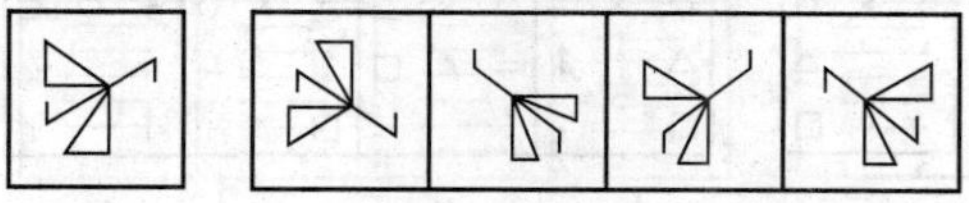
A B C D

28. 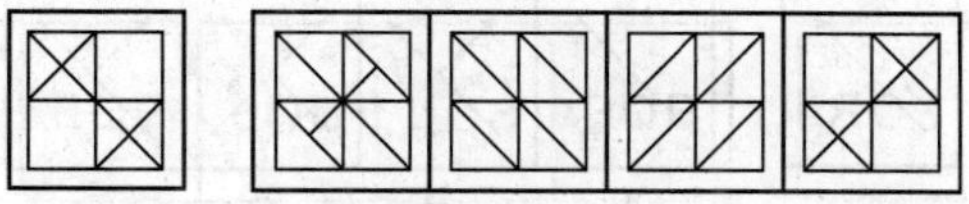
A B C D

29. 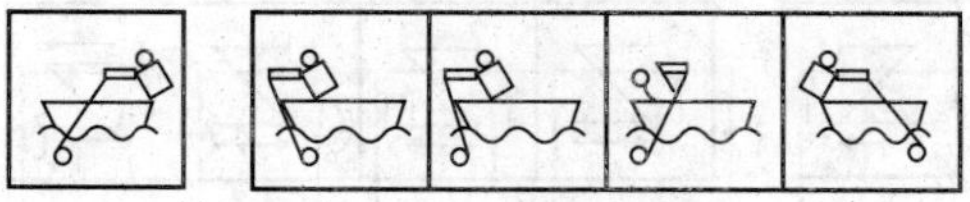
A B C D

30. 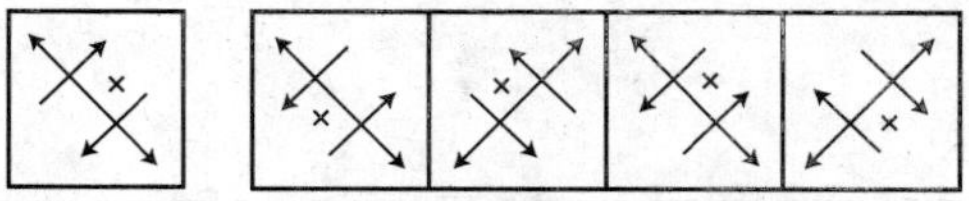
A B C D

31. 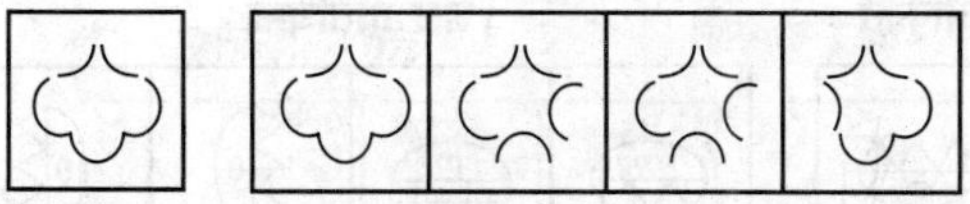
A B C D

32. 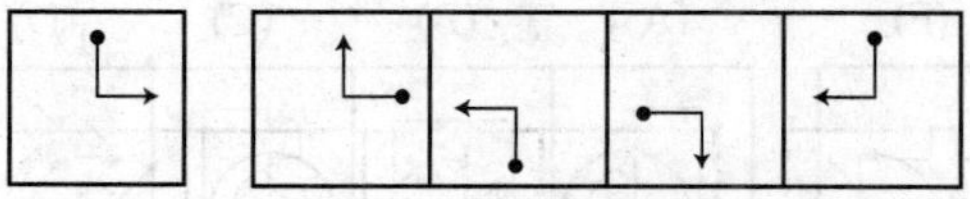
A B C D

33. 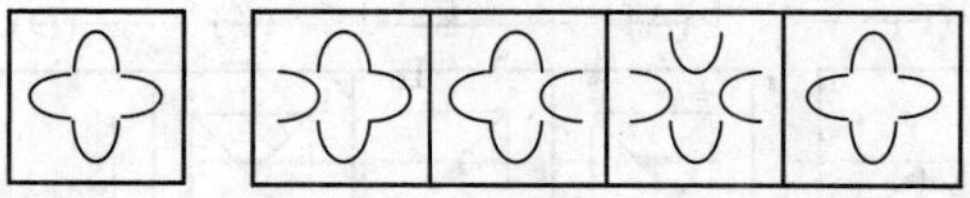
A B C D

34. 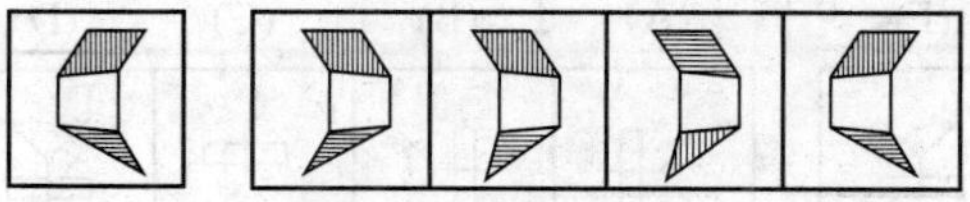
A B C D

35. 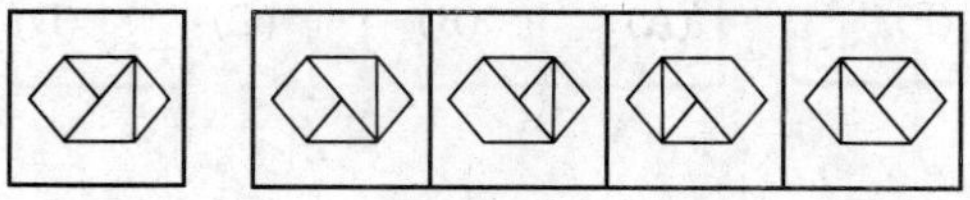
A B C D

36. 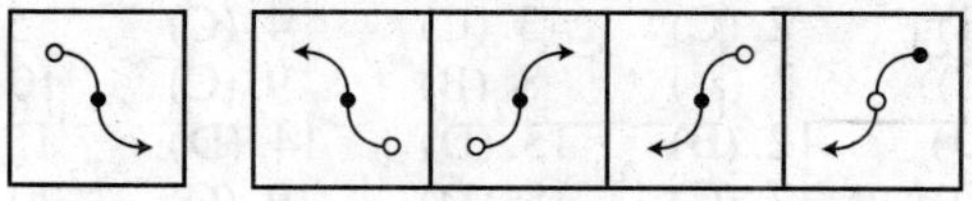
A B C D

37. 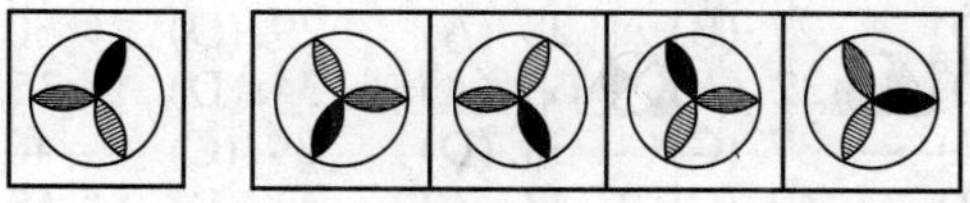
A B C D

38. 
A B C D

प्रश्न आकृति उत्तर आकृतियाँ

39. 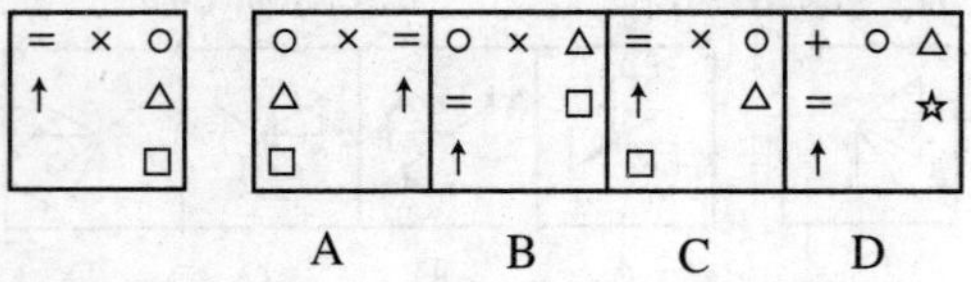

40. 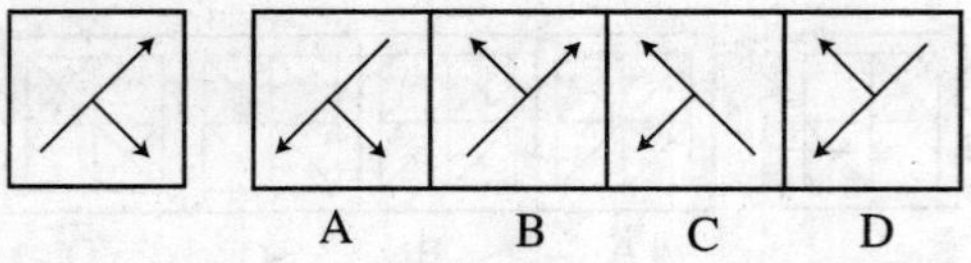

41. 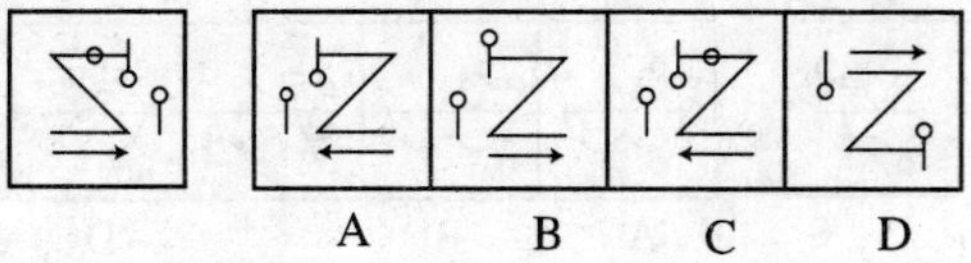

प्रश्न आकृति उत्तर आकृतियाँ

42. 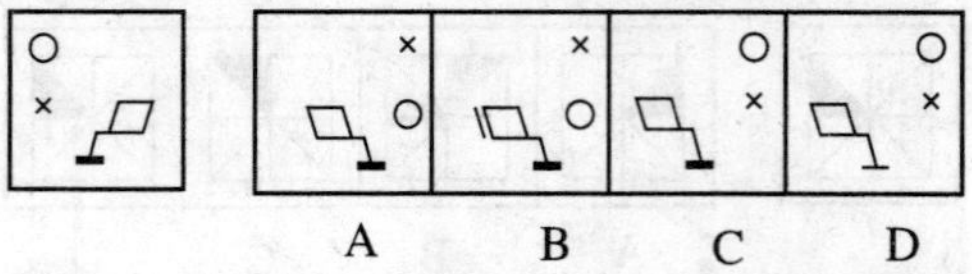

43. 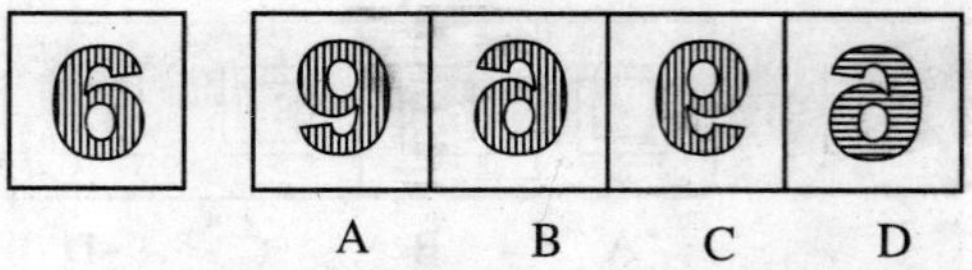

44. 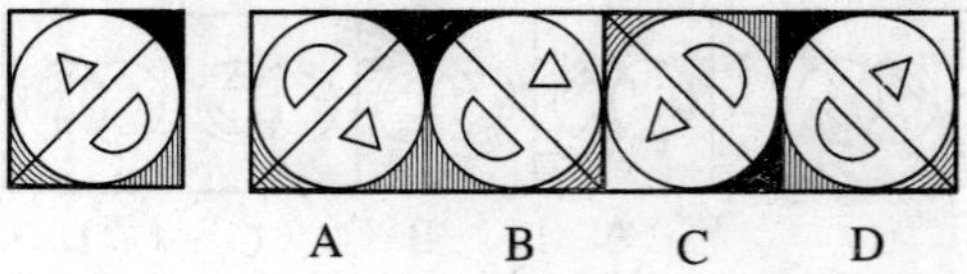

अभ्यास 3

निर्देश—नीचे दी हुई आकृति (F) का जल प्रतिबिम्ब ज्ञात करो—

आकृति जल प्रतिबिम्ब

1. 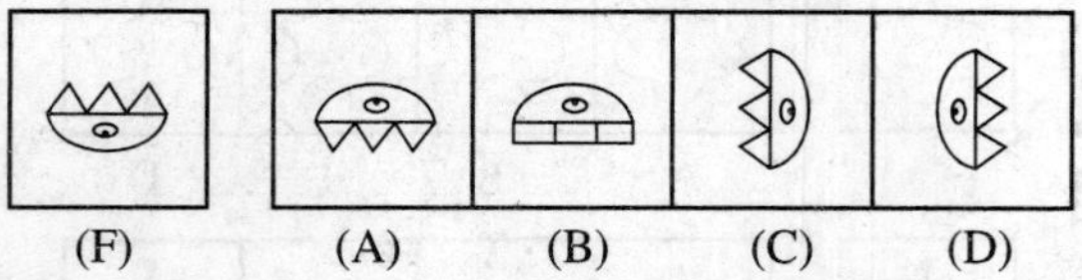

2. 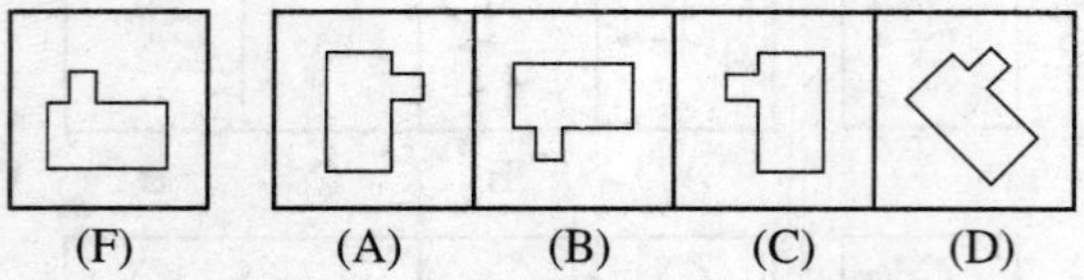

3. 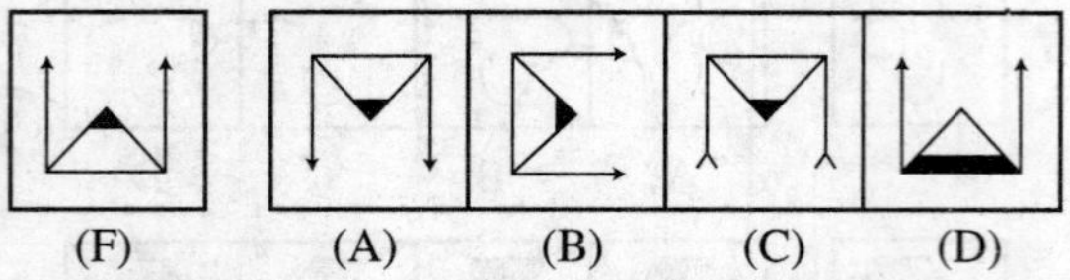

4. 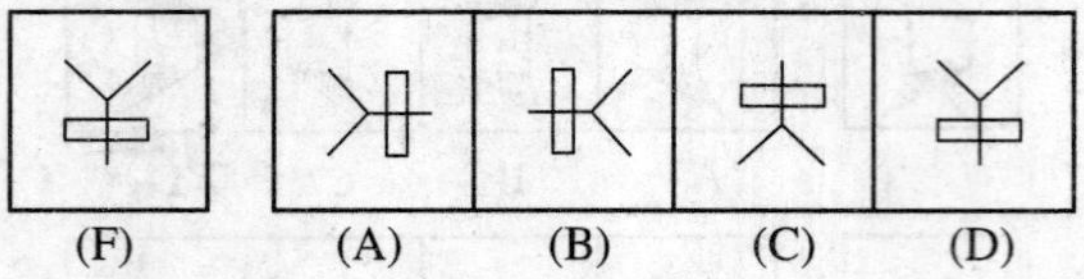

आकृति जल प्रतिबिम्ब

5. 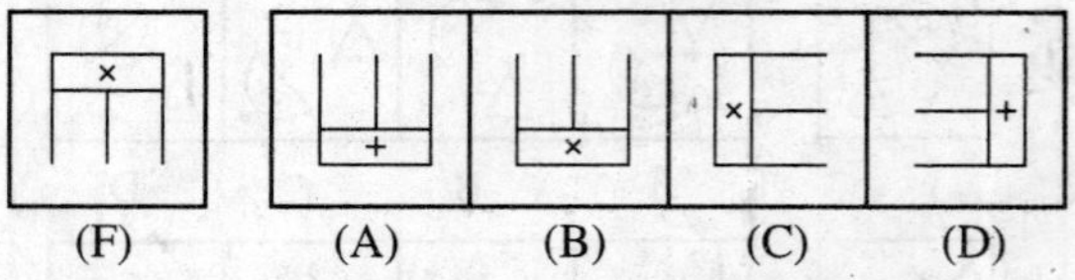

6. 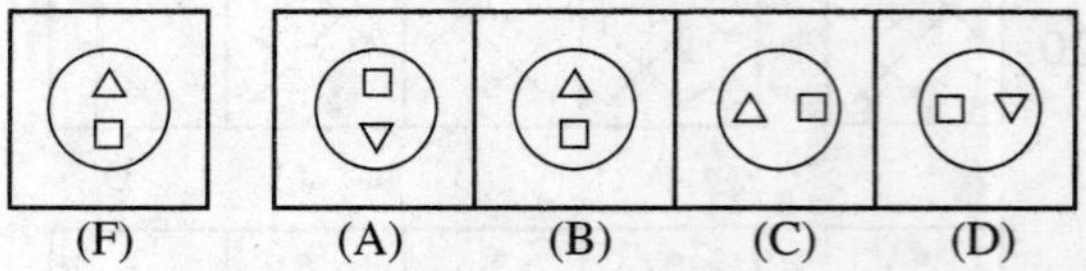

7. 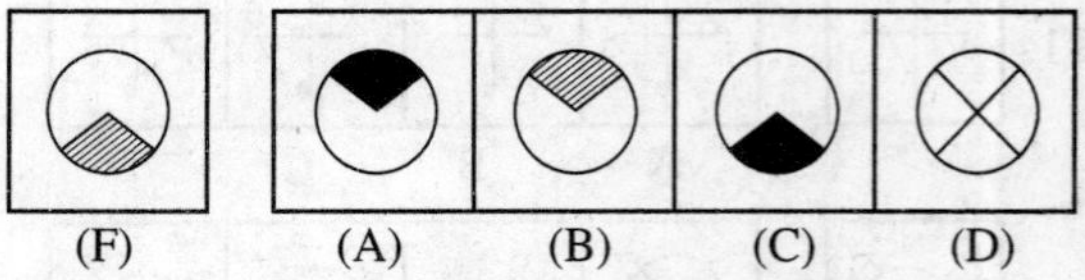

8. 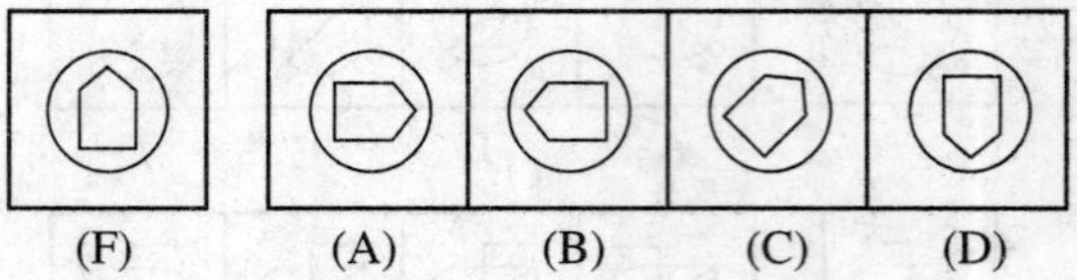

उत्तरमाला

अभ्यास 1

1. (B)	2. (C)	3. (C)	4. (C)	5. (C)
6. (C)	7. (A)	8. (B)	9. (C)	10. (D)
11. (D)	12. (B)	13. (D)	14. (D)	15. (B)
16. (D)	17. (C)	18. (D)	19. (C)	20. (A)
21. (B)	22. (B)	23. (B)	24. (A)	25. (C)
26. (D)	27. (B)	28. (A)	29. (D)	30. (C)
31. (D)	32. (A)	33. (A)	34. (D)	35. (D)
36. (C)	37. (C)	38. (D)	39. (C)	40. (B)
41. (B)	42. (C)	43. (A)	44. (D)	45. (D)
46. (A)	47. (A)			

अभ्यास 2

1. (A)	2. (B)	3. (C)	4. (A)	5. (A)
6. (A)	7. (D)	8. (B)	9. (C)	10. (C)
11. (D)	12. (A)	13. (B)	14. (A)	15. (A)
16. (C)	17. (B)	18. (C)	19. (B)	20. (B)
21. (B)	22. (C)	23. (D)	24. (A)	25. (D)
26. (A)	27. (D)	28. (D)	29. (D)	30. (B)
31. (A)	32. (D)	33. (D)	34. (A)	35. (D)
36. (C)	37. (C)	38. (C)	39. (A)	40. (C)
41. (C)	42. (C)	43. (B)	44. (D)	

अभ्यास 3

1. (A)	2. (B)	3. (A)	4. (C)	5. (B)
6. (A)	7. (B)	8. (D)		